निबंध संचायिका

(1200, 750, 250 शब्दों का निबंध संग्रह)

सभी एकदिवसीय प्रतियोगी परीक्षाओं के लिए

एस.एस.सी., लोवर पी.सी.एस., आर.ओ., ए.आर.ओ., सी.पी.एफ.,
यू.पी.एस.एस.एस.सी. इत्यादि परीक्षाओं हेतु निबन्ध का अनुपम संग्रह

शीलवंत सिंह

सारिका

कृति रस्तोगी

CAREER LAUNCHER INFRASTRUCTURE (P) LTD.

Edition : 2021

ISBN : 978-93-90187-99-7

Typeset by : *CLIP DTP Unit*

Administrative and Production Offices

Published by : CLIP

A-45, Mohan Cooperative Industrial Area,
Near Mohan Estate Metro Station,
New Delhi - 110044

Marketed by : G.K. Publications (P) Ltd.

A-45, Mohan Cooperative Industrial Area,
Near Mohan Estate Metro Station,
New Delhi - 110044

For product information :

Visit ***www.gkpublications.com*** or email to ***gkp@gkpublications.com***

प्रस्तावना

निबंध संचायिका का यह नवीनतम संस्करण विभिन्न एकदिवसीय प्रतियोगी परीक्षाओं के विद्यार्थियों के लिए एक महत्वपूर्ण एवं गंभीर प्रयास है। इस पुस्तक में न केवल गुणवत्तापूर्ण निबंध लेखन की आधारभूत शैली को विस्तार दिया गया है अपितु विभिन्न प्रतियोगी परीक्षाओं के मानकों के अनुरूप बेहद महत्वपूर्ण विषयों की व्याख्या की गई है।

ये पुस्तक निबंध लेखन के आवश्यक पहलुओं भाषा और विचार की अच्छी समझ के साथ विद्यार्थियों के ज्ञान के स्तर एवं बोधन क्षमता पर भी जोर देती है। पुस्तक प्रभावी भाषा के साथ अच्छे निबंध के बहुआयामी तत्वों पर भी प्रकाश डालती है।

पुस्तक में पिछले 20 वर्षों में विभिन्न प्रतियोगी परीक्षाओं में पूछे गए निबंधों के आधार पर बदलते ट्रेंड के अनुरूप शीर्षकों को सम्मिलित किया गया है। इसमें न्यायपालिका, नौकरशाही, भ्रष्टाचार, सांप्रदायिकता, राष्ट्रीय एकता, संस्कृति एवं समाज जैसे ज्वलंत एवं समसायमिक मुद्दों पर कई शीर्षक मौजूद हैं जो कि स्वत: ही विभिन्न परीक्षाओं में पूछे जाने वाले निबंधों की प्राथमिक वरीयता हैं।

वर्तमान में नित नई चुनौतियों को देखते हुए जिस तरह व्यक्तित्व आधारित निबंधों को पूछा जा रहा है, उसके लिए प्रस्तुत पुस्तक के अंत में देश की प्रमुख हस्तियों का विस्तृत एवं प्रेरणास्पद जीवन लिपिबद्ध किया गया है।

आशा है कि नवीन शीर्षकों से युक्त पुस्तक निबंध संचयिका विद्यार्थियों के समग्र व्यक्तित्व विकास के साथ परीक्षापयोगी एवं महत्वपूर्ण सिद्ध होगी।

विषय सूची

प्रस्तावना

भाग-1 (समग्र रणनीति एवं कार्ययोजना) 1-10

- समग्र रणनीति एवं दृष्टिकोण परिदृश्य
  - निबन्ध की परिभाषा व विषयवस्तु
  - निबन्ध का महत्त्व और औचित्य
  - निबन्ध का वर्गीकरण
  - निबन्ध लेखन, कौशल संवर्द्धन एवं विकास
  - निबंध के घटक
  - निबन्ध लेखन की सारणीगत प्रस्तुति
  - निबन्ध के अभिलक्षण
  - विषयवस्तु की सहभागिता का आदर्श अनुपात
  - निबन्ध लेखन को प्रभावशाली बनाने के तरीके
  - निबन्ध लेखन के लिए बरती जाने वाली मूलभूत सावधानियां

भाग-2 (कला, साहित्य, सांस्कृतिक एवं शिक्षा) 11-31

- साहित्य समाज का दर्पण है
- शिक्षा
- शिक्षा का अधिकार
- भारतीय शिक्षा नीति में प्राथमिक शिक्षा
- कुंभ : एक सांस्कृतिक संगम
- भारतीय संस्कृति : एक साझा संस्कृति अथवा हमारी भारतीय सांस्कृतिक विरासत
- भारतीय संस्कृति में अनेकता में एकता
- संस्कृति और सभ्यता

भाग-3 (संवैधानिक, वैधानिक एवं राजनैतिक) 32-89

- भारत में राजनैतिक दल : उनकी जवाबदेही और चुनौतियाँ
- सूचना का अधिकार : भारतीय लोकतंत्र के विकास में मील का पत्थर
- आतंकवाद-उदीयमान भारत के समक्ष चुनौती
- वैश्वीकरण का मानव अधिकारों पर प्रभाव
- नक्सलवाद की चुनौती और भारत
- उदीयमान भारत में पंचायतीराज व्यवस्था
- वर्तमान समय में भारतीय लोकतंत्र : अवसर एवं चुनौतियाँ
- राष्ट्रीय अल्पसंख्यक आयोग
- अनुच्छेद 370 और जम्मू-कश्मीर

- भारत में लोकतंत्र का भविष्य
- भारतीय गणतंत्र अपने उद्देश्यों में कहाँ तक सफल रहा है
- धर्म निरपेक्षता
- ई-न्यायालय व्यवस्था की दिशा में बढ़ते कदम
- भारतीय लोकतंत्र की चुनौतियाँ एवं समस्याएँ
- निशक्तजनों का सशक्तिकरण
- न्यायिक सक्रियता
- पंचायतों का सशक्तिकरण : कल-आज और कल
- सरोगेसी (किराए की कोख) और भारतीय समाज

भाग-4 (आर्थिक क्षेत्र) 90-123

- नीति आयोग और उसकी पहलें
- भारत में खाद्य सुरक्षा की स्थितियाँ
- भारत में विदेशी व्यापार
- सामाजिक न्याय की पहलें
- सार्वजनिक वितरण प्रणाली : विसंगतियाँ और सुधार
- खाद्य सुरक्षा
- गरीबी एवं बेरोजगारी
- जीएसटी : विशेष
- विमुद्रीकरण : आजादी के बाद सबसे बड़ा मौद्रिक परिवर्तन
- भारत में समावेशी विकास एवं चुनौतियाँ
- खाद्य सुरक्षा एवं संरक्षण अधिनियम
- भारत में आर्थिक नियोजन की उपलब्धियाँ और नीति आयोग की पहलें
- भारतीय कृषि क्षेत्र की मौजूदा स्थिति और प्रौद्योगिकी

भाग-5 (विज्ञान एवं प्रौद्योगिकी तथा पर्यावरण) 124-153

- सूचना प्रौद्योगिकी का भारत पर प्रभाव व सम्भावनाएँ
- विकास और पर्यावरण
- ग्रामीण भारत: सूचना प्रौद्योगिकी की ओर बढ़ते कदम
- अम्लीय वर्षा-विश्वव्यापी खतरा
- अंतरिक्ष में भारत का बढ़ता वर्चस्व
- भारत में सौर ऊर्जा का भविष्य
- ग्लोबल वार्मिंग : कारण एवं परिणाम
- हाईड्रोजन : भविष्य की ऊर्जा
- जैव विविधता का महत्व एवं संरक्षण
- रक्षा क्षेत्र में भारत की उपलब्धियाँ

भाग-6 (महिला एवं सामाजिक क्षेत्र) 154-171

- तीन तलाक और मुस्लिम समाज
- ग्रामीण महिलाओं को सशक्त बनाने से ही बदलाव संभव
- कन्या भ्रूण हत्या : एक सामाजिक अभिशाप
- महिला सशक्तिकरण
- किशोरियों का सशक्तिकरण: सबला
- स्तनपान : स्वास्थ्यवर्द्धक और जीवनरक्षक पहल
- नारी सशक्तिकरण : एक पुनर्विचार

भाग-7 (प्राकृतिक एवं मानवजनित आपदाएं) 172-192

- आपदा प्रबंधन
- भारत में बाढ़ की विभीषिका : कारण और निवारण
- जल संकट और भारत
- जल संरक्षण
- पर्यावरण और हमारा दायित्व
- विश्व तापमान में वृद्धि
- अम्ल वर्षा
- पर्यावरण और उसके ह्रास के कारण
- पर्यावरण ह्रास और उसके प्राकृतिक कारण
- जल संकट और चुनौतियाँ

भाग-8 (विविध) 193-204

- जनसंख्या विस्फोट की चुनौतियाँ
- साक्षर भारत
- सामाजिक और आर्थिक विकास में साक्षरता की भूमिका
- बढ़ती आबादी की चुनौतियाँ

भाग-9 (राष्ट्रीय एवं अंतर्राष्ट्रीय घटनाक्रम तथा योजनाएं एवं परियोजनाएं) 205-239

- भारत और उसके पड़ोसी देशों से संबंध
- बदलती विश्व व्यवस्था में भारत अमेरिका सम्बन्ध
- राष्ट्रमण्डल खेल : हेमिल्टन से गोल्ड कोस्ट तक
- अप्रवासी भारतीय दिवस
- नयी स्मार्ट सिटी ही नही, पुराने शहरो का भी होगा कायाकल्प
- भारत में जल प्रबंधन और उसकी चुनौतियां
- आंतकवाद : भारत के सन्दर्भ में
- भारत में नक्सलवाद
- भारत-चीन सम्बन्ध
- भारत-जापान सम्बन्ध (बढ़ते कदम)

भाग-10 (प्रमुख व्यक्तित्व) 240-261

- भारतीय एकता के सूत्रधार-सरदार पटेल
- डॉ. अम्बेडकर जीवन दर्शन
- एक प्रवासी भारतीय के सत्याग्रही महात्मा बनने की यात्रा - महात्मा गांधी
- भारत के युवा प्रेरक के रूप में स्वामी विवेकानंद की प्रासंगिकता
- जयप्रकाश नारायण- एक विद्रोही
- खुदीराम बोस शहीद की वीरगाथा
- लाला लाजपत राय
- सरदार पटेल सर्वोत्कृष्ट संगठनकर्ता
- सर सुरेंद्रनाथ बनर्जी : भारत के प्रथम राष्ट्रीय नेता की निर्माण यात्रा

भाग-11 (योजनाएं एवं परियोजनाएं) 262-280

- सेतुसमुद्रम परियोजना
- जननी शिशु सुरक्षा कार्यक्रम
- मनरेगा
- महात्मा गांधी प्रवासी सुरक्षा योजना
- राष्ट्रीय न्यायालय प्रबंधन प्रणाली योजना
- राष्ट्रीय शहरी आजीविका मिशन
- पूर्ण स्वच्छता अभियान (निर्मल भारत अभियान)
- राष्ट्रीय ग्रामीण स्वास्थ्य मिशन

भाग-12 (निबन्ध फैक्ट शीट) 281-292

- जल
- महिला
- महिलाएं एवं उज्जवला योजना
- शिक्षा
- रक्षा
- राष्ट्रीय नागरिक रजिस्टर
- प्रधानमंत्री उज्जवला योजना
- किसान आत्महत्या
- भारत की अंतर्राष्ट्रीय उपलब्धियाँ वर्ष-2019 के संदर्भ में
- गोबर धन योजना
- प्रधानमंत्री जन आरोग्य अभियान
- महिला सशक्तीकरण के लिए सरकारी प्रयास (2015-2018)
- सेतु समुद्रम परियोजना

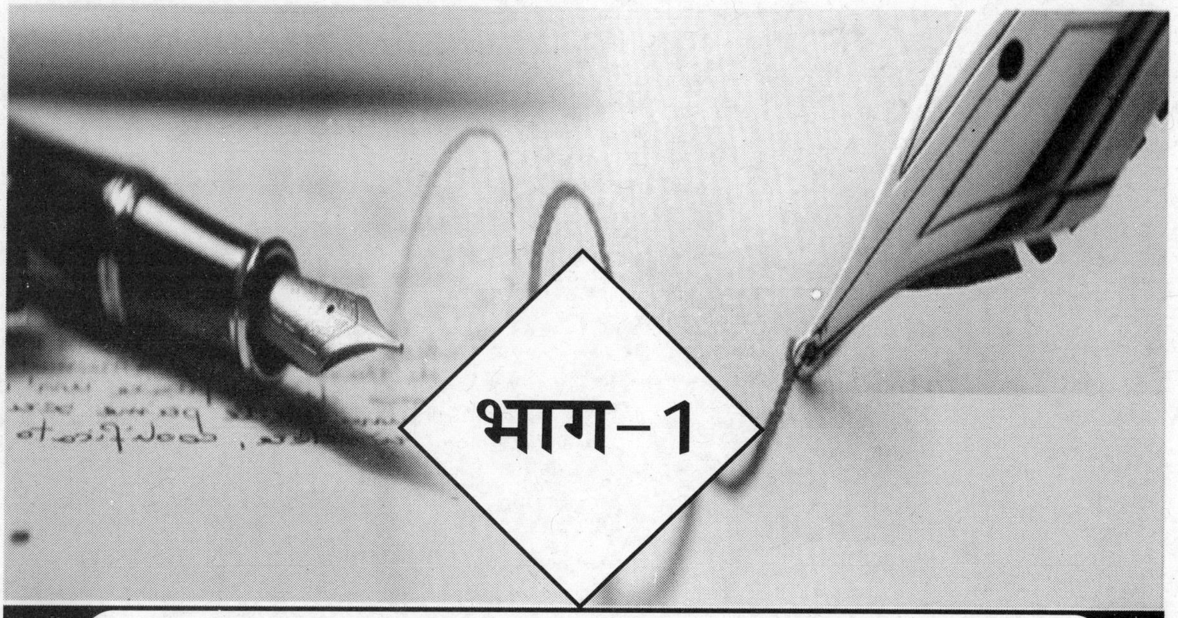

समग्र रणनीति एवं कार्ययोजना

इस भाग में ....

समग्र रणनीति एवं दृष्टिकोण परिदृश्य

- निबन्ध की परिभाषा व विषयवस्तु
- निबन्ध का महत्त्व और औचित्य
- निबन्ध का वर्गीकरण
- निबन्ध लेखन कौशल संवर्द्धन एवं विकास
- निबंध के घटक
- निबन्ध लेखन की सारणीगत प्रस्तुति
- निबन्ध के अभिलक्षण
- विषयवस्तु की सहभागिता का आदर्श अनुपात
- निबन्ध लेखन को प्रभावशाली बनाने के तरीके
- निबन्ध लेखन के लिए बरती जाने वाली मूलभूत सावधानियां

01 समग्र रणनीति एवं दृष्टिकोण परिदृश्य

अंग्रेजी के शब्द 'Essay' का अनुवाद 'निबन्ध' है जो फ्रेंच के 'Essoi' शब्द से बना है और जिसका अर्थ है 'प्रयास करना'। हिन्दी में निबन्ध शब्द का अर्थ 'बिना किसी बंधन के' लगाया जाता है। वस्तुत: निबन्ध साहित्य का वह स्वरूप है जिसमें किसी विषय का विचारपूर्ण एवं रोचक पद्धति से सुसम्बद्ध एवं तर्कपूर्ण प्रतिपादन किया जाता है। निबंध जहां मन के भावों की स्वच्छंद उड़ान है, वहीं यह किसी विषय या वस्तु पर उसके स्वरूप, प्रकृति, गुण-दोष आदि की दृष्टि से लेखन की गद्यात्मक अभिव्यक्ति भी है। चूँकि निबंध प्राय: अवधारणात्मक होते हैं, अत: उसमें बुद्धि की विश्लेषण क्षमता, समीक्षा शक्ति एवं अभिव्यक्ति सामर्थ्य की आवश्यकता होती है। उत्कृष्ट एवं प्रभावशाली निबंध के निम्नलिखित सक्षण हैं-

1. निबंध का एक निश्चित लक्ष्य होना चाहिए। साथ ही एक विचार, एक तारतम्य एवं एक दृष्टिकोण के आलोक में लिखा जाना चाहिए।
2. निबंध की आत्म-अभिव्यक्ति ही निबंध की प्रमुख विशेषता है। इस तरह निबंध पूर्वाग्रह मुक्त होना चाहिए।
3. निबंध में विचारों को निश्चित श्रेणी में रखा जाना चाहिए अर्थात् एकसूत्रता एवं क्रमबद्धता पर विशेष ध्यान देना चाहिए। साथ ही इस क्रमबद्धता का अंत निष्कर्ष के साथ होना चाहिए।
4. निबंध में लिखी गई बातों को साफ तौर पर लिखा जाना चाहिए अर्थात दृष्टिकोण स्पष्ट हो। साथ ही इस बात का भी ध्यान रखा जाना चाहिए कि निबंध के प्रत्येक विचार चिंतन हर एक भाव एवं प्रत्येक आवेग परस्पर ऐक्यता का रूप धारण कर पूर्णता की अभिव्यक्ति करते हैं।
5. निबंध में विचारों से यह स्पष्ट झलकना चाहिए कि उसमें मौलिकता है तथा उसमें आप के अनुभव शामिल हैं। किसी के विचारों या आदर्शों का अंधानुकरण निबंध में प्रभावहीनता भी पैदा कर सकता है।

निबन्ध की परिभाषा व विषयवस्तु

निबन्ध 'नि' और 'बन्ध' दो शब्दों के मेल से बना है, जिसका तात्पर्य है-नियमों से बँधी हुई गद्य रचना या लेख। हिंदी के शब्द 'निबन्ध' को अंग्रेजी के 'Essay' का पर्याय माना जाता है। अंग्रेजी के 'Essay' शब्द का अर्थ होता है विषय-विशेष पर एक छोटा लेख। किन्तु, यह जरूरी नहीं कि किसी विषय पर लिखा गया कोई निबन्ध छोटी ही हो। यह अति विस्तृत भी हो सकता है। यहाँ यह बात ध्यान देने योग्य है कि ऐसी विस्तृत गद्य रचना जो सारगर्भित न हो एवं जिसमें विचारों को क्रमबद्ध रूप से प्रकट न किया गया हो तथा जो बीच-बीच में अपनी विषयवस्तु से भटक गया हो, उसे निबन्ध की संज्ञा नहीं दी जा सकती। एक सामान्य निबन्ध में शब्दों की संख्या 500 से 1000 तक हो सकती है। 1000 से 3000 शब्दों वाले निबन्ध 'दीर्घ निबन्ध' कहलाते हैं। कुछ विद्वानों ने निबन्ध शब्द की व्याख्या इस प्रकार की है-"सभी प्रकार के बन्धनों से मुक्त रचना निबन्ध है।" जबकि उनकी यह व्याख्या प्रत्येक स्थिति में सार्थक नहीं कही जा सकती। यह विचारों की स्वतंत्रता तक तो ठीक है, किन्तु इन विचारों की प्रस्तुति यदि क्रमबद्ध व प्रभावशाली ढंग से न की गई हो, तो निबन्ध पाठक पर अपना पूर्ण प्रभाव नहीं डाल पाता। अत: सार्थकता एवं प्रभावोत्पादकता की दृष्टि से गद्य के रूप में विचारों की क्रमबद्ध एवं सार्थक प्रस्तुति को ही निबन्ध की संज्ञा दी जा सकती है। इस प्रकार किसी भी विषय पर लिखी गई वह रचना, जिसमें विषयवस्तु से संबंधित विचारों को क्रमबद्ध रूप से इस तरह प्रकट किया गया हो, जिससे उस विषयवस्तु की विस्तृत अथवा सारगर्भित जानकारी मिलती हो, निबन्ध कहलाती है।

निबन्ध का महत्त्व और औचित्य

मनुष्य अपने विचारों को अभिव्यक्त करने के लिए भाषा के मौखिक अथवा लिखित रूप का सहारा लेता है। विचारों को बोलकर व्यक्त करने को मौखिक अभिव्यक्ति कौशल एवं इन्हें लिखकर व्यक्त करने को लेखन कौशल कहा जाता है। इन्हीं अभिव्यक्ति कौशलों से मनुष्य के व्यक्तित्व की परीक्षा होती है। यह आवश्यक नहीं कि जो व्यक्ति मौखिक अभिव्यक्ति कौशल में माहिर हो, जैसा कि एक वक्ता होता है, वह किसी लेखक की तरह लेखन कौशल में भी माहिर हो। इसी तरह, एक अच्छा लेखक अच्छा वक्ता हो, यह भी आवश्यक नहीं, किन्तु सामान्य रूप से एक शिक्षित मनुष्य से यह आशा अवश्य की जा सकती है कि वह भले ही एक अच्छा वक्ता एवं लेखक न हो, पर मौखिक ही नहीं, लिखित रूप में भी अपने विचारों को भली-भांति अवश्य अभिव्यक्त कर सकेगा। किसी व्यक्ति के

लेखक-कौशल की जाँच के लिए सामान्यतः पत्र-लेखन एवं निबन्ध लेखन का ही सहारा लिया जाता है। पत्र लेखन से किसी विषय पर व्यक्ति की सोच की पूरी जाँच संभव नहीं है। जबकि निबन्ध लेखन द्वारा न केवल व्यक्ति के ज्ञान, अनुभव, सोच एवं भावना का पता लगाया जाता है, बल्कि साथ-ही-साथ उसके लेखन-कौशल की परीक्षा भी हो जाती है। इस तरह निबन्ध के माध्यम से काफी हद तक किसी के व्यक्तित्व का मूल्यांकन किया जा सकता है। इसलिए निबंध को व्यक्ति की सोच व व्यक्तित्व का आईना भी कहा जाता है। इन सबके अतिरिक्त प्रतियोगी परीक्षाओं के साथ-साथ अकादमिक परीक्षाओं में भी बेहतर सफलता के दृष्टिकोण से निबन्ध लेखन अति महत्त्वपूर्ण है। इसके नियमित अभ्यास से व्यक्ति में अपने विचारों को क्रमबद्ध रूप में प्रकट करने की क्षमता विकसित होती है।

निबन्ध का वर्गीकरण

रूप, शैली एवं विषयवस्तु के आधार पर निबन्ध कई प्रकार के होते हैं-

- **वर्णनात्मक निबन्ध** इसमें विषयवस्तु का सामान्य वर्णन होता है। इस प्रकार के निबन्ध लेखन के दृष्टिकोण से सरल होते हैं। पर्व-त्योहार, स्थान, व्यक्ति-विशेष, ऋतु-विशेष इत्यादि पर आधारित निबन्ध इसी श्रेणी में आते हैं।
- **विश्लेषणात्मक निबन्ध** ऐसे निबन्धों में विषयवस्तु का विश्लेषणात्मक विवरण होता है। इन्हें विवरणात्मक निबन्ध भी कहा जाता है। इनमें तथ्यों के आधार पर विश्लेषण के माध्यम से ज्ञानवर्द्धन पर जोर दिया जाता है। अर्थव्यवस्था एवं अंतर्राष्ट्रीय सम्बन्ध जैसे विषयों पर आधारित निबन्ध इसी श्रेणी में आते हैं।
- **विचारात्मक निबन्ध** ऐसे निबन्धों में विषयवस्तु के पक्ष-विपक्ष, नकारात्मक-सकारात्मक, लाभ-हानि इत्यादि का वर्णन होता है। आतंकवाद, नक्सलवाद, गरीबी एवं अन्य विवादास्पद विषयों पर आधारित निबन्ध इसी श्रेणी के अंतर्गत आते हैं। किसी साहित्यिक रचना पर समीक्षात्मक निबन्ध भी विचारात्मक निबन्ध के ही अंतर्गत आते हैं। यहाँ यह ध्यान रखना आवश्यक है कि किसी रचना की समीक्षा को समीक्षात्मक निबन्ध की संज्ञा नहीं दी जा सकती।
- **भावनात्मक निबन्ध** किसी सूक्ति, कथन, विचार आदि विषयवस्तुओं पर लिखे गए निबन्ध भावनात्मक निबन्ध के अंतर्गत आते हैं। उदाहरणस्वरूप 'पराधीन सपनेहुँ सुख नाहिं', 'परहित सरसि धरम नहीं भाई' अथवा ऐसी अन्य सूक्तियों पर लिखे गए निबन्ध। इन्हें चिंतन प्रधान निबंध भी कहा जाता है, क्योंकि लेखक अपने ज्ञान एवं अनुभव के आधार पर विषयवस्तु के बारे में चिन्तन पर अपने विचारों को निबन्ध का रूप देता है। ''यदि आप प्रधानमंत्री होते तो क्या करते'' जैसे कल्पना प्रधान निबन्ध भी भावनात्मक निबन्ध की श्रेणी में आते हैं।
- **ललित निबन्ध** कुछ निबन्ध भाषा-शैली, वाक्य-रचना, अलंकार, मुहावरे इत्यादि के प्रयोग द्वारा इस तरह लिखे जाते हैं कि उनकी पठनीयता एवं प्रभावोत्पादकता ही नहीं, बल्कि भाषा-सौन्दर्य भी पाठक को आकर्षित करने के लिए पर्याप्त होते हैं, ऐसे निबन्ध को ललित निबन्ध कहा जाता है। वर्णनात्मक, विश्लेषणात्मक, विचारात्मक एवं भावनात्मक इन सभी प्रकार के निबन्धों को ललित निबन्ध के रूप में लिखा जा सकता है, यदि लेखक का भाषा एवं रचनात्मक लेखन पर पर्याप्त अधिकार हो।
- **कथनात्मक निबंध :** इस तरह का निबंध किसी घटना या घटनाओं की श्रृंखला का कथनात्मक प्रस्तुतीकरण होता है। इसमें किसी घटना विशेष को क्रमबद्ध रूप से प्रस्तुत करते हुए अंत में अपना निष्कर्ष देने की अपेक्षा की जाती है। जैसे-बहुराष्ट्रीय निगमः रक्षक या अंतर्ध्वंसक।
- **विवेचनात्मक या उद्घाटनात्मक निबंध :** इस प्रकार के निबंधों की प्रमुख विशेषता यह होती है किसी विषय के संदर्भ में एक पूर्ण कथन द्वारा इसके समस्त पहलुओं का वर्णन करना होता है। जैसे-साक्षरता में तीव्र वृद्धि के अनुरूप शिक्षा का विकास नहीं हो रहा है।
- **तार्किक निबंध :** इस प्रकार के निबंध का संबंध लोगों को तर्क से प्रभावित करने की योग्यता से जुड़ा होता है। इसलिए लेखक की सोच में गंभीरता तथा तर्क देने की मजबूत शैली ही इस प्रकार के निबंधों में चार चांद लगाती है। इस प्रकार के निबंध को लिखने में रचनात्मक दृष्टिकोण अपनाना चाहिए। जैसे-'आधुनिकीरण एवं पाश्चात्यीकरण एक नहीं है' 'न्याय के बिना आर्थिक प्रगति अवश्य ही हिंसा' को जन्म देती है' आदि।

निबन्ध लेखन कौशल संवर्द्धन एवं विकास

'निबंध कैसे लिखें' इस विषय पर एक निबंध लिखना तो आसान है, लेकिन निबंध लिखना सिखाना और बताना बहुत मुश्किल है। एक विषय पर विस्तार से सोचना और उसे विशेष रूप देना एक चुनौतीपूर्ण कार्य है। दिमाग के सोचने की गति

तेज है लेकिन लिखने का गति धीमी। दिमाग तो एक पर एक विचारों को छलांगता जाता है और कहीं का कहीं पहुंच जाता है। उसे एक विषय के इर्द-गिर्द बांधे रखना और सिलसिलेवार सोचने के लिए साथ लेना कठिन काम है। इसी अनुशासित किस्म के बंधे हुए रचना कर्म को निबंध कहा जाता है। इसके लिए मूलतः दिमाग के ऐसे प्रशिक्षण की जरूरत होती है कि वह एक मुद्दे पर टिककर विचार करे और उसे सिलसिलेवार अभिव्यक्त करे।

1. **निबंध की सामग्री :** निबंध में क्या-क्या होना चाहिए, निबंध में किस-किस सामग्री का समावेश होना चाहिए यह तो निबंध का विषय ही तय करता है किंतु फिर भी लगभग सभी तरह के निबंधों में कुछ खास सामग्री अवश्य होती है, जिसमें प्रमुख हैं-तथ्य, तर्क, कल्पना और अभिव्यक्ति कौशल। इन पर संक्षेप में विचार आवश्यक है।

(क) तथ्य : हर निबंध में उस विषय से संबंधित कुछ तथ्य, सूचनाएं, आंकड़े आदि होने चाहिए। आर्थिक-वाणिज्यिक, वैज्ञानिक विषयों से संबंधित निबंधों में तो आंकड़ों की विशेष आवश्यकता होती है। ये तथ्य प्रमाणिक यथासंभव अद्यतन होने चाहिए और हो सके तो उन स्रोतों का उल्लेख भी होना चाहिए जहां से ये तथ्य प्राप्त हुए हैं। तथ्यों के संबंध में मनगढ़ंत कल्पना की उड़ान से बचना चाहिए। किंतु यह भी ध्यान रखना चाहिए कि अधिक तथ्यों के भरने से विचार दब जाते हैं तथा भाषा-शैली सपाट हो जाती है।

(ख) विचार : निबंध में विचार का विशेष महत्व है। विचारशील निबंधों में तो विचार ही मेरूदंड हैं। विचार न केवल सटीक और प्रासंगिक हों, बल्कि वो एक के बाद दूसरे को पुष्ट करने वाले भी हों। निबंध में विचार वस्तु के स्तर पर मुख्यतः विचारशीलता की परीक्षा होती है। इसलिए निबंध में जो भी सामग्री प्रस्तुत की जाए वह वैचारिक दृष्टि से बहुत ही उत्कृष्ट होनी चाहिए। हर अनुच्छेद का और अंत में निबंध को एक वैचारिक परिणति तक पहुंचना चाहिए। तथ्यों का प्रस्तुतिकरण एवं विशेष रूप से उसका विश्लेषण वैचारिकता पर आधारित होना चाहिए।

(ग) कल्पना : तथ्य एवं तर्क से किसी निबंध की नींव भरी जा सकती है किंतु उसकी सजावट विचारों की मौलिकता द्वारा होती है जो लेखक की कल्पना के द्वारा ही संभव होती है। एक भवन में जो महत्व सजावट का है, वही निबंध में कल्पना का है। बहुत से निबंध तो कल्पना केन्द्रित ही होते हैं।

कल्पनाशीलता को न तो पुस्तकों से प्राप्त किया जा सकता है और न इसे तुरत-फुरत विकसित ही किया जा सकता है, किन्तु नए ढंग से सोचते रहने से, जो जैसा है उससे भिन्न और क्या-क्या हो सकता है, अर्थात् विकल्पों पर सोचते रहने से कल्पनाशीलता विकसित होती है। कल्पना यद्यपि विचारों की मौलिक उड़ान होती है, किन्तु उसकी डोर तथ्यों और तर्कों के हाथों में होती है। निराधार कल्पना का कोई महत्व नहीं है।

कल्पना के अपने वैकल्पिक तथ्य एवं तर्क होने चाहिए ताकि वे वास्तविक तथ्यों एवं तर्कों से सामंजस्य बिठाए रखे। किसी भी समस्या के समाधान जुटाने या निबंध में एक नई किस्म की दुनिया रचने में वह निरर्थक न लगे। एकांत में विकल्पों पर विचार करने से कल्पनाशीलता बहुत पुष्ट होती है।

(घ) अभिव्यक्ति कौशल : तथ्य, विचार और कल्पना को भाषा के माध्यम से व्यक्त करना होता है। यह भी कह सकते हैं कि भाषा के जरिए ही किसी व्यक्ति के तथ्य, विचार और कल्पना से परिचित हुआ जा सकता है। अतः निबंध में भाषा अपने-आप में एक सामग्री है। शब्दों का चयन, वाक्यों की संरचना, अनुच्छेद का निर्माण आदि सब कुछ निबंध का शरीर निर्मित करते हैं। भाषा में निबंधकार का व्यक्तिगत सन्निहित होता है। अतः निबंध लेखन में भाषा का विशेष ध्यान रखना आवश्यक है।

भाषा मूलतः एक व्यवहार है, वह व्यक्ति की चेतना में निरंतर विकसित होती है। उसको तथ्यों की तरह कुछ समय में ही विकसित नहीं किया जा सकता है। अतः व्यवहारिक होने के नाते भाषा का विकास उसके निरंतर प्रयोग करते रहने से ही होता है। उसमें भी मौलिक भाषा एवं लिखित भाषाएं अलग-अलग तरह से विकसित होती हैं। चूंकि निबंध को लिखना होता है, इसलिए भाषा को नियमित रूप से लिखते रहने से ही लिखित भाषा का विकास होगा। रोज छोटे-मोटे विषयों पर एक-दो अनुच्छेद लिखते रहने से ही लिखित भाषा का विकास होगा। निबंध की उपर्युक्त सामग्री को इस प्रकार विकसित कर सकते हैं-

- **भाषा :** अच्छे स्तर के लेखन की भाषा संरचना का नियमित अध्ययन एवं नियमित लेखन।
- **कल्पना :** समय-समय पर विकल्पों को तलाशना, नई तरह से सोचना।
- **विचार :** निरंतर चिंतनशीलता आपस में चर्चा, बहस।
- **तथ्य :** नियमित एवं विस्तृत अध्ययन करना तथा उसके नोट्स लेना।

निबंध के घटक

निबंध वैसे तो एक पूर्ण स्वायत्त एवं एकीकृत रचना है, फिर भी समझने के दृष्टिकोण से निबंध को कुछ घटकों या अवयवों में विभाजित किया जा सकता है। निबंध के सामान्य एवं आधारभूत घटक इस प्रकार हैं–

(क) भूमिका : निबंध का प्रथम घटक भूमिका है। इसमें निबंध के विषय का परिचय देना होता है, विषय की महत्ता एवं समाज पर उसके व्यापक प्रभाव को स्पष्ट करना होता है। समकालीन संदर्भों में निबंध के विषय की पृष्ठभूमि एवं उसके आयामों को प्रस्तुत करना होता है। विषय की आधारभूत समस्या को खड़ा करना होता है। भूमिका में कुछ ऐसे सवालों को भी प्रस्तुत किया जा सकता है जिसका समाधान आगे किया जाना है।

भूमिका की कोई और भूमिका नहीं होनी चाहिए, इसलिए भूमिका के पहले वाक्य से ही विषय की शुरूआत करना बेहतर है। कम शब्दों में, कम समय में अधिक एवं ठोस बातें लिखना एक अच्छे निबंध के लिए अधिक आवश्यक है। विषय की प्रकृति को ध्यान में रखते हुए भूमिका अलग-अलग तरह की होगी। आर्थिक एवं सामाजिक समस्याओं से संबंधित निबंधों में मुख्य समस्या को स्थापित किया जा सकता है। साहित्यिक-सांस्कृतिक मुद्दों से संबंधित निबंधों की भूमिका में साहित्यिक दार्शनिक अंदाज में संबंधित विषय की व्यापकता एवं महत्ता को उठाया जा सकता है। भूमिका ऐसी हो जिसे पढ़ने से लगे कि लेखक का निबंध सारपूर्ण एवं रोचक हो सकता है तथा इसे गंभीरता से पढ़ा जाना चाहिए।

(ख) समस्या के अतीत एवं वर्तमान के स्वरूप का विस्तार: भूमिका में विषय का परिचय देने के बाद आगे के अनुच्छेद में उस विषय में निहित समस्या या विचाराणीय मुद्दे के स्वरूप को खोला जाना चाहिए। भूमिका में विषय की पृष्ठभूमि प्रस्तुत करनी होती है, यहां अब मूल विषय के ही सारे आयामों को सिलसिलेवार ढंग से स्पष्ट किया जाता है ताकि आगे उसी के अनुसार निबंध का विस्तार किया जा सके। समस्या के स्वरूप को इस तरह से प्रस्तुत करना चाहिए कि पाठक (परीक्षक) को यह पता लग जाए कि विषय से संबंधित सभी आधारभूत दिशाएं और घटक लेखक (अभ्यर्थी) की पकड़ में है। समस्या के स्वरूप को स्पष्ट करने के लिए तथ्यों को प्रस्तुत किया जा सकता है, समस्या के इतिहास में जाया जा सकता है, वर्तमान स्थिति का वर्णन किया जा सकता है तथा कुछ नवीनतम ज्वलंत उदाहरण प्रस्तुत किए जा सकते हैं। निबंध में समस्या के अतीत का तो संक्षिप्त वर्णन होना चाहिए, किंतु उसके वर्तमान स्वरूप को अधिक उभारना चाहिए।

(ग) समस्या के कारणों की पड़ताल : समस्या का स्वरूप स्पष्ट करने के बाद उसके कारणों में जाना चाहिए। आर्थिक, राजनीतिक, सामाजिक विषयों में समस्या के कारणों को सिलसिलेवार और उसके आपसी संबंधों के साथ मुख्य तथ्यों के प्रस्तुत करना चाहिए। कारणों का विकास कैसे-कैसे हुआ, यह दिखाना बेहतर रहेगा। सांस्कृतिक, साहित्यिक निबंधों में इस विषय का और विस्तार किया जाना चाहिए।

समस्या के कारणों का पड़ताल करने में क्रमिकता का विशेष ध्यान रहे। कारणों की प्रस्तुति में तथ्यों को रखने के साथ-साथ उसका विश्लेषण भी होना चाहिए। परीक्षक को यह एहसास हो जाए कि न तो इससे अधिक कारण हो सकते हैं और न इससे बेहतर उन कारणों का विश्लेषण।

(घ) अब तक किए गए प्रयत्नों की समीक्षा एवं समस्या के निराकरण की दिशाएं : समस्या के कारणों की प्रस्तुति के बाद उसके समाधान के लिए अब तक किए गए प्रयत्नों का ब्यौरा तथा उसकी सीमाएं एवं उसकी कमजोरियां स्पष्ट की जानी चाहिए। यह सब तथ्यों एवं तर्कों के साथ होना चाहिए। समस्या के निराकरण की दिशा में और क्या कुछ किया जा सकता है, किस तरह किया जा सकता है, इसको क्रमिक ढंग से लिखा जाना चाहिए।

समस्याओं के निराकरण को प्रस्तुत करते हुए भी अनुमान, भविष्य का आकलन आंकड़ों सहित प्रस्तुत करना चाहिए ताकि तर्कों को बल मिल सके। निराकरण

के माध्यम से एक मानी कार्य योजना स्पष्ट हो जाए और लगे कि अभ्यर्थी द्वारा सुझाई गई दिशा में यह कार्य बखूबी किया जा सकता है।

(ङ.) उपसंहार : निबंध का अंतिम पड़ाव उपसंहार होता है। उपसंहार न तो निबंध का सार होता है और न ही कोई नया पुछल्ला। यह विषय में निहित मुद्दे को निष्कर्षात्मक और निर्णयात्मक स्वरूप प्रदान करता है। यह विषय के अद्यतन स्वरूप को अर्थात् उसकी नवीनतम दिशा को प्रस्तुत करता है। उपसंहार को पढ़कर लगे कि मुद्दा समाप्त नहीं हुआ है, बल्कि अभी इस विषय पर और गंभीरता से विचार करना चाहिए। उपसंहार परीक्षक को निबंध पढ़ने से भले ही मुक्त कर दे, किंतु वह उसको विषय से और अधिक गंभीरता से जोड़ दे। उपसंहार में संबंधित विषय वस्तु से आगे की राह दिखाना और उस दिशा में सोचने के लिए परीक्षक को बाध्य कर देना ही प्रभावपूर्ण उपसंहार का लक्षण है।

आई.ए.एस. मुख्य परीक्षा में उम्मीदवारों को तीन घंटे की समय सीमा में किसी एक विनिर्दिष्ट विषय पर निबंध लिखना होता है। विषयों के संबंध में विकल्प दिया जाता है। उम्मीदवारों से यह अपेक्षा की जाती है कि वो अपने विचारों को क्रमबद्ध करते हुए निबंध केविषय से निकटता बनाए रखें और अपनी बात संक्षेप मे लिखें। प्रभावशाली एवं सटीक अभिव्यक्ति को विशेष वरीयता दी जाती है। इस बात की पुष्टि के लिए संघ लोक सेवा आयोग के निबंध प्रश्न पत्र के अनुदेश द्रव्यव्य हैं–

'उम्मीदवार की विषय वस्तु की पकड़, चुने हुए विषयवस्तु के साथ उसकी प्रासंगिकता, रचनात्मक तरीके से सोचने की उसकी योग्यता और विचारों को संक्षेप में युक्तिसंगत एवं प्रभावी तरीके से प्रस्तुत करने की तरफ परीक्षक विशेष ध्यान देंगे।'

1. **विषय का चयन :** सर्वप्रथम निबंध में विषय चयन पर पर्याप्त ध्यान देना चाहिए। इस संबंध में पहली सावधानी यही होना चाहिए कि प्रश्नपत्र में दिए हुए विषयों में जो भी विषय आपको पहल नजर में प्रिय लगे तथा जिस पर आप ठीक ढंग से अपने विचार प्रस्तुत कर सकते हैं, उसी विषय का चयन करें। उस विषय पर निबंध लिखना चुने जिसके बारे में पर्याप्त तथ्य एवं तर्क हो और सबसे बड़ी बात जिसमें अपनी भाषायी सामर्थ्य दिखाने का पर्याप्त अवसर हो।

2. **विषय के प्रारूप पर विचार :** विषय चुनने के बाद उसकी भूमिका से उपसंहार तक के प्रारूप पर विचार करे। विचार करने में जल्दी न करें, पर्याप्त समय दें। विचार करते समय बिंदुओं को लिखते चलें। फिर उन बिन्दुओं के क्रम को अच्छी तरह देख लें। यह कार्य रफ में करें। इसके लिए लगभग आधे घंटे का समय निर्धारित करें। प्रक्रिया का यह चरण बहुत आवश्यक है।

3. **निबंध लेखन :** इसके बाद बिंदुवार निबंध लेखन आरंभ करें। न तो शुरू में आधार बिन्दु लिखें और न ही बिन्दुओं के शीर्षक दें। हां महत्वपूर्ण तथ्यों एवं विचारों वाले शब्दों तथा वाक्यों को उसी पेन से रेखांकित किया

निबन्ध लेखन की सारणीगत प्रस्तुति

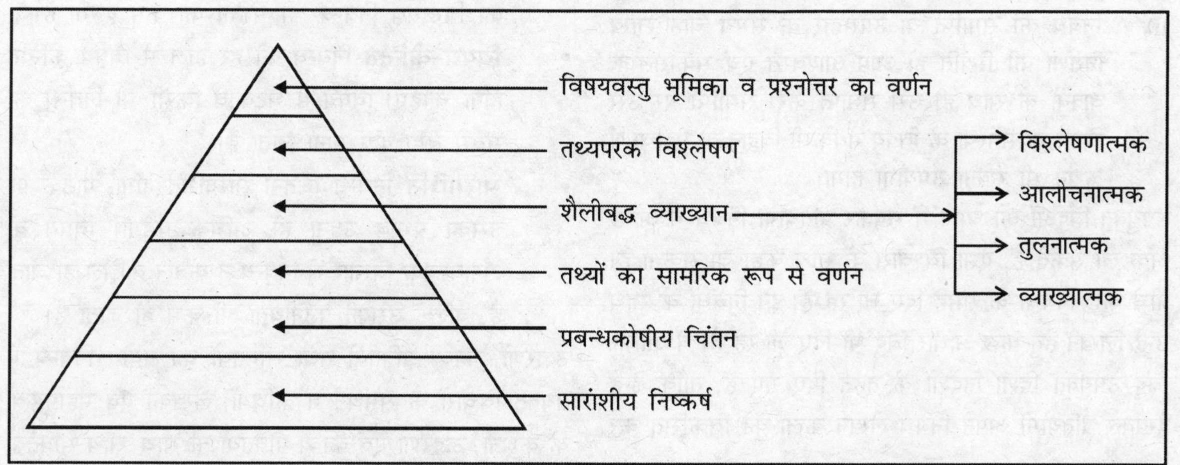

जा सकता है। एक अनुच्छेद का दूसरे अनुच्छेद से बराबर संबंध जोड़ते चलें। इसके बाद लिखे हुए निबंध को गौर से पढ़ें तथा वर्तनी, शब्दों, तथ्यों, तर्कों, क्रमिकता आदि की दृष्टि से जहां जरूरी हो, संशोधन करें। उपर्युक्त बातों के अलावा निबंध में इन बातों का भी ध्यान रखें।

4. निबंध में तथ्यों पर कम-से-कम ध्यान दें तथा उसके विश्लेषण पर अधिक ध्यान केन्द्रित करें। निबंध में तथ्यों का महत्व तो है पर वे 20-30 प्रतिशत से अधिक नहीं होने चाहिए।
5. निबंध वही लिखिए जिस पर आपकी पकड़ सबसे अच्छी हो। कई प्रतियोगी उस विषय पर निबंध लिखने का प्रयत्न करते हैं जिस पर प्रायः कोई नहीं लिखता। यह एकदम गलत दृष्टिकोण है। हमेशा ध्यान रखें कि आपको अंक उत्तर मिलते हैं, प्रश्न पर नहीं।
6. कुछ विषयों पर विविध स्रोतों से सामग्री एकत्र करें, पढ़ें और उसका विश्लेषण करें।
7. विषय से न भटकें। अगर भूलवश भटकाव हो भी जाय तो उस गिलहरी की भांति वापस लौट जायें, जो जड़ से चढ़ कर पेड़ की पत्ती-पत्ती घूमकर पुनः जड़ पर वापस आ जाती है।
8. निबंध में प्रभावोत्पादक शुरूआत व सारगर्भित निष्कर्ष आधारस्तंभ की भूमिका निभाते हैं। अतः इसका विशेष ध्यान रखें।
9. निबंध सरल, स्पष्ट, विशिष्ट तथा सुंदर शैली में होना चाहिए। विचारों को यथासंभव मौलिक तथा 'To the point' रखें।
10. निबंध की समाप्ति या उपसंहार के समय चाहे लाख निराशा की स्थिति हो आप आश्वस्त एवं सकारात्मक वाक्यों के साथ ही उसे समाप्त करें। समाप्ति पर उस विषय या समस्या के विषय में किसी विद्वान के महत्वपूर्ण कथन भी रखना उपयोगी होगा।

उपर्युक्त बिंदुओं को ध्यान में रखकर प्रतियोगी निबंध में अच्छे अंक ला सकते हैं, ऐसा विश्वास के साथ कहा जा सकता है। नीचे कुछ निबंधों के समूह दिए जा रहे हैं। इन निबंधों के साथ उन्हें लिखने हेतु कुछ आधार बिंदु भी दिए जा रहे हैं। ये आधार बिंदु उपर्युक्त दिशा निर्देशों के तहत दिए गए हैं, ताकि इन्हें देखकर प्रतियोगी अपने निबंध लेखन कला को विकसित कर सकें। इन दिए गए निबंधों को उनके आधार बिंदु के सहारे लिखने का प्रयास करें। आधार बिंदु आपके निबंध के लिए मार्गदर्शक का कार्य करेंगे। इन्हें समझकर सभी निबंधों को लिखने का प्रयास करें तथा इस लिखित सामग्री को नोट के रूप में सुरक्षित रखें। इसके अलावा भी स्वयं कुछ निबंधों का चयन करें तथा उसके आधार बिंदु निर्धारित कर उन्हें लिखने का अभ्यास करें। इसी प्रक्रिया से आपके निबंध लेखन की शैली पूर्णरूप से विकसित होगी।

निबन्ध के अभिलक्षण

किसी निबन्ध को सुसंगठित निबन्ध तब तक नहीं कहा जा सकता, जब तक कि वह प्रभावोत्पादकता एवं सार्थकता की शर्तों को भली-भांति पूरा न करता हो। इस दृष्टिकोण से एक श्रेष्ठ निबन्ध की निम्नलिखित विशेषताएँ होती हैं-

- **व्याकरण-सम्मत स्पष्ट भाषा** सुसंगठित निबन्ध की भाषा व्याकरण सम्मत एवं स्पष्ट तथा वाक्य-रचना गठन की दृष्टि से शुद्ध होनी चाहिए।
- **विषयानुकूल भाषा** निबन्ध की भाषा व्याकरण-सम्मत एवं स्पष्ट तो हो किन्तु वह विषयानुकूल न हो तो भी निबन्ध पाठक पर अच्छा प्रभाव नहीं डाल पाता।
- **विचारों से क्रमबद्धता** एक 'सुसंगठित' निबन्ध में विचारों में क्रमबद्धता होती है और यही क्रमबद्धता किसी भी निबन्ध को प्रभावी बनाती है।
- **विचारों में सम्बद्धता** निबन्ध में विचारों में क्रमबद्धता के साथ-साथ उनमें सम्बद्धता भी आवश्यक है। विचारों का बिखराव निबन्ध की महत्ता को कम करता है।
- **विषय-केन्द्रित** निबन्ध को हर हाल में विषय केन्द्रित होना चाहिए। विषय में भटकाव किसी भी निबन्ध का सबसे बड़ा दोष माना जाता है।
- **सारगर्भित** निबन्ध जितना सारगर्भित होगा, पाठक पर उसका प्रभाव उतना ही अधिक पड़ेगा। विषय के अनावश्यक विस्तार से निबन्ध न केवल बोझिल हो जाता है, बल्कि उसकी पठनीयता भी कम हो जाती है।

उद्धरणों, काव्य पंक्तियों तथा सूक्तियों का प्रयोग निबन्ध में प्रयुक्त विचारों के समर्थन में कवियों, लेखकों एवं महापुरूषों के कथनों, उद्धरणों एवं काव्य पंक्तियों के साथ-साथ सूक्तियों

के प्रयोग से न सिर्फ इसकी सटीकता, बल्कि इसकी पठनीयता भी बढ़ती है।

विषयवस्तु की सहभागिता का आदर्श अनुपात

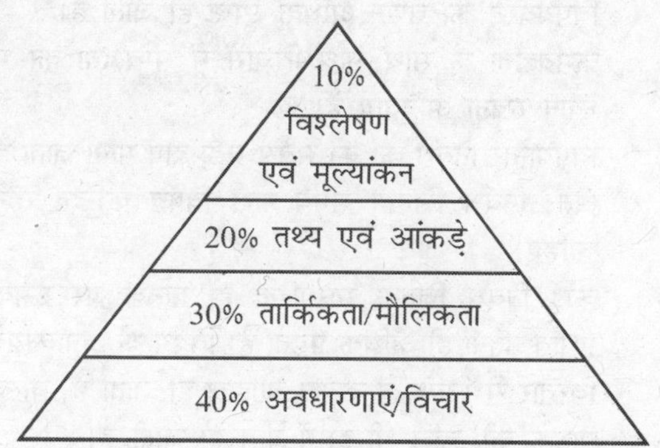

निबन्ध लेखन को प्रभावशाली बनाने के तरीके

लेखन एक ऐसा कौशल है जिसे हालांकि निरंतर अभ्यास के माध्यम से ही प्राप्त किया जा सकता है, फिर भी इसके दौरान निम्नलिखित सूत्रों के पालन से न केवल लेखन प्रक्रिया आसान हो जाती है बल्कि निबन्ध की प्रभावोत्पादकता एवं सार्थकता में भी वृद्धि होती है-

- किसी विषय से संबंधित विचारों को क्रमबद्ध रूप में व्यवस्थित कर इसे एक निंबंध का रूप दिया जा सकता है पर इसके लिए निबंध, इसके भाग एवं इसके प्रकारों की पूरी जानकारी आवश्यक है। इस जानकारी के बाद अपने विचारों को लिखकर व्यक्त कर सकने वाले किसी भी व्यक्ति के लिए निबन्ध लेखन काफी हद तक आसान हो जाता है।
- किसी भी विषय पर लिखी गई गद्य रचना, जिसमें विषयवस्तु से संबंधित विचारों को श्रृंखलाबद्ध रूप से इस तरह प्रकट किया गया हो जिससे उसकी विस्तृत अथवा सारगर्भित जानकारी मिलती हो, निबन्ध कहलाती है। इस परिभाषा को ध्यान में रखकर निबंध की रचना करनी चाहिए।
- निबंध का प्रारंभ परिचय से करते समय यह याद रखना चाहिए कि निबन्ध में पाठकों की रूचि बढ़ाने के लिए इसका आकर्षक एवं विषय केन्द्रित होना आवश्यक है। पाठक की उत्सुकता जगाने के लिए निबंध का प्रारंभ विषय से संबंधित किसी सूक्ति, उद्धरण या काव्य पंक्ति से भी किया जा सकता है।
- निबंध की पठनीयता, रोचकता, सार्थकता एवं भाषा सौन्दर्य बढ़ाने के लिए अपने विचारों के समर्थन मं निबंध में यथासंभव स्थानों पर कवि, लेखक, महापुरूषों के कथनों, उद्धरण या काव्य पंक्तियों के साथ-साथ सूक्तियों का समुचित प्रयोग करना चाहिए।
- किसी विषय पर श्रेष्ठ निबन्ध की रचना के लिए उस विषय में संबंधित पुस्तकों का अध्ययन करना चाहिए।
- अपनी अभिव्यक्ति को सजीव बनाने के लिए लोकोक्तियों एवं मुहावरों का प्रयोग करना चाहिए।
- निबंध की भाषा को आकर्षक बनाने के लिए अलंकारयुक्त अभिव्यंजनात्मक लेखन शैली का प्रयोग किया जा सकता है।
- निबंध की रोचकता बढ़ाने के लिए एक सीमा में रहते हुए इसमें व्यंग्य विनोद का पुट भी दिया जा सकता है।

निबन्ध लेखन के लिए बरती जाने वाली मूलभूत सावधानियां

एक कुशल निबंध लेखक को निबंध लिखते समय निम्नलिखित सावधानियां बरतनी चाहिए-

- निबंध उसी विषय पर लिखना अधिक अच्छा होता है, जिसकी अच्छी जानकारी हो।
- किसी निबंध का प्रारंभ विषयवस्तु के परिचय से करना चाहिए। उसके बाद उसका आवश्यकतानुसार वर्णन कर अंत में उपसंहार लिखना चाहिए।
- वर्तनी की दृष्टि से शुद्ध शब्दों का प्रयोग करना चाहिए तथा इनकी अनावश्यक आवृत्ति से बचना चाहिए।
- वाक्य विन्यास ठीक रखते हुए विराम चिन्हों का उचित प्रयोग करना चाहिए।
- व्याकरण सम्मत स्पष्ट भाषा का प्रयोग करना चाहिए।
- निबंध की भाषा शैली सीधी, सरल, सुबोध तथा विषय के अनुकूल रखनी चाहिए।
- लंबे-लंबे क्लिष्ट शब्दों के प्रयोग से यथासंभव बचना चाहिए, क्योंकि इनसे भाषा प्रवाह में बाधा पहुंचती है, और निबंध अस्वाभाविक लगने लगता है।
- निबंध का आकार न बहुत छोटा और न ही बहुत लंबा होना चाहिए।

- सभी विचारों को पूर्णता के साथ स्पष्ट रूप से व्यक्त करना चाहिए।
- मध्य भाग लिखते समय यह ध्यान रखना चाहिए कि एक अनुच्छेद में एक ही भाव हो। विभिन्न अनुच्छेदों को भी विचारों की भांति सही क्रम में प्रस्तुत किया जाना चाहिए।
- विषयवस्तु का वास्तविक प्रसार मध्य भाग में ही करना चाहिए।
- निबंध का सांराश उपसंहार में ही लिखना चाहिए तथा इसमें इस बात का ध्यान रखना चाहिए कि अंतिम वाक्य के साथ निबंध की पूर्णता का आभास हो।
- विचारों में क्रमबद्धता रखनी चाहिए। जैसे किसी महापुरूष पर निबंध को यदि उनकी मृत्यु से शुरू किया जाए, तो इसे कभी अच्छा नहीं कहा जा सकता। उनका परिचय, उनका प्रारंभिक जीवन, उनके कार्य, उनका योगदान इत्यादि के वर्णन के बाद यदि हम उनकी मृत्यु के बारे में बताएं तो इसमें विचारों में क्रमबद्धता स्पष्ट रूप से दिखाई पड़ती है। विचारों में क्रमबद्धता लाने के लिए वाक्यों का एक-दूसरे से जुड़ा होना आवश्यक है, इससे विषयवस्तु का वर्णन अधिक स्पष्ट हो जाता है।
- क्रमबद्धता के साथ-साथ विचारों में सम्बद्धता का भी ध्यान रखना अनिवार्य है।
- विषयान्तर निबंध का का सबसे बडा दोष माना जाता है। अत: निबंध लिखते समय सदा विषय केन्द्रित रहना चाहिए।
- कोई निबंध जितना सारगर्भित हो पाठक पर उसका प्रभाव उतना ही अधिक पड़ता है। विषय के अनावश्यक विस्तार से निबंध न केवल बोझिल हो जाता है, बल्कि पाठक की रूचि भी इसमें कम हो जाती है।

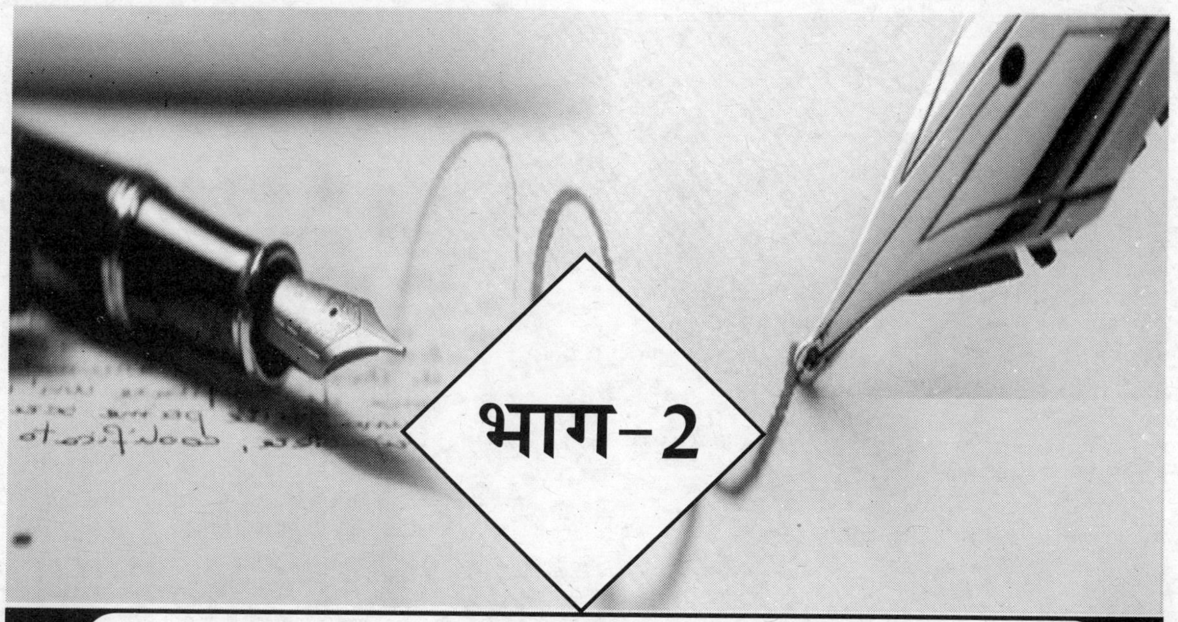

कला, साहित्य, सांस्कृतिक एवं शिक्षा

इस भाग में ....

साहित्य समाज का दर्पण है

शिक्षा

शिक्षा का अधिकार

भारतीय शिक्षा नीति में प्राथमिक शिक्षा

कुंभ : एक सांस्कृतिक संगम

भारतीय संस्कृति : एक साझा संस्कृति अथवा हमारी भारतीय सांस्कृतिक विरासत

भारतीय संस्कृति में अनेकता में एकता

संस्कृति और सभ्यता

01 "साहित्य समाज का दर्पण है"

संस्कृति और सभ्यता दो पृथक व्यवस्थाएं तथा विचार तत्व हैं किन्तु दोनों ही एक-दूसरे के पूरक हैं। इनकी सम्पूर्णता विश्वव्यापी व सर्वकालिक तब संभव बन जाती है जब इनकी अभिव्यक्ति संकलित हो जाए व संस्कार रूप में आने वाली पीढ़ियों के लिए अध्ययन का आधार व ज्ञान का प्रतीक बन जाए तभी एक विशिष्ट समाज का चरणोबद्ध विकास देखा व समझाया जा सकता है। अतः यदि यूँ कहें कि सभ्यता और संस्कृति तभी युग विशेष की सामाजिक व्यवस्था में परिवर्तित होती हैं जब उनका साहित्यिक विवेचन संभव हो, अन्यथा मूक साक्ष्य सभ्यता का भौगोलिक वर्णन ही करते हैं। किंतु समाज और संस्कृति की विशिष्ट पहचान साहित्य के माध्यम से ही संभव है अथवा साहित्य के अभाव में इसे अंधकार युग की संस्कृति कहना पाठक के लिए एक असांमजस्य स्थिति का प्रतीक होता है। अतः साहित्य लेखन भाषा और लिपि का जन्म, स्वतंत्र अभिव्यक्ति, संकलन की परिपाटी तथा संकलित सामग्री का रखरखाव ऐसी मानवीय पृवत्ति है जिसके द्वारा युवा विशेष के समाज और उसकी विशिष्ट संस्कृति को संजोया जा सकता है।

संस्कृति का निर्माण वस्तुतः समुदाय और समाज का परिपक्व रूप है। ज्ञातव्य है कि भौगोलिक विस्तारण युग विशेष की सभ्यता का सूचक हो सकता है जिसके भीतर क्षेत्रीय गुट को समुदाय कहा जाता है और इन समुदायों के संयोजन से समाज का निर्माण होता है जो मुख्यतः भौगोलिक और आर्थिक व्यवस्था पर केन्द्रित होता है। इसी कारण प्रारंभिक सभ्यताओं के विषय में सदैव आर्थिक जीवन लिखा जाता है अथवा सम्बोधित किया जाता है। वस्तुतः जब उस समाज विशेष की सामाजिक, राजनैतिक, प्रशासनिक, राजनैतिक, धार्मिक, न्यायिक व्यवस्थाएं स्थापित हो जाती हैं तब स्वतः ही पृथक पृथक क्षेत्रों में संस्कारों का निर्माण होता है। यही संस्कार सृजित होकर संस्कृति का निर्माण करते हैं जो आधारभूत रूप से दो प्रकार के होते हैं औपचारिक संस्कार और अनौपचारिक संस्कार, व्यक्तिगत रूप से समाज की इकाई अथवा परिवार में दिये जाने वाले संस्कार अनौपचारिक होते हैं जबकि व्यवस्था संबंधी संस्कार औपचारिक होते हैं। इन्हीं का संकलन परम्परागत रूप से मौखिक तथा लिखित साहित्य का कारण है। अतः संस्कृति निर्माण के उपरांत ही साहित्य संकलन संभव होता है। जो भाषायी आधार पर मौखिक होता है जबकि लिपिबद्ध होने पर लिखित साहित्य का सृजन होता है।

साहित्य वस्तुतः क्षेत्र विशेष की भौगोलिक स्थिति संस्था, जलवायु, विचारधारा, राजनैतिक एवं धार्मिक प्रभाव संस्कारों विश्वासों एवं मूल्यों एवं व्यवस्थाओं से संबंधित होता है। तकनीकि उत्थान प्रसार, प्रभाव और पराभाव की व्याख्या से सामंजस्य रखता है। सुदृढ़ अर्थव्यवस्था सुशिक्षित समाज तथा उदारवादी युग में इसका विकसित होना एक स्वाभाविक प्रक्रिया है जबकि इसी के विपरीत अराजकता, रूग्ढ़ अर्थव्यवस्था और असुरक्षा के काल विशेष में साहित्य का संकीर्ण हो जाना अतः उसका विषयवस्तु नकारात्मकता से प्रेरित होना एक विशिष्ट मनोवैज्ञानिक कारण होता है। ऐसे में तत्कालिक व पूर्वकालिक साहित्य का बहुमुखी अध्ययन कार्य विशेष की समाज और संस्कृति को पाठक के समक्ष उजागर कर देता है। मोटे तौर पर विश्वव्यापी साहित्य भाषा, लिपि लेखन सामग्री तथा लेखन में प्रयुक्त अथवा लेखन के लिए चयनित विषयवस्तु विश्व के विकास का सम्पादन करते है अतः सभ्यताओं का युग विशेष व मन्वन्तर के काल में हुए विकास को अथवा पतन को एकमात्र साहित्य के द्वारा ही जाना व समझा जा सकता है। साहित्य, सभ्यता, संस्कृति और समाज व उसकी परम्पराओं का विभाजन करता है और स्पष्ट कर देता है कि किस भौगोलिक और सांस्कृतिक क्षेत्र में कौन से वह आर्थिक, राजनैतिक व सांस्कृतिक कारण थे जिस कारण विशिष्ट समाज का प्रादुर्भाव हुआ अथवा वह कौन-सी गतिविधियां थी जिनसे अमुक व्यवस्था ने जन्म लिया, साहित्य लेखन की विभिन्न विधाएं जैसे धार्मिक साहित्य, धर्मेयत्तर साहित्य, राजकीय साहित्य, असंप्रदायिक साहित्य स्वच्छन्द, संस्मरण साहित्य, यात्रावृतान्त साहित्य व्यवसायिक साहित्य, जीवन वृतांत साहित्य, टीका टिप्पणी इत्यादि वस्तुतः ऐसे माध्यम हैं जिनके द्वारा पृथक-पृथक विधाओं और शैलियों के माध्यम से तत्कालिक लेखक के मनोभाव व उसको समाज की स्वीकृति तथा उसके द्वारा समाज का विश्लेषण ज्ञात होता है। ऐसे साहित्य विशेष का तुलनात्मक अध्ययन अवश्यम्भावी हो जाता है तत्कालिक, पूर्वकालिक, उत्तरोत्तरकालिक साहित्य के साथ आख्यानात्मक वर्णन पाठक को एक निष्कर्ष पर पहुंचा देता है जिसके माध्यम से एक युग विशेष की

सामाजिक व्यवस्था और सांस्कृतिक मान्यता स्पष्ट हो जाती है। एतैव साहित्यकार और समाजशास्त्री यह मानते हैं कि साहित्य को किसी भी क्षेत्र विशेष के तत्कालिक व ऐतिहासिक अध्ययन चक्षु कहना चाहिए।

भारतीय साहित्य वास्तव में भारतीय साहित्य व संस्कृतिक विशेषता को व्याख्यारित करने में सक्षम है। लगभग दो सौ भाषाओं और आठ लिपियों में सृजित भारतीय साहित्य अपनी लेखन शैली से ही वैदिक समाज वेदोत्तर कालीन समाज, नास्तिक समाजों की अवधारणाएं वैदेशिक प्रजातियों के सम्मिश्रण से सृजित नये समाजों का जन्म, विभिन्न धर्म तंत्र, प्रशासनिक तंत्र, अर्थतंत्र, कला धर्म, मूल्य विश्वास तथा उनमें आये परिवर्तनों का संकलन भारतीय साहित्य के द्वारा संकलित हुआ जिसकी विवेचना से ही पृथक-पृथक क्षेत्रों व पृथक-पृथक युग विशेष पृथक-पृथक व्यवस्थाओं आदि के जन्म और पराभाव का संपूर्ण चित्रांकन भारतीय साहित्य करता है।

अत्याधुनिक युग में भी वैश्वीयकरण, भूमंडलीयकरण, उदारवाद, सार्वजनिक एवं निजीकरण, आणिविक शक्ति, तकनीकि विकास विज्ञान व पर्यावरण, खगोल यह सारे विषयवस्तु जो व्यवस्था परिवर्तन के सूचक हैं विभिन्न साहित्य के विशुद्ध वर्णन से ही संभव होता है। अत: यह कहना कि साहित्य किसी पृथक समाज का दर्पण होता है। वास्तव में इसकी संकीर्ण परिभाषा है अत: यदि हम यूँ कहें कि साहित्य के माध्यम से किसी भी समाज और संस्कृति के जन्म, संचरण, पराभव और नवीन समाज की उत्पत्ति उस पर अन्य समाजों का प्रभाव समाजिक सामंजस्य, सामाजिक द्वंद नवीन व्यवस्थाओं का सृजन और सृजित अवधारणाओं का विकास सकारात्मक और नकारात्मक विचारों का जन्म उनके परिणाम और भविष्योत्तर कालीन योजनाओं का प्रारूप सभी दृष्टिकोणों से साहित्य सृजन ही एकमात्र विकल्प निकलता है अत: साहित्य की वृहद परिभाषा उसे समाज का दर्पण न मानकर, प्रतिबिम्ब स्वीकारना अधिक उचित होगा।

02 शिक्षा

'जन्म मिलता है, जीवन नहीं।
जीवन मिलता नहीं, जीवन पाना होता है।'

जन्म को मानवीय रूप देने के लिए शिक्षा की जरूरत पड़ती है। शिक्षा जीने की कला सिखाती है। यह कला विचार से पैदा होती है क्योकि विचार जीवन के संगतियो और विसंगतियों की पहचान करते है। विचार से ही संतोष और असंतोष पैदा होता है।

विचार, असंतोष और संदेह जीवन की कलाएं हैं। विश्वास को केन्द्र पर रख कर भी जिया जा सकता है। लेकिन इससे जीवन में ठहराव आ सकता है। यह जीवन को तालाब बना देगा। जबकि जीवन का लक्ष्य नहीं बनना है। नदी विचारों की खोज है, जो नहीं है उसे पाने की चेष्टा है। वह शिक्षा का उद्देश्य ही होना चाहिए।

शिक्षा चुनाव करने की कला सिखाती है। युग्मों पर आधारित जीवन के अवसरों को शिक्षा विवेक संगत बनाती है। जैसे कोई बेईमानी करने के अवसरों से वंचित है तो उसकी ईमानदारी का कोई अर्थ नहीं है। जो शिक्षा संगत विवेक पैदा करती है। वही शिक्षा सारवान तथा मूल्यवान हो सकती है।

हमारी सम्पूर्ण शिक्षा व्यवस्था बासी उत्तर पर निर्भर है, प्रश्न निर्भर नहीं। यह व्यवस्था उत्तर को मूल्य के रूप में स्थापित करती है। जबकि शिक्षा की बुनियादी चुनौती प्रश्न पैदा करना है। प्रश्न करने से चेतना का विकास होता है और व्यक्तित्व का रूपान्तरण होता है। जबकि उत्तर चेतना में संतोष पैदा करता है। ऐसी शिक्षा व्यवस्था में डिग्रीधारी मानवी ढ़ाचों का उत्पादन होता है, चैतन्य मनुष्य का नहीं।

हमारी शिक्षा व्यवस्था की एक कमी यह है कियह स्मृति पर आधारित शिक्षा है। जबकि इसे बोधगम्य शिक्षा होना चाहिए। स्मृति अतीत से सम्बन्धित है जबकि बोध (sense) भविष्य से। स्मृति सूचनाओं का संग्रह है जो जीवन के पूर्व निर्धारित निर्णयों और निष्कर्षो पर आधारित है। जबकि बोधगम्य शिक्षा उस चेतना से सम्बन्धित है जो अनजान और अज्ञात है। यह शिक्षा पद्धति सिर्फ पंडित बना सकती है ज्ञानी नहीं। ज्ञान अस्तित्व के केन्द्र से फूटता है। अज्ञान और उसको प्रकट करने के आत्म संर्घर्ष से ज्ञान का उदय होता है।

शिक्षा व्यवस्था की एक बड़ी समस्या है – सूचनाओं का संज्ञान। शिक्षा में सूचनाओं का निषेध नहीं हो सकता। होना यह चाहिए कि सूचनाओं को विचार में परिवर्तित कर दिया जाय। इसको जीवंत बना दिया जाय। जिसमें असामनता में बदलते हुए रंग और सांस को लौटते हुए पक्षियों की उड़ान शामिल हो। इसमें विद्यार्थी के अनुभव, उसके बेहद मामूली सवाल और उसकी कल्पनाओं को शामिल किया जाय।

हमारी पूरी शिक्षा व्यवस्था का मूल्य है सफलता-

''पढ़ोगे लिखोगे बनोगे नवाब ....'' यह विद्यार्थियों में लालच पैदा करती है। यह विद्यार्थियों को प्रलोभन है। जबकि विद्यार्थी को यह बताना चाहिए कि ''यदि पढ़ोगे तो तुम्हारे चिन्त का विस्तार होगा, विकास होगा, विवेक पैदा होगा।'' शिक्षा व्यवस्था को सफलता के रंगीत सपनों से निकालकर सफल बनाने की जरूरत है।

आधुनिक शिक्षा व्यवस्था में 'शिक्षक' की अवधारणा है। क्योंकि शिक्षक से पहले गुरू था। गुरू का शिक्षा, व्यवसाय नहीं था। गुरू होने का अर्थ और आनंद था।

''गुरू गोविन्द दोऊ खड़े ....''

आज का शिक्षक व्यवसायी बन गया है। आज वह स्कूल से लेकर विश्व विद्यालय स्तर तक परीक्षार्थियों की मॉस प्रोडक्शन तथा मधयस्थ की भूमिका में है। वह पहले से स्थापित सूचनाओं को विद्यार्थियों में संक्रमित कर देता है। यही कारण है कि सभी पुरानी सामाजिक बीमारियां, सारे पाखंड और अंधविश्वास पीढ़ी दर पीढ़ी चलते जा रहे है। इस व्यवस्था में विद्यार्थी से पहले शिक्षक ही व्यक्तिहीन हो गया है। जबकि शिक्षक होना जीने और होने की सार्थकता में है। जिस प्रकार धर्म में अधार्मिक भर गये है उसी प्रकार शिक्षा व्यवस्था में गैर-शिक्षक भर गये है। जैसे पटना विश्व विद्यालय के एक प्रोफेसर, लखनऊ के एक नर्सिंग कॉलेज के मैनेजर और शिक्षक। अत: शिक्षक को कैसे होना चाहिए इस पर गाँधी जी के विचार – ''जो शिक्षक पाठ्य पुस्तकों में से सिखता है वह अपने विद्यार्थियों को मौलिक विचार करने की शक्ति नहीं देता पुस्तके जितनी कम होगी उतना ही शिक्षक और विद्यार्थी दोनों लाभान्वित होगे''।

इस व्यवस्था में शिक्षक की भूमिका व्यवस्था के रक्षक के रूप में है। जो शिक्षण कार्य और व्यवस्था की सबसे बड़ी बिडंबना है। शिक्षक वही ज्ञान समाज में बांटता है जो प्रभुत्व वर्ग के द्वारा बनाया गया पाठ्यक्रम है, जो इनकी हितों की रक्षा करता है। इस तरह आज शिक्षक 'ऐजेंट' मात्र रह गया है।

कोई व्यक्ति सही मायने में शिक्षक तभी हो सकता है जब इसके भीतर विचार, विद्रोह और चिंतन की आग हो। यदि ऐसा नहीं है तो वह एक व्यावसायी है।

आज शिक्षा का निजीकरण एक ज्वलंत मुद्दा है। इसकी शुरूआत औपनिवेशिक भारत में ही हो गई थी। अंग्रेजो ने अपनी व्यवस्था को बनाए रखने के लिए तन से भारतीय किन्तु मन से ब्रिटिश नागरिक बनाने के लिए कांवेन्ट स्कूलों को स्थापित किया। आज यही भारत में 'इंगलिश मिडियम पब्लिक स्कूल' कहलाते हैं जहाँ भारी कैपिटेशन फीस देकर प्रवेश पाया जाता है। इन स्कूलों की उन लाखों सरकारी स्कूलों से कोई तुलना नहीं है जहाँ बच्चे टुटे-फूटे बरामदों या कमरों में पढ़ते हैं।

शिक्षा का निजिकरण सत्ता और शक्ति में साधारण की भागीदारी को असंभव बनाता है। शिक्षा यदि समाज नहीं एक वर्ग बनाता है तो यह अनर्थकारी है, यह शिक्षा के बुनियाद को ध्वस्त करेगा। यह दो नैतिकताएं पैदा करेगा-एक समाज का तो एक प्रभुत्व वर्ग का।

सरकारी स्कूलों में कई प्रकार के पृष्ठभूमियों से आने वाले बच्चों में संबंध बनाने का अवसर मिलता है। यह अवसर जीवन में विविधता का बोध पैदा करता है। इसके विपरीत ऊँची कैपिटेशन फीस तथा तथाकथित योग्यता के गुणगान वाले ये स्कूल बच्चों को गरीबी, बेरोजगारी जैसे समस्याओं को सिर्फ किताबों में पढ़ाते है। यथार्थता में वे इन समस्यो से आंख मूदना तथा निजी सुख में संतुष्ट होना सिखाते है। अतः शिक्षा का निजीकरण शिक्षा व्यवस्था को अमानवीय और आक्रमक बना रही है।

साक्षरता एक आधुनिक अवधारणा है जिसका सीधा संबंध प्रचारित ज्ञान से है। यह व्यक्ति को प्रचारित साहित्य के सम्पर्क में मात्र लाती है। साक्षरता भारत में सरकारी तंत्र के माध्यम से फैलायी जा रही है, सर्व शिक्षा अभियान। किन्तु इससे शिक्षा प्रसार नहीं हो रहा है। साक्षर व्यक्ति शब्द तो सीख लेता है, किन्तु शब्द का भाव तथा बोध नहीं प्राप्त कर पाता है। यह बच्चों को समाज की चेतना से जोड़ने की जगह उन्हें अजनबी बना देती है। जीवन के हिस्से से बचपन गायब हो गया है। साक्षरता को शिक्षा में बदलने की चुनौती को हमारे देश के विचारकों को समझना होगा।

इस समय हमारे देश में यौन शिक्षा को लेकर बहस चल पड़ी है। पारंपरिक लोगों को तर्क है कि यौन शिक्षाएं विद्यार्थियों के नैतिक ढ़ांचे को ध्वस्त करेगी। भारतीय समाज में नैतिकता केन्द्र यौनिक है। चरित्र की उच्चता और पतन को यौन संबंधों से परिभाषित करने की प्रथा है। यह नैतिकता के प्रति अत्यंत सतही और आरोपित दृष्टि है। लेकिन वास्तविक सवाल यह है कि क्या यौन नैतिकता की शिक्षा उसी भाषा में दी जाएगी जिसमें यह अन्य विषय पढ़ाते आए है? यदि भाषा यही होगी तो इसके सकारात्मक प्रभाव संभव नहीं है।

यौन शिक्षा का गहरा संबंध धर्म से भी है। यौन शिक्षा धर्म आधारित शिक्षा की परिभाषा में खरोंच पैदा करती है। अतः सर्वप्रथम शिक्षा को धर्म से अलग करना होगा। तभी शिक्षा ज्ञान की सार्थक और प्राकृतिक भूमि पर स्थापित होगी। अतः जब तक समाज को शिक्षा को और शिक्षक को धर्म शासित संस्कार से मुक्त नहीं किया जाता तब तक यौन शिक्षा की धारणा विकृति ही पैदा करेगी।

शिक्षा के संबंध में कोई चर्चा राजनीति से अलग होकर नहीं की जा सकती। किसी भी देश का राजनीतिक चरित्र ही शिक्षा व्यवस्था का स्वस्थ निर्धारण करता है। हमारे देश की शिक्षा व्यवस्था में तर्क और विवेक की भाषा को जानबूझकर दबाया गया है। इस शिक्षा से विद्यार्थी समाज और पर्यावरण से जुड़ने के बजाय दूर होता गया है। इस व्यवस्था का कारण हमारी राजनीतिक संरचना में है।

वस्तुतः शिक्षा राजनितिक व्यवस्था का एक हिस्सा है और इसे होना भी चाहिए लेकिन आधुनिक भारत में शिक्षा को निरंतर गैर राजनीतिक बनाने की कोशिश हुई है। जैसे शिक्षा का राजनितिकरण।

अतः भविष्य की वैकल्पिक शिक्षा क्या हो? कैसे हो? इस मुद्दे पर विचार करने पर यह विचार आता है कि इसे कुछ इस तरह होना चाहिए।

1. मनुष्य की छवि
2. जीवन शैली
3. समाज व्यवस्था को समझने का विवेक

शिक्षा में परिवर्तन के लिए यह जरूरी है कि माँ-बाप भी अपने बच्चों के शैक्षिक जीवन में दिलचस्पी लें। बच्चों को शिक्षित करना महज स्कूल की जिम्मेदारी नहीं, परिवार की भी जिम्मेदारी है। अतः यह प्रक्रिया स्वयं को भी शिक्षित करना है। शिक्षित व्यक्ति को एक नया रूपक चुनना होगा जिसमें आदमी होना महज जानकार होना नहीं बल्कि स्वयं के अस्तित्व और अपनी सक्रियता को संभव बनाना भी होता है।

03 शिक्षा का अधिकार

शिक्षा का अधिकार (आरटीई) देश में प्राथमिक शिक्षा के सर्वव्यापीकरण में अब तक का ऐतिहासिक विकास है। 2010 में लागू इस अधिनियम में 6 से 14 वर्ष की आयु समूह के प्रत्येक बालक को प्राथमिक शिक्षा का अधिकार दिया गया है। वे निःशुल्क और अनिवार्य शिक्षा के हकदार हैं।

सर्वशिक्षा अभियान (एसएसए) आरटीई अधिनियम के कार्यान्वयन का एक मुख्य साधन है। यह दुनिया में अपनी तरह के सबसे बड़े कार्यक्रमों में से एक है। यह मुख्य तौर पर, केन्द्रीय बजट से प्राथमिक तौर पर वित्त पोषित है और इसे पूरे देश में चलाया जाता है। इस योजना के अंतर्गत 11 लाख रिहाइशों में 19 करोड़ से ज्यादा बच्चों को शामिल किया गया है। देश की 98 प्रतिशत बस्तियों में एक किलोमीटर के दायरे में प्राथमिक विद्यालय हैं और 92 प्रतिशत बस्तियों में तीन किलोमीटर के दायरे में उच्चतर प्राथमिक विद्यालय हैं।

इस कार्यक्रम का कार्यान्वयन प्राथमिक शिक्षा में लैंगिक और सामाजिक अंतराल को कम करना है। अनुसूचित जाति/अनुसूचित जनजाति और मुस्लिम अल्पसंख्यक समुदायों की बालिकाओं और बच्चों तक पहुंच बनाने के लिए विशेष प्रयास किए गए हैं।

अनुसूचित जाति, अनुसूचित जनजाति, अन्य पिछड़े वर्गों, मुस्लिम समुदायों और शैक्षणिक रूप से पिछड़े ब्लॉकों में गरीबी रेखा से नीचे की बालिकाओं के लिए आवासीय उच्चतर प्राथमिक विद्यालयों के तौर पर 3500 से ज्यादा कस्तूरबा गांधी बालिका विद्यालयों (केजीबीवी) को स्थापित किया जा चुका है। इन विद्यालयों में निःशुल्क आवास, पुस्तकें, स्टेशनरी और वर्दियां प्रदान की जा रही हैं।

एसएसए के अंतर्गत शहरी वंचित बच्चों, आवधिक प्रवास से प्रभावित बच्चों और दूर-दराज एवं बिखरी हुई बस्तियों में रहने वाले बच्चों पर विशेष ध्यान दिया गया है। ऑटिज्म से पीड़ित बच्चों तक पहुंच बनाने के लिए विशेष प्रयास किए गए हैं। इसमें बुनियादी सुविधाओं में सुधार और सरकारी विद्यालयों में नए शिक्षक पदों की अनुमति शामिल है। सरकारी और सरकारी सहायता प्राप्त विद्यालयों में सभी बच्चों को निःशुल्क पाठ्य पुस्तकें प्रदान की जा रही हैं। पिछले वर्ष, केन्द्र ने 23,800 करोड़ रुपये से ज्यादा जारी किए और वर्तमान वित्तीय वर्ष (2013-14) के दौरान पहले आठ महीनों में 16,000 करोड़ रुपये से ज्यादा जारी किए जा चुके हैं।

वित्त पोषण के लिए बढ़ाई गई इस धनराशि से विद्यालय स्तर पर व्यापक निर्माण और बुनियादी सुविधाओं में सुधार किया गया है। 95 प्रतिशत के करीब विद्यालयों में पेयजल सुविधाएं हैं और 90 प्रतिशत विद्यालयों में शौचालय हैं। इसी प्रकार से, करीब 75 प्रतिशत उच्चतर प्राथमिक विद्यालयों में फर्नीचर सुविधाएं उपलब्ध हैं। 'शिक्षा के अधिकार' को कार्यान्वित करने के लिए संयुक्त प्रगतिशील गठबंधन सरकार के एक प्रमुख कार्यक्रम के अंतर्गत सर्वशिक्षा अभियान के तहत शौचालय, पेयजल सुविधाओं और विद्युतीकरण के साथ तीन लाख से ज्यादा नए विद्यालय भवनों का निर्माण किया जा चुका है।

निःशुल्क और अनिवार्य शिक्षा (आरटीई) अधिनियम, 2009 के तहत बच्चों के अधिकार के लागू होने के बाद से शिक्षा के लिए जिला सूचना प्रणाली (डीआईएसई) आंकड़ों के अनुसार प्राथमिक स्तर पर बच्चों के दाखिले 2008-09 के करीब 19 करोड़ से 2012-13 में 20 करोड़ तक पहुंच चुके हैं। आरटीई अधिनियम के उद्देश्यों को पूरा करने के लिए सर्वशिक्षा अभियान (एसएसए) के अंतर्गत राज्यों/संघ शासित प्रदेशों को कुल 43,500 से ज्यादा विद्यालयों, अतिरिक्त सात लाख कक्षाएं 5,46,000 शौचालय और 34,600 पेयजल सुविधाओं के लिए स्वीकृति दी जा चुकी है।

वर्ष 2008-09 और 2012-13 के दौरान अनुसूचित जाति के दाखिले में तीन से चार करोड़ तक की वृद्धि हो चुकी है। इसी प्रकार से अनुसूचित जनजातियों और अल्पसंख्यकों के बीच भी सकारात्मक दृष्टिकोण देखने को मिला है। आरटीई अधिनियम के अनुसार 13 राज्य, निजी और बिना किसी आर्थिक सहायता प्राप्त विद्यालयों में अलाभान्वित समूहों/कमजोर वर्गों के बच्चों को दाखिल कर चुके हैं।

मध्यान्ह भोजन योजना के साथ शिक्षा का अधिकार अधिनियम, प्राथमिक शिक्षा के सर्वव्यापीकरण पर महत्वपूर्ण प्रभाव डालते हुए बच्चों के स्कूल से हटने में कमी के साथ-साथ कक्षाओं में भूख से होने वाली समस्याओं को भी महत्वपूर्ण रूप से दूर कर चुका है।

प्राथमिक शिक्षा के कुल दाखिला अनुपात में यह सुधार प्रतिबिंबित होता है। वर्ष 2011-12 में यह 99.89 प्रतिशत था। हालांकि प्राथमिक स्तर पर बच्चों के विद्यालय से हटने के मामलों में भी काफी कमी आई है। विद्यालयों से बच्चों के हटने की संख्या वर्ष 2005 में 1.34 करोड़ से ज्यादा थी, जो वर्ष 2012-13 में 29 लाख पर आ गई।

आरटीई के अंतर्गत गुणवत्ता को सुधारने के लिए कई नए उपाय भी अपनाए जा चुके हैं। वर्ष 2012-13 तक एसएसए के अंतर्गत करीब 20 लाख अतिरिक्त शिक्षक पदों को स्वीकृति दी जा चुकी है। इनमें से 12 लाख 40 हजार पदों को भरे जाने की भी खबर है। आरटीई के बाद यह अनिवार्य कर दिया गया है कि शिक्षक पात्रता परीक्षा को उत्तीर्ण करने वाले व्यक्ति ही शिक्षक के तौर पर नियुक्त किए जा सकते हैं।

शिक्षण के स्तर को सुधारने के लिए कक्षा आठ तक के बच्चों को निःशुल्क पाठ्य पुस्तकें उपलब्ध कराई जाती हैं। सतत् और व्यापक मूल्यांकन प्रणाली को भी प्रोत्साहन दिया जा रहा है। बच्चों के शिक्षण को और अधिक सरल और समग्र बनाने के लिए पाठ्यक्रम में संशोधन भी किए गए हैं। सेवारत शिक्षकों और मुख्याध्यापकों के प्रशिक्षण को भी प्रोत्साहन दिया जा रहा है।

11वीं पंचवर्षीय योजना के अंतर्गत मानव संसाधन विकास मंत्रालय की सभी योजनाओं का उद्देश्य गुणवत्ता युक्त शिक्षा तक पहुंच और इसमें सुधार लाना है, जबकि वर्तमान पंचवर्षीय योजना का प्रमुख ध्येय शिक्षा में गुणवत्ता प्रदान करना है।

04 भारतीय शिक्षा नीति में प्राथमिक शिक्षा

वस्तुतः शिक्षा औपचारिक व अनौपचारिक होती है अनौपचारिक शिक्षा घर व समाज तथा आस पास के पर्यावरण से प्राप्त होती है जबकि औपचारिक शिक्षा संस्थाओं के माध्यम से कई स्तरों में प्राप्त की जा सकती है। भारतीय मनीषीयों व बुद्धीजीवियों ने इन दोनों ही विशुद्ध शिक्षा शैलियों को सामान्य रूप से प्राथमिकता दी इसी के चलते भारतीय शिक्षा नीति एक सुदृढ़ और सशक्त वैयक्तिक के आधार का निर्माण बनी अतः भारतीय शिक्षा नीति जो प्रारंभ में मौखिक थी जिसका आधार भाषाओं के माध्यम से कुशल उच्चारण के द्वारा अभिव्यक्तियों को साकार बनाना था, कालांतर में जब लिपि प्राप्त हुई अथवा लिपि का अन्वेषण हुआ तब भारतीय शिक्षा नीति अपनी परिपक्व अवस्था में पहुंच गई। किंतु प्रारंभ से ही विचारकों का मानना था कि शिक्षा नीति के अंतर्गत प्राथमिक शिक्षा वैज्ञानिक हो, उसका आधार स्तम्भ मनोवैज्ञानिक हो जिससे मनुष्य के व्यक्तित्व का विकास हो और ऐसे समृद्ध समाज से संस्कृतिवाद व राष्ट्र का विकास हुआ अतः भारतीय शिक्षा को व्यक्तित्व के निर्माण का आधार मानती है।

वैदिक शिक्षा पद्धति वस्तुतः उच्चारण पठन पाठन ध्यान, पराभौतिकीय संस्कारों से प्रेरित थी किंतु धीरे-धीरे जब गुरूकुल पद्धति का विकास हुआ, तब अलग-अलग विषय वस्तुओं को प्राथमिकता दी गयी तथा प्राथमिक शिक्षा को भी सरल और सहज बनाकर मनोवैज्ञानिक रूप से समाज का आवश्यक बनाया गया इसके लिए विचारंभ संस्कार प्रारंभ हुआ कालांतर में लिपि ज्ञान के साथ इसे और अधिक विकसित किया। कल्हण की ''राजतरंगिणी'' में प्राथमिक विद्यालयों का उल्लेख मिलता है। इसके पूर्व ही मनु तथा याज्ञवल्क्य प्राथमिक शिक्षा की आयु निर्धारित करते हैं। भारत में इस्लाम के आगमन के उपरांत मदरसों और मक्तवों द्वारा भी शैक्षणिक पद्धति को प्राथमिक स्तर पर विभाजित किया गया। किंतु इस काल तक भारतीय शिक्षा नीति व प्राथमिक शिक्षा का आधार बिंदु सामाजिक और धार्मिक अधिक था न ही इसे आधुनिक विषयों में विभाजित करके स्वीकारा गया था। भारत की शिक्षा पद्धति वास्तव में आधुनिक काल में प्राथमिक, माध्यमिक और उच्चतर स्तर पर विभाजित हो गयी। 19वीं शताब्दी में भारतीय शिक्षा नीति पर सर्वप्रथम डंक्कन और जेम्स प्रिंसेप ने दृष्टिपात किया और वैदिक शिक्षा को ही तीनों स्तरों के लिए उचित माना। इसी समय लार्ड विलियम बैंटिक ने मैकाले शिक्षा पद्धति के अंतर्गत भारतीय शिक्षा नीति का निर्माण किया। इस काल में राजाराम मोहन राय ने भारतीय शिक्षा पद्धति को पहली बार व्याख्यारित किया। उन्होंने हिंदी, समसामायिक, आधुनिक शिक्षा देने का निवेदन किया। तत्पश्चात Wood Campaign में प्राथमिक शिक्षा के लिए पृथक-पृथक शिक्षाएं और नियम बनाये। 20वीं शताब्दी में गोपाल कृष्ण गोखले ने सबसे पहली बार प्राथमिक शिक्षा को ही वायसराय की बैठक में उठाया। 1911 में मांग की कि भारतीय उत्पादन के लाभ का 2.5% भारतीय शिक्षा प्रबंधन पर निवेश किया जाना चाहिए।

तब परिषद के एक सदस्य अल्गीन ने इसका विरोध किया था ऐसी स्थिति में गांधीजी ने each one & teach one का नारा वस्तुतः प्राथमिक शिक्षा हेतु ही दिया। अंततः 1925 में भारतीयों का एक विशेष वर्ग इसका विरोध किया था।

वर्धा योजना के समय गाँधी ने प्राथमिक शिक्षा पर जोर दिया व्यक्तिवादी, पूंजीवादी व्यवस्थाओं को सीमित करते हुए प्राथमिक शिक्षा को व्यक्तित्व निर्माण का आधार माना और स्पष्ट किया कि विश्व की कोई भी अवस्था हो अथवा विश्व व राष्ट्र किसी भी अवधारणा से संचालित हो किंतु उसका प्राथमिक शिक्षा का स्तर आध्यात्मिक और मनोवैज्ञानिक होना चाहिए जिनमें संस्कार विचार अनुशासन तथा समर्पण की विचारधाराएं समाहित हैं।

भारतीय स्वतंत्रता के उपरांत भारतीय शिक्षा नीति में प्राथमिक शिक्षा को सुनियोजित करने अथवा उसे योजनाबद्ध रूप में लागू करने का दायित्व मौलाना अबुल कलाम आजाद को दिया गया। जिन्होंने वर्धा योजना में ही संशोधन करके प्राथमिक शिक्षा नीति बनायी जिसके अंतर्गत सरकारी संगठन, गैर सरकारी संगठन, निजी संस्थान, सार्वजनिक संस्थान व्यक्तिगत रूप से अथवा न्यास के द्वारा भारतीय शिक्षा नीति विशेषकर प्राथमिक शिक्षा को उपलब्ध कराया जाना सुनिश्चित हुआ। कालांतर में राधाकृष्णनन् जो ऑक्सफोर्ड पद्धति पर आधारित भारत में प्राथमिक शिक्षा लाने के पक्षधर थे उन्होंने भी गाँधी की वर्धा योजना को अन्ततः स्वीकार लिया।

कोठारी आयोग ने भी भारत के सम्पूर्ण उत्पादन का तत्कालिक पाँच प्रतिशत प्राथमिक शिक्षा पर निवेश करने का प्रावधान किया। ज्ञातव्य हो भारतीय संविधान के नीति निर्देशक तत्व में भी राज्य से यह अपेक्षा की गयी है कि वह प्राथमिक शिक्षा पर निवेश तथा योजनाबद्ध शोध व नवीन प्रारूप लागू करेगी। इसी के चलते कालांतर में 1974 से ही प्राइमरी एजुकेशन रिसर्च सेंटर का निर्माण किया गया। जिसका उद्देश्य बालक व बालिकाओं को उनके व्यक्तित्व के विकास के लिए छ: वर्ष का आयु से दी जाने वाली मुख्य शिक्षा पर अन्तर्राष्ट्रीय स्तर के शोध प्रबंधन को अन्तिम स्तर तक ले जाना था। ज्ञातव्य हो यह संस्थान संयुक्त राष्ट्र संघ से सम्बद्ध हो गया। जिसका शोध निष्कर्ष 1978 में आया जो पूरे दक्षिण-पूर्व एशिया के देशों से सम्बंधित था। जिसके अनुसार प्राथमिक शिक्षा के अंतर्गत ही बालक व बालिकाओं के पर्यावरण, उनको दिये जाने वाले भोजन, आहार, विहार तथा संपूर्ण वातावरण ही उनके व्यक्तित्व के निर्माण का एकमात्र कारण है। अत: प्राथमिक शिक्षा के अंतर्गत केंद्र, राज्य, गैर-सरकारी संगठन और विश्व स्तर (संयुक्त राष्ट्र संघ) के समग्र प्रयास से दक्षिण-पूर्व देशों को विशेषकर भारतीय उपमहाद्वीप में पड़ने वाले भारतीय राज्यों की शिक्षा की नीतियों में अमूलचूल परिवर्तन किये गये।

20वीं शताब्दी के अंतिम दशक में भारतीय शिक्षा नीति में प्राथमिक शिक्षा के उत्थान को विश्वव्यापी शोध का विषय बनाया गया। अत: यह स्वीकारा गया कि प्राथमिक शिक्षा के लाभार्थी बालक व बालिकाएं राष्ट्र की निधि हैं अत: उनके व्यक्तिगत परिवेश से ऊपर उठते हुए सरकार को उनका दायित्व ले लेना चाहिए। अत: इसी समय कई पृथक योजनाएं प्राथमिक शिक्षा को दी गयी जैसे समाज कल्याण विकास के भीतर ही बाल विकास योजना के अंतर्गत बालक व बालिकाओं को पुस्तकें आहार, विहार, भ्रमण की सुविधा, समय-समय पर उनके अभिभावकों से मिलकर उनकी व्यक्तिगत समस्याओं के साथ शिक्षा नीति को सुनियोजित करना इत्यादि प्रारंभ हुआ। कुछ पृथक योजनाओं के अंतर्गत क्षेत्रीय जनसंख्या के आधार पर प्राथमिक विद्यालयों का निर्माण बालक तथा बालिकाओं को उनके स्थान से विद्यालय तक लाना तत्पश्चात उन्हे वापस भेजवाने आदि का दायित्व भी संस्थाएं लेंगी। निजी संस्थानों को भी आवश्यक रूप से आदेश नहीं दिया गया किंतु उन्हें कई ऐसे सरकारी लाभ दिये गये कियदि वे प्रा. शिक्षा के विकास में धन का निवेश करते हैं तो ऐसे में उन्हें कई सुविधाएं प्राप्त होंगी।

यद्यपि इसे हृदय परिवर्तन के अंतर्गत लाना चाहते थे तथापि भारत सरकार व यूनेस्को के माध्यम से चल रही कई शैक्षणिक नीतियां प्राथमिक शिक्षा को विकसित करने के लिए निजी संस्थाओं को अप्रत्यक्ष लाभ देकर उद्देश्य को प्राप्त करने के पक्ष में है।

वस्तुत: 21वीं शताब्दी में भी उदारवाद, अतिउदारवाद, वैश्विकरण, भूमंडलीकरण तथा निजीकरण जो पूंजीवाद का विकल्प है तथा व्यक्तिवाद को विकसित करने वाला है ऐसे में कहीं प्राथमिक शिक्षा बाजारवाद अथवा निजी संस्थाओं की व्यक्तिगत लाभ की बलिवेदी पर न चढ़ जाए। दूसरे शब्दों में भौतिकवाद की चरम सीमा कहीं आने वाली पीढ़ी की आवश्यकता को सीमित न कर दे इसलिए सरकार ने शिक्षा को मौलिक अधिकारों में स्थान दिला कर इसे संवैधानिक संरक्षण अधिकार प्रदान कर दिया है। जिससे यह अपेक्षा करी जाती है कि आने वाली लगभग दो दशकों में भारतीय शिक्षा नीति के प्राथमिक शिक्षा जिसका उद्देश्य सर्वस्व व समग्र है वह अपने लक्ष्य की प्राप्ति कर लेगी।

अत: गांधी का वह विचार जो राष्ट्र के निर्माण से प्राथमिक शिक्षा को जोड़ता है वह अपने अंतिम उद्देश्य को प्राप्त कर लेगा।

05 कुंभ : एक सांस्कृतिक संगम

''दिव्य कुम्भः भव्य कुंभ''
''सर्व सिद्धि प्रदः कुंभ''

आस्था, विश्वास, सौहार्द एवं मिलन सारिता का महापर्व कुंभ जिसका आयोजन प्रयागराज में हुआ, आध्यात्मिक एवं सांस्कृतिक विविधता की पल्लवित एवं पोषित करने वाला रहा। यह सामाजिक समरसता, बंधुत्व एवं भाई-चारे को बढ़ाने के साथ आस्था, आध्यात्म, कला, चिंतन एवं परम्परा का एक साथ, एक स्थान पर प्रदर्शित करने वाला अनोखा पर्व रहा।

प्रयागराज की समृद्ध सांस्कृतिक विरासत, जो आध्यात्म, चिंतन, एवं शिक्षण का विशेष केन्द्र रहा है, संगम की महत्ता को बतलाते हुए यह महापर्व कर्मकाण्ड, ज्योतिष, खगोलविज्ञान, कल्पवास, जैसी संस्कृतियों एवं मान्यताओं को प्रदर्शित करता महसूस हुआ। शाही स्नान, नागा साधु एवं महंत तथा उनकी कला को देखते ही बन रहा था। ऊपर से हैलिकाप्टर से पुष्प वर्षा चारो तरफ आस्था के उद्घोष के नारे, अथाह भीड़ वृद्ध, बच्चे, महिलाओं एवं प्रशासन का इस तरह विहंगमय दृश्य मानों स्वर्ग को पृथ्वी पर उतार दिया हो। तटों पर स्नान, दान, नौका विहारण द्वीप प्रज्जवलन के साथ शाम की गंगा आरती ने मन को आनन्द एवं शान्ति से उद्वेलित कर दिया।

चारो तरफ लाइट की चकाचौंध, चौड़ी सड़कें घोड़ों, हाथियों पर सवार नागा, चारों तरफ लाउडस्पीकर की ध्वनि से वहाँ का दृश्य मनोरथ हो उठा था। लाउडस्पीकर पर कैलाश सत्यार्थी की कविता-

'अमौसा का मेला, अमौसा का मेला,
संगम नहाये चलल गांव देखा,
एहू हाथे झोरा, ऊहूहाथे झोरा
कांधे पर बोरी और कवारे पर झोरा .....''

का श्रवण मानों जीवन की सत्यता से परिचय करा दिया हो। भौतिकता को भुलाकर आध्यात्म में खो जाने का एक अवसर हमने पहली बार देखा।

सड़क के किनारे चाट, पकौड़ी, चाय की दुकानें उस पर तरह, तरह के रंग-विरंगे, कपड़ों में अलग-टलग रंग-रूप स्वरूप के लोगों का एक साथ बैठकर आत्मीयता से खाना मानों भारत की उस समृद्ध परम्परा परस्पर सौहार्द, विश्वास एवं बसुधैव कुटुंबकम को चरितार्थ कर दिया हो। अलग-अलग पहनावे के साथ भाषा एवं बोली भी अलग-अलग फिर राह भटकने पर इशारों से समझा देना ऐसा सौहार्द और कहीं नहीं देखने को मिलेगा।

''जिन लोगों को भारत दर्शन करना हो उनके लिए इससे अच्छा अवसर तथा स्थान कही नहीं मिलेगा, तथा इसी तरह जिन्हें आध्यात्मक जानना हो तो कुंभ जैसी महापर्व में अवश्य जाना चाहिए।''

3200, वर्ग किलोमीटर में फैला कुम्भ जिसके हर एक गतिविधियों को देख रहे हों, बच्चों, वृद्ध महिलाओं के खो जाने पर 1500 से अधिक खोयापाया कैम्प से कानों में पड़ती आवाज पुनः कैलाश सत्यार्थी जी की कविता याद दिला देती थी-

कलौता के माई क झोरा हेराईल,
अ बुद्धू का तड़का कटोरा हेराईल,
टिकुलिया के माई टिकुलिया के जोहैं
विघुलिया के भाई बिजुलिया के जौहें
मचल हउव मेला में सगरों ढुंढाई
चमेला के बापू धमेला क माई''
गुलबिया समद्दर बिहारत चलेली
मुरहुवा-मुरहुवा पकारत चलेली
अ छोटकी बिटियवा के मारत चलेली
अ बिटियवा पर गुस्सा उतारत चलेली।।

शहर में घुसते ही बड़े-बड़े पोस्टर पे लिखा था: यूनिस्को की अमूर्त सांस्कृतिक धरोधरः कुंभ। इस लिखवट ने मन में सांस्कृतिक धरोहर एवं उसके संरक्षण की बात का ख्याल आया। अतः हम मित्रों ने कुंभ को स्वच्छ रखने का संकल्प लेते हुए शहर में प्रवेश किया। स्वच्छता को लेकर हमने देखा तो अपनी आँखों पर विश्वास नहीं हो रहा इतनी भीड़-भाड़ और इतनी अच्छी सफाई व्यवस्था। हमले देखा सैकड़ों के तादात में सड़क के किनारे कूड़ादान, मठो एवं मन्दिरों के बाहर कूड़ादान तथा चप्पे-चप्पे पर हमारे सफाईकर्मी बंधु अपना कर्त्तव्य पूरी निष्ठा व ईमानदारी से निभा रहे थे तभी तो भारत के प्रधानमंत्री द्वारा इनका पाँव धुला गया तथा स्वच्छकुम्भः दिव्य कुंभ का नारा दिया। कुंभ में स्वच्छता हेतु लगभग 15 हजार अस्थाई इकोफ्रैंडली शौचालयों को बनवाया गया था, जिससे मलमूत्र नदी में प्रवाहित होने से रोका जा सके।

हमारी यात्रा चल रही थीं कि अचानक हमारी नजर अक्षयवट वृक्ष की तरफ खड़े हुए लोगों पर पड़ी हमने भी

अक्षयवट के दर्शन किए तो पता चला कि कुंभ में पहली बार अक्षयवट के दर्शन लोगों को हो रहे हैं। सरकार ने इसे आम जनता के दर्शन हेतु इसी कुंभ में खोला था। इसके दर्शन से हमें वह पंक्ति याद आ गई जिसमें अक्षयवट की महत्ता के बारे में बताया गया है-

" त्रिवेणी माधवं सोमं भारद्वाजं चवासुखीम,
वंदे अक्षयवटं शेषं प्रयागतीर्थ नायकम्।।"

शहर की दिवारों पर पेन्ट माया सिटी के तहत चित्रित कलाकृतियों ने मानों हमारी स्थानीय कला को जीवंत कर दिया हो। स्थानीय कला का एक ऐसा प्रदर्शन जो दिवारों, पुलों, रेलवेस्टेशन, अस्पताल, विद्यालय की दिवारों पर प्रदर्शित हो रहा था जैसे भारत की संस्कृति का मूर्तरूप दृश्यमय हो गया हो। इसी तरह टेन्ट मैप सिटी के तहत पूरे शहर को टेंट से मानों ढक दिया गया हो। हमने देखा इस टेंट में फाइवस्टार जैसी सुख सुविधा का पूरा इंतजाम था, जो यात्रियों को विश्राम हेतु एक सुविधाजनक अच्छी सुविधा प्रदान कर रहा था।

कुल 22 करोड़ ऋद्धालुओं ने संगम में स्नान किया। इतनी बड़ी भीड़ को नियंत्रित करना एक चुनौती होता है, पर हमने देखा हमारी सरकार ने इस हेतु 122 पुलिस चौकी, 52 महिला पुलिस चौकी, 20 पुलिस थानों की व्यवस्था कर रखी थी। जो प्रत्येक गतिविधियों पर नजर बनाए हुए थी। सभी केन्द्रों को आपस में जोड़ा गया था जिस हेतु 25 मॉनिटरिंग केन्द्र बनाये गए हो। अतः पूरे मेले क्षेत्र में शान्ति व्यवस्था कायम थी।

हमने देखा ऋद्धालुओं के आने जाने हेतु सरकार ने विशेष बसों, ट्रेनों का इंतजाम भी किए हुए थे। भारत के कोने-कोने से आने हेतु विशेष ट्रेनों की व्यवस्था थी तो अन्तर्राष्ट्रीय पर्यटकों हेतु भी विशेष प्रावधान किए गए थे। कुंभ में कुल 6 लाख विदेशी ऋद्धालुओं ने स्नान किया। हम सभी के स्वास्थ्य की देखभाल हेतु लगभग 25 अस्पतालों की भी व्यवस्था की गई थी।

अंत में जब हम स्टेशन पहुंचे तो देखा स्टेशन आदमियों से खचा-खच भरा हुआ था, बच्चों के द्वारा सीटियों की आवाज, पों-पॉ, कूंदने वाले, प्लास्टिक के बन्दर तो कहीं महिलाओं की हाथ में पूड़ी छानने का पौंना, चौका, बेलन, कड़ाही इत्यादि थे तो वहीं पुरूष अपने हिसाब-किताब में व्यस्त था वह बार-बार जेब में हाथ डालता, पैसा निकालता, गिनता व जाने की तैयारी करता। इसको देखकर कैलाश सत्यार्थी जी की पुनः उसी कविता की कुछ पक्तियाँ याद आ जाती है-100

"भइया बेचारू जोड़त हाउवै खरचा,
भुलइले न भूलै पकौड़ी क मरचा,
सिहाने कचहरी कचहरी की चिंता
बहिनिया क गौना मसहरी क चिन्ता
फटल हउवै कुरता फटल हउवै जूता
खलीसा है खाली केराया क बूता
तबौ पीछे-पीछे चलत जात हउवन,
गवेरी में सुरती मलट घाट हउवन,
अमौसा क मेला, अमवसा क मेला
रहइ हउवै भइया अमवसा क मेला।।"

06 भारतीय संस्कृति : एक साझा संस्कृति अथवा हमारी भारतीय सांस्कृतिक विरासत

किसी भी देश की संस्कृति वहां के संस्कारों का ही घनीभूत स्वरूप होती है। भारत की संस्कृति में युग-युग से संचित इन्हीं संस्कारों का प्रतिरूप दिखाई देता है। हमारे संस्कार उच्च कोटि के रहे हैं। सहिष्णुता, उदारता, शुचिता और आत्मिक उत्थान हमारे संस्कारों की प्रतीक व विशिष्टताएं हैं, जो कि हमारी संस्कृति में भी परिलक्षित होते हैं। सहिष्णुता भारतीय संस्कृति की एक प्रमुख विशेषता है, जिसने हमारी संस्कृति को गंगा-जमुनी रंग दिये हैं। हमारी मेल-मिलाप की संस्कृति है, जिसमें हमेशा जोड़ने का भाव रहा है।

हमारी संस्कृति में विविध सभ्यताओं की सुंदर परिणति देखने को मिलती है। हमारे यहां सांस्कृतिक विविधता तो दिखती है, किंतु इसमें एक अनूठी समरसता और एकता भी देखने को मिलती है। सच तो यह है कि हमने अपनी इस संस्कृति को बड़ी तन्मयता से हृदय से गढ़ा है। तभी तो कविवर सुमित्रा नंदन पंत कहते हैं-

प्रखर बुद्धि से भले
सभ्यता हो नव-निर्मित
संस्कृति के निर्माण के लिए
हृदय चाहिए।

भारत में जिस मिली-जुली संस्कृति के आज हमें दर्शन होते हैं, वस्तुतः वह विभिन्न संस्कृतियों का एक मिश्रित स्वरूप है। विशेष रूप से अरबों, अफगानों, तुर्कों व मुगलों के आगमन के बाद भारतीय संस्कृति का जो मिश्रित स्वरूप उभरा, वह धीरे-धीरे परिमार्जित व परिष्कृत होता गया और आज इसी को हम गंगा-जमुना तहजीब कहते हैं। पहले सांस्कृतिक संघर्ष हुआ और उसके बाद समन्वय की प्रक्रिया शुरू हुई। हमने एक-दूसरे की संस्कृति की अच्छी बातों को अंगीकार करना शुरू कर दिया और इस प्रकार एक ऐसी मिली-जुली संस्कृति ने पांव जमाने शुरू किये, जिसका प्रभाव जन-जीवन के हर क्षेत्र में दिखना शुरू हो गया, फिर चाहे वह खान-पान हो, पहनावा हो, कला हो या शिक्षा अथवा अन्य कोई भी क्षेत्र।

अब भाषा को ही लीजिए। हमने अरबी-फारसी के शब्दों को अपनी भाषा का अंग बनाया, तो हमारे देश में मुसलमानों ने हिन्दी सीखीं। सूफी जैसे धर्म सामने आये, जिनमें मानव प्रेम के हिन्दू धर्म का प्रभाव साफ दिखा। वस्तुतः 'भक्ति आंदोलन' हिन्दू और इस्लाम धर्म के परस्पर सम्पर्क की ही देन था। हिन्दुओं ने मुसलमानों की स्थापत्य कला को अपनाया, जिसके दर्शन आज भी राजपूत राजाओं के उन महलों में होते हैं, जो ऐतिहासिक धरोहर बन गये हैं। यहां तक कि वृंदावन के मंदिरों तक में भी मुस्लिम स्थापत्य कला की खूबियों को अपनाया, वहीं उद्यान कला की बारीकियां हिन्दुओं ने मुसलमानों से सीखीं। इसी प्रकार आदान-प्रदान से हम न सिर्फ सांस्कृतिक स्तर पर समृद्ध हुए, बल्कि ये बातें हमारे सांस्कृतिक विकास में भी सहायक बनी।

हमारे सांस्कृतिक विकास की सबसे बड़ी विशिष्टता यह रही कि यहां बाहर से आने वालों ने एक भारतीय के रूप में पहचान कायम की। भारत में बाहर से आने वालों का सिलसिला कुछ ज्यादा ही रहा। तभी तो रघुपति सहाय 'फिराक' कहते हैं- 'काफिले बसते गये, हिन्दोस्तां बनता गया।' आने वाले बाहर से आये तो काफिलों की शक्ल में, किंतु यहां आने के बाद पूरी तरह से भारतीय संस्कृति में रच-बस गये। इस बात के साक्ष्य हमें मध्यकाल से प्राप्त होते हैं कि भारत आने वाले भारत के होकर रह गये और उन्होंने अपनी पहचान एक भारतीय के रूप में कायम की। उन्होंने भारतीय कहलाने में फख्र समझा। इस बात को हम इस दृष्टांत से समझ सकते हैं। प्रख्यात सूफी संत और विद्वान अमीर खुसरों कहते हैं- 'तुर्क हिन्दुस्तानियम मन हिन्दवी गोयम जवाब' यानी किसी अवसर पर वह यह कहते हैं कि मैं हिन्दुस्तानी तुर्क हूँ, हिन्दवी (हिन्दी) में जवाब दूंगा। यह हिन्दुस्तानियत की भारतीय संस्कृति की सबसे बड़ी पहचान है।

अंग्रेजों के आने के बाद हमारे मन में स्वाधीनता की ललक बढ़ी। हम आजादी के लिए उद्यत हो उठे। स्वाधीनता की इस ललक ने हिन्दू-मुसलमानों को और करीब ला दिया, जिससे हमारी साझा सांस्कृतिक विरासत और अधिक समृद्ध व मजबूत हुई। दूसरी तरफ ऐसा भी नहीं है कि हम आंग्ल संस्कृति से प्रभावित न हुए हों। आंग्ल और भारतीय संस्कृति में भी परस्पर आदान-प्रदान हुआ। अंग्रेजों से प्रभावित होकर हम अपने परम्परागत पहनावे में बदलाव लाए। हमने पैंट, शर्ट, कोट आदि पहनने शुरू कर दिये। भाषा पर भी आंग्ल संस्कृति का प्रभाव पड़ा। हमने अंग्रेजी के शब्दों को बोलना शुरू किया और ये इतने प्रचलित हुए कि आज बोलचाल की भाषा में शामिल हो गये। आंग्ल संस्कृति से प्रभावित होकर जहां हमने रूढ़ियों और अंध विश्वासों से किनारा किया, वहीं समाज सुधार की दिशा में

यथेष्ट योगदान देना शुरू किया। अंग्रेजों से प्रभावित होकर ही हमने वैज्ञानिक संचेतना की तरफ ध्यान दिया और चीजों को वैज्ञानिक दृष्टिकोण से देखना शुरू किया। अंग्रेज भारत छोड़कर चले गये, किंतु उनकी संस्कृति के तमाम अवयव आज भी हमारी संस्कृति में मौजूद हैं। इस तरह से मिली-जुली संस्कृति का एक समन्वित स्वरूप भारतीय संस्कृति के रूप में सामने आया, जो कि आज भी अक्षुण्ण है।

संस्कृतियां स्थिर नहीं रहतीं। यदि स्थिर हो जाएं, तो नष्ट हो जाएं। संस्कृति हमेशा विकास की प्रक्रिया में रहती है। यह बात हम भारतीय संस्कृति से बेहतर समझ सकते हैं। हमारी संस्कृति सतत रूप से विकासशील रही। यही कारण है कि हमारी संस्कृति में विविधताओं के फूल खिले, जिन्होंने भारतीय संस्कृति को एक खुशरंग संस्कृति का दर्जा दिया। इसे आकर्षक बनाया और हमारी संस्कृति दूसरों के लिए प्रेरक बनी। हम सांस्कृतिक स्तर पर कभी भी असहिष्णु नहीं रहे। एक भाषा जिस तरह से दूसरी भाषा से शब्द लेकर समृद्ध व व्यापक होती है। इस संबंध में हमारी संस्कृति का कोई सानी नहीं है। हमारी संस्कृति पर विविध संस्कृतियों के रंग आच्छादित हैं और यह आदिकाल से लेकर अब तक कायम है। कहीं कोई ह्रास देखने को नहीं मिलता है। हमारी भारतीय संस्कृति अमिट है, अमूल्य है।

हमारी संस्कृति 'जियो और जीने दो' की है। यानी हमारी संस्कृति का स्वरूप लोक मंगलकारी और कल्याणकारी है। यह वह संस्कृति है, जिसमें सभी के सुख और कल्याण की कामना की जाती है। हमारी संस्कृति आध्यात्मिक चेतना से भरपूर है। इसमें धार्मिक कट्टरता, बल्कि धार्मिक सहिष्णुता के दर्शन होते हैं। देश में अनेक धर्म हैं और सभी धर्मों के प्रति हमारे देश में अनूठा सामंजस्य देखने को मिलता है। तीज-त्योहार हम मिल-जुलकर मनाते हैं। पर्व किसी भी धर्म से जुड़ा क्यों न हो, हम उसे मिलजुल कर मनाते हैं और अनूठे सौहार्द और सहृदयता का परिचय देते हैं। यह राम और रहीम की संस्कृति है। हमारे देश में जब दशहरा आदि पर्वों पर भगवान की शोभा यात्राएं निकलती हैं, तो मुस्लिम भाई आगे बढ़कर भगवान की आरती उतारते हैं, तो ईद के अवसर पर हिन्दू भाई भी चांद के दीदार को उतना ही बेताब रहते हैं, जितना कि मुस्लिम। होली के रंग सभी साथ मिलकर खेलते हैं, तो वैसाखी की उमंग हर सम्प्रदाय में देखने को मिलती है। गुरूद्वारों में शीश नवाने हम सब साथ जाते हैं। साम्प्रदायिक सौहार्द एवं उच्च सहिष्णु संस्कृति की इससे बड़ी और मिसाल क्या है कि अजमेर में स्थित ख्वाजा मोइनुद्दीन चिश्ती (ख्वाजा साहेब) की दरगाह पर चढ़ाई जाने वाली चादरों के फूल पास में स्थित पुष्कर नामक तीर्थ से आते हैं। मिली-जुली संस्कृति का यह उज्ज्वल भारत में ही देखने को मिल सकता है।

हमारी संस्कृति का मूल स्वरूप आध्यात्मिक अवश्य है, किंतु इसमें समरसता और सहिष्णुता के परम तत्व भी समाहित हैं। भारतीय संस्कृति के निर्माण में अनेक जातियों और धर्मों का योगदान अवश्य रहा, किंतु इस विविधता के बीच सदैव एक एकता के दर्शन होते रहे। एस. राधाकृष्णन के शब्दों में- ''भारत का हजारों वर्षों का सांस्कृतिक इतिहास दर्शाता है कि एकता का सूक्ष्म, किंतु मजबूत धागा, जो उसके जीवन की अनंत विविधताओं से होकर जाता है, सत्ता समूहों के जोर देने या दबाव के कारण नहीं बुना गया, बल्कि भविष्य दृष्टाओं की दृष्टि, संतों की चेतना, दार्शनिकों के चिंतन और कवि कलाकारों की कल्पना का परिणाम है, और केवल ये ही माध्यम हैं, जिनका राष्ट्रीय एकता को व्यापक, मजबूत तथा स्थायी बनाने में उपयोग किया जा सकता है।''

वस्तुतः हमारी संस्कृति एक राष्ट्रीय संस्कृति हैं। यह एक सर्वांग संस्कृति है, जिसके मूल में तो उच्चकोटि की आध्यात्मिकता छुपी हुई है, किंतु जिसका वाह्य स्वरूप धर्म निरपेक्ष है। यहां धर्मनिरपेक्षता के माने यह कदापि नहीं है, जिसमें अधार्मिकता या नास्तिकता की सूचक है। यह वह धर्म निरपेक्षता है, जिसमें आध्यात्मिक मूल्यों की सर्वलौकिकता पर जोर दिया जाता है।

भारतीय संस्कृति की आत्मा हमारे संविधान में भी दिखती है। हमारा संविधान धर्म निरपेक्ष है। इसमें 'समवाय इवा साधु' की अवधारणा निहित है। धर्म निरपेक्षता रूपी यह सहिष्णृता हमें अपने ऋषि मुनियों, विद्वानों एवं राजमर्मज्ञ सम्राटों से मिली है तभी तो अशोक महान कहते हैं- ''वह व्यक्ति जो अपने धर्म का सम्मान करता है, दूसरों के अपने धर्म के प्रति निष्ठावान रहने की निंदा करता है और दूसरे धर्मों की तुलना में अपने धर्म को श्रेष्ठ बताता है, वह निश्चित ही अपने स्वयं के धर्म का अहित करता है। वास्तव में धर्मों के बीच सामंजस्य ही श्रेष्ठ है।'' यह सामंजस्यता हमारी संस्कृति में विद्यमान है। हमारी संस्कृति ने विभिन्न धार्मिक परम्पराओं को आधार प्रदान किया हुआ है।

हमारे संविधान में जो धर्मनिरपेक्षता की भावना निहित है, उसे बहुत पहले सम्राट अकबर ने कुछ इस तरह से व्यक्त किया था- ''विभिन्न धार्मिक समुदाय ईश्वर द्वारा हमें सौंपे गये दैवी खजाने हैं। हमें उसी रूप में उनसे प्रेम करना चाहिए। हमारा

यह दृढ़ विश्वास होना चाहिए कि प्रत्येक धर्म एक ईश्वरीय देन है। शाश्वत नियंता सभी मनुष्यों पर बिना किसी भेद-भाव के प्रेम की वर्षा करता है।'' अशोक महान और अकबर महान जैसे सम्राटों के उक्त उद्गारों से यह ध्वनित होता है कि हमारी संस्कृति में समरसता व समभाव की जड़ें कितनी गहरी रही हैं।

हमारी संस्कृति में आध्यात्मिक उत्थान की भी भावना निहित रही है। आत्मिक उत्थान के लिए ही हमने ज्ञान प्राप्त किया और श्रेष्ठ लोगों के सान्निध्य में रहकर अपनी संस्कृति को समृद्ध भी बनाया। कठोपरिषद् में कहा भी गया है-'उत्तिष्ठ जाग्रत प्राप्य वरान्निबोधत:'। यानि उठो, जागो ओर श्रेष्ठ पुरूषों के पास जाकर ज्ञान प्राप्त करो। हमारी संस्कृति में निहित इसी अवधारणा ने हमें समृद्ध बनाया। भारत को 'विश्व गुरू' का मान दिलाया। भारतीय संस्कृति को अमरता प्रदान की।

''भारत की संस्कृति विविधता के बावजूद एक समान दृष्टिकोण की संस्कृति है., जिसमें भारतीय मस्तिष्क दिखता है, भारतीय मेधा दिखती है, विभिन्न आंदोलनों और संस्कृतियों का बौद्धिक प्रभाव दिखता है।''

भारतीय संस्कृति समाज का कल्याण करती है, क्योंकि यह सामुदायिकता को प्रश्रय देती है। हमारी संस्कृति में जीवन के उच्चतम मूल्यों के दर्शन होते हैं। यह उस सामाजिक चेतना की संस्कृति है, जिसमें सामाजिक प्रथाओं, व्यक्तियों की चित्तवृत्तियों, भावनाओं, मनोवृत्तियों, आचरण के साथ, उसके द्वारा भौतिक पदार्थों को विशिष्ट स्वरूप दिये जाने की अभिव्यक्ति होती है। यह वह संस्कृति है, जो अनेक धर्मों को साथ लेकर चलती है। वस्तुत:, धर्म अपने विस्तृत अर्थों में संस्कृति के समान ही है। धर्म, उच्चतम सत्य की आंतरिक उपलब्धि के रूप में , कभी संस्कृति में प्रकट होकर उसे विशिष्टता प्रदान करती है। हमारे देश के धर्माचार्यों, संतों और सूफियों ने केवल सहनशीलता का ही वातावरण पैदा नहीं किया, बल्कि पारस्परिक सद्भाव भी पैदा किया, जिससे कि जब हिन्दू और मुस्लिम नरेश सत्ता के लिए संघर्ष कर रहे थे। वास्तव में, जब हम भारत के सांस्कृतिक इतिहास पर भारतवाहियों के विचारों, भावनाओं तथा रहन-सहन के तरीकों में एक बुनियादी एकता है, जो राजनीतिक नक्षत्रों के बदलने से घटती-बढ़ती है, किंतु भारत वर्ष में एक रहने की भावना सदैव प्रबल रही। इसी भावना ने विरोधी प्रवृत्तियों और आंदोलनों को एक समन्वयात्मक संस्कृति में लपेट लिया।

ऐसा नहीं है कि जंगली मनोवृत्ति वाले तत्व, भाषाई विवाद खड़ा करने वाले तत्व, जातीय विद्वेष को हवा देने वाले तत्व तथा साम्प्रदायिक विभाजक की भूमिका निभाने वाले तत्व हमारी राष्ट्रीय संस्कृति को क्षति पहुचाने के लिए क्रियाशील न रहे हों। राष्ट्रीय संस्कृति को खंडित करने का प्रयास करने वालों तथा ऐसे तत्वों को प्रश्रण देने वालों की हमारे देश में कमी नहीं रही, किंतु सांस्कृतिक क्षेत्र में स्थानीय एवं साम्प्रदायिक भिन्नताओं की सतह के नीचे, एक गहन बुनियादी एकता की भावना को ऊँचा रखा।

भारत की संस्कृति विविधता के बावजूद एक समान दृष्टिकोण की संस्कृति है, जिसमें भारतीय मस्तिष्क दिखता है, भारतीय मेघा दिखती है, विभिन्न आंदोलनों और संस्कृतियों का बौद्धिक प्रभाव दिखता है। यह सामूहिक और साझा संस्कृति है, जिसने लोगों को जोड़ा है। वस्तुत: संपूर्ण रूप से विविधता में एक का प्रत्यक्ष ज्ञान और विचारों की सर्वोच्चता, भारतीय मस्तिष्क की मूल्यवान विशेष्ताएं हैं, जो हमारी संस्कृति में मुखर रूप से देखी जा सकती हैं।

हमारी भारतीय संस्कृति की संस्कृति है, लोकतंत्र की संस्कृति। उन उच्च जीवन मूल्यों की संस्कृति है, जिसमें कल्याण की भावना निहित है। तभी तो विक्रमोवर्शीय में महाकवि कालिदास कहते है-

सर्वस्तरतु दुर्गाणि सर्वो भद्राणि पश्यतु।
सर्वः कामानवाप्नोतु सर्वः सर्वत्र नन्दतु॥

अर्थात् सभी लोग कठिनाइयों को पार करें। सब लोग कल्याण को देखें। सब लोग अपनी इच्छित वस्तुओं को प्राप्त करें तथा सब लोग सर्वत्र आनन्दित रहें। इसी समृद्ध वैदिक दर्शन ने हमारी संस्कृति की बुनियाद रखी है, जो आज एक उज्जवल व विकसित स्वरूप में हमारे सामने है। यही संस्कृति हमसे कहला उठती है-सारे जहां से अच्छा हिन्दोस्तां हमारा।

07 भारतीय संस्कृति में अनेकता में एकता

भारत एक विशाल देश है जिसकी भौगोलिक स्थिति में भारी विविधता और अनेकता दिखाई पड़ती है। यह कहीं गर्म, कहीं ठण्डा और कहीं शीतोष्ण है। कहीं जंगल है तो कहीं रेत ही रेत और कहीं खूब हरे-भरे प्रदेश। इससे भारतीय संस्कृति को खेतों, खलिहानों, बस्तियों, जंगलों और रेगिस्तानों में खुलकर खेलने का अवसर मिला है। इन्हीं के बीच रहकर हमारी संस्कृति के वाह्य और आन्तरिक रूप का निर्माण हुआ है। भारत जातीय अजायबघर भी है, जिसमें दो हजार जातियां निवास करती हैं। भारत के 25 विभिन्न राज्यों में से दो सौ के लगभग बोलियां और भाषाएं हैं। जैसे - हिन्दू, जैन, बौद्ध, सिक्ख, इस्लाम, जोरोस्ट्रिया (पारसी) तथा ईसाई धर्म।

भारतीय संस्कृति की विशेषताओं में प्रधान है-कर्म प्रधानता, आध्यात्मिकता, प्राचीनता, अमरता, चिन्तन की स्वतन्त्रता, सामूहिक कुटुम्ब प्रणाली, ग्रहणशीलता, विश्व कल्याण की भावना, सहिष्णुता और उदारता, स्थितियों परिस्थितियों के अनुसार परिवर्तनशीलता तथा सबसे प्रधान विशेषता है - अनेकता में एकता। पाश्चात्य विद्वान इस विशेषता को मात्र शब्द का जादू ही मानते हैं। पर डॉ. राधा कुमुद मुकर्जी ने "भारत की आधारभूत एकता" में ठीक ही लिखा है, "भारतवर्ष सम्प्रदायों और रीति रिवाजों, धर्मो एवं सभ्यताओं-विश्वासों और बोलियों, जातीय प्रकारों और सामाजिक व्यवस्थाओं का एक अजायबघर है। पर इन सारी विभिन्नताओं के होते हुए भी भारतीय संस्कृति में मूलभूत एकता है।" अजायबघर की अपेक्षा बगीचा कहना अधिक उपयुक्त होगा। रिजले लिखते हैं कि, "भौतिक और सामाजिक भाषायी परम्पराओं और धार्मिक वैविध्य के अंतर में भारत के जीवन में हिमालय से कैमोरिन तक एक एकता देखने को मिलती है।"

वाह्य विभिन्नताओं के होते हुए भी भारतीय संस्कृति में भौतिक एकता पाई जाती है। यह एकता कोई हाल की घटनाओं या ब्रिटिश शासन का परिणाम नहीं मानी जा सकती बल्कि सांस्कृतिक एकता उतनी ही प्राचीन है जितनी कि भारतीय संस्कृति। सांस्कृतिक एकता का आदर्श बहुत पुराना है और सबकी रग-रग में समाया हुआ है। भारतीय संस्कृति को जन्म देने वाले ऋषि-मुनि भारत की एकता से पूरी तरह परिचित थे। विभिन्न क्षेत्रों में इस एकता के दिग्दर्शन से यह बात और भी स्पष्ट हो सकती है।

प्रत्येक देश की कुछ भौगोलिक सीमायें होती हैं- भारत की भी अपनी भौगोलिक सीमा है। लोगों को भारतीय संस्कृति की एकता में कभी-कभी संदेह इस नाते होता है कि देश की विशालता में उन्हें अनेकता दिखाई देती है। वैसे यदि हम भारत का मानचित्र उठाकर देखें तो हमें मालूम होगा कि भारतवर्ष प्रकृति द्वारा निश्चित की गई एक भौगोलिक एकता में बंधा हुआ है। यूरोप के छोटे-छोटे देशों में रहने वाले विद्वान भारतीय संस्कृति पर लिखते समय आश्चर्य में पड़ जाते हैं और भारत की प्राकृतिक विविधता को देखकर यह निश्चित नहीं कर पाते कि सचमुच भारतवर्ष भौगोलिक और सांस्कृतिक एकता से बंधा हुआ है। प्राचीनकाल से ही भारतीय विद्वान भारत की भौगोलिक एकता से पूरी तरह परिचित जान पड़ते हैं। देश को भारतवर्ष के नाम से पुकारना ही इस बात का प्रमाण है कि पुराने भारतीय विद्वान भारतवर्ष को एक भौगोलिक इकाई के रूप में मानते थे। पुराणों और महाकाव्यों में भी भारत वर्ष को इसी नाम से पुकारा गया है।

भारत वर्ष नाम में आधारभूत भौगोलिक एकता के चिह्न हैं। एकता की भावना से समन्वित यह धार्मिक विचारकों, राजनैतिक दार्शनिकों और कवियों के मस्तिष्क में सदैव रहा है, क्योंकि उन्होंने एक ही समूह द्वारा शासित हिमालय से हिन्द महासागर तक हजारों मीलों के विस्तार वाले साम्राज्य के विषय में विचार प्रकट किए हैं। मध्य काल में भी भारत वर्ष को भौगोलिक इकाई मानकर ही शासकों ने अपने साम्राज्य को इस समस्त देश पर फैलाने की चेष्टा की। आज भी जब हम भारत मां कहते हैं तो हमारे अंदर इसी भौगोलिक एकता की अनुभूति होती है। वैसे भारत के मानचित्र को देखने से ही स्पष्ट हो जाता है कि भारतवर्ष शेष विश्व से बिल्कुल अलग है और इसकी सीमाएं प्रकृति द्वारा निश्चित कर दी गई हैं।

धार्मिक क्षेत्र में भी अनेकता तो है, परंतु एकता है। बाह्य रूप में देखने पर इनमें अनेकता दिखाई पड़ती है, परंतु वह भिन्नता मात्र दर्शन की है, आभ्यन्तर में सांस्कृतिक जागरूकता के चिह्न एक ही हैं। यह सभी लोग जानते है, कि भारत के प्राय: सभी सम्प्रदाय आत्मा की अमरता, एक देववाद, मोक्ष, श्रवण और मनन आदि सिद्धांत लगभग एक ही है। मंदिरों का ही उदाहरण लीजिए। भारत के उत्तराखण्ड का निवासी यह कभी

नहीं कह सकता कि मंदिर केवल उत्तर-भारत के हैं। सच भी है कि उत्तरी भारत से सुंदर मंदिर दक्षिण में देखने को मिल सकते हैं। सच भी है कि उत्तरी भारत से सुंदर दक्षिण में देखने को मिल सकते हैं। ग्रन्थों में भी इनकी गुण-चर्चा मिलती है। राम और कृष्ण अवतार की कहानियां, उत्तरी और दक्षिणी भारत में समादरणीय हैं, जबकि उत्तर और दक्षिण का विवाद कोई नया नहीं है। गीता, महाभारत, पुराण और संहिता आदि का स्थान भारत के प्रत्येक घर में पूज्य है। चाहे वह हिन्दी-भाषी हो या बांग्ला-भाषी, तमिल-भाषी हों या पंजाबी-भाषी। ये ग्रंथ भारत के प्रत्येक व्यक्ति को सुख और शांति देते हैं। हिन्दुओं के तीर्थ स्थान (उत्तर) में बद्री नारायण, पश्चिम में द्वारका, दक्षिण में सेतुबंध रामेश्वरम और पूर्व में जगन्नाथ पुरी जो भारत के चारों कोनों में हैं-एकता के ही परिचायक हैं। यहां की यात्रा प्रत्येक हिन्दू के लिए पुनीत कर्म है। प्रतिदिन स्नान के समय की जाने वाली दैनिक प्रार्थना में भारत की सभी प्रमुख नदियों का नाम आता है-

''गंगे यमुने चैव गोदावरि सरस्वति।
नर्मदे सिन्धु कावेरी जलेस्मिन् सन्निधिं कुरू।''

सांस्कृतिक एकता भी अनेकता में एकता का मूलभूत तत्व है। विभिन्न भाषाओं, रीति-रिवाजों के होते हुए भी विभिन्न सम्प्रदायों के साहित्य और विचारों पर सांस्कृतिक एकता की मुहर लगी हुई है। दर्शन, साहित्य-प्रथाओं और जीवन के दृष्टिकोण में एक आधारभूत एकता पाई जाती है। परिवार की पवित्रता, जाति के नियम, संस्कार और रसोई आदि की पवित्रता के नियम, सभी सम्प्रदायों और समाजों में एक से माने जाते हैं। होली, रक्षा बंधन, दशहरा, दीवाली और समाजों में एक से माने जाते हैं। होली, रक्षा बंधन, दशहरा, दीवाली और अन्य त्योहार सारे देश में एक ही प्रकार से मानाए जाते हैं, जो इस बात के प्रतीक हैं कि भारत में सांस्कृतिक एकता है।

भाषायी समस्या का भी अनेकता में एकता से है। कहना न होगा कि यदि एक देश में कई भाषाएं हों तो देश की एकता बढ़ाने में कठिनाई होती है। भारत में यह समस्या उपस्थित है पर संस्कृत भाषा के प्रचार में भाषा के भेद वाली कठिनाई को बहुत कुछ दूर किया है। उत्तर और दक्षिण भारत के लोग संस्कृत को एक भांति अपनी भाषा मानते हैं। संस्कृत और हिन्दू संस्कृति की छाया में रहकर विभिन्न भाषाओं और विभिन्न जातियों वाला यह देश एक हो गया है। संस्कृत भाषा ही प्राचीन भारत की शासक भाषा थी और प्राकृत सर्वसाधारण की भाषा थी। बहुत से संस्कृत विद्वानों ने इन दानों भाषाओं का प्रयोग अपनी पुस्तकों में किया है जिसका कारण है तत्कालीन समय में संस्कृत भाषा के साथ प्राकृत भाषा का ही जनता में प्रचार। अशोक ने बौद्ध धर्म के प्रचार में इसी भाषा की शरण ली थी। धीरे-धीरे इसका स्थान पाली भाषा ने ले लिया। बौद्धों के त्रिपिटक और जैनों का बहुत सा साहित्य पाली भाषा में ही है। पर इसका अर्थ यह कदापि नहीं है कि लोग पाली और प्राकृत भाषा के आगे संस्कृत भाषा को भूल गए। बल्कि संस्कृत को सभी सम्प्रदायों और धर्मों के अनुयायियों ने बिना किसी धर्म और जाति या भेदभाव के अपने धार्मिक ग्रंथों की रचना के लिए चुना क्योंकि पाली ओर प्राकृत भाषा तो संस्कृत की संतान भाषा कही जाती है। आज की हिंदी, मराठी, गुजराती, बांग्ला आदि भाषाएं भी संस्कृत से ही निकली हैं। तमिल ओर तेलुगु पर भी संस्कृत का प्रभाव है। इस तरह संस्कृत ही एक ऐसी भाषा है जिसमें भारत का समस्त प्राचीन धार्मिक तथा अन्य प्रकार का साहित्य उपलब्ध है।

अपनी सांस्कृतिक अनेकता की एकता में राजनैतिक एकता का भी प्रमुख योग है। यह ठीक है कि भारत में पुराने समय से ही स्वतंत्र प्रतिपतियों, छोटे-छोटे राजाओं में युद्ध की परम्परा दीख पड़ती है, लेकिन इससे भी इंकार नहीं किया जा सकता कि इन राजाओं के सामने चक्रवर्ती सम्राट बनने का आदर्श मिथकों और इतिहास में सुरक्षित है। पृथु, दिलीप, अज, दशरथ, सगर, ययाति, मान्धाता आदि चक्रवर्ती इसके प्रमुख उदाहरण है। चक्रवर्ती बनने के लिए जो संघर्ष होता था उसमें लूटमार, सम्पत्ति को छीनने की बात कम ओर भारत को एक राज्य में लाने की कल्पना अधिक थी। देश में अधिक से अधिक भूमि को अधिकार में लेकर बड़ी राजनैतिक सभा स्थापित करने की भावना अधिकांश राजाओं में उपस्थित रही। इस तरह प्रचीन काल के हिंदू राजाओं में सर्वभौम विजय और सारे भारत पर अपने अधिकार की धारणा उपस्थित थी। भारत को राजनैतिक एकता में बांधने के इस प्रयास में बहुत से राजा सफल भी हुए।

प्राचीन काल से ही बहुत जातियां और कबीले (आर्य, शक, सीथियन, हूण) आदि आते रहे, पर आज उन्हें पहचानना कठिन है, क्योंकि इनको भारतीय संस्कृति ने अपने में आत्मसात कर लिया है। भारतीय संस्कृति इस देश में आकर बसने वाली अनेक जातियों की संस्कृतियों के मेले से तैयार हुई है और अब यह पता लगाना बहुत कठिन है कि इसमें किस जाति का कितना अंश अवशेष है। आर्य संस्कृति समस्त भारत पर शासन करती है और हमारे भूगोल, जाति तथा राजनैतिक इतिहास द्वारा

निर्मित विभिन्नता के होने पर भी इसने भारत को आन्तरिक ऐक्य प्रदान किया है। भारत में दसवीं-ग्यारहवीं शताब्दि में इस्लाम ने भी भारत की स्थितियों परिस्थितियों के अनुसार अपने को ढालना शुरू किया और समन्वय की प्रक्रिया खान-पान, आचार-व्यवहार-विचार और साहित्य-कला में परिलक्षित होने लगी। इस तरह एकता नए रूप में अभिव्यक्त होने लगी।

इसीलिए कह सकते हैं कि भारत में अनेकता विविध रूपों में उजागर है पर एक प्रकार की अन्तर्निहित एकता भी प्रवाहित रहती है। उसके सामने कई प्रकार की चुनौतियां आ खड़ी होती रही हैं पर उसका अस्तित्व हमेशा बना रहा है। आज की स्थितियों में अनेकता में निहित एकता को नए परिप्रेक्ष्य और नई आधारभूमि पर समझना और कार्यान्वित करना होगा।

08 संस्कृति और सभ्यता

वस्तुतः संस्कृति और सभ्यता का अत्यंत करीबी रिश्ता है। यह दिश्ता कुछ-कुछ वैसा ही है, जैसा आत्मा और देह का होता है। दानों साथ-साथ चलते हैं, उनका सह-अस्तित्व होता है। एक के बिना दूसरा पूर्ण नहीं हो सकता है। निःसंदेह संस्कारों का संस्कृति से अटूट संबंध होता है। सच तो यह है कि संस्कारों का घनीभूत स्वरूप ही संस्कृति के रूप में सामने आता है। हम कह सकते हैं कि उच्च संस्कृति की आधारशिला संस्कार ही होते हैं। अच्छे संस्कारों से ही कोई संस्कृति सुरक्षित होती है। अतः सांस्कृतिक उन्नयन की प्रारंभिक इकाई संस्कार ही होते हैं।

संस्कार हमें घर से मिलते हैं, उसके बाद विद्यालय ओर पाठशालाओं में। माता को प्रथम गुरू यों ही नहीं कहा गया है। परिवार में माता ही सबसे पहले बच्चों को संस्कार देती है। इन्हीं संस्कारों से उसके आचरण की नींव बनती है। फिर वह पाठशाला जाता है और श्रेष्ठ गुरूजनों के सान्निध्य में रहकर संस्कारों की पूंजी हासिल करता है। इस तरह वह एक सुदर्शन व्यक्तित्व के रूप में निखरता है और समाज में अपनी भागीदारी सुनिश्चित करता है। ये संस्कार हमने एक दिन में पैदा नहीं किए हैं। परिष्कृत संस्कारों को व्यवहार में लाने में सदियां बीत चुकी हैं। आज अगर हम अपनी संस्कृति पर गर्त करते हैं, तो इसके पीछे उन संस्कारों की महती भूमिका है, जिन्हें हमने एक लंबी अवधि में संचित किया है।

आज हम अपनी जिस संस्कृति का बखान करते नहीं अघाते, उसके निर्माता हमारे वे तपस्वी-मनस्वी, विद्वान व विचारक है, जिन्होंने हमें संस्कार दिए। वे माताएं हैं, जो संस्कारों की घुट्टी अपने बच्चों को देकर अनमें जीवन मूल्यों की समझ पैदा करती हैं। सम्यता के विकास में भी इनका महत्वपूर्ण योगदान होता है। स्पष्ट है कि यदि संस्कृति सही होगी, तो सभ्यता भी शालीन और सौम्य होगी, विकासपरक होगी तथा विकृतियों और विसंगतियों से रहित होगी।

संस्कृति और सम्यता के निर्माण में संस्कारों की अहमियत काफी होती है। प्रसंगवश एक दृष्टांत पर गौर करें। एक डाकू ने अपने आखिरी समय में अपना आक्रोश अपनी मां के प्रति व्यक्त करते हुए कहा कि यदि पहजी चोरी करते समय मां ने मुझे रोका होता, डांटा होता, सजा दी होती ओर चोरी करना बुरा है, समझाया होता तो मैं आज इतना बड़ा डाकू न बनता, इतनी हिंसा, मार-काट, लूट-पाट न करता और सम्मानित जीवन गुजारता। जाहिर है, उस डाकूमें इस बात की टीस थी कि संस्कारों के बीजारोपण में उसकी मां से चूक हुई और परिणाम यह सामने आया कि वह दुर्दांत दस्तु बन गया और जीवन की अभिशप्त बना डाला।

संस्कारों के सन्दर्भ में अब यहां गौर करने की बात यह है कि अगर लगातार अधिकांश माताएं ऐसी चूक करतीं तो हमारी संस्कृति लुटेरों की होती और सभ्यता बर्बर कहलाती। इस तरह हम कह सकते हैं कि संस्कार रूपी चेतना से ही संस्कृति निर्मित होती है। संस्कार जितने उज्ज्वल होंगे, जितने मजबूत होंगे, जितने मूल्यवान होंगे, संस्कृति भी उतनी ही उज्ज्वल और उच्च मूल्यों से युक्त होगी। जब संस्कृति में ये खूबियां होंगी, तो इसकी सुगंध सभ्यता में भी होगी। जब हम सुसंस्कृत होंगे, तभी सुसभ्य भी कहलाएंगे।

सभ्यता और संस्कृति साथ-साथ चलते हैं। ये एक ही रथ के उन दो पहियों के समान हैं, जो संतुलन की दृष्टि से एक-दूसरे पर निर्भर करते हैं। सभ्यताएं धीरे-धीरे विकसित होती हैं, उसी के साथ-साथ संस्कृति भी समृद्धि होती है। सभ्यता हमें जड़ता से बाहर निकालती है और संस्कृति सभ्यता का पथ प्रदर्शन करती है।

मात्र धार्मिक मूल्यों तक सीमित रख कर संस्कृति को नहीं देखा जा सकता है। धर्म, संस्कृति का एक अहम हिस्सा बेशक हो सकता है, मगर पूरी संस्कृति का नहीं। अच्छे विचार, उच्च मूल्य, सुरूचि, कला, साहित्य, संगीत, दर्शन, शौर्य, ज्ञान-विज्ञान, शिक्षा-दीक्षा और जीवन के सूक्ष्म तत्व भी सांस्कृतिक अभ्युदय के लिए आवश्यक होते हैं। जब ये तत्व संस्कृति में होंगे तो सम्यता स्वतः ही उन्नतशील होती जाएगी। यही तत्व मिलकर सभ्यता और संस्कृति को अक्षुण्ण भी बनाते हैं। चूंकि सम्यता का विकास निरंतर जारी रहता है, अतएव इसमें कुछ घातक तत्वों के प्रवेश की संभावना बराबर बनी रहती है। ऐसे में सभ्यता के कलंकित होने की गुंजाइश भी रहती है। दिग्भ्रमित होने का खतरा भी मंडराया करता है। ऐसो में संस्कृति ही सभ्यता और समाज का दिशाबोध कराने का काम करती है। यह संक्रमण को फैलने नहीं देती है। संस्कृति का शब्दिक अर्थ ही है स्वच्छ और

परिष्कृत करना। यदि संस्कृति का नियंत्रण न हो, तो सभ्यता और समाज पथभ्रष्ट हो सकते हैं।

इस सत्य को नकारा नहीं जा सकता कि किसी भी देश को अस्थिर करने के लिए, कमजोर और विघटित करने के लिए सबसे पहले उसकी संस्कृति पर हमला किया जाता ।है। जब संस्कृतियां तहस-नहस होती हैं, तो सभ्यता भी कमजोर पड़ती है, समाज भी संक्रमित होता है और राष्ट्र का पराभव होने लगता है। इतिहास साक्षी है कि भारत पर ऐसे हमले न सिर्फ बराबर होते आए हैं, बल्कि आज भी जारी हैं। भले ही इन हमलों के रूप अलग हों। प्राचीन भारतीय संस्कृति पर मध्य काल में हमले हुए, अंग्रेजों ने भी हमारी संस्कृति को नष्ट करना चाहा। इसका असर भी पड़ा। आज आंग्ल संस्कृति का प्रभाव हमारी संस्कृति पर काबिज है। फिर भी इन झंझावातों के बीच हम अपनी संस्कृति पर कायम हैं तथा जो प्रभाव आक्रान्ताओं ने डाला उससे उबरने में भी लगे हैं। इसलिए सभ्यता के स्तर पर भी हम संक्रमित नहीं हो पाए हैं, क्योंकि कमारी उन्नत संसकृति का रक्षा कवच हमारे साथ है। इतना ही नहीं, संस्कृतियों के टकराव व संघर्ष से नजदीकियां भी बढ़ी हैं। अच्छे मूल्यों और उपयोगी तत्वों का आदान-प्रदान भी हुआ। 'जो जिससे मिला सीखा हमने' की तर्ज पर जो आत्मसात करने योग्य था, उसे किया और जिसे तजना था, तजा। हमारे सांस्कृतिक दर्शन के लिए कितनी मौजूं हैं ये पंक्तियां-

''मेरा जूता है जापानी, ये पतलून हिन्दुस्तानी,
सर पे लाल टोपी रूसी फिर भी दिल है हिन्दुस्तानी।''

यही हिन्दुस्तानी दिल आधुनिक संदर्भो में हमारी संस्कृति की आत्मा है। सभ्यता और संस्कृति के मामले में हम अन्य देशों से बहुत आगे हैं। यही हमारी विरासत है।

हमारे देश में सभ्यता और संस्कृति का संतुलन बहुत ही सुंदर है। हम अपने सांस्कृतिक मूल्यों का क्षरण किए बिना बहुमुखी विकास की धाराएं भी बहाने में लगे हैं। उन्नत सभ्यता केलिए जो आर्थिक विकास और विस्तार जरूरी होता है, वह हम कर रहे हैं। कृषि और उद्योग-धंधों को विस्तार दे रहे हैं। विज्ञान के पथ पर भी हम मजबूती से कदम बढ़ा रहे हैं। हमारे युवा वैज्ञानिकों की मेधा से विकसित देश भौंचक हैं। इन सब के बीच हम अपनी संस्कृति से भी विमुख नहीं हुए हैं। यही कारण है कि हमारी सभ्यता की श्रेष्ठता दूसरे मुल्कों के लिए प्रेरक है। हमारी इस बहुमुखी अभिव्यक्ति में सांस्कृतिक हस्तक्षेप बरकरार है। यही हमारी विशिष्टता है। हमारी वह मानव चेतना विलुप्त नहीं हुई है, जिसे संस्कृति ने विकसित किया है। इसी वजह से हम सहिष्णु, धर्म व पंथ निरपेक्ष बने हुए हैं। विविधता में एकता की पनी विशिष्टता को बनाए रखते हुए दूसरों के लिए नज़ीर बने हुए हैं।

हमारी संस्कृति और सभ्यता ने उन राष्ट्रों तक का ध्यान अपनी ओर खींचा है, जिनमें अपनी संस्कृति का बड़ा दंभ रहा और जो उस पर इतराते रहे। अहिंसा के उपासक व प्रबल पैरोकार राष्ट्रपिता महात्मा गांधी की जयंती दो अक्टूबर को अकारण ही यूएनओ ने 'अंतर्राष्ट्रीय अहिंसा दिवस' घोषित नहीं कर रखा है। यह अहिंसा हमारी संस्कृति का सूक्ष्म तत्व है, जिसे विश्व व्यापक पहचान मिली है। हमारी सभ्यता में निहित यह वह मूल अवयव है, जिसके मर्म को सिर्फ हमने जाना।

सांस्कृतिक कट्टरता संस्कृति की सबसे बड़ी दुश्मन होती है। संस्कृति का सहिष्णु होना आवश्यक है। यह सभ्यता के निर्माण के लिए भी जरूरी है। दूसरी संस्कृतियों के अच्छे तत्वों को आत्मसात कर लेने में कोई बुराई नहीं है। इससे मेल-जोल भी बढ़ता है और सांस्कृतिक उन्नयन भी होता है। संस्कृति को एक दायरे में बांधना उचित नहीं है। दूसरी संस्कृतियों से मिलकर संस्कृति को व्यापकता देनी चाहिए। संस्कृति के दरवाज़ों कोखुला रखकर इसे और उन्नत और गतिशील बनाया जा सकता है। दो संस्कृतियों का मिलन भले ही दोस्ती या शत्रुता में ही क्यों न हो, कुछ न कुछ नया तो मिलता ही है, जिससे सभ्यता के विकास पर भी असर पड़ता है।

हर सिक्के के दो पहलू वाली बात संस्कृति और सभ्यता पर भी लागू होती है। ब्रिटिश हमारे यहां व्यापार करने आए और करने लगे हुकूमत। उनका आक्रमण हमारी संस्कृति पर भी हुआ, मगर हमने अपनी संस्कृति को संकीर्ण नहीं होने दिया।उनकी संस्कृति के कुछ तत्वों को हमने आत्मसात किया। वैज्ञानिक दृष्टि और विचारधारा हमें उनसे मिली, जिसका लाभ हमारी सभ्यता को भी मिला। हम आधुनिक जीवन-शैली की ओर उन्मुख हुए। इसी प्रकार यूनानियों और मुगलों के संपर्क से हमने स्थापत्य कला, चित्रकारी कला आदि के बारे में सीखा। धर्म और दर्शन पर भी प्रभाव पड़ा। गंगा-जमुनी संस्कृति हमारी पहचान बनी। भजन-कीर्तन ओर संगीत से एक नई धारा फूटी, जिसे सूफी दर्शन के नाम से जाना गया। इसमें हिन्दू और मुस्लिम संस्कृतियों के सूक्ष्म तत्व विद्यमान हैं। कहने का आशय यह है कि संस्कृतियों के मिलन से बोलचाल, भाषा, पहनावा, विचार, ज्ञान-विज्ञान, रूचियों तथा कला आदि में संवर्धन होता है। इससे सभ्यता भी प्रखर होती है।

जहां हमने दूसरी संस्कृतियों से अच्छे और सूक्ष्म तत्वों को ग्रहण किया, वहीं दूसरों को देने में हम बहुत आगे रहे। आज भी हमारी संस्कृति का डंका सारे विश्व में बज रहा है। लोग भारतीय संस्कृति की ओर उन्मुख हैं। अवसाद, नैराश्य और अशांति में डूबे पश्चिमी मुल्कों के लोग भारतीय संस्कृति में जीवन का रस और दर्शन खोज रहे हैं। वे हमारी संस्कृति के कायल हो रहे हैं और हमारी खूबियों को अपना रहे हैं। हमारी संस्कृति की जीवंतता और वैविध्य अन्हें आकर्षित कर रहा है। योग, शाकाहार, आध्यात्मिक चिंतन और उत्सवधर्मिता जैसी हमारी सांस्कृतिक विशिष्टताओं के करीब विदेशी तेजी से आ रहे हैं। इससे इनकी सभ्यता भी प्रभावित हो रही है।

सांस्कृतिक जीवंतता की दृष्टि से हम सदा आगे रहे। यह हमारी सभयता में भी परिलक्षित होती है। संस्कृति ने जो रास्ते निर्धारित किए, उन्हीं पर सभ्यता आगे बढ़ी। संस्कृति हमारे आत्मिक विकास का साधन बनी, तो सभ्यता के जरिए हमने भौतिक विकास किया। संस्कृति हमारी विरासत है, तो सभ्यता हमारी पूंजी। आवश्यकता इसकी है कि हम इन दानों को इतना सहेज कर रखें कि जड़ता और स्थिरता इन्हें छू न सकें। ये निरंतर विकसित होती रहें, गतिशील रहें और अपनी विशिष्टताओं के माध्यम से अपनी सशक्त उपस्थिति समूचे विश्व में दर्ज करवाती रहें।

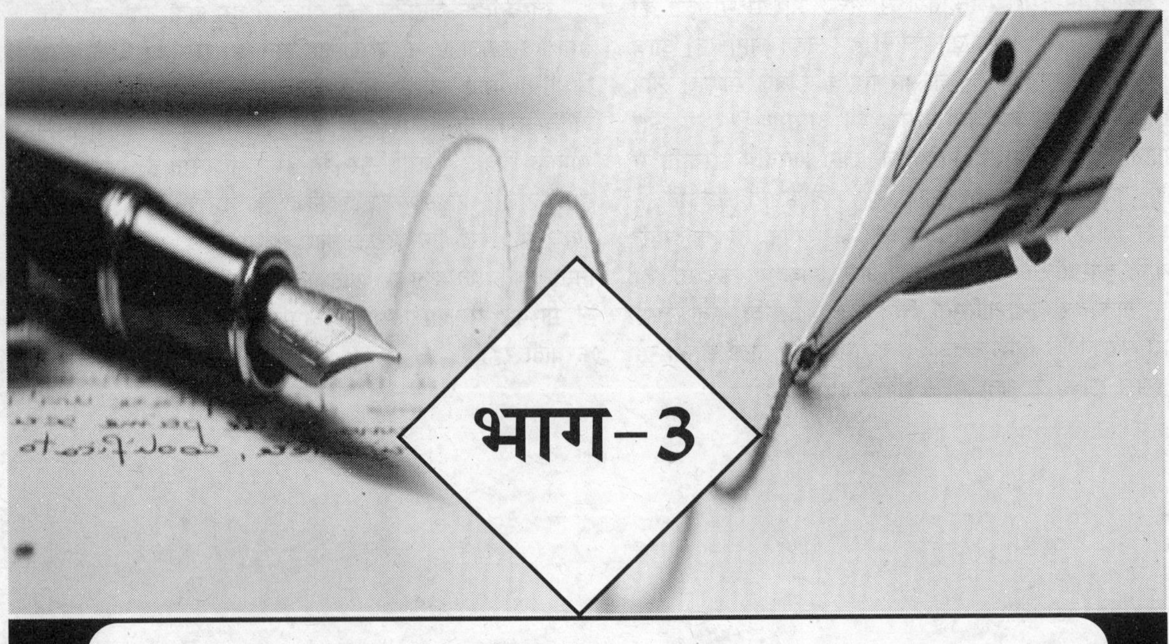

संवैधानिक, वैधानिक एवं राजनैतिक

इस भाग में ....

भारत में राजनैतिक दल : उनकी जवाबदेही और चुनौतियां
सूचना का अधिकार : भारतीय लोकतंत्र के विकास में मील का पत्थर
आतंकवाद-उदीयमान भारत के समक्ष चुनौती
वैश्वीकरण का मानव अधिकारों पर प्रभाव
नक्सलवाद की चुनौती और भारत
उदीयमान भारत में पंचायतीराज व्यवस्था
वर्तमान समय में भारतीय लोकतंत्र : अवसर एवं चुनौतियाँ
राष्ट्रीय अल्पसंख्यक आयोग
अनुच्छेद 370 और जम्मू-कश्मीर
भारत में लोकतंत्र का भविष्य
भारतीय गणतंत्र अपने उद्देश्यों में कहाँ तक सफल रहा है
धर्म निरपेक्षता
ई–न्यायालय व्यवस्था की दिशा में बढ़ते कदम
भारतीय लोकतंत्र की चुनौतियाँ एवं समस्याएँ
निशक्तजनों का सशक्तिकरण
न्यायिक सक्रियता
पंचायतों का सशक्तिकरण : कल–आज और कल
सरोगेसी (किराए की कोख) और भारतीय समाज

01 भारत में राजनैतिक दल : उनकी जवाबदेही और चुनौतियाँ

भारत विश्व का सबसे बड़ा लोकतांत्रिक देश है। लोकतांत्रिक प्रणाली में राजनीतिक दलों की भूमिका को नकारा नहीं जा सकता। वह राजनीतिक दल ही हैं जो चुनाव में जनमत प्राप्त कर स्पष्ट जनादेश के लिये निर्धारित सीटों की संख्या को पारकर सरकार बनाने का दावा प्रस्तुत करते हैं। भारत बहुदलीय प्रणाली वाला देश है। जहाँ राष्ट्रीय व राज्य स्तर के राजनीतिक दल हैं। राष्ट्रीय दल वह हैं जो चार या अधिक राज्यों मे मान्यता प्राप्त हैं। राजनीतिक दलों के संबंध में राजनैतिक विश्लेषकों ने अपना विचार रखा है। माईकल कार्टिस के अनुसार '' राजनीतिक दल की सही रूप में परिभाषा प्रस्तुत करना बहुत कठिन है।'' जब कि बर्क ने कहा है कि '' राजनीतिक दल एकता बद्ध लोगों का ऐसा निकाय है जो किन्ही विशेष सिद्धांतो पर राष्ट्रीय हित को बढ़ावा देने के लिए सहमत होते हैं।'' और बेंजामिन कांसटैण्ट के शब्दों में '' दल समान राजनीतिक सिद्धांत में आस्था रखने वाले व्यक्तियों का समूह है।

इन सब से अलग अमेरिकी दृष्टिकोण है जहां राजनीतिक दल को सत्ता पाने का उपकरण समझा जाता है। यहां राष्ट्रीय अथवा सार्वजनिक महत्व के उन सूत्रों को कोई महत्व नहीं दिया जाता है। दल को केवल सत्ता के संघर्ष में भाग लेने का मंच या तंत्र समझा जाता है। यह वोट बटोरने का उपकरण मात्र है, यह चुनावों के समय लोगों का समर्थन जुटाने के लिए एक प्रकार का यन्त्र है, यह उन हितों को एकत्र करने का उपकरण मात्र है जो अपनी प्रबल अभिव्यक्ति की आकांक्षा करते है। ड्वेर्जर के शब्दो में ''सामान्यत: हम राजनीतिक दल की परिभाषा समाज के सक्रिय अभिकर्ताओं के मुखर संगठन के रूप में करते हैं, वे जिनका संबंध प्रशासनिक शक्तियों पर नियन्त्रण से है तथा जो जन समर्थन के लिए किसी अन्य समूह अथवा भिन्न विचार रखने वाले समूहों के साथ प्रतियोगिता करते हैं इस कारण यह महान बिचौलिया है जो सामाजिक शक्तियों तथा विचारधाराओं को अधिकृत प्रशासकीय संस्थाओं के साथ संबंधित करता है तथा उन्हे अपेक्षाकृत बृहत राजनीतिक समुदाय में राजनीतिक कार्यवाही से जोड़ता है।'' ''बिना राजनीतिक दलों के न तो सिद्धान्तो की संगठित अभिव्यक्ति हो सकती है, न ही नीतियों का व्यवस्थित विकास, न संसदीय निर्वाचन के संवैधानिक साधन का अथवा अन्य किसी मान्यता प्राप्त ऐसी संस्था का नियमित प्रयोग जिसके द्वारा दल सत्ता प्राप्त करते हैं, और उसे बनाये रखते है।'' विभिन्न प्रजातांत्रिक देशों मे दल प्रणाली का स्वरूप वहाँ की सामाजिक तथा राजनीतिक परिस्थितियों की देन है। यही कारण है कि संसार की भिन्न भिन्न शासन प्रणालियों में दल प्रणाली का स्वरूप और उनका कार्यभाग भिन्न भिन्न दिखाई देता है। नारमन डी पामर का कहना है कि'' जापान, फिलिपींस और इजराइल को छोड़ कर एशिया के किसी भी देश में पश्चिमी ढंग की सुसंगठित तथा प्रभावशाली जनतंत्रीय प्रणाली का विकास नहीं हुआ।''

भारत में राजनीतिक दल जो आज हमारे बीच विद्यमान हैं, उस रूप में उनका इतिहास उन्नीसवी सदी के आस-पास मिलता है आधुनिक समाज में राजनीतिक दलों का गठन मनोवैज्ञानिक आधार अर्थात् मानव स्वभाव में निहित प्रवृत्तियों के आधार पर धर्म के आधार पर जैसे मुस्लिम लीग, अकाली दल, जन संघ, हिन्दू महासभा आदि, क्षेत्रीयता के आधार पर जैसे डीएमके तेलंगाना, असम गण परिषद, झा0मु0 मो0 आदि पर होता आया है। जाति भारतीय समाज की आधारभूत विशेषता है यह हमेशा से राजनैतिक दलों के सामाजिक संगठन को प्रभावित करती रही है। स्वतंत्रता से पूर्व जाति का आन्दोलन राजनीतिक गठन को प्रभावित करता रहा है। दलित वर्ग कल्याण लीग, बहिष्कृत हितकारिणी सभा, जस्टिस पार्टी इसके प्रमुख उदाहरण रहे हैं। भारत में दल प्रणाली का उद्‌भव कांग्रेस की स्थापना से माना जाता है। 1885 में इसका गठन हुआ। कांग्रेस के ही नेतृत्व में हुए आन्दोलन के परिणाम स्वरूप भारत को स्वतन्त्रता प्राप्त हुई। कांग्रेस का प्रारंभिक उद्‌देश्य केवल ब्रिटिश शासन से भारतीयों को उचित सुविधाओं को प्राप्त करना ही रहा लेकिन 1920 तक सब कुछ धीमी गति से ही चलता रहा। 1920 में गांधी जी का राजनैतिक जीवन में प्रवेश ने आन्दोलन को जनान्दोलन के रूप में परिवर्तित करने में अग्रणी भूमिका अदा की। सर्वधर्म समभाव भाईचारे की भावना से लोगों को प्रेरित कर लोगों को कांग्रेस से जोडने का कार्य सफलता पूर्वक किया। 1906 में मुस्लिम लीग की स्थापना हुई जो प्रारंभ में कांग्रेस की तरह ब्रिटिश शासन में विश्वास करते हुए अपने अधिकारों के हित के लिए कार्य करती रही और फिर एक राजनीतिक दल के रूप में अस्तित्व में आकर द्विराष्ट्र सिद्धान्त का बीज बोया

और मुसलमानों के लिए एक अलग पाकिस्तान की माँग की। एक सांप्रदायिक संस्था जो राजनीतिक दल के रूप में अपनी पहचान बना चुकी भी वे प्रतिक्रिया स्वरूप एक अन्य साम्प्रदायिक संस्था के रूप में 1916 में हिन्दू महा सभा के नाम से हिन्दुओं द्वारा गठित की गई जिसका उद्देश्य हिन्दू संस्कृति, हिन्दू सभ्यता की रक्षा एवं उसके विकास के साथ साथ पूर्ण स्वराज्य को प्राप्त करना था। कुछ वामपंथी दल भी अस्तित्व में आये जैसे-1924 में साम्यवादी दल, कांग्रेस से अलग हुए लोगो से 1934 में समाजवादी दल जो स्वतंत्रता प्राप्ति तक कांग्रेस की शाखा के रूप में कार्य करता रहा पर स्वतंत्रता प्राप्ति के पश्चात यह अपने मूल संगठन से अलग हो गया। स्वतंत्रता प्राप्ति के पश्चात राष्ट्रीय स्तर पर सबसे पहले 1951 में भारतीय जन संघ अस्तित्व में आया।

भारत का संविधान भारतीय नागरिकों को समुदाय बनाने की स्वतंत्रता प्रदान करता है कोई भी नागरिक एक नया दल बनाने को स्वतंत्र है जिसके कारण बहुत से दलों के अस्तित्व मे आने के बीज अंकुरित होने लगे। बहुदलीय प्रणाली के होने के बाद भी सरकार बनाने में एक दलीय आधिपत्य का उदाहरण भी मिलता रहा। 1977 से 1980 को छोड़कर प्रथम आम चुनाव 1952 से 1989 तक कांग्रेस की ही केन्द्र से सरकार बनती रही, 1989-1990 के चुनाव के पश्चात् जनता दल ने अपने सहयोगियों को लेकर गठबंधन सरकार के रूप में आकर भारतीय राष्ट्रीय कांग्रेस के एकाधिकार पर विराम लगाया। पिछले दो दशको से गठबंधन की राजनीति के जोर पकड़ने के बाद क्षेत्रीय दलों की पैठ गहरी हो गई है। राजीव गांधी की अगुआई में कांग्रेस 200 की संख्या को छू न पाई जबकि जनता दल दूसरी सबसे बडी पार्टी बन कर उभरी। जिसका परिणाम यह हुआ कि पहली बार किसी भी पार्टी को स्पष्ट जनादेश न मिला। जनता दल के बी0पी0 सिंह ने कुछ क्षेत्रीय दलों को ले कर नेशनल फ्रंट का गठन किया जिसे भाजपा व अन्य दलों ने बाहर से समर्थन दे कर सरकार बनाने में मदद की और वी0पी0 सिंह प्रधानमंत्री बने। पिछले दो दशकों में क्षेत्रीय दल एक बड़े फैक्टर के रूप में आये हैं इनकी भूमिका सरकार बनाने में अहम है इसलिये भाजपा हो या कांग्रेस किसी भी लोकसभा चुनाव से पूर्व गठबंधन के लिए प्रयासरत रहती है जिससे कि सरकार बनाने में कोई कठिनाई न हो। दूसरे शब्दों में यह कहा जा सकता है कि बड़े दलों में उपजे आंतरिक असंतोष ने क्षेत्रीय दलों को अस्तित्व में आने को मौका दिया।

आबादी के मामले में दुनिया का पहला स्थान पाने की ओर अग्रसर भारत में राजनीतिक दलों की संख्या में निरंतर, वृद्धि हो रही हैं जुलाई 2015 तक नये संगठनों के दर्ज होने के बाद देश में राजनीतिक दलो की कुल संख्या 1866 हो गई है।

केन्द्र सरकार में नेतृत्व के लिए चुनावी घोषणापत्र और राजनीतिक दलों की जवाबदेही को लेकर सुप्रीम कोर्ट ने छः राष्ट्रीय दलों को सूचना का अधिकार कानून के तहत लाने के लिए उनका पक्ष जानने को नोटिस जारी किया हैं उनसे जानना चाहा है कि क्यो न उन्हे आर टी आई कानून के तहत सार्वजनिक प्राधिकार घोषित किया जाय ताकि वह अपनी परिसम्पत्तियों की घोषणा करने के लिए बाध्य हो क्योकि आर टी आई की धारा 2 (ज) में स्पष्ट है कि -

(A). संविधान द्वारा या उसके अधीन,

(B). संसद द्वारा बनाई गई किसी अन्य विधि द्वारा

(C). राज्य विधान मण्डल द्वारा बनाई गई किसी अन्य विधि द्वारा

(D). समुचित सरकार द्वारा जारी की गई अधिसूचना या किये गये आदेश द्वारा, स्थापित या गठित कोई प्राधिकारी या निकाय या स्वायत्त सरकारी संस्था अभिप्रेत है, और इसके अन्तर्गत (A). कोई ऐसा निकाय है जो केन्द्रीय सरकार के स्वामित्वाधीन नियन्त्रणाधीन या उसके द्वारा प्रत्यक्ष या अप्रत्यक्ष रूप से उपलब्ध कराई गई निधियों द्वारा वित्तपोषित है, (B). कोई ऐसा गैर सरकारी संगठन है जो समुचित सरकार द्वारा प्रत्यक्ष या अप्रत्यक्ष रूप से उपलब्ध कराई गई निधियों द्वारा वित्त पोषित है। सूचना का अधिकार कानून का यह अनुच्छेद इस बात को स्पष्ट करता है कि राजनीतिक दल भी इस कानून के बाहर नहीं क्योंकि राजनीतिक दल भी प्रत्यक्ष या अप्रत्यक्ष रूप से लाभ लेती है। यह बात अलग है कि सूचना का अधिकार अधिनियम 2005 का अनुच्छेद 8(1) में ऐसी व्यवस्था है जिसके तहत सूचना को साझा न किया जाय साथ ही धारा 7 (9) भी है जो सार्वजनिक प्राधिकार को सूचना न प्रदान करने को बल मिलता है जिससे सार्वजनिक प्राधिकार के संसाधनों की बेतूकी तस्वीर सामने आती हो। राजनीतिक दल अपने स्तर पर सूचना का अधिकार अधिनियम 2005 के धारा 4(1) के तहत अपनी जानकारियों को अपनी वेवसाइट्स पर अधिकतम रूप में जारी करें जिससे कि जन सामान्य को जानकारी पाने के लिए सूचना का अधिकार 2005 के तहत आवेदन न करना पड़े।

केन्द्रीय सूचना आयोग में 2013 में स्पष्ट आदेश जारी किया था कि राजनीतिक दल के लिए सूचना का अधिकार

अधिनियम 2005 के तहत सूचना प्रदान करना जरूरी है लेकिन तमाम राजनीतिक दल इस आदेश के खिलाफ लामबंद हो गये। यह कितना उचित है कि राजनीतिक दलों को नहीं बल्कि अफसरशाही को ही आर.टी. आई. के दायरे में लाया जाय। हर पार्टी इस बात के लिए पूर्णतया प्रयासरत है कि उसे इस कानून के दायरे में न लाया जाय। किसी भी लोकतंत्र के लिए इससे बड़ी विडम्बना और क्या हो सकती है कि उसके राजनीतिक दल जो सरकार बनाने के लिए हर जोड़-तोड़ करते हैं वे जनता के प्रति जबाबदेह होने से बचना चाहते है। उन्हें जनता के प्रति जबाबदेह होना होगा।

सूचना आयोग जिस प्रयास में सफल न हो सका उस प्रयास में सुप्रीम कोर्ट कितना सफल होगा यह भविष्य के गर्भ में है। यू0पी0ए0 सरकार ने तो कानून में आंशिक संशोधन तक करने का मन बना लिया था जिससे कि इस कानून से बचा जा सके। चुनाव आयोग को निर्वाचन खर्च के नाम पर जो ब्यौरा दिया जाता है वह कितना सही होता है यह सभी जानते है यहां तक कि एक आम नागरिक भी इस सवाल पर जबाब देने को तैयार है। अगर राजनीति व्यवसाय नहीं तो उसे पारदर्शी बनना ही होगा। तभी राजनीतिक दलों में जनता के प्रति वफादारी रह सकेगी। यदि जनसामान्य को सूचना प्रदान किये जाने से बचे जाने का समुचित प्रयास राजनीतिक दलों द्वारा किया जा रहा है तो इसका आशय यही है कि लोकतंत्र सही मायने में असुरक्षित है क्योंकि जनता की भागीदारी के सापेक्ष राजनीतिक दलों की जबाबदेही नहीं, जनता के अधिकारों के सीमित करने के प्रयास हो रहे हैं। फिर हमारे संविधान निर्माताओं का स्वप्न -'' फार द पीपुल, बाई द पीपुल एण्ड आफ द पीपुल'' का क्या होगा।

02 सूचना का अधिकार : भारतीय लोकतंत्र के विकास में मील का पत्थर

सूचना के अधिकार का अभिप्राय ''किसी लोक प्राधिकारी द्वारा नियंत्रित सूचनाओं तक पहुंच से है।'' इसके अन्तर्गत अभिलेखो, दस्तावेजों एवं कार्यों का निरीक्षण किया जा सकता है। सामग्री का नमूना लिया जा सकता है। दस्तावेजों एवं अभिलेखों की सत्यापित प्रतिलिपियां प्राप्त की जा सकती हैं।

सूचना का अधिकार लोकतान्त्रिक और खुला समाज में सबसे महत्वपूर्ण अधिकार है। क्योंकि यह भी सभी अधिकारों का आधार स्तम्भ है। यदि सूचना का अधिकार नहीं है तो आज सभी अधिकार भी शीघ्र ही नष्ट हो जायेगें। लोकतंत्र में सूचना के अधिकार का वही स्थान है जो शरीर में रक्त संचार का होता है। इसके कारण लोकतंत्र के सभी अवयव खुले और स्वस्थ रहते हैं सूचना का अधिकार लोकतंत्र का स्पन्दन है। प्रशासनिक दृष्टिकोण से भी इसका महत्व बढ़ता जा रहा है। इस संबंध में एस0पी0 गुप्ता बनाम भारत संघ के मामले में न्यायमूर्ति भगवती ने विवेचन किया है, ''खुली सरकार, खुले समाज की नयी लोकतान्त्रिक संस्कृति है, जिसकी तरफ प्रत्येक उदार लोकतंत्र आगे बढ़ रहा है और हमारा देश कोई अपवाद नहीं होना चाहिए।

भारत में सूचना के अधिकार की प्राप्ति के लिए संगठित अभियान की शुरूआत का इतिहास दो दशक ही पुराना है। यद्यपि 1952 में प्रथम प्रेस आयोग एवं 1978 में द्वितीय प्रेस आयोग के गठन से प्रेस की स्वतंत्रता की दिशा में प्रगति हुई किन्तु सूचना के अधिकार को ज्यादा महत्व नहीं दिया गया। 1981-86 के बीच उच्चतम न्यायालय के विभिन्न निर्णयों में सूचना के अधिकार का समर्थन किया गया। इसी प्रकार प्रभुदत्त बनाम भारत संघ के मामले में यह अभिनिर्धारित किया गया है कि प्रेस की स्वतंत्रता में सूचनाओं तथा समाचारों को जानने का अधिकार भी शामिल है।

सूचना के अधिकार आन्दोलन में सर्वाधिक सक्रिय भूमिका पूर्व आई0ए0एस0 अधिकारी एवं रैमन मैग्ससे पुरस्कार से सम्मानित अरूणा राय की रही है, जो श्रीमती सोनिया गांधी की अध्यक्षता वाले राष्ट्रीय सलाहाकार परिषद की सदस्य भी हैं। 1990 में उनके संगठन ''मजदूर किसान शक्ति संगठन'' ने जन सुनवाई के दौरान व्यक्तिगत जीवन में सूचनाओं के अधिकार के महत्व पर प्रकाश डाला। संगठन के इस प्रयास से प्रेरित होकर समाज के सम्भ्रान्त वर्ग के नागरिक तथा लोक सेवक, अधिवक्ता एवं सामाजिक कार्यकर्ता इस दिशा में प्रवृत्त हुए। 1990 में नागरिकों के सूचना के अधिकार हेतु राष्ट्रीय आन्दोलन का गठन किया गया। इस संगठन के सक्रिय प्रयासों के परिणामस्वरूप वर्ष 1995 में प्रेस काउंसिल ऑफ इण्डिया ने सूचना की स्वतंत्रता का प्रथम ब्लू प्रिन्ट तैयार किया किन्तु सरकार द्वारा इसे स्वीकार नहीं किया गया।

1997 में ही उपभोक्ता कार्यकर्ता एच0डी0 शौरी की अध्यक्षता में गठित कार्यदल ने एक विधेयक का प्रारूप प्रस्तुत किया। एक अन्य विधेयक न्यायमूर्ति पी0बी0 सावंत के नेतृत्व में गठित कार्यदल ने प्रस्तुत किया किन्तु परिणाम सकारात्मक नहीं रहे। वर्ष 2000 में कुछ परिवर्तनों के साथ ''सूचना की स्वतंत्रता का विधेयक 2000'' निर्मित किया गया। गहन विचार विमर्श के उपरान्त 2002 में बाजपेयी सरकार के शासन काल में यह विधेयक स्वीकृत हुआ किन्तु इसमें अनके कमियाँ रही और यह अधिसूचित नहीं हो पाया। संप्रग सरकार के गठन के पश्चात श्रीमती सोनिया गांधी सूचना के अधिकार विधेयक को संशोधित रूप में लाने के लिए विशेष रूप से सक्रिय रहीं हैं।

इस प्रकार विभिन्न प्रक्रियाओं तथा लम्बे अन्तराल के बाद भारतीय संसद ने 12 मई 2005 को सूचना का अधिकार अधिनियम, 2005 पारित किया, जिसे 15 जून, 2005 को राष्ट्रपति ने अपनी स्वीकृति दी। यह अधिनियम 12 अक्टूबर, 2005 से जम्मू-कश्मीर राज्य को छोड़कर शेष भारत पर लागू हो गया। विश्व में सबसे बड़े लोकतांत्रिक देश के नागरिकों को यह अधिकार आजादी के 58 वर्षो बाद मिला और सूचना का कानून परित करने वाला भारत विश्व का 61 वां देश बना। शासकीय गोपनीयता अधिनियम, 1923 और अन्य किसी विधि के प्रावधानों के बावजूद इस अधिनियम के प्रावधान प्रभावी होगें। इस अधिनियम के मुख्य उद्देश्य सरकारी कामकाज और प्रशासन में पारदर्शिता लाना तथा जवाबदेही तय करना है।

इस अधिनियम के अन्तर्गत केन्द्र व राज्य प्रशासकों के अलावा पंचायतें, स्थानीय निकायों व सरकार से धन प्राप्त करने वाले गैर सरकारी संगठनों को भी रखा गया है। इस कानून को प्रभावी ढंग से लागू करने के लिए केन्द्रीय सूचना आयोग के नीचे, राज्य और जिले से लेकर ब्लॉक स्तर तक सूचना आयुक्तों और सूचना प्राधिकारियों की विस्तृत व्यवस्था की गयी है।

भारत के संविधान में सूचना के अधिकार का पृथक से उल्लेख नहीं किया गया है। इण्डियन एक्सप्रेस न्यूज पेपर्स बनाम भारत संघ के बाद अनुच्छेद 19(1)(a) में जानने का अधिकार भी शामिल है। इनमें सरकार के संचालन से संबंधित सूचनाएँ जानने का अधिकार भी आता है। केवल आपवादिक मामले में जब देश की सुरक्षा अथवा लोकहित में आवश्यक हो तभी उनका प्रकटीकरण नहीं किया जा सकता है। लोकहित सरकार एक खुली सरकार होती है जिसके विषय में जनता को जानने के अधिकार होते हैं। इस प्रकार इस अधिनियम का उद्देश्य प्रशासन में खुलापन, पारदर्शिता तथा उत्तरदायित्व को बढ़ाना है। सेक्रेटरी जनरल, उच्चतम न्यायालय बनाम् सुभाष चन्द्र अग्रवाल के वाद में दिल्ली उच्च न्यायालय ने अभिनिर्धारित किया है कि सूचना के अधिकार का स्रोत सूचना का अधिकर अधिनियम से उत्पन्न नहीं होता है। जैसा कि उच्चतम न्यायालय ने बहुत से मामलों में अभिनिर्धारित किया है। यह वह अधिकार है जो अनुच्छेद 19(1)(a) के अधीन गारण्टी किए गए संवैधानिक अधिकार से उत्पन्न होता है। सूचना के अधिकार को अनुच्छेद 19(1)(a) और अनु0 21 में अन्तर्निहित माना जा सकता है। विश्व में केवल दक्षिण अफ्रीका का संविधान ऐसा है जिसमें सूचना के अधिकार का विशेष रूप से उल्लेख है।

सूचना का अधिकार अधि॰, 2005 की धारा 8 में कुल 10 विषयों का उल्लेख किया गया है जिनपर किसी भी व्यक्ति को सूचना देने की बाध्यता सूचना अधिकारी की नहीं होगी–

(क) सूचना, जिसके प्रकटन से भारत की प्रभुता और अखण्डता, राज्य सुरक्षा, रणनीति, वैज्ञानिक या आर्थिक हित, विदेश से संबंधों पर प्रतिकूल प्रभाव पड़ता हो या सूचना जो किसी अपराध को करने के लिए उकसाती हो।

(ख) सूचना, जिसके प्रकाशन को किसी न्यायालय या अधिकरण द्वारा अभिव्यक्त रूप से निषिद्ध किया गया हो या जिसके प्रकटन से न्यायालय की अवमानना होती है।

(ग) सूचना जिसके प्रकटन से संसद या किसी राज्य के विधान मण्डल के विशेषाधिकार का हनन होता है।

(घ) सूचना, जिसमें वाणिज्यिक विश्वास, व्यापार, गोपनीयता या बौद्धिक संपदा सम्मिलित है, जिसके प्रकटन से किसी तीसरे व्यक्ति की प्रतियोगी स्थिति को नुकसान होता है जब तक सक्षम प्राधिकारी अस्वस्थ न हो जाए कि ऐसी सूचना के प्रकटन में विस्तृत लोकहित निहित है।

(ड़) किसी व्यक्ति के वैश्वासिक में उपलब्ध सूचना जब तक कि सक्षम प्राधिकारी आश्वस्त न हो जाए कि ऐसी सूचना का प्रकटन विस्तृत लोकहित में आवश्यक है।

(च) किसी सरकार से विश्वास में प्राप्त सूचना।

(छ) सूचना, जिसके प्रकट करने से किसी व्यक्ति के जीवन या शारीरिक सुरक्षा के लिए खतरा हो या सूचना जिसके प्रकटन से कानून व्यवस्था या आन्तरिक सुरक्षा बनाए रखने के लिए प्रस्तुत किसी स्रोत की पहचान होती है।

(ज) सूचना, जिसके प्रकटन से अन्वेषण या अपराधियों को गिरफ्तार करने या अभियोजन की क्रिया में बाधा पड़ती हो।

(झ) मंत्रिमण्डल के कागजात, जिसमें मंत्रीपरिषद, सचिवों और अन्य अधिकारियों के विचार विमर्श के अभिलेख हो।

(ञ) सूचना, जो व्यक्तिगत सूचना से संबंधित है, जिसका प्रकटन किसी लोक क्रियाकलाप या हित से संबंध नहीं रखता है या जिससे व्यक्ति की एकांतता पर अनावश्यक अतिक्रमण होगा, जब तक कि यथास्थिति, केन्द्रीय लोक सूचना अधिकारी या राज्य लोक सूचना अधिकारी या अपील प्राधिकारी का यह समाधान नहीं हो जाता है कि ऐसी सूचना का प्रकटन विस्तृत लोकहित में न्यायोचित है।

इस अधिनियम की धारा 6(1) के अन्तर्गत सूचना प्राप्त करने के इच्छुक व्यक्ति हिन्दी अथवा अंग्रेजी में लिखित रूप से आवेदन पत्र या ई–मेल द्वारा अनुरोध कर सकते हैं। अनुरोधकर्ता को यह स्पष्ट करने की आवश्यकता नहीं है कि उसे सूचना क्यों चाहिए– धारा 6(2) सूचना के लिए अनुरोध करते समय आवेदन पत्र के साथ निर्धारित शुल्क 10 रूपये देना होगा। आवेदन शुल्क दिये बगैर सूचना का अनुरोध स्वीकार नहीं होगा। आवेदन शुल्क 10 रूपये प्रति आवेदन पत्र के अतिरिक्त सूचना प्राप्ति के लिए निर्धारित शुल्क निम्न प्रकार है–

सूचना की– तैयार की गयी सामग्री अथवा अभिलेख की छायाप्रति, बड़े आकार के कागज में किसी प्रतिलिपि दिये जाने पर उसकी वास्तविक लागत, मुद्रित प्रारूप में दी गयी सूचना के लिए, सैम्पल/मॉडल की दशा में उसकी वास्तविक लागत।

सूचना का आवेदन पत्र प्राप्त होने पर संबंधित लोक सूचना अधिकारी शीघ्रताशीघ्र या किसी भी दशा में अनुरोध प्राप्त होने के 30 दिनों के अन्दर या तो वांछित सूचना अनुरोधकर्ता को उपलब्ध कराएगा या फिर अधिनियम की धारा 8 और 9 में उल्लिखित कारणों से अनुरोध को अस्वीकार करेगा।

इस अधिनियम की धारा 20(1) के अनुसार किसी शिकायत अथवा अपील पर सुनवाई के समय यदि राज्य सूचना आयोग इस निष्कर्ष पर पहुंचता है कि लोक सूचना अधिकारी द्वारा किसी उचित कारण के बिना किसी व्यक्ति के सूचना के अनुरोध को प्राप्त करने से मना किया है (के संबंध में समय पर सूचना उपलब्ध नहीं करायी है, को किसी द्वेष वश अस्वीकार किया है (के उत्तर में जानबूझ कर गलत सूचना दी है (से संबंधित सूचना को नष्ट किया है, या के संबंध में किसी तरह सूचना को प्रकट करने में व्यवधान डालता है (तो ऐसी दशा में लोक सूचना अधिकारी पर सूचना देने में विलम्ब की अवधि या जब तक इच्छित सूचना पूर्ण रूप में नहीं दी जाती है तब तक की अवधि के लिए आयोग 250 रूपये प्रति दिन की दर से आर्थिक दण्ड आरोपित कर सकता है। दण्ड भी अधिकतम राशि 25,000 हजार रूपये होगी। आयोग ऐसे अधिकारी के विरुद्ध सेवा नियमों के अन्तर्गत अनुशासनात्मक कार्यवाही की सिफारिश करेगा। धारा 20(2) अधिनियम के प्राविधानों के अन्तर्गत यदि कोई व्यक्ति सद्‌भावना पूर्वक कोई कार्य करे तो ऐसे व्यक्ति के विरुद्ध कोई वाद, अभियोजन या अन्य विधिक कार्यवाही नहीं होगी। धारा (21) अधिनियम के प्रावधानों का अभिसूचना तथा सुरक्षा संगठनों पर लागू न होना धारा 24(4)।

हमारे प्रजातंत्र में आम आदमी की हिस्सेदारी सबसे अहम् है। सूचना के अधिकार कानून ने आम आदमी को वह ताकत दी है, जिसका इस्तेमाल कर वह तंत्र में व्याप्त भ्रष्टाचार को खत्म कर सकता है। वास्तव इस अधिनियम का प्रमुख उद्‌देश्य ही यह है कि सरकारी तंत्र अपने कार्य व्यवहार में गोपनीयता को न्यूनतम करते हुए अधिकतम पारदर्शिता बरते। यह अधिनियम श्रेष्ठ नागरिक, श्रेष्ठ जनसूचना अधिकारी और श्रेष्ठ पत्रकारिता हेतु नामांकन आंमत्रित करने का अवसर भी प्रदान किया गया है। सूचना अधिकार अधिनियम कानून बनाने का फायदा हुआ कि उक्त अनेक मामले प्रकाश में आये। इसी तरह सर्वाधिक महत्वपूर्ण जो मामला प्रकाश में आया वह था भोपाल गैस त्रासदी।

सूचना अधिकार के लाभः-

(क) सूचना के अधिकार से देश में लोकतंत्र की नींव मजबूत होगी और आम नागरिकों के सशक्तिकरण में सहायता मिलेगी क्योंकि सूचनायें शक्ति का स्रोत होती हैं।

(ख) सूचना का अधिकार देश के नागरिकों एवं शासन-प्रशासन के बीच एक सेतु का कार्य करेगा क्योंकि जनता शासकीय कार्यो के संबंध में आवश्यक सूचनायें प्राप्त कर सकती है।

(ग) देश के सरकारी तंत्र में व्याप्त भ्रष्टाचार पर नियंत्रक करना सम्भव हो सकेगा क्योंकि जनता विभिन्न अभिलेखों के संबंध में सूचनायें प्राप्त कर सकेगी।

(घ) सूचना के अधिकार कानून से सरकारी तंत्र की कार्यकुशलता बेहतर बनायी जा सकेगी और इससे शासकीय कार्यों में पारदर्शिता लायी जा सकेगी।

(ङ) मीडिया को व्यापक लाभ मिलेगा और पत्रकारों को जनता तक सूचनाएं पहुंचाने के लिए दर-दर भटकना नहीं पड़ेगा।

(च) संसद सदस्यों को भी इस कानून से लाभ मिलेगा और विभिन्न विषयों पर संसद में सकारात्मक विचार विमर्श को बल मिलेगा।

(छ) देश में एन.जी.ओ. माफिया ने भी अपना जाल फैला रखा है जो सरकारी अनुदान का पैसा हड़प रहे हैं। इस विधेयक के प्रावधानों के अन्तर्गत गैर सरकारी संगठनों की कार्यप्रणाली में भी पारदर्शिता लायी जा सकेगी।

पारदर्शी समाज में सूचना सुलभता एक अनिवार्य आवश्यकता है। आर्थिक उदारीकरण के वर्तमान दौर में पारदर्शिता से आशय है प्रत्येक व्यक्ति को सरकार द्वारा लिए गये निर्णयों एवं उनकी तर्क संगतता की जानकारी प्राप्त करने का अधिकार दिया जाना है। इस प्रकार की सूचनाएँ किसी राष्ट्र के विकास में प्रेरक शक्ति का कार्य करती है। इन्हीं कारणों से सूचना के अधिकार को एक महत्वपूर्ण अधिकार माना गया है। इस प्रकार सूचना का अधिकार राष्ट्र के लोकतांत्रिक, आर्थिक विकास एवं मानवाधिकार के स्तरोन्नयन में महत्वपूर्ण मायने रखता है। इसी मायने को अर्थवत्ता प्रदान करने की दिशा में यह विधेयक भारतीय लोकतंत्र के विकास में मील का पत्थर साबित होगा।

03 आतंकवाद-उदीयमान भारत के समक्ष चुनौती

'आतंक' एक शब्द है और 'आतंकवाद' एक विचार। पर वैश्विक मानवीयता के समूल ह्रास के विचार का आधार क्या है? इस बात से परिचित होना दुनिया के लिये अति महत्वपूर्ण है। अक्सर कहा जाता है कि भूखे पेट में हिंसा और आतंक पनपता है, आतंक की जड़ों के प्रति यह दृष्टिकोण स्वंय में एक प्रश्न है। 20वीं सदी की राजनीतिक विचारधाराओं ने इसे काफी हद तक मजबूर और प्रोत्साहित किया है। आधुनिक तकनीकि के इजाद होने से इसका परिवेश बढ़ा ही है। विभिन्न आतंकी संगठनों, हिज़्बुल मुजाहिदीन, लश्कर-ए-तैयबा, अलक़ायदा, इस्लामिक स्टेट ऑफ ईराक एण्ड सीरिया, फिलिस्तीन लिबरेशन फ्रंट आदि का काला साया पश्चिमी और अफ्रीकी देशों के साथ-साथ एशियाई और अरबी देशों में भी दिखाई देता रहा है, भारत उनमें से एक है। आज सम्पूर्ण विश्व इसकी पहुँच में है, इस बात पर ध्यान देना बहुत ज़रूरी है कि 'आतंकवाद' सिर्फ आतंक और फसाद है। आतंकवाद का संबंध धर्म, जाति और भाषा से कदापि नहीं है। क्योंकि कोई भी धर्म मानव को मानव के प्रति बर्बरी स्वभाव को नहीं दर्शाता अपितु धर्म तो व्यक्ति को नैतिकता, सहयोग, समर्पण और भाईचारे के प्रति मानवीय भाव को बढ़ाता ही है। परन्तु कुछ धार्मिक मदहोशी लोगों ने धर्म में कटरपंथ लाकर इसकी विकृत व्याख्या की है, जिससे मानवीय सभ्यता को खतरा पैदा हो गया है। निःसन्देह 'आतंकवाद' उदीयमान भारत के प्रति एक बड़ी चुनौती बना हुआ है। यह भारत के साथ-साथ दक्षिण एशियाई देशों-पाकिस्तान, श्रीलंका, नेपाल, भूटान, मालदीव, अफगानिस्तान, बांग्लादेश आदि में अपने पैर पसार रहा है। ऐसे में वैश्विक नेतृत्व आतंकी शोरगुल से अनभिज्ञ भी नहीं।

9/11 (2001), 26/11 (2008), 13/11 (2015), महज़ ये तारीखें नहीं। प्रत्येक 7 वर्ष के अंतराल के बाद आतंकियों द्वारा अंजाम दी गई बड़ी घटनायें हैं। 9/11 की घटना संयुक्त राज्य अमेरिका से संबंधित है जिसमें न्यूयॉर्क स्थित वर्ल्ड ट्रेड सेन्टर पर हमला हुआ और इसमें लगभग 2753 बेगुनाह लोग मारे गये और 6000 से अधिाक घायल भी हुए। उक्त घटना की ज़िम्मेदारी आतंकी संगठन अलक़ायदा ने ली थी। वहीं दूसरी ओर 26/11 की घटना का सम्बन्धा विकासशील देश भारत से सम्बन्धित है जिसमें भारत की आर्थिक राजधानी मुम्बई के भिन्न-भिन्न स्थानों यथा ताज होटल, छत्रपति शिवाजी टर्मिनल, कामा हॉस्पिटल, नरीमन हाउस व ओबरॉय होटल पर आतंकी हमला हुआ। इस बर्बर हमले की ज़िम्मेदारी आतंकी संगठन लश्कर-ए-तैयबा ने ली थी। उक्त घटना में जिंदा आतंकी अजमल कसाब भी पकड़ा गया था जिसकी पुष्टि पाकिस्तानी नागरिक के रूप में हुई थी। जिसको पिछले वर्ष मुम्बई की एक जेल में फांसी दी गई। उक्त घटना में लगभग 166 लोग मारे गये व 600 से अधिक लोग बर्बरी घटना में घायल भी हुए। हाल का घटनाक्रम 13/11 (2015) आतंकी हमले का काला दिन बना। दुनिया भर में फैशन की राजधानी के रूप में मशहूर फ्रांस की राजधानी पेरिस में आई0एस0आई0एस0 (इस्लामिक स्टेट ऑफ ईराक एण्ड सीरिया) द्वारा आतंकी हमला किया गया, जिसने विश्व शांति की तरफ़ बढ़ रहे कदमों को लड़खड़ा कर 'विश्वबिरादरी' का ध्यान अपनी ओर आकर्षित किया है। 6 जगहों पर हमलों में 129 से ज्यादा लोग मारे गये और लगभग 352 से अधिक लोग घायल हुये। इसके अतिरिक्त अफ्रीकी देश माली में भी 20 नवम्बर 2015 को आतंकियों द्वारा बर्बर कृत्य को अंजाम दिया गया जिसमें लगभग 27 लोग मारे गये और सैकड़ों लोग घायल हुये। 21वीं शताब्दी के डेढ़ दशक में ही विश्व में लगभग 40000 से ज्यादा आतंकी घटनाओं में लगभग 6 लाख से अधिाक लोग मारे गये जिनमें लगभग 10 प्रतिशत स्कूली बच्चे भी शामिल हैं। इनमें से इतने ही समय में भारत में लगभग 33 आतंकी घटनाओं में 1200 से अधिाक लोग मारे गये। राजनीति विज्ञान के शोधा छात्र के रूप में मेरा उद्देश्य आंकड़ों से रूबरू कराना मात्र नहीं है अपितु इन बर्बरी घटनाओं के पीछे छिपे कारणों को जानना भी अहम होगा।

शीर्षक के अन्तर्गत देखा जाये तो एक बात स्पष्ट रूप से दिखायी देती है कि भारत विश्व की एक उभरती हुई अर्थव्यवस्था के साथ-साथ एक बड़ी महाशक्ति के रूप में स्वंय को दृढ़ बनाने के प्रति संकल्पित है। यही कारण है कि 26/11 की घटना के बाद भारत ने विश्व बिरादरी को आतंकवाद के मुद्दे पर एक मंच पर लाने व समर्थन हासिल करने में प्रभावी भूमिका निभायी है। और साथ ही आतंकवादियों की पनाहगार बने देशों को विश्व समुदाय से आर्थिक मदद ना करने व दोहरे मापदंड अपनाने के प्रति सचेत किया है। इसमें दो राय नहीं कि पश्चिमी देशों खास

तौर से अमेरिका ने स्वहित के उद्देश्य से ही आतंक का भरण-पोषण किया है। शायद इस विचार से यह देश अनभिज्ञ थे कि आतंक की भूख इस कदर बढ़ जायेगी कि वह 'आतंकवाद' के रूप में विश्व बिरादरी के माथे पर चिन्ता की लकीरें खींच देगा। निःसन्देह आज भारत विश्व में ग्लोबल वॉर्मिंग, मानवाधिकार आदि के साथ-साथ लोकतन्त्र, स्वतन्त्रता, समानता व न्याय के साथ अन्तर्राष्ट्रीय राजनीति में प्रभावी भूमिका में हैं। यही कारण है कि उदीयमान भारत, आतंकी संगठनों की आँख की किरकिरी बना हुआ है। और उभरते भारत के समक्ष आतंकवाद एक बड़ी चुनौती है।

निःसन्देह इस बात में दो राय नहीं कि भारत की विश्व बिरादरी में एक अमिट छाप छोड़ने का मूल कारण उसकी ऐतिहासिक पृष्ठभूमि रही है और यही एक ऐसा दृष्टिकोण है जो समसामयिक परिवेश में भी भारत विश्व बिरादरी के साथ ना केवल कदमताल है बल्कि अन्तर्राष्ट्रीय बिन्दुओं के विभिन्न पहलुओं पर अपनी बेबाक राय दे रहा है। चाहे वह समसामयिक परिवेश के विषय आतंकवाद या पर्यावरण ही क्यों ना हो? कई एक मौकों पर विश्व बिरादरी, भारत की दक्षिण एशियाई व अन्तर्राष्ट्रीय चिन्ताओं के प्रति गम्भीर भी रहा है। भारत इतिहास के पन्नों से लेकर अब तक ''वसुधैव कुटुंबकम्'' के भाव के साथ दुनिया को शान्ति का सन्देश भी देता आया है। वसुधैव कुटुंबकम व बौद्ध दर्शन की यही भावना गांधी, टैगोर और नेल्सन मण्डेला के व्यक्तित्व का आधार भी है। आज आतंकवाद विश्व शान्ति व प्रगति का विरोधी है और उदीयमान भारत के लिये एक चुनौती भी।

21वीं सदी के आरम्भिक दशक से ही भारत ने अपने पूर्व की गति को और अधिक तीव्र किया है। भारत आर्थिक, राजनीतिक और अन्तर्राष्ट्रीय मानकों के वैचारिक दृष्टिकोण से विकासशील देशों की सूची में अग्रणी भूमिका में है। भारत पूरी दुनिया में आजादी के बाद सबसे तीव्र गति से विकास करने वाली अर्थव्यवस्था है। भारत 1990 के दशक के आर्थिक ऊहा-पोह के बाद 21वीं सदी के आरम्भिक दशक से ही अपनी जी0डी0पी0 में सुधार करने में स्फल रहा है। इतना ही नहीं स्वास्थ के दृष्टिकोण से जन्म व मृत्यु दर में कमी कर जीवन प्रत्याशा को भी कफी हद तक सुधारा है। वहीं आतंकवाद, नक्सलवाद व माओवाद के साथ-साथ अन्तर्राष्ट्रीय गतिरोध के चलते भारत ने अपने रक्षा बजट में भी उल्लेखनीय सुधार किया है। भारत का बॉलीवुड, हॉलीवुड से टक्कर ले रहा हैं। 21वीं सदी के प्रथम दशक में अरब देशों में लोकतंत्र के लिये क्रान्ति राजनीतिक रूप से सुधार की दिशा में अभूतपूर्व कदम है, जिससे साबित होता है कि दुनिया में सबसे बड़े लोकतन्त्र का सन्देश पूरी दुनिया में जा पहुँचा है। फिर भी मानवाधिकार के साथ-साथ कई मूल-भूत समस्यायें ऐसी भी हैं जहाँ सुधाार की गुंजाइश नजर आती है। फिर भी निःसन्देह भारत विश्व बिरादरी के समक्ष समसामयिक माहौल में उदीयमान भूमिका में है।

आज अन्तर्राष्ट्रीय आतंकवाद भारत जैसे उदीयमान देश के लिये एक चुनौती बना हुआ है। पेरिस व अफ्रीकी देश माली में आतंकी घटनाओं के मद्देनजर भारत ने आशियान शिखर सम्मेलन में आतंकवाद के समूल नाश के लिये विश्व बिरादरी को एकजुट हो कर कार्यवाही करने के विचार से परिचित कराया है साथ ही इस बात पर ज़ोर दिया है कि निर्दोषों के अधिकारों का हनन ना हो और मानवाधिकार की अन्तर्राष्ट्रीय संकल्पना हर हाल में बनी रहे। निःसन्देह तकनीकि के इस युग में आतंकी संगठनों के हाथ में परमाणु तकनीकि ना होने की बात से इंकार भी नहीं किया जा सकता ऐसे में मानव प्रजाति के साथ-साथ पृथ्वी को बचाये रखना भी वैश्विक देशों के लिए एक बड़ी चुनौती होगी।

04 वैश्वीकरण का मानव अधिकारों पर प्रभाव

वैश्वीकरण के इस दौर में मानव अधिकारों पर क्या प्रभाव पड़ा है। वर्तमान समय में विश्व स्तर पर कौन सी ऐसी सम-सामयिक घटनाऐं हुई हैं, जिनका मानव अधिकारों पर प्रभाव पड़ा है। वो घटनाऐं किस हद तक मानव अधिकारों पर प्रभाव डालती है। यहाँ ये तय करना उचित होगा कि वैश्वीकरण के सन्दर्भ में मानस से सम्बन्धित कौन से अधिकार अहमियत रखते हैं। यदि बात की जाये तो मानव के लिये सब से महत्वपूर्ण उसकी जिंदगी है। इन्सान का जीवन कब रक्षित हो सकता है, जब उसे साफ वातावरण दिया जाये और वातावरण पर्यावरण को साफ-शुद्ध रख कर ही दिया जा सकता है। अत: मानव के अन्य अधिकार जैसे स्वतन्त्रता का अधिकार, समानता का अधिकार, शिक्षा का अधिकार के साथ-साथ मानव के लोकतात्रिक अधिकार में शामिल वातावरण का अधिकार मायने रखता है। वैश्वीकरण के इस दौर में इन अधिकारों पर कैसा प्रभाव पड़ा है ये चर्चा का विषय है।

बात मानव अधिकारों की चल रही है। विषय वैश्वीकरण के सन्दर्भ में, ये जानना आवश्यक है कि वैश्वीकरण का 'शाब्दिक' अर्थ क्या है? वैश्वीकरण के मायने हैं, 'स्थानीय या क्षेत्रीय वस्तुओं या घटनाओं के विश्व स्तर पर रूपान्तरण की प्रक्रिया।' अर्थात किसी घटना या वस्तु का विश्व स्तर पर क्या प्रभाव रहा है।

1960 व उससे पहले के समय में 'वैश्वीकरण' का उपयोग 'सामाजिक विज्ञान' में किया जाता रहा है। 1980 के दशक से वैश्वीकरण का उपयोग अर्थशास्त्रियों द्वारा किया गया परन्तु 1980 से 1990 के दशक तक ये धारणा लोकप्रिय नहीं हुई। वैश्वीकरण का सबसे प्राचीन दृष्टिकोण 'चार्ल्स तेज रसेल' द्वारा दिया गया है। 'वैश्वीकरण' को एक सदियो लम्बी प्रक्रिया के रूप में देखा जाता है जो मानव जनसंख्या व सभ्यता के विकास पर नजर रखती है। 'वैश्वीकरण' को पिछले 50 वर्षो से सामाजिक विज्ञान के सन्दर्भ में भिन्न-भिन्न विषयों के सम्बन्धित करके समझा जा सकता है।

'राजनीतिक वैश्वीकरण ' विश्व सरकार का एक गठन है। जो राष्ट्रों के बीच सम्बन्धों का संचालन करता है, इसके अतिरिक्त सामाजिक व आर्थिक वैश्वीकरण से उत्पन्न होने वाले अधिकारों की गारन्टी देता है। वैश्वीकरण की इस दौड़ में संयुक्त राज्य अमेरिका ने शक्ति के पद का लुत्फ उठाया है ऐसा उसने राजनीतिक स्तर पर किया और क्यू किया क्योंकि इसकी आर्थिक स्थिति अन्य देशों के मुकाबले में बेहतर थी। अन्य दूसरे देशों के नागरिकों के मानव अधिकारों का उसके द्वारा समय-समय पर हनन किया गया चाहे नागासाकी हिरोशिमा (जापान) हो या अफगानिस्तान राजनीतिक वैश्वीकरण के दो पहलुओं को देखता है :- (1) जैवमण्डल में नजर आ रही क्षति, (2) गरीबी, असमानता, न्याय में हो रही देरी, पारम्परिक संस्कृति का क्षरण। ये सब वैश्वीकरण से सम्बन्धित क्षति का परिणाम है। अब चाहे वे राजनीतिक हो या आर्थिक।

(1) जैवमण्डल को तीन भागों में बांटा गया है :-

(1) जल मण्डल पृथ्वी पर स्थित सभी जलीय भाग जैसे महासागर, झील, जल धाराऐं, नदियाँ पृथ्वी का लगभग 73% सतह जल से ढकी है।

(2) स्थल मण्डल यानि जमीन की ठोस पर्त जैसे - चट्टानें, मृदा (मिट्टी) खनिज आते हैं, खनिज में फास्फोरस, कैल्शियम, आयरन आते हैं।

(3) वायु मण्डल वायुमण्डल में - आक्सीजन, कार्बन-डाई ऑक्साइड, नाइट्रोजन आदि गैसें जीवों कों वायु मण्डल से मिलती हैं। जल मण्डल, स्थल मण्डल, वायु मण्डल के साथ मिलाकर सभी जीवधारी एक बड़ी इकाई बनाते हैं वही जैव मण्डल कहलाता है।

आर्थिक वैश्वीकरण से समस्त जैव मण्डल को नुकसान हो रहा है। इस वैश्वीकरण का सीधा प्रभाव मानव अधिकारों पर पड़ रहा है एक ओर विकासवादी देश है जो विकास के नाम पर समस्त पर्यावरण का सत्यानाश कर रहे हैं, दूसरी ओर ऐसे व्यक्ति बहुत कम हैं जो 'जियो और जीने दो' के नियम को अपनाये हुए हैं। हम जियो और जीने दो के सिद्धांत को किस हद तक अपनाये हुए हैं बात साबित होती है, जल मण्डल में होने वाले प्रदूषण से जल में वाहित होने वाले मल के मिलने से अनेक वैक्टीरिया और अन्य रोग पैदा होते हैं। टॉयफाइड, पीलिया, पेचिश जैसे रोग जल मण्डल के दूषित होने से होते हैं। पारा (मरकरी) लेड (सीसा) फ्लोराइड पानी में मिलने से मानव को नुकसान पहुंचता है यहाँ तक उसकी मृत्यु तक हो सकती है। अभी हाल ही में मैगी नूडल्स में 'सीसे' की मात्रा अत्यधिक होने से उसे बैन कर दिया गया। वहीं पानी पीने के मामले में हम लोग क्या कर रहे हैं। सीसे की अधिक मात्रा

शरीर में पहुंचने से मानसिक रोग, उच्च रक्त चाप आदि बीमारियाँ देखने में आती है। इसके अलावा पानी में आक्सीजन की कमी होने के कारण पानी में रहने वाले प्राणियों और पौधों की भी मृत्यु हो जाती है।

धार्मिक आस्था के नाम पर भी मनुष्य का 'जीने का अधिकार' रक्षित नहीं है। केवल दिल्ली में भी 800 से अधिक, दुर्गा प्रतिमाऐं स्थापित होती हैं। कोलकाता में लगभग सौ वर्ष पूर्व एक-दो प्रतिमाऐं ही स्थापित होती थी। 50 वर्ष पूर्व 300, 400 और आज इनकी तादाद 2500 से ज्यादा है। 'केन्द्रीय प्रदूषण नियंत्रण बोर्ड' के 2010 की रिपोर्ट के आधार पर कहा जाता है कि विसर्जन के बाद पानी में 'टोटल डिजाल्वड सालिड' बढ़कर 100 प्रतिशत तक पहुंच जाता है। पानी में खनिज तत्व जैसे लोहा, तांबा आदि की मात्र 200 से 300 प्रतिशत बढ़ जाती है जिससे मनुष्यों में अपगंता बढ़ने का खतरा बना रहता है।

आज के इस वैश्वीकरण के दौर में यदि हम जल मण्डल को रक्षित कर मानव अधिकारों की रक्षा कर सकते हैं तो ये एक सराहनीय काम है। इसके लिये हमे हानिकारक 'अपशिष्ट पदार्थो' को पानी में मिलने से रोकना होगा। पीने के पानी के स्त्रोतों जैसे तालाब, नदी, आदि के चारों ओर दीवार बनाकर उसमें गन्दगी को मिलने से रोकना होगा। नदियों व तालाबों में पशुओं के नहलाने व वाहनों के धोने पर पाबन्दी होनी चाहिए। समय-समय पर जलाशयों की सफाई आक्सीकरण - कार्बनिक पदार्थो की सहायता से जल का शुद्धीकरण।

स्थल मण्डल को शुद्ध व साफ रखकर मानवीय अधिकारों को रक्षित किया जा सकता है। स्थल मण्डल में ठोस पर्त में यानि मिट्टी को प्रदूषित होने से रोकने में भूमि तथा जल में मलमूत्र विसर्जन पर रोक होनी चाहिए। ठोस पदार्थ जैसे तांबा, लोहा, काँच, को मिट्टी में नहीं दबाना चाहिए। उर्वरकों तथा कीटनाशकों का प्रयोग जरूरत पड़ने पर सीमित मात्र में करना चाहिए।

स्थल मण्डल में फास्फोरस, कैल्शियम आदि को शामिल किया गया है। वैश्वीकरण का मानव अधिकारों पर यह प्रभाव पड़ा है कि कैल्शियम के नाम पर आज उसे 'शुद्ध प्राकृतिक' दूध भी नसीब नहीं है। दूध व उससे बनी वस्तुओं में मिलावट के नाम पर उसकी जिन्दगी से खिलवाड़ किया जा रहा है। किस चीज का वैश्वीकरण हुआ है। मिलावट का, बेइमानी का, अशुद्धता का? वैश्वीकरण जरूर हुआ है और इस वैश्वीकरण का मानव अधिकारों पर विपरीत प्रभाव पड़ा है। वायुमण्डल में विश्व के बड़े देशों द्वारा तरक्की के नाम पर इतनी अधिक मात्रा में विषैली गैसें छोड़ी गई हैं जैसे - कार्बन डाइआक्साइड, कार्बन मोनोआस्साइड, नाइट्रोजन आक्साइड आदि। क्लोरो "फ्लोरो कार्बन आसमान में 'ओजोन पर्त' को नष्ट करके हानिकारक 'पराबैगनी किरणें' जीवों को हानि पहुंचाती है। वैश्वीकरण के नाम पर अमेरिका व चीन दुनिया के सबसे अधिक 'ईपीटीसी कार्बन' 16.6% निर्गत कर वातावरण को दूषित कर रहे हैं। रूस, जापान, दक्षिण कोरिया, कनाडा, ब्रिटेन, जर्मनी, इटली, ईरान, फ्रांस, पौलेंड, मैक्सिको विश्व के तकरीबन 40 देश ऐसे हैं जिनसे 'कार्बन' उत्सर्जन ज्यादा हो रहा है। इसके अतिरिक्त 28 देशों का समूह 'यूरोपीय संघ' 7.3 प्रतिशत ईपीसीटी रेंज में है। अमेरिका, फ्रांस, ब्रिटेन, रूस आदि बड़े देशों में वैश्वीकरण से उद्योगों की समस्या अधिक बड़ गयी है जिसका प्रभाव मानव अधिकारों पर पड़ा है।

वायुमण्डल के दूषित होने से मानव के स्वास्थ्य पर नुकसानदेह असर पड़ रहा है परिणाम स्वरूप श्वसनतन्त्र प्रभावित हो रहा है तथा दमा, गले का दर्द, निमोनिया एवं फेफड़ों का कैन्सर आदि खतरनाक बीमारियाँ सामने आ रही हैं। ज्वालामुखियों से निकली राख, आंधी तूफान से उड़ती धूल, वनों में लगी आग से निकलने वाला धुंआ, कोहरा, ये सभी इन बीमारियों के लिये जिम्मेदार हैं। इसके अलावा अम्लीय वर्षा के जरिये फसलों व वनों का भी नुकसान पहुंच रहा है।

वायुमण्डल शुद्ध करने के लिये घरों से निकलने वाले धुंए को कम करना होगा। पेट्रोल व डीजल से निकलने वाले धुऐं को 'निर्वातक छन्ना' के जरिये कम करना चाहिये। ईट के भट्टे गांव व शहरी आबादी से दूर होना चाहिए। सड़कों के किनारे अधिक पेड़ पौधें लगाने चाहिए।

इन तमाम कोशिशों के जरिये वैश्वीकरण का मानव अधिकारों पर जो नकारात्मक प्रभाव पड़ा है शायद कुछ हद तक उसको कम किया जा सके। वैश्वीकरण का जो जैव मण्डल पर क्षति वाला प्रभाव रहा है वे जलीय मण्डल, स्थलीय मण्डल, वायु मण्डल को शुद्ध करके जैव मण्डल को क्षति से बचाया जा सकता है, न केवल इन्सान बल्कि कुदरत की तमाम मखलूक कुदरत का हसीन 'शाहकार' है। उसकी सुन्दरता में कब इजाफा होगा जब वैश्वीकरण के इस दौर में मानव के अधिकारों को रक्षित किया जावे। कोशिशें तो जारी हैं लेकिन अभी कामयाबी मिलना बाकी है।

आज इस वैश्वीकरण के जमाने में न तो ठण्डी हवायें ही चलती हैं और ना ही झूमते हुए शजर नजर आते हैं, वैश्वीकरण की इस मदहोशी का मानव अधिकारों पर नकारात्मक प्रभाव

पड़ा है। तरक्की के चक्कर में इन्सान ये भूल बैठा है कि वह स्वयं ही अपने पर्यावरण को नष्ट करने पर तुला है, कभी तकनीकी विकास के बहाने, कभी धार्मिकता की आड़ में उच्च स्तरीय व्यवस्था गड़बड़ा गई है। इस व्यवस्था में तकरीबन चार बातें आती हैं – (1) जनसंख्या, (2) जैव समुदाय घास का मैदान, तालाब (3) पारितंत्र- पौधे, जन्तु और प्राकृतिक वातावरण मिलकर पारितंत्र का निर्माण करते हैं, (4) जीवमंडल- जल, थल, वायु प्राकृतिक भाग जिसमें सूक्ष्म जीव, पौधे, जन्तु आदि रहते हैं जीव मण्डल कहलाता है। यही चार आधारों वाली व्यवस्था गड़बड़ा गई है जिसके कारण पर्यावरण को सुरक्षित रखने में खतरा उत्पन्न हो गया है, वैश्वीकरण के कारण ये खतरा दिन दूना और रात चौगुना बड़ रहा है। जनसंख्या विस्फोट के कारण आवास, स्थान, भोजन उर्जा आदि की मांग बढ़ती जा रही है। इसे पूरा करने के लिये मनुष्य वनों को काट रहा है वहां मकानों, सड़कों, खेती, मवेशियों के लिये चारागाहों का निर्माण कर रहा है। जल-विद्युत योजनाऐं बनाने के लिये सैकड़ों किलो मीटर वनों का नष्टीकरण हो रहा है। मनुष्य के दैनिक कार्य व औद्योगिक क्रिया-कलाप वायु-जल एवं मृदा का प्रदूषण कर रहे हैं तथा वन्य जीवों के आवास को नष्ट कर रहे हैं।

यदि वैश्वीकरण की वजह से मानव अधिकारों पर हानिकारक प्रभाव पड़ रहा है, और मनुष्य स्वयं उस पर्यावरण का नाश कर रहा है जिसमें वह स्वयं श्वास लेता है, इसे रोकने के लिये जिसमें पहले कदम पर वनों व पेड़ों का संरक्षण करना है। इसमें मानव के अधिकारों की रक्षा सर्वप्रथम कार्य है, मानव का कानूनी व मानवीय अधिकार है कि उसे ऐसा वातावरण राज्य व सरकार की ओर से देना चाहिये जिसमें वो साफ सुथरी हवा में सांस ले सकें। प्राकृतिक संतुलन बनाये रखने के लिये और मानव अधिकारों की रक्षा के लिये ये उपाय करना उचित होगा – विशाल वृक्ष पर अनेक जन्तु निवास करते हैं अत: वृक्षों को ईंधन व अन्य व्यापारिक उपयोगों के लिये काटने पर पूर्ण प्रतिबंध लगा देना चाहिए। वनों में चोरी एवं तस्करी रोकने के लिये सुदृढ़ एवं कठोर व्यवस्था की जानी चाहिए। वनों को पर्यटक स्थलों के रूप में विकसित नहीं करना चाहिए। यदि औषधि निर्माण के लिये वृक्ष को काटा जाये तो उतनी ही मात्र में नये वृक्ष रोपड़ कर दिया जाये।

अन्तर्राष्ट्रीय व राष्ट्रीय स्तर पर मनुष्यों के अधिकारों को संरक्षित किया गया है जिसमें यूनेस्को का मानव और जीवन मण्डल कार्यक्रम व विश्व संरक्षण नीति प्रमुख है। इसके अतिरिक्त भारतीय संविधन में अनधिकृत रूप से जंगलों को काटने पर पाबन्दी लगा दी गई। जुलाई 1995 ई. में सम्पूर्ण देश में प्रत्येक वर्ष 1 से 8 अक्टूबर तक जंगली जीव सप्ताह माना जाता है। आवश्यकता इन कानूनों पर अमल करने की है। तरक्की की इस दौड़ में यदा कदा वृक्षारोपण का कार्य भी चल रहा है लेकिन प्रकृति का नुकसान इतना अधिक हो चुका है कि इतने कम स्तर पर इस कार्य को किया गया तो वे दिन दूर नहीं जब पृथ्वी 'आग का गोला' बनती नजर आयेगी। प्राकृतिक नुकसान के लिये जिम्मेदार ग्रीन हाउस गैसों के लगातार बड़ने से मानव अधिकारों को 'खतरा' हासिल है। ग्रीन हाउस गैसों के लगातार बढ़ने से धरती व समुद्र सतह का तापमान इतना अधिक हो जायेगा उदाहरणार्थ 2015 का औसत वैश्विक तापमान 0.73 डिग्री सेल्सियस अधिक रहा है। यदि तापमान इसी रफ्तार से बढ़ता रहा तो वो दिन दूर नहीं जब 2050 आते-आते दुनिया की एक चौथाई प्रजातियां लुप्त होने के कगार पर होंगी। प्रकृति में असन्तुलन इतना अधिक हो गया है जिसका विपरीत प्रभाव मानव अधिकारों पर पड़ रहा है। वातावरण में 'सांपों' की संख्या कम होने से 'चूहों' की संख्या बढ़ गई है, जिससे न केवल फसलों को बल्कि इंसानों की जिन्दगी पर 'प्लेग' रोग का खतरा भी बढ़ गया है। यही कारण है कि आज भारत में अधिकांश क्षेत्रों में 'सूखा' और अमेरिका में 'बाढ़' आ रही है। यही आलम रहा या पृथ्वी का तापमान औसत बड़ता रहा तो ग्लेशियर के पिगलने से समुद्र तट के किनारे बसे देश, शहर नष्ट हो जायेंगे।

वर्तमान समय में न केवल भारत बल्कि वैश्वीकरण के इस दौर में 'पर्यावरण' की रक्षा करके 'मानव अधिकारों' पर पड़ने वाले नकारात्मक प्रभाव को रोकना सबसे बड़ी 'चुनौती' बनता जा रहा है।

तकनीकी विकास के नाम पर वैश्वीकरण की इस दौड़ में राजनीतिक स्तर पर लोगों के हाथ में 'सेलफोन' जिसे 'मोबाइल' फोन भी कहते हैं, का होना आवश्यक हो गया है, एक तरफ ये कहा जाता हे कि हमें अपनी 'सभ्यता संस्कृति' नहीं भूलनी चाहिए दूसरी तरफ ये कहा जाता है कि सबके हाथों मे 'एड्रॉयड' फोन होगा तभी देश का विकास होगा। क्या आप जानते हैं कि 'विकिरण प्रदूषण' से मानव अधिकारों को जितना नुकसान पहुंच सकता है, मोबाइल फोन एवं टावरों द्वारा प्रसारित होने वाली 'विद्युत चुम्बकीय तरंगे इन्सानी 'दिमाग' और 'तंत्रिका तंत्र' में विद्युत स्पन्द उत्पन्न करती है, जिससे सिरदर्द, अपच, अनिद्रा तथा स्मरण शक्ति का अल्पकालीन क्षय, इसके अतिरिक्त इन विकिरणों के सम्पर्क में लम्बे समय तक रहने से मांसपेशियों

की जकड़न, अन्धापन, बहरापन, मस्तिष्क में गांठ, रक्त कैंसर आदि रोगों की सम्भावना बनी रहती है।

वैश्वीकरण का मानव अधिकारों पर नकारात्मक प्रभाव पड़ने के साथ कहा जा सकता है कि जितना विकास या वैश्वीकरण इन तमाम सेल, मोबाइल आद चीजों का हुआ है उतना ही वैश्वीकरण इन तमाम रोगों का भी हुआ है। वैश्विक स्तर पर कैंसर के मामले सबसे ज्यादा दर्ज किये गये हैं। 2012 में 5.21 लाख महिलाओं की मौत कैंसर से हुई है। 2015 आते-आते कैंसर के मरीजों की संख्या बड़ गई है। अब तक 17 लाख नये मामले सामने आये हैं।

'स्वस्थ शरीर में स्वरूप मन का विकास' यह कथन मानव को उसके अधिकारों के बारे में जागरुक करता है। जब स्वस्थ शरीर ही नहीं होगा और उसमें स्वस्थ मन कहाँ से आयेगा जब शरीन-मन दोनों अस्वस्थ हैं तो मानव कैसे स्वस्थ हो सकता है। उसके अधिकार कहा गयें कौन विकास करेगा किसके लिये विकास होगा?

वैश्वीकरण का दूसरे पहलुओं पर जो अधययन किया जाता है उनमें गरीबी, असमानता, न्याय मिलने में देरी, पारम्परिक संस्कृति का क्षरण आदि शामिल है। गरीबी से न केवल भारत बल्कि एशियाई स्तर पर बांगलादेश, भूटान, नेपाल, अफगानिस्तान आदि देशों में मानव को दो वक्त की रोटी जुटाना मुश्किल हो रहा है। पहले व्यक्ति की मूल आवश्यकताओं की पूर्ति होगी। उसके उपरान्त विकास आदि से सम्बन्धित वस्तुओं पर धयान दिया जायेगा। मानव अधिकारों को प्राप्त करने में अक्षम व्यक्तियों को स्वयं अपने अधिकारों की जानकारी होना भी आवश्यक है। असमानता तो विश्व स्तर पर हर जगह देखने को मिल जायेगी लेकिन व्यक्तियों में इतनी समझ या साहस नहीं है कि अपने प्रति हो रही असमानता के विरुद्ध आवाज उठाये। न्यायिक आधार पर भी मानव के अधिकार रक्षित नहीं हैं। न्याय मिलने में अनावश्यक देर या जुर्म के अनुपात में दण्ड का न मिलना ये भी मानव अधिकारों पर कुठाराघात है जो आज उस वैश्वीकरण के जमाने में हो रहा है।'पारम्परिक संस्कृति' को भी तभी सुरक्षित रखा जा सकता है, जब 'नैतिक मूल्यों का मानव में 'वास' हो आज के इस वैश्वीकरण के जमाने में ये बात नामुमकिन लगती है। जैसाकि विश्व स्तर पर हो रही घटनाओं को देख कर कहा जा सकता है। बताइये जलवायु जैसे नाजुक मुद्दों पर हो रहे पेरिस पर्यावरण सम्मेलन' से पूर्व आतंकी हमला या फिर साम्प्रदायिक मतभेदों के होने से बिगड़ी सामाजिक व्यवस्था या फिर 'आतंकवाद' के नाम पर अमेरिका द्वारा अफगानिस्तान के प्रति रवैया ये सब मानव अधिकारों के ऊपर पड़ने वाले प्रभाव को नकारात्मक रूप में ही दर्शाता है।

05 नक्सलवाद की चुनौती और भारत

वर्तमान में भारत की आंतरिक सुरक्षा के प्रति अनेक चुनौतियां व्याप्त हैं। इन चुनौतयों में से एक प्रमुख चुनौती है- नक्सलवाद। वर्तमान में नक्सलवादी हिंसा को भारत की आंतरिक सुरक्षा के लिए सबसे बडी चुनौती माना जा रहा है। विगत कुछ वर्षो में न सिर्फ नक्सलियों की शक्ति और मारक क्षमता में इज़ाफा हुआ है, बल्कि उनके प्रभाव क्षेत्र में भी व्यापक विस्तार हुआ है। नक्सलियों का संजाल जहां देश के 170 से भी ज्यादा जिलों में अत्यन्त मजबूत है, वहीं 'कॉम्पैक्ट रिवॉल्यूशनरी जोन (CMZ) के नाम से मशहूर लाल गलियारा का विस्तार नेपाल से लेकर भारत के बेहद पिछडे इलाकों तक में हैं।

जिस नक्सलवाद की शुरूआत समस्याओं के समाधान के लिए हुई थी, वह आज स्वयं एक गंभीर समस्या बन गया है। शोषणकारी और भ्रष्टाचार में लिप्त हमारी सामंतवादी व्यवस्थाओं के खिलाफ उत्पन्न विद्रोहपूर्ण विचारधारा से प्रारम्भ होकर एक जन-आंदोलन के रूप में विकसित होते हुए आतंक के पर्याय बने नक्सलवाद ने बंगाल से लेकर संपूर्ण भारत में अपने पांव पसार लिए है। इस लंबी यात्रा के बीच नक्सलवाद के क्षेत्र में व्यापक प्रसार हुआ और एक रेड कॉरिडोर बन गया जिसके अन्तर्गत आंध्र प्रदेश, ओडिशा, झारखण्ड, छत्तीसगढ, मध्य प्रदेश, बिहार,महाराष्ट्र तथा उत्तर प्रदेश के कुछ जिले शामिल है।

स्वतंत्रता प्राप्ति के बाद भी भारत के कृषक, श्रमिक एवं आदिवासी वर्ग शोषण के शिकार हो रहे थे। नक्सलवाद भूख, असमानता और अन्याय के कारण ही उपजा है। खेतिहर वर्गपर सामंती वर्ग का अधिकार है। नक्सलवाद पनपनें के प्रमुख कारण निम्न लिखित है।

1. पिछड़ापन।
2. बेरोजगारी।
3. भूमि आवंटन की दोषपूर्ण नीति।
4. किसान व आदिवासियों का शोषण।
5. स्वास्थ्य सेवाओं की कमी।
6. शिक्षा की कमी।
7. नक्सलवादियों की शिकायतों को निपटाने में विलंब आदि।

यदि समय रहते इन समस्याओं का निवारण हो जाता तो नक्सली-आतंकी न बनते।

जब इन पर विचार न किया गया तो नक्सली ने सशस्त्र क्रान्ति का मार्ग अपनाया। ऊपर से अब तो इन्हें आतंकवादियों ने भी अपने में मिला रखा है, और इन्हें आधुनिक हथियारों की आपूर्ति की जाती है।

नक्सलवाद से निपटने के उपाय या समाधान

1. नक्सलवाद से प्रभावित क्षेत्रों में रोजगार के पर्याप्त अवसर उपलब्ध कराये जाने चाहिए। शिक्षा की पर्याप्त व्यवस्था की जानी चाहिए। इन क्षेत्रें में सडक, पानी, बिजली तथा स्वास्थ्य की विशेष सुविधाएं उपलब्ध कराई जानी चहिए।
2. जो जमीन अनुपयोगी व बंजर है वहाँ वृक्षारोपण कार्यक्रम शुरू करना चाहिए ताकि वहाँ के गरीबों को लाभ पहुँचे।
3. अभी हाल ही में राहुल गाँधी ने नक्सलवाद को विकास के अभाव में ही पैदा हुई समस्या बताया अत: इन क्षेत्रें में विकास के कार्यक्रम चलाए जाने चाहिए।
4. प्राथमिक शिक्षा संबंधी बुनियादी ढ़ाचे को सुदृढ किया जाना चाहिए। तकनीकी एवं व्यावसायिक विद्यालयों की स्थापना की जानी चाहिए। गर्भवती महिलाओं के लिए पौष्टिक आहार एवं स्वास्थ्य सुविधाएं उपलब्ध करायी जानी चाहिए। ग्रामीण विद्युतीकरण वितरण व्यवस्था सुलभ कराना चहिए।
5. नक्सली संगठनों के नेताओं से शांतिवार्ता कर उनकी समस्याओं का यथा सम्भव संविधान की परिधि में निराकरण करना चाहिए।
6. श्रीलंका ने जिस प्रकार लिटटे का सफाया किया उसी प्रकार भारत सरकार को भी दृढ इच्छा शक्ति द्वारा नक्सलियों का सफाया करना चाहिए।
7. नक्सलवादी क्षेत्र के आदिवासियों की समस्या का समाधान किया जाना चाहिए। क्योंकि ये ही आदिवासी नक्सली बन रहें है।
8. शिक्षा में राष्ट्रवाद से प्रेरित पाठ्य सामग्री को शामिल किया जाना चाहिए।
9. हमारे देश में राजनेताओं को वोट बैंक की राजनीति छोडकर नक्सली हिंसा को रोकने में आगे आकर कार्य करना चाहिए।
10. सरकार को लोगो को समझने का प्रयास करना चाहिए। क्योंकि स्थानीय लोगों के सहयोग के कारण ही हम नक्सलियों से निपट सकते है। स्थानीय लोगो द्वारा दी गई खुफिया जानकारी, सुरक्षा बलों के लिए बहुत जरूरी है।
11. आदिवासियों की जमीन से सम्बन्धित मामलों का निपटारा यथाशीघ्र करना चाहिए तथा उन्हें न्याय देना चाहिए।

वास्तव में इस समस्या से निबटने के लिए विकास तथा सक्रिय सैन्य अभियानों के बीच समन्वय किया जाना बेहतर उपाय सिद्व हो सकता है।

06 उदीयमान भारत में पंचायतीराज व्यवस्था

अरस्तु का यह कथन है कि मनुष्य एक सामाजिक प्राणी है। समाज में रहना उसका स्वभाव है। वह समाज में रहकर अपने व्यक्तित्व का पूर्ण विकास कर सकता है। अपनी विभिन्न आवश्यकताओं की पूर्ति करता है। अतः वह अपनी आवश्यकताओं की पूर्ति हेतु विभिन्न संघो एवम् समुदायों का निर्माण करता है, अतः राज्य भी इस तरह के संघ, समुदाय, संगठनों में सर्वोच्च एवं श्रेष्ठ संगठन है। प्राचीन काल के नगर राज्यों का स्थान वर्तमान युग के लोक कल्याण कारी राष्ट्रीय राज्यों ने ले लिया। क्यों कि राज्यों के कार्यक्षेत्र प्राचीन काल के सुरक्षा एवं व्यवस्था के स्थान पर वर्तमान में लोक कल्याण एवं व्यक्ति के जन्म से मृत्यु तक राज्य सहभागी रहता है। फलस्वरूप किसी भी राज्य का केन्द्र/राजधानी से शासन को सुव्यवस्थित संचालित करना कठिन होता जा रहा है। इसके दो प्रमुख कारण है प्रथम सभी कार्यो के लिए केन्द्र के पास समय का अभाव है दूसरा यह भी आवश्यक नहीं है कि सभी कार्यो का सम्बन्ध केन्द्र या प्रान्त सरकारों से हो। कुछ का सम्बन्ध केन्द्र से कुछ का प्रान्तीय सरकारों से होता है, तथा कुछ ऐसे विष्ाय होते है जिनका सम्बन्ध स्थान विशेष से होता है। जिनको केन्द/प्रान्त सरकार चाह कर भी सकुशल नहीं कर सकती है।

अतः यह सभी तत्व मिलकर सत्ता, अधिकार, शक्ति, उत्तरदायित्व के विकेन्द्रीकरण की मांग करते है। और स्थानीय स्वशासन को जन्म देते है किसी भी राजनीतिक व्यवस्था में स्थानीय स्वशासन का अति महत्वपूर्ण स्थान है। वह नागरिकों की प्राथमिक आवश्यकताओं की पूर्ति के साथ ही समाज की राजनीतिक चेतना को भी जागृत करती है। यही कारण है कि ये वर्तमान लोकतान्त्रिक व्यवस्था में शासन का अविभाज्य अंग माना जाता है। स्थानीय स्वशासन के सन्दर्भ डा0 ब्राईस का कथन है कि ''लोकतन्त्र का सर्वश्रेष्ठ शिक्षालय और लोकतन्त्र की सफलता की सबसे बड़ी गारण्टी स्वशासन का चलन है''1

स्थानीय स्वशासन की स्थापना समाज की मूलभूत आवश्यकताओं एवं आधारभूत कार्यो की पूर्ति हेतु की जाती है। स्थानीय स्तर पर स्थानीय जनता को स्थानीय कार्यो पर अपना जनमत प्रकट करने का अवसर प्राप्त होता है। स्थानीय प्रतिनिधि का स्थानीय कार्यो से सीधो सम्बन्ध होने के कारण विशेष ध्यान देते है। भारत में स्थानीय स्वशासन राज्य सूची का विषय है। भारत संघ के अन्तर्गत प्रान्तों में दो तरह की स्थानीय स्वशासन संस्थाएं पायी है। प्रथम ग्रामीण, द्वितीय नगरीय। ग्रामीण एवं नगरीय क्षेत्रें में पायी जाने वाली स्थानीय स्वशासन संस्थाये अपने क्षेत्रें में अपने शक्ति एवं कर्तव्यों का उचित पालन करती है। चूंकि स्थानीय एवं शासन संस्थाये लोकतान्त्रिक विकेन्द्रीकरण का परिणाम कही जा सकती है। केन्द्र व प्रान्तीय स्तर के अतिरिक्त ग्रामीण स्तर पर लोगो को शासन से सम्बन्ध रखना चाहिए यदि ऐसा नहीं किया गया तो लोगो में असहयोग अनुत्तरदायित्व, उदासीनता की भावनाये घर कर जायेगी। जो लोकतंत्र की सफलता के लिए बाधक सिद्ध होगी । स्थानीय लोग स्थान विशेष की समस्याओं से भली–भांति परिचित होते है। वे उनके समाधान में रूचि एवं लगन का परिचय देते है। लोकतान्त्रिक विकेन्द्रीकरण स्थानीय जनता के स्थानीय हितों में अभिरुचि जागृत करता है। स्थानीय पहल को उभारता है। लोकतन्त्र जड़ो को मजबूत बनाने एवं जनमानस को अपने नागरिक एवं राजनीतिक कार्यो में वास्तविक भागीदार बनाने की दृष्टि से लोकतान्त्रिक संरचना का अधिकतम विकेन्द्रीकरण करने का प्रयोग किया जा रहा है। इसी प्रयोग को राजनीति शास्त्र में ''ग्रास रुट डेमोक्रेसी'' कहा जाता है।

भारत में जनतान्त्रिक विकेन्द्रीकरण की व्यवस्था संविधान में की गयी है। संविधान राज्यों से यह अपेक्षा करता है। कि वह ग्रामीण पंचायती राज संस्थाओं के लिए कदम उठायेगा और उन्हे ऐसी शक्ति और प्राधिकार से विभूषित करेगा कि वे स्थानीय स्वशासन की इकाइयों के रूप में कार्य कर सके। पंचायती राज संस्थाये धरातल पर लोकतंत्र का केवल मुख दर्शन नहीं है। अतः ये स्थानीय स्तर पर लोकतंत्र के बीजारोपण का प्रयत्न है। वैसे प्राचीन भारत में भी स्वशासन की संस्थाओं के मौजूद होने के प्रमाण प्राप्त होते है। वैदिक युग में सभा और समिति नाम की संस्थाओं का उल्लेख है। मनुसंहिता में भी राजा और गांव के बीच सम्बन्धों की चर्चा मिलती है। कौटिल्य के अर्थशास्त्र से यह प्रमाणित होता है कि राज्य ग्रामीण जीवन में न्यूनतम हस्तक्षेप करता था। कौटिल्य में भी चन्द्रगुप्त मौर्य ने सत्ता विकेन्द्रीकरण की नीति का पालन किया था। मुगल काल में भी ग्राम स्थानीय प्रशासन के महत्वपूर्ण योगदान थे। मुगलकाल के स्थानीय स्वायन्त शासन की जानकारी आइने अकबरी से भी

प्राप्त होती है। इस प्रकार हम कह सकते है कि प्राचीन काल में स्थानीय स्वशासन का अस्तित्व था।

ब्रिटिश काल में भारत में स्थानीय स्वशासन का अच्छा विवरण उपलब्ध होता है। क्योंकि वर्तमान पंचायती राज व्यवस्था का प्रादूर्भाव ब्रिटिश शासन के अन्तर्गत ही हुआ है। वर्तमान संस्थाओं का निर्वाचित स्वरुप, करारोपण शक्ति, प्रजातंत्र को प्रथम पाठशाला के साथ विकसित करने का कार्य ब्रिटिश काल में हुआ है। वर्तमान स्थानीय स्वशासन का आरम्भ 1687 से माना जाता है। जब मद्रास नगर निगम की स्थापना हुई। स्थानीय स्वशासन आज से लगभग 300 साल पुराना है। 1713 में रेगुलेटिंग एक्ट के तहत प्रेसीडेन्सी नगरो चेन्नई, मुम्बई, कोलकाता में जस्टिस पीस की नियुक्ति की गयी। लार्डस्पिन को भारत में स्थानीय स्वशासन का जनक माना जाता है।

स्वतन्त्रता के पश्चात भारत में स्थानीय स्वशासन का नवीन युग प्रारम्भ होता है। ब्रिटिश शासन का अन्त होते ही केन्द्र प्रान्त व स्थानीय स्तर पर स्थानीय स्वशासन की स्थापना की गयी। ग्राम को शासन की मूल इकाई माना गया। 26 जनवरी 1950 को संविधान लागू होने के साथ ही अनुच्छेद 40 में आधारभूत स्तर पर लोकतान्त्रिक संस्थाओं के महत्व को मान्यता देते हुए यह कहा गया कि राज्य ग्राम पंचायतों को संगठित करने के लिए उपाय करेगा और उन्हे ऐसी शक्तियाँ और अधिकार प्रदान करेगा जो उन्हे स्वतंत्र शासन की इकाई के रुप में कार्य करने हेतु आवश्यक हो। स्वतंत्र भारत में पंचायती राज के अधययन के लिए उदाहरण स्वरुप जनपद फतेहपुर जिला पंचायत का अध्ययन सुनिश्चित करेगें। फतेहपुर जिला पंचायत के इतिहास अधययन करने से पूर्व यह आवश्यक हो जाता है। कि संक्षिप्त रुप से जनपद फतेहपुर में इतिहास पर नजर डालते चले। फतेहपुर शब्द दो शब्दों फतेह और पुर से मिलकर बना है। अतः फतेह का अर्थ विजय और पुर का स्थान विशेष से होता है। अतः फतेहपुर जनपद के सन्दर्भ में विभिन्न विद्वानों की पुस्तकों एवं सरकारी गजटो का अधययन करने पर कुछ तथ्य निकलकर सामने आते है जिनके आठ गठिया राजा सतानन्द। सीतानन्द के ऊंपर सुल्तान इब्राहीम शाकी के विजय प्राप्त इस नगर का नाम फतेहपुर रखा। अन्य जन श्रुति के अनुसार इस नगर का नामकरण सुल्तान अलाउद्दीन खिलजी के सिपहसालार फतेहमन्द खां ने किया।

निष्कर्ष स्वरूप कह सकते है कि किसी ने भी फतेहपुर बसाया व इसका नामकरण किया हो कारण युद्ध विजय को अक्षुण्य बनाये रखना ही था। ''ब्रिटिश काल में 31 अगस्त 1826 को कानपुर और इलाहाबाद जिलो में सम्मिलित गांवों को तेरह परगनो में विभक्ति कर फतेहपुर नाम से जनपद का आकार दिया जा चुका था। अतः संयुक्त प्रान्त डिस्ट्रिक्ट बोर्ड का गठन किया गया था। तना सन् 1920 में भी श्री मन्नूलाल श्रीवास्तव इसके प्रथम चेयरमैन नियुक्त किये गये थे।

जो 1923 तक अपने पद पर बने रहे तथा इसके दूसरे अध्यक्ष श्री कृष्ण तिवारी जिनका कार्यकाल 1923 से 1925 तक रहा है। सन् 1936 में भारत सरकार अधिनियम 1935 के तहत प्रथम डिस्ट्रिक्ट बोर्ड में चुनाव सम्पन्न हुए सम्पूर्ण जनपद से 23 सदस्य निर्वाचित तथा सदस्यों से मिलकर एक अधयक्ष का निर्वाचन होना था। अधयक्ष के निर्वाचन हेतु रोशन सिंह व विश्वनाथ प्रताप सिंह प्रत्याशी थे। जिसमें डा0 रोशन सिंह मात्र एक मत से विजयी हुए। डिस्ट्रिक्ट बोर्ड फतेहपुर अपने प्रदत्त प्राधिकारों में साथ सन् 1947 तक कार्य करता रहा। 1947 में संयुक्त प्रान्त राज्य अधिनियम लागू किया गया। जिसके तहत पंचायती राज व्यवस्था दो स्तरीय थी। जिसमें मध्यवर्ती संगठन विकास खण्ड का नाम शामिल नहीं था। संयुक्त प्रान्त राज अधिनियम 1949 द्वारा डिस्ट्रिक्ट बोर्ड को अन्तरिम जिला परिषद घोषित कर दिया गया था। अतः फतेहपुर डिस्ट्रिक्ट बोर्ड भी अन्तरिक जिला परिषद बना दिया गया था। अन्तरिम जिला परिषद के पास डिस्ट्रिक्ट बोर्ड की परिसम्पतियाँ तथा कर्मचारी तथा कार्य कराने की अस्थायी रुपरेखा अन्तरिम जिला परिषद के पास साधन के रूप में मौजूद थे। विकास खण्ड प्रारुप का निर्वाचन सबसे पहले क्षेत्र समिति तथा जिला परिषद अधिनियम 1961 के द्वारा किया गया 73 वां संविधान संशोधन 1992 द्वारा स्थानीय स्वायन्त्र संस्थाओं को संवैधाानिक दर्जा किया गया तथा स्थानीय स्वशासन को राज्य सूची में डालते हुए यह आदेश पारित किया गया कि सम्पूर्ण भारत में त्रिस्तरीय पंचायती राज व्यवस्था को अपने राज्य व्यवस्था को अपने राज्य की परिस्थित के अनुरुप लागू किया जाये। इस अनिवार्यता के कारण उ0प्र0 सरकार ने पंचायत राज अधिनियम का निर्माण किया गया जिसे उ0प्र0 क्षेत्र पंचायत तथा जिला पंचायत अधिनियम 1994 कहते है। अतः सम्पूर्ण प्रदेश त्रिस्तरीय पंचायती राज व्यवस्था के तहत त्रिस्तरीय ग्राम स्तर पर ग्राम पंचायत, क्षेत्र पंचायत, क्षेत्र स्तर पर क्षेत्र पंचायत व जिला स्तर पर जिला परिषद के स्थान पर जिला पंचायत नाम दिया गया। फतेहपुर जनपद के अन्तर्गत कुल 786 वर्तमान में 840 ग्राम पंचायते है तथा 13 क्षेत्र पंचायतों व जनपद स्तर ग्रामीण विकास हेतु जिला पंचायत का गठन किया गया है। इनका गठन क्षेत्र पंचायत जिला पंचायत

अधिनियम 1994 के तहत होता हैं इन संस्थाओं में प्रत्येक का कार्यकाल 5 वर्ष होता है तथा संविधान के अनुसूची 11 में वर्णित 29 विषयों को इनके अधिकार क्षेत्र में सुपुर्द किया गया है। फतेहपुर जिला पंचायत को कुल 41 निर्वाचन क्षेत्रें में बांटा गया है। अर्थात 41 निर्वाचित सदस्य है। अनुसूचित जाति, अनुसूचित जनजाति, पिछड़ा वर्ग व महिलाओं के लिए स्थानों पर आरक्षण होता है। जिला पंचायत का एक अध्यक्ष होगा जो उसका पीठासीन होता है तथा एक उपाधयक्ष होता है जिले में समस्त 13 क्षेत्र पंचायतों के प्रमुख व विधानसभा, विधान परिषद के सदस्य तथा लोकसभा व राज्य सभा के सदस्य इसके पदेन सदस्य होते है। जिला पंचायत के प्रादेशिक निर्वाचन क्षेत्रों से प्रत्यक्ष निर्वाचन द्वारा निर्वाचित सदस्य, प्रत्येक निर्वाचन क्षेत्र का विभाजन इस रीति से किया जाता है कि प्रत्येक निर्वाचन क्षेत्र की जनसंख्या 50 हजार होगी। 50 हजार की आबादी पर 1 सदस्य निर्वाचित होता है। परन्तु पर्वतीय क्षेत्र में 7 किमी0 के अर्द्धव्यास के क्षेत्र को निर्वाचन क्षेत्र माना गया भले ही जनसंख्या 50 हजार से कम हो। इस फतेहपुर जिला पंचायत को 41 निर्वाचन क्षेत्रों में बांटा गया है अतः फतेहपुर जिला पंचायत का गठन 41 निर्वाचित जिला पंचायत सदस्य, 6 विधानसभा सदस्यों 1 लोकसभा सदस्य, 1 राज्य सभा सदस्य व विधान परिषद सदस्यों से मिलकर होता है। फतेहपुर जिला पंचायत के अन्तर्गत कार्य समिति, वित्त समिति, शिक्षा एवं जनस्वास्थ्य समिति, कृषि उद्योग एवं निर्माण समिति समता समिति आदि समितियां कार्य करती है। फतेहपुर जिला पंचायत द्वारा जनपद में विकास हेतु सराहनीय प्रयास किये गये है तथा कार्यों को सम्पादित अशिक्षा, निर्धनता, सामाजिक स्थिति, आर्थिक स्तर शैक्षिक दृष्टि से पिछड़ापन आदि अवरोधक का सामना करना पड़ता है। इन अवरोधकों के कारण जनपद विकास मूर्ति स्वाल्प ग्रहण नही कर सका। पिछड़ेपन के कारण ही वोट राजनीति जाति तथा प्रथा, भाषावाद, सम्प्रदायवाद, गुटबन्दी, हिंसा भय से प्रभावित रहती है। अन्ततः कहा जा सकता है कि कठिनाईयों, समस्याओं के बावजूद जिला पंचायत फतेहपुर अपनी सार्थकता सिद्व कर रही है। धीरे-धीरे सत्ता का विकेन्द्रीकरण हो रहा है। सहयोग एवं सहकारिता का अयतन बढ़ रहा है। विकास की बुनियाद ठोस होती जा रही है। पीटर वक्राच का कथन है कि स्वस्थ लोकतंत्र के लिये समाज के विवेकशील व्यक्तियों की सहमति आवश्यक है ताकि नेताओं, कार्यकर्ताओं के प्रयास विपुल किये जा सकें।

07 वर्तमान समय में भारतीय लोकतंत्र : अवसर एवं चुनौतियाँ

भारतीय लोकतंत्र विश्व का विशालतम लोकतंत्र माना जाता है। भारतीय लोकतंत्र एक ओर जहाँ अपनी गहरी जड़ों के कारण स्थिर है वहीं वर्तमान समय में अनेक घटनाक्रमों ने उसे चुनौती प्रस्तुत की है। एक ओर भारतीय लोकतंत्र निर्धारित समयावधि में हो रहे निष्पक्ष निर्वाचनों, जनता की बढ़ती सहभागिता तथा बढ़ते मतदान प्रतिशत द्वारा सुदृढ़ हो रहा है वहीं दूसरी ओर कई ऐसे मुद्दे हैं जो इसे चुनौती प्रस्तुत कर रहे हैं। भारतीय राजनीति में जातिवाद, भ्रष्टाचार, भाई-भतीजावाद तथा साम्प्रदायिकता, क्षेत्रवाद, धार्मिक कट्टरता, लैंगिक विभेद, निर्धनता, आर्थिक व सामाजिक असमानता राजनीतिक हिंसा आदि ऐसे मुद्दे हैं जो लोकतंत्र को कमजोर कर रहे है। लोकतंत्र का चतुर्थ स्तंभ मीडिया व जन संचार साधन ने अपनी महत्वपूर्ण भूमिका को कुछ बिकाऊ-मीडिया व 'पेड न्यूज' के माधयम से कलंकित किया है। भारत की बहुदलीय राजनीतिक व्यवस्था में राजनीतिक दलों का लम्बा इतिहास रहा है और भारतीय राजनीति में उसकी सकारात्मक भूमिका रही है। परन्तु आज स्थिति यह हो गयी है कि राजनीतिक दलों की संकीर्ण मानसिकता और सत्ता लिप्सा भारतीय राजनीति को मूल्य विहीन एवं नैतिकता विहीन बना रहा है। राजनीतिक दलों में स्वस्थ प्रतिद्वन्द्विता के स्थान पर निराधार आरोप-प्रत्यारोप का प्रचलन बढ़ा है और भारतीय लोकतंत्र में मुद्दे बनाम विरोध की पृष्ठभूमि में विकास और राष्ट्रहित के स्थान पर 'विरोध के लिए विरोध' नीति का पालन हो रहा है। वैज्ञानिक और तकनीकी रूप से भारत विश्व के देशों में अग्रणी दिखायी देता है परन्तु कटु सत्य यह है कि सामाजिक, आर्थिक और सांस्कृतिक क्षेत्र में भारत छोटे देशों से भी काफी पीछे है। 'अधिकतम व्यक्तियों के अधिकतम सुख' की कसौटी पर देखा जाये तो यह आदर्श कल्पना मात्र है। निर्धनता भारतीय लोकतंत्र के लिए प्रथम चुनौती है। विश्व के अत्यधिक गरीब लोगों में से एक तिहाई लोग भारत में रहते हैं और लगभग 90 करोड़ भारतीय 20 रु0 प्रतिदिन से कम की आय प्राप्त करते हैं (आउटलुक मैग्जीन अगस्त 2010)। अन्तर्राष्ट्रीय गरीबी रेखा 1.25 डॉलर प्रतिदिन आय के आधार पर भारत की 42 प्रतिशत जनसंख्या इस रेखा के नीचे है। भारतीय निर्धन वैश्विक निर्धनों का 33 प्रतिशत हैं। भारत एक उभरती आर्थिक शक्ति के रूप में अपनी पहचान बना रहा है परन्तु मूलभूत सुविधओं एवं स्वच्छता के मामले में यह पाकिस्तान, बांग्लादेश और यहाँ तक कि अफगानिस्तान से काफी पीछे है। वर्तमान प्रधानमंत्री द्वारा 'स्वच्छता मिशन' प्रारम्भ करने के पीछे एक तथ्य यह भी है कि स्वच्छता के अभाव में पाँच वर्ष की आयु तक के 2.1 करोड़ बच्चों की मृत्यु हो जाती है। लिजेर बर्जर, मुखिया स्वच्छ जल एवं पर्यावरण (यूनीसेफ) ने कहा है कि भारत स्वच्छता की दिशा में विकास कर रहा है परन्तु अभी भी यह दक्षिण एशिया के अधिकांश देशों से पीछे है।1

राजनीतिक क्षेत्र में धनबल, बाहुबल तथा राजनीतिक दलों की अस्वस्थ प्रतिद्वन्द्विता ने भारतीय लोकतंत्र एवं राजनीतिक व्यवस्था के सामने चुनौती प्रस्तुत की है। प्रजातंत्र में सरकार गठन के विकल्प खुले रहते हैं। विधायिका विविध विचारों को सुनने का केन्द्र होना चाहिए। संसदीय प्रजातंत्र में आम चुनावों में बहुमत प्राप्त दल का नेता प्रधानमंत्री बनता है और विपक्षी दल के नेता को विपक्ष का नेता कहा जाता है। सत्ताधारी दल न केवल नागरिकों को सुख-सुविधायें एवं शान्तिमय जीवन व्यतीत करने की परिस्थितियाँ उत्पन्न करता है वरन् जनता और विपक्षी दल की आलोचनाओं का भी सामना करता है जिसके द्वारा वे स्वयं की कार्यप्रणाली में सुधार करके अच्छे परिणाम प्रदान कर सकें और आने वाले आम निर्वाचन में पुनः बहुमत प्राप्त कर सरकार बना सके। लोकतंत्र में विपक्ष महत्वपूर्ण भूमिका निभाता है। विपक्ष चाहे तो देश के विकास को गति प्रदान कर सकता है और चाहे तो असमय विरोध प्रदर्शन से विकास की गति को धीमा कर सकता है। प्रजातंत्र में सरकार के जनता की इच्छा के अनुरूप कार्य निष्पादन हेतु सशक्त एवं समझदार विपक्ष की आवश्यकता होती है और संसद में विपक्ष की मुख्य भूमिका सत्ताधारी दल अथवा प्रभावी दल पर नियंत्रण व संतुलन बनाये रखना है। अतः केवल प्रतिद्वन्दी होना अनुचित है। अगर सत्ताधारी दल जनता के हितों के विरुद्ध नीति बना रहा है, योजनाएं लागू कर रहा है तो विपक्ष का तीव्र व प्रभावी विरोध आवश्यक है, परन्तु यदि सत्ताधारी दल के कार्य जनहित के अनुकूल हैं, जनमानस के लिए लाभदायी हैं तो विपक्ष द्वारा ऐसे कार्यों हेतु सत्ताधारी दल को समर्थन देना अपेक्षित है। परन्तु बड़े अफसोस के साथ कहना पड़ रहा है कि भारत में हाल ही के वर्षों में विपक्ष द्वारा 'विरोध के लिए विरोध' की राजनीति का

प्रादुर्भाव हुआ है। भारत में बहुदलीय व्यवस्था है और एकदलीय शासन के स्थान पर बहुदलीय शासन की परम्परा विकसित हुयी है। विभिन्न दलों द्वारा गठबन्धन व गठजोड़ कर निर्वाचन में भाग लिया जा रहा है। विपक्ष के विभिन्न दल विषय विशेष पर आपस में सहयोग कर लेते हैं परन्तु अधिकांश समय एक दूसरे के ऊपर आरोप-प्रत्यारोप में व्यर्थ कर देते हैं। इसका ज्वलंत उदाहरण वर्ष 2013 में जनलोकपाल विधेयक और हाल ही में भूमि अधिग्रहण और जी.एस.टी. विधेयक है।

हाल ही में भारत में विपक्ष का सबसे महत्वपूर्ण कदम सदन से वॉक आउट करना है। उन्हें सदन से बर्हिगमन करना इतना प्यारा है कि वे ये भी भूल जाते हैं कि अधिवेशन काल में संसद को चलाने के लिए प्रति मिनट 2.5 लाख रुपये का व्यय होता है। महत्वपूर्ण मुद्दों पर सरकार को घेरने व वाद-विवाद करने के स्थान पर सदन में बाधा उत्पन्न करने का कार्य ज्यादा हो रहा है। लोकसभा यहाँ तक कि अब राज्यसभा में भी अशोभनीय भाषा, शारीरिक अपमान, वाद-विवाद के समय अनावश्यक शोर और चिल्लाना, स्पीकर के प्रति असम्मान, निष्कासन के समय अभद्रता करना, सांसदों की अनुपस्थिति या सोते सांसद के उदाहरण सामान्य हैं। किसी मुद्दे के विरोध हेतु राष्ट्रव्यापी हड़ताल करना – इससे मुद्दा तो पूर्णतया सुलझ नहीं पाता है, वरन् सरकार का और अन्ततः जनता का आर्थिक नुकसान अधिक होता है।

भारत में विपक्षी दल की प्रभावी भूमिका न निभा पाने के कई कारण हैं। कांग्रेस दल 2014 लोकसभा निर्वाचन में 40 सीट प्राप्त कर विपक्ष का सबसे बड़ा एकल दल के रूप में उभर कर सामने आया परन्तु न्यूनतम दस प्रतिशत लोकसभा सीट प्राप्त न होने के कारण उसे नियमतः विपक्षी दल तथा उसके नेता को विपक्ष के नेता का पद प्राप्त नहीं हुआ है। ऐसा पहली बार नहीं हुआ है क्योंकि 1984 के लोकसभा निर्वाचन में स्वयं कांग्रेस ने विपक्षी दल व नेता का पद किसी दल को प्रदान नहीं किया था। परन्तु इसका यह तात्पर्य नहीं है कि जो त्रुटि पहले हुई हो उसे आज भी दोहराया जाये। वर्तमान भारतीय राजनीतिक व्यवस्था में सरकार विधितः कुछ महत्वपूर्ण पदों पर नियुक्ति से पूर्व विपक्ष के नेता से परामर्श हेतु बाधय है यथा- मुख्य सतर्कता कमिश्नर और सी.बी.आई के मुखिया की नियुक्ति। यद्यपि विपक्ष के नेता की भूमिका कुछ विधायन द्वारा निर्धारित की गयी है परन्तु यह पद संवैधानिक नहीं हैं। ऐसी स्थिति में न्यूनतम 10 प्रतिशत सीट और विपक्ष के नेता की निर्धारित भूमिका अन्तर्विरीध उत्पन्न करते हैं, इस दिशा में उचित चिन्तन, स्पष्टीकरण व संशोधन की आवश्यकता है क्योंकि भारतीय बहुदलीय राजनीतिक व्यवस्था में ऐसी स्थिति पुनः उत्पन्न न हो इसकी सम्भावना क्षीण है।

भारत में विभिन्न विपक्षी दलों के मध्य आपस में खींचतान चलती रहती है। भारत में सशक्त, संयुक्त और स्वस्थ विपक्ष का अभाव है। 2015 के बिहार के निर्वाचन में महागठबन्धन बना परन्तु वह भी अवसरवादी राजनीति का उदाहरण था। विचारधारा की एकता के स्थान पर यह गठबन्धन मोदी सरकार को रोकने का गठबन्धन था जिसमें वह सफल भी हुआ अन्यथा सबसे अधिक मत प्रतिशत प्राप्त दल भा.ज.पा. ही बना। भारत में निजी स्वार्थवश अनेकों राजनीतिक दलों का उदय हो रहा है और उनके नेताओं में दूर दृष्टि का अभाव है। 2014 लोकसभा निर्वाचन में कुल पंजीकृत राजनीतिक दलों की संख्या 1761 थी जिसमें 6 राष्ट्रीय, 49 राज्यस्तरीय तथा 1706 अमान्यता प्राप्त दल और कुल उम्मीदवारों की संख्या 8251 थी। भारत में विभिन्न दलों का अवसरवादी गठबन्धन सही अर्थों में उन्हें प्रभावी विपक्ष की भूमिका निभाने में बाधा उत्पन्न करता है और ऐसे गठबन्धन शीघ्र समाप्त हो जाते हैं। विभिन्न राजनीतिक दलों में स्पष्ट कार्यक्रम व नीतियों का अभाव है, उनके नेता उद्देश्य एवं लक्ष्यों के सम्बन्ध में असमंजस में रहते हैं और सत्ता प्राप्ति की लड़ाई में उनमें विघटन भी हो जाता है। दलहित के लिए राष्ट्रहित को तिलांजलि देने वाले ऐसे राजनीतिक दल विनाशकारी आलोचनाओं के माधयम से अपना हित साधन करना चाहते हैं। भारत में अधिकांश दल या तो एक नेता के व्यक्तित्व पर आधारित हैं या वंशानुगत परिवार प्रणाली पर।

सत्ताधारी दल के निरंकुश कार्यों पर रोक लगाने के लिए उत्तरदायी विपक्षी दल की आवश्यकता है जो जनमानस में राजनीतिक चेतना जाग्रत कर सकता है परन्तु दुर्भाग्यवश भारत में ऐसा हित प्रतिदिन क्षीण होता दिख रहा है। विपक्षी दल अपना सकारात्मक योगदान व राष्ट्र के प्रति अपने उत्तरदायित्वों को भूल रहे हैं। वे सत्ताधारी दल को लोक कल्याणकारी कार्यों में समर्थन प्रदान नहीं करते वरन् केवल सरकार का विरोध करते हैं जो राष्ट्र के विकास हेतु आवश्यक स्वस्थ वातावरण को दूषित करता है। प्रत्येक दल अगले निर्वाचन के विषय में सोचता है आने वाली पीढ़ी के विषय में नहीं। केवल जिम्मेदार विपक्षी दल हमारे संविधान के आदर्शों को सफलता तक पहुँचा सकता है। संसद प्रभावी विपक्ष के लिए एक अवसर प्रदान करती है और उसे इस रूप में प्रयोग करना चाहिए। 'विरोध के लिए विरोध' की विपक्ष की नीति लोकतंत्र के लिए उचित नहीं है।

भारतीय लोकतंत्र में जातिवाद का बढ़ता प्रभाव बड़ी समस्या है। रजनी कोठारी ने कास्ट इन इंडियन पॉलिटिक्स में जाति को भारत में प्रमुख राजनीतिक दल के रूप में उद्धृत किया है। विभिन्न देशों के लोगों ने जिन्होंने जातिवाद की चुनौती का सामना किया है वे 'जातिवाद को लोकतंत्र की भावना के विपरीत' मानते हैं। भारत में जातिवाद भारतीय राजनीति का अभिन्न अंग है और एक अनुभव के अनुसार केवल 6 प्रतिशत लोग ही ऐसे हैं जो जाति को ध्यान में रखकर मतदान नहीं करते हैं। भारत में जाति व्यवस्था का एक लम्बा इतिहास है और वर्ण व्यवस्था से प्रारम्भ हो यह स्वतंत्रता के समय हिन्दु-मुस्लिम संघर्ष में परिवर्तित हो गया। 1975 में इन्दिरा गाँधी द्वारा आपातकाल की घोषणा तथा श्री मोरारजी देसाई व श्री चरण सिंह के प्रधानमंत्री बनने से एक नया विश्वास जागृत हुआ कि नेतृत्व के लिए अन्य दल व गुट भी सक्षम हैं। भारतीय जनमानस में क्षेत्र, जाति, भाषा के आधार पर दलों का उदय हुआ और इनके नेता अपने समर्थकों द्वारा भारतीय राजनीति में प्रभावी भूमिका निभाने लगे। आज ऐसा कोई निर्वाचन नहीं है जहाँ उम्मीदवारों का चयन जाति को धयान में रखकर न किया जाता हो। इसी पृष्ठभूमि में आरक्षण की व्यवस्था ने भी नकारात्मक प्रभाव ही डाला है। आज पिछड़े और दलितों का मसीहा बन वोट की राजनीति के लिए राष्ट्रहित की तिलांजलि देने वालों की कमी नहीं है। जातिवाद से जुड़ा एक मुद्दा साम्प्रदायिकता है। भारत में साम्प्रदायिक दंगों के उदाहरण भी रहे हैं। पिछले कुछ वर्षों में साम्प्रदायिक दंगों की संख्या में कमी आई है परन्तु लोकतंत्र के रखवाले और वोट की राजनीति के चैम्पियन इस मुद्दे को ठंडा न होने देकर एक नया मुद्दा सामने ले आये हैं – असहिष्णुता का मुद्दा। आज राजनीतिज्ञों ने ऐसी स्थिति उत्पन्न कर दी है कि हर हिन्दू को धर्मनिरपेक्ष होने और हर मुस्लिम को राष्ट्रवादी होने का प्रमाण देना पड़ रहा है। यह भारतीय लोकतंत्र के लिए एक गम्भीर चुनौती है।

भारतीय लोकतंत्र में समय-समय पर बड़े पैमाने पर लगभग निष्पक्ष और उचित रीति से होने वाले चुनाव इसकी सबसे बड़ी कसौटी है क्योंकि इसी के माधयम से मतदाता अपने पसंद का प्रतिनिधि चुनने का कार्य करता है। 2014 के आम निर्वाचन का विश्लेषण करें तो 1984 के पश्चात् देश के मतदाता ने तीन दशकों के बाद किसी एक राजनीतिक दल को बहुमत प्रदान किया है। भाजपा को 543 सीटों में 282 सीटें (57.6 प्रतिशत) प्राप्त की यद्यपि उसने एन.डी.ए. के अन्तर्गत यह चुनाव लड़ा था। इस निर्वाचन में 81.45 करोड़ मतदाताओं में से सर्वाधिक 66.38 प्रतिशत ने मताधिकार का प्रयोग किया। प्रधानमंत्री नरेन्द्र मोदी को 33 प्रतिशत वोट मिला अर्थात 67 प्रतिशत जनता ने उन्हें अस्वीकार कर दिया फिर भी वे प्रधानमंत्री हैं। यह प्रश्न हमारी निर्वाचन व्यवस्था के लिए सर्वाधिक महत्वपूर्ण है। सर्वप्रथम 1950 से 2014 तक मतदान प्रतिशत 54-55 प्रतिशत ही रहा है। एक दो बार यह आँकड़ा 60 प्रतिशत पार हुआ तथा 2014 में यह सर्वाधिक 66.38 प्रतिशत हुआ। अत: क्या मतदान प्रतिशत के आधार पर भारत को सच्चा लोकतंत्र कहा जा सकता है? इसके लिए क्या अनिवार्य मतदान की आवश्यकता नहीं है। दूसरा निर्वाचन व्यवस्था से सम्बन्धित महत्वपूर्ण प्रश्न है कि देश में बहुमत प्राप्त कर सरकार बनाने वालों को सामान्यतया कभी 40 प्रतिशत से अधिक वोट नहीं मिले परन्तु ऐसा भी कभी नहीं हुआ कि सरकार बनाने वाले दल को 33 प्रतिशत ही वोट मिला हो।7

इसी पृष्ठभूमि में आनुपातिक प्रतिनिधित्व प्रणाली की माँग धीरे-धीरे शुरू होने लगी है जिससे जाति, धर्म, क्षेत्रीयता आदि का प्रभाव कम होगा और धन, बल और बाहुबल भी प्रभावी नहीं हो पायेगा। भारतीय निर्वाचन प्रक्रिया में कुछ सुधार की आवश्यकता है। मतदान अनिवार्य कर देना चाहिए, प्रतिनिधि चुनने के साथ वापस बुलाने का अधिकार भी होना चाहिए, एक उम्मीदार का एक से अधिक स्थान पर चुनाव लड़ने पर प्रतिबन्ध होना चाहिए, निर्दलीय निर्वाचन पर रोक, चुनावी हिंसा के मामलों को विशेष न्यायालय द्वारा शीघ्रता से निपटारा होना चाहिए।

मीडिया लोकतंत्र का चतुर्थ स्तम्भ माना जाता है और भारतीय लोकतंत्र में मीडिया व जनसंचार साधनों ने अपनी महत्वपूर्ण भूमिका निभाई है परन्तु वहीं मीडिया का एक वर्ग बिकाऊ मीडिया या 'पेड-न्यूज' के माधयम से जनता को वास्तविक मुद्दों से भटका कर गलत सूचनाएँ प्रदान कर, जनमानस को भ्रमित कर भारतीय लोकतंत्र को चुनौती प्रस्तुत कर रहा है। पेड न्यूज का अर्थ है प्रमुख मीडिया घरानों को अपने पक्ष में प्रभावी समाचार प्रसारित व प्रकाशित करने के लिए भुगतान देना। ऐसे समाचार सामान्यत: राजनीतिज्ञों, उद्योगपतियों और सेलेब्रेटीज द्वारा अपनी सार्वजनिक छवि को सुधारने के लिए प्रकाशित करवाये जाते हैं। भारत निर्वाचन आयोग ने ऐसे सौ से अधिक मामलों को पकड़ा है जहाँ राजनीतिज्ञों ने समाचार पत्रें और टी. वी. चैनलों को पक्षपातपूर्ण रिपोर्ट प्रसारित/प्रकाशित करने के लिए भुगतान किया है। महाराष्ट्र के पूर्व मुख्यमंत्री श्री अशोक चव्हाण से 2010 में निर्वाचन आयोग ने पेड न्यूज से सम्बन्धित

कोष की पूछताछ की थी। नवम्बर 2008 के मध्य प्रदेश राज्य निर्वाचन में नरोत्तम दास, राज्य मंत्रिमंडल सदस्य पर भी निर्वाचन आयोग द्वारा ऐसे ही आरोप लगाये गये। अक्टूबर 2011 में उ0प्र0 के बिसौली से निर्वाचित उमलेश यादव प्रथम विधायिका सदस्य बनीं जिन्हें अपने चुनाव प्रचार में विज्ञापन पर खर्च किये गये व्यय का विवरण न दे पाने के कारण अयोग्य घोषित किया गया। वर्ष 2009 से 2013 के बीच 17 राज्यों में निर्वाचन आयोग ने पेड न्यूज से सम्बन्धित 1400 से अधिक मामले चिन्हित किये। दीपक चौरसिया (आज तक) पर भी ऐसी न्यूज के लिए आरोप लगे। पेड न्यूज एक ऐसी समस्या है जिसे पकड़ना और रोकना दुष्कर कार्य है। बढ़े-बड़े मीडिया घराने, उद्योगपति इससे जुड़े हैं और सबके अपने निहित स्वार्थ इसे रोकने में बाधा उत्पन्न करते हैं। मीडिया द्वारा स्टिंग ऑपरेशन द्वारा अनेक भ्रष्टाचार और अनियमितताओं को उजागर किया गया है और जनसाधारण को न्याय दिलाने का महत्वपूर्ण कार्य भी हुआ है। अतः आवश्यकता निर्भीक, निष्पक्ष मीडिया की है जो भारतीय लोकतंत्र को मजबूत कर सके।

महिलाओं की राजनीति में समान भागीदारी भी भारतीय लोकतंत्र के लिए एक महत्वपूर्ण प्रश्न है। भारत में महिला साक्षरता बढ़ी है, महिलाएँ आत्मनिर्भर हो रही हैं, राजनीतिक क्षेत्र में महिला सहभागिता बढ़ाने के लिए भारत में स्थानीय शहरी एवं ग्रामीण निकायों में महिलाओं के आरक्षण की व्यवस्था है परन्तु फिर भी राजनीतिक दलों एवं राष्ट्रीय राजनीति में महिलाओं की भूमिका तुलनात्मक दृष्टि से नगण्य है। महिलाओं को निर्वाचन में उम्मीदावार बनाने से लेकर प्रमुख राजनीतिक दलों में पदानुक्रम में उच्च स्थान कम प्राप्त हैं। 2014 लोकसभा निर्वाचन के आंकड़ों को देखें और तुलना करें तो हम पायेंगे कि लोकसभा में 61 महिलाओं की संख्या अब तक की अधिकतम संख्या है और 1952 के निर्वाचन से यह 36 प्रतिशत अधिक है परन्तु जेन्डर विभेद दिखायी देता है क्योंकि लोकसभा के प्रत्येक 10 सदस्यों में नौ पुरुष हैं। 1952 में महिलाओं की सदस्य संख्या लोकसभा में 4.4 प्रतिशत थी जो 2014 लोकसभा निर्वाचन में 11.2 प्रतिशत हो गई है परन्तु फिर भी यह वैश्विक औसत 20 प्रतिशत से बहुत कम है। राष्ट्रीय दल एवं क्षेत्रीय दल दोनों ही प्रकार के दल महिलाओं को सीटें देने में पीछे रहते हैं और इसके पीछे सम्भवतः उनका दृष्टिकोण यही होता है कि महिलाओं में 'विजयी-क्षमता' की कमी होती है। हाँलाकि आँकड़ों का विश्लेषण करने पर यह पता चलता है कि 2014 लोकसभा निर्वाचन में पिछले तीन निर्वाचनों की तुलना में महिलाओं की सफलता का प्रतिशत पुरुषों की तुलना में अधिक था। 2014 लोकसभा निर्वाचन में महिलाओं का सफलता प्रतिशत नौ था जबकि पुरुषों का 6 प्रतिशत ही था।

परन्तु यह पर्याप्त नहीं है महिलाओं का लोकसभा में और निर्णय निर्माण संस्था कैबीनेट में कम प्रतिनिधित्व सोचनीय एवं विचारणीय प्रश्न है, साथ ही साथ यह भारतीय समाज में गहरी जड़ें जमाये लैंगिक विभेद को भी उजागर करता है। सोनिया गाँधी, ममता बनर्जी, जयललिता, मायावती बड़े नाम हैं जो राजनीतिक दलों को नेतृत्व प्रदान कर रहे हैं परन्तु फिर भी विभिन्न राजनीतिक दलों में पदाधिकारी व महत्वपूर्ण भूमिका में महिलाओं की संख्या कम है। 1990 में पंचायत राज संस्थाओं में 33 प्रतिशत महिलाओं को आरक्षण ने महिलाओं में पुरुषों के साथ सत्ता भागीदारी की चेतना जागृत की है। इसने महिलाओं में निर्वाचन प्रक्रिया एवं मतदान के प्रति रूचि उत्पन्न किया है। इसके साथ ही साथ निर्वाचन आयोग और राजनीतिक दलों द्वारा घर-घर पहुँच मतदान के प्रति जागरुकता उत्पन्न करने का सुपरिणाम यह हुआ कि 1990 से मतदान में महिलाओं की भागीदारी का बढ़ता प्रतिशत 2014 के लोकसभा निर्वाचन में उच्चतम तक पहुँच गया। 1962 के 46.6 प्रतिशत महिला मतदान प्रतिशत से 2014 में यह लगभग 65.7 प्रतिशत हो गया। महिलाओं और पुरुषों में 1962 में मतदान प्रतिशत में 16.7 प्रतिशत का अन्तर था जो 2014 में 1.5 प्रतिशत तक सिमट कर रह गया। यह भारतीय लोकतंत्र के लिए उपलब्धि है।

निर्वाचन विश्लेषण देखा जाये तो निर्वाचन में लैंगिक विभेद के मुद्दे कम उठाये जाते हैं, महिलाओं के मुद्दे आम निर्वाचन से पहले उठाये जाते हैं और निर्वाचन के बाद भुला दिये जाते हैं। संसद में महिलाओं के आरक्षण संबंधी लम्बित विधेयक राजनीतिक दलों की महिलाओं के प्रति उनकी सोच को प्रदर्शित करता है। महिलाओं का बढ़ता मतदान प्रतिशत औपचारिक रूप से महिलाओं की राजनीतिक सहभागिता की वृद्धि को प्रदर्शित करता है परन्तु महिलाओं के राज्य विधायिका, संसद में आरक्षण विषय पर महिला आन्दोलन और लैंगिक राजनीति का दृष्टिकोण विभाजित है। महिलाओं की राजनीति में सक्रिय एवं समान सहभागिता हेतु भारतीय लोकतंत्र को अनेक बाधाओं को पार करना होगा।

भारतीय लोकतंत्र की सबसे गम्भीर एवं जटिल समस्या भ्रष्टाचार व राजनीति का अपराधीकरण है। भ्रष्टाचार की सटीक परिभाषा देना दुष्कर है परन्तु भारत का 1947 का भ्रष्टाचार रोक अधिनियम कानून निम्न कार्यों को दण्डनीय बनाता है -

(1) अपने सरकारी कर्तव्यों को पूरा करते हुये किसी लोक अधिकारी का दुराचरण जिसमें अमुख भी सम्मिलित हो सकते हैं, जैसे अपने लिये अथवा किसी दूसरे व्यक्ति के लिए अवैध पारितोषिक (घूस) प्रथागत स्वीकार करना, लोक अधिकारी द्वारा उसके पद के कारण उसकी सुरक्षा में दी गयी सम्पत्ति का दुरुपयोग

(2) किसी लोक अधिकारी को प्रभावित करने के लिये अवैध पारितोषिक प्रथागत प्राप्त करना

(3) आय के ज्ञात स्रोतों के अनुपात से अधिक सम्पत्ति रखना

(4) लोक अधिकारी के तौर पर उसको दी गयी सम्पत्ति को बेईमानी से हथियाने का प्रयास या आर्थिक लाभ प्राप्त करने के लिए इसी प्रकार के किसी अन्य कार्य को करने का प्रयास।

भारतीय समाज में भ्रष्टाचार अनेक रूपों में फैला हुआ है - संरक्षण द्वारा गलत समर्थन देना, दूसरे के धान को अपने प्रयोग में लाना, पक्षपातपूर्ण अनावश्यक वरीयता देना, भाई-भतीजावाद। भारत में सरकारी विभागों तथा मंत्रलयों में चपरासी से लेकर मंत्री, मुख्यमंत्री तक भ्रष्टाचार में डूबे हुए हैं। 2जी स्पेक्ट्रम, कॉमनवेल्थ गेम्स, आदर्श हाउसिंग सोसायटी, मनी मैटर्स बैंकिंग महज कुछ उदाहरण है जो जनमानस के सामने उजागर हुए हैं। आज की राजनीति रीढ़ हीन हो गई है। राजनीति की रीढ़ होती है नैतिकता और आज की राजनीति में नैतिकता के लिए कोई जगह रह ही नहीं गई है। यह खुल्लम-खुल्ला अवसरवादिता है जिसकी प्रेरणा शक्ति है लोकसत्ता का लोभ, पद का लोभ, पैसे का लोभ, भोग का लोभ। 12 दिसम्बर 2005 को देश के संसदीय इतिहास में पहली बार संसद में सवाल उठाने के एवज में पैसे लेने वाले सांसदों ने संसदीय लोकतंत्र को शर्मसार कर उसकी विश्वसनीयता पर प्रश्नचिन्ह लगा दिया।

भारतीय राजनीति में भ्रष्ट अपराधी राजनीतिज्ञों का इतना गठजोड़ हो गया है कि जनता के पास स्वच्छ व ईमानदार छवि वाले उम्मीदवारों को चुनने का विकल्प ही नहीं रह जाता है। कोई भी राजनीतिक दल इससे अछूता नहीं है, केवल मात्र का अन्तर हो सकता है। यह बात इस तथ्य से भी स्पष्ट हो जाती है कि 10 सर्वाधिक भ्रष्ट आरोपी राजनीतिज्ञों में सभी दल के सदस्यों के नाम हैं यथा - सुरेश कलमाड़ी (कांग्रेस), ए. राजा (डीएमके), मायावती (बसपा), लालू प्रसाद यादव (राजद), मुलायम सिंह यादव (सपा), करुणानिधि (द्रमुक), शरद पवार (एन.सी.पी.), जयललिता (अन्नाद्रमुक), वी.एस. येदुरप्पा, मधुकोड़ा।

सूचना के अधिकार अधिनियम (2005) द्वारा भ्रष्टाचार को उजागर करना सरल हो गया है परन्तु फिर भी इससे भारत में भ्रष्टाचार में कमी नहीं आई है यह इस तथ्य से स्पष्ट होता है कि ट्रान्सपरेन्सी इन्टरनेशनल द्वारा 175 देशों की सूची में भारत भ्रष्टाचार की दृष्टि से वर्ष 2015 में 94वें पायदान पर था परन्तु 2015 में यह 85वें पायदान पर आ गया है।

भारतीय लोकतंत्र को एक नयी चुनौती भाई भतीजावाद है। किसी भी राजनीतिक दल को देख लीजिए निर्वाचन के समय योग्यता, सार्वजनिक जीवन का लेखा जोखा, ज्ञान कौशल अप्रासंगिक हो जाते हैं और परिवार का नाम आगे हो जाता है। नेहरू-गाँधी परिवार द्वारा संचालित कांग्रेस दल इसके लिए उत्तरदायी कहा जा सकता है परन्तु अन्य दलों में भी ऐसे ही उदाहरण मिलते हैं। तीन साल पहले पैट्रिक फेन्च द्वारा भारतीय संसद पर किये गये अधययन से यह तथ्य सामने आया कि 30 वर्ष तक की आयु वाले 100 प्रतिशत लोकसभा सदस्य राजनीतिक पृष्ठभूमि के परिवार से सम्बन्धित थे। 40 तथा उससे ऊपर आयु वाले दो तिहाई लोकसभा सदस्य भी ऐसी ही पृष्ठभूमि के थे। संयुक्त परिवार प्रथा के कारण भारत में यह भाई-भतीजावाद और अधिक विस्तृत हो गया है। वर्तमान लोकसभा में सपा के सांसद मुलायम सिंह के परिवार के ही सदस्य हैं। 2014 में गठित लोकसभा में यशवन्त सिन्हा (भाजपा) के पुत्र जयन्त सिन्हा, पूर्व मुख्यमंत्री ओम प्रकाश चौटाला के पुत्र तथा अजय चौटाला (आई.एन.एल.डी.) के पुत्र दुष्यन्त चौटाला, बंगा रप्पा (जे.डी. सी.एस.) के गीता शिव राजकुमार, रमन सिंह (भा.ज.पा.) के पुत्र अभिषेक सिंह, राम विलास पासवान (लो.ज.पा.) के पुत्र चिराग पासवान तथा सन्तोष मोहन देव (कांग्रेस) की पुत्री सुष्मिता देव ऐसे ही कुछ उदाहरण हैं। हाल ही के बिहार निर्वाचन में लालू प्रसाद यादव, राम विलास पासवान के पुत्र व अन्य रिश्तेदार भी उम्मीदवार बने तथा महागठबंधन के विजयी होने पर लालू प्रसाद यादव के दो पुत्र उपमुख्यमंत्री तथा मंत्री के रूप में सरकार में शामिल हुए।

1995 में गठित वोहरा समिति ने अपनी रिपोर्ट में राजनीतिज्ञों, अपराधियों और नौकरशाह व पुलिस के गठजोड़ अथवा अपराध सिंडीकेट का खुलासा किया है। शरद दिखे व आर.पी. सुन्दिरयाल का कहना है कि यह अपराध सिंडीकेट एक समानान्तर सरकार चला रहा है जिससे राज्यतंत्र अप्रासंगिक हो गया है। पंडित जवाहर लाल नेहरू ने पाँचवें दशक में कह दिया था कि यदि जनता जागरुक नहीं हुई तो हमारे प्रजातंत्र में शासन पर ऊँचा चिल्लाने वाले बाहुबलियों और अपराधियों का कब्जा हो जायेगा।

भारतीय राजनीतिक व्यवस्था में बढ़ते अपराधीकरण की पृष्ठभूमि में सर्वोच्च न्यायालय ने 2 मई 2002 में 'यूनियन ऑफ इण्डिया बनाम एसोशियन डेमोक्रेटिक रिफार्म' में निर्णय दिया कि सभी उम्मीदवारों को अपनी अपराधिक पृष्ठभूमि, सम्पत्ति, उत्तरदायित्व, शैक्षणिक योग्यता आदि का नामांकन पत्र में विवरण देना अनिवार्य होगा जिससे निष्प्रभावी करने के लिए सभी राजनीतिक दलों ने जनप्रतिनिधित्व अधिनियम 1951 में संशोधन कर धारा 33-बी को जोड़ दिया। परन्तु 13 मार्च 2003 को सरकार के इस संशोधन को सर्वोच्च न्यायालय ने असंवैधानिक घोषित कर मई 2002 में दिये गये निर्णय को सही मान्य किया। विधि आयोग ने भी इसी तरह जनप्रतिनिधित्व 1951 के अधिनियम की धारा 8 में संशोधन कर अपराधियों को चुनाव में अयोग्य घोषित करने का प्रावधान जोड़ने की सिफारिश की है परन्तु आज भी भारतीय लोकतंत्र भ्रष्टाचार एवं राजनीति के अपराधीकरण की जटिल समस्या से जूझ रहा है। भारतीय लोकतंत्र में नरेन्द्र मोदी जैसा चाय बेचने वाला प्रधानमंत्री बन सकता है, अब्दुल कलाम जैसा झोंपड़ी में रहने वाला व्यक्ति राष्ट्रपति बन सकता है, एक साधारण किसान विधान सभा सदस्य बन सकता है परन्तु यह भी यह कटु सत्य है कि भारतीय लोकतंत्र व राजनीति में अपराधियों की संख्या बढ़ी है। 2014 के लोकसभा निर्वाचन में निर्वाचित सदस्यों में 186 सदस्यों के विरुद्ध गम्भीर आपराधिक मामले दर्ज हैं जबकि वर्ष 2009 में यह संख्या 158 थी। तुलनात्मक दृष्टि से देखा जाये तो अपराध के आरोपी सदस्यों की संख्या में वृद्धि हुई है। विशेष धयान देने योग्य तथ्य यह है कि 186 में से 112 सदस्यों के विरुद्ध गम्भीर अपराध जैसे हत्या, हत्या का प्रयास, साम्प्रदायिक असमरसता, अपहरण और महिलाओं के विरुद्ध अपराध सम्मिलित हैं। इन सदस्यों में सभी प्रमुख राजनीतिक दलों भाजपा, कांग्रेस, अन्नाद्रमुक, शिवसेना के सदस्य सम्मिलित हैं।

राजनीति में अपराधीकरण की बढ़ती प्रवृत्ति के साथ ही साथ भारतीय लोकतंत्र में धनबल भी कार्य कर रहा है। 2014 में गठित लोकसभा में 442 सदस्य अर्थात 82 प्रतिशत सदस्य करोड़पति हैं। यही नहीं हाल ही में नवम्बर में सम्पन्न बिहार विधान सभा निर्वाचन में भी 243 विधान सभा सदस्यों में से 162 अर्थात 67 प्रतिशत विधायक करोड़पति हैं जबकि 2010 विधानसभा में यह संख्या 228 में से सिर्फ 45 विधायक यानि लगभग 20 प्रतिशत की थी। 2015 विधानसभा में 162 करोड़पति विधायकों में जद 53, राजद 51, भाजपा 32, कांग्रेस 19, रालोसपा 01, लोजपा 02 सदस्य सम्मिलित हैं।

इस प्रकार अन्त में निष्कर्ष रूप में हम यह कह सकते हैं कि भारत में लोकतंत्र को विभिन्न चुनौतियों का सामना करना पड़ रहा है परन्तु फिर भी यह दृढ़ता से अपनी जड़ें जमाये हुए है। भारतीय लोकतंत्र को प्रभावी बनाने के लिए राजनीतिक संस्थाओं तथा उनकी कार्यप्रणाली को मजबूत करने की आवश्यकता है। स्थानीय शासन को अधिक शक्तियाँ प्रदान कर प्रशासन को प्रभावी बनाने का प्रयास करना होगा। राजनीति में अपराधीकरण को रोकना होगा। लोकायुक्त को अधिक शक्तियाँ देकर भ्रष्टचार दूर करने का प्रयास आवश्यक है। धार्मिक मामलों में सरकारी हस्तक्षेप रोकने के साथ ही साथ वोट की राजनीति के लिए धर्म को हथियार बनाने वाले दलों पर रोक लगाने की आवश्यकता है।

भारत में निरक्षरता अधिकांश समस्याओं की जड़ है और 2011 की जनगणना में साक्षरता दर 74.04 तक पहुँच गयी है और हम आशा करते हैं कि सर्वशिक्षा अभियान के द्वारा इसमें और बढ़ोत्तरी होगी। सूचना का अधिकार अधिनियम (2005) ने लोकतंत्र को मजबूती प्रदान की है और इसके दायरे को आगे बढ़ाने की आवश्यकता है। लोकतंत्र जनता का, जनता के लिए और जनता द्वारा शासन है अत: इसमें जनसामान्य की महत्वपूर्ण भूमिका है। हमें जागरुक होना होगा तथा सरकार से अपेक्षाएं रखने के साथ अपने दायित्वों को निभाने पर भी धयान देना होगा। लोकतंत्र केवल एक राजनीतिक प्रणाली ही नहीं वरन् जीवन जीने का एक मार्ग होना चाहिए। सिद्धांत और व्यवहार की दूरी को कम कर निर्णय निर्माण प्रक्रिया में न केवल जन सहभागिता बढ़ानी होगी वरन् जनता को अधिकारों के प्रति जागरुक करने साथ ही साथ उन्हें राजनीतिक सहभागिता हेतु प्रेरित एवं सम्मिलित करने की आवश्यकता है। केवल तभी भारत में लोकतंत्र मजबूत होगा और भारत विश्व राजनीति में महत्वपूर्ण भूमिका निभा सकेगा।

08 राष्ट्रीय अल्पसंख्यक आयोग

राष्ट्रीय अल्पसंख्यक आयोग की स्थापना एक संवैधानिक निकाय के रूप में 1993 में की गई थी। इसका उद्देश्य पांच धार्मिक अल्पसंख्यक समुदायों में आत्मविश्वास की इस भावना को सुदृढ़ बनाना था कि राज्य सरकारें उनके धार्मिक अधिकारों, स्वतंत्रता और देश के कानूनों का सम्मान करती हैं। यह आयोग संविधान द्वारा दिए गए अधिकारों के कार्य और सुरक्षा का आकलन करने के लिए अध्ययन करवाती है। इन शोध कार्यों और अध्ययनों से केंद्र और राज्य दोनों सरकारों द्वारा अल्पसंख्यकों के विकास और प्रगति का अनुमान लगाया जाता है।

वर्ष 2011-12 के दौरान राष्ट्रीय अल्पसंख्यक आयोग ने तीन दंगाग्रस्त इलाकों का मौके पर जाकर जायजा लिया-

- बिहार के अररिया जिले में फारबिसगंज जहां पुलिस द्वारा गोली चलाने से चार मुस्लिम मारे गए थे। आयोग ने सिफारिश की कि भीड़ पर गोलीबारी शुरू करने के जिम्मेदार पुलिसकर्मियों पर मुकदमा चलाया जाए और घटना में हताहत हुए लोगों को मुआवजा दिया जाए।
- राजस्थान में भरतपुर जहां पुलिस और मेव और गुर्जर लोगों में झड़प हुई थी जिसके कारण 10 लोग मारे गए थे। इस आयोग ने अपने दो सदस्यों को मौके पर जाकर जांच के लिए भेजा जिसमें श्रीमती सैयदा इमाम और श्री के.एन. दारूवाला शामिल थे। आयोग ने सिफारिश की कि जिला अधिकारियों और खासतौर से पुलिस को इस विषय में संवेदनशील बनाने के उपाय किये जाएं। जिला मजिस्ट्रेट, जिला पुलिस प्रमुख और एएसपी को आयोग की सिफारिश पर निलम्बित कर दिया गया।
- उत्तरकाशी में रूद्रपुर जहां दो ग्रुपों के बीच झड़प के परिणामस्वरूप चार लोग मारे गए और आगजनी और लूट में बड़े पैमाने पर सार्वजनिक और निजी सम्पत्ति का नुकसान हुआ था। आयोग की श्री के.एन. दारूवाला के नेतृत्व में टीम ने मौके पर जाकर प्रभावित परिवारों से भेंट की। इस मामले में जो सिफारिशें की गईं उनमें मोहल्ला शांति समितियों को सक्रिय बनाना, पुलिसकर्मियों को संवेदनशील करना और जिन पुलिस कार्मिकों ने पूर्वाग्रहपूर्ण भूमिका निभाई, उनका तबादला करना शामिल था।
- बड़े पैमाने पर मुस्लिमम युवकों की गिरफ्तारी और उन्हें बिना साक्ष्य के लम्बें समय तक जेलों में बंद रखना आयोग के लिए एक चिंता की बात थी। आयोग इस बात से भी उद्वेलित था कि सालों तक और कभी-कभी दशकों तक मुकदमे की सुनवाई चलने के बाद पुलिस आरोप साबित नहीं कर पाई। रिहा किये गए युवा पूरी तरह पुनर्वासित नहीं किये गए और कुछ मामलों में तो बरी होने के बाद उन्हें सामान्य जीवन भी नहीं बिताने दिया और उन्हें समाज के प्रति शक की नजर से देखा गया।

इस संदर्भ में आयोग ने राज्यों और केंद्र सरकार से बात की और मुकदमे की सुनवाई तेजी से पूरा करने और मुकदमों के अभियोजन पक्ष को स्वतंत्र बनाने की जरूरत पर जोर दिया गया ताकि अभियोजन पक्ष पुलिस द्वारा की गई गिरफ्तारयों पर अंगुली उठा सके। आयोग ने आंध्र प्रदेश सरकार के साथ संपर्क किया और उन मुसलमान युवकों के बारे में बात की जिन्हें उच्च न्यायालय ने मक्का-मस्जिद विस्फोट मामले में बरी कर दिया था। राज्य सरकार ने माकूल जवाब दिया और 20 मुस्लिम युवकों को, जो अदालत द्वारा बरी कर दिये गए थे, 70 लाख रूपये की सहायता दी।

इस आयोग ने ईसाईयों की जिन समस्याओं को सुलझाने के प्रयास किए उनमें ईसाई संगठनों और चर्चों की गिनती के समय ईसाई परिवारों के प्रोफाइल बनाने के भोपाल पुलिस के आदेश, मंडला के खुंभ मेले में पिछले साल ईसाइयों के खिलाफ किया गया दुष्प्रचार, और कर्नाटक तथा मध्य प्रदेश में ईसाइयों को परेशान करने की घटनाएं और संविधान द्वारा गारंटीशुदा उनके अधिकारों - घर में ही प्रार्थना सभाएं करना शामिल हैं। बंगलौर में जिन पुलिसकर्मियों ने एक ब्रदर को सरेआम मुकदमा दायर न करके परेशान किया था, और 3 ईसाई पुजारियों को मध्य प्रदेश में एक हिन्दू के अंतिम संस्कार की घटना के खिलाफ फर्जी मामला दर्ज किया था ये सभी मामले आयोग के हस्तक्षेप के बाद सुलझा लिए गए। बंगलौर में पुलिस कर्मी को निलम्बित कर दिया गया और जांच चल रही है। मध्य प्रदेश पुलिस द्वारा दर्ज किए गए फर्जी मामले वापस लिए जा चुके है।

साल के दौरान आयोग ने उन बौद्धों की भावनाएं शांत करने की कोशिश कीं जो करमापा के बारे में मीडिया में खबरें छपने से उत्तेजित हो गए थे। आयोग ने यह मामला सरकार और ब्रॉडकास्ट कौंसिल के साथ उठाया ताकि मीडिया को ऐसे मामलों में संवेदनशील बनाया जा सके। बौद्ध सदस्य, श्रीमती स्पाल्जेस अंगमो ने भी यह मामला हाथ में लिया और बौद्धों द्वारा पवित्र मानी जाने वाली नदी रोथुंगचू पर कई पनबिजली परियोजनाएं सिक्किम में बनाये जाने के बारे में सिक्किम सरकार से बातचीत की। मीडिया रिपोर्टों के अनुसार अब ये दोनों परियोजनाएं रद्द की जा चुकी हैं और तीसरी की समीक्षा की जा रही है।

आयोग ने हरियाणा के रेवाड़ी जिले में 1984 में छिल्लर गांव में सिखों के मारे जाने की कथित घटना का मीडिया में खबरें आने पर खुद संज्ञान लिया और घटना के शिकार लोगों के पुनर्वास के बारे में हरियाणा के मुख्यमंत्री से बात की। हरियाणा के मुख्यमंत्री ने इलाहाबाद उच्च न्यायालय के एक सेवानिवृत्त न्यायाधीश के नेतृत्व में पहले ही जांच आयोग नियुक्त कर दिया था। सिखों से संबंधित अन्य मामले भी उठाये गए जिनमें हरियाणा में अलग से गुरूद्वारा प्रबंधक कमेटी के संविधान का मामला शामिल था। उठाये गए अन्य विषयों में पंजाबी को दूसरी भाषा के रूप में लागू करना और आकाशवाणी तथा दूरदर्शन केंद्र से पंजाबी कार्यक्रमों की शुरूआत शामिल है।

पारसियों की घटती जनसंख्या और उनकी सहायता के लिए आरक्षण जैसे मामले भी राज्य और केंद्र सरकारों के साथ उठाए गए। पारसी समुदाय के प्रतिनिधि ने भी इस संबंध में वित्त मंत्री से बात की और उन मुश्किलों पर चर्चा की जो प्रत्यक्ष कर संहिता वर्तमान स्वरूप में लागू किए जाने पर सामने आ सकती हैं। वर्तमान वित्त वर्ष में फरवरी 2012 तक आयोग में कुल 20 मामलों की सुनवाई की जा चुकी है। आयोग को कुल 2336 शिकायतें मिलीं जिनमें से 588 निपटायी जा चुकी है और बाकी पर प्रक्रिया जारी है।

वर्ष के दौरान हाल की मंदी और भारतीय अर्थ-व्यवस्था में उदारीकरण का लघु, कुटीर और हस्त शिल्प उद्योगों में काम करने वालों और खासतौर से मुस्लिम अल्प-संख्यक समुदाय के कामगारों पर प्रभाव और उनके उपचार संबंधी उपाय तथा अल्पसंख्यक अधिकारों के बारे में कानूनों और कानूनी नजीरों के संकलन जैसे विषयों पर दो महत्वपूर्ण शोध अध्ययन करवाये गए।

09 अनुच्छेद 370 और जम्मू-कश्मीर

ब्रिटिशकाल में जम्मू व कश्मीर एक देशी रियासत थी, आजादी के समय यहाँ हिंदू शासक थे, जिनका नाम हरि सिंह था, आजादी के पूर्व ही वहाँ देशी राजा के विरूद्ध शेख अब्दुल्ला के नेतृत्व में लोकतंत्र की स्थापना हेतु आंदोलन चलाया गया था। मौजूदा भारत में कश्मीर को शामिल करने में महाराजा हरि सिंह का अभूतपूर्व योगदान रहा है। कश्मीर एक विस्तृत रियासत थी, जिसकी अधिकांश जनता मुस्लिम थी और राजा हिंदू था, कश्मीर रियासत के अलग-अलग हिस्सों गिलगिद, लद्दाख, जम्मू आदि के लोगों की महत्वकांक्षाओं को ध्यान में रखते हुए महाराजा हरि सिंह को निर्णय लेना था। इसी कारण महाराज हरि सिंह 15 अगस्त 1947 को कोई निर्णय नहीं ले पाए, लिहाजा उन्होंने दोनों मुल्कों को समझौते का प्रस्ताव भेजा, पाकिस्तान की सरकार ने इस प्रस्ताव को तत्काल मान लिया, दूसरी तरफ भारत ने इस प्रस्ताव को आपसी विचार-विमर्श द्वारा सुलझाने की बात कही। वहीं महाराजा हरि सिंह अंत तक भारत में ही विलय के पक्षधर बने रहे। इसके बाद पाकिस्तान को कश्मीर हाथ से खिसकता नजर आने लगा। इसी कारण से अक्टूबर 1947 में पाक सेना द्वारा समर्थित कबालियों ने कश्मीर घाटी पर कब्जा करने के लिए वहाँ आक्रमण कर दिया। इस आक्रमण का सामना करने के लिए महाराजा हरि सिंह ने भारत से मदद मांगी, लेकिन भारत ने इस आधार पर मदद देना स्वीकार किया कि पहले जम्मू व कश्मीर भारतीय संघ में शामिल हो, परिणामस्वरूप जम्मू-कश्मीर विलय पत्र पर हस्ताक्षर करके भारतीय संघ में शामिल हो गया, तत्पश्चात भारतीय सेना ने पाकिस्तान के कबालियों को कश्मीर घाटी से खदेड़ दिया। फलतः महाराजा हरि सिंह ने कश्मीर रियासत का भारत में विलय अतिशीघ्र करने का निर्णय लिया। 26 अक्टूबर 1947 को कश्मीर रियासत का भारत में विलय करने के लिए महाराजा ने विलय पत्र पर हस्ताक्षर कर दिए और 27 अक्टूबर 1947 को लार्ड माउन्टबेटन ने इसे मंजूरी दे दी। इसके साथ ही वैधानिक रूप से भारत की सीमाओं का विस्तार गिलगिट-बाटलिस्तान तक हो गया, किंतु वर्तमान में राज्य का बड़ा हिस्सा पाकिस्तान के कब्जे में है और दूसरा चीन के गैर-कानूनी नियंत्रण में है।

अनुच्छेद-370

भारतीय संघ में जम्मू-कश्मीर का विलय इस आधार पर किया गया है कि संविधान के अनुच्छेद 370 के तहत् इस प्रदेश की स्वायत्तता की रक्षा की जाएगी, एकमात्र प्रदेश है जिसका अपना संविधान है, तथा जम्मू कश्मीर राज्य का प्रशासन इस संविधान के उपबंधों के अनुसार चलता रहेगा। भारतीय संविधान द्वारा संघ और राज्यों के बीच जो शक्ति विभाजन किया गया। इसके अंतर्गत अवशेष शक्तियां संघीय सरकार को सौंपी गई है, परंतु जम्मू-कश्मीर राज्य के संबंध में अवशिष्ट शक्तियां जम्मू-कश्मीर राज्य को प्राप्त है।

जम्मू-कश्मीर राज्य के संबंध में संघ सरकार केवल निम्नलिखित तीन सेवाओं पर अपना नियंत्रण कर सकती है-

1. रक्षा
2. संचार
3. विदेशी मामले

जम्मू-कश्मीर को विशेष राज्य का दर्जा प्राप्त होने के कारण जम्मू-कश्मीर राज्य के नागरिकों को दोहरी नागरिकता प्राप्त है। अन्य राज्यों का कोई व्यक्ति जम्मू-कश्मीर में कोई सम्पत्ति नहीं खरीद सकता।

कश्मीर समस्या के कारण

कश्मीर के भारत में विलय के बाद समय-समय पर भारत-पाकिस्तान के बीच युद्ध होते रहे और संबंधों में दिन-प्रतिदिन कटुता आती गई। कश्मीर समस्या से जुड़े कुछ प्रमुख कारण निम्नलिखित हैं-

1. **कश्मीर के भारत में विलय में विलम्ब :** महाराजा हरि सिंह ने कश्मीर को भारत में विलय करने का निर्णय करने के बाद भी अधिकारिक रूप से विलय करने में अत्यंत विलम्ब किया। महाराजा हरि सिंह ने 15 अगस्त, 1947 की घटना देखने के बाद भी भारत विलय नहीं किया। बल्कि विलय को लटकाकर काफी समय तक विचार करते रहे और अक्टूबर 1947 में पाक सेना ने कश्मीर घाटी में रक्तपात मचाना शुरू किया, तो वे इस मामले को लेकर गंभीर हुए और अंतगोत्वा 26 अक्टूबर 1947 को विलय पत्र पर हस्ताक्षर किए और भारत में कश्मीर का विलय हो सका।
2. **पं. जवाहरलाल नेहरू की राजनीतिक हस्ताक्षेप :** यह स्थापित सत्य है कि पं. नेहरू की राजनीतिक कूटनीति के कारण ही आज कश्मीर समस्या नासूर बन गई है। हरि सिंह ने कश्मीर विलय को लटकाकर जहाँ समस्या की

नींव रखी वही दूसरी तरफ पं. नेहरू ने सही समय पर सही फैसला न लेकर समस्या को और गंभीर बना दिया। इसी के परिणामस्वरूप पाकिस्तान के अवैध कब्जे वाली भूमि पर उसी का नियंत्रण रह गया। आज उसी पाक अधिकृत कश्मीर से प्रशिक्षण प्राप्त जिहादी तत्वों में जम्मू-कश्मीर में अलगाववाद और हिंसा फैलाने के साथ-साथ पूरे भारत मे अलगाववाद पैदा कर रहे हैं।

3. **कश्मीर का भारत में विलय और विशेष राज्य का दर्जा :** अन्य सभी देशी रियासतों और रजवाड़ों का भारत में विलय बिना किसी शर्त हुआ था, जबकि जम्मू-कश्मीर के विषय में ऐसा नहीं हो सका। भारत में जम्मू-कश्मीर का विलय सशर्त हुआ तथा जम्मू-कश्मीर को धारा 370 के तहत विशेष राज्य का दर्जा प्रदान किया गया। साथ ही यहां पर राज्य का अपना संविधान भी है।

पं. नेहरू ने विलय से पूर्व अपने घनिष्ठ मित्र शेख अब्दुल्ला को सियासत का साझीदार बनाया, वही शेख अब्दुल्ला के 'दो प्रधान, दो विधान और दो निशान' को धारा 370 का प्रारूप पहनाया। वस्तुतः सेकुलर व्यवस्था में धारा 370 के अंतर्गत जम्मू-कश्मीर में अलगाववाद को संवैधानिक मान्यता दे रखी है। कश्मीर को विशेष प्रांत का दर्जा देनेका बाबा भीमराव अंबेडकर ने घोर विरोध किया था। भारत के कानून मंत्री होने के नाते उन्हें यह कतई मंजूर नहीं था कि भारत पर कश्मीर के सारे हक तो हो, किंतु कश्मीर पर भारत का कोई अधिकार न हो। पं. जवाहरलाल नेहरू ने डा. अंबेडकर की अनदेखी कर शेख अब्दुल्ला का साथ दिया।

4. **मजहब के आधार पर देश का विभाजन :** भारत-पाकिस्तान का विभाजन धर्म के आधार पर हुआ था। कश्मीर की 80% जनता मुस्लिम थी और तत्कालीन राजा हिंदू था। धर्म के आधार पर व जनमत के आधार पर पाकिस्तान को पूर्णतः विश्वास था। कश्मीर का विलय पाकिस्तान को पूर्णतः विश्वास था। कश्मीर का विलय पाकिस्तान में ही होगा, किंतु जब राजा हरि सिंह ने कश्मीर का विलय भारत में किया, तो पाक की सियासी जमातों के इरादों पर पानी फिर गया। इसी कारण पाकिस्तान ने कई बार भारत पर विफल आक्रमण किया। जिसके कारण पाकिस्तान वर्तमान समय में एक 'विफल राष्ट्र' के कगार तक जा पहुंचने के बावजूद, उसने सिर्फ यही सिद्ध किया है कि वह अपने राष्ट्र को बर्बादी की तरफ ले जा रहा है।

1947 में कश्मीर रियासत का भारत में विलय करने के उपरांत यह भारत का हिस्सा था। महाराजा हरि सिंह ने अपनी पूरी रियासत का विलय भारत में ही किया था। अतः गिलगिट-बाल्टिस्तान सहित समूचा कश्मीर वैधानिक रूप से भारत का ही अंग है, लेकिन पाकिस्तान अवैध नियंत्रण वाली हमारी भूमि को अपनी भूमि घोषित करने की नापाक कोशिश कर रहाहै। इस गैर-कानूनी प्रयास के खिलाफ भारत सरकार से अब तक कोई बुलंद आवाज न उठाना इस बात का संकेत देता है कि हमारी सरकार अपनी सीमाओं व भूमि को लेकर सचेत और संवेदनशील नहीं है। इसी असचेतता व संवेदनहीनता का परिणाम है कि इन क्षेत्रों में चरमपंथी गुटों का वर्चस्व बढ़ता जा रहा है।

जम्मू-कश्मीर (अनु. 370) विशेष राज्य

1. 26 अक्टूबर 1947 को कबिलाई के सहयोग से पाकिस्तान द्वारा जम्मू-कश्मीर पर आक्रमण किया गया।
2. जम्मू-कश्मीर के राजा हरि सिंह ने भारत में विलय के साथ रक्षा की माँग की।
3. विलय पत्र में विदेश, रक्षा तथा संचार भारत को दिया गया, शेष सभी अधिकार राज्य के अधीन रखे गए।
4. जम्मू-कश्मीर के लिए विशेष व्यवस्था के साथ अनु. 370 जोड़ा गया जो कि विशेष राज्य का दर्जा प्राप्त करता है।
5. जम्मू-कश्मीर को भारतीय संविधान के अनु. 1 में सम्मिलित किया गया है।
6. अनु. 370 की व्यवस्था में 'अस्थाई संक्रमण कालीन विशेष उपबन्ध' किया गया।
7. 1951 में जम्मू-कश्मीर संविधान सभा का गठन किया गया।
8. 1951 में शेख अब्दुल्ला व पं. नेहरू के बीच समझौता हुआ। जिसको दिल्ली समझौता के नाम से भी जाना जाता है। जिसमें जम्मू-कश्मीर की स्वायत्तता पर हस्ताक्षर किया गया। जिसका अर्थ विदेश, रक्षा व संचार को छोड़कर शेष सभी अधिकार जम्मू-कश्मीर के पास रहेंगे।
9. 1953 में शेख अब्दुल्ला को देश विरोधी गतिविधियों के कारण जेल जाना पड़ा।
10. 1953 में शेख अब्दुल्ला की जगह बक्शी गुलाम मोहम्मद सन्तासीन हुए।
11. जम्मू-कश्मीर संविधान सभा ने फरवरी 1954 में औपचारिक रूप से भारत में जम्मू-कश्मीर को विलय कर दिया।

12. 1954 में जम्मू-कश्मीर संविधान सभा द्वारा भारत में विलय की मंजूरी जिससे केंद्रीय कानून लागू हो गया।
13. जम्मू-कश्मीर का अपना संविधान 26 जनवरी 1957 को लागू किया गया।
14. 1965 में सदर-ए-रियासत का नाम बदलकर राज्यपाल रख दिया गया जो अब राष्ट्रपति द्वारा नियुक्त होगा (यह व्यवस्था जम्मू-कश्मीर संविधान के 6वाँ संविधान संशोधन द्वारा किया गया है।)
15. राज्य की संवैधानिक तंत्र की विफलता में पहले 6 माह राज्यपाल शासन (धारा 92), इसके बाद राष्ट्रपति शासन (अनु. 356) लागू होता है।
16. राज्य की विधान सभा में दो महिला विधायक की व्यवस्था जो राज्यपाल द्वारा मनोनीत होगी।
17. राज्य की राज भाषा 'उर्दू' है।
18. राज्य की विधान सभा का कार्यकाल 6 वर्ष होने के कारण मुख्यमंत्री का कार्यकाल 6 वर्ष का हो जाता है।
19. अनु. 355 के तहत राज्य में सशस्त्र बल की तैनाती की जा सकती है।
20. नियंत्रण रेखा पहले युद्ध विराम रेखा थी, जो 1 जनवरी 1949 को प्रभावी हुई और शिमला समझौता (1972) के बाद वह नियंत्रण रेखा में बदल गई।

10 भारत में लोकतंत्र का भविष्य

भारत में लोकतंत्र की जड़ें ईसा से तीन हजार वर्ष पूर्व वैदिक काल में दिखाई देती हैं। प्रतिनिधिक संस्थाओं और लोकतांत्रिक सिद्धांतों का प्रथम निरूपण ऋग्वेद व अथर्ववेद में मिलता है। बाद में महाभारत, शुक्राचार्य के नीतिसार, बौद्ध साहित्य व कौटिल्य के अर्थशास्त्र में भी लोकतंत्र की झलक मिलती है। यूनान के प्रथम लोकतंत्रात्मक नगर राज्यों से सदियों पूर्व ही भारत में गणराज्यों का जाल बिछा था। कह सकते हैं कि भारत ही लोकतंत्र का पालना रहा है।

स्वतंत्रता प्राप्ति के बाद भी भारत में लोकतांत्रिक शासन व्यवस्था को अपनाया गया और यह सफलतापूर्वक अपनी 59वीं वर्षगांठ मना चुका है। इसके बावजूद यह चिंतनीय है कि वे कौन से कारण हैं जिन्होंने भारत में लोकतंत्र के भविष्य पर सवालिया निशान लगा दिए हैं?

किसी भी देश में लोकतांत्रिक शासन पद्धति के कुछ मूलभूत आधार होते हैं यथा संविधानवाद, स्वतंत्रता, सहिष्णुता, समानता एवं सहभागिता। यदि ये पांचों तत्व उस देश के शासन संचालन में मौजूद हों तभी वह देश लोकतांत्रिक कहलाएगा।

संविधानवाद का तात्पर्य है सत्ता, व्यक्ति अथवा संस्था के द्वारा नहीं वरन संविधान द्वारा स्थापित विधियों के द्वारा चलायी जाएगी। भारत में सिद्धांततः शासन की शक्ति संविधान में निहित है तथा संविधान को यह शक्ति जनता ने दी है। लेकिन व्यवहार में हम देखते हैं कि आम जनता तो क्या बहुसंख्य नेताओं को भी संविधान के मायने नहीं पता।

इसी प्रकार स्वतंत्रता के दो रूप हैं, प्रथम तो यह व्यकित के गरिमापूर्ण जीवन जीने के लिए एवं उसके व्यकितत्व के विकास के लिए आवश्यक है तथा दूसरे यह स्वतंत्रता निर्बाध नहीं वरन् युक्तियुक्त होनी चाहिए। भारतीय शासन ने व्यक्ति को मूल अधिकार प्रदान किए हैं। मूल अधिकारों की प्राप्ति से प्रत्येक व्यक्ति को विधि के समक्ष समानता, किसी भी कार्य को करने तथा अपने विचार व्यक्त करने एवं धार्मिक स्वतंत्रता जैसे अधिकार प्राप्त होते हैं।

लेकिन वास्तविक वस्तु स्थिति इससे भिन्न है। आज भी जाति के आधार पर, धर्म के आधार पर व्यक्ति को न तो व्यवसाय की स्वतंत्रता प्राप्त है, न ही मंदिरों में प्रवेश की। रोजाना ही यह घटनाएं सामने आती हैं। कि मंदिर में प्रवेश करने पर या धर्म परिवर्तन करने पर अमुक लोगों पर हमला किया गया। कुछ दिनों पूर्व प्रवेश परीक्षाओं को लेकर बिहार व असम में जो हिंसात्मक घटनाएं हुई, उनसे सिद्ध हो गया कि अधिकारों एवं वास्तविकता में अंतर है।

लोकतंत्र के अगले आधार स्तंभ समानता का तात्पर्य है कि कृत्रिम आधार पर किसी भी प्रकार का भेदभाव नहीं किया जाएगा। लेकिन आज भी भारत में धर्म, जाति, संप्रदाय, क्षेत्र व लिंग के आधार पर भेदभाव जारी है। उदाहरण के लिए आजादी के इतने वर्षों के बाद भी भारत में समान नागरिक संहिता का निर्माण संभव नहीं हो पाया है। इस कानून के अभाव में संप्रदाय विशेष की महिलाएँ मूलभूत मानवाधिकारों से वंचित हो जाती है। साथ ही समय-समय पर हमारे राजनेता आरक्षण रूपी अस्त्र का सहारा लेकर सामाजिक सौहार्द्र को नष्ट करने का कार्य करते हैं तथा जातिगत भेदभाव को बढ़ावा देते हैं। सच्चर समिति की हाल की सिफारिशों के आधार पर अब तो धार्मिक आधार पर आरक्षण की जमीन भी तैयार हो गई है।

लोकतंत्र में सहिष्णुता का महत्वपूर्ण स्थान है। जिसके अनुसार मानव को केवल मानव होने के नाते गरिमा का पात्र समझना चाहिए। तथा सभी नागरिकों के मध्य आंतरिक बंधुता का भाव होना चाहिए। लेकिन भारत में मानव मानव न रहकर वोट बैंक में परिणत हो गया है तथा कौन सा समुदाय, धर्म या जाति विशेष राजनीतिक दृष्टिकोण से अधिक महत्वपूर्ण है यही शासन व जनता के मध्य संबंधों के संचालन का आधार बन गया है। अंग्रेजों की 'फूट डालो व राज करो' की नीति ही शायद नेताओं का मूलमंत्र बन गई है। जनता भी हिंदू-मुसलमान, सिक्ख-ईसाई, अगड़ी-पिछड़ी जातियों, उत्तर-दक्षिण, ग्रामीण शहरी, हिंदी-अहिंदी भाषियों तथा अल्पसंख्यक बहुसंख्यक में विभक्त हो चुकी है और देश में 'भारतीय' नामक जीव अल्पसंख्यक बन चुका है। सहिष्णुता का जैसा पतन 'गोधरा कांड' के बाद देखने को मिला उससे लोकतंत्र की प्रासंगिकता पर प्रश्नचिन्ह लग जाता है।

जनता शासन में किस प्रकार से सहभागी है यह तत्व भी लोकतंत्र के स्वरूप को निर्धारित करता है। जनता की सहभागिता सार्वभौमिक मताधिकार, व्यक्तियों को निर्वाचित होने व चुनने की स्वतंत्रता, स्वतंत्र एवं निष्पक्ष चुनाव प्रणाली, नियतकालिक चुनावों तथा सत्ता के लिए दो या दो से अधिक राजनीतिक दलों में स्वस्थ प्रतिस्पर्धा द्वारा सुनिश्चित होती है परंतु वर्तमान में

व्यवस्था में एक ओर तो अपराध का राजनीतिकरण व राजनीति का अपराधीकरण हो चुका है तो दूसरी और हमारी चुनाव प्रणाली धनबल व बाहुबल की गिरफ्त में आ चुकी है। चुनावी अनियमितताओं से ऊबकर 'बुद्धिजीवी वर्ग' का अपने मताधिकार के प्रति रूझान ही समाप्त हो चुका है तथा यह वर्ग वर्तमान राजनीतिक व्यवस्था के प्रति पूर्णत: उदासीन हो चुका है। साथ ही गठबंधन सरकारों में दलीय हितों के टकराव के परिणामस्वरूप सरकारें अपना निर्धारित कार्यकाल पूरा नहीं कर पा रही है और बार-बार होने वाले मध्यावधि चुनावों के परिणामस्वरूप देश आर्थिक संकट तथा नीतियों की दिशाहीनता की समस्या से जूझ रहा है।

इन सबके अलावा भारत में विगत 56 वर्षों के विकास कार्यक्रमों एवं पंचवर्षीय योजनाओं के बावजूद लगभग 30 करोड़ जनसंख्या गरीबी रेखा से नीचे कुपोषण, बीमारी व बेरोजगारी जैसी समस्या से जूझ रही है। परिणामस्वरूप आर्थिक विकास में असमानता असंतुलित मानव संसाधन विकास को बढ़ावा देती है।

कुछ अंतर्राष्ट्रीय स्थितियां भी भारत में लोकतंत्र के भविष्य पर प्रश्न चिन्ह लगाती हैं। यथा विश्व बैंक, विश्व व्यापार संगठन, विश्व मानवाधिकार आयोग, विश्व श्रम संगठन, संयुक्त राष्ट्र संघ जैसी अंतर्राष्ट्रीय संस्थाओं पर विकसित देशों का प्रभाव है तथा ये किसी न किसी बहाने भारत की नीतियों को प्रभावित करते हैं। 1991 में इन शक्तियों के दबाव के कारण ही भारत को उदारीकृत अर्थव्यवस्था स्वीकार करनी पड़ी। इसी संदर्भ में सिएटल एवं दोहा में हुई विश्व व्यापार संगठन की बैठक में अगड़े-पिछड़े राष्ट्रों का विवाद प्रासंगिक है। अत: प्रश्न उठना स्वाभाविक है कि बाह्य सत्ता द्वारा प्रभावित होने पर भारत में लोकतंत्र का स्वरूप क्या होगा?

इनके अलावा भारतीय उप-महाद्वीप में भारत के पड़ोसी देशों में शासन व्यवस्था की चरमराती स्थिति भी भारतीय लोकतंत्र की स्थिति पर कई सवाल खड़े करती है; यथा पाकिस्तान में सैनिक शासन, नेपाल में माओवादी संघर्ष, श्रीलंका में तमिल लड़ाकों का बढ़ता प्रभुत्व, बांग्लादेश में कट्टरपंथी तत्वों का प्रभुत्व तथा तिब्बत में साम्यवादी चीन का हस्तक्षेकप, प्रश्न उठाते हैं कि आखिर भारत में लोकतंत्र कब तक कायम रह सकेगा।

किंतु इन सारी समस्याओं, अराजकताओं तथा अंतर्राष्ट्रीय दबावों के बावजूद भारतीय लोकतंत्र न केवल निरंतर विद्यमान है वरन यह और भी अधिक मजबूत होकर उभर रहा है तथा आज भारत विश्व का सबसे बड़ा लोकतंत्र है।

भारत में जहां जनता नेताओं को राजगद्दी प्रदान करती है वहीं उनके नकारा साबित होने पर उन्हें पदच्युत भी कर सकती है, यह बात लोकसभा एवं राज्य विधानसभा के कई चुनावों से स्पष्ट है। शासन में जनसहभागिता बढ़ाने के 73वें एवं 74वें संविधान संशोधन के द्वारा ग्राम सभा एवं वार्ड सभा को संवैधानिक मान्यता दी गई है जिससे लोकतंत्र तृणमूल स्तर तक पहुंचा है। ग्रामीण एवं शहरी स्थानीय स्वशासन संस्थाओं के माध्यम से अनुसूचित जाति व जनजाति के लोगों व महिलाओं को शासन में सहभागिता देने से जनता की लोकतंत्र में आस्था और मजबूत हुई है।

इसके साथ ही जिला नियोजन एवं महानगरीय नियोजन समिति के माध्यम से, नागरिक समुदाय एवं गैर सरकारी संगठनों द्वारा भी जनता के अंतर्गत को शासन कार्यों का संचालन प्राप्त हुआ है।

'सूचना का अधिकार' प्रदान कर भारत ने स्पष्ट किया है कि वह शासन में पारदर्शिता लाने का कृतसंकल्प है। राज्यों तथा राष्ट्रीय स्तर पर कार्यरत मानवाधिकार आयोगों, लोकायुक्तों, उपभोक्ता अदालतों, केन्द्रीय सूचना आयोग, केन्द्रीय सतर्कता आयोग इत्यादि के द्वारा न केवल मानवाधिकारों की रक्षा सुनिश्चित की गई है वरन् भ्रष्टाचार पर रोक लगाने का भी प्रयास किया गया है।

साथ ही साथ न्यायिक सक्रियता एवं जनहित याचिकाओं के माध्यम से न केवल न्याय सुनिश्चित किया गया है वरन विधायिका एवं कार्यपालिका की निरंकुशता से जनता की रक्षा का प्रावधान भी किया गया है।

चुनाव प्रणाली में व्याप्त कमजोरियों को दूर करने के लिए अभी हाल ही में 'जनप्रतिनिधित्व अधिनियम' में संशोधन किया गया है। साथ ही चुनाव में होने वाली गड़बड़ियों को रोकने के लिए भारत में चुनाव आयोग जैसी सशक्त संस्था विद्यमान है जिसकी निष्पक्षता की प्रशंसा विदेशों में भी की जाती है। चाहे विदेशी पर्यवेक्षकों की उपस्थिति में कश्मीर में संपन्न चुनाव हो या सांप्रदायिक तनाव से जूझ रहे गुजरात में संपन्न चुनाव, दोनों ही जगह निष्पक्ष चुनाव कराकर चुनाव आयोग ने अंतर्राष्ट्रीय स्तर पर भारतीय लोकतंत्र की साख मजबूत की है।

लोकतंत्र की सफलता के लिए मतदाता का शिक्षित होना आवश्यक है ताकि वह अपने स्वविवेक से मताधिकार का प्रयोग कर सके। भारत में शिक्षा के प्रसारार्थ अनेक कार्यक्रम (यथा

सर्वशिक्षा, जनशाला, प्रौढ़ शिक्षा आदि) चलाए जा रहे हैं। जिससे भारत का साक्षरता प्रतिशत 65.38% हो गया है। साथ ही, 86वें संविधान संशोधन के माध्यम से 6-14 वर्ष के बच्चों के लिए प्राथमिक शिक्षा अनिवार्य कर दी गई है। भारत के कई राज्य यथा केरल, मिजोरम, गोवा आदि पूर्ण साक्षरता की ओर कदम बढ़ा चुके हैं। यह इस बात का द्योतक है कि भारत में लोकतंत्र का भविष्य उज्जवल है क्योंकि लोग अपने विवेक से अधिक उत्तरदायी सरकार के चुनाव में सक्षम होंगे।

इसी प्रकार यद्यपि भारत में जाति, धर्म, संप्रदाय, क्षेत्र आदि के आधार पर असमानतायें अवश्य हैं लेकिन संकटकाल में उनमें मतैक्य हो जाता है तथा भारत में विभिन्नता में भी एकता के दर्शन होते हैं। इस बात की प्रशंसा यूएनडीपी की 'विश्व मानव विकास रिपोर्ट-2005' में भी की गई है।

अंतर्राष्ट्रीय संदर्भो में देखें तो भी भारत में लोकतंत्र के कारण ही उसे नई महाशक्ति का दर्जा प्राप्त हुआ है। इसका ज्वलंत प्रमाण हाल ही में संपन्न हुआ भारत अमेरिका नागरिक नाभिकीय समझौता है। आज भारतीय पक्ष की अवहेलना करके कोई भी एकपक्षीय निर्णय न केवल भारत पर वरन् किसी भी विकासशील देश पर थोपा नहीं जा सकता, यह बात विश्व व्यापार संगठन के कानकुन सम्मेलन में स्पष्ट हो गई। भारत की लोकतांत्रिक शासन प्रणाली के अंतर्गत सभी धर्मों हिंदू, मुसलमान, पारसी, ईसाई, सिक्ख को समान महत्व दिए जाने के कारण विश्व के इस्लामिक राष्ट्रों का झुकाव भी भारत की ओर देखा जा सकता है। आज दक्षिण पूर्व एशिया में भारत एक महाशक्ति बनने की ओर अग्रसर हैं तो इसका कारण भारतीय लोकतंत्र शासन प्रणाली ही है। एक अमेरिकन रिपोर्ट (गोल्डसैश) में कहा गया है कि 2050 में अमेरिका व चीन के बाद भारत विश्व की तीसरी बड़ी महाशक्ति होगा।

पड़ोसी देशों में व्याप्त अशांति व अस्थिरता, भारतीय लोकतंत्र को और मजबूत बनाती है। इन देशों में व्याप्त गरीबी, अशिक्षा, कुपोषण व भुखमरी जैसी घटनाएं सिद्ध करती हैं कि जनता का सर्वांगीण विकास एवं सभी के हितों का प्रतिनिधित्व केवल लोकतंत्र में ही संभव है।

स्पष्ट है कि भारत में लोकतंत्र के भविष्य को कोई खतरा नहीं है। यद्यपि यह अनेक अंतर्निहित कमजोरियों से ग्रसित है। लेकिन आवश्यकता लोकतंत्र के स्थान पर राजतंत्र या सैनिक शासन स्थापित करने की नहीं वरन इन समस्याओं को दूर करने की है। आवश्यकता है दृढ़ संकल्प, शिक्षा, विकास एवं सामाजिक समरसता की जिसके माध्यम से हम निषेधात्मक प्रवृत्तियों पर रोक लगा सकें और तब भारतीय लोकतांत्रिक शासन प्रणाली उगते सूरज के समान अपनी सुनहरी किरणों से राष्ट्रीय जीवन के कण-कण में उजाला भर देगी।

11 भारतीय गणतंत्र अपने उद्देश्यों में कहाँ तक सफल रहा है

भारत एक गणतंत्र राष्ट्र है इसका आशय यह है कि यहां जनता अपना राष्ट्राध्यक्ष चुनेगी न कि यह अनुवांशिक या वंशानुगत होगा तात्पर्य यह है कि भारत ने अपने संविधान के द्वारा इसे सार्थक करने के लिए अपने उद्देशिका में स्पष्ट रूप से कहा है कि– "हम भारत के लोग ...." में शक्ति निहित होगी। स्पष्ट है कि भारत की संप्रभुता भारत की जनता में निहित है। अर्थात् भारत का एक राष्ट्राध्यक्ष होगा जो जनता द्वारा चुने गए प्रत्याशियों द्वारा अप्रत्यक्ष रूप से चुना जायेगा।

गणतंत्र को ध्यान में रखते हुए भारतीय मूल संविधान की उद्देशिका में केवल संपूर्ण प्रभुत्वसम्पन्न, पंथनिरपेक्ष, गणतंत्र का विवरण था जो 26 जनवरी सन् 1950 में लागू किया गया था परंतु नागरिकों के सामाजिक, आर्थिक और राजनैतिक न्याय को ध्यान में रखते हुए इसमें विकास की दृष्टिकोण से संशोधन किया गया है। इसके साथ इस बात का पूरा–पूरा ध्यान दिया जाता है कि इस संशोधन किसी प्रकार का राष्ट्र को खतरा तो नही है। जो भारतीय संविधान तथा राष्ट्र की गरिमा और राष्ट्र की अखंडता पर कोई नकारात्मक प्रभाव तो नहीं डाल रहा है।

सामाजिक विकास, आर्थिक विकास, राजनैतिक विकास को ध्यान में रखते हुए भारतीय संविधान में सन् 1976 के 42वें संविधान संशोधन के द्वारा समाजवादी, पंथ निरपेक्षता, राष्ट्र की एकता एवं अखंडता को जोड़ा गया।

भारतीय संविधान के आधार पर हम कह सकते हैं कि–"भारतीय विविधता में भी एकता रखता है।" तात्पर्य है कि भारतीय गणतंत्र में सभी लोग समान है इसका कोई भी अपना धर्म नहीं है अर्थात् पंथनिरपेक्ष है।

भारतीय गणतंत्र अपने उद्देश्यों की पूर्ति के लिए समय–समय पर नई–नई योजनाओं, कानूनों को बनाकर करता है। जबसे हमारा संविधान बना है तब से आज तक हम अपने उद्देश्यों को पूरा करने के लिए कई प्रकार के विकास प्रावधानों की चर्चा करते है तथा बनाते हैं। भारतीय गणतंत्र आज अपने उद्देश्यों की पूर्ति के लिए मूलतः 3 प्रकार के प्रावधान को अपने विकास कार्यक्रम में शामिल करती है।

1. सामाजिक विकास
2. आर्थिक विकास
3. राजनैतिक विकास

1. **सामाजिक विकास :** किसी भी राष्ट्र के विकास के लिए उस राष्ट्र का सामाजिक स्तर पर विकास आवश्यक है। इसी सोच को ध्यान में रखकर आज भारत जैसे गणतंत्र में सामाजिक कार्यक्रम चलाए जा रहे हैं। इसीलिए जब हमारा संविधान लागू हुआ तब से लेकर आज तक हमारा राष्ट्र नागरिकों के लिए कई प्रकार की योजना का गठन किया गया जिनमें से कुछ निम्न हैं।

(i) **योजना आयोग का गठन :** नई योजना का गठन करना जो समाज तथा उसमें निवास करने वाले नागरिकों के विकास में लाभदायक हो।

(ii) **पंचवर्षीय योजना :** इसका लाभ मूलतः हर एक वर्ग के लोगों को मिलता है। चाहे वह निर्धन हो या धनी हो।

(iii) वित्त आयोग

(iv) राष्ट्रीय विकास योजना

सामाजिक विकास में सबसे बड़ा परिवर्तन सन् 1951 में आया जब जमींदारी प्रथा का अंत करके सबको कृषि योग्य भूमि का आवंटन किया गया जिनके पास भूमि नहीं थी मतलब जरूरत मंद लोगों को दिया गया।

भारतीय संविधान ने भारत के सभी नागरिकों के लिए निम्न महत्वपूर्ण कार्य किया–

(a) महिलाओं की साक्षरता, सुरक्षा तथा समाज में सम्मान दिलाना
(b) नागरिकों को न्यायिक सुरक्षा के लिए न्यायपालिका का गठन
(c) समानता का अधिकार
(d) मूल अधिकार का प्रावधान
(e) बच्चों की शिक्षा के लिए कार्य तथा योजनाएं
(f) 6–14 वर्ष के बच्चों को निःशुल्क शिक्षा आदि।
(g) सूचना का अधिकार

उपर्युक्त कार्य करने के बावजूद आज भी महिलाएं अपने आप को असुरक्षित महसूस करती है। समाज में हीन भावना की दृष्टि देखी जाती है। इसका उदाहरण अभी हाल ही में हुई निर्भया काण्ड, सबसे निर्मम काण्ड है। जिसके लिए अभी हमारे भारतीय गणतंत्र को काम करना बाकी है। भारत में कुछ योजनाएं ऐसी जो सही लोगों के पास नहीं पहुंच पा रही है। जिससे गरीब और गरीब तथा अमीर और अमीर होता जा रहा है।

2. आर्थिक विकास : भारतीय गणतंत्र ने अपने आर्थिक विकास के लिए कई महत्वपूर्ण कार्य किए जिसमें एक प्रमुख है कृषि में आयी क्रांति क्योंकि भारत एक कृषि प्रधान देश है। यहाँ की लगभग 50% लोग कृषि पर आश्रित है। देश ने कृषि क्रांति से देश नए-नए बीजों का प्रयोग करके अपनी आर्थिक स्थिति मजबूत की है। अन्य आर्थिक विकास के स्रोत-

(i) **भारत में एफडीआई का आना**- इसके आने से भारत में आने वाली विदेशी कंपनियों से अच्छी मात्रा में पैसा मिल सकता है।

(ii) **औद्योगिक विकास**- भारत में आज देशीय तथा विदेशी कई प्रकार की कंपनियां है जो देश के नागरिकों को रोजगार दे रही है।

(iii) **संचार एवं प्रौद्योगिकी**- संचार एवं प्रौद्योगिकी ने भारत तथा भारतवासियों के लिए क्रांति ला दी है। जिससे लोग नए-नए आविष्कार तथा नई तकनीकों के बारे में जान रहे तथा उपयोग कर रहे।

(iv) **भारत में परमाणु**- सुरक्षा की दृष्टि से विकास हुआ है। इसका नकारात्मक तथ्य यह है कि आज हमारे देशीय कंपनियां, कुटीर उद्योगों को बढ़ावा उतना नहीं मिल पा रहा है जितना चाहिए।

3. राजनैतिक विकास : भारतीय गणतंत्र ने इस क्षेत्र में अत्यंत विकास किया है। सभी नागरिकों राजनीति में आकर समाज की सेवा एवं राष्ट्र की सेवा का समान अवसर दिया है। आज सबसे अच्छा माध्यम हो गया लोगों का, कि जो अपने आप को इस लायक समझते हैं कि वह देश की राजनीति में आकर देश की सेवा कर सकते हैं। इसके लिए भारतीय संविधान ने सबको संघ बनाने की स्वतंत्रता दी है। किसी भी राष्ट्र का विकास उसकी राजनीतिक गतिविधियों तथा कूटनीति पर निर्भर करता है। आज हमारा देश अमेरिका, रूस, जापान, जर्मनी आदि देशों के साथ संबंध स्थापित कर रहा है। जिससे हमारे राष्ट्र को लोग वैश्विक स्तर पर जानने लगे है। यह हमारे राजनैतिक विकास का ही नतिजा है।

उपर्युक्त बातों से स्पष्ट है कि हमारा गणतंत्र अपने सामाजिक, आर्थिक, औद्योगिक के आधार पर सफलता पायी है। लेकिन अभी भी इस पर काम करने की आवश्यकता है जैसे- आज भ्रष्टाचार सबसे बड़ी समस्या बन गयी है। जिसके एक कठिन कानून बनाकर इस पर क्रियान्वित करने की आवश्यकता है।

12 धर्म निरपेक्षता

राजनीति दर्शन में धर्म और राजनीति के संबंध को व्याख्यायित करने वाली कई विचारधाराएं रही हैं। एक धारा धर्म को राजनीति से अलग करने पर बल देती है, दूसरी धारा राजनीति को धर्म से मिलाने पर बल देती है। पहली धारा को आमतौर पर धर्मनिरपेक्षवाद (Secularism) कहते हैं, दूसरी धारा को धार्मिक कट्टरवाद (Religious Fundamentalism) कहते हैं। इसके अलावा तीसरी धारा भी है जो व्यक्ति के संदर्भ में धर्म और राजनीति की अवियोज्यता (मिलाने) को स्वीकार करती है। किंतु राजनीतिक व्यवस्था के संदर्भ में या राज्य के परिप्रेक्ष्य में धर्म और राजनीति को अलग करने पर बल देती है। इस धारा की सर्वश्रेष्ठ अभिव्यक्ति गांधीवादी चिंतन में हुई।

कुल मिलाकर धर्मनिरपेक्षवाद को दो धाराओं में वर्गीकृत किया जा सकता है- पश्चिमी एवं भारतीय। इन दोनों धाराओं की नकारात्मक एवं सकारात्मक अवधारणाएं हैं। जहां पश्चिमी परंपरा में धर्मनिरपेक्षवाद का नकारात्मक अर्थ है, धर्म का राजनीति से अलगाव है। वहीं भारतीय परंपरा में धर्मनिरपेक्षवाद का नकारात्मक अर्थ संप्रदाय से राजनीति के अलगाव के रूप में उभरा है। प्राय: भारत में धर्मनिरपेक्षवाद (Secularism) को धार्मिक कट्टरवाद और संप्रदायवाद (Communalism) के विरोध रूप में परिभाषित किया जाता है।

धर्मनिरपेक्षवाद की सकारात्मक व्याख्याएं भी पश्चिमी एवं भारतीय परंपरा से अलग-अलग हैं। पश्चिम में पंथनिरपेक्षवाद सकारात्मक रूप में इहलौकिकवाद (This worldlines) है जबकि भारत में यह सर्वधर्मसमभाव है। इसलिए धर्मनिरपेक्षवाद की सकारात्मक अवधारणा पश्चिम में मूलत: धर्मविहीन एवं धर्मविरोधी है जबकि धर्मनिरपेक्षवाद की भारतीय अवधारणा अपने सकारात्मक रूप में न तो धर्मविरोधी और न ही धर्मविहीन, और नेहरू के शब्दों में न तो धर्म से उदासीन। क्योंकि भारतीय धर्मनिरपेक्षवाद धार्मिक सहिष्णुता और धार्मिक बहुलवाद पर आधारित है।

पश्चिमी धर्मनिरपेक्षवाद एवं भारतीय धर्मनिरपेक्षवाद में उत्पत्ति विषयक परिस्थितियों में भी स्पष्ट अंतर रहा है। धर्मनिरपेक्षवाद की पश्चिमी अवधारणा चर्च एवं राज्य के अंत: संघर्ष से विकसित हुई है। इसलिए धर्म और राज्य तथा धर्म और राजनीति से अलगाव पश्चिम में केंद्रीय तत्व रहे हैं। जबकि भारतीय धर्मनिरपेक्षता की मूल चिंता यह है कि कैसे बहुलवादी समाज के विभिन्न संप्रदायों के व्यक्ति से राज्य का भेद रहित संबंध बनाया जाए?

पश्चिमी परंपरा में धर्मनिरपेक्षवाद : उदय और विकास

पश्चिम में धर्मनिरपेक्षवाद की अवधारणा का उदय पुनर्जागरण तथा उदारवाद के वैचारिक सूत्रों से हुआ। लॉस्की मानते थे कि पुनर्जागरण की सर्वश्रेष्ठ अभिव्यक्ति मैकियावेली के चिंतन में हुई और मैकियावेली के विचारों की प्रतिनिधि रचना प्रिंस (Prince) मानी जाती है। मैकियावेली ने प्रिंस में उस राज्य की नई धारणा प्रस्तुत की जो यूरोप में उदित हो रहा था। मैकियावेली ने राज्य को स्वतंत्र और सत्ता संपन्न माना। मैकियावेली ने सबसे पहले यह प्रतिपादित किया कि धार्मिक मामले राजनीतिक मामलों से अलग रखे जाने चाहिए। इस तरह मैकियावेली ने आधुनिक काल के मुख्य प्रश्न, विचार और जीवन के धर्मनिरपेक्षता की नींव डाली। लेकिन इसका महत्व और प्रभाव अगले दो सौ वर्षों तक नहीं समझा गया।

एक विचारधारा के रूप में धर्मनिरपेक्षवाद का बहुत गहरा संबंध उदारवाद से रहा है। जिस तरह उदारवाद आर्थिक क्षेत्र में पूंजीवाद, राजनीतिक क्षेत्र में स्वतंत्रता और लोकतंत्र, सामाजिक क्षेत्र में व्यक्तिवाद और मानववाद पर आधारित और परस्पर पोषित था, उसी तरह यह धार्मिक क्षेत्र में धार्मिक सहिष्णुता एवं धार्मिक स्वतंत्रता का समर्थन करके धर्मनिरपेक्षवाद का भी पोषक था। यूरोप में धर्म सुधार आंदोलनों ने धार्मिक संघर्षों और कलहों को और अधिक बढ़ा दिया था। इससे एक तो आधुनिक राज्य राष्ट्रों में धार्मिक संघर्षों को समाप्त करने हेतु धार्मिक सहिष्णुता की जरूरत उदारवादी चिंतकों ने बहुत पहले ही महसूस कर ली थी। दूसरे, उदारवादी चिंतक यह भी समझ रहे थे कि आधुनिक राष्ट्र राज्यों की सामाजिक एवं राजनीतिक संस्थाएं धर्म जैसे प्राक् पूँजीवादी सांस्कृतिक उपादानों एवं पिछड़ी मध्यकालीन संस्थाओं से नियमित नहीं की जा सकती। तीसरे, आधुनिकीकरण की प्रवृत्तियों एवं संकेतकों को स्वीकार करने हेतु भी धर्म को हाशिये पर डालना जरूरी था।

इन तीनों कारकों का एक समन्वित परिणाम उभरा। उदारवादी चिंतकों ने सामाजिक समझौते के सिद्धांत के द्वारा राज्य जैसी संस्थाओं के निर्माता के रूप में ईश्वर को अपदस्थ कर दिया और राज्य संस्था की उत्पत्ति में मनुष्य को मान्यता प्रदान किया। इस तरह आधुनिक राष्ट्र-राज्य की आवश्यकताओं

के गर्भ से धर्मनिरपेक्षतावाद की उत्पत्ति हुई, और इसके वैचारिक सूत्र प्रारंभिक उदारवादी चिंतकों में ही मिलने लगते हैं। जीन बोंदा, जॉन लॉक जैसे उदारवादी विचारकों ने धर्म सहिष्णु राज्य के समर्थन का स्पष्ट तक रखा, जबकि आदर्शवादी विचारक हेगेल ने भी इसी तरह की बात की। बेंथम, जेम्स मिल एवं जे.एस. मिल ने समूचे राज्य की परिकल्पना में धर्म को हाशिये पर डालकर धर्मनिरपेक्षवाद का परोक्ष समर्थन किया।

बोंदा ने धर्म सहिष्णु राज्य के समर्थन में तर्क दिया ''जब दो या दो से अधिक धर्म पहले से मौजूद हों तो राज्य द्वारा धार्मिक एकरूपता लागू करने का प्रयास न केवल निरर्थक है बल्कि निरर्थक से भी बुरा साबित होता है। ऐसा करने का अर्थ होगा गृहयुद्ध को जन्म देना और राज्य को कमजोर करना।''

इसी तरह लॉक ने भी एक धर्म सहिष्णु राज्य का समर्थन किया है। लॉक ने धार्मिक युद्धों की विभीषिका से चेतावनी देते हुए कहा कि अंततः इससे कानून व्यवस्था असंभव हो जाती है और राज्य कमजोर हो जाता है। लॉक ने धार्मिक सहनशीलता तथा धार्मिक स्वतंत्रता को अपने चिंतन का मौलिक आधार बनाया। उनका विचार था कि धार्मिक परिकल्पनाओं तथा ईश्वर और व्यक्ति के संबंधों में अनिश्चितता और अस्पष्टता होती है। इसके कारण प्रत्येक व्यक्ति को धार्मिक कार्यों को अपने बुद्धि अनुसार व्याख्या करने और उसके अनुसार स्वतंत्रता होनी चाहिए। इसके अलावा चूंकि राज्य के न्यायाधीश अपनी शक्ति ईश्वर से न ग्रहण करके जनता से ग्रहण करते हैं इसलिए न्यायाधीशों का काम राज्य के उद्देश्य तथा उपलब्धियों की व्याख्या करने से है। राज्य के न्यायाधीश किसी धार्मिक संप्रदाय या विचारधारा को नियमित नहीं कर सकते। राज्य धार्मिक मामलों में तभी हस्तक्षेप कर सकता है जब ये सामाजिक स्तर पर कानून व्यवस्था और सुरक्षा के रख-रखाव में बाधक बनते हैं।

आदर्शवादी विचारक हेगेल भी धर्मतंत्रवादी राज्य के बजाय धर्म सहिष्णु राज्य का समर्थन करते हैं। उन्होंने अपनी प्रसिद्ध कृति 'फिलॉसफी ऑफ राइट (Philosophy of right)' के अंतर्गत यह तर्क दिया है कि ''राज्य में किसी मनुष्य के नाते ही एक व्यक्ति माना जाता है इसलिए नहीं की वह यहूदी, कैथोलिक, प्रोटेस्टैन्ट, जर्मन या इतालवी हैं।'' इस तरह बेंथम के समानता का नियम भी धर्मनिरपेक्ष उदारवादी राज्य की अवधारणा गढ़ने में उत्तरदायी है। इस नियम के अंतर्गत बेंथम ने कहा था कि प्रत्येक व्यक्ति को एक माना जाय उससे अधिक नहीं।

जे.एस. मिल ने आत्मपरक और अन्यपरक कार्यों का विभाजन किया। आगे चलकर यह विभाजन निजी/सार्वजनिक विभाजन का आधार बना और निजी/सार्वजनिक विभाजन से ही धर्म और राजनीति के विभाजन को मंच तैयार हुआ। उदारवादी परिप्रेक्ष्य से निजी/सार्वजनिक विभाजन का गहरा फलितार्थ था। यह विभाजन वैयक्तिक स्वतंत्रता की प्रत्याभूति के रूप में देखा गया। क्योंकि इससे सरकार के व्यक्ति के निजी या वैयक्तिक मामले में हस्तक्षेप पर क्षमता पर अंकुश लगता है। धर्म के संदर्भ में इसका महत्वपूर्ण परिणाम हुआ। क्योंकि धर्म को भी व्यक्ति के निजी क्षेत्र से जोड़ा गया। निजी क्षेत्र के अंतर्गत होने के नाते मनुष्य के धार्मिक अनुभवों एवं क्रियाकलापों में दूसरे व्यक्तियों और राज्य के हस्तक्षेप को व्यक्ति के स्वतंत्रता पर अंकुश के रूप में देखा गया। इस तरह धार्मिक स्वतंत्रता का सकारात्मक आधार तैयार हुआ।

उपरोक्त विचारों की पृष्ठभूमि में 1850 के दशक में धर्मनिरपेक्षतावाद एक राजनीतिक दर्शन का स्वरूप ग्रहण करने लगा। जार्ज जैकब होलियोक को धर्मनिरपेक्षतावाद का व्यवस्थित प्रतिपादक माना जाता है। होलियोक ने धर्मनिरपेक्षतावाद को निरीश्वरवाद से पृथक करने हेतु इसे धर्मनिरपेक्षतावाद की संज्ञा दी। होलियोक के अनुसार निरीश्वरवाद ईश्वर और नैतिकता दोनों का निषेध करता है जबकि धर्मनिरपेक्षवाद ईश्वर का निषेध करता है नैतिकता का नहीं। होलियोक ने सभ्य समाज के धार्मिक आधार पर ही प्रश्न चिन्ह लगाया। उनके अनुसार रूढ़िवादी धर्म गरीब व्यक्तियों को अपनी शुरूआत में ही एक दीन हीन पापी बताते हैं, और ये धर्म अंत में उसे एक असहाय गुलाम बनाकर रख देते हैं। एक गरीब व्यक्ति स्वयं को एक हथियारबंद दुनिया में पाता है जहाँ शक्ति ही ईश्वर है और गरीबी बेड़ी है। इसलिए व्यक्तियों को धर्म का त्याग करना चाहिए।

होलियोक की भाँति ब्रैडलाफ एक अन्य अंग्रेज निरीश्वरवादी विचारक हैं। ब्रैडलाफ ने 1860 के बाद के धर्मनिरपेक्ष आंदोलन को बहुत अधिक प्रभावित किया। होलियोक और ब्रैडलाफ दोनों के विचारों को मिला देने पर धर्मनिरपेक्षवाद की चार मान्यताएँ स्पष्ट होती हैं–

- धर्म की उपेक्षा अथवा विरोध
- इहलौकिकता में विश्वास एवं पारलौकिकता का निषेध
- विज्ञान का महत्व और उपादेयता
- नैतिकता की धर्म से स्वतंत्रता।

आगे चलकर जॉन ड्युबी और कॉर्लिस लेमोंट जैसे मानववादियों के दर्शन में भी धर्मनिरपेक्षतावाद की उपरोक्त मान्यताओं का स्पष्ट समर्थन किया गया।

धर्मनिरपेक्षवाद : पश्चिमी परिप्रेक्ष्य

धर्मनिरपेक्षवाद की पश्चिमी अवधारणा के दो अर्थ हैं- नकारात्मक और सकारात्मक। नकारात्मक रूप में धर्मनिरपेक्षवाद एक ऐसी विचारधारा है जो राजनीति, प्रशासन एवं सार्वजनिक सामाजिक जीवन तीनों को पूरी तरह धर्म से पृथक करने पर बल देती है। इसका अर्थ यह है कि राजनीतिक, प्रशासन एवं सार्वजनिक सामाजिक जीवन के मुद्दे एवं समस्याओं पर धार्मिक दृष्टिकोण से नहीं अपितु लौकिक या धर्म निरपेक्ष दृष्टि से विचार करना चाहिए। इस अवधारणा को चरितार्थ होने के लिए धर्मनिरपेक्ष राजनीतिक संस्कृति का होना बहुत आवश्यक है।

धर्मनिरपेक्ष राजनीतिक संस्कृति ऐसे संस्कृति या समाज को कहते हैं जिसमें सामाजिक आर्थिक संकटों को सुलझाने के लिए राजनीतिक सत्ता गैर-धार्मिक समाधान खोजती है।

सकारात्मक रूप से धर्मनिरपेक्षवाद इहलौकिकवाद के रूप में परिभाषित किया जाता है। इहलौकिकवाद एक ऐसी विचारधारा को कहा जाता है। चूँकि धर्म किसी अलौकिक तत्व या सत्ता पर आधारित रहता है इसलिए धर्म में परलोकोन्मुखी दृष्टिकोण अनिवार्य तत्व है। जबकि धर्मनिरपेक्षवाद परलोकोन्मुखी दृष्टिकोण का खंडन कर लौकिक दृष्टिकोण पर आधारित एक राजनीतिक दर्शन है। पारलौकिकता का विरोध करने के कारण धर्मनिरपेक्षवाद, मानववादी जीवन दर्शन, नैतिकता एवं जीवन का आर्थिक दृष्टिकोण भी है। अपने नकारात्मक संकल्पना में यह जहाँ समाज राजनीति और प्रशासन के धर्मरहित होने के दृष्टिकोण से आवेशित है वहीं सकारात्मक संकल्पना में यह व्यक्ति के दृष्टिकोण को धार्मिक पारलौकिताओं से मुक्त करने की चिंता से आवेशित है। दूसरे शब्दों में धर्मनिरपेक्षवाद की नकारात्मक संकल्पना और राजनीतिक दर्शन के रूप में उभरती है जबकि सकारात्मक संकल्पना व्यक्ति के जीवन दर्शन के रूप में उभरती है।

यह एक ऐसे जीवन दर्शन की प्रस्तावना करती है जिसमें मनुष्य को अपने जीवन की प्रत्येक समस्या पर तर्कसंगत रूप से विचार करना चाहिए। केवल बौद्धिक उपायों तथा वैज्ञानिक विधियों द्वारा समस्याओं का समुचित समाधान खोजा जाना चाहिए। चूंकि धर्मनिरपेक्षवाद की सकारात्मक संकल्पना बौद्धिक तथा वैज्ञानिक विधियों द्वारा मानव कल्याण के लिए मार्ग प्रशस्त करती है इसलिए धर्मनिरपेक्षवाद मानववाद भी है। ए. आर. ब्लैकडशीड एवं वाई. मसीह जैसे विद्वानों का मानना है कि धर्मनिरपेक्षवाद मानववाद का ही अंग है। धर्मनिरपेक्षवाद मानववादी जीवन दर्शन होने के साथ-साथ नैतिकता भी है। धर्मनिरपेक्षवाद में नैतिकता को धर्म से पूर्णतः पृथक एवं स्वतंत्र माना जाता है। इस विचारधारा में नैतिकता का स्रोत मानव समाज को माना जाता है, ईश्वर को नहीं। साथ ही नैतिकता का उद्देश्य मनुष्य का वैयक्तिक तथा सामाजिक कल्याण माना जाता है।

यद्यपि धर्मनिरपेक्षवाद मानववाद का अंग है किंतु दोनों में भिन्नता भी है। मानव कल्याण की व्यापक दृष्टि से दोनों में समानता है किंतु मानववाद में पारलौकिकता का प्रखर विरोध किया जाता है। किंतु धर्मनिरपेक्षवाद में पारलौकिकता एवं धर्मों के प्रति विरोध कम हैं जबकि उपेक्षा तथा तटस्थता की नीति ज्यादा अपनायी जाती है। पश्चिमी धर्मनिरपेक्षवाद की भी अपनी समस्याएं रही हैं। इसमें धर्मनिरपेक्ष और बौद्धिक आधारों को राजनीतिक क्षेत्र में विस्तृत करने की बात की जाती है। इससे परंपरागत सामाजिक मानक मूल्य और प्रवृत्तियां विस्थापित होती हैं। फलतः पहचान का एक संकट उत्पन्न होता है। पहचान के इस संकट से बचने के लिए धर्म को प्राथमिक सामूहिक पहचान प्रदाता के रूप में स्वीकार किए जाने की प्रवृत्ति बढ़ती है। इसी का एक रूप है धार्मिक कट्टरवाद।

धर्मनिरपेक्षता : भारतीय परिप्रेक्ष्य

भारतीय परंपरा मे धर्मनिरपेक्षवाद को व्याख्यायित और परिभाषित करने वाली तीन स्पष्ट अन्तर्धाराएं रही हैं।

- प्रारंभिक उदारवादी धारा
- आमूल परिवर्तनवादी धारा
- गांधीवादी धारा

प्रारंभिक उदारवादी एवं आमूल परिवर्तनवादी धारा धर्मनिरपेक्षता की पश्चिमी अवधारणा से गहरे स्तर पर प्रभावित थी। दोनों धाराओं में धर्मनिरपेक्षवाद की इस पश्चिमी संकल्पना को स्वीकार किया गया है कि राजनीति और धर्म का पूरी तरह अलगाव होना चाहिए। किंतु प्रारंभिक उदारवाद एवं आमूल परिवर्तनवाद में अंतर भी है। प्रारंभिक उदारवादी विचारकों हेतु धर्मनिरपेक्षवाद एक व्यवहारिकता का तकाजा मात्र था। आमूल परिवर्तनवादी विचारकों के लिए यह भारत के सामाजिक आर्थिक एवं राजनीतिक उत्थान का प्रश्न था। इसलिए दोनों धाराओं में धर्मनिरपेक्षवाद के पक्ष में दी गयी दलीलों में भी अंतर था। प्रारंभिक उदारवादी इस बात पर ज्याद बल देते थे कि राजनीति या सार्वजनिक जीवन में धर्म के आधार पर विचार नहीं किया जाना चाहिए। जबकि आमूल परिवर्तनवादी यह तर्क देते हैं कि

धर्म को केवल व्यक्तियों के निजी जीवन तक ही सीमित रखना चाहिए। साथ ही व्यक्तियों में वैज्ञानिक दृष्टिकोण के निर्माण का प्रयास भी करना चाहिए।

प्रारंभिक उदारवादी धर्मनिरपेक्षता के सूत्र आरंभिक राष्ट्रवादियों के विचारों में खोजे गये हैं। यथा- दादा भाई नौरोजी, फिरोजशाह मेहता, महादेव गोविन्द रानाडे और राजाराम मोहन राय। जबकि आमूल परिवर्तनवादी धर्मनिरपेक्षतावाद के अग्रणी प्रवक्ता, जे. एल. नेहरू और एम. एन. राय थे।

गांधीवादी धर्मनिरपेक्षवाद की अवधारणा आमूलपरिवर्तनवादी एवं प्रारंभिक उदारवादी दोनों से भिन्न है। इसलिए यह धर्मनिरपेक्षवाद की पश्चिमी अवधारणा से भिन्न है। वस्तुत: गांधीवादी चिंतन में धार्मिक संघर्ष को समाप्त करने एवं धार्मिक सौहार्द्र हेतु सर्वधर्म-समभाव की संकल्पना की गई है। इसी संकल्पना को कालांतर में धर्मनिरपेक्षवाद कहा गया। महात्मा गांधी की सर्वधर्मसमभाव की अवधारणा ही धार्मिक सहिष्णुता की अवधारणा है। गांधीवादी चिंतन में धर्म एवं राजनीति के अलगाव को अनावश्यक ही नहीं अवांछनीय भी माना गया। जबकि आमूल परिवर्तनवादी एवं प्रारंभिक उदारवादी धर्मनिरपेक्षवाद में धर्म एवं राजनीति के अलगाव पर बहुत बल दिया जाता है। गांधीवादी धर्मनिरपेक्षवाद की अवधारणा धार्मिक बहुलवाद पर आधारित है। आमूलपरिवर्तनवादी धर्मनिरपेक्षववाद धार्मिक तटस्थवाद पर आधारित है। धार्मिक बहुलवाद राजनीति में धार्मिक मूल्यों के प्रयोग से परहेज नहीं रखता है जबकि धार्मिक तटस्थवाद राजनीति तथा व्यवस्था में धार्मिक प्रचार एवं धार्मिक मूल्यों के प्रयोग से परहेज रखता है।

उपरोक्त तीनों उपधाराओं के प्रभाव, प्रतिप्रभाव एवं भारतीय समाज की बहुलवादी विशेषता के कारण भारत में धर्मनिरपेक्षवाद का स्वरूप पश्चिमी धर्मनिरपेक्षवाद से बिल्कुल भिन्न रूप में उभरा है। पश्चिम में धर्मनिरपेक्षवाद धर्म से राजनीति के अलगाव एवं इहलौकिकवाद के रूप में परिभाषित किया गया किंतु भारत में धर्मनिरपेक्षवाद सांप्रदायिकता से राजनीति के अलगाव और सर्वधर्म-समभाव के रूप में परिभाषित किया गया।

भारतीय संदर्भ में धर्मनिरपेक्षवाद का जो स्वरूप उभरा है, उसमें धर्म से राजनीति के अलगाव का प्रश्न ही नहीं है। अपितु भारत में साम्प्रदायिकता से राजनीति के अलगाव को धर्मनिरपेक्षवाद का केंद्रीय प्रश्न बताया गया है। दूसरे शब्दों में भारत में धर्म से राजनीति का अलगाव नहीं अपितु धर्म के राजनीतिक इस्तेमाल से राजनीति का अलगाव धर्मनिरपेक्षवाद का अहम प्रश्न है। संकीर्ण अर्थों में धर्म का राजनीतिक इस्तेमाल ही सम्प्रदायवाद कहा जाता है। इस नकारात्मक व्याख्या से भिन्न भारत में धर्मनिरपेक्षवाद की सर्वधर्म-समभाव के रूप में सकारात्मक व्याख्या की गयी है।

धर्मनिरपेक्षवाद की सर्वधर्मसमभाव के रूप में व्याख्या राधाकृष्णन और आबिद हुसैन आदि विचारकों ने प्रस्तुत किया। यद्यपि सर्वधर्म समभाव की अवधारणा मूलरूप से विवेकानन्द के यहां मिलती तथापि इसका विस्तृत विवेचन महात्मा गांधी ने किया। नेहरू कालांतर में गांधीवादी सर्वधर्मसमभाव की व्याख्या को स्वीकार करने लगे थे। नेहरू के शब्द हैं 'हम अपने राज्य को धर्मनिरपेक्ष कहते हैं, धर्मनिरपेक्ष शब्द शायद पूरी तरह उचित नहीं है, लेकिन बेहतर शब्द के अभाव में हम इसी का प्रयोग कर रहे हैं। इसका अर्थ समाज में धर्म के प्रति उदासीनता पैदा करना नहीं है। इसका अर्थ है धर्म और आस्था की आजादी को बढ़ावा देना।'

राधाकृष्णन ने पंथनिरपेक्षवाद को सर्वधर्म-समभाव के रूप में परिभाषित करते हैं एवं सर्वधर्मसमभाव को भारत की प्राचीन धार्मिक परंपरा के अनुकूल मानते हैं। आबिद हुसैन ने अपनी पुस्तक भारत की राष्ट्रीय संस्कृति में लिखा है "धर्मनिरपेक्षवाद का अर्थ अधार्मिकता या अनीश्वरवाद या भैतिक सुखों पर बल देना नहीं है, यह आध्यात्मिक मूल्यों की सार्वभौमता पर बल देता है। जिसे विभिन्न उपायों के द्वारा प्राप्त किया जा सकता है।" इसके साथ ही भारत में पंथनिरपेक्षवाद को सर्वधर्मसमभाव के रूप में औपचारिक स्तर (संविधान संशोधन के माध्यम से) पर 1978 में परिभाषित करने का विफल प्रयास किया गया।

इस तरह भारत में सर्वधर्मसमभाव धर्मनिरपेक्षवाद के सकारात्मक अर्थ के रूप में उभरा। सर्वधर्मसमभाव की अवधारणा धार्मिक सहिष्णुता पर आधारित है। धार्मिक सहिष्णुता का अर्थ विभिन्न धर्मों के प्रति आदर एवं प्रेमभाव का प्रदर्शन करना है। मनुष्य की सबसे बड़ी दुर्बलता यह है कि वह अपने धर्म को श्रेष्ठ तथा दूसरे धर्म को तुच्छ समझता है जिसके फलस्वरूप धर्म को लेकर संघर्ष होता है। धार्मिक सहिष्णुता में इस संघर्ष को रोकने हेतु विभिन्न धर्मों के प्रति सहनशीलता का दृष्टिकोण निहित रहता है। महत्मा गांधी के चिंतन में सर्वधर्मसमभाव की अवधारणा इसी धार्मिक सहिष्णुता पर आधारित है। गांधीजी का कहना था कि राज्य एक ऐसा बगीचा होना चाहिए, जिसमें बिना बाधा के सभी धर्मों के फूल खिल सकें। गांधीजी एक ऐसे धर्मनिरपेक्ष राज्य की कल्पना करते हैं जिसमें सभी धर्मों और उनके अनुयायियों का बिना किसी भेदभाव के समान दर्जा हो,

साथ ही हर व्यक्ति को किसी भी धर्म को मानने या न मानने का अधिकार हो। राज्य धार्मिक मामलों में हस्तक्षेप नहीं करेगा। इस प्रकार सर्वधर्म समभाव पर आधारित गांधीवादी राज्य भी एक विशेष और सकारात्मक अर्थ में धर्म प्रधान की जगह धर्मनिरपेक्ष होगा।

गांधी जी की सर्वधर्म समभाव की अवधारणा धार्मिक बहुलवाद पर आधारित है। गांधीजी धर्म से राजनीति के अलगाव को स्वीकार करते हैं। गांधीजी का यंग इंडिया में प्रसिद्ध कथन है ''धर्मविहीन राजनीति नितान्त निंदनीय है जिससे हमेशा बचना चाहिए।'' गांधी जी धर्म और राजनीति को कई कारणों से मिलाने पर बल देते थे। इस संबंध में उनका सबसे महत्वपूर्ण तर्क यह है कि 'मानव जीवन एक अविभाजित इकाई है इसलिए उसे सामाजिक, धार्मिक, राजनीतिक नाम के अलग-अलग स्वतंत्र चौखटों में नहीं बांटा जा सकता।' गांधी जी इस संदर्भ में यह भी तर्क देते हैं कि व्यक्ति के सरोकार धर्मरहित नहीं हो सकते हैं। गांधीजी का इस संदर्भ में यह भी कहना है कि धर्म को राजनीति से अलग करने पर राजनीति नीति शून्य हो जायेगी। गांधी जी का मानना था कि सभी कार्यकलापों को धर्म नैतिक आधार प्रदान करता है। राजनीति भी मनुष्य का एक कार्यकलाप है और इसलिए राजनीति धर्मविहीन होने पर नैतिक आधार से वंचित हो जाएगी। गांधी जी धर्म की विशिष्ट व्याख्या करते हैं। उनके अनुसार धर्म का आशय सम्प्रदाय नहीं है। धर्म गांधी जी के लिए सत्य का निष्ठा पूर्ण अनुशीलन था। इसलिए गांधी जी का धर्म से आशय विश्व के व्यवस्थित नैतिक आशय से है। 'सत्य के प्रयोग' में गांधी जी ने स्पष्ट रूप से कहा है कि जो लोग यह कहते हैं कि धर्म का राजनीति से कोई संबंध नहीं है। वे यह नहीं जानते कि धर्म का अर्थ क्या है।

इस प्रकार स्पष्ट है कि जब गांधी जी धर्म को आधार बनाने की बात करते हैं तो उनका अभिप्राय किसी पंथ, संप्रदाय और मजहब की राजनीति को आधार बनाना नहीं है। गांधी जी मानव जाति के उच्चतम नैतिक मूल्यों को राजनीति का आधार बनाना चाहते हैं। गांधी जी के लिए धर्म और राजनीति के व्यापक लक्ष्य एक से थे। धर्म व्यक्ति और समाज के कल्याण का साधन है इसी प्रकार राजनीति का लक्ष्य व्यक्ति और समाज के हितों में वृद्धि करना है।

वस्तुतः गांधी जी राज्य और व्यक्ति के लिए अलग-अलग मानदंड पेश करते हुए प्रतीत होते हैं। वे राज्य या राजनीतिक व्यवस्था के संदर्भ में आंशिक रूप से धर्म और राजनीति के अलगाव के पक्षधर हैं, इसलिए वे मानते हैं कि राज्य को धार्मिक मामलों में दखल नहीं करना चाहिए। किंतु व्यक्ति के संदर्भ में वे धर्म और राजनीति के अलगाव के पक्षधर नहीं हैं।

मूल्यांकन

- धर्म और राजनीति के समन्वय की सबसे बड़ी कमजोरी यह है कि इसने धर्मों के बीच फर्क स्वीकार नहीं किया जाता है। किंतु समस्या यह है कि धर्म को समाज का विधायक तत्व मान लेने पर धार्मिक मतभेद राजनीतिक मतभेद बन जाते हैं।
- सर्वधर्मसमभाव के रूप में धर्मनिरपेक्षवाद की अवधारणा व्यवहार में धर्मों के बीच सामंजस्य नहीं करती, बल्कि यह सांप्रदायिकता का सामंजस्य करने लगती है।
- भारतीय धर्मनिरपेक्षता राज्य और धर्म के अलगाव को पूर्णतया न स्वीकार करके अंशतया स्वीकार करती हैं। इसलिए धर्म को आंशिकरूप से अलग किये जाने के बावजूद देश के सार्वजनिक राजनीतिक जीवन से धर्म को अलग नहीं किया जा सकता। इसका परिणाम यह हुआ कि भारत की राजनीकि संस्कृति सांप्रदायिक दंगों के खूनी रंग से रंगी रही। धर्म एक राजनीतिक हथियार के रूप में (न कि आस्था के रूप में), सांप्रदायिकता समस्या का केंद्र बन गयी।
- भारतीय धर्मनिरपेक्षता बहुलवाद पर आधारित है। इस धर्मनिरपेक्षता धर्म से निरपेक्षता न होकर धार्मिक तटस्थवाद में बदल गयी, जिससे सार्वजनिक राजनीतिक जीवन में धर्म के प्रयोग से सीमित रूप में परहेज रखा गया। किंतु व्यक्ति के जीवन में धर्म एक प्रमुख शक्ति बना रहा।
- व्यवहार में यह सिद्ध हो चुका है कि धर्मनिरपेक्षवाद तभी संभव है जब वह तीन रूपों में एक साथ हो- राज्य का धर्म से अलगाव, सार्वजनिक रानजीतिक जीवन से धर्म का अभाव (पंथनिरपेक्ष राजनीतिक संस्कृति), व्यक्ति का दृष्टिकोण वैज्ञानिक हो अर्थात व्यक्ति के जीवन से सीमित रूप में धर्म का अलगाव। भारतीय अवधारणा की सीमा यह है कि वह पहले दृष्टिकोण को आंशिक रूप में स्वीकार करती है जबकि दूसरे या तीसरे रास्ते को पूर्णतः अस्वीकार।
- भारत में धर्म का राजनीतिक औजार के रूप में इस्तेमाल हुआ जिससे भारत में राष्ट्र निर्माण और आधुनिकीकरण की प्रक्रिया बुरी तरह प्रभावित हुई।

भारतीय धर्मनिरपेक्षता की दिशा विज्ञान और तर्क से हटकर सभी धर्मों के प्रति सद्भाव की ओर बढ़ गयी। इससे अधिक सकारात्मक विकास का आधार ही डगमगा गया।

13 ई-न्यायालय व्यवस्था की दिशा में बढ़ते कदम

विभिन्न अदालतों में लंबित मुकदमों की बढ़ती संख्या से प्रभावकारी ढंग से निपटने, वादियों उनके अदालती मामलों से जुड़ी आवश्यक सूचनाएं तत्परता से उपलब्ध कराने, न्यायाधीशों को कानूनी बिन्दुओं से जुडी न्यायिक-व्यवस्थाएं और आंकड़े सहजता से उपलब्ध कराने तथा समूची न्याय-प्रणाली को गति प्रदान करने के लिए न्यायालयों के कम्प्यूटरीकरण की दिशा में दो दशक पूर्व प्रयास शुरू किए गए थे। न्यायालयों के कम्प्यूटरीकरण का ही नतीजा है कि आज उच्चतम न्यायालय और उच्च न्यायालयों के साथ ही कई जिला अदालतों में ई-न्यायालय व्यवस्था भी सफलतापूर्वक काम कर रही है। देश के दूर-दराज इलाकों में रहने वाले लोग अपने किसी भी मुकदमे की प्रगति और स्थिति के बारे में सिर्फ अदालत की वेबसाइट पर एक क्लिक करके ही अपेक्षित जानकारी घर बैठे प्राप्त कर पा रहे हैं।

ई-न्यायालय के महत्व को महसूस करते हुए जुलाई 2004 में तत्कालीन प्रधान न्यायाधीश ने न्यायपालिका के कम्प्यूटरीकरण के लिए देशव्यापी नीति तैयार करने के लिए ई-कमेटी के गठन के बारे में केन्द्र सरकार को पत्र लिखा था। केन्द्रीय मंत्रिमंडल ने दिसंबर 2004 में इस पत्र पर कार्यवाही करते हुए देश के प्रधान न्यायाधीश के महत्वाकांक्षी और न्यायिक व्यवस्था में सुधार के इस दीर्घकालीन प्रस्ताव को मंजूरी दी। विधि एवं न्याय मंत्रालय ने इसके बाद कर्नाटक उच्च न्यायालय के सेवानिवृत्त न्यायाधीश डॉ. जी. सी. भरूका की अध्यक्षता में ई-कमेटी के गठन की अधिसूचना जारी कर दी थी। केन्द्र सरकार की इस अधिसूचना के साथ ही ई-न्यायालय व्यवस्था की दिशा में काम शुरू हो गया।

न्यायमूर्ति भरूका की अध्यक्षता वाली ई-कमेटी ने मई, 2005 में भारतीय न्यायपालिका में सूचना और संचार प्रोद्योगिकी लागू करने की योजना के बारे में अपनी रिपोर्ट प्रधाान न्यायाधीश को सौंपी जिसमें न्यायपालिका में सूचना और संचार प्रौद्योगिकी लागू करने के प्रारूप को रेखांकित किया गया था। ई-कमेटी की इस रिपोर्ट के आधार पर ही न्यायपालिका में कम्प्यूटरीकरण और सूचना प्रौद्योगिकी लागू करने की देशव्यापी योजना तैयार हुई।

रिपोर्ट में न्यायिक पोर्टल और ई-मेल सेवा, सहजता से इस्तेमाल होने वाले सॉफ्टवेयर उपकरण, न्यायाधीशों और अदालत के प्रशासनिक कर्मचारियों के लिए प्रशिक्षण, सूचना प्रौद्योगिकी के इस्तेमाल के दौरान आने वाली समस्याओं से निपटने के लिए अदालत परिसर में प्रशिक्षित स्टाफ की उपस्थिति के लिए एक अलग काडर बनाने, उच्चतम न्यायालय और उच्च न्यायालय परिसरों में मौजूद संरचना को अपग्रेड करने, समूचे रिकार्ड के लिए डिजिटल संग्रह तैयार करने और तमाम लॉ-पुस्तकालयों को कम्प्यूटर-नेटवर्क से जोड़ने जैसे कार्यों को अमली जामा पहनाने की प्रक्रिया शुरू की गई।

देश की न्यायपालिका के कम्प्यूटरीकरण की दिशा में 1990 से ही प्रयास हो रहे थे। सुप्रीम कोर्ट और उच्च न्यायालयों को कम्प्यूटर प्रणाली से परस्पर जोड़ा जा रहा था। लेकिन इन प्रयासों ने 2001 से गति पकड़ी। 2001-03 के दौरान चार महानगरों दिल्ली, मुंबई, कोलकाता और चेन्नई में सात सौ अदालतों का कम्प्यूटरीकरण किया गया। इसके बाद 2003-04 में राज्यों की राजधानियों और केन्द्र शासित प्रदेशों के 29 शहरों की नौ सौ अदालतों के कम्प्यूटरीकण का कार्य शुरू हुआ।

न्यायपालिका के कम्प्यूटरीकरण के संतोषजनक नतीजे सामने आने पर मंत्रिमंडल की आर्थिक मामलों की समिति ने फरवरी 2007 में अदालतों में लंबित मुकदमों के निपटारे को गति प्रदान करने, मुकदमे के वादियों को सूचना उपलब्ध कराने में पारदर्शिता सुनिश्चित करने और न्यायाधीशों को न्यायिक प्रक्रिया से जुडे आंकड़े तथा जानकारियां सहजता से उपलब्ध कराने के इरादे से 441.08 करोड़ रूपए की ई-न्यायालय मिशन मोड परियोजना को मंजूरी दी।

ई-न्यायालय मिशन मोड परियोजना के अंतर्गत जिला और अधीनस्थ अदालतों का कम्प्यूटरीकरण और उच्चतर न्यायालयों में सूचना एवं संचार प्रौद्योगिकी की आधारीय संरचना को अधिक सुदृढ़ बनाना था। सरकार ने सितंबर 2010 में इस परियोजना के लिए निर्धारित रकम में संशोधान करके इसे 935 करोड़ रूपए कर दिया था। इस वृद्धि का मकसद न्यायालय परिसरों और न्यायालयों की संख्या में वृद्धि करना, उत्पादों और सेवाओं की दरों में वृद्धि करना और क्षेत्रधिकार में वृद्धि तथा नई मदों को इसमें शामिल करना था। इसके बाद ई-न्यायालय परियोजना के दायरे में न्यायालय परिसरों की संख्या 2,100 से बढ़ कर 3,069 अर्थात ऐसी अदालतों की संख्या 13,000 से बढ़कर 14,249 हो गई।

इस परियोजना के अंतर्गत देश के पहले कागजरहित ई-न्यायालय ने फरवरी 2010 में दिल्ली के कड़कड़डूमा अदालत परिसर में काम करना शुरू किया था। ई-न्यायालय में न्यायाधीश

के समक्ष मुकदमों की मोटी फाइलें नहीं बल्कि लैपटॉप होता है।

इस परियोजना के अंतर्गत उच्चतम न्यायालय और देश के 20 उच्च न्यायालयों में कम्प्यूटर्स, प्रिंटर्स, स्कैनर्स, सर्वर, नेटवर्किंग उपकरण और नेटवर्क केबलिंग और व्यवधान रहित बिजली आपूर्ति जैसे उपाय करके सूचना एवं संचार प्रौद्योगिकी पर आधारित संरचरना को अपग्रेड किया जा चुका है। इस काम पर अब तक 41.47 करोड रूपए खर्च किये जा चुके हैं। यही नहीं, अब जम्मू कश्मीर, गुवाहाटी, राजस्थान और कलकत्ता उच्च न्यायालयों में वीडियो कांफ्रेसिंग सुविधा भी उपलब्ध कराई गई है।

केन्द्र सरकार ने सूचना प्रौद्योगिकी के इस्तेमाल और न्यायपालिका में प्रशासनिक सुधारों पर निगाह रखने के लिए बनी ई-कमेटी की कमान देश के प्रधान न्यायाधीश के हाथ में सौंपी है। इस समिति में न्यायिक अधिकारियों और सूचना प्रौद्योगिकी के विशेषज्ञों के अलावा अटार्नी जनरल और कुछ वरिष्ठ अधिवक्ताओं को भी शामिल किया गया है।

सरकार ने भारतीय न्यायपालिका में प्रौद्योगिकी की देशव्यापी नीति पर ई-कमेटी की रिपोर्ट के आधार पर तैयार ई-न्यायालय परियोजना को पांच साल में लागू करने के लिए इसे तीन चरणों में बांटा था। पहले चरण में 854 करोड़ रूपए खर्च करके सभी 2,500 अदालत परिसरों में कम्प्यूटर कक्ष और न्यायिक सेवा केन्द्रों की स्थापना हुई। करीब 15,000 न्यायिक अधि कारियों को लैपटाप उपलब्ध कराने और तालुका स्तर से लेकर उच्चतम न्यायालय तक सभी अदालतों को डिजिटल इंटरकनेक्टीविटी से जोड़ने और उच्चतम न्यायालय तथा सभी उच्च न्यायालयों में ई-फाइलिंग सुविधा शुरू करने का लक्ष्य रखा गया था। दूसरे चरण में फाइलिंग की प्रक्रिया से लेकर इसके कार्यान्वयन स्तर तक की सारी न्यायिक प्रक्रिया के साथ ही प्रशासनिक गतिविधियों को सूचना और संचार प्रौद्योगिकी के दायरे में लाने तथा तीसरे चरण में अदालतों और सार्वजनिक प्रतिष्ठानों तथा विभागों के बीच सूचना के सहज प्रवाह को सुनिश्चित बनाने का लक्ष्य रखा गया था।

इस परियोजना के कार्यान्वयन से जहां न्यायिक प्रक्रियाओं को गति प्रदान करने, मामलों के तेजी से निपटान को सुविधाजनक बनाने मे मदद मिल रही है वहीं मुकदमों की स्थिति, वादियों को मामले पर हुए निर्णय के बारे मे बार के सदस्यों तथा व्यक्तियों को पारदर्शी तरीके से सूचना मिलना संभव हो सका है।

ई-न्यायालय सेवा के जरिए न्यायालय में मुकदमों के प्रबंधन की प्रक्रिया को आटोमेशन मोड में डाला गया। इस सेवा के दायरे में मुकदमों को फाइल करना, मामलों की जांच पडताल, मामलों का पंजीकरण, मामले का आबंटन, अदालत की कार्यवाही, मामले से संबंधित विस्तृत विवरण, मुकदमे का निष्पादन और स्थानांतरण जैसी जानकारी मुहैया कराई जा रही है। इसी तरह ई-न्यायालय सेवा के तहत न्यायिक आदेश और फैसलों की प्रमाणित प्रति, कोर्ट फीस और इससे जुड़ी दूसरी जानकारियां आनलाइन प्राप्त की जा सकती है।

देश के दूरदराज इलाके में रहने वाले व्यक्ति कही से और किसी भी समय वेब साइट क्लिक करके किसी भी मुकदमे की जानकारी प्राप्त करने में सक्षम हैं। इस परियोजना के तहत पहले उच्चतम न्यायालय और उच्च न्यायालयों में और इसके बाद जिला एवं अधीनस्थ अदालतों में ई-फाइलिंग सुविधाजनक होती जा रही है।

ई-न्यायालय परियोजना के अंतर्गत एक फरवरी 2012 की स्थिति के अनुसार 9,389 अदालतों का कम्प्यूटरीकरण हो चुका है। कुछ अदालतों में मामला दर्ज करने, पंजीकरण, मुकदमों की सूची तैयार करने जैसी सेवाएं भी शुरू हो गई हैं। ई-न्यायालय परियोजना के कार्यान्वयन के लिए एन.आई.सी. को 487.84 करोड़ रूपए उपलब्ध कराए गए हैं।

न्यायालयों में उच्च गुणवत्ता वाले कम्प्यूटर, प्रिंटर्स, स्कैनर्स, सर्वर, नेटवर्किंग उपकरण और नेटवर्क केबलिंग और व्यवधान रहित बिजली आपूर्ति जैसे उपाय करके सूचना एवं संचार प्रौद्योगिकी पर आधारित संरचना को सुदृढ़ बनाने के सतत् प्रयास चल रहे हैं। इस काम पर उच्चतम न्यायालय में तीन करोड़ से अधिक रकम खर्च की जा चुकी है जबकि उच्च न्यायालयों में बंबई उच्च न्यायालय में सबसे अधिक सात करोड़ 53 लाख और सबसे कम एक लाख रूपए पंजाब एवं हरियाणा उच्च न्यायालय में खर्च हुए हैं।

ई-न्यायालय प्रक्रिया का उपयोग करने से पहले इसकी प्रक्रिया को भी समझना जरूरी है। उच्चतम न्यायालय में सिर्फ एडवोकेट आन रिकार्ड और व्यक्तिगत रूप से याचिका दायर करने वाले ही ई-फाइलिंग सुविधा का उपयोग कर सकते हैं। इस सुविधा के इस्तेमाल के इच्छुक व्यक्ति या एडवोकेट आन रिकार्ड को अपना पता, संपर्क के लिए विवरण तथा ई-मेल का पता देना अनिवार्य है। इस प्रक्रिया को पूरा करने पर ही एडवोकेट आन रिकार्ड को लाग-इन आईडी और व्यक्तिगत रूप से याचिका दायर करने वाले को साइन अप प्रक्रिया से लाग इन आईडी मिलती है। इस प्रक्रिया के तहत दी जाने वाली कोर्ट फीस का भुगतान सिर्फ क्रेडिट कार्ड से किया जा सकता है। यही प्रक्रिया उच्च न्यायालयों और निचली अदालतें में ई-फाइलिंग के लिए अपनानी होगी।

14 भारतीय लोकतंत्र की चुनौतियाँ एवं समस्याएँ

वर्तमान उदारवादी प्रजातांत्रिक देशों में भारत एक महान प्रजातांत्रिक देश है लेकिन इसकी सामाजिक, आर्थिक एवं राजनैतिक परिस्थितियां न सिर्फ दूसरे देश से भिन्न हैं बल्कि भारतीय उपमहाद्वीप के विभिन्न देशों में पूर्णता लोकतंत्र स्थापित नहीं हो पाया है और इसके पड़ोसी देशों में दुनिया भर की विभिन्न प्रकार की शासन प्रणालियां विद्यमान हैं जिससे भारतीय लोकतंत्र प्रभावित है। साथ ही साथ देश के अंदर साम्प्रदायिकता, क्षेत्रवाद, हिंसा, अपराधीकरण, क्षेत्रीय विषमताएं, अशिक्षा, गरीबी, जनसंख्या विस्फोट, जातिवाद, सामाजिक-आर्थिक असमानता भारतीय लोकतंत्र के लिए चुनौती पैदा कर रहे हैं। जब तक इन समस्याओं का समाधान नहीं हो जाता तब तक भारतीय लोकतंत्र सुदृढ़ नहीं हो पाएगा।

भारत मे राष्ट्र निर्माण के मार्ग में जो विभिन्न बाधाए हैं। इन बाधाओं में साम्प्रदायिकता निश्चित रूप से एक बहुत बड़ी बाधा है। स्वतंत्रता की प्राप्ति के पश्चात जब भारत में संविधान के द्वारा एक धर्मनिरपेक्ष राज्य की स्थापना की गई गोखले तथा उनके जैसे अनेक व्यक्तियों ने यह आशा की थी कि राजनीति को धर्म से अलग हो जाने से हिंदुओं और मुसलमानों के पुराने विरोध समाप्त हो जाएगे। पंरतु गोखले तथा उनके जैसे अन्य व्यक्तियों को यह आशा पूरी नहीं हुई और भारत में साम्प्रदायिकता का अंत नहीं हुआ। पिछल पांच-सात वर्षों में राम जन्मभूमि बनाम बाबरी मस्जिद विवाद के चलते साम्प्रदायिकता के जिस उन्माद को बढ़ावा मिला है, उसके चलते भारतीय राजनीति साम्प्रदायिकता से इतने गहरे रूप से प्रभावित हुई है जितना स्वतंत्रता के समय से लेकर अब तक कभी प्रभावित नहीं हुई थी।

साम्प्रदायिकता के अंतर्गत वे सभी भावनाएं तथा क्रियाकलाप आ जाते हैं, जिनके आधार पर किसी विशेष समूह के हितों पर बल दिया जाए और उन हितों को राष्ट्रीय हितों के ऊपर भी प्राथमिकता दी जाए। यह भी उल्लेखनीय है कि वैसी भावनाओंतथा कार्यकलापों के पीछे स्वार्थ सिद्धि का लक्ष्य होता है। भारतीय राजनीति में उपर्युक्त अर्थ में साम्प्रदायिकता विद्यमान है। धर्म का प्रयोग राजनीति में जहां एक ओर तनाव उत्पन्न करने के लिए किया जाता है। वहीं दूसरी ओर प्रभाव एवं शक्ति अपिर्त करनेके लिए धर्म को माध्यम बनाया जाता है।

साधारण शब्दों में सम्प्रदायवाद का अर्थ होता है- धर्म अथवा सम्प्रदाय के आधार पर एक-दूसरे के विरूद्ध भेदभाव रखना।

इस प्रकार, अपने धर्म व सम्प्रदाय को श्रेष्ठ समझना तथा उसके प्रति निष्ठा भाव रखना तथा अन्य धर्मों एवं सम्प्रदायों के विरूद्ध घृणा रखना उन्हें हानि पहुंचाना ही सम्प्रदायवाद है।

भारत में मुस्लिम लीग, मुस्लिम मजलिस, इस्लामिक सेवक संघ, मजलिसे मुशब्बरात, हिंदू महासभा, अकाली दल, बजरंग दल, शिव सेना, आदि संगठन साम्प्रदायिक संगठन है जो अपने उग्रवादी क्रियाकलापों के द्वारा भारतीय राजनीति को प्रभावित कर रहे हैं।

भारत में सम्प्रदायवाद की समस्या के लिए उत्तरदायी मूल कारण निम्नलिखित हैं-

1. मुसलमानों में पृथकत्व की भावना सम्प्रदायवाद का मुख्य कारण है।
2. मुसलमानों का आर्थिक तथा शैक्षिक पिछड़ापन भी सम्प्रदायवाद का कारण है।
3. भारत में साम्प्रदायिकता का एक मुख्य कारण भारत के राजनेताओं की मुस्लिम तुष्टीकरण की नीति है।

भारतीय लोकतंत्र को सम्प्रदायवाद से मुक्त करने के लिए निम्न उपाय अपनाए जाने चाहिए-

1. भारत को सम्प्रदायवाद से मुक्त करने के लिए संपूर्ण भारत में समाचार पत्रों, रेडियो तथा टेलीविजन के माध्यम से साम्प्रदायिकता के विरूद्ध प्रचार करके भ्रातृत्व की भावना उत्पन्न की जानी चाहिए।
2. सम्प्रदायवाद को दूर करने के लिए सर्व धर्म सम्मेलनों तथा कार्यक्रमों का आयोजन किया जाना चाहिए।
3. भारत से सम्प्रदायवाद को खत्म करने के लिए यह आवश्यक है कि शासन को अपनी तुष्टीकरण की नीति का त्याग कर देना चाहिए।
4. भारत से सम्प्रदायवाद को दूर करने के लिए राजनीतिक दलों को अपनी स्वार्थपरकता का त्याग कर देना चाहिए।
5. सम्प्रदायवाद को दूर करने के लिए साम्प्रदायिक संगठनों पर कानून द्वारा प्रतिबंध लगाया जाना चाहिए।

भारत में राष्ट्र निर्माण के मार्ग में जो बाधाएं मौजूद हैं। उनमें क्षेत्रवाद महत्वपूर्ण है। देश में जो विभिन्नताएं पायी जाती

हैं। उनकी अभिव्यक्ति क्षेत्रीयतावाद के माध्यम से भी होती है, परंतु यह उल्लेखनीय है कि प्रादेशिकता या क्षेत्रवाद पर आधारित विभिन्नता ने भारत में बहुत ही भयावह स्थिति प्राप्त कर ली है। इसने शांति एवं व्यवस्था को बनाए रखने में तो बाधा उपस्थित की ही है, साथ ही साथ इसन देश की अखंडता को भी जबर्दस्त चुनौती प्रस्तुत की है।

भारतीय संदर्भ में क्षेत्रीयतावाद से तात्पर्य राष्ट्र की तुलना में किसी क्षेत्र विशेष अथवा राज्य की अपेक्षा एक छोटे क्षेत्र से लगाव उसके प्रति भक्ति या विशेष आकर्षण रखने से है। स्पष्टतः क्षेत्रवाद राष्ट्रीयता की वृहत भावना का विरोध है। इसका ध्येय संकुचित क्षेत्रीय स्वार्थों की पूर्ति करना है। भारत में क्षेत्रवाद क्षेत्र के अतिरिक्त भाषा एवं धर्म से भी संबंधित रहा है। इन तीनों तथ्यों के एक साथ मिलते से विघटनकारी प्रवृत्ति और प्रबल हो जाती है। क्षेत्रवाद के संबंध में एक उल्लेखनीय बात यह है कि यह एक देशव्यापी समस्या है। क्षेत्रीय मुददों को लेकर भारत के विभिन्न भागों में बहुधा आंदोलन एवं अभियान चलते रहते हैं।

यूं तो भारत में प्रादेशिकता अथवा क्षेत्रवाद कोई नवीन घटना नहीं है फिर भी स्वतंत्रता के पूर्व स्वतंत्रता प्राप्त के लिए चल रहे प्रयासों के दौरान यह मुखर रूप धारण नहीं कर पाया, वास्तव में भारतीय राजनीति में आज क्षेत्रवाद जिस रूप में पाया जाता है वह मूलतः स्वतंत्रता प्राप्ति के बाद की ही घटना है।

भारतीय राजनीति में क्षेत्रवाद ने कई रूप धारण किए हैं एवं कई तरह से उसने राजनीति को प्रभावित किया है-

1. कुछ राज्यों द्वारा भारत संघ से अलग होकर स्वतंत्र राज्य के दर्जे की मांग क्षेत्रीयतावाद का सर्वाधिक चुनौतीपूर्ण रूप रहा है।
2. भारतीय राजनीति में क्षेत्रवाद की अभिव्यक्ति कुछ लोगों में अलग राज्य के दर्जे की प्राप्ति में हुई है।
3. पूर्ण राज्य के दर्जे की मांग के रूप में भी क्षेत्रवाद सामने आय है।
4. अतर राज्य विवाद भी क्षेत्रवाद का एक रूप है।
5. उत्तर-दक्षिण अवधारणा भी क्षेत्रवाद का ही एक रूप है।

भारत में क्षेत्रवाद के उदय एवं बने रहे के लिए उत्तरदायी कारक निम्नलिखित है-

1. आर्थिक और सामाजिक क्षेत्र में असमान विकास तथा इन क्षेत्रों में विकास तथा इन क्षेत्रों में विकास के अभाव से जनता में निराशा का जन्म हुआ है। जिससे भी क्षेत्रवाद को बढ़ावा मिला है।
2. रोजगार को लेकर भूमिपुत्र की अवधारणा का जन्म हुआ है अर्थात असम में असम गण परिषद। महाराष्ट्र में शिव सेना और झारखंड में झारखंड मुक्ति मोर्चा जैसे राजनीतिक दलों ने भूमिपुत्र की अवधारणा को अपना राजनीतिक हथकंडा बनाया है जिससे भी क्षेत्रवाद को बढ़ावा मिला है।
3. कुछ राजनीतिक दल क्षेत्रीय भावना को उभारकर अपनी दलीय स्वार्थ की पूर्ति करते रहते हैं जिसके कारण क्षेत्रवाद की समाप्ति नहीं हो पाती।
4. क्षेत्रीय दलों के निर्माण और सशक्तिकरण ने भी क्षेत्रवाद को बढ़ावा दिया है।

हिंसा भारतीय लोकतंत्र तथा राष्ट्रीय एकता व अखंडता के लिए सर्वाधिक गंभीर चुनौती है। यह भारतीय लोकतांत्रिक व्यवस्था को पंगु बना देती है तथा देश के आर्थिक व सामाजिक ढांचे को छिन्न-भिन्न कर देती है। भारत में हिंसक घटनाओं का इतिहास वैसे तो प्राचीन है लेकिन वर्तमान समय में इसमें खतरनाक रूप से बढ़ोत्तरी हो रही है।

भारतीय समाज में हिंसा कई रूपों में दृष्टिगोचर हो रही है-

1. जातिगत हिंसा
2. साम्प्रदायिक हिंसा
3. उग्रवादी गुटों की हिंसा
4. वर्गीय हिंसा
5. चुनावी हिंसा

भारत में अलगाववाद से हिंसा को जबर्दस्त बढ़ावा मिला है अलगाववादी घटनाएं या आंदोलन जिनमें नागा आंदोलन, द्रविडनाड आंदोलन, मिजो माग, पंजाब में अलगाववाद, उल्फा आंदोलन और जम्मू कश्मीर में अलगाववाद आदि प्रमुख हैं।

भारतीय समाज में हिंसा के पीछे के कई कारणों को निम्नलिखित रूप में देखा जा सकता है-

1. जब व्यक्तियों की शासन से आशाए तथा अपेक्षाएं पूरी नहीं हो पाती हैं तो उनमें तीव्र असंतोष व निराशा उत्पन्न होती है जिससे हिंसा का जन्म होता है।
2. बेरोजगारी, निर्धनता, तस्करी आदि आर्थिक क्रियाकलाप भी कई प्रकार से हिंसा को बढ़ावा देते हैं।
3. भारतीय प्रशासनिक व्यवस्था की त्रुटियां जैसे प्रशासन में अनावश्यक देरी होना, भ्रष्टाचार, लालफीताशाही, अकुशलता आदि भी हिंसा का वातावरण उत्पन्न करता है।
4. कई बार केंद्र तथा राज्य स्तर पर योग्य नेतृत्व का अभाव होने पर हिंसा का जन्म हुआ है।
5. हमारे राजनीतिक दल और उसके नेता सत्ता प्राप्ति के लिए देश के लिए जातक हिंसा की स्थिति को अपना लेते हैं।

हिंसा को नियंत्रित तथा समाप्त करने के लिए निम्नलिखित उपाय अपनाए जा सकते हैं-

1. हिंसा को समाप्त करने के लिए संवेदनशील शासन की स्थापना की जानी चाहिए।
2. हिंसा को दूर करने के लिए क्षेत्रीय असंतुलन समाप्त किया जाना आवश्यक है।
3. हिंसा को दूर करने के लिए आर्थिक स्थिति में सुधार करना जरूरी है।
4. भारतीय शासन से भ्रष्टाचार, अकर्मण्यता को दूर करके शासन को कार्यकुशल बनाया जाए।
5. भारत के विभिन्न राजनीतिक दलों में आम सहमति कायम हो।

वर्तमान समय में हिंसा तथा अलगाववाद भारतीय लोकतंत्र के समक्ष एक गंभीर चुनौती के रूप में है। ये भारतीय लोकतंत्र के क्रियान्वयन को बहुत प्रभावित करते हैं। हिंसा तथा अलगाववाद भारत राष्ट्र की एकता व अखंडता के लिए घातक है। अत: सरकार को हिंसा व अलगाववाद को रोकने के लिए समुचित प्रबंध करना चाहिए। साथ ही भारत की जनता को आतंकवादी व अलगाववादी गतिविधियों का विरोध करने के लिए सदैव तत्पर रहना चाहिए।

सन 1947 में भारत विभाजन के दौरान साम्प्रदायिक दंगों (हिंदू मुस्लिम) ने विकराल रूप धारण कर लिया था। उस समय से लेकर यह कभी साधारण तो कभी उग्रता के साथ मौजूद रहा है। देश की स्वतंत्रता के बाद पहले दशक में कुछ छिट-पुट घटनाओं के अलावा देश की साम्प्रदायिक स्थिति ज्यादा हिंसक नहीं थी। सन 1961 में मध्य प्रदेश के जबलपुर में हुए साम्प्रदायिक दंगे तथा उसके बाद उत्तर प्रदेश में अलीगढ़ तथा अन्य स्थानों के दंगों से साम्प्रदायिक द्वेष का नया दौर शुरू हुआ। 1964 में बिहार, बंगाल, मध्य प्रदेश में साम्प्रदायिक दंगे व्यापक रूप से फैले। लगभग तीन वर्षों तक स्थिति लगभग शांत रही। उसके उपरांत बिहार के रांची में भड़का सांप्रदायिक दंगा अन्य शहरों में भी फैल गया। सांप्रदायिक दंगों का यह चक्र 1970 तक लगातार चलता रहा और यह बिहार के अलावा महाराष्ट्र, उत्तर प्रदेश, गुजरात, पश्चिम बंगाल, कश्मीर, असम तक फैल गया। इस दौरान यह सांप्रदायिक दंगा निकृष्टतम स्तर तक पहुंच गया। इसमें 1100 हिंसक घटनाएं घटी सन 1972 से 1976 के दरम्यान उन घटनाओं में निश्चित रूप से कमी आयीऔर हिंसक घटनाओं की संख्या 1976 से घटकर 521 से 169 रह गयी परंतु इसके बाद स्थिति ठीक इसके विपरीत हो गयी। इसके बाद सांप्रदायिक हिंसक घटनाओं की संख्या में इजाफा होता रहा। उदाहरणत वर्ष 1977 में 188, 1978 में 230, 1979 में 304, 1981 में 319, 1982 में 474 हिंसक सांप्रदायिक घटनाएं घटित हुई। 1984 की सांप्रदायिक हिंसा ने आंध्र प्रदेश राज्य के हैदराबाद एवं महाराष्ट्र के मुंबई और औरंगाबाद शहरों को पूरी तरह अपनी चपेट में ले लिया। सन् 1989 में बिहार के भागलपुर के दंगे का रूप भी काफी वीभत्स था। अधिकांश साम्प्रदायिक दंगे हिंदू-मुस्लिम के बीच ही हुए हैं। परंतु 1984 में तत्कालीन प्रधानमंत्री की हत्या के बाद उत्पन्न हिंदू-सिख दंगा एवं अनेक बार मुस्लिमों में सिया-सुन्नी सम्प्रदायों के बीच की साम्प्रदायिक हिंसा की घटनाएं हुयी हैं। दिसंबर 1992 में अयोध्या के कार सेवकों द्वारा विवादित बाबरी मस्जिद गिरा दिए जाने के कारण लगभग पूरे देश में सांप्रदायिक हिंसा की लपटें फैल गई।

भारतीय प्रशासन में भ्रष्टाचार के बड़े पैमाने पर विद्यमान होने के कौन-कौन से तथ्य जिम्मेदार रहे हैं, इसके विश्लेषण से पूर्व भ्रष्टाचार का अर्थ स्पष्ट हो जाना चाहिए। आमतौर पर भ्रष्टाचार का अर्थ घूसखोरी से लगाया जाताहै। परंतु भ्रष्टाचार मात्र घूसखोरी ही नहीं है वस्तुत: इसका क्षेत्र उसकी कही व्यापक है। पक्षपात, जातीयता, भाई-भतीजावाद आदि तथ्यों के प्रभाव में रहकर कार्य करना तथा सामान्य कार्यों के निष्पादन में अनावश्यक देर भी भ्रष्टाचार के अन्य पक्ष हैं। केंद्रीय निरीक्षण आयोग ने भ्रष्टाचार के विभिन्न प्रकार की एक लंबी सूची तैयार की है जिसके अंतर्गत कुछ प्रकार के इस मामलों को भ्रष्टाचार के रूप में स्वीकार किया गया है।

भारतीय प्रशासन में व्यापक पैमाने पर भ्रष्टाचार के विद्यमान होने के लिए कौन-कौन से तथ्य जिम्मेदार हैं यह एक विचारणीय प्रश्न है भारतीय प्रशासन के कार्यकरण के जांच के लिए अब तक गठित विभिन्न आयोगों ने प्रशासन में भ्रष्टाचार से संबंधित जो रिपोर्ट प्रस्तुत की है। उससे उन तथ्यों का ज्ञान होता है जो भ्रष्टाचार के लिए उत्तरदायी है। प्रशासन में भ्रष्टाचार के लिए उत्तरदायी तथ्यों को निम्नलिखित रूप में रखा जा सकता है-

1. भारतीय प्रशासन में व्याप्त भ्रष्टाचार के लिए उत्तरदायी तथ्यों में ऐतिहासिक तथ्यों को रखा जा सकता है। यद्यपि भारतीय प्रशासन में भ्रष्टाचार ने स्वतंत्रता प्राप्ति के पश्चात गंभीर रूप धारण किया परंतु इसकी नींव स्वतंत्रता प्राप्ति के पूर्व ही पड़ चुकी थी तथा निम्न श्रेणी के प्रशासनिक पदों पर कार्यरत कर्मचारियों में भ्रष्टाचार पाया जाता था। स्वतंत्रता प्राप्ति एवं देश विभाजन के चलते प्रशासन के उच्च श्रेणी के पदों पर कार्यरत अंग्रेज तथा मुस्लिम पदाधि

कारियों द्वारा भारी संख्या में क्रमश: इग्लैंड तथा पाकिस्तान चले जाने से बड़े पैमाने पर उच्च प्रशासनिक पद रिक्त हुए। ऐसे उच्च प्रशासनिक पदों को भरने के लिए पदोन्नति एवं आकस्मिक भर्ती का सहारा लिया गया और योग्यता पर विशेष ध्यान नहीं दिया गया। पदोन्नति के माध्यम से जो कर्मचारी ऊपर गए वे पहले से ही भ्रष्ट थे। इस प्रकार भ्रष्टाचार ऊपर से नीचे तक व्याप्त हो गया।

2. महायुद्ध के कारण उत्पन्न अभावों ने भी नागरिक सेवाओ में रिश्वत एवं भ्रष्टाचार की बीमारी को फैला दिया। स्वतंत्रता प्राप्ति के बाद भारत में आर्थिक आवश्यकताओं को देखते हुए कंटोल परमिट तथा राशनिंग की व्यवस्था की गई। इसने चोर बाजारी के दरवाजे को खोल दिया। सरकारी कर्मचारियों में रिश्वत प्राप्त करने हेतु काले धन का प्रयोग होने लगा तथा जिसके परिणामस्वरूप भ्रष्टाचार धीरे-धीरे पूरे प्रशासन में फैल गया।
3. भ्रष्टाचार को फैलाने में आर्थिक कारणों का महत्वपूर्ण हाथ रहा है। कर्मचारियों को वेतन कम मिलता है, महंगाई भत्ते उतने नहीं मिलते जितनी महंगाई बढ़ती है।
4. भ्रष्टाचार हमारे समाज की जड़ में समाया हुआ है यहां व्यक्ति की महानता एवं परिवार की श्रेष्ठता का मापदंड धन बन गया है। इससे भी भ्रष्टाचार फैलता है।

भारतीय लोक सेवा में व्याप्त भ्रष्टाचार को दूर करने के लिए सरकार ने अब तक नई समितियों एवं आयोगों का गठन किया है जिन्होंने विभिन्न प्रकार के सुझाव भी दिए है। गोरखाला रिपोर्ट, एपलबी रिपोर्ट (1953), संस्थानम कमेटी (1963) एवं प्रशासनिक सुधार आयोग (1966) द्वारा प्रस्तुत सुझाव भ्रष्टाचार को दूर करने से भी संबंधित रहे है। भारत में भ्रष्टाचार को दूर करने के लिए कई तरह की संस्थाओं के रूप में लोकपाल तथा लोकायुक्त की दिशा में प्रयास सम्मिलित है। भारत में अब तक प्रशासनिक भ्रष्टाचार के स्वरूप एवं विभिन्न समितियों एवं आयोगों की रिपोर्ट को ध्यान में रखते हुए भ्रष्टाचार के उपचार के लिए निरोधात्मक तथा सकारात्मक निम्नलिखित उपाय अपनाए जा सकते हैं-

1. चूंकि प्रशासनिक भ्रष्टाचार राजनीतिक भ्रष्टाचार से घनिष्ठ रूप से संबंधित है इसलिए निर्वाचन प्रक्रिया को सरल बनाकर मंत्रियों तथा अन्य महत्वपूर्ण नेताओं को पूँजीपतियों के प्रभाव से मुक्त किया जाना चाहिए। ऐसी स्थिति में मंत्री तथा अन्य राजनीतिक नेता, लोक सेवकों पर अनावश्यक दबाव नही डालेंगें।
2. फाइलों के संबंध में निर्णय लेने के लिए एक समय निर्धारित होना चाहिए। यदि उस समय के अंदर निर्णय नहीं लिया जाता तो संबंधित पदाधिकारी से कारण बताओ पूछा जाना चाहिए। साथ ही साथ इस बात की जांच की भी व्यवस्था होनी चाहिए कि फाइलों का निष्पादन उचित ढंग से हो रहा है या नहीं।
3. आई.ए.एस., आई.पी.एस. तथा आई.एफ.एस. के पदाधिकारियों के लिए ऐसे साक्षात्कार की व्यवस्था होनी चाहिए जिससे योग्य एवं सक्षम व्यक्ति ऐसी सेवाओं में आ सके।

अंत में गलत या सही कार्यों के प्रचार के माध्यम से भी लोक सेवकों की नैतिकता को प्रभावित किया जा सकता है। इससे प्रशासन के प्रति जनता की जागरूकता में भी वृद्धि होगी और लोकसेवकों के कार्य संपादन में भी अनुकूल प्रभाव पड़ेगा।

क्षेत्रीय असंतुलन भी भारतीय लोकतंत्र के समक्ष एक चुनौती के रूप में विद्यमान है। भारत विश्व के अधिकतम जनसंख्या वाले देशों में दूसरे स्थान पर है। सन 2001 की जनगणना के अनुसार भारत की जनसंख्या लगभग 100 करोड़ हो गयी। क्षेत्रफल की दृष्टि से भारत का विश्व में सातवां स्थान है। इसका क्षेत्रफल 32,87,782 वर्ग किलोमीटर है। भारत में भौगोलिक आधार पर अनेक विषमताएं पायी जाती हैं। पंजाब, हरियाणा व उत्तर प्रदेश अत्यधिक उपजाऊ भूमि वाले क्षेत्र हैं तो राजस्थान जैसे मरूस्थल में अल्पमात्रा में भी कृषि उपज सम्भव नहीं है। किसी क्षेत्र में अनाज का किसी क्षेत्र में कपास, चाय आदि का उत्पादन होता है। किसी क्षेत्र में खनिज संपदा का अपार भंडार है। इसके साथ ही भारत में जाति, धर्म व सांस्कृतिक विभिन्नताएं भी विद्यमान हैं।

भारत जैसे जनसंख्या और क्षेत्र की दृष्टि से विशाल देश में विभिन्न क्षेत्रों के विकास में कुछ अंतर होना स्वाभाविक है। विकास की दृष्टि से भारत में क्षेत्रीय असंतुलन पाया जाता है। क्षेत्रीय असंतुलन की यह स्थिति स्वतंत्रता प्राप्ति से पूर्व भी विद्यमान थी तथा स्वतंत्रता प्राप्ति के पश्चात भी विद्यमान है। यद्यपि नियोजन के माध्यम से संपूर्ण भारत के विकास के लिए कार्य किए गए किंतु भारत के विभिन्न क्षेत्रों में विकास की दृष्टि से गंभीर असंतुलन विद्यमान है।

क्षेत्रीय असंतुलन ने भारतीय लोकतंत्र को बहुत प्रभावित किया है। भारत में क्षेत्रीय असंतुलन ने क्षेत्रवाद तथा पृथकतावाद की भावना को जन्म दिया है। भारत में क्षेत्रीय अंसतुलन असंतुलन के निम्नलिखित परिणाम सामने आए हैं-

1. क्षेत्रीय असंतुलन पृथक राज्यों की मांग को जन्म देता है।
2. क्षेत्रीय असंतुलन ने हिंसात्मक राजनीति को जन्म दिया है। इसके कारण विभिन्न राज्यों में आंदोलन, संघर्ष, तनाव आदि की स्थितियां पैदा हो रही हैं।
3. क्षेत्रीय असंतुलन ने ही भूमि पुत्र की अवधारणा को जन्म दिया है। भूमि पुत्र की अवधारणा का अर्थ है कि किसी राज्य के निवासियों द्वारा उस राज्य में बसने और रोजगार प्राप्त करने के संबंध में विशेष संरक्षण प्रदान किया जाए।

लोकतंत्र के सफल क्रियान्वयन के लिए यह आवश्यक है कि क्षेत्रीय असंतुलन को दूर करके संपूर्ण देश के संतुलित विकास के लिए प्रयास किए जाएं। क्षेत्रीय असंतुलन को दूर करने के लिए निम्नलिखित उपाय अपनाए जा सकते हैं-

1. आर्थिक दृष्टि से पिछड़े क्षेत्रों के विकास को उच्च प्राथमिकता दी जाए।
2. औद्योगिक उत्पादन की नई-नई तकनीकों का प्रचार व प्रसार किया जाए।
3. कृषि के उत्पादन के लिए उन्नतिशील बीजों, रासायनिक खादों, सिंचाई के साधनों व कृषि यंत्रों के प्रयोग के लिए कृषकों को प्रेरित किया जाए।

आधुनिक युग लोकतंत्र का युग है। लोकतंत्र में संप्रभुता जनता में निहित होती है। जनता अपनी इस शक्ति का प्रयोग स्वयं या अपने प्रतिनिधियों के माध्यम से करती है। जनता के द्वारा अपनी इस शक्ति का सही रूप में प्रयोग तभी किया जा सकता है जबकि वह शिक्षित हो, किंतु भारत की अधिकांश जनसंख्या निरक्षर है इसीलिए भारत में लोकतंत्र का सफल क्रियान्वयन संभव नहीं हो सका है।

निरक्षरता मानव जाति के लिए अभिशाप है। निरक्षर व्यक्ति को अपने अधिकार तथा कर्तव्यों का कोई ज्ञान नहीं होता है। परिणामस्वरूप न तो वह अपने अधिकारों को प्रयोग कर सकता है और न कर्तव्यों का पालन ही उचित रूप से कर सकता है।

भारत में निरक्षरता के निम्नलिखित दुष्परिणाम सामने आए हैं-

1. निरक्षरता तथा अज्ञानता के कारण भारत के विकास की गति बहुत धीमी चल रही है।
2. निरक्षर व्यक्ति का जीवन के सभी क्षेत्रों में शोषण किया जाता है।
3. निरक्षरता ने भारतीय समाज में आर्थिक विषमताओं को जन्म दिया है।

निरक्षरता को दूर करने के लिए निम्नलिखित उपाय अपनाए जा सकते हैं-

1. निरक्षरता को दूर करने के लिए यह आवश्यक है कि देश के सभी व्यक्तियों को उचित शिक्षा प्रदान की जाए, जिससे वे अपने व्यक्तित्व का निर्माण कर सके।
2. बड़ी आयु की स्त्रियों तथा पुरूषों के लिए प्रौढ़ शिक्षा कार्यक्रम चलाया जाए।
3. प्रारंभिक शिक्षा अनिवार्य तथा नि:शुल्क होनी चाहिए।
4. जनता में शिक्षा प्राप्ति के प्रति जागरूकता उत्पन्न की जानी चाहिए।
5. विद्यार्थी को उसकी रूचि के अनुरूप ही शिक्षा प्रदान की जाए।

इस प्रकार निरक्षरता मानव समाज तथा भारतीय लोकतंत्र के लिए अभिशाप है। निरक्षरता को शिक्षा के द्वारा ही दूर किया जा सकता है। शिक्षा मनुष्य की वह शक्ति है जो उसमें चिंतन, मनन तथा तर्क के आधार पर विवेकपूर्ण निर्णय लेने की क्षमता विकसित करती है। शिक्षा के द्वारा ही व्यक्ति को अपने अधिकारों तथा कर्तव्यों का सम्यक् ज्ञान हो सकता है। आर्थिक शोषण तथा दमन से मुक्ति का मूलमंत्र शिक्षा है। संक्षेप में, भारतीय समाज में व्याप्त कुरीतियों, आर्थिक व राजनीतिक समस्याओं का समाधान शिक्षा से ही संभव है।

जातिवाद भारतीय लोकतंत्र को प्रभावित करने वाला सर्वाधिक महत्वपूर्ण तथा निर्णायक तत्व हैं। भारतीय लोकतंत्र पर जातिवाद का प्रभाव प्रत्येक स्तर व प्रत्येक क्षेत्र में स्पष्ट दिखाई देता है। यह सामान्य रूप से स्वीकार किया जाता है कि भारत में राजनीति व्यवस्था तथा सामाजिक व्यवस्था एक-दूसरे को प्रभावित करती है। सामाजिक व्यवस्था के महत्वपूर्ण पहलुओं में जातिवाद एक महत्वपूर्ण पहलू है जो कमोवेश पूरे राष्ट्र में राजनीति को प्रभावित करता है।

भारतीय राजनीतिक व्यवस्था पर जाति का प्रभाव निम्नलिखित रूपों में देखा जा सकता है-

1. भारत में प्राय: सभी राजनीतिक दल लोकसभा तथा राज्य विधान सभा के चुनावों में प्रत्याशियों का चयन जाति के आधार पर ही करते हैं।
2. भारत में मुख्य रूप से पिछले कुछ वर्षों में यह प्रवृति देखने को मिली है कि राजनीतिक दलों का निर्माण जातिगत आधार पर होने लगा है।
3. भारत में निर्वाचन में भारतीय मतदाताओं का व्यवहार भी निश्चित रूप से जातिवाद से प्रभावित रहा है।

भारतीय लोकतंत्र को जातिवाद के दुष्प्रभावों से बचाने के लिए निम्नलिखित उपाय अपनाए जाने चाहिए-

1. भारतीय लोकतंत्र को जातिवाद के दुष्प्रभाव से बचाने के लिए जातिसूचक शब्दों के प्रयोग पर रोक लगानी चाहिए। इससे राष्ट्रीयता की भावना में वृद्धि होगी।
2. जातिवाद को दूर करने के लिए सरकार के द्वारा जातीय संगठनों के निर्माण तथा प्रकाशनों पर पूर्ण प्रतिबंध लगा दिया जाना चाहिए।

3. जातिवाद को दूर करने के लिए जातिगत आधार पर होने वाले राजनीतिक चुनावों पर प्रतिबंध लगा देना चाहिए।

भारत में प्राचीनकाल से ही सामाजिक असमानता की स्थिति विद्यमान है तथा स्वतंत्रता प्राप्ति के लगभग 50 वर्ष बाद भी बनी हुई है। प्रारंभ से ही भारतीय समाज चार वर्गों ब्राम्हण, क्षत्रिय, वैश्य तथा शूद्र में विभाजित था। इन चार वर्गों में से ब्राह्मण को समाज में सर्वोच्च स्थान प्राप्त था। दूसरे स्थान पर क्षत्रिय आते थे। तीसरे स्थान पर वैश्य तथा सबसे निम्न स्थान शूद्रों को प्राप्त था। इस वर्ण व्यवस्था का आधार कार्य विशेषीकरण था। कालांतर में वर्ण व्यवस्था का आधार जन्म हो गया तथा प्रत्येक वर्ग में जातियों और उपजातियों का जन्म हुआ। परिणामस्वरूप भारतीय समा विभिन्न वर्गों, जातियों तथा उपजातियों में विभाजित होता चला गया। प्रत्येक व्यक्ति का सामाजिक स्तर उसकी जाति के आधार पर निश्चित होने लगा। उच्च जातियों के लोग निम्न जातियों को घृणा की दृष्टि से देखने लगे। यहां तक कि उनको अपना विकास करने वाली सामान्य सुविधाओं से भी वंचित रखता गया। परिणामस्वरूप, इस निम्न समझी जाने वाली जातियों की उन्नति एवं विकास रूक गया। इस प्रकार, भारतीय समाज में जाति पर आधारित सामाजिक असमानता अर्थात ऊंच-नीच का प्रचलन हुआ।

सामाजिक समानता को स्थापित करने के लिए भारतीय संविधान के अनुच्छेद 17 के द्वारा अस्पृश्यता का निषेध किया गया है तथा अस्पृश्यता अपराध अधिनियम, 1955 के अनुसार अस्पृश्यता को दंडनीय अपराध घोषित किया गया है 1976 में इस अधिनियम को संशोधित करके इसका नाम नागरिक अधिकार संरक्षण अधिनियम 1955 कर दिया गया है।

संविधान के द्वारा अनुसूचित जातियों एवं जनजातियों की उन्नति तथा विकास के लिए उन्हें संसद तथा विधानसभाओं में 2020 ई तक के लिए आरक्षण प्रदान किया गया है।

भारतीय संविधान के नीति निर्देशक तत्वों में शिक्षा, वृद्धावस्था, बीमारी तथा अंग हानि आदि जैसी अयोग्यता की स्थिति में राजकीय सहायता की व्यवस्था की गयी है समाज के कमजोर वर्गों तथा विशेषतया अनुसूचित जातियों तथा जनजातियों के हितों की रक्षा के लिए तथा मेहनतकश लोगों के लिए उचित व मानवोचित परिस्थितियों व स्त्रियों के लिए प्रसूति आदि की सुविधाओं की व्यवस्था का प्रावधान किया गया है।

भारतीय संविधान के द्वारा स्त्री तथा पुरूष को समान स्थिति प्रदान की गई है। स्त्रियों की दशा सुधारने के लिए सरकार के द्वारा कानूनों का निर्माण करके सती प्रथा, बाल विवाह, दहेज प्रथा आदि को दंडनीय अपराध घोषित किया गया ह। नारियों की शिक्षा के लिए सरकार के द्वारा विशेष प्रयत्न किए जा रहे हैं।

संवैधानिक व्यवस्थाओं के होते हुए भी व्यवहार में स्त्रियों को पुरूषों के समान अधिकार तथा सुविधाएं प्राप्त नहीं हैं। आज भी दहेज प्रथा, सती प्रथा जैसी अमानवीय घटनाएं होती हैं नौकरी में महिलाओं की भागीदारी बहुत कम है। आज भी जीवन के प्रत्येक क्षेत्र में उनका शोषण किया जा रहा है।

आर्थिक असमानता भारतीय लोकतंत्र के लिए एक चुनौती के रूप में विद्यमान है। भारत में जातीय व्यवस्था के साथ ही आर्थिक असमानता का जन्म हुआ है। प्रत्येक व्यवसाय जातीय व्यवस्था से जुड़ा हुआ था।

स्वतंत्रता प्राप्ति के पश्चात भारत में विद्यमान आर्थिक असमानता को समाप्त करने के लिए अनेक प्रयास किए गए हैं। भारतीय संविधान का लक्ष्य आर्थिक न्याय की स्थापना करना है। इसके लिए भारतीय संविधान के मूल अधिकारों के अंतर्गत बेगार लेना दंडनीय तथा मनुष्य का क्रय-विक्रय, अवैध बाल श्रम तथा स्त्रियों से उनके स्वास्थ्य के लिए हानिकारक किसी कार्य का कराया जाना कानूनन निषिद्ध कर दिया गया है। इसका उद्देश्य भारत में विद्यमान आर्थिक असमानता को दूर करना है। देश में विद्यमान आर्थिक असमानता को दूर करने के लिए राज्यनीति के निर्देशक सिद्धांतो के अंतर्गत आय की असमानताओं को कम करने, आर्थिक संसाधनों के स्वामित्व व नियंत्रण सामान्य जनहित के अनुकूल किए जाने संपत्ति व उत्पादन के साधनों के केन्द्रीयकरण को रोकने सभी क्षेत्रों में श्रमिकों जीवन निर्वाह के लिए आवश्यक वेतन, अच्छा जीवनस्तर, अवकाश व आराम का समय तथा उनकी सामाजिक व सांस्कृतिक उन्नति के अवसर उपलब्ध कराने, औद्योगिक संस्थाओं, कारखानों में श्रमिकों को प्रबधंन में भागीदार बनाए जाने, रोजगार के अधिक अवसर उपलब्ध कराए जाने का प्रावधान किया गया है।

भारत में आर्थिक असमानता निर्धनता, बेरोजगारी तथा महंगाई के रूप में विद्यमान है समाजवादी ढांचे के समाज की स्थापना की घोषणा होने के बावजूद आर्थिक असमानता समाप्त नहीं हो सकी है। भारत सरकार की लोककल्याण की नीतियों के बावजूद बहुसंख्यक भारतीय निर्धनता की सीमा रेखा के नीचे रहते हुए अपना जीवन व्यतीत कर रहे हैं। भारत विश्व का सबसे बड़ा लोकतांत्रिक देश होते हुए भी इतना निर्धन है कि यह तृतीय विश्व के देशों की श्रेणी में आता है।

15 निशक्तजनों का सशक्तिकरण

भारत का संविधान देश के सभी नागरिकों के लिए बराबरी, आजादी, न्याय एवं आत्मसम्मान सुनिश्चित करता है और इन लक्ष्यों को हासिल करने के लिए निशक्तजनों समेत सभी नागरिकों के लिए एक समावेशी समाज के निर्देश दिए है। विभिन्न विषयों को लेकर संविधान में उल्लेखित अनुसूचियों में निशक्तजनों के सशक्तिकरण की प्रत्यक्ष जिम्मेदारी राज्य सरकारों को दी गई है। इस वजह से निशक्तजनों के सशक्तिकरण की प्राथमिक जिम्मेदारी राज्य सरकारों पर भी हैं। वर्ष 2001 की जनगणना के अनुसार देश में विभिन्न प्रकार के व्याधियों से ग्रस्त लोगों की संख्या 2.19 करोड़ है जो देश की कुल आबादी का 2.13 प्रतिशत है। इनमें दृष्टिबाधिता, सुनने, बोलने, चलने-फिरने में लाचार और मानसिक निशक्तता से पीड़ित लोग शामिल हैं।

भारत एशिया प्रशांत में निशक्तजनों की बराबरी और पूर्ण भागीदारी से जुड़े समझौते पर हस्ताक्षर कर चुका है। इसके अलावा भारत ने एक समावेशी बाधारहित और अधिकारयुक्त समाज की दिशा में प्रयत्नशील बिवाको मिलेनियम फ्रेमवर्क समझौते पर भी हस्ताक्षर किये है। भारत ने निशक्तजनों के अधिकारों और अस्मिता की सुरक्षा तथा उसे बढ़ावा देने के संयुक्त राष्ट्र सम्मेलन पर भी हस्ताक्षर किये है और 1 अक्तूबर, 2008 को इसका अनुमोदन किया था। देश में निशक्तजनों के लिए वर्ष 2005 में एक राष्ट्रीय नीति बनाई गई थी। इस नीति में मुख्य ध्यान विभिन्न प्रकार की निशक्तताओं को रोकने, ऐसे लोगों के आर्थिक एवं भौतिक पुनर्वास के उपायों पर केंद्रित किया गया है। इस नीति को सरकार एवं अन्य एजेंसियों द्वारा क्रियान्वित किया जाना है। संयुक्त राष्ट्र के दिशा-निर्देशों के अनुसार विश्व में प्रतिवर्ष 3 दिसंबर को अंतर्राष्ट्रीय निशक्तता दिवस मनाया जा रहा है।

निशक्तजनों के लिए राष्ट्रीय संस्थान

देश की निशक्त आबादी की विभिन्न समस्याओं से कारगर तरीके से निपटने के लिए प्रत्येक श्रेणी के निशक्तजनों के लिए निम्नलिखित राष्ट्रीय संस्थानों की स्थापना की गई है।

1. राष्ट्रीय दृष्टिबाधिता संस्थान, देहरादून
2. राष्ट्रीय ओर्थोपेडिकली संस्थान कोलकोता
3. अली यावर जंग राष्ट्रीय बधिर संस्थान मुबंई
4. राष्ट्रीय मानसिक विकलांग संस्थान, सिकंदराबाद
5. राष्ट्रीय पुनर्वास, प्रशिक्षण एवं शोध संस्थान, कटक
6. शारीरिक विकलांग संस्थान, नई दिल्ली
7. राष्ट्रीय बहुव्याधी सशक्तीकरण संस्थान, चेन्नई

ये सभी संस्थान नई-नई खोजों और ऐसे लोगों की क्षमता में विकास से जुडे प्रशिक्षण कार्यक्रमों और सेवा प्रदान करने जैसे कार्यक्रमों के लिए मुख्य रूप से जिम्मेदार है। निशक्तजनों के लिए देश के पांच समग्र क्षेत्रीय केंद्रों : श्रीनगर, लखनऊ, भोपाल, सुंदरनगर और गुवाहाटी में क्षेत्रीय पुनर्वास केंद्र हैं। ये केंद्र विभिन्न प्रशिक्षण कार्यक्रमों के जरिए निशक्तजनों को व्यापक प्रशिक्षण देकर तथा उनके पुनर्वास में मदद करते है। रीढ़ की हड्डी की चोट के कारण तथा हड्डियों एवं मांसपेशियों में विभिन्न व्याधियों से ग्रस्त लोगों के लिए मोहाली, कटक, जबलपुर और बरेली में चार क्षेत्रीय पुनर्वास केंद्र ऐसे लोगों को बेहतर सेवाएं दे रहे हैं ताकि वे अपना जीवन आत्मसम्मान से जिये और दूसरों पर आश्रित न हो। कानपुर स्थित कृत्रिम बांह निर्माण निगम एएलआईएमसीओ सावर्जनिक क्षेत्र का निकाय है जो निशक्तजनों के लिए सहायक उपकरण बनाने में संलग्न है। यहां तैयार किये जाने वाले उत्पादों को भारतीय मानक संस्थान द्वारा निर्धारित मानकों को पूरा करना जरूरी है। इन उत्पादों का विपणन क्षेत्रीय विपणन केंद्रों- कोलकोता, मुबंई, चेन्नई, भुवनेश्वर और दिल्ली द्वारा किया जाता है। इसके अलावा राष्ट्रीय संस्थानों और स्वैछिक संगठनों की भी इनमें मदद ली जाती है।

वित्तीय सहायता

राष्ट्रीय विकलांगता वित्त एवं विकास निगम एनएचएफडीसी विकलांगजनों को आर्थिक रूप से आत्मनिर्भर बनाने के लिए उन्हें ऋण सुविधाएं प्रदान करने में शीर्ष स्तर का वित्तीय संस्थान है। राज्य सरकारों/संघशासित प्रदेशों और गैर-सरकारी संगठनों द्वारा अधिकृत विभिन्न एजेंसियों के माध्यम से अनुदान राशि वितरित की जाती है। यह निगम स्नातक एवं उच्च शिक्षा के लिए ऋण सहायता उपलब्धकराता है। इसके अलावा यह उनकी तकनीकी एवं व्यापारिक कौशल के उन्नयन, उनकी उत्पादन इकाईयों के बेहतर प्रबंधन में भी सहायता करता है। केंद्र सरकार विकलांगजनों के लिए सहायक उपकरणों एवं मशीनों की खरीद के लिए एक सहायता योजना क्रियान्वित कर रही हैं। इस योजना का मुख्य लक्ष्य जरूरतमंद निशक्तजनों को

उनके काम में आने वाले बेहतर, टिकाऊ, वैज्ञानिक रूप से निर्मित उपकरणों की खरीद में सहायता करना है जिससे उनके भौतिक सामाजिक एवं मानसिक पुनर्वास को बढ़ावा मिल सके और वे अपनी विकलांगता के प्रभाव को कम करते हुए अपनी आर्थिक समताओं में वृद्धि कर सके। यह योजना एजेंसियों जैसे स्वैछिक संगठनों, सामाजिक न्याय एवं आधिकारिक मंत्रालय के तहत राष्ट्रीय संस्थानों एएलआईएमसीओ, जिला परिषदों, जिला ग्रामीण विकास एजेंसियों के द्वारा लागू की जाती है। इस तरह के कार्यों में जुड़ी क्रियान्वयन एजेंसियां सहायक उपकरणों एवं मशीनों की खरीदारी उनके निर्माण एवं वितरण के लिए अनुदान राशि उपलब्ध कराती है। इस योजना में ऐसे लोगों के चिकित्सा सर्जरी भी शामिल हैं ताकि इसके बाद उनमें इस तरह के उपकरण अथवा कृत्रिम अंग बखूबी लगाए जा सके।

कानूनी उपाय

सर्वोच्च न्यायालय के निर्देश

सर्वोच्च न्यायालय ने हाल ही में एक ऐतिहासिक फैसले में सरकार को निशक्तजनों को आवंटित किए गए तीन प्रतिशत आरक्षण को प्राथमिकता देने का निर्देश दिया है। सर्वोच्च न्यायालय ने सरकार को यह भी निर्देश दिए हैं कि वह निशक्त-जनों के मानवीय अधिकारों की रक्षा करे और सार्वजनिक स्थानों और दफ्तरों में उनके लिए बाधारहित माहौल को सुनिश्चित बनाया जाए।

निशक्तजन अधिनियम, 1995

फरवरी 1996 से निशक्तजन (समान अवसर, अधिकार सुरक्षा एवं पूरी भागीदारी) अधिनियम, 1995 के नाम से एक विस्तृत कानून लागू किया गया है। इस कानून में केंद्रीय व राज्य दोनों स्तरों पर शिक्षा रोजगार एवं व्यावसायिक प्रशिक्षण जैसे पुनर्वास के निवारण व प्रोत्साहन संबंधी पहलुओं, बाधारहित माहौल के निर्माण, निशक्तजनों के लिए पुनर्वास सेवाओं के प्रावधान, संस्थागत सेवाओं और सहयोगी सामाजिक सुरक्षा युक्तियों जैसे बेरोजगारी भत्ता और शिकायतों के निपटान के प्रावधान है। निशक्तजनों के बारे में मुख्य आयुक्त निशक्तजन (समान अवसर, अधिकार सुरक्षा एवं पूरी भागीदारी) अधिनियम, 1995 की धारा 57 के अंतर्गत नियुक्त किए गए एक महत्वपूर्ण वैधानिक अधिकारी हैं। मुख्य आयुक्त के कार्यों और कर्तव्यों में निशक्तजनों के लिए राज्य आयुक्तों के कामों का ताल-मेल बनाए रखना, केंद्र सरकार द्वारा दिए गए अनुदानों के उपयोग पर निगरानी रखना, निशक्तजनों को दिए गए अधि क्रारों एवं सुविधाओं की रक्षां के लिए कदम उठाना और निशक्तजनों को अधिकारों से वंचित रखे जाने पर की गई शिकायतों पर गौर करना शामिल है। मुख्य आयुक्त निशक्तजनों के लिए बने किसी नियम-कानून को लागू न किए जाने पर इस मामले का स्वत: संज्ञान ले सकते है और गवाहों को बुलाने, उनका पता लगाने, पुन: पूछताछ और किसी प्रकार के दस्तावेजों को पेश करने संबंधी नागरिक न्यायालय के अधिकार रखते है। निशक्तजनों के लिए राष्ट्रीय न्यास आटिज्म, सेरीब्रल पल्सी, मानसिक विकलांगता और विभिन्न प्रकार की व्याधियों संबंधी अधिनियम, 1999 के अंतर्गत स्थापित की गई एक वैधानिक संस्था है।

इस न्यास का मुख्य उद्देश्य ऐसी व्याधियों से ग्रस्त व्यक्तियों को जहां तक संभव हो सके, आत्मनिर्भरता से जीने के समर्थ व सशक्त बनाना, आवश्यकता आधारित सेवाएं प्रदान करने वाले संगठनों के पंजीकरण के लिए सहयोग बढ़ाने और आवश्यकता पड़ने पर निशक्तजनों के कानूनी संरक्षक नियुक्त करने की प्रक्रिया शुरू करना है।

भारतीय पुनर्वास परिषद

भारतीय पुनर्वास परिषद 1992 के भारतीय पुनर्वास परिषद अधिनियम के अंतर्गत स्थापित की गई एक वैधानिक संस्था है। यह परिषद पुनर्वास के क्षेत्र में विभिन्न प्रकार के पेशेवरों के लिए प्रशिक्षण नीतियां व कार्यक्रम विधिवत रूप से तैयार करने व विशेष शिक्षा का दायित्व संभालता है। इसके कार्यों में देशभर में सारे प्रशिक्षण संस्थानों में विभिन्न स्तरों पर प्रशिक्षण पाठ्यक्रमों को नियंत्रित करना, पारस्परिक आधार पर देश में व देश के बाहर निशक्तजनों के पुनर्वास के क्षेत्र में प्रशिक्षण पाठ्यक्रम चलाने वाले संस्थानों/विश्वविद्यालयों को मान्यता प्रदान करना, पुनर्वास और विशेष शिक्षा के क्षेत्र में शोध को प्रोत्साहन देना, पुनर्वास के क्षेत्र में मान्यता प्राप्त योग्यताएं रखने वाले पेशेवरों के लिए एक केंद्रीय पुनर्वास पंजीकरण प्रक्रिया का रख-रखाव और विकलांगता के क्षेत्र में काम कर रही संस्थाओं के सहयोग से पुनर्वास शिक्षा कार्यक्रमों को जारी रखने को प्रोत्साहन देना है।

16 न्यायिक सक्रियता

'न्यायिक सक्रियता' लोकहित, विधि के शासन एवं संविधान की मूल भावना के संरक्षण का एक असामान्य, अपरम्परागत किंतु प्रभावी सकारात्मक यंत्र है। इस प्रकार, यह विधि के साथ न्याय करने हेतु आबद्ध न्यायपालिका द्वारा अपनी परंपरागत विधिक सीमाओं का ऐसा सतत् विद्ध अतिलंघन है जो लोकहित के संरक्षण के प्रति निर्दिष्ट होने मात्र के आधार पर ही मान्य एवं औचित्यपूर्ण हो सकता है।

न्यायिक सक्रियता के तहत संविधान में दिए (बाध्यकारी) प्रावधानों एवं विधायिका द्वारा बनाए गए विधियों के अर्थ के आधार पर निर्णय दिया जाता है अर्थात् न्यायिक सक्रियता 'विधि की सम्यक प्रक्रिया' से शक्ति प्राप्त करती है। दूसरी ओर न्यायिक समीक्षा के तहत् न्यायालय द्वारा कार्यपालिका तथा व्यवस्थापिका के कार्यों की वैधता की जाँच की जाती है अर्थात न्यायालय द्वारा कानूनों एवं प्रशासनिक नीतियों को, आदेशों, नीतियों को असंवैधानिक घोषित करना जो संविधान के किसी अनुच्छेद का अतिक्रमण करती हो। अत: न्यायिक समीक्षा 'विधि द्वारा स्थापित प्रक्रिया' सिद्धांत से शक्ति प्राप्त करती है।

इससे स्पष्ट है कि न्यायिक सक्रियता के तहत न्यायपालिका संविधान में वर्णित प्रावधान से परे जाकर भी निर्देश देने में स्वयं को समर्थ कर लेता है। जैसे-अनु. 21 के तहत व्यक्ति को जीवन जीने का अधिकार है और इसके तहत यह कहा गया है कि कानूनी प्रावधानों के अनुसार ही किसी व्यक्ति को उसके जीवन जीने के अधिकार से वंचित किया जा सकता है अन्यथा नहीं। लेकिन न्यायालय ने इस अनुच्छेद का विस्तार कर यह व्यवस्था कर दी कि शुद्ध पेय जल, शुद्ध वायु, गोपनीयता आदि की सुरक्षा भी इसके तहत ही आती है। न्यायिक सक्रियता के तहत न्यायपालिका की यही न्यायिक सकारात्मकता है।

सैद्धान्तिक पक्ष

मांटेस्क्यू ने 'The spirit of Law' के अंतर्गत प्रतिपादित 'शक्ति के पृथक्करण' की अवधारणा के आधार पर भारतीय शासन पद्धति में सत्ता को विधायिका, कार्यपालिका तथा न्यायपालिका के रूप में विभक्त किया गया है। हालांकि भारतीय शासन प्रणाली में इसे कठोरता से लागू नहीं किया गया। राम जबाया प्रति पंजाब राज्य, 1955 के बाद में न्यायमूर्ति मुखर्जी ने प्रेक्षित किया कि- भारत के संविधान में शक्ति के पृथक्करण के सिद्धांत को पूर्ण कठोरता के साथ स्वीकार नहीं किया गया है, किंतु शासन के विभिन्न अंगों के कृत्यों को निश्चिय ही पर्याप्त: विभेदित किया गया है।

इसी आधार पर भारतीय संविधान में 'अवरोध एवं संतुलन' के सिद्धांत को सैद्धांतिक रूप से अपनाया गया है। कार्यपालिका पर न्यायिक तथा संसदीय नियंत्रण स्थापित किया गया है, विधायिका पर न्यायपालिका तथा न्यायपालिका पर विधायिका का नियंत्रण भी उसी क्रम में है। जब सरकार के तीनों अंगों में कार्यपालिका एवं विधायिका अपने दायित्वों तथा कर्त्तव्यों से विमुख होने लगे तो संविधान सम्मत् न्यायिक पुनर्विलोकन के आधार पर न्यायालय विभिन्न प्रकार के आदेश प्रेषित करते हैं, यही न्यायिक सक्रियता है। न्यायिक सक्रियता शब्द संविधान में नही है किंतु भारत के पूर्व मुख्य न्यायाधीश पी.एन. भगवती के अनुसार-जिन व्यवस्थाओं में न्यायालयों को पुनर्विलोकन का अधिकार है वहीं न्यायिक सक्रियता होती है। न्यायिक सक्रिता का स्वरूप तकनीकि एवं सामाजिक होता है।

ऐतिहासिक पहलू

न्यायिक सक्रियता का विकास अचानक न होकर क्रमिक रहा है। सर्वप्रथम न्यायालय ने न्यायिक समीक्षा के तहत संविधानिक ढांचे में रहते हुए अपने निर्णय दिए। बाद में संविधान एवं विधि के मानवीय पक्ष को ध्यान में रखते हुए न्यायालय ने निर्णय देने शुरू किए।

ऐसा माना जाता है कि न्यायिक समीक्षा की शुरूआत अमेरिका में हुई। 1803 में मारबटी बनाम मेडीसन के मुकदमे में तत्कालीन मुख्य न्यायाधीश जॉन मार्शल ने न्यायिक समीक्षा की व्याख्या करते हुए कहा कि-"यह निश्चित रूप से न्याय विभाग का कार्य एवं क्षेत्र है कि वह बताएं कि कानून क्या है? उन्होंने कहा कि संविधान सर्वोच्च है और सभी व्यवस्थापिका का अंतिम स्रोत संविधान है और संविधान की व्याख्या न्यायालय के कार्यक्षेत्र के अधीन है। वास्तविकत: न्यायालय का कार्य कर्तव्य का निर्वहन तथा कानून का सम्मान करते हुए कार्यपालिका एवं व्यवस्थापिका के कार्यों का समीक्षात्मक नियंत्रण है।

भारत के परिप्रेक्ष्य में

भारते में विधायिका द्वारा बनाए गए विधानों की समीक्षागत शुरूआत 1951 के रमेश थापर बनाम मद्रास राज्य वाद से मानी जाती है। तत्कालिन प्रधानमंत्री पं. नेहरू को उनकी व्यक्तिगत आभा, राष्ट्रीय आंदोलन के आदर्शों एवं कांग्रेस की भूमिका का

सकारात्मक नैतिक समर्थन प्राप्त था। दूसरी ओर, आजादी के बाद भारतीय सामाजिक-आर्थिक परिस्थितियां सरकार को समर्थन देती नजर आ रहा थी। स्वायत्त लोकतांत्रिक संस्था न्यायपालिका भी लगभग इसी कतार में खड़ी थी।

जैसे- 1951 के रमेश थापर बनाम मद्रास राज्य, 1952 के शंकरी प्रसाद बनाम भारत संघ एवं 1965 के सज्जन सिंह बनाम राजस्थान के वाद में सर्वोच्च न्यायालय ने मूल अधिकारों में संशोधन से संबंधित निर्णय में कहा कि-हमारे संविधान का कोई भी ऐसा भाग नहीं है जिसका अनु. 368 द्वारा संशोधन नहीं किया जा सकता। मूल अधिकार एवं स्वयं अनु. 368 भी इसमें शामिल है। संशोधन के लिए केवल निश्चित प्रक्रिया आवश्यक है।

इस संबंध में न्यायालय ने कहा कि संविधान निर्माता इस तथ्य के जानकारी होंगे कि सामाजिक आर्थिक समस्याओं के संदर्भ में विधायिका को मौलिक अधिकारों को संशोधित करना पड़ सकता है। इसलिए उन्होंने संविधान में मौलिक अधिकारों में संशोधन करने पर कोई रोक नहीं लगाई। इस निर्णय का अर्थ यह था कि विधायिका के कानून बनाने तथा संविधान संशोधन की शक्तियां अलग-अलग है। कानून बनाने की शक्ति पर अनु. 13(2) द्वारा सीमा आरोपित है- चूंकि विपक्ष अब पक्ष में था अत: कलांतर में विपक्ष की भूमिका महत्वपूर्ण होने वाली थी। परिणामस्वरूप न्यायालय निरंतर सशक्तिकृत हो गया और जनता की आवश्यकताएं तथा मांगे उनके निर्णय के केंद्र में क्रमश: आती गयी। 1978 मे मेनका गांधी बनाम भारत संघ का वाद आया। इसके निर्णय में न्यायालय ने गोपालन के वाद में दिए निर्णय को बदलते हुए प्राण एवं दैहिक स्वतंत्रता के अधिकार के संबंध में कहा कि न्यायालय को न्यायिक अर्थान्वयन की प्रक्रिया द्वारा मूल अधिकारों के अर्थ तथा संदर्भ को क्षीण करने के बजाय उनके प्रभावक्षेत्र तथा परिक्षेत्र का विस्तार करना चाहिए। सर्वोच्च न्यायालय ने अनु. 21 की व्याख्या करते हुए कहा कि जीने का अधिकार केवल शारिरिक अस्तित्व तक ही सीमित नहीं है बल्कि मानवीय गरिमा के साथ जीवित रहने का अधिकार भी उसके परिक्षेत्र में आता है।

गोपालन वाद से लेकर मेनका वाद तक के सफर को न्यायपालिका की उत्तरी ध्रुव से दक्षिणी ध्रुव की यात्रा माना जाता है। इसके द्वारा ही न्यायालय ने न्यायिक समीक्षा के अधिकार को सक्रियता के रूप में परिवर्तित करते हुए अवधि की सम्यक प्रक्रिया को स्थापित करने का प्रयास किया। एक तरह से इस वाद ने न्यायिक सक्रियता का आधार तैयार किया।

श्री पी.एन. भगवती ने कई न्यायाधीश को भेजे पत्र को भी जनहितवाद के रूप में स्वीकार करना शुरू किया। इस आधार पर, न्यायपालिका ने समय एवं परिस्थितियों में परिवर्तन के साथ Lous Standi के प्रावधान को उदार बनाया जिसमें पीड़ित व्यक्ति द्वारा याचिका दायर करने की बाध्यता को समाप्त कर दिया और कालांतर में Suo-moto को स्वीकार करता चला गया अर्थात न्यायालय अब समाचार पत्र या न्यूज के आधार पर स्वत: संज्ञान लेने की परिपाटी विकसित कर भारत के सामाजिक एवं मानवीय पहलू को उभारा।

इनका संयुक्त परिणाम यह हुआ कि संविधान के अंतर्गत अनु. 32 के क्षेत्र को विस्तृत करते हुए पीपुल्स यूनियन फॉर डेमोक्रेटिक राईट्स बनाम यूनियन ऑफ इंडिया, 1980 के वाद में सर्वोच्च न्यायालय ने यह निर्धारित किया कि यह आवश्यक नहीं कि न्याय पाने के लिए पीड़ित या शोषित व्यक्ति ही याचिका दायर करे। पीड़ित व्यकित की ओर से किसी अन्य व्यक्ति या संस्था द्वारा भी याचिका दायर की जा सकती है। परिणामत: जनहित याचिका में वृद्धि हुई और न्यायिक सक्रियता अपने लक्ष्य पर पहुंची।

44वें संशोधन के दो वर्ष बाद ही 1980 में मिनर्वा मिल्स बनाम भारत संघ का वाद आया। इसमें निर्णय दिया गया कि-न्यायिक पुनर्विलोकन का अधिकार संविधान का मूल ढाँचा है अत: इसमें संसद की संशोधन की अधिकारिता को अस्वीकार करते हुए 44वें संविधान संशोधन को मान्यता दी गई।

1994 के बोम्मई वाद में सर्वोच्च न्यायालय ने अपने निर्णय द्वारा न्यायिक समीक्षा के अधिकार को ओर अधिक व्यापक बना दिया। धारा 356(1) के तहत जारी राष्ट्रपति शासन लागू करने की घोषणा, जो अभी तक न्यायिक समीक्षा के दायरे में नहीं थी, के विषय में कहा कि यह न्यायिक समीक्षा के तहत आती है चाहे इसको किन्हीं कारणों के आधार पर जारी किया गया है। न्यायपालिका इस बात की समीक्षा कर सकती है कि जिन कारणों से राष्ट्रपति शासन लागू किया गया है वह प्रासंगिक थे या फिर इस घोषणा को सत्ता के दुरूपयोग के लिए घोषित किया था। इसी के तहत बिहार के राज्यपाल बूटा सिंह द्वारा राष्ट्रपति शासन के लिए सिफारिश किए जाने के आधार को सर्वोच्च न्यायालय ने अपर्याप्त माना और राष्ट्रपति शासन को असंवैधानिक घोषित कर दिया।

कॉमन कॉज के मामले (2007) में भी सर्वोच्च न्यायालय ने सर्वसम्मति से यह निर्णय दिया कि नवीं अनुसूची में 24 अप्रैल 1973 के बाद शामिल किए गये विषयों की न्यायिक समीक्षा संभव है अर्थात नवीं अनुसूची में इस विधि के बाद शामिल सभी

विषयों को न्यायिक समीक्षा के तहत ला दिया गया है ताकि संविधान के मूल ढांचे का अतिक्रमण न होने पाए। इस आधार पर न्यायालय ने अपने अधिकार क्षेत्र को काफी व्यापकता प्रदान कर दी है। इस विश्लेषण के आधार पर सर्वोच्च न्यायालय का मानना है कि संविधान को केवल शब्द कोष की सहायता से पढ़ना मात्र नहीं है अपितु इसको स्वर प्रदान करना एवं व्यवहारिक बनाना भी है। न्यायालय द्वारा अपने कार्य एवं अधिकार क्षेत्र का विस्तार करते जाने से सक्रियता का आधार स्वत: निर्मित हो गया। दूसरी ओर जनहित याचिका की स्वीकार्यता के कारण न्यायालय विभिन्न विषयों पर निर्णय देते हुए स्वयं को सक्रिय बनाते गया जिसकी समय-समय पर आलोचना भी होती रही।

भारतीय राजनीतिक परिस्थितियाँ भी तेजी से बदल रही थी। 1980 के निर्वाचन में पुन: इंदिरा गांधी ने पूर्ण बहुत से सरकार बनाई लेकिन 1984 में उनकी हत्या के कारण उत्पन्न राजनीतिक शून्यता को भरने के लिए प्रधानमंत्री पद के लिए राजीव गाँधी को नियुक्त किया गया। 1984 के निर्वाचन में राजीव गांधी के नेतृत्व में कांग्रेस को अभूतपूर्व बहुमत मिला। 1989 के चुनाव में किसी भी दल को स्पष्ट के शासन में हुए भ्रष्टाचार के खिलाफ लड़ा गया। वी.पी. सिंह के नेतृत्व में तीसरे मोर्चे की सरकार बनी, फिर 1990 में कांग्रेस की सहायता से चंद्रशेखर ने सरकार बनायी। इस दशक में कई नई घटनाएँ हुई :

- भारतीय जनता पार्टी का गठन हुआ जिसने सांस्कृतिक आधार पर देश की जनता को गोलबंद करना शुरू किया।
- इंदिरा गाँधी की हत्या की गई।
- राजीव गाँधी के रूप में देश को नया युवा नेतृत्व मिला।
- कम्प्यूटर तथा तकनीकि ज्ञान की महत्ता को स्वीकार किया गया।
- किसी भी दल को बहुमत नहीं मिल पाया और गठबंधन की सरकार बननी शुरू हुई।

1991 में राजीव गाँधी की हत्या लिट्टे द्वारा की गई और इस निर्वाचन में भी किसी दल को स्पष्ट बहुमत नहीं मिल पाया। श्री नरसिम्हा राव के नेतृत्व में अल्पमत की सरकार बनी और अपना कार्यकाल पूरा किया। इस दौरान भारतीय राजनीतिक, सामाजिक तथा आर्थिक समाज को परिवर्तित करने वाली कुछ घटनाएँ भी घटी :

- पिछड़े वर्गों को आरक्षण दिया गया।
- 73वां संविधान संशोधन के द्वारा पंचायती राज को संवैधानिकता प्रदान की गई।
- स्पष्टत: गठबंधन की सरकार बननी शुरू हुई।
- बारगेनिंग की राजनीति शुरू हुई जिससे भारतीय राजनीतिक संस्कृति का पतन होना शुरू हुआ।
- नई आर्थिक नीति को लागू किया जिससे भारतीय अर्थव्यवस्था वैश्विक अर्थव्यवस्था के साथ जुड़ गई।
- वैश्विक स्तर पर पूर्व सोवियत संघ का विघटन हो गया और अमेरिका सुपर पावर के रूप में स्थापित हो गया।

आरक्षण से पिछड़े वर्गों का आर्थिक-सामाजिक-शैक्षणिक रूप से सशक्तिकरण हुआ जिससे मतदान व्यवहार बदलने लगे। पंचायती राज को सांविधानिकता मिलने से तृण मूल स्तर तक लोकतंत्र के विस्तार के माध्यम से राजनीतिक समाजीकरण हुआ। उदारीकरण, निजीकरण तथा वैश्वीकरण की नीति ने राज्य की भूमिका को कम करते हुए व्यक्तिगत स्वतंत्रता को केंद्र में ला दिया।

इनका मिला जुला असर यह हुआ कि क्षेत्रीय दल की उत्पत्ति एवं विकास होना शुरू हुआ, जिससे केंद्र में गठबंधन के आधार पर सरकार बनने लगी। अर्थात केंद्रीय नीतिगत फैसले में क्षेत्रीय नेताओं की भूमिका बढ़ती गई। इसका प्रभाव सभी स्वायत्त लोकतांत्रिक संस्थाओं में नियुकित पर भी पड़ने लगा। फलत: ऐसे संस्थानों के निर्णय राजनीति से प्रेरित होने लगे। वर्तमान में मुख्य चुनाव आयुक्त का निर्णय।

गठबंधन की राजनीति का असर यह हुआ कि केंद्र सरकार कमजोर होने लगी, बारगेंनिंग की राजनीति शुरू हुई और संसदीय उत्तरदायित्व में ह्रास दिखने लगा। इसका ही मिला-जुला परिणाम यह हुआ कि न्यायपालिका मजबूत होती गई और धीरे-धीरे कार्यपालिका आदेश भी दिए जाने लगे। 1994 के बोम्मई वाद में राष्ट्रपति शासन के लिए सिफारिशी आधार भी न्यायिक समीक्षा के तहत ला दिए गए जो अब तक नहीं लाए गए थे।

1996 से लेकर अब तक हुए निर्वाचनों स्पष्ट हो चुका है कि भारतीय राजनीतिक व्यवस्था में गठबंधन की राजनीति एवं सरकार एक नियति बन चुके हैं। प्रधानमंत्री पद अपेक्षाकृत कमजोर होता जा रहा है, मंत्रीपरिषद के गठन में प्रधानमंत्री की नहीं बल्कि समर्थन दे रही क्षेत्रीय दलों के साथ कई अन्य समीकरण काम करने लगे। इसका संयुक्त परिणाम यह हुआ कि सभी स्वायत्त लोकतांत्रिक संस्था में अधिक स्वायत्ता का उपभोग करते हुए अपने अधिकार क्षेत्र से परे जाकर निर्णय देने लगे। इस कड़ी में न्यायपालिका भी शामिल है।

2007 के वाद में न्यायपालिका ने सर्वसम्मति से 9वीं अनुसूची में 24 अप्रैल 1973 के बाद शामिल सभी विषयों को

न्यायिक समीक्षा के तहत लाकर अपने कार्यक्षेत्र को अभूतपूर्व बढ़ा लिया।

वहीं संघ लोक सेवा आयोग द्वारा आरक्षण के विषय पर तो निर्वाचन आयोग में होने वाले वर्तमान घमासान, इसी कड़ी का महत्वपूर्ण उदाहरण है।

इस विश्लेषण के बाद स्वभाविक रूप से न्यायालय की सक्रियता के कुछ कारण दृष्टिगोचर होते हैं:

सामाजिक स्तर पर

- शिक्षा का प्रसार हुआ।
- लोगों में अधिकारों के प्रति जागरूकता बढ़ी।
- लोग विभिन्न विषयों को लेकर न्यायालय जाने लगे।
- आरक्षण का लाभ पिछड़े वर्गों को मिला, अतः इसने मतदान व्यवहार को प्रभावित किया और क्षेत्रीय दलों की मजबूती और भूमिका बढ़ने लगी।

आर्थिक स्तर पर

- हरित क्रांति ने किसानों की आय में वृद्धि की फलतः उन्होंने बच्चों पर शैक्षणिक निवेश शुरू कर दिया।
- नई आर्थिक नीति ने लोगों के बीच शिक्षा के महत्व को बढ़ावा दिया और नए रोजगार के अवसर सृजित किये। विखंडित जनादेश मिलने में इनकी भी भूमिका महत्वपूर्ण है।

राजनीतिक स्तर पर

- राजनीति का अपराधीकरण तथा अपराधों का राजनीतिककरण शुरू हो चुका था।
- इसने संसदीय संरचना में परिवर्तन ला दिया जिससे संसदीय उत्तरदायित्व की भावना का तेजी से ह्रास हुआ।
- किसी भी कीमत पर सरकार बनाने की परिपाटी की शुरूआत ने कार्यपालिका की प्राथमिकताएं बदलनी शुरू कर दी। फलतः न्यायपालिका कार्यपालिका भूमिका में नजर आने लगी।
- पंचायती राज के संचालन से राजनीतिक समाजीकरण तेजी से हुआ। इसने न्यायिक जागरूकता को भी बढ़ाने का कार्य किया।
- गठबंधन की सरकार द्वारा निर्णय लेने में की जाने वाली देरी ने न्यायालय की भूमिका को बढ़ाया।

न्यायिक स्तर पर

पंचायती राज के माध्यम से न्यायिक जागरूकता तो बढ़ी ही, साथ ही न्यायपालिका द्वारा भी स्वयं की शक्ति बढ़ाने की इच्छा ने सक्रियता को बढ़ाने में महत्वपूर्ण भूमिका निभाई।

- जनहित याचिका की संकल्पना ने इसमें मात्रात्मक वृद्धि कर दी।

पर्यावरणीय स्तर पर

- उदारीकरण, निजीकरण तथा वैश्वीकरण की नीति ने कुछ वैश्विक समस्याओं को जन्म दिया जैसे-वैश्विक तापन, पर्यावरणीय प्रदूषण आदि।
- इससे संबंधित निर्णय भी न्यायालय द्वारा दिए जाने लगे। अनु. 21 के तहत इन विषयों को शामिल कर दिया गया।

इन कारणों का मिला-जुला परिणाम यह रहा कि लोग विवेकशीलता के आधार पर मतदान व्यवहार करने लगे। आरक्षण, नई आर्थिक नीति ने आर्थिक स्वतंत्रता को बढ़ाया जिसने अप्रत्यक्ष रूप से ही सही, विखंडित जनादेश के निर्माण में महत्वपूर्ण भूमिका निभाई। गठबंधन की राजनीति ने बारगेनिंग संघवाद को जन्म दिया और संसदीय उत्तरदायित्व में ह्रास होते जाने से न्यायपालिका उभरकर सामने आयी।

प्रभाव

न्यायिक सक्रियता केवल सकारात्मक प्रभाव लेकर नहीं आयी। अति सक्रियता की स्थिति में तथा कार्यपालिकीय कार्यों पर स्वयं के अतिक्रमण से उपजी परिस्थितियों में न्यायपालिका के इस कदम की विभिन्न रूपों में आलोचना भी की गई।

सकारात्मक प्रभाव

श्रीमति हिंगोरानी के प्रयास से भागलपुर में सैंकड़ों कैदियों को न्याय मिला, भागलपुर आँख फोड़ना कांड, एशियाई श्रमिक केस, 1982, बंधुवा मुक्ति मोर्चा बनाम भारत संघ, रूदल शाह बनाम बिहार राज्य, चर्मकारों के शोषण से संबंधित मामले, दुर्बल वर्गों के हितों से संबंधित मामले (शाहबानो केस), आगरा में चर्मकार उद्योग पर प्रतिबंध, सुनील बत्रा बनाम दिल्ली प्रशासन, औद्योगिक प्रदूषण से संबंधित मामले आदि को शामिल किया जा सकता है। इसमें न्यायालय द्वारा न्याय मिल पाया था। इसके साथ ही, प्रियदर्शिनी मट्टू एवं जेशिका लाल केस में न्यायिक सक्रियता का ही परिणाम था, कि इन्हें न्याय मिल पाया। इसी तरह PUCL के जनहित याचिका पर सर्वोच्च न्यायालय ने निर्वाचन आयोग के लिए दिशा निर्देश जारी किया कि नामांकन के समय प्रत्येक उम्मीदवार को अपनी अपराधिक पृष्ठभूमि एवं संपत्ति का ब्यौरा देना होगा।

न्यायिक सक्रियता का ही परिणाम था कि हवाला कांड सामने आया जिसमें सीबीआई को न्यायालय की काफी फटकार सुनना पड़ी थी। 10 फरवरी 2009 को सर्वोच्च न्यायालय ने मुलायम मामले में सीबीआई को काफी फटकार लगाई। बोर्ड

ने कहा कि आप केंद्र सरकार और विधि मंत्रालय के निर्देश पर काम कर रहे हैं, अपने मन से कार्य नहीं कर पा रहे हैं। इससे संबंधित जनहित याचिका दायर करने वाले को सुरक्षा देने का आदेश भी दिया। प्रतिभूति घोटाला, दूरसंचार घोटाला आदि मामले सामने आ पाए। न्यायालय की पर्यावरणीय सक्रियता के तहत ही ताजमहल को बचाने का आदेश दिया गया। इसके साथ ही, बेस्ट बेकरी कांड में अल्पसंख्यकों के हितों का प्रश्न, पेट्रोल पंप आवंटन आदि में भ्रष्टाचार उजागर हो पाया। इस सकारात्मकता को निम्न बिन्दुओं में दिखाया जा सकता है- इसके कारण FR का क्षेत्र व्यापक हुआ है। इससे संविधान की प्रगतिशील व्याख्या हो पायी तथा समसामयिक समस्याओं का भी समाधान संभव हो पाया।

- पर्यावरणीय रक्षा की दिशा में महत्वपूर्ण कार्य किया गया।
- समर्थकों के अनुसार यह लोकतंत्र के अनुकूल है क्योंकि इसे सामान्यत: जनता की स्वीकृति प्राप्त है।

नकारात्मक प्रभाव

दिल्ली में सीएनजी मामले में दिल्ली सरकार द्वारा सर्वोच्च न्यायालय के आदेशों को विनम्रतापूर्वक इनकार कर दिया गया क्योंकि इससे यातायात संबंधी समस्यायें आनी थी, यातायात व्यवस्था ठप हो जाती और जनता क्रोधित होकर आंदोलन कर सकती थी। कावेरी जल विवाद के मामले में भी कर्नाटक के तत्कालीन मुख्यमंत्री श्री एस.एम. कृष्णा ने न्यायालय के आदेश को विनम्रतापूर्वक अस्वीकार कर दिया।

'यमुना मैली' मामले में बिना कोई वैकल्पिक व्यवस्था सुझाएं झुग्गी-झोपड़ी गिराने का आदेश दिया जाना, एक मामले में न्यायालय द्वारा एक वकील के कार्यालय को ही प्रदुषित घोषित कर दिया जाना, न्यायालय की अतिसक्रियता को दिखाती है। दिल्ली में अतिक्रमण के मामले में भी मुख्य न्यायमूर्ति श्री सब्बरवाल की भूमिका की भी काफी आलोचना हुई।

संसद में वोट के बदले रूपये के मामले में न्यायपालिका तथा विधायिका के बीच होने वाले संघर्ष को भी हम लोगों ने देखा जिसमें लोकसभा अध्यक्ष श्री चटर्जी न्यायालय के समक्ष उपस्थित नहीं हुए। न्यायालय को गंभीर आलोचना का शिकार तब होना पड़ा जब करूणानिधि सरकार को हड़ताल न करने के आदेश नहीं माने जाने पर बर्खास्त की बात कह दी जो न्यायालय के कार्यक्षेत्र में बिल्कुल भी नहीं आती। अत: स्पष्ट है कि न्यायालय द्वारा कई ऐसे निर्णय पूर्व में भी दिए गए और अब भी दिए जाते रहे हैं जिससे उन्हें आलोचना का शिकार होना पड़ता है। न्यायापालिका एवं विधायिका/कार्यपालिका आमने-सामने आ जाती है।

न्यायपालिका को Judicial Populism (न्यायिक लोकप्रियतावाद) बनने से बचना चाहिए। उपरोक्त वर्णित विश्लेषण के आधार पर कहा जा सकता है कि न्यायिक सक्रियता के तहत प्रारंभिक चरण में नागरिकों के मूल अधिकार, मानवाधिकार, शक्तिहीनों की सुरक्षा आदि पर ध्यान दिया जाता था। पुलिस द्वारा टॉर्चर किया जाना, कस्टडी में मृत्यु, बलात्कार जैसे विषय मुख्य होते थे।

1980 के उत्तरार्द्ध तथा 1990 के शुरूआती वर्ष में, न्यायालय ने अपना दायरा बढ़ाया और सर्वहित पर ध्यान दिया, जैसे शुद्ध हवा की प्राप्ति, शुद्ध पेयजल और जरूरतमंद को शुद्ध खून की उपलब्धता हो, ऐसे प्रयास किए जाने लगे। 1990 के मध्य में, प्रशासनिक भ्रष्टाचार जैसे विषय आने लगे। ऐसी परिस्थिति में सीबीआई की स्वायत्ता पर ध्यान दिया जाने लगा, फलस्वरूप हवाला, बोफोर्स जैसे भ्रष्टाचार उजागर हुए। न्यायमूर्ति जे.एस. वर्मा के अनुसार सीबीआई की नियुक्ति, प्रमोशन तथा पदच्यूति में प्रधानमंत्री की बढ़ती भूमिका को रोका जाना चाहिए।

निष्कर्ष एवं सुझाव

इन विश्लेषणों के आधार पर यह कहा जा सकता है कि न्यायपालिका चाहे कितनी भी सद्गुणी क्यों न हो, उसे प्रशासन करने से बचना चाहिए। न्यायपालिका कार्यपालिका का विकल्प न तो हो सकती है और न ही होना चाहिए। न्यायिक सक्रियता वहीं तक औचित्यपूर्ण है जहां तक यह जनता को कार्यपालिकीय निरंकुशता तथा अकर्मण्यता के विरूद्ध संरक्षित करती है।

इसी संदर्भ में 1803 में एक अमरीकी न्यायाधीश ने कहा था कि न्यायालय अपना शक्ति प्रदर्शन अवश्य करें लेकिन साथ ही अपनी शकित की मर्यादाओं को भी भली-भांति पहचाने। अत: उसे न्यायिक सक्रियता के प्रलोभन से बचना चाहिए। भारतीय राजनीतिक व्यवस्था में कठोरता से शक्ति को पृथक्करणीय तो नहीं बनाया गया किन्तु संविधान में व्यवस्था के तीनों अंगों के लिए स्पष्ट एवं निर्धारित अधिकार एवं कर्तव्य दिए गए हैं। यदि प्रत्येक अंक अपने दिए अधिकार के दायरे में रहकर कर्तव्यनिष्ठता के साथ कार्य करे तो यह समृद्ध लोकतंत्र के लिए लाभदायक होगा। प्लेटों ने अपनी महत्वपूर्ण कृति Republic में भी कहा है कि न्याय आधारित आदर्श राज्य की प्राप्ति तभी होगी जब दार्शनिक राजा, सैनिक तथा उत्पादक वर्ग तीनों अपने-अपने निर्धारित कार्यों को कर्त्तव्यनिष्ठता के साथ करे, कोई किसी का अतिक्रमण न करें। प्लेटो का यह संदर्भित सुझाव आज के समय में भी प्रासंगिक एवं व्यवहारिक है।

आवश्यकता इस बात की भी है कि न्यायपालिका के समक्ष लंबित पड़े 2 करोड़ से अधिक मामलों को निपटाया जाए। क्योंकि न्याय मिलने में विलंब भी अन्याय की श्रेणी में आता है। इसी विलंब का परिणाम है कि सामाजिक आर्थिक समस्याएं जैसे कि नक्सलवाद निरंतर बढ़ती जा रही है, राजनीति का अपराधीकरण और अपराधियों का राजनीतिकरण तीव्र गति से हा रहा है।

व्यक्तिगत स्तर पर सुझाव यह हो सकता है कि लोग केवल अपने अधिकार के प्रति ही नहीं बल्कि अपने कर्तव्यों के प्रति भी उतनी ही जागरूकता दिखाएं। क्योंकि कर्तव्यशील समाज समस्याओं को अवश्य ही न्यून करेगा। आज गठबंधन की सरकार भले ही संसदीय उत्तरदायित्व की संकल्पना में ह्रास लाया है, परंतु यह गठबंधन की राजनीति समृद्ध, स्वस्थ लोकतंत्र तथा भारतीय समाज का दर्पण है। आवश्यकता है उत्तरदायित्वपूर्ण सिद्धांत एवं व्यवहार को मजबूत करने की।

आदर्श स्थिति यह है कि तीनों अंग सामंजस्यता के साथ अपना अपना कार्य करें, कोई किसी के अधिकार क्षेत्र का अतिक्रमण न करें। ऐसी स्थिति के व्यवहार में फलीभूत नहीं होने तथा कार्यपालिकीय अक्षमता तथा अनुदरदायीपूर्ण व्यवहार की समाप्ति के लिए व्यवस्था के किसी सर्वमान्य अंग को आगे आना ही होगा, ताकि अराजकता की स्थिति उत्पन्न न हो पाए।

17 पंचायतों का सशक्तिकरण : कल-आज और कल

पंचायती राज संस्थाएँ भारत में लोकतंत्र की मेरूदंड हैं। निर्वाचित स्थानीय निकायों के लिए विकेन्द्रीकृत, सहभागीय और समग्र नियोजन प्रक्रिया को बढ़ावा देने और उन्हें सार्थक रूप प्रदान करने के लिए पंचायती राज मंत्रालय ने अनेक कदम उठाए हैं।

पिछड़ा क्षेत्र अनुदान कोष (बीआरजीएफ)

इस योजना के तहत अनुदान प्राप्त करने की अनिवार्य शर्त विकेन्द्रीकृत, सहभागीय और समग्र नियोजन प्रक्रिया को बढ़ावा देना है। यह विकास के अंतर को पाटता है और पंचायती राज संस्थाओं (पीआरआई) और उसके पदाधिकारियों की क्षमताओं का विकास करता है। हाल ही में हुए एक अध्ययन से पता चलता है कि स्थानीय आवश्यकताओं को पूरा करने में बीआरजीएफ अत्यधिक उपयोगी साबित हुआ है और पीआरआई तथा राज्यों ने योजना तैयार करने एवं उन पर अमल करने का अच्छा अनुभव प्राप्त कर लिया है। बीआरजीएफ के वर्ष 2009-10 के कुल 4670 करोड़ रूपए के योजना परिव्यय में से 31 दिसंबर, 2009 तक 3240 करोड़ रूपए जारी किये जा चुके हैं।

ई-गवर्नेंस परियोजना

एनईजीपी के अंतर्गत ईपीआरआई की पहचान मिशन पद्धति की परियोजना के ही एक अंग के रूप में की गई है। इसके तहत विकेन्द्रीकृत डाटाबेस एवं नियोजन, पीआरआई बजट निर्माण एवं लेखाकर्म, केंद्रीय और राज्य क्षेत्र की योजनाओं का क्रियान्वयन एवं निगरानी, नागरिक केन्द्रित विशिष्ट सेवायें, पंचायतों और व्यक्तियों को अनन्य कोड (पहचान संख्या), निर्वाचित प्रतिनिधियों और सरकारी पदाधिकारियों को ऑन लाइन स्वंय पठन माध्यम जैसे आईटी से जुड़ी सेवाओं की संपूर्ण रेंज प्रदान करने का प्रस्ताव है। ईपीआरआई में आधुनिकता और कार्य कुशलता के प्रतीक के रूप में पीआरआई में क्रांतिकारी परिवर्तन लाने और व्यापक आईसीटी (सूचना संचार प्रविधि) संस्कृति को प्रेरित करने की क्षमता है।

ईपीआरआई में सभी 2.36 लाख पंचायतों को तीन वर्ष के लिए 4500 करोड़ रूपए के अनन्तिम लागत से कम्प्यूटरिंग सुविधाएं मय कनेक्टिविटी (सम्पर्क सुविधाओं सहित) के प्रदान करने की योजना है। चूंकि पंचायतें, केंद्र राज्यों के कार्यक्रमों की योजना तैयार करने तथा उनके क्रियान्वयन की बुनियादी इकाइयाँ होती हैं, ईपीआरआई, एक प्रकार से, एमएमपी की छत्रछाया के रूप में काम करेगा। अतः सरकार, ईएनईजीपी के अंतर्गत ईपीआरआई को उच्च प्राथमिकता देगी। देश के प्रायः सभी राज्यों (27 राज्यों) की सूचना और सेवा आवश्यकताओं का आकलन, व्यापार प्रक्रिया अभियांत्रिकी और विस्तृत बजट रिपोर्ट पहले ही तैयार की जा चुकी है और परियोजना पर काम शुरू होने को ही है।

महिलाओं के लिए 50 प्रतिशत आरक्षण

राष्ट्रपति ने 4 जून, 2009 को संसद में अपने अभिभाषण में कहा था कि वर्ग, जाति और लिंग के आधार पर अनेक प्रकार की वर्जनाओं से पीड़ित महिलाओं को पंचायतों में 50 प्रतिशत आरक्षण के फैसले से अधिक महिलाओं को सार्वजनिक क्षेत्र में प्रवेश का अवसर प्राप्त होगा। तद्नुसार मंत्रिमंडल ने 27 अगस्त, 2009 को संविधान की धारा 243घ को संशोधित करने के प्रस्ताव का अनुमोदन कर दिया ताकि पंचायत के तीनों स्तर की सीटों और अध्यक्षों के 50 प्रतिशत पद महिलाओं के लिए आरक्षित किये जा सकें। पंचायती राज मंत्री ने 26 नवंबर, 2009 को लोकसभा में संविधान (110वाँ) संशोधन विधेयक, 2009 पेश किया।

वर्तमान में, लगभग 28.18 लाख निर्वाचित पंचायत प्रतिनिधियों में से 36.87 प्रतिशत महिलायें हैं। प्रस्तावित संविधान संशोधन के बाद निर्वाचित महिला प्रतिनिधियों की संख्या 14 लाख से भी अधिक हो जाने की आशा है।

पंचायती राज संस्थाओं को कार्यों, वित्त और पदाधिकारियों का हस्तान्तरण

पंचायतें जमीनी स्तर की लोकतांत्रिक संस्थायें हैं और कार्यों, वित्त तथा पदाधिकारियों के प्रभावी हस्तांतरण से उन्हें और अधिक सशक्त बनाए जाने की आवश्यकता है। इससे पंचायतों द्वारा समग्र योजना बनाई जा सकेगी और संसाधनों को एक साथ जुटाकर तमाम योजनाओं को एक ही बिंदु से क्रियान्वित किया जा सकेगा।

ग्राम सभा का वर्ष

पंचायती राज के 50 वर्ष पूरे होने पर 2 अक्टूबर, 2009 को समारोह का आयोजन किया गया। स्वशासन में ग्राम सभाओं और ग्राम पंचायतों में पारदर्शिता और उत्तरदायित्व के महत्व को देखते हुए 2 अक्टूबर, 2009 से 2 अक्टूबर, 2010 तक के

अवधि को ग्राम सभा वर्ष के रूप में मनाया गया। ग्राम सभाओं की कार्य प्रणाली में प्रभाविकता सुनिश्चित करने के सभी संभव प्रयासों के अतिरिक्त, निम्नलिखित कदम उठाए जा रहे हैं- पंचायतों, विशेषतः ग्राम सभाओं के सशक्तीकरण के लिए आवश्यक नीतिगत, वैधानिक और कार्यक्रम परिवर्तन, पंचायतों में अधिक कार्यकुशलता, पारदर्शिता और जवाबदेही सुनिश्चित करने हेतु सुव्यवस्थित प्रणालियों और प्रक्रियाओं को और ग्राम सभाओं तथा पंचायतों की विशिष्ट गतिविधियों को आकार देना और ग्राम सभाओं तथा पंचायतों की विशिष्ट गतिविधियों के बारे में जन-जागृति फैलाना।

न्याय पंचायत विधेयक, 2010

वर्तमान न्याय प्रणाली, व्ययसाध्य, लम्बी चलने वाली प्रक्रियाओं से लदी हुई, तकनीकी और मुश्किल से समझ में आने वाली है, जिससे निर्धन लोग अपनी शिकायतों के निवारण के लिए कानूनी प्रक्रिया का सहारा नहीं ले पाते। इस प्रकार की दिक्कतों को दूर करने के लिए मंत्रालय ने न्याय पंचायत विधेयक लाने का प्रस्ताव किया है। प्रस्तावित न्याय पंचायतें न्याय की अधिक जनोन्मुखी और सहभागीय प्रणाली सुनिश्चित करेंगी, जिनमें मध्यस्थता, मेल-मिलाप और समझौते की अधिक गुंजाइश होगी। भौगोलिक और मनोवैज्ञानिक रूप से लोगों के अधिक नजदीक होने के कारण न्याय पंचायतें एक आदर्श मंच संस्थायें साबित होंगी, जिससे दोनों पक्षों और गवाहों के समय की बचत होगी, परेशानियां कम होंगी और खर्च भी कम होगा। इससे न्यायपालिका पर काम का बोझ भी कम होगा।

पंचायत महिलाशक्ति अभियान

यह निर्वाचित महिला प्रतिनिधियों के आत्मविश्वास और क्षमता को बढ़ाने की योजना है ताकि वे उन संस्थागत, समाज संबंधी और राजनीतिक दबावों से ऊपर उठकर काम कर सकें, जो उन्हें ग्रामीण स्थानीय स्वशासन में सक्रियता से भाग लेने में रोकते हैं। 22 राज्यों में कोर (मुख्य) समितियां गठित की जा चुकी हैं और राज्य स्तरीय सम्मेलन हो चुके हैं। योजना के तहत 9 राज्य समर्थन केंद्रों की स्थापना की जा चुकी है। ये राज्य हैं- आंध्र प्रदेश, छत्तीसगढ़, हिमाचल प्रदेश, मध्य प्रदेश, सिक्किम, केरल, पश्चिम बंगाल और अंडमान एवं निकोबार द्वीप समूह। योजना के तहत 11 राज्यों में प्रशिक्षण के महत्व के बारे में जागरूकता लाने के कार्यक्रम हो चुके हैं। ये राज्य हैं- आंध्र प्रदेश, अरूणाचल प्रदेश, छत्तीसगढ़, गोवा, हिमाचल प्रदेश, मध्य प्रदेश, मणिपुर, केरल, असम, सिक्किम, और अंडमान एवं निकोबार द्वीप समूह।

संभागीय स्तर के 47 सम्मेलन 11 राज्यों (छत्तीसगढ़, गोवा, हरियाणा, आंध्र प्रदेश, हिमाचल प्रदेश, राजस्थान, सिक्किम, मणिपुर, उत्तराखंड, पश्चिम बंगाल और अंडमान एवं निकोबार द्वीप समूह) में आयोजित किए गए हैं। गोवा और सिक्किम में निर्वाचित महिला प्रतिनिधियों और निर्वाचित युवा प्रतिनिधियों (ईडब्ल्यूआरसईवाईआरस) के राज्य स्तरीय संघ गठित किये जा चुके हैं।

ग्रामीण व्यापार केन्द्र (आरबीएच) योजना

भारत में तेजी से हो रहे आर्थिक विकास को ग्रामीण क्षेत्रों में पंचायती राज संस्थाओं के माध्यम से पहुंचाने के लिए 2007 में आरबीएच योजना शुरू की गई थी। आरबीएच, देश के ग्रामीण क्षेत्रों के लिए विकास का एक ऐसा सहभागीय प्रादर्श है जो 4P अर्थात पब्लिक प्राईवेट पंचायत पार्टनरशिप (सरकार, निजी क्षेत्र, पंचायत भागीदारी) के आधार पर निर्मित है। आरबीएच की इस पहल का उद्देश्य आजीविका के साधनों में वृद्धि के अलावा ग्रामीण गैर-कृषि आमदनी बढ़ाकर और ग्रामीण रोजगार को बढ़ावा देकर ग्रामीण समृद्धि का संवर्धन करना है।

राज्य सरकारों के परामर्श से आरबीएच के अमल पर विशेष रूप से ध्यान केन्द्रित करने के लिए 35 जिलों का चयन किया गया है। संभावित आरबीएच की पहचान और उनके विकास के लिए पंचायतों की मदद के वास्ते गेटवे एजेन्सी के रूप में काम करने हेतु प्रतिष्ठित संगठनों की सेवाओं को सूचीबद्ध किया गया है। आरबीएच की स्थापना के लिए 49 परियोजनाओं को वित्तीय सहायता दी जा चुकी है। भविष्य में उनका स्तर और ऊँचा उठाने के लिए आरबीएच का मूल्यांकन भी किया जा रहा है।

18 सरोगेसी (किराए की कोख) और भारतीय समाज

प्रजनन विज्ञान की प्रगति ने उन दंपत्तियों तथा अन्यों के लिए प्राकृतिक रूप से संतानसुख को संभव बना दिया है, जिनकी अपनी संतान किन्हीं कारणों से नहीं हो सकती। इसने सरोगेस माँ की अवधारणा को जन्म दिया है। सरोगेसी सहायक प्रजनन की एक प्रणाली है। आईवीएफ/ गर्भावधि सरोगेसी इसका अधिक सामान्य रूप है जिसमें सरोगेस संतान पूर्ण रूप से सामाजिक अभिभावकों से संबंधित होती है। इसका अन्य तरीका है गर्भावधि सरोगेसी जिसमें सरोगेट संतान आनुवांशिक तौर पर पिता और सरोगेट माँ से संबंधित होता है।

सरोगेसी के लिए भारत एक अनुकूल गंतव्य के रूप में उभरा है और सहायक प्रजनन तकनीक (एआरटी) उद्योग 25 अरब रूपए के सालाना कारोबार के रूप में विकसित हुआ है, जिसे विधि आयोग ने ''स्वर्ण कलश'' की संज्ञा दी है। भारत में सरोगेसी के अभूतपूर्व रूप में बढ़ने का मुख्य कारण इसका सस्ता और सामाजिक रूप से मान्य होना है। इसके अलावा गोद लेने की जटिल प्रक्रिया के कारण भी सरोगेसी तथा पंसदीदा विकल्प के रूप में उभरी है।

अनिवासी भारतीयों सहित विदेशी नागरिकों द्वारा विभिन्न चिकित्सीय और व्यक्तिगत कारणों से सरोगेसी को अपनाए जाने ने भी भारतीय सरोगेसी उद्योग के उदय में योगदान दिया है। मुख्यत: इस कारण से क्योंकि उनके संबंधित देशों के मुकाबले यहां पर यह प्रक्रिया कम से कम दस गुना सस्ती है। भारत में संतान के लिए आने वाली विदेशी दंपत्तियों का कोई आंकड़ा मौजूद नहीं है लेकिन एआरटी क्लिनिकों का कहना है कि यह संख्या उत्साहजनक रूप से बढ़ रही है।

भारत में 23 जून 1994 में प्रथम सरोगेस शिशु के साथ सरोगेसी की शुरूआत हुई, लेकिन विश्व का ध्यान इस ओर आकर्षित करने में और आठ वर्ष लग गए। जब 2004 में एक महिला ने अपनी ब्रिटेन में रहने वाली बेटी के लिए सरोगेट शिशु को जन्म दिया। एक चिकित्सीय प्रक्रिया के रूप में सरोगेसी पद्धति में वर्षो के अंतराल में परिपक्वता आई है। धीरे-धीरे भारत प्रजनन बाजार का एक मुख्य केन्द्र बन गया है और आज देश भर में कृत्रिम गर्भाधान, आईवीएफ और सरोगेसी मुहैया कराने वाले अनुमानित 200,000 क्लिनिक हैं। वे इसे सहायक प्रजनन तकनीक (एआरटी) कहते हैं।

भारत में सरोगेसी को नियंत्रित करने के लिए फिलहाल कोई कानून नहीं है और किराए पर कोख देने (व्यावसायिक सरोगेसी) को तर्क संगत माना जाता है। किसी कानून की अनुपस्थिति में भारतीय आयुर्विज्ञान अनुसंधान परिषद् (आईसीएमआर) ने भारत में एआरटी क्लिनिकों के प्रमाणन, निरीक्षण और नियंत्रण के लिए 2005 में दिशानिर्देशों को जारी किया। लेकिन आईसीएमआर के दिशानिर्देशों के उल्लंघन और कथित तौर पर बड़े पैमाने पर सरोगेट माताओं के शोषण और जबरन वसूली के मामलों के कारण इसके लिए कानून की जरूरत महसूस की जा रही है।

सरोगेसी को कानूनी बनाने के लिए भारत सरकार के कहने पर एक विशेषज्ञ समिति ने सहायक प्रजनन तकनीक (नियंत्रण) कानून, 2010 का मसौदा तैयार किया। इससे पहले 2008 में परिकल्पित प्रस्तावित कानून में व्यापारिक सरोगेसी को भी कानूनी मान्यता देने पर विचार किया गया था। यह एक 'जोड़े' को उन दो व्यक्तियों के रूप में परिभाषित करता है, जो एक साथ रहते हैं और जिनके बीच यौन संबंध हैं। समलैंगिगता पर दिल्ली उच्च न्यायालय के फैसले के बाद यह अकेले के अलावा समलैंगिकों को सरोगेट शिशुओं का कानूनी हक देता है। यह सरोगेट माताओं की आयुसीमा 21-35 वर्ष के बीच निर्धारित करता है और उसके अपने बच्चों सहित उसके लिए कुल पांच प्रसवों को सीमित करता है। प्रस्तावित विधान के अनुसार सरोगेट माताओं को कानूनी रूप से लागू किए जाने के योग्य सरोगेसी के समझौते पर अमल करना होगा।

अनिवासी भारतीयों सहित विदेशी नागरिकों जो सरोगेसी की चाह में भारत आएंगे, उन्हें प्रस्तावित कानून के अंतर्गत इस आशय का प्रमाणपत्र देना होगा कि उनके देश में सरोगेसी को कानूनी मान्यता प्राप्त है और यह भी कि जन्म के बाद शिशु को उनके देश की नागरिकता दी जाएगी। ''सहायक प्रजनन तकनीक क्लिनिकों को और सरोगेसी से जुड़े विभिन्न पक्षों के अधिकारों और दायित्वों के नियमन के लिए कानून की जरूरत'' पर अपनी 228वीं रिपोर्ट में भारत के विधि आयोग ने भारत में सरोगेसी का मोटे तौर पर समर्थन किया है, लेकिन यह व्यापारिक सरोगेसी के पक्ष में नहीं है। आयोग ने कहा कि ''ऐसा प्रतीत होता है कि भारत में किराए पर कोख उपलब्ध

है, जिससे विदेशियों को शिशु और इसके बदले में भारतीय सरोगेट माताओं की प्राप्ति होती है।''

लेकिन मुंबई के एक बांझपन विशेषज्ञ के अनुसार आयोग द्वारा केवल परोपकार के तौर पर सरोगेसी का समर्थन करना ही कोई एकमात्र समाधान नहीं है। विशेषज्ञ का कहना है कि, ''परोपकार के रूप में सरोगेट को तलाशना काफी मुश्किल हो जाएगा और इससे रिश्तेदारों पर सेरोगेट बनने का दबाव बढ़ेगा।'' गरीबी, अशिक्षा और भारत में महिलाओं के जीवन में शक्ति की कमी के परिदृश्य में यह एक वास्तविकता हो सकती है।

लेकिन अनेक कानूनी विशेषज्ञों का मानना है कि बिल का मसौदा सही दिशा में है और यह मौजूदा अव्यवस्था को समाप्त करने और आईवीएफ केन्द्रों के कामकाज को नियमित करने में मददगार तथा एआरटी क्लिनिकों की गुणवत्ता और उत्तरदायित्व को सुनिश्चित करने में मददगार होगा। यह सरोगेट माताओं और शिशुओं दोनों के हितों को सुरक्षा और संतान की चाह रखने वाले अभिभावकों के लिए उनकी अपनी संतान के सपने को बगैर किसी मुश्किल के साकार करने में मददगार होगा।

चिंता के कुछ कारण भी हैं जैसे कि व्यावसायिकरण के संदर्भ में समाज पर इसका क्या प्रभाव होगा। गरीब अशिक्षित महिलाओं को पैसों का लालच देकर सरोगेसी के लिए बार-बार मजबूत किया जा सकता है, जिससे उनकी जिंदगी को खतरा हो जाएगा। सरोगेट माँ के अधिकारों के प्रश्न के अलावा इसमें नैतिक और मानवीय गरिमा का मुद्दा भी शामिल है। सरोगेसी के इस मसौदा विधेयक को कानून बनाने से पूर्व सामाजिक, कानूनी और राजनैतिक सभी हलकों में इस पर व्यापक बहस की जरूरत है।

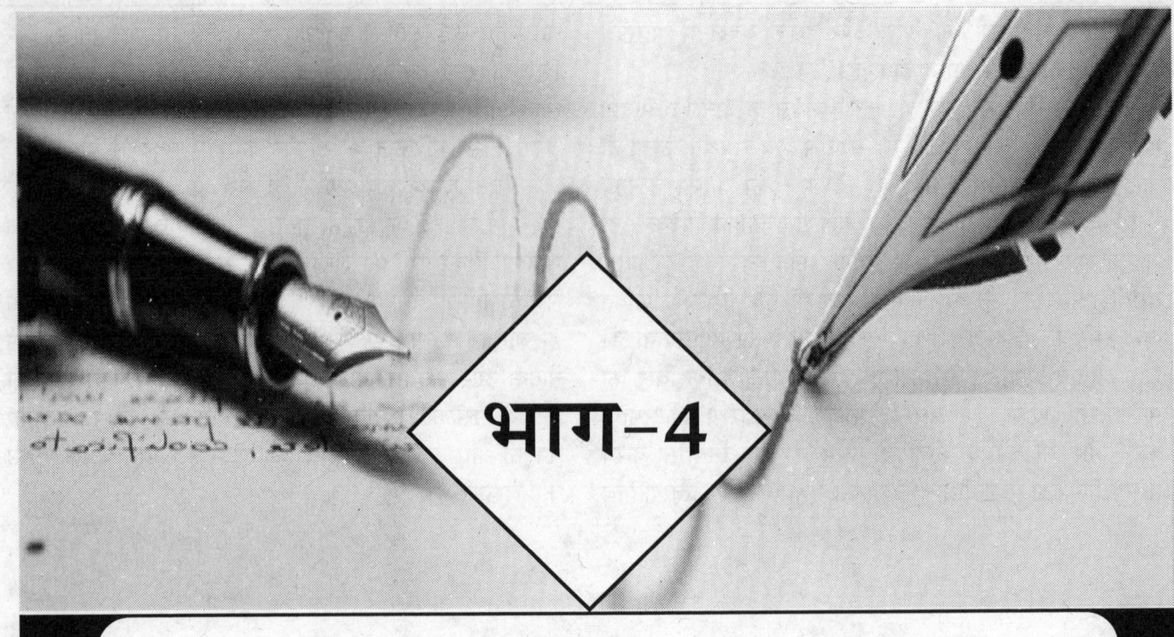

आर्थिक क्षेत्र

इस भाग में ....

नीति आयोग और उसकी पहलें
भारत में खाद्य सुरक्षा की स्थितियाँ
भारत में विदेशी व्यापार
सामाजिक न्याय की पहलें
सार्वजनिक वितरण प्रणाली : विसंगतियाँ और सुधार
खाद्य सुरक्षा
गरीबी एवं बेरोजगारी
जीएसटी : विशेष
विमुद्रीकरण : आजादी के बाद सबसे बड़ा मौद्रिक परिवर्तन
भारत में समावेशी विकास एवं चुनौतियाँ
खाद्य सुरक्षा एवं संरक्षण अधिनियम
भारत में आर्थिक नियोजन की उपलब्धियाँ और नीति आयोग की पहलें
भारतीय कृषि क्षेत्र की मौजूदा स्थिति और प्रौद्योगिकी

01 नीति आयोग और उसकी पहलें

नीति आयोग की स्थापना के लिए तर्काधार है कि लोगों को उनकी सहभागिता के माध्यम से शासन से विकास तथा सुधार के लिए बहुत बड़ी उम्मीदें हैं। इसके लिए शासन में संस्थागत सुधारों तथा गत्यात्मक नीति-विस्थापनों की आवश्यकता है, जो वृहत-स्तर के परिवर्तनों का बीजारोपण कर सके व उसका पोषणकर सके। हमारे देशका भाग्य, जबसे हमने स्वतंत्रता प्राप्त की है, अब एक उच्चतर प्रक्षेप पथ पर है।

केन्द्रीकृत नियोजन अवधारणा बदली हुई परिस्थितियों में कार्य नहीं कर सकती क्योंकि आयोग अपनी प्रासंगिकता खोता जा रहा था। समय बदल चुका है और मुद्दे बदल चुके हैं, तथा नेहरू ही यह कहने वाले प्रथम व्यक्ति थे कि आयोग पर पुनर्दृष्टि डालने की आवश्यकता है। जब निजी निवेश सार्वजनिक निवेश से बहुत आगे निकल गया है और केन्द्र-राज्य संबंध उल्लेखनीय रूप से बदल गए हैं तो बाजार अर्थव्यवस्था में, नियोजन प्रक्रिया को एक अलग दिशा-निर्धारण व दृष्टिकोण की आवश्यकता है। यह, निस्संदेह, ऐसा कहने का दूसरा तरीका है कि वह बाजार है जो विभिन्न क्षेत्रों के लिए प्राथमिकताओं तथा संसाधनों के आवंटन को निर्धारित करेगा, ना कि कोई योजना प्राधिकरण।

योजना आयोग अत्यधिक निरंकुश हो गया था और विशिष्ट रूप से उसने अपना फरमान विभिन्न राज्यों पर लागू किया। पंच-वर्षीय योजनाओं में राज्य निवेश मनमाने हो गए थे। दूसरा समान रूप से गंभीर आरोप है कि आयोग केन्द्र में सत्तारूढ़ राजनैतिक दल अथवा गठनबंधन का एजेंट बन गया था। इस संदर्भ में, भास्कर दत्ता ने अवलोकन किया कि जबरदस्त साक्ष्य हैं कि योजना आयोग ने स्वयं को केन्द्र में सत्तारूढ़ राजनैतिक दल अथवा गठबंधन की एजेंसी (संस्था) बन जाने की अनुमति दे दी, क्योंकि अनुपातहीन रूप से ऐसे विवेकाधीन अनुदानों का बड़ा भाग राजनैतिक रूप से केन्द्र में शासन करने वाली पार्टी के साथ सरेखित था।

बदले हुए परिदृश्य में, महासंघीय संरचना में राज्य अपनी राय का अधिक महत्व चाहते हैं। एक राष्ट्र के लिए विकास करना तब तक संभव नहीं है जब तक कि उसके राज्य विकास नहीं करते। नीति-आयोग की प्रक्रिया भी ''ऊपर से नीचे'' से लेकर ''नीचे से ऊपर'' तक परिवर्तित हुई है। नया निकाय ''आधार ऊपर (प्रथम)'' का दृष्टिकोण अपनाएगा, जहां स्थानीय स्तर पर निर्णय लिए जाएंगे, तत्पश्चात् केन्द्रीय स्तर पर उनकी पुष्टि की जाएगी। नए निकाय की परिकल्पना ''सहकारी संघवाद'' के आदर्शों का अनुसरण करने के लिए की गई है, जिसमें राज्यों को उनकी अद्वितीय आवश्यकताओं के लिए योजनाओं के निर्माण के लिए छूट दी गई है, बजाए इसके कि उनका (योजनाओं को) केन्द्र द्वारा निर्धारण किया जाए। यह देश की विविधता की पहचान को बनाने के लिए है। एक राज्य की आवश्यकताएं जैसे कि अपने अत्यधिक विकसित सामाजिक संकेतकों के साथ केरल की आवश्यकताएं झारखंड के समान नहीं हो सकतीं, जिसके प्राप्तांक इस आधार पर अपेक्षाकृत कम हैं। यदि वास्तव में निकाय उसी प्रकार कार्य करता है, जिस प्रकार इसकी परिकल्पना की गई है, तो पहली बार राज्यों को अपनी विकास प्राथमिकताएं स्थापित करने में बोलने का अवसर प्राप्त होगा। यह अनेक प्रस्तावों में से एक में प्रतिबिंबित भी हुआ है, जो कहता है, 'ग्राम स्तर पर विश्वसनीय योजना तैयार करने के लिए तंत्र विकसित करना तथा सरकार के उच्च स्तरों पर उत्तरोत्तर इनका समुच्चय करना।' अन्तर्राज्यीय विवादों को संबोधित करने के लिए प्रभावी तंत्र के साथ, नए निकाए में राज्यों की प्रमुख भूमिका होगी। नीति आयोग का लक्ष्य, निरंतर आधार पर संरचित सहयोग पहल एवं तंत्र के माध्यम से राज्यों के साथ ''सहकारी संघवाद'' को पोषित करना है, यह जानते हुए कि सशक्त राज्य ही एक सशक्त राष्ट्र का निर्माण करते हैं। यह, नियोजन तथा केन्द्र द्वारा राज्यों को निधियों के आवंटन, दोनों में संघवाद की भावना को बढ़ावा देने का वचन देता है।

यदि एक नई संघीय प्रकृति को विकसित करना है तो, नई संस्था को, संवैधानिक संस्थाओं, जैसे वित्त आयोग, और अंतर्राज्यीय परिषद के साथ मिल-जुलकर काम करने की आवश्यकता है। भूतपूर्व पूर्वानुमान निर्धारित करता है कि किस प्रकार राष्ट्रीय राजस्व को, जो केन्द्रीय करों के माध्यम से कर राजस्व के रूप में एकत्रित किया जाता है, राज्यों के सही तरीके से साझा किया जाना चाहिए। बिना किसी संलग्न तंत्र के, अंतर्राज्यीय परिषद एक विमर्शी संस्था बन सकती है, जो राज्यों के बीच सौदेबाजी के मुद्दों का निराकरण करती है, जो विकास के अलग-अलग स्तरों पर होते हैं या अलग-अलग आर्थिक संरचनाओं वाले होते हैं। नीति आयोग को इन चर्चाओं से एक प्रभावशाली परामर्शी संस्था के रूप में जुड़ना चाहिए। नीति

आयोग तब तक एक सफल नवाचार हो सकता है, जब तक कि ऐसे विवरणों को सुलझाया जाता रहेगा।

नया भारत, जिसके लिए नीति आयोग की स्थापना की गई, वह मौलिक रूप से एक भिन्न देश है। कम घरेलू बचतों के विषय में पुरानी मान्यताएं, विदेशी मुद्रा विनिमय अवरोध और उथला वित्तीय बाजार अब समाप्त हो चुके हैं। निजी क्षेत्र ने, दशकों पूर्व, प्रमुख निवेश यंत्र के रूप में सार्वजनिक क्षेत्र को प्रतिस्थापित कर दिया था। बचतों को गतिशील करने तथा उन्हें लाभप्रद निवेशों की ओर परिवर्तित करने में बाजारों की कहीं बड़ी भूमिका होती है। योजना आयोग ने सरसरी तौर पर इसे अप्रासंगिक पाया, भले ही सामाजिक क्षेत्र की योजनाओं के प्रबंधक के रूप में स्वयं उसने इन्हें पुनः प्रस्तुत करने का प्रयास किया।

नीति आयोग को सलाहकार के रूप में रखना बेहतर होगा। नई संस्था को राष्ट्रीय स्तर पर आर्थिक उन्नति पर बाध्यकारी व्यवधानों की पहचान करनी चाहिए: उदाहरण के लिए, अवसंरचना, ऊर्जा, जल, शिक्षा, पर्यावरण व खाद्य उत्पादन।

योजना आयोग में जो संस्थागत निर्बलता पसर गई थी, उससे उबरना महत्वपूर्ण है। नीति आयोग को, अगले दो दशकों में देश के आर्थिक, सामाजिक व राजनैतिक रूपांतरण के लिए एक विशिष्ट समयबद्ध आज्ञापत्र तथा निर्देशन प्रदान किया जाना चाहिए। इसे भारत के संघीय ढांचे, उसकी अद्वितीय सामाजिक-सांस्कृतिक विविधता को सशक्त बनाते हुए तथा दीर्घकालिक संसाधन-उपयोग कार्यनीति का उदाहरण स्थापित करते हुए उसे एक विकसित राष्ट्र में रूपांतरित करना है। सार्वजनिक सेवा प्रतिपादन में आवश्यक संस्थागत पुनर्गठन तथा नीतिगत सुधार लाने के जनादेश के साथ, आयोग को विकास तथा शासन सुधार कार्यों का आयोग बनाए जाने की आवश्यकता है, जिसमें कानून तथा व्यवस्था, न्याय की व्यवस्था, लोकतंत्र को और अधिक गहरा करने के लिए चुनावी सुधार, ऊर्जा व पर्यावरण प्रबंधन के क्षेत्र शामिल होंगे।

सार्वजनिक क्षेत्र के बीमार उपक्रमों का समापन: प्रधानमंत्री कार्यालय के निर्देश पर नीति आयोग ने सार्वजनिक क्षेत्र के उन उपक्रमों (सीपीएसआई) के विश्लेषण की दो स्तरीय प्रक्रिया शुरू की जो बीमार बताए जाते हैं। सीईओ की अध्यक्षता में एक समिति ने राष्ट्रीय लोक वित्त एवं नीति संस्थान (एनआईपीएफपी) की सहायता से बीमार सीपीएस इकाइयों का विस्तृत विश्लेषण किया। इस समिति ने आयोग के उपाध्यक्ष की अध्यक्षता वाली समिति को अपनी रिपोर्ट सौंपी। समिति के निष्कर्षों के आधार पर रिपोर्ट तैयार कर प्रधानमंत्री कार्यालय (पीएमओ) भेजी गयी। इसके बाद मंत्रिमंडल ने अनेक बीमार केन्द्रीय उपक्रमों को बंद करने का निर्णय लिया।

केन्द्रीय सार्वजनिक उपक्रमों (CEPSe) का युक्तिपूर्ण विनिवेश: वर्ष 2016-17 के बजट में नीति आयोग को उन केन्द्रीय उपक्रमों की पहचान करने का दायित्व सौंपा गया था, जिनका नीतिगत विनिवेश किया जाना था। इस दायित्व में शामिल थे-(1) युक्तिपूर्ण बिक्री के लिए केन्द्रीय उपक्रमों की पहचान, (2) हस्तांतरित किए जा सकने वाले शेयरों की संख्या पर सलाह, (3) बिक्री का तरीका और (4) मूल्यांकन की पद्धतियों के बारे में सुझाव।

अटल नवाचार मिशन: स्वरोजगार एवं प्रतिभा उपयोग (सेतु-एसईटीयू) को समाहित कर 2016 में अटल नवाचार मिशन की शुरूआत की गई। यह स्टार्टअप इंडिया कार्ययोजना का ही एक हिस्सा है। इसके लिए नीति आयोग में ही एक मिशन निदेशालय बनाया गया। नीति आयोग के मुख्य कार्यकारी अधिकारी (सीईओ) इस मिशन के निदेशक बनाए गए हैं। मिशन की सभी गतिविधियों के सुचारू संचालन के लिए प्रबंधक नियुक्त किए जा चुके हैं।

अटल टिकटिंग लैब्स (बाल प्रतिभाओं की प्रयोगशाला): प्रारंभिक छानबीन के बाद 595 स्कूलों को नवंबर के प्रथम सप्ताह में देश के 6 शहरों में चयन प्रक्रिया के अंतिम चरण में भाग लेने के लिए बुलाया गया। प्रत्येक आमंत्रित विद्यालय को अपने-अपने क्षेत्र की दो-दो चुनौतियों की पहचान कर उनका समाधान बताने को कहा गया। इन समाधानों की परख सभी 6 केन्द्रों में एक स्वतंत्र निर्णायक मंडल ने अलग-अलग किया। इस दौर के अंकों के आधार पर शीर्ष 257 स्कूलों को पहले चरण में, 2016 में एटीएल अनुदान दिया गया। इन स्कूलों को वर्तमान में वित्तीय अनुदान जारी किया जा रहा है।

डिजिटल भुगतान आंदोलन: डिजिटल भुगतान के विकल्प को प्रोत्साहित करना सार्वजनिक जीवन से काला धन और भ्रष्टाचार को दूर भगाने की भारत सरकार की रणनीति का अभिन्न अंग है। इसके लिए सरकार और नागरिक के बीच होने वाले अधिकतम लेन-देन डिजिटल प्रणाली से किया जाना प्रस्तावित है। इसे अमल में लाने के इरादे से एक समिति गठित की गई जिसे अर्थव्यवस्था के सभी क्षेत्रों में यथाशीघ्र उपयोग में सरल डिजिटल भुगतान के विकल्पों की पहचान और उनको कार्यरूप में परिणत करने का दायित्व सौंपा गया।

यह समिति अब डिजिटल अर्थव्यवस्था को अपनाने के लाभों को आम लोगों को समझाने और उनमें जागृति लाने के उद्देश्य से आम जनता तक पहुंचने के लिए कार्ययोजना तैयार करने में जुटी हुई है। यह समिति राज्यों की प्रशासकीय मशीनरी के लिए भी खाका (मानचित्र) तैयार करेगी ताकि डिजिटल भुगतान की पद्धतियों को अपनाने में उनकी मदद हो सके। डिजिटल लेन-देन के प्रति समर्थन, जागरूकता एवं जनता, सूक्ष्म उद्योगों और अन्य हितसाधकों की सहायता करने के प्रयासों के समन्वयन से समाविष्ट एक कार्य योजना पहले ही तैयार की जा चुकी है।

द्वीपों का समग्र विकास: नीति आयोग ने समुद्री व्यापार, जहाजरानी, मत्स्यपालन, पर्या-भ्रमण, अधो-समुद्री खनन, तेल एवं गैस तथा अन्य सामाजिक और आर्थिक गतिविधियों को बढ़ावा देने हेतु चिन्हित द्वीपों के विकास की प्रक्रिया शुरू की है। इसका उद्देश्य इन द्वीपों में डीजल के स्थान पर सौर ऊर्जा, पवन ऊर्जा, ज्वार (समुद्री लहर) ऊर्जा, सागर-तापीय ऊर्जा संसाधनों के प्रयोग को बढ़ावा देने का भी है। नीति आयोग ने सभी संबंधित केन्द्रीय मंत्रालयों विभागों केन्द्रशासित प्रदेशों और अन्य हितसाधकों से परामर्श कर समग्र विकास के लिए पहले चरण में 10 द्वीपों का चयन किया है। ये हैं-अंडमान-निकोबार द्वीप समूह के स्मिथ, रॉस, लॉन्ग, एविस और लिटिल अंडमान तथा लक्षद्वीप समूह के मिनिकॉय, वंगारम, तिन्नाकारा, चेरियम और सुहेली द्वीप।

कृषक हितैषी सुधार सूचकांक: नीति आयोग ने कृषि बाजार सुधार, भूमि पट्टा सुधार और निजी भूमि पर वानिकी (वृक्षों की कटाई एवं परिवहन) के तीन प्रमुख क्षेत्रों में सुधार लाने की आवश्यकता के प्रति राज्यों को तैयार करने के लिए पहली बार कृषि विपणन और कृषक हितैषी सुधार सूचकांक तैयार किए हैं। इस सूचकांक में शून्य से लेकर अधिकतम 100 अंक का अर्थ होगा कि उसमें पूरी तरह से सुधार लागू किए गए हैं। राज्यों और केन्द्रशासित प्रदेशों को सूचकांक में प्राप्त अंक के आधार पर क्रम दिए गए हैं। इन संकेतकों का उद्देश्य कृषि-व्यवसाय में सुगमता, आधुनिक व्यापार के लिए अवसर और अपनी उपज के विक्रय हेतु विकल्पों के बारे में प्रत्येक राज्य की स्थिति दर्शाना। ये कृषि बाजारों में स्पर्धात्मकता, दक्षता और पारदर्शिता को भी दर्शाते हैं।

राज्यों के कार्य निष्पादन को मापने के सूचकांक: वर्ष 2016-17 में नीति आयोग ने तीन प्रमुख सूचकांक विकसित करने का महत्वपूर्ण कार्य हाथ में लिया है, जो देश में प्रतियोगी सहकारी संघवाद को आगे बढ़ाने का कार्य करेंगे। आयोग स्वास्थ्य सेवा, शिक्षा और जल के महत्वपूर्ण आर्थिक और सामाजिक क्षेत्रों में परिणाम-आधारित निगरानी ढांचा स्थापित करने का प्रयास कर रहा है। इस ढांचे का बुनियादी उद्देश्य, उपर्युक्त तीनों क्षेत्रों में आधारभूत निष्पादन संकेतकों (केपीआई) के अनुसार राज्यों के प्रदर्शन की समीक्षा के जरिए महत्वपूर्ण नीति का क्रियान्वयन तय करना है। नीति आयोग द्वारा प्रत्येक राज्य से दी गई जानकारी की समीक्षा और विधि मान्यता के लिए अपने-अपने केपीआई डेटासेट में जाने के लिए अनुरोध किया जाएगा।

स्वास्थ्य परिणाम प्रदर्शन सूचकांक: राज्यों द्वारा दी जा रही स्वास्थ्य सेवाओं की गुणवत्ता के आकलन के लिए नीति आयोग और स्वास्थ्य एवं परिवार आयोग मंत्रालय ने संयुक्त रूप से स्वास्थ्य परिणामों की कसौटी पर प्रदर्शन का सूचकांक तैयार किया है। इस सूचकांक का उद्देश्य राज्यों को स्वास्थ्य क्षेत्र में आमूल परिवर्तन के लिए प्रेरित करना है। आयोग ने सूचकांक, उपाय और आंकड़ों की पद्धतियों की विशेषताओं को दर्शाने वाले अभ्यास हेतु दिशानिर्देश भी तैयार किए हैं।

विद्यालय शिक्षा गुणवत्ता सूचकांक: नीति आयोग ने मानव संसाधन विकास मंत्रालय की सहभागिता में विद्यालय शिक्षागुणवत्ता सूचकांक (एसईक्यूआई-सेक्की) की रूपरेखा तैयार की है। सेक्की एक संयुक्त सूचकांक है, जिसके आधार पर शिक्षा गुणवत्ता के महत्वपूर्ण क्षेत्रों में राज्यों में सुधार के बारे में वार्षिक रिपोर्ट दी जाया करेगी। इस सूचकांक की जो व्यापक परिकल्पना है, उसके अनुसार राज्यों को परिणामों, सतत वार्षिक सुधारों हेतु राज्य नीति नवाचार को प्रोत्साहन देने की ओर ध्यान देना होगा। वर्तमान में सेक्की का 60 प्रतिशत अध्ययन (पठन) परिणामों पर आधारित है। इसीलिए, उच्च गुणवत्ता वाले अध्ययन आंकड़ों की उपलब्धता जल महत्वपूर्ण हो जाती है।

जल प्रबंधन सूचकांक: भारत में जल संसाधनों के सतत प्रबंधन के महत्व को देखते हुए नीति आयोग राज्यों और केन्द्रशासित प्रदेशों के सक्रिय सहयोग से संयुक्त जल प्रबंधन सूचकांक तैयार कर रहा है। यह सूचकांक संबंधित मंत्रालयों, विभागों तथा अन्य संबंधित पक्षों के परामर्श से तैयार किया जा रहा है।

02 भारत में खाद्य सुरक्षा की स्थितियाँ

भारत विकास रिपोर्ट (**World Development Report 1986**) ने खाद्य सुरक्षा की परिभाषा "सभी व्यक्तियों के लिए सभी समय पर एक सक्रिय, स्वस्थ जीवन के लिए पर्याप्त भोजन की उपलब्धि" के रूप में की है। किन्तु खाद्य एवं कृषि संस्था (FAO) ने खाद्य सुरक्षा की परिभाषा "सभी व्यक्तियों को सभी समय पर उनके लिए आवश्यक बुनियादी भोजन के लिए भौतिक एवं आर्थिक दोनों रूप में उपलब्धि के आश्वासन के रूप में की है।" खाद्य सुरक्षा के लिए किसी देश की समग्र जनसंख्या के खाद्य की भौतिक उपलब्धि आवश्यक है। किन्तु सभी को पर्याप्त खाद्य उपलब्ध कराने के लिए यह जरूरी है कि लोगों के पास पर्याप्त क्रयशक्ति हो ताकि वे अपनी जरूरत के लिए खाद्य-पदार्थ हासिल कर सकें। स्वस्थ जीवन के लिए उपलब्ध खाद्य, गुणवत्ता (**Quality**) और मात्रा दोनों रूप में पर्याप्त होने चाहिए ताकि वे पोषण सम्बन्धी आवश्यकता को पूरा कर सकें। कोई राष्ट्र किसी समय-विशेष पर स्वावलम्बिता प्राप्त कर सकता है परन्तु खाद्य सुरक्षा की अवधारणा इस बात पर बल देती है कि प्रत्येक समय विश्वसनीय और पोषण की दृष्टि से खाद्य का पर्याप्त संभरण दीर्घकलिक आधार पर उपलब्ध होना चाहिए। इसका अभिप्राय यह कि किसी राष्ट्र के खाद्य-संभरण (**Food supply**) की इतनी वृद्धि दर आश्वस्त करनी होगी कि इससे न केवल जनसंख्या की वृद्धि का ध्यान रखा जा सके बल्कि इसके साथ-साथ लोगों की आय में वृद्धि के परिणामस्वरूप खाद्य की मांग में वृद्धि की भी पूर्ति की जा सके। आम तौर पर खाद्य सुरक्षा की अवधारणा की चर्चा समग्र जनसंख्या के लिए खाद्यान्नों की न्यूनतम मात्रा उपलब्ध कराने के रूप में की जाती हैं इस दृष्टि से ये अवधारणा संकुचित है। परन्तु एक गतिशील और विकासमान अर्थव्यवस्था में खाद्य सुरक्षा की अवधाणा में समाज द्वारा प्राप्त विकास की अवस्था में परिवर्तन के साथ तब्दीली होती रहती है। इस दृष्टि से खाद्य सुरक्षा कई अवस्थाएं है। जैसे- **प्रथम अवस्था** मानवीय जीवन को कायम रखने के लिए सभी के अनाज के रूप में पर्याप्त मात्रा उपलब्ध होनी चाहिए। जबकि **द्वितीय अवस्था** में खाद्य सुरक्षा के रूप में अनाजों एवं दालों की पर्याप्त उपलब्धि अनिवार्य होनी चाहिए व **तृतीय अवस्था** में खाद्य सुरक्षा में अनाज, दालों, दूध एवं दूध के पदार्थ, सब्जियां और फल, मछली अण्डे और गोश्त शामिल कर सकते हैं।

आर्थिक आयोजन की प्रक्रिया के अपनाने के साथ ही, भारतीय आयोजकों ने खाद्यानों में स्वावलम्बिता प्राप्त करने को, आयोजन का एक महत्वपूर्ण लक्ष्य स्वीकार कर लिया था। सरकार ने यह अनुभव किया था कि जो देश खाद्य अतिरेक (**Food surplus**) वाले देश हैं वे अपनी खाद्य अतिरेक्ता को एक ऐसे हथियार के रूप में प्रयोग करते हैं जिससे कोई भी बड़ी से बड़ी अर्थव्यवस्था उनके सामने घुटने टेकने के लिए मजबूर हो जाती है। भारत ने यह भी अनुभव किया कि खाद्यों के बारे में संधि करना, विदेशी ताकतों को देश क आंतरिक मामलों, नीति निर्माण एवं कई अहम फैसलों को प्रभावित करने का एकाधिकार देने के बराबर होता है। प्रधानमंत्री जवारहलाल नेहरू ने राष्ट्र को सम्बोधित करते हुए अपने प्रसारण में यह साफ शब्दों में कहा : "हमने विदेशों से सहायता प्राप्त की है और हम आवश्यकता पड़ने पर ऐसा करते रहेंगे परन्तु मेरे मन में अब यह बात पूर्णतया दृढ़ रूप धारण कर गयी है कि अपनी मूल जरूरत के लिए विदेशों पर निर्भर रहना कितना खतरनाक है। जैसे ही हम खाद्य में आत्मनिर्भर हो जाते है, तभी हमारे लिए अपनी प्रगति और विकास करना सम्भव होगा। अन्यथा, परिथितियों का बदस्तूर दबाव बना रहेगा, इससे संकट और दुःख ही उत्पन्न होगा और कई बार तो लज्जा और अपमान भी सहन करना होगा।"

पिछले 70 वर्षों में भारत की खाद्य समस्या में उतार-चढ़ाव आते रहे हैं जैसे-आजादी के समय भारत में चावल और गेहूँ का अभाव हो गया इसलिए सरकार ने उत्पादन बढ़ाकर और ज्यादा अभावों द्वारा घरेलू आपूर्ति के बढ़ाने पर जोर दिया। पचास के दशक में (1956 में) भारत सरकार ने खाद्य आपूर्ति के उद्देश्य से संयुक्त राज्य अमेरिका के साथ एक खाद्य सहायता समझौता किया जिसे पी.एल. 480 समझौता कहा जाता है। साठ के दशक (1965 से 1966) में भारत में भयंकर सूखा पड़ा, उस स्थिति में अमरीकी राष्ट्रपति लिंडन जासन ने भारत को सबक सिखाने के लिए पी.एल. 480 प्रोग्राम के अधीन खाद्य सहायता को मासिक आधार पर सीमित कर दिया। इस अवधि में प्रधानमंत्री श्रीमती इंदिरा गाँधी के नेतृत्व में नई कृषि कार्य योजना लागू की गयी जिसके अन्तर्गत बीज-पानी-उर्वरक तकनीक को अपनाया गया जिसे लोकप्रिय भाषा में "हरित

क्रांति'' का नाम दिया गया इस नीति के परिणामस्वरूप भारत को खाद्यान्न आयात को समाप्त करने में सहायता मिली इसके साथ ही देश में अनाज की प्रति व्यक्ति उपलब्धता में भी वृद्धि हुई। हरित क्रान्ति का सार्वाधिक प्रभाव पंजाब हरियाणा और उत्तर प्रदेश में देखने को मिला। इन राज्यों ने देश में कभी खाद्य समस्या उत्पन्न नहीं होने दिया है। सत्तर के दशक में सरकार ने 50 लाख टन खाद्यान्नों के संचयन की नीति अपनायी। अस्सी के दशक के दौरान सरकार ने बफर भंडार में 4 करोड़ टन खाद्यानों को जमा कर लिया था। इस विशाल भंडार के द्वारा ही सरकार ने तीन वर्षों तक खाद्यानों के खराब उत्पादन का मुकाबला किया। नब्बे के दशक (1997-2002) में इस बात पर बल दिया गया कि – ''देश का सबसे पहला प्रयास खाद्य सुरक्षा प्रणाली का निर्माण करना था ताकि अकाल का खतरा देश से एकदम समाप्त किया जा सके। इन प्रयासों की सफलता का सबसे प्रखर प्रमाण यह है कि पिछले पाँच दशकों में देश में कोई अकाल या घोर भुखमरी बड़े पैमाने पर नहीं देखी गयी।

03 भारत में विदेशी व्यापार

जब मानव ने पहिये का अविष्कार किया, तब उसने व्यापार के क्षेत्र में अपना पहला कदम सफलता पूर्वक रखा क्योंकि इससे पहले वह जानवरों, विशेषकर घोड़ों में अपना सामान लेकर जाते और उसे बेचते तथा अपनी जरूरतों का सामान लादकर लाते। अर्थात् पहिये के प्रचलन ने किसी स्थान विशेष की वस्तुओं को शीघ्रता से एक स्थान से दूसरे स्थान तक पहुंचाना शुरू कर दिया। यह साहसिक कार्य व्यापारियों द्वारा संभव हो पाया। यह व्यापार ही, एक माध्मय था जिसने भौगोलिक एवं औद्योगिक सीमाओं को तोड़कर वस्तुओं का आदान प्रदान शुरू किया। व्यापारिक संबंधों ने देश की राजनीति, कला, संस्कृति, भाषा, खान-पान, पहनावे को भी प्रभावित किया क्योंकि जब कोई व्यापारी दूसरे देशों या राज्यों में अपनी वस्तुएं लेकर जाते तो वहां की भाषा, संस्कृति एवं पहनावे को सीखता और अपनी चीजे सिखाता। कई व्यापारी भिन्न देशों में जा कर बसे, इस प्रकार एक साझा संस्कृति के विकास में व्यापार ने महत्वपूर्ण योगदान दिया।

साधारण शब्दों में विदेशी व्यापार का अर्थ, किसी देश का विश्व के अन्य देशों के साथ व्यापारिक सम्बन्ध (आयात एवं निर्यात) स्थापित करने से है। अर्थात किसी देश का विदेशी व्यापार अर्थव्यवस्था में व्याप्त आर्थिक क्रियाओं के स्तर तथा स्वरूप का परिचायक होता है जैसे यदि कोई राष्ट्र कच्चे माल, खाद्यानों एवं खनिज पदार्थों का निर्यात करता है तो यह सुनिश्चित तौर पर कहा जा सकता है कि वह राष्ट्र की विकास की आरम्भिक चरणों में है एवं यदि कोई राष्ट्र मशीनरी संयत्रों, विनिर्मित वस्तुओं और प्रौद्योगिकी का निर्यात कर रहा हो तब वह राष्ट्र विकसित राष्ट्रों की श्रेणी में होगा।

किसी भी देश की अर्थव्यवस्था मे विदेशी व्यापार के माध्यम से एक देश का व्यापारिक तथा आर्थिक सम्बन्ध दूसरे देशों से जुड़ता है। विकसित देशों के यांत्रिक कौशल व औजारों तथा आयातित मशीन की सहायता से देश में उपलब्ध स्त्रोतों का बेहतर उपयोग विदेशी व्यापार द्वारा होता है। आयात और निर्यात बहुधा वस्तु के अस्थिर कीमतों में जो कमी या आधिक्य के रूप में होता है, कमी लाता है। विदेशी व्यापार न केवल देश की आर्थिक स्थिति को मजबूत करता है बल्कि जिस देश का जितना अधिक व्यापारिक सम्बन्ध विश्व के अन्य देशों से होता है। उस देश की वैश्विक स्थिति उतनी ही मजबूत मानी जाती है। विदेशी व्यापार विकासशील देशों को विदेश विनिमय के मामले में शक्तिशाली बनाता है। विदेशी व्यापार विदेशी मुद्रा अर्जित करने महत्वपूर्ण स्त्रोत है। मन्दी, मुद्रास्फीति एवं विदेश निवेश जैसी स्थिति में व्यापारिक सम्बन्ध महत्वपूर्ण भूमिका अदा करते हैं। अन्त में यह कहा जा सकता है कि **'व्यापार'** एक माध्यम है विश्व के अन्य देशों के साथ आर्थिक, सामाजिक, राजनैतिक, सामरिक एवं सांस्कृतिक सम्बन्ध स्थापित करने का। भारत के आर्थिक विकास में विदेश व्यापार का अहम योगदान रहा है। इसके विकास क्रम को तीन समयावधियों में बाँटकर समझा जा सकता है। ब्रिटिश काल में भारत का विदेशी व्यापार, स्वतंत्रता के उपरान्त भारत का विदेशी व्यापार तथा वर्तमान में भारत का विदेशी व्यापार।

ब्रिटिश काल में भारत का विदेशी व्यापार : वर्ष 1947 पूर्व भारत का ब्रिटिश शासन का एक उपनिवेश था और उसके विदेश व्यापार का ढांचा एक प्रकार से औपनिवेशिक ढांचा ही था। भारत औद्योगिक देशों, विशेषकर इंग्लैण्ड को खाद्य पदार्थों और कच्चे माल का निर्यात करता था और उनसे निर्मित वस्तुओं का आयात करता था। निर्मित वस्तुओं के लिए विदेशों पर निर्भर होने के कारण देश औद्योगिक प्रगति न कर सका, बल्कि ब्रिटिश निर्मित वस्तुओं द्वारा भारतीय माल से घोर प्रतिस्पर्धा के कारण देशी हस्तशिल्पों को भी भारी धक्का लगा।

स्वतंत्रता के उपरान्त भारत का विदेशी व्यापार : स्वतंत्रता के उपरान्त भारत के विदेशी व्यापार में उत्तरोतर वृद्धि हुई है। यह वृद्धि व्यापार की मात्रा एवं मूल्य दोनों में ही हुई है। नियोजन काल के शुरू होने से नई औद्योगिक नीतियों का दौर प्रारम्भ हुआ जिसनें भारत के विदेशी व्यापार के स्वरूप में बदलाव ला दिया। उस समयावधि में भारत के मुख्य निर्यात चार भागों में बांटे जाते थे :- प्रथम भाग में कृषि और सहयोगी उत्पाद जिसमें चाय, काफी, तेल, कोको, तम्बाकू, नकदी फसल, मसाले, चीनी, कच्चा कपास, चावल, मछली, मांस, वनस्पति तेल, फल इत्यादि को शामिल किया जाता था। द्वितीय अयस्क और खनिज जिसमें लौह अयस्क एवं मैग्नींज आदि शामिल थे। तृतीय भाग में तैयार माल जिसमें बनी बनाई पोषाक, जूट उत्पाद, चमड़ा व चमड़े का सामान, हथकरघा, मोतियों तथा कीमती पत्थरों के जेवर को शामिल किया जाता था एवं चतुर्थ भाग में खनिज तेल ल्यूब्रिकेन्ट (स्नेहक)।

उसी समयावधि में भारत के मुख्य आयात में- कल पुर्जे, परिवहन साधान, वनस्पति व खनिज तेल, खाद्यान्न (दाल व गेहूँ), उर्वरक, पेट्रोलियम तेल व ल्युब्रिकेन्ट, रसायन, मोती तथा कीमती पत्थर, कागज तथा लौह व इस्पात निर्मित धातु छोड़कर अन्य धातुओं का आयात किया जाता था।

04 सामाजिक न्याय की पहलें

सत्ता, संपत्ति और सम्मान में बराबरी का हिस्सा ही ''सामाजिक न्याय'' है। नए भारत के निर्माण की आधारशिला सामाजिक न्याय के बिना नहीं रखी जा सकती। डा. अम्बेडकर भी कुछ ऐसा ही चाहते थे। वे एक समरस, प्रगतिशील, लोकतांत्रिक, समतामूलक और आधुनिक भारत चाहते थे। जहां सभी को प्रतिष्ठा और अवसर की समानता, सामाजिक, आर्थिक और राजनैतिक न्याय और व्यक्ति की गरिमा के लिए पर्याप्त स्थान हो।

भारत की सामाजिक व्यवस्था को धार्मिक एवं सांस्कृतिक, भौगोलिक एवं राजनैतिक व्यवस्था प्रभावित करती है। भारत कई धार्मिक समूहों, जातियों उप जातियों एवं भौगोलिक रूप से अलग-अलग भागों में बंटा है और रहने वाले लोगों के पास संसाधनों के साथ-साथ सामाजिक और आर्थिक बराबरी में अन्तर है। अतः समाज के सभी वर्गो को, भारत के सभी क्षेत्रों को, भारतीय संविधान की प्रस्तावना में उल्लिखित समानता और मौलिक अधिकारों के अन्तर्गत किये गये प्राविधान के अनुसार सभी लोगों को बराबरी की सहभागिता को सुनिश्चित करने के लिए सामाजिक न्याय की आवश्यकता है।

केन्द्र सरकार द्वारा विभिन्न योजनाओं के माध्यम से जो प्रयास किये जा रहे हैं वह सामाजिक न्याय के विषय को मात्र पहचान तक सीमित न रखकर इससे आगे ''सर्वसमावेशी विकास'' की तरफ ले जाते हैं। सरकार ने प्रत्येक योजना में जनभागीदारी सुनिश्चित करने का प्रयास किया है। केन्द्र सरकार ने सामाजिक न्याय और सशक्तिकरण को अगले स्तर पर ले जाते हुए उसे बाजार से जोड़ा है जिसके तहत दलित चैंबर्स ऑफ कॉमर्स एंड इंडस्ट्री जैसे संगठन मजबूती से खड़े हो रहे हैं। स्टैंड अप इंडिया, दलित वेंचर कैपिटलिस्ट फंड, वनबंधु, सुकन्या समृद्धि, रोशनी, सुगम्य भारत जैसी तमाम योजनाओं का प्रारम्भ कर केन्द्र सरकार ने हाशिए पर खड़े वंचित समाज को मुख्यधारा से मजबूती से जोड़ने का प्रयास किया है। सामाजिक न्याय की अवधारणा वृहद है और इसके लिए किये जाने वाले प्रयास भी वृहद स्तर पर करने की आवश्यकता है। वर्तमान सरकार द्वारा सामाजिक न्याय की स्थापना हेतु वंचित व विशेष वर्गो के लिए किये जा रहे प्रयास निम्नवत् हैं-

स्टैंड अप योजना में दलित, आदिवासी और पिछड़े समाज के युवाओं को अपने व्यवसाय के लिए आर्थिक मदद की योजना 5 अप्रैल, 2016 को शुरू की गई। इस योजना के तहत देश की एक लाख पच्चीस हजार बैंक शाखाओं के माध्यम से दो उद्यमियों को व्यापार में आर्थिक मद्द की बात कही गयी थी। इस योजना के तहत भी वंचित समाज के बहुत से लोगों को अपना उद्योग शुरू करने में मदद मिली है। हाल ही में इस योजना में कुछ तब्दीलियां की गई हैं, जिसके तहत अब बीस लाख रूपये तक भी सहायता मिल रही है। सामाजिक न्याय और अधिकारिता मंत्रालय की तरफ से दलित वेंचर कैपिटलिस्ट फंड की स्थापना की गई जिसके तहत दलित समाज के उद्यमियों के व्यापार में पूंजी की मदद का प्रावधान किया गया। इस योजना के तहत भी दलित समाज से आने वाले कई उद्यमियों को लाभ पहुंचा है। दलित चैंबर्स ऑफ कॉमर्स के अध्यक्ष मिलिंद कांबले ने भी साफ किया है कि हर शिक्षित दलित को नौकरी नहीं मुहैया कराई जा सकती इसलिए सूक्ष्म-उद्यमी बनने का प्रयास सबको करना चाहिये और गैर सरकारी क्षेत्रों में प्रवेश की कोशिश करनी चाहिये।

वित्त मंत्री अरूण जेटली ने 2018 के अपने बजट भाषण में अनुसूचित जातियों के विकास के लिए 56,619 करोड़ रूपये और जनजातियों के विकास के लिए 39,135 करोड़ रूपये के आवंटन की घोषणा की है। उन्होंने बताया कि वित्त वर्ष में मुद्रा योजना के तहत 3 लाख करोड़ रूपये की राशि लोन पर देने का लक्ष्य लिया है। ऐसे समय में जब नौकरियां सीमित हैं तो उद्यमिता की तरफ ही हमें आगे बढ़ना होगा। इसी लक्ष्य को ध्यान में रखकर केन्द्र सरकार ने कई योजनायें बनायीं जिसके सकारात्मक परिणाम सामने आये। आज दलित और पिछड़े समाज के हजारो युवा मुद्रा, स्टैंड अप और अन्य योजनाओं के माध्यम से अपना रोजगार शुरू कर चुके हैं और लाखों लोगों को नौकरी देने में सफल हुए हैं। राष्ट्रीय सफाई कर्मचारी आयोग ने स्वच्छता उद्यमी योजना शुरू की है जिसमें स्वच्छता अभियान से जुड़े व्यवसाय करने वाले उद्यमियों को आर्थिक मदद दी जा रही है।

अप्रैल 2016 में दलित उत्पीड़न को रोकने वाले कानून को और भी सख्त बनाते हुए सरकार ने कोशिश की ताकि दलित समाज और भी सुरक्षित महसूस कर सके। सरकार ने संसद में 123वां संविधान संशोधन प्रस्तुत किया है जिसके तहत सामाजिक और आर्थिक रूप से पिछड़े वर्ग के लिए एक नए आयोग के गठन की बात कही गई है। इस आयोग के बनने के बाद पिछड़े वर्ग को और भी कई तरीके की सामाजिक सुरक्षा मिलेगी। इसके

अतिरिक्त सरकार ने इस दिशा में अन्य कदम भी उठाये हैं जो निम्नवत् हैं:-

पूर्व प्रधानमंत्री अटल बिहारी बाजपेयी के कार्यकाल में सामाजिक कल्याण मंत्रालय का नाम ''सामाजिक न्याय और अधिकारिता'' रखा गया। ऐसा करने के पीछे यही सोच थी कि कल्याण सिर्फ करने के भाव से नहीं करना है बल्कि समाज के उस वर्ग के लिए न्याय सुनिश्चित करना है जो अब तक इससे वंचित है और सिर्फ न्याय सुनिश्चित नहीं करना बल्कि उन्हें सशक्त भी बनाना है। निश्चय ही यह एक अच्छा प्रयास था। वर्तमान में इस नये भारत को समतामूलक और समरस बनाने के लिए कुछ और भी सुझाव दिये जा सकते हैं जो निम्नवत हैं-

- एक ऐसी प्रणाली विकसित की जाय जिसमें दलित आरक्षण सही लोगों तक पहुंचे। यह जानना आवश्यक है कि पिछले 70 वर्षों से आरक्षण का लाभ किसको मिला, किसको नहीं।
- दलित समाज के समृद्ध लोगों में ऐसा वातावरण बनाया जाए कि वे स्वयं अपने समाज के वंचित लोगों के लिए आरक्षण छोड़ें।
- दलित समाज में भी क्रीमी लेयर के प्रावधान को अपनाया जा सकता है।
- डिक्की (दलित चैंबर्स ऑफ कॉमर्स एण्ड इण्डस्ट्री) जैसे संगठनों को बढ़ावा देकर वंचित और पिछड़े समाज के युवाओं को कौशल विकास और उद्यमिता के लिए प्रेरित करना।
- स्कूलों के पाठ्यक्रम में वंचित समाज के संत, महापुरूष, योद्धाओं की कहानियां, कविता, और लेख शुरूआत से ही पढ़ाना शुरू करना। वर्तमान में अम्बेडकर की स्वीकार्यता बढ़ी है। इस श्रृंखला में और लोगों को जोड़ना।
- केन्द्र और राज्य सरकार को हर जिले में सामाजिक न्याय केन्द्र खोलने की आवश्यकता है जिससे ये केन्द्र क्षेत्र के वंचित समाज के लोगों और उनके मुद्दों की पहचान कर सके। साथ ही वंचित समाज के लोगों को उनसे जुड़ी योजना के बारे में जागरूक करने का कार्य भी ये केन्द्र कर सकता है।
- सामाजिक न्याय केन्द्र वंचित समाज के लोगों को मुफ्त कानूनी और मनोवैज्ञानिक सलाह देने का कार्य कर सकते हैं।
- हर राज्य के किसी एक सामाजिक विज्ञान अध्ययन संस्थान को ''सामाजिक न्याय केन्द्र'' का नोडल केन्द्र बनाकर हर हफ्ते केन्द्रों के कामों की रिपोर्ट राज्य स्तरीय नोडल केन्द्रों तक पहुंचाना अनिवार्य कर दिया जाय। ये नोडल केन्द्र हर हफ्ते फाइनल रिपोर्ट तैयार कर राज्य के मुख्यमंत्री और प्रधानमंत्री कार्यालय भेज कर समाज के वंचित लोगों की स्थिति में होने वाले प्रयासों का मूल्यांकन कर त्वरित कार्यवाही की।

05 सार्वजनिक वितरण प्रणाली : विसंगतियाँ और सुधार

सार्वजनिक वितरण प्रणाली जरूरी उपभोक्ता वस्तुओं के वितरण से संबंधित है जैसे - गेहूं, चावल, चीनी, तेल, वनस्पति, कैरोसीन तेल, कोयला, वस्त्र इत्यादि। कमजोर वर्गों को यह वस्तुएं सस्ते दामों पर उपलब्ध कराई जाती हैं। उपभोक्ताओं को सस्ती कीमतों पर आवश्यक उपयोग वस्तुएं उपलब्ध कराने के उद्देश्य से भारत में विधिवत रूप से सार्वजनिक वितरण प्रणाली (**Public Distribution System - PDS**) 1950 में लागू किया गया। इस प्रणाली को अपनाने के मुख उद्देश्य निम्नवत् हैं –

- सस्ती कीमतों पर उपभोक्ताओं खासकर कमजोर वर्गों को आवश्यक उपभोक्ता वस्तुएं उपलब्ध कराना ताकि उन्हें इनकी बढ़ती हुई कीमतों से बचाया जा सके।
- कीमतों में उतार चढ़ाव कम करना।
- जरूरी उपभोग वस्तुओं के समान वितरण द्वारा लोगों को संतुलित भोजन उपलब्ध कराना।

सार्वजनिक वितरण प्रणाली स्कीम का स्वरूप भी स्फीतिकारी नहीं है। यह एक ऐसी प्रणाली है जिसके उत्पादक और उपभोक्ता दोनों को मदद मिलती है। उपलब्ध खाद्य पदार्थों के खरीद द्वारा विभिन्न फसलों के समर्थन कीमतों में वृद्धि कर और सम्पूर्ण देश में कीमत स्तर को एक समान किया जा सकता है।

वितरण प्रक्रिया : सार्वजनिक वितरण प्रणाली के अन्तर्गत केन्द्र केवल खाद्य पदार्थों का आबंटन करता है जबकि वितरण की जिम्मेदारी राज्यों की होती है। खाद्य और नागरिक आपूर्ति विभाग, नागरिक आपूर्ति निगम, आवश्यक वस्तु निगमों इत्यादि द्वारा राज्य के विभिन्न क्षेत्रों में इसे वितरित किया जाता है। अंत में ये वस्तुएं उचित मूल्य की दुकानों के माध्यम से उपभोक्ताओं तक पहुंचाई जाती हैं।

सार्वजनिक वितरण प्रणाली को सफल बनाने के लिए निम्न आधारों का होना अनिवार्य है:-

पहुंच : चूंकि खाद्य क्षमता के अभाव का कोपभाजन गरीबों को ही बनना पड़ता है इसलिए सार्वजनिक वितरण प्रणाली का विस्तार दूर-दराज के पिछड़े क्षेत्रों में करना चाहिए।

स्थिरता : खाद्य पदार्थों के उत्पादन में कमी या उतार-चढ़ाव नहीं होनी चाहिए।

खाद्य सुरक्षा : वितरण के लिए वस्तुओं का पर्याप्त भण्डार होना चाहिये। इसे सुनिश्चित करने के लिए सरकार को आयात में देरी नहीं करनी चाहिए। ऐसी स्थिति अक्सर आती रहती है जब घरेलू आपूर्ति, आंतरिक मांग के लिए अपर्याप्त सिद्ध होती है।

संचार : उत्पादन, खरीद, परिवहन, संचयन ओर विशेष वस्तुओं के वितरण के बीच सीधा सम्पर्क होना चाहिये।

देश की अत्यन्त महत्वपूर्ण प्रणाली दोषों से मुक्त नहीं है। इस प्रणाली में पाये जाने वाले प्रमुख दोषों की चर्चा निम्नवत् की गयी है:-

- **व्यापकता :** भारत में सार्वजनिक वितरण प्रणाली हद से अधिक अनुदानित है और इसीलिए इसके अंतर्गत खाद्य पदार्थ जब सबको समानता और सुगमता से प्राप्त हो जाते हैं तो सरकार के अनुदान पर काफी भार पड़ता है।
- **गरीबों के प्रति भेदभाव :** हलांकि गरीब जनता अधिकतर मोटे अनाजों जैसे ज्वार, बाजरा मक्का इत्यादि का ही उपभोग करती है लेकिन इनकी आपूर्ति नहीं होती है।
- **शहरों तक सीमित रहना :** वास्तव में सार्वजनिक वितरण प्रणाली काफी समय तक अधिकतर शहरी क्षेत्रों तक ही सीमित रही। लेकिन ग्रामीण क्षेत्रों में इसके प्रसार से कुछ हद तक इस दोष को सुधार लिया गया है।
- **गरीबों को कम लाभ :** सार्वजनिक वितरण प्रणाली के खरीद आंकड़ों से पता चलता है कि इस प्रणाली से गरीब लोगों को काफी कम लाभ हुआ है। इतना ही नहीं, राशन कार्ड केवल उन परिवारों को दिए जाते हैं जिनके पास उपयुक्त पता है, अर्थात् जिनके पास रहने की सही व्यवस्था है। जबकि उन लोगों को राशनकार्ड नहीं मिल पाते जिनके पास घर नहीं है। इस प्रकार सार्वजनिक वितरण प्रणाली सभी गरीब जनता की जरूरतों को पूरा नहीं कर पाती।
- **क्षेत्रीय असमानता :** सार्वजनिक वितरण प्रणाली के लाभ केवल कुछ विशेष क्षेत्रों तक ही सीमित रहे हैं। उदाहरण के लिए, दिल्ली की आबादी देश की आबादी का एक प्रतिशत ही है लेकिन उसका सार्वजनिक वितरण प्रणाली के कुल वितरण में हिस्सा 60 प्रतिशत है। जबकि दूसरी ओर बिहार, उत्तर प्रदेश, राजस्थान और मधय प्रदेश जैसे आबादी बहुल राज्य भी हैं जो गरीबी का गढ़ माने जाते हैं फिर भी वितरण में उनका हिस्सा काफी कम है। इससे पता चलता है कि

जो राज्य निर्धनता के प्रभाव क्षेत्र में आते हैं वहां सार्वजनिक वितरण प्रणाली कितनी कमजोर है। यही नहीं, खाद्य पदार्थों का ज्यादातर हिस्सा वही लोग खरीदते हैं जो गरीब नहीं है या फिर वस्तुएं **'मुक्त बाजार'** में चली जाती हैं।

- **सार्वजनिक वितरण प्रणाली के कारण कीमत वृद्धि :** सार्वजनिक वितरण प्रणाली के कारण कीमतों में वृद्धि हुई है। इसका कारण यह है कि सरकार द्वारा बड़े पैमाने पर प्रति वर्ष खाद्यानों की वसूली कर लेने से खुले बाजार में बिक्री के लिए खाद्यानों की आपूर्ति कम हो जाती है। ऐसा व्यापारियों द्वारा कीमत बढ़ा देने के कारण भी होता है। इस प्रकार कीमत वृद्धि गरीब जनता के हितों पर कुठाराघात करती है क्योंकि सार्वजनिक वितरण प्रणाली से उनकी बहुत ही कम जरूरतें पूरी हो पाती है इसलिए वे लोग मुक्त बाजार से वस्तुएं खरीदने के लिए बाध्य हो जाते हैं जहां कीमतें अधिक होती हैं।
- **उचित मूल्य की दुकानों के मालिकों के आय स्तर में कमी :** चूंकि उचित मूल्य की दुकानों के मालिकों की आय कम होती है इसलिए वे भ्रष्ट और अनैतिक कार्यों में लिप्त हो जाते हैं।
- **भ्रष्टाचार :** देख-रेख और संचालन की उचित व्यवस्था न होने के कारण इस प्रणाली की अनेक कमियां सामने आई हैं और भ्रष्टाचार को बढ़ावा मिला है।

सार्वजनिक वितरण प्रणाली का सर्वोच्च लक्ष्य गरीबों की मदद करना है। इसके लिए गरीबों की पहचान बुनियादी समस्या है और इसके लिए ऐसी रणनीति तैयार की जानी चाहिए जो राज्य-अर्थशास्त्र (**Political Economy**) की उपेक्षा किए बिना, सार्वजनिक वितरण प्रणाली के लाभों को गैर-निर्धनों तक पहुंचने की क्रिया के प्रभाव को न्यूनतम बना सके। इसके लिए सार्वजनिक वितरण प्रणाली में सुधार के लक्ष्य को प्राप्ति के लिए निम्नलिखित सुझाव दिए गए हैं:

- गरीबों की पहचान के कार्य को नौकरशाही की अपेक्षा पंचायती राज संस्थाओं को सौंप देना चाहिए। इस प्रश्न पर अर्थशास्त्रियों और समाज सेवकों में एक मत प्राप्त हो चुका है।
- विस्तृत उपभोक्ता सर्वेक्षणों द्वारा ऐसी वस्तुओं की पहचान की जानी चाहिए जो सार्वजनिक वितरण में गरीबों को अधिक लाभ प्रदान करें और अन्य वस्तुएं जो गैर-निर्धनों द्वारा इस्तेमाल की जाती हैं, धीरे-धीरे खुले बाजार में हस्तांतरित कर देनी चाहिए।
- गरीबों को प्रभावी रूप से लाभ पहुंचाने के लिए अनिकार्य वस्तुओं की जारी कीमत (Issue price) और बाजार कीमतों में काफी अन्तर होना चाहिए ताकि सार्वजनिक वितरण प्रणाली की वस्तुओं को खरीदने के लिए गरीब आकर्षित हो सकें।
- सार्वजनिक वितरण प्रणाली को रोजगार सृजित कार्यक्रमों जैसे जवाहर रोजगार योजना या रोजगार आश्वासन योजना के माध्यम से लागू करना चाहिए क्योंकि इन प्रोग्रामों से गरीबों को दोहरे लाभ प्राप्त होते हैं। **प्रथम**, इनमें गैर-निर्धनों के समावेश की त्रुटि न्यूनतम हो जाती है क्योंकि ऐसा प्रायः देखा गया है कि गैर-निर्धन सामान्यतः इन रोजगार कार्यक्रमों का लाभ नहीं उठाते। **द्वितीय**, निर्धनता समाप्ति रोजगार सृजन कार्यक्रमों के द्वारा गरीबों को आय प्राप्त होगी साथ ही सार्वजनिक वितरण प्रणाली द्वारा अतिरिक्त आय भी इन वस्तुओं के माध्यम से लाभप्राप्तकर्ताओं को उपलब्ध करायी जाएगी।
- पंचायती राज्य संस्थाओं को अपने लक्षित उद्देश्यों से विचलित होने से रोकने के लिए यह अच्छा होगा कि ऐसी गैर-सरकारी संस्थाओं को जिनका गरीबों की सहायता करने में रिकार्ड सिद्ध हो चुका हो, पंचायती राज संस्थाओं के निरीक्षण के साथ जोड़ा जाए।
- भारतीय खाद्य निगम गरीबों को खाद्य-सुरक्षा उपलब्ध कराने का सबसे उचित संस्थान नहीं है। यह कही बेहतर होगा यदि भारतीय खाद्य निगम के खाद्य-कीमतों को स्थिर करने की जिम्मेदारी दी जाए और पंचायती राज संस्थाओं को खाद्यान्न के आबंटन का कार्य राज्य सरकारों को सौंप दिया जाए।

गरीबों की पहचान के लिए ग्रामीण क्षेत्रों में निम्नलिखित कसौटियों का प्रयोग सहायक सिद्ध हो सकता है:

- सभी परिवार जो रोजगार कार्यक्रमों में भाग लेते हैं शामिल किए जाने चाहिए।
- बच्चों के साथ अकेली माताएं या बिना आलम्बन के विधवाएं इसमें शामिल की जानी चाहिए।
- सभी ऐसे परिवार जो आय-कर अदा नहीं करते या जिनके स्वामित्वाधीन सिंचाई-प्राप्त भूमि 5 एकड़ से कम है या सिंचाई-रहित भूमि 10 एकड़ से कम है, इसमें शामिल किये जाएं।
- सभी भूमिहीन कृषि श्रमिक, छोटे दस्तकार इसमें शामिल किये जाने चाहिए।

शहरी क्षेत्रों के लिए निम्नलिखित कसौटियाँ अपनाना चाहिए -

- क्षेत्रों का ध्यानपूर्वक चुनाव : गन्दी बस्तियां, ऐसे क्षेत्र जो प्रारम्भ से गरीब संम्प्रदायों के निवास है जैसे कुम्हार, मोची, सीमान्त मजदूर आदि।
- सभी आय-कर न अदा करने वाले परिवर शामिल करने चाहिए।
- ऐसे परिवार जिनके पास मंहगी चिरस्थायी उपभोक्ता वस्तुएं न हों जैसे रसोई-गैस, रेफ्रीजिरेटर, वाशिंग मशीन, टेलीफोन आदि।

निष्कर्ष के रूप में कहा जा सकता है कि सार्वजनिक वितरण प्रणाली का कार्यक्षेत्र विस्तृत है ओर इस कारण यह गरीब वर्ग के बड़े भाग को सहायता पहुंचा सकती है, यदि इसे उचित रूप में लक्षित किया जाए। फिर भी वास्तविक स्थिति यह है कि इसका लाभ गरीबों तक रक्त-संचरण (**Blood transfusion**) की भांति पहुंचता है, जिससे केवल अस्थायी राहत प्राप्त हो सकती है, न कि स्थायी। गरीबों को स्थायी खाद्य-सुरक्षा उपलब्ध कराने के लिए ऐसी रणनीतियों पर बल देना उचित होगा जो गरीबी को कम करें। इस संबंध में तीव्र आर्थिक विकास के साथ अधिक रोजगार सृजन का महत्व केन्द्रीय स्थान रखता है। इस बात को आश्वस्त करने के लिए कि गरीबों को आय के रूप में प्राप्त लाभ कहीं, कीमतों में वृद्धि के परिणामस्वरूप लोप न हो जाएं यह जरूरी है कि सरकार कीमत-स्थिरीकरण (**Price stabilisaiton**) रणनीतियों को अपनाएं।

06 खाद्य सुरक्षा

सभी लोगों को सभी परिस्थितियों एवं काल में पर्याप्त माता में खाद्यान्न (भोजन) उपलब्ध कराना ताकि वे सक्रिय व स्वस्थ जीवन व्यतीत कर सकें। इसके लिए निम्न तत्वों का होना आवश्यक है।

पहले खाद्य सुरक्षा से आशय भरपेट रोटी के संदर्भ में ही समझा जाता था, किन्तु आज खाद्य सुरक्षा में भौतिक-आर्थिक-सामाजिक स्थितियों की पहुँच के अलावा संतुलित आहार स्वच्छ पेयजल, स्वच्छ वातावरण एवं प्राथमिक स्वास्थ्य सुरक्षा इत्यादि को शामिल किया जाता है।

खाद्य एवं कृषि संगठन के अनुसार : प्रतिव्यक्ति प्रतिदिन अनाज की आवश्यकता 440 ग्राम है। जबकि हमारे देश में उपलब्धता कहीं कम है, जो चिन्ता का विषय है। देश के करीब 30 करोड़ लोग एक वक्त भूखे पेट सोते हैं। विश्व की 27% कुपोषित आबादी भारत में रहती है।

विश्व विकास रिपोर्ट के अनुसार : खाद्य सुरक्षा सभी व्यक्तियों के लिए सभी समय में पहुंच, स्वस्थ्य जीवन के लिये अनिवार्य है जबकि वर्तमान समय में केवल खाद्यान्न सुरक्षा ही नहीं बल्कि मानव जीवन के अस्तित्व के लिए मूलभूत आवश्यकताओं की (रोटी कपड़ा मकान, स्वच्छ पर्यावरण) की उपलब्धता भी आवश्यक है।

भारत की वर्तमान स्थिति में खाद्य-सुरक्षा का महत्व बहुत अधिक बढ़ गया है। एक ओर तो हमारी अर्थव्यवस्था विकासशील है, दूसरी ओर जनसंख्या भी तेजी से बढ़ रही है अत: खाद्यानों की बढ़ती हुई माँगों की पूर्ति के लिए खाद्यानों की सुरक्षा आवश्यक हो गया है। खाद्य सुरक्षा की आवश्यकता को निम्न बिन्दुओं के माध्यम से समझा जा सकता है-

- **कुपोषण मुक्त भारत बनाने के लिए**- भारत में खाद्यान्नों की कमी तथा सुलभ पहुँच न होने से जनसंख्या का बहुत बड़ा भाग प्रत्यक्ष एवं अप्रत्यक्ष कुपोषित है। साथ ही भारत की इस विशाल जनसंख्या तथा इसकी जन्मदर भी ऊँची है। अत: लोगों के भरण-पोषण के लिए एवं शारीरिक एवं मानसिक रूप से विकसित करने के लिए पोषण युक्त भोजन आवश्यक है।
- **कृषि की मानसून पर निर्भरता:** चूँकि भारतीय कृषि मानसून पर निर्भर है जिससे इसकी उत्पादकता में उतार चढ़ाव आता रहता है। मानसून की अनिश्चितता और अनियमितता के कारण भारत में सूखे और अकाल आते रहे हैं। इसलिए इन परिस्थितियों से निपटने के लिए खाद्य सुरक्षा आवश्यक है।
- **कम उत्पादकता:** भारत में खाद्यान्न उत्पादकता, प्रति श्रमिक एवं प्रति हेक्टेयर दोनों ही दृष्टि से कम है। इस दृष्किोण से भी खाद्य सुरक्षा आवश्यक है।
- **प्राकृतिक बाधाएं :** अतिवृष्टि, बाढ़, कीड़ों-मकोड़ों का प्रकोप, मृदा अपरदन आदि से देश के किसी न किसी भाग में खाद्यान्न फसलों को नष्ट कर देते हैं। अत: खाद्यान्न की समस्या विकराल हो जाती है। सन् 1943 में पड़े बंगाल के अकाल में लाखों लोग भूख से मारे गए तथा 60 के दशक में भी कई छोटे-बड़े अकाल पड़े। अत: ऐसी परिस्थितियों का सामना करने के लिए खाद्यान्न सुरक्षा अत्यन्त आवश्यक है।
- **निरन्तर बढ़ती हुई महंगाई :** खाद्यान्नों की कीमतों वें वृद्धि से वंचित वर्ग खाद्यान्न समस्या से जूझने लगते हैं फलत: भुखमरी की स्थिति उत्पन्न हो जाती है।
- **खाद्यान्न के लिए अन्न देशों पर निर्भरता कम करना:** खाद्यान्न आवश्यकता किसी भी देश की मूलभूत आवश्यकता है। अत: इसकी पूर्ति न होने पर देश की सरकार विदेशों पर निर्भर हो जाती है फिर खाद्यान्न महंगे हों या सस्ते हमें आयात करना पड़ता है।
- **विदेशी मुद्रा भण्डार में कमी :** जब हम विदेशों से खाद्यान्न जैसे वस्तुएं मंगाते हैं तो हमारी विदेशी मुद्रा अनावश्यक रूप से खर्च होती है जिससे हमारे विदेशी मुद्रा भण्डार में कमी आती है। जबकि खाद्यान्न की पूर्ति तो हम स्वयं भी कर सकते हैं।
- **खाद्यान्न प्रसंस्करण उद्योग को बढ़ावा :** खाद्य सुरक्षा के परिणाम स्वरूप खाद्यान्य के कुशलतम तथा दीर्घकालीन सुरक्षित उपभोग को सुनिश्चित करने के लिए विभिन्न प्रकार के खाद्य प्रसंस्करण उद्योग की स्थापना को बढ़ावा मिलता है।

- **रोजगार के अवसरों में वृद्धि :** खाद्य प्रसंस्करण उद्योगों की स्थापना के बाद कई लोगों को प्रत्यक्ष तथा अप्रत्यक्ष रूप से रोजगार प्राप्त होता है।
- **कुशल मानव संसाधन के स्वास्थ्य में सुधार :** पर्याप्त खाद्य उपलब्धता तथा उसकी गुणवत्ता के परिणामस्वरूप प्रत्येक व्यक्ति को उपर्युक्त पोषण युक्त भोजन प्राप्त होता है जिसमें कुशल एवं स्वास्थ्य मानव संसाधन की प्राप्ति होती है। इसके अलावा युद्ध, वाह्य आक्रमण तथा सशस्त्र विद्रोह एवं भूकम्प या मानवीय आपदाओं के दौरान कुशलतापूर्वक भोजन की उपलब्धता हेतु खाद्य सुरक्षा की आवश्यकता होती है।

खाद्य सुरक्षा देश के समस्त नागरिकों को न्यायालय द्वारा संविधान के विभिन्न अनुच्छेदों के अन्तर्गत एक संवैधानिक व मूल अधिकार घोषित किया गया है। साथ ही विभिन्न अन्तर्राष्ट्रीय संधि-समझौतों में भी इसका जिक्र है, जो इस प्रकार है-

- संविधान के अनुच्छेद 21 में प्राण एवं दैहिक स्वतन्त्रता के अधिकार के अन्तर्गत कई अधिकार सम्मिलित किये जाते हैं।, जिसमें आवास, स्वास्थ्य, खाद्य एवं स्वतन्त्र विचरण प्रमुख हैं।
- संविधान के अनुच्छेद 47 के अन्तर्गत राज्यों को निर्देशित किया गया है कि वे पोषण के स्तर एवं जीवन को बढ़ाकर सार्वजनिक स्थिति में सुधार लाएं।
- कई महत्वपूर्ण न्यायिक निर्णयों मे 'भोजन का अधिकार'के सम्बन्ध में पहला निर्णय चमोलि सिहं बनामं उत्तर प्रदेश राज्य वाद में सुनाया जिसके तहत किसी भी समाज में जीने के अधिकार में भोजन का अधिकार समाहित होना चाहिए।
- मानवाधिकार के सार्वभौमिक घोषणा-पत्र 1948 के अनुच्छेद 25(1) के अनुसार " सभी व्यक्तियों को ऐसे जीवन स्तर का अधिकार हैं, जिसमे उनके एवं उनके परिवार का सम्पुर्ण पोषण, स्वास्थ, आवास एवं परिधान सुनिश्ति हो"
- आर्थिक, सामाजिक एवं सांस्कृति अधिकारों पर अन्तर्राष्ट्रीय समझौता 1966 भी यह स्थापित करता है कि- "यह सभी व्यक्तियों का मूल अधिकार है कि वे भूख से स्वतन्त्र हो"
- बच्चों के अधिकारों पर कनवेन्शन 1989 मे भी इस बात पर जोर दिया गया कि भोजन का अधिकार हर व्यक्ति का हैं। कन्वेन्शन के अनुछेच्द 27 के अनुसार पर्याप्त जीवन स्तर का अधिकार प्रत्येक बच्चे का हैं जो भोजन और पोषण दोनों को सम्मिलित करता है।
- राष्ट्रीय खाद्य सुरक्षा विधेयक-2013 के माध्मय से देश के 67% आबादी को भोजन का अधिकार सांविधिक रूप से प्रदान किया गया हैं।

07 गरीबी एवं बेरोजगारी

भारत की पंचवर्षीय योजनाओं का मूल उद्देश्य देश से गरीबी को समूल मिटाना रहा है। यही उद्देश्य प्रमुख है, बाकी सब गौण उद्देश्य है। हम इस उद्देश्य की प्राप्ति में कहां तक सफल हुए, इसके प्रतीक हैं- शहरों में बढ़ती झुग्गी-झोपड़ी, बस्तियों का उमड़ता जमघट, पटरियों और नालों को अपना शयन कक्ष समझने वाला बढ़ता वर्ग, धूल कीचड़ और गन्दी गलियों में खेलता बचपन। ये सब संकेत है देश में फैली भयंकर गरीबी के। अत: यह आवश्यक हो जाता है कि हम इस सामाजिक बुराई का विस्तारपूर्वक अध्ययन करें और इसे जड़ से समाप्त करने के उपायों पर चर्चा करें।

सामान्यत: निर्धनता वह स्थिति है जिसमें व्यक्ति अपने जीवन-निर्वाह हेतु आवश्यक ''न्यूनतम आवश्यकताओं की पूर्ति'' में अक्षम रहता है। अर्थात निर्धनता का तात्पर्य है-''न्यूनतम संसाधनों को भी न जुटा पाना''। निर्धनता सीधे आर्थिक विकास, प्रति व्यक्ति आय, क्रय शक्ति एवं जनसंख्या से जुड़ी है।

विकासशील एवं अल्प विकसित देशों के ऐसे व्यक्ति गरीब की श्रेणी में वर्गीकृत किये जायेंगे, जिनकी प्रतिदिन की आय 1.25 डालर प्रतिदिन से कम हो (वर्तमान में यह 1.90 डॉलर प्रतिदिन से कम को आधार बनाया गया है।) जबकि विकसित देशों के लिए यह 2 डालर प्रति व्यक्ति प्रतिदिन है।

योजना आयोग द्वारा गठित विशेषज्ञ दल "Task force on Minimum Needs and Effective Consumption Demand" की रिपोर्ट के अनुसार ग्रामीण क्षेत्र में प्रति व्यक्ति 2400 कैलोरी प्रतिदिन तथा शहरी क्षेत्र में प्रतिव्यक्ति 2100 कैलोरी प्रतिदिन के हिसाब से जिन्हें प्राप्त नही हो पाता उसे गरीबी रेखा से नीचे माना जाता है।

निम्नलिखित दो प्रकार की निर्धनता में अंतर करना आवश्यक है:

(i) सापेक्ष निर्धनता।

(ii) निरपेक्ष निर्धनता

सापेक्ष गरीबी यह स्पष्ट करती है कि विभिन्न आय वर्गो के बीच कितनी विषमता है, अर्थात् जनसंख्या के सबसे निचले वर्ग की आय की तुलना जनसंख्या के सबसे ऊपरी वर्ग की आय से की जाती है तथा इससे प्राप्त परिणाम सापेक्षिक गरीबी की स्थिति को दर्शाते हैं।

सापेक्ष गरीबी से इस बात की जानकारी नहीं हो पाती है कि गरीब लोगों की संख्या क्या है? इस कमी को दूर करने के लिए हम निरपेक्ष गरीबी की संकल्पना को अपनाते है। निर्धनता की माप के लिए निरपेक्ष प्रतिमान का सर्वप्रथम प्रयोग FAO (Food & Agriculture Organization) के प्रथम महानिदेशक **आर. वायड** ने 1945 में किया। इसके अन्तर्गत हम एक निश्चित मापदण्ड के आधार पर तय करते हैं कि कितने लोग इस मापदण्ड के नीचे हैं, और उन्हें हम गरीब कहते हैं। उदाहरण के लिए यदि हम मान लें कि जिन लोगों की आय 2400 कैलोरी प्रतिदिन भोजन देने वाली आय से कम होगी उन्हें हम गरीब कहेंगे। इस मापक जिसे हम गरीबी रेखा मानते हैं, के नीचे आने वाले सभी लोग गरीब कहलायेंगे। गरीबी ज्ञात करने की इस विधि को **Head Count Method** कहते हैं।

नोट : भारत में निर्धनता की माप करने के लिए निरपेक्ष प्रतिमान प्रयोग किये जाते है न कि सापेक्ष प्रतिमान।

भारत में निर्धनता के सामाजिक, आर्थिक एवं ऐतिहासिक कारण हैं:

(1) आर्थिक कारण : देश में निर्धनता के प्रमुख आर्थिक कारण निम्नवत् हैं-

- व्यापक बेरोजगारी और अल्प रोजगार की स्थिति।
- रोजगार के अवसरों में धीमी वृद्धि।
- निम्न स्तरीय आर्थिक गतिविधियों में संलग्नता।
- आय और सम्पत्ति का असमान वितरण।
- कृषि में निम्न उत्पादकता और उत्पादन।
- वैकल्पिक व्यवसाय के अभाव में कृषि पर अत्यधिक निर्भरता।
- प्राथमिक शिक्षा का सर्वत्र सुलभ न होना।
- प्रशिक्षण संस्थानों एवं व्यवसायिक संस्थानों की कमी।
- भारत में पूंजी निर्माण, बचत एवं निवेश का हर स्तर पर निम्न होना।
- आधुनिक तकनीकों का अभाव/कम विकास
- परिवहन, संचार एवं ऊर्जा के साधनों का धीमा विकास एवं असमान वितरण।

(2) सामाजिक कारण : देश में निर्धनता के प्रमुख सामाजिक कारण निम्नवत हैं-

- तीव्र गति से बढ़ती हुई जनसंख्या।

- भारतीय समाज का रूढ़िवादी एवं परंपरागत विचारों से ग्रस्त होना।
- सामाजिक रीति-रिवाजों में सामर्थ्य से अधिक व्यय।
- भूमि सुधार लागू करने में असफलता।
- ग्रामीण क्षेत्रों से उच्च स्तरीय प्रवास।
- भारतीय समाज में जाति प्रथा, धार्मिक एवं सामाजिक परम्पराओं का बोल-बाला।

(3) ऐतिहासिक कारण : भारत लम्बे समय तक पराधीन (गुलाम) रहा। अंग्रेजों ने भारतीय अर्थव्यवस्था को ''उपनिवेश'' के रूप में परिवर्तित कर दिया अर्थात देश के कच्चे माल को इग्लैण्ड भेजा जाने लगा तथा वहां से तैयार माल भारत में सस्ते दामों मे बेचा जाने लगा, जिसने भारतीय लघु एवं कुटीर उद्योगों पर नकारात्मक प्रभाव डाला। अंग्रेजों ने भारत के आधारभूत संरचना के विकास में भी कोई रूचि नहीं ली, जो भी विकास किये गये (रेल, डाक, तार) उसका मूल उद्देश्य स्वयं का विकास एवं भारतीयों का शोषण करना था। अंग्रेजों द्वारा भारत में विऔद्योगीकरण की नीति को बढ़ावा दिया गया जिसके परिणामस्वरूप भारतीय संसाधनों का दोहन इग्लैंड के विकास के लिये किया गया और भारतीय समाज शोषण एवं गरीबी के शिकंजे में जकड़ता गया। अत: भारत मे निर्धनता की स्थिति को ऐतिहासिक परिप्रेक्ष्य में औपनिवेशिक विरासत से जोड़कर देखा जा सकता है।

08 जीएसटी : विशेष

1. जीएसटी अपनाने के कारण

वर्तमान में जीएसटी 140 से ज्यादा देशों अर्थात् विश्व के लगभग 2/3 देशों मे लागू है। भारत में इसे अप्रत्यक्ष करों के संदर्भ में सबसे बड़े सुधार के रूप में देखा जा रहा है। देश में अप्रत्यक्ष करों की व्यवस्थित संकल्पना हाने के बावजूद भी भारत में जीएसटी अपनाने की कवायद आज से 16 वर्ष पहले शुरू हो गयी थी। अप्रत्यक्ष करों के स्थान पर जीएसटी को अपनाने के दो प्रमुख कारण हैं–

(i) आन्तरिक कारण (Internal Reason)

(ii) बाह्य कारण (External Reason)

(i) आन्तरिक कारण : यदि हम वर्तमान संदर्भ में देखे तो किसी वस्तु के उत्पादन से लेकर उपभोक्ताओं के पास पहुँचने से पहले तक आपूर्ति श्रृंखला (Supply Chain) के विभिन्न चरणों पर केन्द्र व राज्य सरकारों द्वारा अनेक प्रकार के कर लगाये जाते है। इसके अलावा केन्द्र सरकार विभिन्न सेवाओं पर सेवा कर भी लगाती है।

वर्तमान में प्रचलित उक्त कर प्रणाली में कई खामियाँ है– जैसे कि कर के ऊपर कर, जिसे कैस्कैडिंग इफैक्ट (Cascading Effect) भी कहा जाता है। ऐसा इसलिए होता है क्योंकि उत्पादन से लेकर उपभोक्ता तक पहुंचने की प्रक्रिया में कोई भी वस्तु विभिन्न चरणों से होकर गुजरती है। इस दौरान प्रत्येक चरणों पर उसके ऊपर अलग-अलग प्रकार के कर लगते है। फलस्वरूप होता ये है कि पहले दिये गये टैक्स कंपोनट के ऊपर भी टैक्स लगता है। इस स्थिति को एक उदाहरण के माध्यम से समझा जा सकता है। **उदाहरण :** मान लीजिए कि किसी वस्तु का उत्पादन हुआ है और फैक्ट्री गेट से बाहर निकलते ही उस पर उत्पाद शुल्क (Excise Duty) लगा, फिर जब बिक्री हेतु बाजार में आयी तो उस पर बिक्री कर लगता है, परन्तु बिक्री कर जिस मूल्य पर लगता है उसमें उत्पाद शुल्क भी शामिल होता है। इस प्रकार कर के ऊपर कर की वजह से वस्तु का मूल्य बढ़ जाता है और उपभोक्ता पर अतिरिक्त बोझ पड़ता है। चूंकि अप्रत्यक्ष कर की अधिकता विशेषकर गरीब वर्गों को प्रभावित करती है। अत: अप्रत्यक्ष कर का न्यून होना आवश्यक है। साथ ही विभिन्न प्रकार के अप्रत्यक्ष कर होने के कारण अलग-अलग पंजीकरण, रिटर्न, भुगतान आदि की समस्या कहीं न कहीं इसके अनुपालन को कठिन बना देती है। अनुपालन में जटिलता एवं एकीकृत कर प्रणाली के आभाव में कर वंचन होना स्वभाविक है। और यह प्रत्यक्ष रूप से सरकार के कर राजस्व को क्षति पहुंचाती है।

(ii) बाह्य कारण : 1991 में देश में आर्थिक उदारीकरण के दौर की शुरूआत हुई और भारत के विश्व व्यापार संगठन **(WTO)** का हिस्सा बन जाने के बाद से, विदेशी निवेशक भारत में निवेश करने के लिए आकर्षित हुए परन्तु भारतीय कर प्रणाली के जटिल ढांचे के चलते विदेशी निवेशक भारत में निवेश करने से बचते रहे। यही कारण है कि ईज डूइंग बिजनेस इंडेक्स (विश्व बैंक द्वारा जारी सूचकांक) में भारत आज भी 100 शीर्ष देशों में अपना स्थान नहीं बना पाया है। इस स्थिति को समझने के लिए कि, विदेशी निवेदशक या देश के निवेशकों को भारत में निवेश करने में कितनी जटिलता का सामना करना पड़ता है को उदाहरण के माध्यम से समझा जा सकता है। **उदाहरण** मान लीजिए यदि कोई निवेशक (विदेशी/देशी) तमिलनाडु में कारखाना स्थापित करता है तो उसे उस राज्य में प्रचलित कर की दरों के अनुरूप कर देना होगा और जब यही उत्पाद अन्य राज्यों में बिक्री के लिए जायेगा तब उस निवेशक को हर राज्य के अलग अलग वैट दरों, चुंगी कर, प्रवेश कर को चुकाना पड़ेगा जो कि एक जटिल प्रक्रिया है।

उपरोक्त कारणों के चलते जीएसटी कानून उपभोक्ता, उत्पादक वर्ग, विदेश निवेश कर वंचन कर राजस्व जैसे महत्वपूर्ण आधारों के अनिवार्य हो जाता है।

2. जीएसटी की संवैधानिक प्रक्रिया

अप्रत्यक्ष कर सुधारों से जुड़े जीएसटी की कवायद 16 वर्ष पहले (वर्ष 2000 में) अटल बिहारी वाजपेयी की सरकार ने शुरू की थी जबकि यूपीए सरकार पहली बार जीएसटी से जुड़ा विधेयक संसद में लेकर आई, लेकिन गतिरोध के चलते यह विधेयक पारित न हो सका। जीएसटी का संवैधानिक प्रक्रिया का क्रम इन 16 वर्षो में कैसा रहा, को निम्न प्रकार से समझा जा सकता है–

जीएसटी को लागू करने की प्रक्रिया

यदि 1 जुलाई 2017 से जीएसटी लागू हो जाता है तो कर आरोपित करने की प्रक्रिया निम्न प्रकार से रहेगी:-

चरण	क्षेत्र	जीएसटी को लागू करने की प्रक्रिया
पहला चरण	मैन्युफैक्चरिंग	• मान लीजिए एक उद्यमी 100 रूपये मूल्य का कपड़ा खरीदता है और इस कपड़े में 10 प्रतिशत का अप्रत्यक्ष कर भी शामिल है। • वह उद्यमी इस कपड़े से शर्ट तैयार करता है जिसमें उसने 30 रूपये खर्च किये अर्थात् शर्ट बनाने की लागत 30 रूपये की पड़ी। • उद्यमी शर्ट तैयार होने पर उसकी कीमत 130 रूपये रखता है। • 130 रूपये की शर्ट पर 10 प्रतिशत के हिसाब से 13 रूपये का जीएसटी पड़ेगा चूंकि वह 10 रूपये का कर कपड़ा खरीदते वक्त अदा कर चुका है अत: वह वास्तविक कर 3 रूपये (13 - 10 = 3 रूपया) देगा।
द्वितीय चरण	थोक विक्रेता	• उद्यमी द्वारा निर्मित शर्ट अब थोक विक्रेता के पास पहुंचती है और उसने उस शर्ट के लिए 130 रूपये मूल्य चुकाये। • 130 रूपये की शर्ट पर थोक विक्रेता 20 रूपये का अपना मुनाफा जोड़ता है अब शर्ट की कीमत हुई 150 रूपये। • अब शर्ट पर 10 प्रतिशत के हिसाब से जीएसटी बनती है 15 रूपये, चूंकि शर्ट निर्माता इस शर्ट पर पहले ही कर भुगतान कर चुका है। अर्थात् 13 रूपये का कुल कर भुगतान हो चुका है। अत: थोक विक्रेता 2 रूपये (15-13 = 2 रुपये) कर देगा।
तीसरा चरण	खुदरा व्यापारी/ रिटेल व्यापारी	• थोक विक्रेता ने खुदरा कारोबारी को 150 रूपये में शर्ट बेची। • खुदरा व्यापारी ने इस पर 10 रूपये का अपना मुनाफा जोड़ा अब शर्ट की खुदरा कीमत 160 रूपये हो गयी। • 160 रूपये मूल्य की शर्ट पर 10 प्रतिशत की दर से जीएसटी लगता है अर्थात् 16 रूपये कर हुआ चूंकि थोक विक्रेता के स्तर तक कर का भुगतान 15 रूपये तक का हो चुका है। अत: खुदरा व्यापारी को केवल 1 रूपये (16-15 = 1 रुपये) कर चुकाना पड़ेगा।

कुल जीएटी : यानी शर्ट पर निर्माता, थोक विक्रेता और रिटेलर के स्तर पर लगा कुल जीएटी 10+3+2+1 = 16 रुपये का हुआ। शर्ट की कीमत 150 + 16 = 166 रुपये हो गयी। इस प्रकार जीएसटी निर्माता या सेवा प्रदाता से उपभोक्ता तक वस्तुओं एवं सेवाओं की आपूर्ति के प्रत्येक चरण में मूल्य वर्धन (Value Addition) पर लगने वाला एकल कर है, जिससे करो का क्रमप्रपाती (Cascading Effect) प्रभाव नहीं पड़ेगा। इसके तहत कच्चे माल पर अदा किया गया कर, तैयार माल पर अदा किए गए कर से घटा दिया जाएगा और यही प्रक्रिया आगे थोक विक्रेता से रिटेलर तक हर चरण में मूल्य वर्धन पर ''इनपुट टैक्स क्रेडिट'' के रूप में लागू होगी। साथ ही इसके तहत देश भर में समान कर व्यवस्था होगी, जिससे एक राज्य से दूसरे राज्य में भी इनपुट टैक्स क्रेडिट पर अबाधित हस्तांतरण होगा।

जीएसटी की संरचना

भारत में जीएसटी की त्रिस्तरीय संरचना का प्रारूप तैयार किया गया है जो निम्नवत है-

1. केन्द्रीय जीएसटी

केन्द्र वसूलेगा

2. राज्य जीएसटी

राज्य वसूलेगें

3. दोहरी/इंटीग्रेटेड जीएसटी

दो राज्यों के बीच होने वाले कारोबार पर केन्द्र कर वसूलेगी और दोनों राज्यों के मध्य बांट देगी।

5. जीएसटी में शामिल कर

• जीएसटी में शामिल केन्द्र सरकार के कर :
- केन्द्रीय उत्पाद शुल्क (Central Excise Duty)
- अतिरिक्त उत्पाद शुल्क (Aditional Duty of Excise)
- सेवा कर (Service Tax)
- विशेष अतिरिक्त सीमा कर (Special Aditional Duty of Customs)

• जीएसटी में शामिल राज्य सरकार के कर :
- मूल्यवर्धनकर/विक्रय कर (VAT/Sale Tax)
- मनोरंजन कर (Entertainment Tax)
- चूंगी कर
- प्रवेश शुल्क (Entery Tax)
- विलासिता कर (Luxury Tax)
- लाटरी पर कर
- सट्टेबाजी पर कर

जीएसटी का वर्ग विशेष पर प्रभाव

वर्ग विशेष			प्रभाव
राज्य व केन्द्र सरकार	(i) बेहतर राजस्व दक्षता	:	ऐसा अनुमानित है कि जीएसटी आने के बाद कर-संग्रहण की लागत में वर्तमान की अपेक्षा कमी आयेगी।
	(ii) कर वंचना पर बेहतर नियंत्रण	:	वर्तमान कर प्रणाली की अपेक्षा जीएसटी के अनुपालन में जटिलता कम रहेगी, क्योंकि विभिन्न केन्द्रीय व राज्य करों के लिए अलग रिटर्न या पंजीकरण की समस्या से छुटकारा मिलेगा सरल प्रक्रिया व तकनीकी प्रयोग से जीएसटी के अंतर्गत कर वंचना पर भी नियंत्रण पाया जा सकेगा।
व्यापार एवं उद्योग जगत	(i) पूरे देश में कर संरचना एवं कर की दरों में समानता	:	जीएसटी लागू होने के पश्चात पूरे देश में वस्तु व सेवा कर की एकसमान दर होगी, जिससे पूरा देश एक बाजार के रूप में उभरेगा, इससे व्यापार करने में सरलता होगी तथा कर के ऊपर कर लगाने से कही न कही लागत में वृद्धि होती है, परन्तु इनपुट टैक्स क्रेडिट की व्यवस्था बिजनेस की लागत को कम करेगी।

(ii) बेहतर प्रतिस्पर्द्धा : • सभी राज्यों में एक समान कर प्रणाली तथा व्यापार की लागत में आने वाली कमी स्वस्थ प्रतिस्पर्द्धा को उद्योग जगत में बढ़ावा देगी।

• सशक्त सूचना एवं संचार (IT) अवसंरचना का प्रयोग GST के अनुपालन को अधिक सरल एवं आसान बनाएगा, जिससे भारत की ''इज ऑफ डूइंग बिजनेस इंडेक्स की रैकिंग में भी सुधार हो सकता है।

उत्पादकों एवं निर्यातकों का वर्ग : केन्द्र व राज्य सरकारों द्वारा लगाए जाने वाले विभिन्न प्रकार के अप्रत्यक्ष कर जीएसटी में समाहित हो जाने से जहाँ कर की दर कम लगेगी, वही पूरे देश में कर की दर में समानता रहने से देश के भीतर वस्तुओं एवं सेवाओं का निर्बाध आवागमन सुनिश्चित हो सकेगा। इसके अलावा, इनपुट टैक्स क्रेडिट की सुविधा से उत्पादन लागत में कमी आएगी, जिसका फायदा देश के उत्पादक वर्ग को होगा, साथ ही देश की वस्तु की लागत कम होने से अन्तर्राष्ट्रीय बाजारों में भारतीय वस्तुओं की मांग बढ़ने से देश के निर्यात भी प्रोत्साहित होंगे।

उपभोक्ता वर्ग : जैसा कि विदित है, अप्रत्यक्ष कर का अंतिम बोझ उपभोक्ता को ही उठाना है, इसलिए जीएसटी आने के बाद इससे उपभोक्ताओं को भी राहत मिलेगी। वर्तमान व्यवस्था के अंतर्गत केन्द्र व राज्यों द्वारा कई प्रकार के अप्रत्यक्ष करो के कारण तथा मूल्यवर्द्धन श्रृंखला में इनपुट टैक्स क्रेडिट की खामियों के कारण अनावश्यक रूप से वस्तुओं एवं सेवाओं के मूल्य बढ़ जाते है, परन्तु जीएसटी में एक दर होने एवं इनपुट टैक्स क्रेडिट की व्यवस्था होने से इस समस्या से निजात मिलेगी। इतना ही नहीं जीएसटी के अन्तर्गत कर भी वर्तमान दर से कम ही देय होगा।

नोटः जीएसटी परिषद ने जीएसटी के सर्वाधिक दर 28% रखी है।

जीएसटी परिषद के गठन की स्वीकृति

12 दिसम्बर 2016 को केंद्रीय मंत्रिमंडल द्वारा संविधान के नए अनुच्छेद 279ए के अनुरूप जीएसटी परिषद के सृजन को स्वीकृति दी गई। साथ ही जीएटी सचिवालय की स्थापना को भी स्वीकृति दी गई। जिसका कार्यालय नई दिल्ली में होगा। सचिव (राजस्व) को जीएसटी परिषद का पदेन सचिव बनाया गया है तथा जीएसटी परिषद की कार्यवाहियों में ''सेन्ट्रल बोर्ड ऑफ एक्साइज एंड कस्टम'' के अध्यक्ष को स्थायी आमंत्रित (गैर मतदाता) के रूप में शामिल किए जाने को भी मंजूरी दी गई है जीएसटी परिषद की पहली बैठक 22-23 सितम्बर, 2016 के दौरान हुई।

जीएसटी परिषद के कार्य : जीएसटी के मामले में विभिन्न निर्णयों के लिए जीएसटी परिषद का गठन किया गया है जिसमें केन्द्र व राज्य दोनों का प्रतिनिधित्व होगा। केन्द्रीय वित्त मंत्री की अध्यक्षता वाली जीएसटी परिषद में सभी राज्य सरकारें सदस्य होगी। इस प्रकार यह एक शक्तिशाली संविधिक निकाय होगा।

जीएसटी की दर संरचना

- 3 नवम्बर 2016 को केंद्रीय वित्त मंत्री अरूण जेटली की अध्यक्षता में राज्यों के प्रतिनिधित्व वाली जीएसटी परिषद की बैठक में ''नई अप्रत्यक्ष कर व्यवस्था'' हेतु वस्तु एवं सेवा कर की 4 स्तरीय संरचना को स्वीकृति प्रदान की गई।
- जीएसटी की यह 4 स्तरीय दर संरचना अधिभार (Cess) सहित बहु-स्लैब दरों के साथ है जिसके तहत कर दरों के 4 मूल स्तर निम्नवत् हैं:-

जीएसटी कर की दरें	शामिल वस्तुएं
शून्य	खाद्यान्न सहित लगभग आधी उपभोक्ता खुदरा महंगाई बास्केट वस्तुओं पर जीएसटी शून्य होगा ताकि आम जनता को स्फीतिक दबावों से संरक्षित किया जा सके।
5 प्रतिशत	आम उपभोग की वस्तुओं पर 5 प्रतिशत की दर से जीएसटी लगायी जायेगी।

12 और 18 प्रतिशत	एफएमसी वस्तुओं अन्तर्गत आने वाली अधिकांश वस्तुए व सेवाएं।
28 प्रतिशत	घरेलू इलेक्ट्रानिक उत्पादों एवं सामान्य कारों आदि पर आरोपित होगी तथा वर्तमान में 30-31 प्रतिशत कर (उत्पाद व वैट सहित) दायरे वाली वस्तुएं एवं सेवाएं इसके तहत आएगी।
28 प्रतिशत+अधिभार	तम्बाकू उत्पाद, पान, मसाला, शीतल पेय एवं लक्जरी गाड़ियों सहित विलासिता एवं अंवगुण वस्तुओं पर आरोपित किया जायेगा। अधिभार की दर क्या होगी, पर सहमति नहीं बनी है।

- वर्तमान स्वच्छ ऊर्जा अधिभार जारी रहेगा जबकि वर्तमान में लगाये जा रहे अन्य अधिभार/उपकर - स्वच्छ भारत अधिभार, कृषि कल्याण अधिभार व शिक्षा उपकर जीएसटी में समाहित हो जायेगी।

16 जनवरी 2017 को संपन्न जीएसटी परिषद की बैठक में केन्द्र व राज्यों के बीच निम्न संदर्भ में सहमति बनी-

- 1.5 करोड़ रूपये तक सालाना कारोबार वाली इकाइयों से वसूले गए कर के संदर्भ में आंकलन एवं प्रशासन में केन्द्र सरकार का हिस्सा मात्र 10 प्रतिशत रहेगा तथा शेष 90 प्रतिशत पर राज्यों का प्रशासनिक अधिकार होगा।
- 1.5 करोड़ रूपये से अधिक के वार्षिक करोबार वाली इकाइयों से वसूले गए कर के संदर्भ में केन्द्र एवं राज्य का 50:50 के अनुपात में अधिकार होगा।
- करदाताओं की कर समीक्षा के लिए एक ही प्राधिकार होगा।
- राज्यों को उनके समुद्र तट से 12 समुद्री मील के दायरे में होने वाली आर्थिक गति विधियों पर कर उद्ग्रहण (Levy) की शक्ति होगी हालांकि संवैधानिक रूप से ये अधिकार केन्द्र में निहित किए गए हैं।

नोट : 16 जनवरी 2017 की बैठक के बाद केन्द्रीय वित्तीय मंत्री अरूण जेटली द्वारा जीएसटी को लागू किये जाने की विधि को 1 अप्रैल 2017 से बढ़ाकर 1 जुलाई 2017 किए जाने की घोषणा की गई।

जीएसटीएन

गैर - लाभ एवं गैर-सरकारी कंपनी के माध्यम से Good & Service Tax Network (GSTN) की सभी प्रक्रियाएं आनलाइन एवं पारदर्शी होगी। रिटर्न और इनपुट टैक्स क्रेडिट की व्यवस्था के पूरी तरह से आनलाइन होने से कर आधार व्यापक होने के साथ-साथ कर अनुपालन में भी सुधार होगा। इससे पारदर्शिता और सरलता आने से जहां व्यापारी कर अनुपालन हेतु प्रोत्साहन होंगे, वहीं समान कर व्यवस्था से प्रतिस्पर्द्धा में वृद्धि होगी। साथ ही जीएसटी कर अपवंचन की रोकथाम के साथ कर प्रशासन को दक्ष भी बनाएगा।

जीएसटीएन के कार्य का प्रारूप

- कारोबारी जीएसटीएन पोर्टल पर अपने मोबाइल नम्बर और पैन नंबर के माध्यम से पंजीकरण कर सकेंगे।
- जीएसटीएन पर पंजीकरण कराने पर 15 डिजिट का एक नंबर कारोबारी को मिलेगा।
- जीएसटीएन पोर्टल का इस्तेमाल केन्द्र, राज्य सरकारें और कारोबारी एक साथ अपने-अपने कार्य के लिए कर सकेंगे।
- कारोबारी इस पोर्टल की मद्द से केन्द्र और राज्य का जीएसटी जमा कर सकेंगे और रिर्टन फाइल कर सकेंगे।
- कारोबारी छोटे हों या बड़े, उन्हें कर अधिकारियों से सम्पर्क करने की जरूरत नहीं होगी वे सिर्फ इसी पोर्टल के माध्यम से कर अधिकारियों से सम्पर्क कर सकेंगे।

09 विमुद्रीकरण : आजादी के बाद सबसे बड़ा मौद्रिक परिवर्तन

''विमुद्रीकरण की नीति शेर की सवारी'' करने के समान होती है क्योंकि इसमें लाभ और जोखिम दोनों का स्तर काफी उच्च होता है। इस नीति के क्रियान्वयन से जहाँ एक ओर काली अर्थव्यवस्था पर करारा प्रहार होता है तथा अर्थव्यवस्था में पारदर्शिता एवं दक्षता बढ़ती है तो वहीं दूसरी ओर इसमें सामाजिक-आर्थिक-राजनैतिक जोखिम (अव्यवस्था, मंदी, असुविधा आदि) भी होता है।

विमुद्रकरण के लागत-लाभ विश्लेषण के आधार पर समस्त बौद्धिक समुदाय दो वर्गों में बंटा नजर आता है। **एक वर्ग**- इस नीति को कालेधन के संपूर्ण समापन में नाकाफी एवं गैर-जरूरी मानते हुए इसे असुविधाजनक, गरीब विरोधी तथा आर्थिक संवृद्धि में नकारात्मक प्रभाव डालने वाली मानता है। पूर्व प्रधानमंत्री एवं प्रख्यात अर्थशास्त्री डा. मनमोहन सिंह इस नीति के क्रियान्वयन मात्र से जीडीपी में 1-2 प्रतिशत की कमी का आकलन करते है। इसकी आलोचना करते हुए वे इसे नरक की ओर जाती हुई एक ऐसी सड़क की संज्ञा देते है जिसका निर्माण अच्छे मनोभाव से किया गया है। इसके विपरीत **दूसरा वर्ग** आर्थिक समृद्धि और सामाजि-आर्थिक न्याय की स्थापना हेतु इसे अपरिहार्य मानता है। ये इसे एक कड़वी औषधि की संज्ञा देते है जिससे अल्पकाल में भले ही कुछ असुविधाएं हो, परन्तु दीर्घकाल में निंश्चित ही लाभ होता है।

प्रधानमंत्री नरेन्द्र मोदी ने 8 नवम्बर 2016 को एक साहसिक निर्णय लेते हुए मध्य रात्रि से 500 व 1000 रूपये की वर्तमान श्रंखला के नोटो का विमुद्रीकरण की घोषणा कर दी, इस कदम को अपनाने के पीछे क्या कारण रहे, उन्हें निम्न आधार पर प्रस्तुत किया जा सकता है :-

- सर्वोच्च न्यायालय में दाखिल शपथ पत्र में केन्द्र सरकार ने यह बताया कि हमारी अर्थव्यवस्था में लगभग 400 करोड रूपये नकली मुद्रा होने का अनुमान है और इसी धनराशि का प्रयोग आतंकवाद तथा कई अन्य प्रकार की राष्ट्र विरोधी एवं आपराधिक गतिविधियों के लिये किया जाता है। अत: इस नकली मुद्रा की समस्या का एकमात्र हल विमुद्रीकरण ही था।
- हमारे देश की अर्थव्यवस्था में वृद्धि की तुलना में उच्च मूल्य की मुद्राओं (500/1000) के प्रवाह में कही अधिक वृद्धि हुई है। मार्च 2016 के आंकड़ों के मुताबिक देश में 16,415 बिलियम मुद्रा प्रवाहमान थी

जिसमें

उच्च मूल्य की मुद्रा	% में	मूल्य (बिलियन में)
1000 नोट की भागीदारी	38.6%	6326 बिलियन
500 नोट की भागीदारी	47.8%	7854 बिलियम
कुल	**86.4%**	**14180**

14180 बिलियन रूपये हमारी जीडीपी का लगभग 10.5 प्रतिशत 500 व 1000 की नोट है यह तब कि स्थिति है जब वर्ष 2015-16 की कुल राष्ट्रीय आय 135761 बिलियन मानी गयी है। उच्च मूल्य की मुद्रा का इतना विशालकाय स्थिति में होना देश के भीतर कालेधन के भण्डारण की संभावना को बल देती है। अत: यह एक प्रबलतम कारण रहा विमुद्रीकरण को अपनाने का।

- विभिन्न अनुमानों के अनुसार, हमारे देश में विद्यमान समानांतर काले धन की अर्थव्यवस्था (Shadow Economy) का आकार हमारी अर्थव्यवस्था के 10-30 प्रतिशत के बराबर माना जाता है। स्वयं केन्द्र सरकार ने सर्वोच्च न्यायालय में दाखिल अपने शपथ पत्र में इसे 26% बताया है अब यदि हम इस कालेधन की समानांतर अर्थव्यवस्था को 30% मान ले तो कह सकते है 500 और 1000 की मुद्रा में विद्यमान लगभग 4254 बिलियन राशि काले धन की उपज है या काला धन हो सकता है।

उपरोक्त कारण विमुद्रीकरण की अवधारणा को अपनाने के लिये पर्याप्त है।

विमुद्रीकरण एक आर्थिक गतिविधि है, जिसके तहत सरकार पुरानी मुद्रा को समाप्त कर देती है और नई मुद्रा को परिचालन में लाती है। जब काला धन बढ़ जाता है और

अर्थव्यवस्था के लिए संकट उत्पन्न करने लगता है तो इससे निजात पाने के लिए इस प्रणाली का प्रयोग किया जाता है, जिसके पास कालाधन होता है, वे नई मुद्रा लेने में असमर्थ हो जाते हैं, जिससे काला धन स्वयं ही नष्ट हो जाता है।

- RBI Act, 1934 की धारा 24(2) के अनुसार- ''रिजर्व बैंक के बोर्ड ऑफ डायरेक्टर्स के सुझाव पर केन्द्र सरकार किसी भी मूल्य के नोट के जारी होने पर रोक लगा सकती है।''
- RBI Act, 1934 की धारा 26(2) के अनुसार- ''रिजर्व बैंक के बोर्ड ऑफ डायरेक्टर्स के सुझाव पर केन्द्र सरकार किसी भी मूल्य की मुद्रा की किसी भी सीरीज को दी गई तिथि से अमान्य घोषित कर सकती है।

भारत में अब तक तीन बार विमुद्रीकरण की प्रक्रिया अपनायी जा चुकी है:-

वर्ष	**विमुद्रीकरण का अधिकार**
1946	इस अवधि में 1000 और 10,000 मूल्य के नोट चलने से बाहर करने के लिये RBI Act, 1934 में संशोधन कर धारा-26(2) के द्वारा किया गया था।
1978	इस अवधि में जनता पार्टी सरकार द्वारा 1000, 5000 और 10,000 मूल्य के नोट का विमुद्रीकरण करने के लिए हाई डिनोमिनेशन बैंक नोट (डिमोनेटाइजेशन) एक्ट 1978 पास करके किया था।

8 नवम्बर, 2016 को किया गया विमुद्रीकरण RBI Act 1934 की धारा 26(2) के अन्तर्गत केन्द्र सरकार को प्राप्त शक्तियों के आधार पर किया गया है, जबकि यह धारा किसी भी मूल्य की मुद्रा की किसी सीरीज विशेष को बंद करने की बात करता है न कि पुरी मुद्रा का जैसा कि वर्तमान में हुआ है।

काला धन बनाम विमुद्रीकरण:

विमुद्रीकरण को अपनाने के केन्द्र में ''कालाधन की समस्या'' है। यहाँ तीन बातों का विश्लेषण किया जायेगा:-

1. काले धन का अर्थ
2. काले धन का प्रभाव
3. काले धन से निपटने की रणनीति

कालेधन का अर्थ: कालेधन को सामान्यत: उस धन के रूप में परिभाषित किया जाता है, जिसका कोई लेखा-जोखा न हो तथा जिस पर कोई कर अदा न किया गया हो। कालेधन का सृजन दो तरीको से होता है। **प्रथम** यह वैध स्त्रोत से अर्जित धन पर कर चोरी से उत्पन्न होता है। **द्वितीय** यह कि धन प्राप्ति स्त्रोत ही अवैध हो जैसे-तस्करी, चोरी, हवाला।

इन गतिविधियों से आज कालेधन का एक बड़ा भंडार बन गया है।

काले धन का प्रभाव: भारत में कालेधन की समस्या काफी गंभीर है क्योंकि यह भारत में आर्थिक, सामाजिक एवं राजनीतिक न्याय की स्थापना में एक प्रमुख बाधक के रूप में कार्य करता है। इसके कारण जहाँ एक ओर राजस्व में कमी होती है, जिससे विकास एवं कल्याण गतिविधियों में अपेक्षित निवेश नहीं हो पाता है, वही दूसरी ओर राजनीतिक खरीद-फरोख्त, चुनावी धांधली आदि में भी इसकी प्रमुख भूमिका है। आजकल काला धन राष्ट्रीय सुरक्षा के समक्ष भी एक गंभीर चुनौती उत्पन्न करता नजर आ रहा है, क्योंकि यह आतंकवाद एवं संगठित अपराध के बीच गठबंधन की एक प्रमुख कड़ी भी है। इसके अतिरिक्त छद्म मांग, ऊंची कीमतें, आर्थिक अस्थिरता हेतु भी कालेधन को उत्तरदायी ठहराया जाना अतिशियोक्ति नही होगा।

कालेधन से निपटने की रणनीति: काला धन जो अर्थव्यवस्था को व्यापक रूप से प्रभावित करता है, से निपटने हेतु दो रणनीतियां अपनायी जाती हैं:-

प्रथम रणनीति	दूसरी रणनीति
प्रथम रणनीति के तहत कालेधन के सृजन को ही रोका जाता है। इसके तहत शासन के अंदर-पारदर्शिता, निष्पक्षता, जवाबदेहिता, स्पष्टा, सहभागिता आदि का सृजन करने के लिए युक्तिसंगत कर संरचना, ई-गवर्नेस (डिजिटलीकरण), सिटिजन चार्टर, आनलाइन भुगतान प्रणाली, प्रेरक विधिक एवं भौतिक आधार संरचना, स्पष्ट एवं सरल नियम तथा कानूनों का विकास आदि जैसे कदम उठाये जाते हैं।	दूसरी रणनीति के तहत पहले से उपलब्ध कालेधन की समाप्ति हेतु कदम उठाए जाते है। इसके तहत विभिन्न कर छूट योजनाओं की घोषणा, गहन सतर्कता एवं जॉच, सूचनाओं का आदान-प्रदान, राउंड ट्रिपिंग का नियमन, विमुद्रीकरण आदि कदम उठाए जाते हैं।

प्रथम रणनीति के अनुपालन हेतु भारत सरकार द्वारा किये गये प्रयास निम्नवत् हैं:-	**दूसरी रणनीति के अनुपालन हेतु भारत सरकार द्वारा किये गये प्रयास निम्नवत् हैं:-**
• सूचना का अधिकार अधिनियम • सिटिजन चार्टर • प्रत्यक्ष लाभ अंतरण प्रणाली • डिजिटल भारत • स्टार्ट अप योजना • वस्तु एवं सेवा कर प्रणाली • आधार कार्ड की अनिवार्यता • पैन कार्ड के आधार क्षेत्र में वृद्धि • बैंकिंग क्षेत्र में नये प्रयोग (तकनीक से जुड़ने का मौका रूपे कार्ड, भीम एप)	• आय घोषणा योजना (जून से सितम्बर, 2016) • दोहरे कराधान संधियों की समीक्षा (मारिशस व सिंगापुर जैसे देशों के साथ) • सूचना साझेदारी समझौते (स्विट्जरलैण्ड के साथ) • गार अधिनियम को लागू करना • एसआईटी का गठन • 500 व 1000 रूपये की नोटों का विमुद्रीकरण (8 नवम्बर, 2016 को) • प्रधानमंत्री गरीब कल्याण योजना • देश के भीतर बेनामी संपत्ति और दिवालियेपन पर नये कानून

विमुद्रीकरण का प्रभाव:

विमुद्रीकरण को एक युगांतकारी कदम माना जा रहा है, जो न केवल अर्थव्यवस्था अपितु सामाजिक-आर्थिक ढाँचे की तस्वीर को भी बदलने में सक्षम है, परन्तु ऐसा नहीं है कि इसके केवल सकारात्मक प्रभाव ही पड़ेगा। भारत की विशेष स्थिति, जहाँ संसाधनों के वितरण में असमानता, ज्ञान एवं प्रौद्योगिकी अंतराल, आधारभूत संरचना में विविधता तथा नीतिगत विभेद काफी अधिक है, के आलोक में इस नीति की सफलता एवं लक्ष्य प्राप्ति के समक्ष कुछ चुनौतियां भी विद्यमान है। अंतत: विमुद्रीकरण के सम्पूर्ण प्रभाव को समझने के लिए आर्थिक, सामाजिक व राजनीतिक आधार पर क्षेत्रवार विश्लेषण करना उचित होगा।

विमुद्रीकरण का आर्थिक क्षेत्र पर प्रभाव:

■ **आर्थिक प्रभाव:** आर्थिक प्रभाव को समझने के लिए विमुद्रीकरण ने देश के उपभोक्ता व्यवहार, लोक वित्त, विदेशी व्यापार, उत्पादन, रोजगार, निवेश आय वितरण पर क्या प्रभाव डाला है, का अध्ययन व विश्लेषण करना होगा।

■ **विमुद्रीकरण का सकारात्मक आर्थिक प्रभाव:** विमुद्रीकरण भारतीय अर्थव्यवस्था को सकारात्मक रूप से प्रभावित करेंगी को, बिन्दुवार स्पष्ट किया जा रहा है:-

- विमुद्रीकरण, नकद रूप से रखे समस्त कालेधन को समाप्त कर देगी तथा समस्त मुद्रा का लेखा उपस्थित होने से मौद्रिक नीति दक्ष तथा प्रभावी बनायी जा सकेगी।
- सम्पूर्ण वित्त के लेखांकन से राजस्व में वृद्धि होगी, जिससे आधारभूत संरचना में वित्त संबबंधी मांग को पूरा करने में मद्द मिलेगी तथा सरकार कल्याणकारी कार्यक्रमों को क्रियान्वित करने में और अधिक सामर्थयवान होगी।
- जब काला धन नहीं होगा, तो कृत्रिम मांग (अनावश्यक मांग) स्वत: ही कम हो जायेगी, इससे मुद्रास्फीति की बढ़ी हुई दरें नियंत्रित रहेगी, जो प्रत्यक्ष रूप से देश की आम जनता को सुखद स्थिति में पहुंचायेगी।
- कालेधन का एक बड़ा भाग रियल एस्टेट में लगा हुआ है। इससे आवासों की कीमतों में अनावश्यक वृद्धि हो गयी है। विमुद्रीकरण, मुद्रा के रूप में संचित काले धन का खात्मा कर देगी, जिससे धीरे-धीरे इसका असर रियल एस्टेट पर दिखेगा तथा फ्लैट्स और घरों के दाम गिरेंगे तथा सामान्य जन का घर खरीदने का सपना पूरा होगा।
- विमुद्रीकरण की प्रक्रिया से अंतर्राष्ट्रीय स्तर पर भारत की छवि एक पारदर्शी और भ्रष्टाचार के प्रति जीरो टालरेंस देश के रूप में बनेगी। परिणामत: भारत में वैश्विक निवेश बढेगा, जो अंतत: उत्पादन, उत्पादकता एवं रोजगार सृजन को बढ़ायेगा यह स्थिति भारत को स्वत: ''ईज ऑफ डूईंग बिजनेस जैसे वैश्विक इंडेक्स में हमारी रैंकिंग को सुधारेगी।
- देश में हवाला प्रणाली के चलते बड़े आराम से काले धन को स्थानांतरित किया जाता रहा है। विमुद्रीकरण, अवैध मुद्रा भंडार को ही समाप्त कर देगी, जिससे स्वत: ही हवाला प्रणाली ध्वस्त हो जायेगी।

- इस कदम का एक बड़ा मनोवैज्ञानिक प्रभाव भी होगा। इससे अच्छे व्यवहार, पारदर्शिता, नैतिकता तथा असंग्रहण की संस्कृति का विकास होगा।
- विमुद्रीकरण प्रत्यक्ष रूप से बैंकों की वित्तीय स्थिति को मजबूत करेगी परिणामतः बैंक रियायती ब्याजदरों पर उद्यमियों के लिए वित्त का प्रबन्ध कर सकेगी।
- इससे भविष्य में नकद संस्कृति का समापन होगा तथा देश नकदरहित अर्थव्यवस्था अथवा लैस-कैश की ओर बढ़ेगी।

■ **विमुद्रीकरण का नकारात्मक आर्थिक प्रभाव :** विमुद्रीकरण अर्थव्यवस्था पर सकारात्मक प्रभाव डालेगा, यह तब तक कहना उचित नहीं होगा, जब तक विमुद्रीकरण का दूसरा पहलू, नकारात्मक प्रभाव का अध्ययन व विश्लेषण न कर लिया जाये।

- देश के प्रसिद्ध अर्थशास्त्री व पूर्व प्रधानमंत्री डॉ. मनमोहन सिंह के अनुसार विमुद्रीकरण "देश की जीडीपी को 1-2 प्रतिशत पीछे कर देगी। उनका मानना है कि किसी देश का विकास आर्थिक गतिविधियों से होता है और आर्थिक गतिविधियों को पूर्ण करने के लिए नकदी की उपलब्धता होना आवश्यक है, चूंकि विमुद्रीकरण, नकदी की अनुपलब्धता को बढ़ावा देता है। इसलिए नोट बंदी का अर्थव्यवस्था पर नकारात्मक प्रभाव पड़ेगा। इसके अतिरिक्त अनेक विचारक इस धारणा को कि- "समस्त काला धन नकद रूप में है और समस्त नकद काला धन है" को गलत मानते हैं। यह वास्तविकता भी है कि भारत में 90 प्रतिशत से ज्यादा लोग नकद में मजदूरी प्राप्त करते हैं, देश में 60 करोड़ से ज्यादा लोग बिना बैंक खाते के है, लगभग संपूर्ण ग्रामीण निवेश, उत्पादन, व्यापार, नकद के ऊपर ही निर्भर है, जो यद्यपि नकद में तो है, परन्तु काला धन नहीं है। काले धन की अधिकांश मात्रा नकद के अतिरिक्त स्वर्ण, बियरर बाण्ड, रियल एस्टेट, विदेशी मुद्रा आदि के रूप में हो, जो नोट बंदी से अंशतः ही प्रभावित होगी। ऐसे में विमुद्रीकरण पर प्रश्न चिन्ह लगना स्वभाविक हो जाता है। इसका मनौवैज्ञानिक प्रभाव भी गरीब विरोधी नजर आता है, क्योंकि नोट बंदी ने सामान्य वस्तु की मांग घटाने और वहीं दूसरी ओर विलासिता की वस्तुओं की मांग में वृद्धि करने का कार्य किया है। प्रसिद्ध ब्रिटिश अर्थशास्त्री कीन्स ने अर्थव्यवस्था के विकास हेतु सबसे महत्वपूर्ण कारण "मांग" को माना है। नोटबंदी के इस कदम ने मांग को ही सबसे अधिक दुष्प्रभावित किया। इसका नकारात्मक प्रभाव बड़े व्यापारियों पर भी पड़ रहा है, क्योंकि भारत में बहुस्तरीय व्यापार प्रणाली और इसमें धन का स्थानान्तरण नकद रूप से फुटकर व्यापार से ही ऊपर की ओर होता है। मांग में आई इस तीव्र गिरावट से निकट भविष्य में आर्थिक मंदी की आशंका को भी नकारा नहीं जा सकता है। विमुद्रीकरण से एक और गंभीर दुष्प्रभाव घरेलू बचत (महिलाओं की गोपनीय बचत) की समाप्ति के रूप में भी पड़ा है, क्योंकि घरेलू बचत आपात स्थितियों के साथ-साथ छोटे व्यापार (रेहड़ी-फेरी) की दृष्टि से काफी महत्वपूर्ण होती है।

विमुद्रीकरण का राजनीतिक क्षेत्र पर प्रभावः

■ **राजनीतिक प्रभावः** राजनैतिक प्रभाव के अन्तर्गत भ्रष्टाचार, आतंकवाद, आंतरिक सुरक्षा तथा अन्य अपराधो पर विमुद्रीकरण के प्रभाव का अध्ययन व विश्लेषण करना होगा।

- **विमुद्रीकरण का सकारात्मक राजनीतिक प्रभावः** विमुद्रीकरण देश की अर्थव्यवस्था को भले ही अल्पावधि के लिए नकारात्मक रूप से प्रभावित अवश्य कर सकती है, परन्तु नोट बंदी से राजनीति क्षेत्र पर सौ फीसदी सकारात्मक प्रभाव ही पड़ेगा जैसे-काले धन की समाप्ति से भारत की आंतरिक सुरक्षा के समक्ष उत्पन्न चुनौतियां कम होंगी, क्योंकि कालेधन के उपयोग से ही भारत में संगठित अपराध तथा आतंकवादी गतिविधियाँ संचालित होती हैं। अब इन गतिविधियों हेतु वित्त की अनुपलब्धता होगी। इस कदम का आगामी चुनाव पर भी सकारात्मक प्रभाव पड़ने की संभावना है। इससे चुनावों में अनावश्यक व्यय, वोटरों की खरीद, फरोख्त, जनप्रतिनिधियों की खरीद फरोख्त आदि पर लगाम लगेगी।

विमुद्रीकरण का सामाजिक क्षेत्र पर प्रभावः

■ **सामाजिक प्रभाव :** इसके अन्तर्गत सामाजिक विषमता, महिला सशक्तिकरण, जागरूकता जैसे सामाजिक मुद्दों पर विमुद्रीकरण के प्रभावों का अध्ययन व विश्लेषण किया जायेगा।

■ **विमुद्रीकरण का सकारात्मक सामाजिक प्रभाव :** नंद नीलेकणि ने विमुद्रीकरण पर अपना मत स्पष्ट करते हुए कहा था कि विमुद्रीकरण के कारण लोगों को जागरूक करने तथा अर्थव्यवस्था को डिजिटलाइज करने का जो कार्य तीन वर्षों में होता है वह अब 6 महीने में ही जो

जायेगा। लोगों को जागरूक करने के साथ-साथ तार्किक उपभोक्ता प्रवृत्ति का विकास सामाजिक आर्थिक विषमता में कमी, स्त्रियों की स्थिति में सुधार जैसे- सकारात्मक सामाजिक प्रभाव भी पड़ेगे। समग्र रूप से लेस कैश संस्कृति का विकास स्वत: ही समाज को विकसित व संतुलित करेगा।

- **विमुद्रीकरण का सामाजिक क्षेत्र पर नकारात्मक प्रभाव** : इसके अंतर्गत सामाजिक विषमता, महिलासशक्तिकरण, जागरूकता जैसे सामाजिक मुद्दो पर विमुद्रीकरण के प्रभाव का अध्ययन व विश्लेषण किया जायेगा।

- लघु एवं सूक्ष्म उद्योगों से जुड़े लोग जहाँ अधिकतर लेन-देन कैश में करते है कि आय, रोजगार, उत्पादन, उपभोग सबमे गिरावट होगी।
- व्यापार एवं उपभोग में गिरावट के फलस्वरूप सरकार के अप्रत्यक्ष कर राजस्व में इस क्वार्टर कमी आयेगी।
- रियल स्टेट में आने वाली गिरावट उद्योग क्षेत्र की वृद्धि दर को नकारात्मक कर सकती है। साथ ही यह क्षेत्र डिफाल्टर बैंकों का एनपीए बढ़ा सकती है।
- आम जनता तक पर्याप्त नकदी उपलब्ध करना, सबसे बड़ी चुनौती है।
- वर्तमान में एटीएम मशीनों तथा खरीददारी हेतु स्वाइप मशीनों की उपलब्धता आवश्यकता से कम होना भी एक गंभीर चुनौती है।

'सफर में धूप तो होगी, जो चल सको तो चलो''। अब जब देश परिवर्तन के पथ पर अग्रसर हो चुका है तो व्यापक राष्ट्रहित के लिये हम थोड़ी बहुत समस्याओं और चुनौतियों से दो-चार होने से पीछे नहीं हटा सकते। जो लोग यह संशय जता रहे है कि विमुद्रीकरण से महज अभी जो मुद्रा कालेधन के रूप में है वह भले समाप्त हो जाये पर इसके सृजन को विराम नहीं लग सकता, उन्हें यह समझना होगा कि वर्तमान में देश में भ्रष्टाचार के विरूद्ध एक माहौल है और पारदर्शिता एवं ईमानदारी को बढावा देने के लिए सरकार और जनता एकमत है। अभी आने वाले वित्तीय वर्ष यानी 1 जुलाई 2017 से देश में जीएसटी भी लागू होने जा रहा है, यह देश का अब तक का सबसे बड़ा अप्रत्यक्ष कर सुधार, व्यापार में सुगमता एवं पारदर्शिता लायेगा। अत: उससे पहले विमुद्रीकरण के इस कदम को अर्थजगत के 'सफाई अभियान' के रूप में देखा जाना चाहिए। इसके साथ ही जो अन्य सुधारात्मक कदम उठाये जा चुके है या उठाये जा रहे है- चाहे इन्साल्वेन्सी एण्ड बैक्रप्सी कानून हो, बेमानी आहरण अधिनियम 2016 हो या फिर अन्य देशों से रियल टाइम इंफोरमेशन प्राप्त करने की दिशा में मिली सफलता हो, इन सबका सम्मिलित प्रभाव एक स्वच्छ वातावरण का निर्माण अवश्य करेगा जो हमे कालेधन के उत्सर्जन से मुक्ति दिलायेगा।

10 भारत में समावेशी विकास एवं चुनौतियाँ

पाषाण युग से प्रारम्भ हुई मनुष्य की विकास यात्र आज उत्तर आधुनिक युग तक पहुँच चुकी है, जिसमें संचार, प्रौद्योगिकी एवं भूमण्डलीकरण ने विकास को नये आयाम प्रदान किये है।

भारत भी इस प्रक्रिया का अग्रणी देश है, जिसने आर्थिक तकनीकी, सामरिक, परमाणु क्षेत्रें में उल्लेखनीय प्रगति की है। आज भारत विश्व का सबसे बड़ा लोकतंत्र है, क्रय शक्ति के आधार पर चौथी बड़ी अर्थव्यवस्था तथा विश्व की अनेकों कम्पनियों का अधिग्रहण भारतीयों द्वारा किया जा रहा है। सूचना एवं प्रौद्योगिकी में हम विशेषज्ञता हासिल करके चन्द्रमा तथा मंगल की ओर कदम बढ़ा रहे हैं।

आज तेजी से उभरता हुआ औद्योगिक वर्ग भारतीय संवृद्धि में महत्वपूर्ण योगदान कर रहा है। वर्ष 2014-15 में भारतीय अर्थव्यवस्था ने 7.3 प्रतिशत जी.डी.पी. विकास दर हासिल की, जो भारतीय आर्थिक सुदृढ़ता का द्योतक है। विश्व मुद्रा कोष तथा विश्व बैंक का भी मानना है कि वर्तमान वर्ष में विकास के लिहाज से भारत, चीन से आगे निकल जायेगा।

किन्तु इस विकास का दूसरा पहलू यह है कि सहस्त्राब्दी विकास लक्ष्य 2015 के आधार पर 18 में से केवल 4 लक्ष्य ही मानक के अनुरूप है, जो विकास और वितरण के मधय असमानता को दर्शाता है।

मानव विकास रिपोर्ट 2014, विश्व विकास रिपोर्ट 2012, राष्ट्रीय अपराध अभिलेख 2013 तथा मानवाधिकार संचायिका 2012 आदि के विश्लेषण भारत में विकास प्रक्रिया के नकारात्मक पक्षों को उजागर करते हुए समता मूलक समाज के अस्तित्व पर प्रश्नचिन्ह लगाते हैं। वास्तव में भारत की कुल आबादी का 1/3 से अधिक भाग ऐसा है, जो विकास की इस प्रक्रिया से कोसों दूर है। आज भी उसका जीवन रोटी, कपड़ा, मकान जैसी मूलभूत आवश्यकताओं की पूर्ति में ही बीत जाता है।

संयुक्त राष्ट्र संघ द्वारा जारी सहस्त्राब्दी विकास लक्ष्य रिपोर्ट के अनुसार दुनिया के 1/3 गरीब भारत में रहते हैं, जो प्रतिदिन 1.25 अमेरिकी डॉलर से कम में जीवन यापन करते हैं।

हालांकि आज भारत विश्व की दूसरी सबसे तेज गति से विकास करने वाली अर्थव्यवस्था बन चुका है, तथापि गरीब और अमीर के मधय अंतर उत्तरोत्तर बढ़ता जा रहा है और सापेक्ष गरीबी बढ़ रही है। देश में कुल साक्षरता प्रतिशत 65.38 है, जो इस बात का परिचायक है कि जनसंख्या का बहुत बड़ा भाग आज भी विकास एवं समाज की मुख्य धारा से अलग है।

आंकड़ों के अनुसार विगत 17 वर्षों में लगभग 3 लाख किसानों द्वारा आत्महत्या, 2007-2012 के मध्य करीब सवा तीन करोड़ किसानों द्वारा अपनी जमीन बेंचकर शहरों में दिहाड़ी मजदूर के रूप में कार्य करने हेतु मजबूर होना आर्थिक विकास का लाभ किसानों तक न पहुँच पाना स्पष्ट दिखाता है।

विख्यात अर्थशास्त्री अमर्त्य सेन असमानताओं व मानवीय क्षमताओं के अकुशल उपभोग को इसके लिए उत्तरदायी मानते हुए समावेशी विकास को अपनाने पर जोर देते हैं जिसमें आर्थिक विकास, उच्च घरेलू विकास दर तथा अधिाक राष्ट्रीय आय प्राप्त होती है और स्वास्थ्य, शिक्षा, स्वच्छ पेयजल, स्वच्छ पर्यावरण, पौष्टिक भोजन जैसी बुनियादी सुविधाओं का लाभ कमजोर वर्गों सहित सभी वर्गों तक पहुँचता है। इस प्रकार समावेशी विकास की रणनीति निर्धानता रेखा से नीचे रह रहे कमजोर वर्गों को रोजगार के अवसरों में वृद्धि तथा सामाजिक सेवाओं का लाभ वास्तव में इन तक पहुँचाकर जीवन स्तर में गुणात्मक सुधाार लाने पर केन्द्रित है।

अत: विकास एवं वितरण तथा सामाजिक न्याय को प्रभावी बनाने के लिए सामवेशी विकास अपरिहार्य है। यह विकास के वितरणात्मक पहलू पर बल देता है और समता के सैद्धान्तिक पहलू को न्याय के व्यवहारिक धारातल से मिलाकर विकास के सारे क्षेत्रें को स्वयं में समाहित करता है।

समावेशी विकास से आशय है कि :-

1. आधाारभूत वस्तुओं तक सबकी पहुँच हो।
2. शहरी तथा ग्रामीण क्षेत्रें में बेरोजगारों, कमजोर वर्ग के लोगों को रोजगार वृद्धि प्रक्रिया से जोड़ा जाये तथा कृषि, ग्रामीण विकास के क्षेत्रें में निवेश तथा आय वृद्धि के प्रभावी उपाय किये जायें।
3. अनुसूचित जाति, अनुसूचित जनजाति, पिछड़ा वर्ग तथा अल्पसंख्यकों, कमजोर वर्गों, निर्धानों, महिलाओं का सामाजिक तथा आर्थिक सशक्तिकरण हो।
4. स्वास्थ्य शिक्षा आवास तथा खाद्य सुरक्षा पर सर्वाधिाक सार्वजनिक व्यय किया जाये।
5. वित्तीय समावेशन किया जाये।

विश्व बैंक में समावेशी विकास को गति और विकास की संरचना के रूप में परिभाषित किया है। यह वह गति है, जिसके

साथ कोई अर्थव्यवस्था आगे बढ़ती है और लाभ अधिकतम लोगों तक पहुँचता है। इस धारणा के पीछे विकास की गरीबोन्मुख विचारधारा है, जिसका आशय ऐसे विकास से है, जिसमें सभी प्रकार के निर्धानों को प्रथमत: लाभ पहुँचे तथा नीतियाँ एवं कार्यक्रम सामान्यतय: उन लक्ष्यों को धयान में रखकर बनाये जायें, जिसमें उत्पादनों पर कार्य करने के बजाय गरीबों के बीच आय के पुर्नवितरण पर जोर हो। इसका उद्देश्य ऐसे समतामूलक समाज का निर्माण करना है जिसमें सभी वर्गों को उच्च गुणवत्तांयुक्त स्वास्थ्य व खुशहाल जीवन जीने का समान अवसर मिल सके और सभी वर्गों के लोग एक ही प्रकार के खाद्यान्न, वस्त्र, मकान एवं जीवनशैली में गरिमामय जीवन जी रहे हो।

वास्तव में भारत के लिए समावेशी विकास कोई नयी अवधारणा नहीं है, बल्कि हमारी संस्कृति में निहित सर्वे भवन्तु सुखिन:, सर्वे सन्तु निरामय: की सामाजिक परिकल्पना का व्यवहारिक रूप है, जिसे 12वीं पंचवर्षीय योजना (2012-17) में सर्वाधिक महत्व देते हुए सभी को विकास का सहभागी बनाने का प्रयास किया जा रहा है।

सरकार द्वारा समावेशी विकास की दिशा में किये जा रहे प्रयासों में प्रमुख निम्नलिखित है :-

'वित्तीय समावेशन के माध्यम से समाज के असुरक्षित और कमजोर वर्ग को निवेश के अवसर और आर्थिक वृधि के लाभ हेतु धन उपलब्ध कराया जा रहा है। इसका उद्देश्य जमा और भुगतान खाता, साख बीमा और पेंशन जैसी व्यापक वित्तीय सेवाओं का लाभ सर्वसुलभ कराना है, इस विषयक प्रधानमंत्री जनधान योजना, स्वर्ण मौद्रीकरण योजना, मुद्रा बैंक, स्किल इण्डिया मिशन आदि प्रमुख हैं।

भारत में प्रशासन की पहुँच सभी तक हो तथा अन्तिम छोर पर बैठा व्यक्ति भी सामाजिक, आर्थिक बदलाव का लाभ लेकर अपने जीवन स्तर को उन्नत बना सके, इसके लिए डिजिटल इण्डिया कार्यक्रम की शुरूआत की गई है। इसके जरिए सरकार तथा प्रशासन को जवाबदेह एवं संवेदनशील बनाया जा सकेगा, साथ ही विभिन्न विभागों, योजनाओं में समन्वय हो सकेगा। ई-हेल्थकेयर, ई-कोर्ट, ई-पुलिस, ई-बैंकिंग आदि का विस्तार भी इसी के द्वारा सम्भव है।

'किसानों को विकास की इस प्रक्रिया से जोड़ने हेतु राष्ट्रीय कृषि बाजार, मृदा स्वास्थ्य योजना, प्रधानमंत्री कृषि सिंचाई योजना, कृषि सिंचाई योजना, कृषि ऋण, डी.डी. किसान चैनल, कृषि बीमा योजना तथा ई-मण्डी आदि योजनाएं संचालित की जा रही हैं।

प्रधानमंत्री कौशल विकास योजना, मेक इन इण्डिया, स्वच्छ भारत अभियान तथा जनजातियों के विकास हेतु वन बन्धु कल्याण योजना एवं महिलाओं की आर्थिक स्वतंत्रता व स्वावलम्बन हेतु बेटी बचाओ, बेटी पढ़ाओ, सुकन्या समृधि) योजना आदि समावेशी विकास की दिशा में संचालित की जा रही है।

किन्तु समावेशी विकास का सामाजिक पक्ष जोकि भारतीय परम्परागत समाज की बुराइयों (जाति, धार्म, रूढ़ियाँ, अंधविश्वास) के कारण बाधित है, उसे तमाम संवैधानिक प्रावधानों के बावजूद समाज के बौद्धिक परिष्करण, मनोवृत्ति में परिवर्तन संवेदनशीलता, मानवीयता तथा शिक्षा में गुणात्मक बढ़ोत्तरी से ही सम्भव है, जो स्वयं से ही प्रारम्भ होता है।

अत: आज भारत में समतामूलक समाज के निर्माण हेतु विकास के उपरोक्त अवसरों को तर्कसंगत तरीके से हासिए पर स्थित वर्गों तथा अनुसूचित जाति, अनुसूचित जनजाति, पिछड़ा वर्ग, अल्पसंख्यकों को मुख्य धारा में लाकर क्षेत्र, भाषा, आयु, लिंग, सम्प्रदाय आदि कारकों से ऊपर उठते हुए सामाजिक न्याय एवं सामाजिक सुरक्षा, युक्तियुक्त विभेद तथा लक्षित विकास को समावेशी विकास का पर्याप्त बनाना ही होगा, तभी सभी लोग इस विकास से लाभान्वित होकर गरिमामय जीवन जीवन की कल्पना को साकार कर सकेंगे।

11 खाद्य सुरक्षा एवं संरक्षण अधिनियम

भूखे भजन न होय गोपाला।
यह ले अपनी कण्ठी माला।।

किसी ने ठीक ही कहा है भूखे पेट तो ईश्वर का भजन भी नहीं होता, फिर विकास, उन्नति व तकनीकी की बात करना या सोचना स्वयं को अंधेरे में रखने जैसा है। वर्तमान में स्थितियां ठीक ऐसी ही हैं क्योंकि आज भी विश्व के लगभग 87 करोड़ लोग भूखे रहने को मजबूर हैं। भारत सहित अन्य विकासशील देशों की स्थिति बेहद चिंताजनक है। इसी तथ्य को ध्यान में रखते हुए भारत सरकार ने देश की दो-तिहाई जनसंख्या को 'खाद्य सुरक्षा' सुनिश्चित की है। 'सुरक्षा' से तात्पर्य है- खतरे या चिंता से मुक्ति। अत: खाद्य सुरक्षा हमारी खाद्य और पोषण की सुरक्षा की आशावादी स्थिति मुहैया करती है। सभी लोगों को सदैव भोजन की उपलब्धता, पहुंच और उसे प्राप्त करने की क्षमता ही खाद्य सुरक्षा है।

भोजन मानव की मूलभूत आवश्यकताओं में से एक है और इसी कारण भोजन के मानव अधिकार को संयुक्त राष्ट्र के अंतर्राष्ट्रीय कानून (1999) के विभिन्न अभिकरणों में मान्यता दी गई है। वैश्विक स्तर पर भी खाद्य सुरक्षा किसी न किसी रूप में विद्यमान की गयी है। इसका एक अच्छा उदाहरण है ब्राजील द्वारा चलाया गया 'फोम जीरो' या 'जीरो हंगर प्रोग्राम' जो विश्व में खाद्य सुरक्षा कायम करने के प्रयासों के रूप में काफी सराहा गया। ब्राजील विश्व में ऐसा पहला सदेश है, जिसने भोजन के अधिकार को कानूनी जामा पहनाया।

ज्ञातव्य हो कि भारत की दो-तिहाई जनसंख्या आज भी गरीब है। संयुक्त राष्ट्र संघ के विकास सूचकांक में 186 देशों में भारत 136वें स्थान पर है। वहीं भूख सूचकांक के मामले में भारत 119 देशों में 94वें स्थान पर आता है। इसके साथ-साथ वर्ष 2012 की 'वैश्विक भूख सूचकांक रिपोर्ट' ने प्रत्यक्ष चेतावनी दी कि भारत मजबूत आर्थिक विकास के बावजूद ग्रामीण भारत के लिए, अपने वैश्विक भूख सूचकांक में सुधार लाने में पीछे रह गया है। अत: स्पष्ट है कि भारत में खाद्य सुरक्षा सुनिश्चित करना आवश्यक है और इस ओर एक मजबूत कदम है 'राष्ट्रीय खाद्य सुरक्षा कानून-2013'। इस कानून को लागू करके भारत अपने लोगों को भोजन का अधिकार देने वाला विश्व का पहला देश बन चुका है। निश्चय ही एशिया के ज्योतिपूंज में विश्व को साथ दिखाने की क्षमता रखता है, यह इससे सिद्ध होता है।

भारत में खाद्य सुरक्षा की अवधारणा नई नहीं है। भारत में खाद्य सुरक्षा कानून का इतिहास पुराना है। द्वितीय विश्वयुद्ध के दौरान खाद्यान्नों की कमी को देखते हुए 1942 में सार्वजनिक वितरण प्रणाली के जरिए प्रमुख शहरों और खाद्यान्न की कमी वाले कुछेक क्षेत्र में खाद्यान्न वितरण शुरू किया था। स्वतत्रंता के बाद भारतीय संविधान द्वारा भी भारतीय नागरिकों को राज्य के नीति-निर्देशक तत्व में अनुच्छेद-47 के तहत उच्च पोषाहार स्तर प्रदान करने तथा अनुच्छेद-37 में सभी को जीविका के पर्याप्त साधन प्रदान करने जैसे निर्देश राज्य को दिये गये। अनुच्छेद-21 के तहत जीने योग्य जीवन की स्वतंत्रता में 'कोई भूखा न रहे', 'पोषण का निश्चित स्केल' जैसे अधिकार शामिल है। सातवीं पंचवर्षीय योजना में सार्वजनिक वितरण प्रणाली (पीडीएस) के तहत इस दायरे में समूची जनसंख्या को लाया गया और 1997 में खाद्यान्न के लिए एक लक्षित सार्वजनिक वितरण प्रणाली (टी पी डी एस) लागू की गयी, जिसके अधीन गरीबी रेखा से नीचे (बी पी एल) और गरीबी रेखा से ऊपर (एपीएल) के घरों को भिन्न मूल्यों पर अलग-अलग मात्रा में खाद्यान्न उपलब्ध कराये जा रहे हैं। खाद्य सुरक्षा के परिप्रेक्ष्य में ही पीडीएस के साथ-साथ अंत्योदय अन्न योजना (2002), अन्नपूर्णा योजना, काम के बदले अनाज कार्यक्रम (अब मनरेगा में विलीन), मिड-डे मील कार्यक्रम, ग्रामीण अनाज बैंक स्कीम (2004) आदि योजनाएं देश में चलायी जा रही हैं। वर्ष 2007 में राष्ट्रीय खाद्य सुरक्षा मिशन भी चलाया गया। इसी क्रम में खाद्य सुरक्षा को सुनिश्चित करने के लिए वर्ष 2013 में राष्ट्रीय खाद्य सुरक्षा अधिनियम पारित किया गया है।

इस कानून के तहत देश की कुल मिलाकर 67% आबादी को खाद्य सुरक्षा का वैधानिक अधिकार दिया गया है। लाभार्थियों को प्राथमिक समूह (46%) तथा सामान्य समूह में विभाजित किया गया है। जिसमें प्राथमिकता वाले परिवारों को प्रतिमाह 5 किग्रा. अनाज और अंत्योदय परिवारों को 35 किग्रा. अनाज, चावल, गेहूं और मोटे अनाज क्रमश: 3 रूपये, 2 रूपये और एक रूपया प्रति किग्रा. की दर से देने का प्रावधान है। जबकि सामान्य समूह के लाभार्थियों को 'न्यूनतम समर्थन मूल्य' के 50% कीमत पर ये अनाज प्राप्त होंगे। इस कार्यक्रम के लाभार्थियों में 75% ग्रामीण और 50% तक शहरी आबादी हो सकती है।

राष्ट्रीय खाद्य सुरक्षा अधिनियम द्वारा भारत में अब कोई सूखा नहीं रहेगा। भारत बच्चों के कुपोषण के मामले में सबसे ऊंचे पायदान पर है और स्वास्थ्य सूचकांक की स्थिति भी चिंताजनक है, परिस्थितियों से यह अधिनियम मील का पत्थर साबित होगा। राष्ट्रीय खाद्य सुरक्षा के कुछ अंश जैसे मध्याह्न भोजन, मातृत्व लाभ (पोषणपूरक तथा नकद) का सीधा लक्ष्य पोषण है। सस्ती दरों पर खाद्य उपलब्धता द्वारा लोगों को अधिक कैलोरी मिलेगी। जब भूख तृप्त होगी तो लोग कलात्मकता व आर्थिक विकास की ओर ध्यान देंगे। लोग अपनी अतिरिक्त आय का इस्तेमाल चिकित्सा और स्वास्थ्य व शिक्षा पर कर सकते हैं। वहीं कर्ज तले दबा किसान अपनी अतिरिक्त आय को कृषि कार्यों पर खर्च कर सकता है। इस प्रकार कहा जा सकता है कि खाद्य सुरक्षा अधिनियम होने के उपरांत भारत की सामाजिक, आर्थिक, राजनीतिक व तकनीकी उन्नति होगी।

राष्ट्रीय खाद्य सुरक्षा अधिनियम के जहां इतने लाभ हैं वहीं इसके समक्ष अनेक समस्यायें उजागर हो रही हैं-

- पर्याप्त अनाज की उपलब्धता की समस्या क्योंकि भारत पहले ही अनाज का आयात करता है।
- खाद्य संकट से उभरने के लिए जेनेटिक खाद्य को बढ़ावा देने से, होने वाले घातक रोगों की आशंका।
- बेहद जरूरतमंदों के आंकड़ों की विश्वसनीयता, जिनकी वजह से पूर्ववर्ती योजनाएं अत्यधिक खर्च करने के बावजूद भी सफल नहीं हुई।
- कारपोरेट जगत का कहना है कि इससे सरकारी खजाने पर बोझ बढ़ेगा।
- जब खाद्य सुरक्षा सरकार उपलब्ध करायेगी तो हो सकता है कि छोटे कृषकों का नजरीया कृषि कार्यों के प्रति बदले और वे अकृषि कार्यों में जुट जाये।

उपरोक्त समस्याओं के बावजूद भी खाद्य सुरक्षा कानून के फायदे (लाभ) हानि की तुलना में कहीं अधिक है, इसलिए सरकार का यह कदम स्वागत योग्य और सराहनीय है। परंतु इसके सही क्रियान्वयन व सफलता के लिए कुछ सावधानियों को ध्यान में रखना आवश्यक है :-

- खाद्य असुरक्षा में बड़ा बदलाव कायम करने के लिए वित्तीय संसाधनों से युक्त मजबूत राजनीतिक इच्छा शक्ति की आवश्यकता है।
- अत्यधिक मुद्रा कमाने की होड़ में बढ़ती जा रही कैश क्राप्स के नाम पर अखाद्य कृषि के बढते चलने को रोकते हुए, कृषकों खाद्यान्न उत्पादन के लिए प्रोत्साहन करना।
- इस कानून के दायरे में आने वाले लाभार्थियों को सर्वोचित रूप से प्रथमत: चिन्हित किए ताकि पहले अत्यधिक जरूरतमंदों की आवश्यकता पूर्ण है।
- जैविक खेती को क्रमबद्ध विकास से खाद्य संकट को कम करने में मदद मिलेगी। इसके साथ ही तकनीकी कृषि को भी बढ़ावा दिया जाए ताकि कम भूमि में अधिक अनाज उगे।
- भारत में बहुत सी भूमि बंजर, कल्लर तथा बैटलैंड के रूप में पड़ी है। अत: भूमि सुधार अधिक से अधिक करके पर्याप्त भूमि उपलब्ध कराने की आवश्यकता है।
- पर्याप्त खाद्यान्न उपलब्धता न होने के लिए जहाँ कम उत्पादन और खाद्य कुप्रबंधन जैसे अनेक कारणों को जिम्मेदार ठहराया जाता है, वही एक और प्रमुख कारण पर अपेक्षाकृत कम ध्यान दिया जाता है, वह है- खाद्य अपव्यय अर्थात खाद्यान्नों की बर्बादी। अत: लोगों को शादियों, उत्सवों या त्यौहारों या घरों में ही खाना न बरबाद करने के लिए जागरूक किया जाये। इस परिप्रेक्ष्य में सैम पित्रोदा द्वारा गठित संस्था 'इंडिया फूड नेटवर्क' द्वारा खाद्य अपव्यय रोकने के लिए 'एस एम एस अलर्ट' कार्यक्रम सराहनीय है, जिसमें समारोह स्थलों पर बचे खाने को इकट्ठा करके जरूरतमंदों में बांट दिया जाता। लोगों को ऐसे कार्यक्रमों से जोड़ने के प्रोत्साहन की आवश्यकता है।
- खाद्य सुरक्षा कानून की सफलता, इस कार्यक्रम में पारदर्शिता के सहारे टिकी है, ताकि भ्रष्टाचार व अनियमिता न हो।
- इस अधिनियम का प्राक्कथन जहां पोषण की सुरक्षा का वायदा करता है, वहीं यह आवश्यक हो जाता है कि इसमें दालों, सब्जियों व खाने के तेल का प्रावधान हो क्योंकि सिर्फ अनाज द्वारा पोषण नहीं मिलता।
- खाद्य सुरक्षा अधिनियम का 14वां अध्याय संवेदनशील समूह जैसे जनजातीय लोग और जनजातियों के क्षेत्र को इंगित करता है। अत: इसमें इन लोगों द्वारा पारंपरिक तरीके से भोजन के रूप में लगभग 400 प्रजातियों (जैसे-अरबी, मशरूम, चौलाई, कंद, जीव, मछलियां और छोटे शिकार) को शामिल किये जाने की आवश्यकता क्योंकि ये उनके आस-पास आसानी से उपलब्ध होते हैं।

दरअसल खाद्य संकट स्थानीय या राष्ट्रीय स्तर पर ही नहीं है, बल्कि इसका दायरा वैश्विक है। ऐसे भी भारत सरकार ने खाद्य सुरक्षा को एक अधिकार के रूप में मान्यता देकर यह साबित कर दिया है कि वह भूखमरी, कुपोषण और खाद्य असुरक्षा की स्थिति में देश के प्रति जवाबदेह है। सरकार की इसी महत्वाकांक्षी योजना का सकारात्मक परिमाण देखने के लिए भविष्य प्रतिक्षित है। यदि इस कानून का एक सुनिश्चित मॉनीटरिंग प्रणाली के तहत उचित क्रियान्वयन हुआ तो वह दिन दूर नहीं जब भारत का वंचित वर्ग भूख के चंगुल से मुक्त होगा। यह भारत सरकार द्वारा सामाजिक और आर्थिक उन्नयन का ऐसा कदम होगा जिसमें अन्त्योदय का उत्थान होगा और एक सशक्त भारतीय जनमानस का निर्माण होगा।

12 भारत में आर्थिक नियोजन की उपलब्धियाँ और नीति आयोग की पहलें

स्वतंत्रता प्राप्ति के पश्चात् उपनिवेशवाद का दंश झेल रही भारतीय अर्थव्यवस्था को संगठित, विकसित व विस्तार देने के लिये ''नियोजन'' की प्रक्रिया को अपनाया गया। 15 मार्च, 1950 में गठित योजना आयोग को नियोजन की जिम्मेदारी सौंपी गयी। आयोग द्वारा 12 पंचवर्षीय योजनाओं और दो बार वार्षिक योजनाओं (तीसरी व सातवी पंचवर्षीय योजना के बाद) को लागू किया गया। इन पंचवर्षीय योजनाओं का मूल उद्देश्य आर्थिक संवृद्धि, आत्मनिर्भरता, निर्धनता उन्मूलन, आय की असमानता में कमी, रोजगार सृजन, शोषण मुक्त समाज की स्थापना, तकनीकी, सतत व समावेशी विकास करना था।

नियोजन प्रक्रिया को अपनाते हुए देश को लगभग 6 दशक से अधिक का समय हो चुका है। इस समयावधि में नियोजन की उपलब्धियां निम्नवत् हैं:

- देश अल्पविकसित अर्थव्यवस्था की श्रेणी से बाहर निकलकर विश्व की सर्वाधिक तीव्र गति से बढ़ने वाली अर्थव्यवस्था बन गया है। भारत ने वृद्धि दर में चीन को पीछे छोड़ते हुए यह उपलब्धि प्राप्त की है।
- भारत, विश्व की छठी सर्वाधिक जीडीपी वाला देश बन गया है। यह उपलब्धि भारत ने फ्रांस की अर्थव्यवस्था को पीछे छोड़ते हुए प्राप्त किया है। ऐसा अनुमान है कि भारत वर्ष 2019 के अंत तक ब्रिटेन को पीछे छोड़ विश्व की 5वीं सबसे बड़ी जीडीपी वाला देश बन जायेगा।
- भारत विदेशी मुद्रा भण्डार के सृजन में 400 अरब डालर के साथ विश्व का आठवां सबसे बड़ा विदेशी मुद्रा भण्डार वाला देश बन गया है।
- भारत निजी प्रेषण प्राप्त करने के मामले में शीर्ष स्थान पर है और आने वाले वर्षो में भी भारत के शीर्ष स्थान पर रहने की उम्मीद है।
- भारत ईज ऑफ डूइंग बिजनेस इण्डेक्स, ग्लोबल पॉवर फूल पासपोर्ट इण्डेक्स, ग्लोबल कॉम्पटेटिव इण्डेक्स, ग्लोबल इनोवेशन इण्डेक्स में अपनी रैंक को तीव्रता से सुधार रहा है।
- भारत में हरित क्रांति, पीली क्रांति, दुग्ध क्रांति व अन्य क्रांतियों के सहयोग से देश खाद्यान्न में आत्मनिर्भरता को प्राप्त कर रहा है। भारत उन देशों में शामिल है, जहाँ नीली क्रांति पर तीव्र गति से कार्य हो रहा है।
- भारत ने अंतरिक्ष के क्षेत्र में मंगलयान, चन्द्रयान का सफल प्रक्षेपण किया तथा पीएसएलवी व जीएसएलवी के सहयोग से भारत के ही नही बल्कि विश्व के कई देशों को उपग्रहों को सफलता के साथ प्रक्षेपित किया है। आज इसरों विश्व में सस्ते व सफल प्रक्षेपण का केन्द्र बन चुका है। गगनयान को प्रक्षेपित कर भारत, अमेरिका, रूस व चीन जैसे देशों के समूह में शामिल हो जायेगा।
- भारत का वैश्विक पटल पर आधार मजबूत हुआ है आज भारत एमटीसीआर, आस्ट्रेलिया ग्रुप, एससीओ, जी-4, एशियन इन्फ्रास्ट्रक्चर इनवेस्टमेंट बैंक, वासेनार एग्रीमेंट जैसे प्रमुख अन्तर्राष्ट्रीय संगठन का सदस्य है।

1 जनवरी, 2015 को नीति आयोग की विधिवत स्थापना के पश्चात् नीति आयोग ने देश के थिंक टैंक के रूप में कार्य करना प्रारम्भ किया। नीति आयोग द्वारा किये जा रहे कार्यों को दो वर्गो में विभाजित किया जा सकता है। **प्रथम वर्ग** में उन कार्यो को सम्मलित किया जा सकता है, जिससे देश के विभिन्न क्षेत्रों के लिये लक्ष्य निर्धारित किये गये हैं जैसे: तीन वर्षीय एक्शन प्लान (2017-2020), सात वर्षीय रणनीति (2017-2024), पन्द्रह वर्षीय विजन (2017-2032), तथा पंचवर्षीय लक्ष्य (2017-2022) **दूसरे वर्ग** में उन कार्यो को शामिल किया जा सकता है, जिसमें मूलभूत सुधार की प्रक्रिया को अपनाया गया है, जैसे-अटल इनोवेशन मिशन के तहत अटल टिकरिंग लैब व मेंटर इंडिया अभियान द्वारा देश में वैज्ञानिक दृष्टिकोण विकसित करना, डिजिटल भुगतान हेतु कार्य योजना ताकि अर्थव्यवस्था को लेस कैश, काला धन मुक्त व पारदर्शी बनाया जा सके, मेथनाल अर्थव्यवस्था का विकास ताकि पर्यावरण प्रदूषण तथा परंपरागत ईंधन पर निर्भरता को कम किया जा सके। विद्यालय शिक्षा गुणवत्ता सूचकांक, कृषक हितैषी सूचकांक, स्वास्थ्य परिणाम सूचकांक विकसित कर राज्यों के मध्य प्रतिस्पर्धी सहकारी संघवाद को विकसित करना, सार्वजनिक क्षेत्र के बीमार उपक्रमों का समापन व युक्ति पूर्ण विनिवेश प्रक्रिया का प्रारम्भ आदि प्रमुख कार्य है।

13 भारतीय कृषि क्षेत्र की मौजूदा स्थिति और प्रौद्योगिकी

यह सर्वविदित है कि देश में कृषि की मौजूदा स्थिति खस्ताहाल है और यह क्षेत्र निम्नलिखित संकटों से घिरा हुआ है:

- सार्वजनिक निवेश की कमी।
- भूमि के असमान वितरण।
- सीमान्त कृषकों की अधिकता।
- भू-सुधारों का प्रभावहीन कार्यान्वयन
- फसलों के विविधीकरण का अभाव।
- पर्याप्त साख की अनुपलब्धता।
- आधारभूत ढॉचे का पिछड़ापन।
- ऋणग्रस्तता।
- कृषि उपज का सही मूल्य न मिलना।
- मंडिया तक सीमित पहुंच।
- मंडियों में सुविधाओं का अभाव।
- कृषि आज भी मौसमी जुआ है।
- कृषि फसलों को सीमित बीमा कवरेज व प्रीमियम की समस्या।
- बिचौलियों द्वारा किसानों का शोषण व व्याप्त भ्रष्टाचार।

कृषि क्षेत्र में व्याप्त इन संकटों के बावजूद भी केन्द्र सरकार ने वर्ष 2022 तक किसानों की आय को दोगुना करने का लक्ष्य निर्धारित किया है। इस लक्ष्य को पूरा करने में न्यूनतम समर्थन मूल्यों में वृद्धि एक अल्पकालिक प्रयास हो सकता है, जबकि इस गहन संकट से उभरने के लिए समग्र, समावेशी व प्रभावकारी समाधान तलाशने की आवश्यकता है।

कृषि संकट से उबरने हेतु एमएसपी में सुधार हेतु सुझाव

- नीति आयोग के अनुसार कृषि लागत एवं मूल्य आयोग की जगह संविधान के अनुच्छेद 323बी के अन्तर्गत एक ''कृषि अधिकरण'' की स्थापना कर कृषि उत्पादों के मूल्य संबंधी समस्त दायित्व इस अधिकरण को सौंप दिया जाए।
- न्यूनतम समर्थन मूल्य के स्थान पर ''न्यूनतम रिजर्व मूल्य'' की व्यवस्था की जाए। यह रिजर्व मूल्य ही मंडियों में कृषि उत्पादों का प्रारंभिक विक्रय मूल्य होना चाहिए।
- फसलों के मूल्य निर्धारण की प्रक्रिया में तीन वर्ग बनाकर एमएसपी की घोषणा की जाये। पहले वर्ग में अधिशेष उत्पादन वाली फसलों को रखा जाए, दूसरे वर्ग में देश में कम उपलब्ध होने वाली परन्तु विश्व बाजार में उपलब्ध होने वाली फसलों को रखा जाए तथा तीसरे वर्ग में देश व विदेश दोनों में सीमित उपलब्धता वाली फसलों को रखा जाए।
- कृषि उत्पादों की खरीद में निजी क्षेत्र की भागीदारी को बढ़ाया जाये।
- किसानों को एसएसपी के प्रति जागरूकता बढ़ाने में ग्राम पंचायत व चौपालों को जिम्मेदारी सौंपी जाए।
- फसलों की एमएसपी की जानकारी किसान काल सेन्टर से टोल फ्री नम्बर के माध्यम से उपलब्ध कराने की व्यवस्था की जाए।
- सभी मंडियों में एक ऐसे डिजिटल पटल की व्यवस्था की जाए जहाँ सरकार द्वारा निर्धारित एमएसपी प्रर्दर्शित होती रहे।

उक्त सुझावों के माध्यम से न्यूनतम समर्थन मूल्य को व्यवहारिक व न्यायोचित बनाया जा सकता है।

भारत जैसे कृषि प्रधान देश में ''कृषि के महत्व को'' निम्न आधार पर समझा जा सकता है:-

- देश का सबसे बड़ा असंगठित क्षेत्र जो सर्वाधिक रोजगार उपलब्ध कराता है।
- उद्योगों के लिए कच्चे माल की आपूर्ति करता है।
- देश के कुल निर्यात में कृषि उत्पादों का हिस्सा 10 प्रतिशत है, जो विदेशी मुद्रा भण्डार के अर्जन में सहायक है।
- खाद्यान्न मुद्रास्फीति को नियंत्रित करने में सहायक है।

कृषि क्षेत्र में विज्ञान व प्रौद्योगिकी का योगदान

बीज में प्रौद्योगिकी का प्रयोग:

- पूर्वी भारत के बाढ़ग्रस्त क्षेत्रों में बाढ़ अवरोधी धान की नई किस्मों का प्रयोग किया जा रहा है, जिनमें प्रमुख हैं- सवर्णा सब 1, वैदेही, जललहरी, जल निधि, जल प्रिया, आईआर 64 सब 1
- बदलती जलवायु में दलहन उत्पादन में वृद्धि के लिए ऐसे जनन द्रव्यों का विकास किया जा रहा है, जो अधिक तापमान एवं सूखे के प्रति प्रतिरोधी साबित हो सकते हैं जैसे-उड़द के जनन द्रव्य है-आईपीयू 99-23 व मूंग का जनन द्रव्य है-आईपीयू 2-16
- जेनेटिकली मॉडिफाइड ऑर्गेनिज्म बीजों का विकास।
- पोषक तत्वों से भरपूर खाद्यान्न किस्में जैसे-गेहूँ की पहली

जैव संपूरित किस्म डब्ल्यूबी-2, धान की पहली जिंक से समृद्ध बायो फोर्टिफाइड किस्म डीआआर धान-45, बाजार के लौह-तत्व और जस्ते की उच्च मात्रा से युक्त किस्म एचएचबी-299 उल्लेखनीय है।

मृदा में प्रौद्योगिकी का प्रयोगः

- मृदा स्वास्थ्य कार्ड स्कीम के तहत मृदा स्वास्थ्य के अनुरूप पोषक तत्वों का प्रबंधन।
- अंतर्राष्ट्रीय चावल अनुसंधान, मनीला (फिलीपींस) द्वारा खेतों में धान की फसल के रंग के आधार पर यूरिया के प्रयोग के लिए "लीफ कलर चार्ट" लांच किया है। जिससे यूरिया का प्रयोग वैज्ञानिक आधार पर हो सकेगा न कि पूर्वानुमान के आधार पर।
- पूसा हाइड्रोजैल व जलशक्ति मृदा अनुकूलक ऐसे पदार्थ हैं, जो मृदा में मिलाए जाने पर मृदा की जलधारण क्षमता व मृदा में पानी के प्रवेश की दर में वृद्धि करते हैं।

सिंचाई में प्रौद्योगिकी का प्रयोगः

- सिस्टम ऑफ राइस इटेसीफिकेशन (श्री) पद्धति द्वारा धान की खेती के लिए बहुत कम पानी तथा कम खर्च की आवश्यकता होती है और उपज भी बहुत अच्छी होती है।
- धान की श्री पद्धति की तरह गेहूँ के लिए भी सिस्टम ऑफ व्हीट इंटेंसीफिकेशन विधि का प्रयोग कर भारी मुनाफा कमाया जा सकता है।
- उर्वरक और पानी का घोल बनाकर संयुक्त रूप से पौधों की जड़ों तक पहुंचाने के लिए फर्टिगेशन नामक नई विधि को अपनाया जा रहा है।
- शुष्क क्षेत्रों में सब्जियां उगाने के लिए घड़ा सिंचाई प्रौद्योगिकी विकसित की गयी है।

फसलों की बुआई में प्रौद्योगिकी का प्रयोग

- फसलों की बुआई से पूर्व जुताई अनिवार्य है, जिसके चलते कृषि लागत में वृद्धि होती है। जुताई रहित कृषि या कम से कम जुताई कर बीजों को सीड ड्रील की सहायता से बोने या फिर फसल के पौधों को शुरू से नर्सरी में उगाकर खेत में रोपाई की विधा को संरक्षण कृषि कहा जाता है। यह विधा लागत व समय दोनों की बचत करती है।

कीटों के दुष्प्रभावों को रोकने हेतु प्रौद्योगिकी का प्रयोगः

- सूक्ष्म जीवों द्वारा खरपतवार नियंत्रण।
- बैसिलस थुरिंजिनेसिस नामक बैक्टीरिया के वंशाणुओं की मदद से फसल में लगने वाले कीटों की समस्या से निजात पाया जा सकता है, जिसका उदाहरण बीटी धान है।

कृषि यंत्रों में प्रौद्योगिकी का प्रयोगः

- बिना जुताई तथा फसल अवशेषों के रहते हुए खेतों में बुआई के लिए टर्बो-सीडर, पी.सी.आर. प्लांटर एवं रोटरी डिस्क ड्रिल जैसे कृषि यंत्रों के प्रयोग से 8 से 10 टन / हेक्टेयर की दर से उपस्थित खड़े (एकड) और बिखरे (लूज) फसल अवशेषों वाले खेत में सही ढंग से बुआई करने के लिए उपयुक्त है।

कृषि क्षेत्र के प्रत्येक चरण (बुआई, बीज, मृदा, सिंचाई, कीट नाशक) में प्रौद्योगिकी का बढ़ता प्रयोग न केवल देश के किसानों की आर्थिक-सामाजिक स्थिति को सुधारने में कारगर सिद्ध होगा अपितु पश्चिमी देशों द्वारा विकसित तकनीक के प्रयोग के एकाधिकार को समाप्त कर भारत विकसित बनाम विकासशील देशों के मध्य की खाई को पाटने में भी सफल होगा।

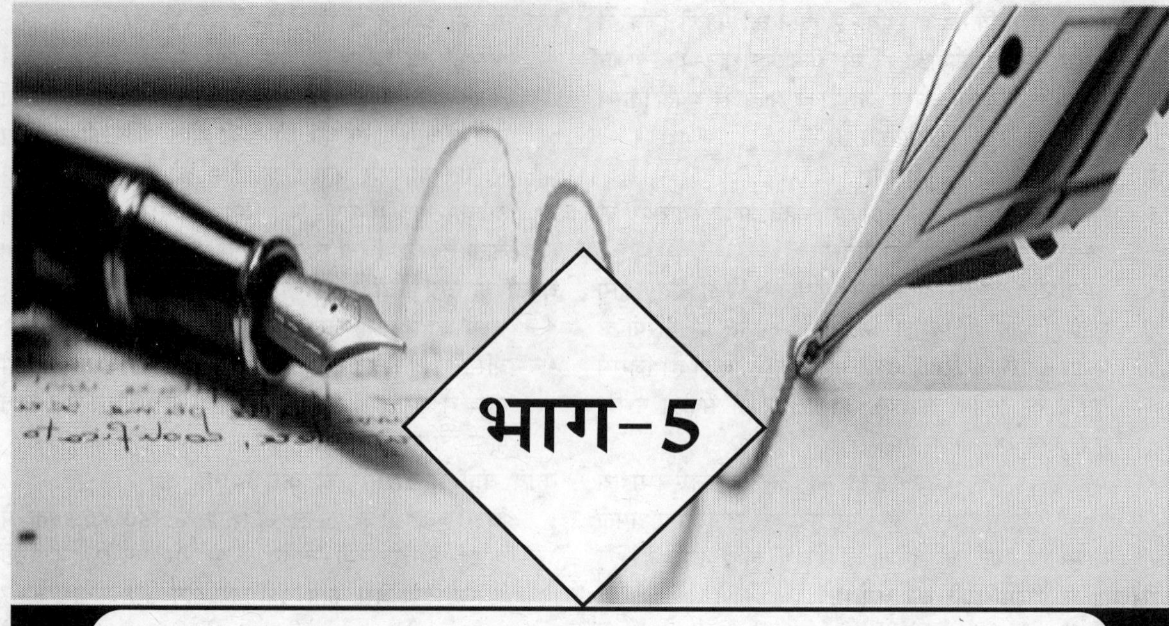

विज्ञान एवं प्रौद्योगिकी तथा पर्यावरण

इस भाग में ....

सूचना प्रौद्योगिकी का भारत पर प्रभाव व सम्भावनाए
विकास और पर्यावरण
ग्रामीण भारत: सूचना प्रौद्यौगिकी की ओर बढ़ते कदम
अम्लीय वर्षा-विश्वव्यापी खतरा
अंतरिक्ष में भारत का बढ़ता वर्चस्व
भारत में सौर ऊर्जा का भविष्य
ग्लोबल वार्मिंग : कारण एवं परिणाम
हाईड्रोजन : भविष्य की ऊर्जा
जैव विविधता का महत्व एवं संरक्षण
नैनो मिशन-विश्व में ज्ञान के केन्द्र के रूप में अग्रसर
रक्षा क्षेत्र में भारत की उपलब्धियाँ

01 सूचना प्रौद्योगिकी का भारत पर प्रभाव व सम्भावनाएँ

सूचना प्रौद्योगिकी की जब भी चर्चा होती है हमारे मन में एक अजीब सी कौतुहल उत्पन्न हो जाती है, आंखों के सामने संपूर्ण विश्व की तस्वीर उभर आती है। लगता है कि विभिन्न देशों के मध्य दूरियां समाप्त हो गयी और हमारी मुट्ठी में समा गयी हो। सूचना प्रौद्योगिकी के विषय में जब सोचना प्रारंभ करते हैं तो मन साइबर कैफे में बैठे लड़के, लड़कियों द्वारा की जा रही चैटिंग, व्यापारी द्वारा किया जा रहा कारोबार, विद्यार्थियों द्वारा नित्य नवीन सूचनाओं की जानकारी के लिए वेबसाइटों की खोज एवं मोबाइल, पेजर आदि का प्रयोग करते समाज के हर वर्ग लोगों और कार्यालय में हो रहे कार्यों से ही टकरा जाता है। लगभग एक दशक पूर्व क्या कोई यह सोच सकता था कि अमेरिका के न्यूयार्क शहर में किस अस्पताल में बैठा कोई डाक्टर भारत के अपोलो अस्पताल में जीवन और मृत्यु के बीच जूझ रहे किसी मरीज का इलाज कर सकता है, एम्स के डा. वेणुगोपाल मद्रास के किसी अस्पताल में पड़े मरीज का हृदय प्रत्यारोपण कर सकते हैं और वह भी दिल्ली में बैठकर, केरल एक छोटे से गांव की साठ वर्ष से अधिक उम्र की कोई बूढ़ी और शारजाह में रह रहे अपने श्रमिक बेटे से सीधे बातचीत कर सकती है। गांधी नगर के केंद्र से कई गांव के किसानों को कृषि संबंधी जानकारी एवं सुझाव कृषि वैज्ञानिकों द्वारा दिया जा सकता है। किन्तु यह सब हकीकत का रूप लेता दिखायी दे रहा है और यह सचना के क्षेत्र में हुई नवीन तकनीकों के विकास से संभव हो सका है। सूचना प्रौद्योगिकी में भारत के हर क्षेत्र, हर वर्ग के लोगों को प्रभावित किया है। यह प्रभाव इतने कम समय में और इतनी तेजी से बढ़ा है, कि इसे सूचना क्रांति का संज्ञा दी गयी है। भारत की हरित क्रांति, श्वेत क्रांति के पश्चात सूचना क्रांति ही ऐसी है जिसे अत्यधिक या यों कहा जाए आशातीत सफलता प्राप्त हुई है।

सूचना तकनीकि का सर्वाधिक प्रभाव संचार के क्षेत्र में हुआ है। इस क्षेत्र में टेलीफोन, मोबाइल, पेजर, इंटरनेट ने तो सभी प्रकार की दूरिया समाप्त कर दी है और व्यक्ति को एक दूसरे के काफी करीब ला दिया। कह सकते है कि दुनिया मुट्ठी में आ गयी है। परम्परागत रूप से उन क्षेत्रों में जहां सूचना पहुंचत-पहुंचते इतनी देर हो जाती थी कि उसका महत्व ही समाप्त हो जाता था या फिर पहुंच ही नहीं सकता था। सूचना प्रौद्योगिकी में उन सभी स्थानों की आपस में इस प्रकार जोड़ दिया है जैसे वे स्थान बिल्कुल पास में हो। फाइबर आप्टिक्स के प्रयोग ने सूचनाओं के प्रवाह की गति को तीव्र किया है और साथ ही बिना बाधा के संपर्क बनाने में महती भूमिका निभायी है। सूचना तकनीकि ने न केवल सभी क्षेत्रों तक सूचना की पहुंच को आसान बनाया है बल्कि सस्ती दर होने के कारण भारत जैसे देश की गरीब जनता तक इसे सुलभ बनाया है।

सूचना तकनीकि ने शिक्षा को आसान एवं रोचक बनाने में महत्वपूर्ण योगदान दिया है। इंटरनेट के माध्यम से घर बैठे जापान, अमेरिका, ब्रिटेन आदि देशों के प्रसिद्ध विश्वविद्यालयों में पढ़ाई करके डिग्रियां प्राप्त की जा सकती हैं, वह भी नाममात्र फीस अदा करके। पहले इसके लिए हजारों किमी. का सफर तय करना पड़ता था और लाखों डालर खर्च करने पड़ते थे। इंटरनेट पर अनेक वेबसाइट मौजूद है जो ज्ञानवर्धक जानकारियां अपने उपभोक्ताओं को उपलब्ध करा रही है। विद्यार्थी रोजगार संबंधी जानकारी, फार्म भरना, प्रवेश पत्र प्राप्त करना, परीक्षा देने जैसे कई कार्य इंटरनेट के माध्यम से कर सकता है। ऑनलाइन लाइब्रेरी के आने से व्यक्ति घर बैठे विश्व प्रसिद्ध लाइब्रेरी में रखी किताबों को पढ़ सकता है और उनमें संग्रहीत जानकारियों की प्रिंट आउट निकाल सकता है। लगभग सभी पेपर एवं मैगजीन इंटरनेट पर उपलब्ध को रहे हैं। सम्भावना यह भी है कि भविश्य में कंप्यूटर स्वयं ही किताबों को पढ़कर सूचनाएं देने लगे और हमें पढ़ने की आवश्यकता ही न पड़े। भारत सरकार ने विद्यावाहिने योजना के माध्यम से इस दिशा में कदम उठाया है आगे योजना यह भी है कि देश के प्रमुख विश्वविद्यालयों को आपस में जोड़ दिया जाए। इन विश्वविद्यालयों को लाइब्रेरियों से भी जोड़ने की योजना है। एडूसैट का प्रयोग।

सूचना तकनीकि ने मनोरंजन के क्षेत्र में भी नये द्वार खोल दिये है। सीडी ने एक दिशा में दर्शकों के लिए मनोरंजन के सस्ते और गुणवत्तापूर्ण यंत्र उपलब्ध कराए है। डिजिटल चित्र और आवाज दर्शकों को अपनी ओर खींच ही लेते है। इससे चित्र बिल्कुल साफ एवं आवाज बिना किसी बाधा के स्पष्ट सुनायी पड़ती है। कंप्यूटर के द्वारा अनेक काल्पनिक घटनाओं को यर्थाथ सा रूप दिया जा सकता है। इसके द्वारा रंगों का ऐसा मिश्रण तैयार कर दिया जाता है जिससे तस्वीर में सजीवता आ जाती है। आभासी वास्तविकता हमें एक ऐसी दुनिया में ले जाता है जहां हम उन सब घटनाओं को वास्तविक समझने लगे है जो

वास्तव में नहीं होते। संभावनाएं ऐसी बन रही है कि फिल्मों की सूटिंग के लिए जो विभिन्न स्थानों पर जाना पड़ता है वहां नहीं जाना पड़ेगा और इसकी कमी कंप्यूटर पूरा कर देगा।

सूचना तकनीकि का प्रयोग चिकित्सा के क्षेत्र में अत्यधिक हो रहा है। इसके द्वारा शरीर के अदंर की व्याधियों को आसानी से कंप्यूटर की सहायता से पकड़ा जा सकता है। परिणामस्वरूप उसके इलाज में लगने वाला समय और धान की बचत हो रहा है साथ ही मरीज को होने वाले असीम कष्टों से छुटकारा प्राप्त हो रहा है। चिकित्सा के क्षेत्र में टेलीमेडिसिन एवं टेलीप्रीजेन्स तकनीक अभी नवीन है किन्तु इसका तीव्र गति से विस्तार हो रहा है। इसके माध्यम से सुदूर बैठा डाक्टर मरीज की देखभाल कर सकता है, उसके शरीर की जांच कर सकता है, दवाई की सलाह दे सकता है और यहां तक कि आपरेशन भी कर सकता है। भारत के अभी बड़े अस्पतालों में ही यह सुविधा उपलब्ध है और सरकार की योजना है कि भविष्य में सभी जिला चिकित्सालयों को राज्य की राजधानियों एवं केंद्र में स्थित अस्पतालों को आपस में जोड़ा जाए। इंटरनेट के माध्यम से ही चिकित्सा के क्षेत्र में होने वाली नवीन जानकारियों को शीघ्र ही प्राप्त किया जा सकता है।

सूचना तकनीकि का अंतरिक्ष एवं मौसम में भी उपयोग हो रहा है। सूचना तकनीकि का प्रयोग उपग्रहों में किया जाता है जिससे अंतरिक्ष तथा अन्य ग्रहों के संबंध में जानकारी प्राप्त कर सके। भविष्य में वहां जीवन की कितनी संभावनाएं हैं तथा संसाधनों की क्या स्थिति है। पृथ्वी पर मौजूद तेल एवं खनिज संसाधन, वन, प्राकृतिक गैस नगरों के लिए नियोजन, कृषि उर्वरता और समुद्र के अंदर उपलब्ध प्राकृतिक संसाधनों की जानकारी में लगे संवेदक यंत्रों एवं कैमरों से हो जाती है और इस जानकारी से पृथ्वी पर मौजूद अंतरिक्ष स्टेशन को दिया जाता है। जिसके बाद इसकी व्याख्या करके वास्तविकता का पता लगाया जाता है। इन आंकड़ों की व्याख्या करने में कंप्यूटरों एवं सुपर कम्प्यूटरों का प्रयोग किया जाता है। इसी प्रकार मौसम संबंधी विभिन्न प्रकार की जानकारी एवं मनोरंजन कार्यक्रमों का प्रसारण भी उपग्रहों के सहयोग से होता है। भारत में इस दिशा में अग्रणी कार्य किया गया है आगे की योजना यह है कि विशेष क्षेत्रों के लिए विशेष उपग्रहों को छोड़ा जाए तथा विशिष्ट जानकारियां प्राप्त की जाए।

सूचना संवेदकों का रक्षा के क्षेत्र में भी उपयोग है। मिसाइल की कार्य प्रणाली, राकेट की दिशा एवं दिशा भी कंप्यूटर से ही निर्धारित की जाती है। इस क्षेत्र में सुपर कम्प्यूटर की महती भूमिका है। राकेट तथा हवाई यानों में लगे संवेदक दुश्मन की गतिविधियों से अवगत कराते हैं तथा आंकड़ों को भेजते हैं। जीपीएस प्रणाली वायुयानों एवं मिसाइलों की दिशा निर्धारित करता है। रक्षा एवं परमाणु क्षेत्र में होने वाले अनुसंधानों में भी कंप्यूटरों का अत्यधिक महत्व है। यहां तो एक एक सेकेण्ड की गणना महत्वपूर्ण होती है और जरा सी चूक होने की स्थिति में व्यापक दुर्घटनाएं घट सकती है। भविष्य में इसमें और भी प्रगति होने की सम्भावनाएं हैं।

पिछले कुछ वर्षों में अर्थव्यवस्था में सूचना तकनीकि का अत्यधिक उपयोग किया जाने लगा है। इस क्षेत्र में कई कामर्स अत्यधिक महत्वपूर्ण होता जा रहा है। ई-कामर्स के अंतर्गत अपने उत्पादों को बिक्री की जा सकती है और बाजार में मौजूद सामान की घर बैठे, खरीदारी की जा सकती है। इसके लिए इंटरनेट के माध्यम से उत्पादों के लिए आदेश दिया जा सकता है और भुगतान भी किया जा सकता है। इस दिशा में वी टू वी, वी टू जी इत्यादि शब्दावलियां अत्यधिक प्रचलित होती जा रही है। भारत सरकार ने सूचना प्रौद्योगिकी अधिनियम पारित करके 'ई-कामर्स' तथा डिजिटल हस्ताक्षर को मान्यता प्रदान किया है। अब इस प्रकार का कारोबार को वैधानिक घोषित किया गया है। इस माध्यम से सामान की खरीद बिक्री के लिए क्रेडिट कार्ड, एटीएम कार्ड आदि का इस्तेमाल किया जाता है। सम्प्रति अनेक विपणन कंपनियां इंटरनेट पर अपने उत्पादों का व्यापक प्रचार कर रही है। हजारों वेबसाइट बने हैं जो कामर्शियल व्यापार करते हैं। ये कंपनियां उपभोक्ताओं को लुभाने के लिए टीवी तथा अन्य संचार माध्यमों के द्वारा उपभोक्ताओं तक सीधे अपनी पहुंच लगा बना रही है।

सूचना तकनीकी का प्रशासन में प्रयोग अभी नया है किन्तु टेलीफोन के रूप में इसका प्रयोग काफी पहले से हो रहा है। प्रशासन में सूचना तकनीकि के प्रयोग को ई प्रशासन की संज्ञा दी जाती है। इसके तहत टेलीफोन, मोबाइल, पेजर, फैक्स मशीन, ई-मेल, इंटरनेट व कम्प्यूटर आदि का प्रयोग प्रशासन संबंधी कार्यों में किया जाता है। ई-प्रशासन के द्वारा कागजी कार्य कम होते है। कार्य शीघ्र निस्तारित होते है। बिचौलियों की भूमिका कम होती है। प्रशासन और जनता के मध्य दूरी कम हो जाती है। जनता को रोजमर्रा के कायों के लिए सैकड़ों किमी0 दूरी तय करके शासकीय कार्यालयों का चक्कर नहीं लगाना पड़ता। प्रशासन में बचत को बढ़ावा मिलता है, उच्चाधिकारी और अधीनस्थों के मध्य संबंध अच्छे बनते है। संक्षेप में SMART प्रशासन की अवधारणा साकार होती है।

भारत में केंद्र सरकार ने लगभग सभी विभागों में व्यापक पैमाने पर सूचना तकनीकि का प्रयोग कर रही है। रेलवे, वीसा, बैंकिंग, नागरिक उड्डयन, पेट्रोलियम कंपनियां आदि लगभग पूर्णतया कम्प्यूटरीकृत हो गयी है। ई प्रशासन को बढ़ावा देने के विभिन्न भारत सरकार ने वर्ष 2001 को ई-प्रशासन वर्ष घोषित किया था। राज्यों के स्तर पर भी ई-प्रशासन को अत्यधिक महत्व दिया जा रहा है। आंध्र प्रदेश के बाद जम्मू-कश्मीर दूसरा ई-प्रशासित राज्य बन गया है। विभिन्न राज्यों की सरकारों ने जनता तक प्रशासन की पहुंच आसान बनाने के विभिन्न अनेक योजनाएं प्रारंभ की है यथा- म.प्र. की ज्ञानदूत।

राज्यों द्वारा बिजली का बिल, राशन कार्ड, खतौनी कार्ड, कई प्रकार के फार्म का इंटरनेट के माध्यम से उपलब्ध कराए जा रहे हैं। इंटरनेट के माध्यम से कृषि संबंधी अनेक जानकारियां उपलब्ध करायी जा रही है। कृषकों को उनके उपज का सही दाम मिल सके इसके लिए उन्हें बाजार भाव से अवगत कराने का कार्य इंटरनेट से किया जा रहा है। रेलवे, बीमा बैंक को इंटरनेट से जोड़कर संपूर्ण देश में एक समान सेवाएं दी जा रही है। अब कही से रेल आरक्षण, विमान आरक्षण, कराया जा सकता है। एटीएम कार्ड के द्वारा देश के किसी भी कोने में पैसा जमा या निकाला जा सकता है। इस दिशा में सरकार द्वारा अनवरत रूप से प्रयास जारी और भविष्य में इसमें विस्तार ही होना है।

सूचना प्रौद्योगिकी का भारत पर पड़ने वाले इन सकारात्मक प्रभावों के साथ कुछ नकारात्मक प्रभाव देखने में आ रहा है। इनमें सबसे प्रमुख तो यही है कि भारत के सभी लोग अभी इसका लाभ नहीं उठा पा रहे है। भारत में 25 प्रतिशत लोग निरक्षर है साथ ही पूरी आबादी का 70 प्रतिशत के लगभग गांवों में रहते है। निरक्षर तथा गांवों में रहने वाले लोग सूचना प्रौद्योगिकी के संपूर्ण प्रभावों से लगभग अछूते है। उनके लिए सूचना तकनीकि का यदि कुछ है भी तो वह मोबाइल और टेलीफोन ही है। इंटरनेट से गांधी से अधिक आबादी अनभिज्ञ है और जो लोग इससे भिज्ञ की है उनमें बहुत कम ही लोग इसका प्रयोग करके इससे लाभ उठा पा रहे है। एक आकलन के अनुसार भारत में संपूर्ण जनसंख्या का एक प्रतिशत से कम आबादी ही इंटरनेट का प्रयोग करती है जो करनी भी है वह शहर में निवास करती है। इस प्रकार डिजिटल डिवाइड की नयी अवधारणा उभर कर आयी है।

वर्तमान में बढ़ रहा साइबर क्राइम भी सूचना तकनीकि के नकारात्मक प्रभावों की ओर हमारा ध्यान आकर्षित करता है। साइबर क्राइम के अंतर्गत आंकड़ो की चोरी, आंकड़ों को तोड़ना-मोड़ना (जिसे हैकिंग एवं बैंकिंग कहा जाता है), इंटरनेट पर अश्लीलता दिखाना, वायरस का प्रवेश कराना तथा बैंक एवं बीमा कंपनियों के साथ धोखा धड़ी करके धन का गबन करना आदि आते हैं। आये दिन यह खबर आती है कि किसी संस्थान के कम्प्यूटर में अनाधिकृत प्रवेश करके आंकड़ों की चोरी कर ली गयी या उसके आंकड़ों से छेड़छाड़ की गयी। अभी हाल के दिनों में इंटरनेट पर बढ़ रही अश्लीलता इसके दुष्प्रभाव को कहानी बताती है। मध्य प्रदेश, राजस्थान तथा दिल्ली के अनेक साइबर कैफे में पुलिस ने छापा मारकर अवैधानिक सेक्स कार्यों में रत युवाओं को गिरफ्तार किया गया। दिल्ली पब्लिक स्कूल की एक छात्रा का अश्लील सीडी बनाना और उसमें एक महत्वपूर्ण कंपनी के सीईओ का संलिप्त रहना इंटरनेट का दुरूपयोग ही कहा जाएगा। इंटरनेट पर किसी लड़की के मेल पते पर अश्लील संदेश भेजना या उसके ब्लेक मेल करना आज आम बात होती जा रही है।

हालांकि भारत सरकार ने इंटरनेट पर हो रहे अपराधों को रोकने के विभिन्न सूचना प्रौद्योगिकी अधिनियम 2000 बनाया है किंतु यह पूर्णतया सफल नहीं हो पाया है। इसका एक कारण यह भी है कि इंटरनेट अपराधी किसी एक स्थान पर नहीं पाये जाते दूसरे, ऐसे अपराध करने वाले लोग अधिक बुद्धिमान या इस क्षेत्र के ज्ञाता होते है और वे इस प्रकार इन गतिविधियों को अंजाम देते है कि इन्हें पता लगा पाना लगभग असंभव होता है। फिर भी सरकार द्वारा हाल ही में इस दिशा में की गयी कार्यवाही तारीफ के लायक है।

सारतः कहा जा सकता है कि सूचना प्रौद्योगिकी वर्तमान युग की आवश्यकता बन गयी है। इसे जीवन का एक हिस्सा घोषित कर दिया जा तो अतिश्योक्ति नहीं होगी। इसने भारत के प्रत्येक क्षेत्र को और प्रत्येक वर्ग को अनाधिक प्रभावित किया है। हालांकि इसके कुछ नकारात्मक प्रभाव की देखने में आया है किंतु यह इसके लाभों के मुकाबले नगण्य ही है। फिर भी कोशिश यह होनी चाहिए कि इसके दुष्प्रभावों को कम किया जाए तथा इसका अधिक से अलग लाभ आम जनता तक पहुंचायी जाए तभी भारत को 2020 तक एक विकसित देश की श्रेणी में खड़ा किया जा सकेगा।

02 विकास और पर्यावरण

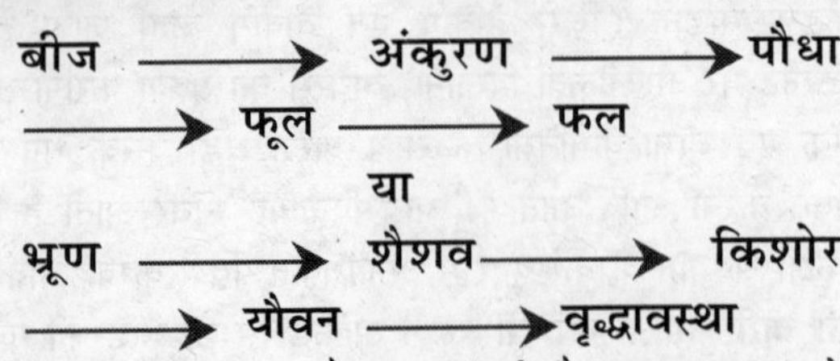

यह विकास का जैविक संदर्भ है। समग्र रूप से विकास का अर्थ है – अपूर्णता से पूर्णता की ओर की जाने वाली यात्रा।

अतः विकास की समूची अवधारणा अपूर्णता की व्याख्या से निर्धारित होती है। सभ्यता और संस्कृति के सन्दर्भ में विकास विशिष्ट सभ्यता है एवं उसका मूल्य चेतना से परिभाषित होता है। यह चेतना प्रकृति को किस दृष्टिकोण से देखती है। इसको हम पूर्वी और पश्चिमी अवधारणा से समझ सकते है।

पश्चिम में मनुष्य का जन्म तथा उसकी सभ्यता का विकास प्रकृति से प्रतिशोध के अवधारणा से प्रभावित है। पश्चिमी सभ्यता में प्रकृति पर नियंत्रण तथा उस पर मानवीय सत्ता का वर्चस्व विकास का पैमाना है। प्रकृति से दूरी तथा उसके उपयोग के अनुपात में ही पश्चिमी विकास की माप करता है। जो प्रकृति के जितना करीब है। वह उतना ही पिछड़ा हुआ है। अतः हम कह सकते है कि पश्चिम में विकास का अर्थ है – प्रकृति के अनुशासन के विरोध पर आधारित जीवन पद्धति का निर्माण।

भारतीय संदर्भ में, विकास प्रकृति से संस्कृति में की जाने वाली यात्रा है–

जैसे–

'सेक्स को प्रेम में बदल जाना'

भारतीय चिंतन में विकास एक यात्रा है जो प्रकृति से प्रस्थान करते हुए संस्कृति में घटित होती है– जैसे

'तमसों मां ज्योतिर्गमय'

'मृत्यो माँ अमृतगमय'

यहाँ जीवन का संबंध केवल बाह्यमूलक नहीं है। यह चेतना के निर्माण और संयोग पर आधारित है।

अतः हम कह सकते है कि पश्चिमी मनुष्य योग की अंतिम क्षमता का नायक है तथा भारतीय मनुष्य व्यक्ति और अन्य के बीच सहयोग और संतुलन को मूल्य का आधार बनाता है।

पर्यावरण किसी जाति के सांस्कृतिक अवचेतना का महत्पपूर्ण प्रसंग है। पर्यावरण का प्रश्न इस प्रश्न से जुड़ा है कि जीवन का अर्थ क्या है? एक जीवन के बीच कैसा संबंध हो? सुख क्या है? आदि। अगर सुख देह का भूगोल और इच्छा से संचालित है तो उससे एक ऐसा जीवन दर्शन संचालित होगा जिसमें पर्यावरण का विनाश ही विकास का लक्ष्य होगा। पश्चिमी देशों ने विकास की जो व्याख्या दी प्रायः वही व्याख्या तीसरी दुनियां के देशों में प्रचलित हुई। विकास वर्चस्वशाली राष्ट्रों का ऐसा एजेण्डा है जिसका इस्तेमाल तीसरी दुनिया के देशों के प्राकृतिक संपदाओं के दोहन के लिए किया जाता है। अन्ततः तिसरी दुनियां के देश कुड़ा घर बन गये है।

विकास की यह चमत्कारिक यात्रा हमारे संस्कृति एवं सामाजिक पर्यावरण को भला कैसे बख्स देगी। इसने तकनीक के स्तर पर टी.वी. (टेलिविजन) और इन्टरनेट अविष्कार किया है। टी.वी. समृद्धि का परिचायक है। वह बताता है कि चमकीले दांत कैसे पाये जाते है, चेहरे की झुर्रियों को दूर कर 'जवान' दिखे, किस कम्पनी के जूते और चश्मे पहनकर माडल बन सकते है। इस प्रकार का भ्रम और लालच टी.वी. पैदा करता है। टी.वी. संस्कृति जीवन के प्रतिमानों का निर्धारण करती है। श्रेष्ठ पोषक पदार्थ वे होते है जिसका प्रचार मॉडल करती है, श्रेष्ठ पेय वह होगा जो क्रिकेट खिलाडी या अभिनेता पीता है। इस प्रकार टी.वी. संस्कृति निर्माण का एक महतवपूर्ण माध्यम भी है। इस प्रकार उसी संस्कृति का निर्माण हो सहा है जो प्रभावशाली लोग साधारण जनता तक पहुँचा रहे है।

शैक्षणिक पर्यावरण पर इंटरनेट का जबर्दस्त प्रभाव पड़ा है। जबकि इंटरनेट स्वयं में ज्ञान की मरीचिका है वह ज्ञान की रफ्तार को तेज करता है, मनुष्य जीवन को सूचना

में तब्दील कर देता है। इस इंटरनेटी ज्ञान में मनुष्य के अनुभव उसके सपनों तथा आकांक्षाओं का कोई स्थान नहीं है। सूर्यास्त और सूर्योदय जैसे जीवित ज्ञान को इंटरनेट पथरीली सूचनाओं में तब्दील कर देता है। सूचनाओं का बहुत बड़ा हिस्सा प्रभुत्वशाली समाज का होता है जो ज्ञान की विविधाताओं को नष्ट करता है।

आदमी, विज्ञान और तकनीक ने सूचनाओं के संसार को अधिक व्यवस्थित बनाया है, जीवन में गति का संचार किया है। अन्ततः समाज के कुछ लोगों को अथाह शक्ति दिया है। इस तकनीक ने एक सुखी समाज नहीं, एक सुखी वर्ग पैदा किया है। आधुनिक तकनीकि के बल पर सौ साल के बाद भी मानव पीढ़ी के लिए पर्याप्त भोजन, पीने का पानी और रहने की समुचित व्यवस्था नहीं हो सकी है। इस विकास की विडंबना यह है कि इसका चालक भविष्य के अपने सभी वंशजों का हिस्सा खुद खा जाता है। इस तकनीक में पैदा करने की नहीं एकत्रि करने की क्षमता है। यह तकनीक यदि चमत्कार है तो यह निर्माण का नहीं ध्वंसकारिकता का है।

तकनीक के इस विकास के साथ सत्ता और पैसा इस गहराई से जुड़े है कि प्रत्येक शिक्षित और योग्य व्यक्ति की आकांक्षा तकनीक के इसी रूप से परिभाषित होती है। इसने समता की संभावनाओं को ध्वस्त किया है। साथ ही प्रकृति तथा मनुष्य के साहचर्य को प्रभावित किया है।

भूमंडलीयकरण और नगरीकरण प्रक्रिया में अलग-अलग हो सकते है लेकिन प्रभाव में दोनों एक साथ है। इन्होने मनुष्य के सामुदायिक जीवन को नष्ट किया है। पर्यावरण और जीवन का वैविध्य नष्ट हो रहा है। जीवन के विविधता के प्रति जिस संस्कृति में सम्मान नहीं वह संस्कृति पर्यावरण व विकास विरोधी होगी। पर्यावरणवादी पिछले 50 सालों के विकास के विरोध में कई आंदोलन चलाए जैसे नर्मदा बचाओ अभियान, टिहरी डैम आदि। इनके अनुसार एक वर्ग के हितों की पूर्ति के लिए कई वर्ग के हितों को क्षति पहुंचायी जा रही है।

विकास के पश्चिमी अवधारणा की सम्यक आलोचना पूर्वी सभ्यता के नायक गाँधी के चिंतन के दिखाती है। उनकी स्पष्ट धारणा है कि विकास का वैकल्पिक ढांचा ढूढ़े बिना मानव का विकास संभव नहीं है। उन्होने आध्यात्मिकता को विकल्प के रूप में प्रस्तुत किया। वे एक ऐसी सभ्यता के निर्माण की बात करते है जो धरती की प्रकृति ही नहीं, ब्रह्मंड की प्रक्रिया का भी अविभाज्य अंग हो। जैसे चरखा। यह आधुनिक दुनियाँ के गरीब देशों में श्रम विकास और प्रकृति के प्रति आदर भाव का प्रतीक है। सत्य, अहिंसा, ब्रह्मचर्य, विश्वशांति तथा चरखा गांधी की दुनिया में स्थायी उपस्थिति है।गांधीी की परिकल्पना में विकास समृद्धि पर नहीं बल्कि मानवीय संबंधों और प्रकृति के प्रति गहरे आदर भाव पर निर्भर है। वे उपभोग के स्थान पर संयम और प्रतियोगिता के स्थान पर प्रतिस्पर्धा तथा सहयोग को प्रस्तावित करते है। अतः गांधी का विकास मूल्य आधारित तथा मूल्य चेतना से प्रभावित है।

आकड़ों, सूचनाओं तथा अनुभवों के आधार कहा जा सकता है कि विकास की समूची प्रक्रिया ने पर्यावरण के संकट को उत्पन्न किया है। यह प्रदूषण और जैव असंतुलन पैदा किया है। विज्ञान की व्यवहारिक परिणति हवा और पानी को स्वास्थ्य विरोधी बनाती है। जल प्रदूषण और वायु प्रदूषण विश्व सभ्यता की सर्वाधिक महत्वपूर्ण समस्याएं है।

विषमता में वृद्धि भी विकास द्वारा उत्पन्न एक प्रमुख संकेत है। यह विषमंता मौलिक नहीं बल्कि अनिवार्यतः पर्यावरण से जुड़ा है। तकनीक पर आधारित यह सभ्यता विषमता को बढ़ावा देती है। यदि संसाधनों का सम्यक विभाजन हो तो विलासिता को स्थान नहीं मिल सकता है।

इस समस्या ने विस्थापन को भी जन्म दिया है। यह विकास की अवधारणा विस्थापन को अनिवार्य बनाती है। इस विस्थापना ने मनुष्य-मनुष्य, मनुष्य-भाषा, मनुष्य-समाज के संबंधों को क्षतिग्रस्त किया है। इस विस्थापन के फलस्वरूप मानव तथा प्रकृति के ऐतिहासिक संबंध विकृत हुआ है। विस्थापित कर बांध और शहर बनाने की योजना प्रकृति और मनुष्य दोनों के विरोध में खड़ी है। इस विकास के विकल्प में बिना न प्रकृति को बनाया जा सकता है न मनुष्य को।

निष्कर्ष रूप में कहा जा सकता है कि विकास और पर्यावरण आधुनिक सभ्यता के सबसे संकटपूर्ण प्रश्न है। जिसका की मौजूदा अवधारणा विकल्प होना दिखाती है

इस विकास की संहकारक परिस्थितियां संस्कृति, सभ्यता और प्रकृति में स्पष्ट दिखाई दे रही है। इस विकास के निहितार्थ को पर्यावरण की आंख से ही पहचाना जा सकता है। ऐसे चिंतक जो विविधता और मूल्य आधारित विकास के लिए चिंतित है वे विकल्प ढूढना चाहते है। लेकिन उसकी तस्वीर स्पष्ट नहीं है। इस संदर्भ में यह कहा जा सकता है कि जब तक तीसरी दुनियां की राजनीति, आर्थिक हित और अस्मिताएं संगठित होकर प्रभुत्वशाली राष्ट्रो को चुनौती नहीं देती तब तक विकास और पर्यावरण का संबंध नकारात्मक रहेगा और हम धीरे-धीरे वेहद उत्तेजक तथा रंगीन आत्महत्या की ओर बढ़ते जायेगें।

अज्ञेय - (नंदा देवी चोटी)

नंदा, बीस, तीस, पचास वर्षो में
तुम्हारी वनराजियों की लुगदी बनाकर
हम उस पर अखबार छाप चुके होगे ...

03 ग्रामीण भारतः सूचना प्रौद्योगिकी की ओर बढ़ते कदम

ग्रामीण भारत का विकास निरन्तर हो रहा है परन्तु इसकी गति अत्यन्त मध्यम रही है। गाँव का नाम सुनते ही सादा सरल जीवन और सुखद अनुभूति होती है। लेकिन समय के साथ साथ इसमें भी परिवर्तन होता रहा है। जीवन कठिन हो गया, आय के साधन भी कम हो गये परन्तु आज गाँव फिर अपनी मुख्य धारा में आ रहे है देश के गाँव फिर अपनी मुख्य धारा में आ रहे है देश के गाँव आज विकास के प्रतिमान बन रहें है इनमें कृषि के अन्तर्गत नई प्रौधौगिकी का प्रयोग हो रहा है। दूर संचार के साधन, शहरों को जोड़ती सड़कें, तेजी से होते विकास के कारण अब गाँवों का विकास देश के बड़े प्रतिष्ठानो, अनुसंधान संस्थाओं, सरकारी और गैरसरकारी कार्यालयों, स्वैच्छिक संगठनों से जुड़ाव कायम कर सकता है और इन सबके लिए सूचना प्रौधौगिकी का अहम स्थान है।

ग्रामीण भारत में अर्थव्यवस्था के तीनो स्तम्भ आधुनिक कृषि, औद्योगिक और सेवाएं एक-दूसरे के साथ सामंजस्य के साथ विघमान हो। जहाँ लोग सुविधाओ से सम्पन्न गाँवो मे रहते हो और आसानी से काम पर जाते हो, भले ही वे किसान हो या गैर किसान और इस सपने को पूरा करने के लिए आधुनिक विज्ञान और सूचना प्रौद्योगिकी का योगदान महत्वपूर्ण है। यह सुविकसित सबल और आत्म-निर्भर ग्रामीण भारत की आवश्यकता है कम्प्यूटर, इंटरनेट और दूरसंचार सुविधाओं को एक बड़ी ताकत के रूप में इस्तेमाल किया जा सकता है। पिछले डेढ़ दशक के दौरान आई आर्थिक बेहतरी ने इन सुविधाओं के प्रसार के लिए वातावरण काफी अनुकूल हो गया है। प्रति व्यक्ति आय बढ़ी है, आम आदमी की क्रय शक्ति मे बृद्दि हुई है, शिक्षा का प्रसार हुआ है और जागरूकता का स्तर भी बेहतर हुआ है। सूचना - संचार प्रौद्योगिकी और जमीनी स्तर पर हो रहे बदलाब एक दूसरे के साथ गहराई से जुड़े हुए हैं। सूचना प्रौद्योगिकी और दूरसंचार के क्षेत्र में भारत की हुई प्रभावशाली तरक्की बेमानी है यदि गाँव कस्बों में रहने वाली अधिकांश आबादी को उसका लाभ न मिले। ग्रामीण संदर्भ में सूचना प्रौद्योगिकी से होने वाला लाभ द्विपक्षीप है। सरकारों तथा संगठनों के लिए नई तकनीकें ग्रामीण जनता माध्यम बन रही है। इस कारण कार्यक्रमों और योजनाओं को अधिाक व्यावहारिक, समावेशी और परिमाणों मुखर बनने में मद्द मिलती है।

इस सन्दर्भ में, वे सभी योजनाऐं बेहद महत्वपूर्ण हो जाती है, जिनका उददेश्य ग्रामीण इलाकों में तकनीकी सुविधाओं, दूरसंचार तथा इंटरनेट व्यापक प्रसार करना है। ऐसी योजनाओं में केन्द्र तथा राज्य सरकार की प्रधान भूमिका है, किन्तु निजी क्षेत्र ने भी इस दिशा में महत्वपूर्ण योगदान दिया है। अनेक राज्य सरकारों मे ग्राम पंचायतो को कम्प्यूटर उपलब्ध कराए गये है। सरकार धीरे-धीरे ही सही, एक ऐसी सस्ंकृति तैयार करने का प्रयास कर रही है, जिसमें आम लोक तकनीकी से आशंकित न हो, बल्कि उसके साथ सामंजस्य बढ़ाने की सोचे। जनसंख्या के अनुपात में भारत में कम्प्यूटर की संख्या पाँच 5-6 प्रतिशत के लगभग ही है, लेकिन फिर भी ग्रामीण क्षेत्रों में सूचना प्रौद्योगिकी का विविधतापूर्ण प्रयोग दिखाई देने लगा है। जैसे अग्रिम मौसम की जानकारी, नई कृषि तकनीकों की खबरें और विशेषज्ञों की सलाह। इंटरनेट आधारित कुछ परियोजनाऐं इस मुश्किल को हल करने में उनकी मदद कर रही है।

उधर ग्रामीण छात्रों और युवकों को कम्प्यूटर शिक्षा मुहैया कराने में भी तकनीक का प्रयोग होने लगा है तो कुछ आई टी कंपनियों ने बेरोजगार ग्रामीणों को तकनीकी कामों का प्रशिक्षण देकर नौकरियाँ भी देनी शुरू की है। प्रायः चिकित्सक गाँवों मे काम करने से बचते थे। तकनीकी ऐसे चिकित्सकों और ग्रामीणों के बीच सेतु का कार्य कर सकती है। प्रशासनिक औपचारिकताओं तथा जरूरतों को पूरा करनें में इंटरनेट की भूमिका महत्वपूर्ण है। ई-प्रशासन जैसी परियोजना न सिर्फ प्रशासनिक ढांचे का सरलीकरण करने मे मदद कर रही है, बल्कि प्रशासन तक ग्रामीणों की पहुँच भी बेहतर बना रही है। इंटरनेट और दूरसंचार सर्वेक्षण शिकायतों फीडबैक, विचार -विमर्श आदि का आसान जरिया बन रहे है।

सूचना और संचार प्रौद्योगिकी के क्षेत्र में भारत की तरक्की का लाभ किसी न किसी रूप ने ग्रामीण आबादी तक भी पहुँचें इसे लेकर सरकारी और गैर सरकारी दोनों ही क्षेत्रों ने कुछ गम्भीर प्रयास, कुछ महत्वपूर्ण प्रयोग किए है। आधुनिक युग में समग्र ग्रामीण विकास के लिए सूचना तकनीक एक आवश्यक एंव महत्वपूर्ण स्तम्भ है। इस नवीन प्रौद्योगिकी में न केवल विश्व समुदाय को विचार विमर्श का एकीकृत मंच प्रदान किया है बल्कि सम्पूर्ण मानव जाति के विकास हेतु अभिनव मार्ग भी

प्रशस्त किया है। गाँव आज विकास के प्रतिमान बन रहे है, उनका चहुंमुखी दिशा में विकास हो रहा है गाँवों में कृषि के अन्तर्गत नई प्रौद्यौगिकी का प्रयोग हो रहा है वे अब पक्की सड़को द्वारा शहरों से जुड़ गए है, वहां अब दूरसंचार सम्बन्धी भी कोई समस्या नही है और साक्षरता भी दिन प्रतिदिन बढ़ रही है सूचना प्रौद्यौगिकी की बदौलत देश के कृषि परिदृश्य में तेजी से बदलाव आ रहा है। भारत सरकार ने यह पूरी तरह प्रण कर लिया है कि गाँवों को भी विकास की मुख्यधारा से जोड़ा जायेगा। ग्रामीण विकास मंत्रालय को अधिकाधिक वित्त का आवंटन किया जाता है ताकि भारत का कोई भी कोना विकास से अछूता न रह जाये।

ई.चौपाल : निजी क्षेत्र की कम्पनी आई.टी.सी. लिमिटेड की ओर से स्थापित विशाल ई-चौपाल नेटवर्क के तहत दस राज्यों करीब 40 हजार गांवो को इंटरनेट और कंप्यूटर के माध्यम से खेती से जुडी हर किस्म की सूचनाएं और सेवाएं उपलब्ध कराई जा रही है। आज ई-चौपाल नेटवर्क किसानो को बेहतर उपज पैदा करने मे से लेकर उसे बेहतर दामो मे बेचने मे भी मदद कर रहा है।

नोकिया लाइफ टूल्स : मोबाइल उपकरण बनाने वाली प्रसि) कम्पनी 'नोकियो लाइफ टूल्स' नाम का एस.एम.एस आधारित एप्लीकेशन तैयार किया है जो इन हैडसेट्स में पहले से विद्यमान है। यह किसानो से उनका पिनकोड पूछता है और उसके आधार पर उनकी पंसदीदा भाषा में एस.एम.एस संदेशो के जरिए खेती किसानी, मौसम और स्थानीय मुठों से जुड़ी दूसरी सूचनाएं मुहैया कराता है। देश भर में अपनाए गये ज्ञान प्रकोप इस एप्लीकेशन में निस्तर नई सूचनाएं डालते रहतें है।

ई-सेवा : ग्रामीण लोग कम्प्यूटर और इंटरनेट की मद्द से ई-सेवा तक पहुँचते है जहाँ प्रशासन से जुड़े ज्यादातर काम पूरे करने की सुविधा उपलब्ध है जैसे-मासिक बिल जमा करवाना, परमिट और लाइसेंस के लिए आवेदन करना, परिवहन विभाग की बसों में आरक्षण करवाना, पासपोर्ट के लिए फार्म जमा करना और तमाम किस्म के फार्म डाउनलोड करना। इन सेवाओ में किसी भी वाहन के पंजीकरण सम्बन्धी ब्यौरा पाना, ड्राइविंग लाइसेंस सम्बन्धाी विवरण आदि शामिल है।

किसान राजा: इस परियोजना के अर्न्तगत किसान वायरलेस तकनीक के जरिए सिचांई में काम आने वाली मोटरों को नियंत्रित कर सकतें है क्योंकि काम खत्म होने पर मोटर बन्द करनी जरुरी है। किसान राजा के जरिए वे खेत में लगी मोटर को घर से ही बन्द कर चालू कर सकते है। बिजली की समस्या के कारण होने वाली मोटरो के खराब होने से बच जाता है।

भूमि: जिसके तहत राज्य भर के भूमि सम्बन्धी दस्तावेजो को कंप्यूटरराइज कर दिया गया है। जिसमें किसानों को ग्रामीण भूमि सम्बन्धी वास्तावेज ऑनलाइन देखने को मिल जाए। उसके जरिए भूमि सम्बन्धी जानकारी लेने के साथ - साथ भूमि सम्बन्धी दस्तावेजो को खरीदा जा सकता है। अब इसमें दस्तावेजो के खो जाने और जल जाने की समस्या भी नही रही।

सूचना ग्राम: सूचना ग्राम परियोजना का उद्देश्य गाँवो को स्थानीय भाषा में महत्वपूर्ण सूचनाएं देना है। इन सूचनाओ में कृषि उत्पादो की खरीद फरोख्त, बाजार की संभावनाओं, सरकारी योजनाओं का लाभ उठाने हेतु परामर्श आदि प्रमुख जानकारियाँ होती है।

तारा हाट: टेक्नोलॉजी एंड एक्शन फॉर रुरल एडवांस भेंट (तारा) नान के गैर सरकारी संगठन ने उत्तर भारत के राज्यों के ग्रामीणो को इन्टरनेट आधारित सेवाए मुहैया करायी है। तारा केन्द्रो में मौजूद कम्प्यूटरों के जरियें ग्रामीणों को सरकारी योजनाओ की सूचना मिलती रहती है। इसे भारत में ई-प्रशासन के क्षेत्र की शुरुआती परियोजनाओं में गिना जाता है।

दृष्टि: इस संगठन के माधयय में ग्रामीणों को कम्प्यूटरों, अंग्रेजी तथा सी0पी0ओ (कॉल सेन्टर) से प्रशिक्षण देता है। इन सेवाओं के साथ उसके 2400 कि ओस्क के माधयम से गांवों के नागरिको तक कई सरकारी सेवाएं, बीमा, ई-कॉमर्स, स्वास्थ्य सेवाएं और लघु वित्त सेवाएं भी उपलब्धा कराई जाती है।

डिजीटल पंचायत: दिल्ली से संचालित गैर सरकारी संगठन डिजीटल एम्पावरमेन्ट फाउडेंशन ने 15 राज्यो में 500 डिजीटल पंचायतें शुरु करने का काम हाथ में लिया इसके तहत प्रशासन और लोगो के बीच किया जा रहा है।

संचार व सूचना द्वारा सामाजिक और सांस्कृतिक पम्पराएँ एक पीढ़ी से दूसरी पीढ़ी तक हस्तांतरित होती है 21 वीं सदी में सूचना प्रौद्यौगिकी की विभिन्न विधाओं के बिना सामाजिक निरन्तरता बनाये रखने की कठिनाइयों का अनुमान सहज ही किया जा सकता है। इसके लिए सार्वजनिक निजी क्षेत्रों की सहभागिता, जनसहयोग तथा सरकारों की दृढ़ इच्छाशक्ति एवं प्रभावी क्रियान्वयन तंत्र की आवश्यकता है, जिससे ग्रामीण परिवेश में भौतिक, प्राकृतिक एंव मानवीय संसाधानों का अधिकतम उपयोग किया जा सके। भारत जैसे विशाल भौगौलिक संरचना एंव विविधता वाले देश में सूचना प्रौद्यौगिकी का महत्व बढ़ जाता है देश के दूरदराज के क्षेत्रों में जहां भौतिक सम्पर्क बनाना कठिन है सूचना प्रौद्योगिकी अहम भूमिका निभा सकती है।

04 अम्लीय वर्षा-विश्वव्यापी खतरा

हम सभी उस वर्षा के बारे में जानते हैं जो पानी बरसाती है। परंतु क्या आपने कभी उस बरसात के बारे में सुना है जिसमें पानी के स्थान पर अम्ल बरसता है? हां, यह एक नयी घटना है जो पिछले तीन दशकों से संसार के अलग-अलग उन हिस्सों में दिखाई दे रही है जहां एक ही स्थान पर बहुत से उद्योग हैं और जिन क्षेत्रों में मोटर वाहनों की संख्या बहुत अधिक है। बरसात का शुद्ध पानी पृथ्वी की तरफ आते समय रास्ते में सल्फर और नाइट्रोजन के आक्साइड से क्रिया करके अम्ल बनाता है। ये आक्साइड कहां से निकलते हैं? निस्संदेह ये उन उद्योगों से जहां कोयला और तेल जलाया जाता है, तथा मोटर वाहनों के धुएं से निकलते हैं। इस तरह यह साबित हो जाता है कि अम्लीय वर्षा उन औद्योगिक गतिविधियों से होती हैं जो वायु को प्रदूषित करती हैं। इसके प्रमुख स्रोत हैं वे बिजलीघर जहां बिजली के उत्पादन के लिए कोयला जलाया जाता है। अधिकांश कोयले में सल्फर (गंधक) होती है जो कोयला जलाने पर सल्फर डाईऑक्साइड में बदल जाती है।

पर्यावरण वैज्ञानिक अम्लीय वर्षा को लेकर इतने चिंतित क्यों हैं? क्योंकि यह एक विश्वव्यापी संकट हैं विश्व के उत्तरी गोलार्द्ध के काफी बड़े हिस्से को उजाड़ कर इसने अब दक्षिणी गोलार्द्ध के औद्योगिक क्षेत्रों की ओर अपना रूख किया है। यह अस्थिर विध्वंसक जंगलों को खा जाता है, ताजे पानी के स्रोतों को अम्लीय बना देता है, मनुष्य को भी अपनी चपेट में ले लेता है तथा हमारी प्राचीन संस्कृति एवं सभ्यता के प्रतीक तथा बीते समय के साक्ष्य के रूप में खड़े हुए स्मारकों और भवनों में न ठीक हो सकने वाली क्षति पैदा कर देता है।

पानी की अम्लता या क्षारीयता पी. एच. (pH) पैमाने पर मापी जाती है। किसी द्रव में हाइड्रोजन आयन की सांद्रता ही पी एच की सूचक है। इस पैमाने में, कम पी एच का अर्थ है हाइड्रोजन आयन की अधिक सांद्रता तथा अधिक अम्लीयता। शुद्ध पानी का पी एच 7 होता है, जिसे उदासीन पी एच कहते हैं। पानी का पी. एच. 7 से कम होने पर वह अम्लीय बन जाता है और 7 से ऊपर होने पर क्षारीय।

वर्षा के पानी में कार्बन डाईऑक्सइड घुली होने के कारण उसका पी एच अक्सर 7 से कम (पी. एच. 5.7, हल्का अम्ल) होता है, परंतु इतनी अम्लीयता क्षयकारी नहीं होती है। अम्लीय वर्षा के पानी का पी. एच. 2-5 होता है। इतने कम पी एच का अर्थ है अधिक अम्लीयता जिसके परिणामस्वरूप अधिक क्षयकारी होना। इसलिए 4 पी. एच. का पानी 5 पी एच के पानी से दस गुना अधिक क्षयकारी होता है। जिस पानी का पी. एच. 3 हो वह 5 पी. एच. वाले पानी से 100 गुना अधिक क्षयकारी होता है। यदि ऐसा ही है तो कोई भी यह अनुमान लगा सकता है कि अम्लीय वर्षा जिसका पी. एच. 2 और 3 के बीच है, कितनी क्षयकारी होगी।

जैसा कि बताया जा चुका है, कि बरसात के पानी का पी. एच. 7 से कम होता है। फिर ऐसा क्या है जो वर्षा के साधारण जल को अम्लीय बनाता है, और फिर वही अम्लीय जल वर्षा के रूप में धरती पर बरसता है? यह परिवर्तन उद्योगों से निकली गैसों (सल्फर के आक्साइड) और वाहनों के धुएं से निकली गैसों (नाइट्रोजन के आक्साइड) के कारण आता है। ये गैसें पानी की बूंदों और बर्फ के क्रिस्टलों में घुलने से पहले आक्सीकारकों, उत्प्रेरकों और सूर्य की किरणों के प्रभाव में क्रिया करके तनु (पतला) अम्लीय घोल बनाती हैं। यह अम्लीय घोल धरती पर वर्षा, बर्फ, ओला, ओस और कुहरे के रूप में गिरता है। अम्लीय वर्षा की एक विशेष बात यह है कि उसे बनाने वाले कारक अलग जगह से उत्सर्जित होते हैं और अम्लीय वर्षा दूसरी जगह होती है। एक देश में उत्सर्जित प्रदूषक तत्व वातावरण में प्रवेश करते हैं, हवा के साथ उड़कर हजारों किलोमीटर दूर पहुंचते हैं और दूसरे देश की धरती पर अम्लीय वर्षा के रूप में बरस जाते हैं। उदाहरण के लिए इंग्लैंड और जर्मनी में उत्सर्जित प्रदूषक अम्लीय वर्षा के रूप में स्वीडन और नार्वे में जाकर बरसे थे। कनाडा हालांकि अमेरिका की तुलना में कम प्रदूषित गैसें वातावरण में छोड़ता है फिर भी अम्लीय वर्षा कनाडा में अधिक होती है। बरसात की कोई राष्ट्रीय सीमा नहीं होती है इसलिए दूसरे प्रदूषकों की तुलना में अम्लीय वर्षा एक विश्वव्यापी घटना है।

अठारहवीं सदी की औद्योगिक क्रांति के समय से ही मनुष्य विभिन्न प्रकार के पदार्थों के निर्माण के लिए ऊर्जा के विभिन्न स्रोतों की खोज में लगा हुआ है। अन्ततः अधिक मात्रा में कोयला और ईंधन जलाना पड़ता है और ईंधन में मौजूद सल्फर अम्लीय गैस सल्फर डाईऑक्साइड में बदल जाती है-इस शताब्दी में यह गैस वातावरण में सबसे अधिक उत्सर्जित की गयी है।

अम्लीय वर्षा की समस्या 1950 के दशक के आरंभिक दिनों में प्रारंभ हुई। वातावरण में उत्सर्जित होने वाले धुएं की मात्रा कम करने के उद्देश्य से कोयला जलाना कम करने के लिए गैस सिलिंडरों का प्रयोग शुरू किया गया और ताप बिजलीघरों में कोयला जलने से उत्पन्न ज्वलनशील गैसों के साथ निकलने वाली उड़नशील राख को अलग करने के लिए संयंत्रों में प्रेसिपिटेटर लगाए गए। नए बिजलीघरों को शहरों से बहुत दूर स्थापित किया गया और इनमें बहुत ऊंची-ऊंची चिमनियां (अक्सर 150 मीटर से भी ऊंची) लगाई गयीं, ताकि संयंत्र से निकली सल्फर डाईऑक्साड दूर-दूर तक फैल जाए और धरती पर अधिक सांद्रता में न पहुंचे। परंतु ये उपाय भी काफी नहीं साबित हुए। ज्यादा सल्फर डाईऑक्साइड देर तक हवा में रहने से वह सल्फ्यूरिक अम्ल में बदल जाती है।

एक ताजा सर्वेक्षण के अनुसार वातावरण में हर साल लगभग 15 करोड़ टन सल्फर डाईऑक्साइड छोड़ी जाती है, जो बाद में सल्फ्यूरिक अम्ल में बदल जाती है। दो-तिहाई अम्लीय वर्षा सल्फ्यूरिक अम्ल के कारण होती है। लगभग एक-तिहाई अम्लीय वर्षा नाइट्रिक अम्ल के कारण होती है। मोटर वाहनों से निकले नाइट्रोजन के आक्साइड वातावरण में क्रिया करके नाइट्रिक अम्ल बनाते हैं। ऐसा अनुमान है कि प्रति वर्ष लगभग 40 करोड़ टन नाइट्रोजन के ऑक्साइड वातावरण में छोड़े जाते हैं।

संयुक्त राज्य अमेरिका के पूर्वोत्तर क्षेत्र में आए आंधी-तूफान में सबसे कम पी एच 2.1 नवम्बर 1964 में मापा गया था। यूरोप में अब तक का सबसे कम पी एच 2.4 मापा गया है- स्काटलैंड में ऊंचाई पर स्थित पिटोचरी कस्बे में इस अम्लीय वर्षा के पानी को सिरके जितना अम्लीय पाया गया था। अम्लीय वर्षा जल का इससे भी कम पी एच 1.5 संयुक्त राज्य अमेरिका के पश्चिमी वर्जीनिया स्थित व्हीलिंग में 1983 में मापा गया था। 2.7 और 3.5 पी एच मान क्रमशः नार्वे के पश्चिमी तट और आइलैंड के वर्षा जल का मापा गया है। भारत में 1974-75 में बृहत्तर मुम्बई में 4.8 पी एच की वर्षा रिकार्ड की गयी थी। हमारे अधिकतर शहरों की समस्या यह है कि पुराने बिजलीघरों में अभी भी ऊंची चिमनियां नहीं लगाई गयी हैं और वे लगातार वातावरण में सल्फर डाईऑक्साइड छोड़ रहे हैं; नाइट्रोजन आक्साइडों पर नियंत्रण पाना और भी अधिक कठिन है, और इसलिए अम्लीय वर्षा की समस्या और बढ़ती जा रही है।

वर्ल्ड रिसोर्सेज रिपोर्ट के मुख्य संपादक डान हेनरिक्सन के अनुसार "अम्लीय वर्षा कुछ भी नहीं बख्शती है। जिसको बनाने में मनुष्य को कई दशक का समय लगा है और जिसे विकसित करने में प्रकृति को हजारों वर्ष लगे हैं, वह केवल कुछ ही वर्षों में नष्ट होकर खाक में मिल रहा है।"

अम्लीय वर्षा के हानिकार प्रभाव

अम्लीय वर्षा धरती पर फसलों और पोधों की वृद्धि में रूकावट डाल सकती है, जंगलों का नाश कर सकती है और मनुष्य के लिए श्वसन से संबंधित खतरनाक स्वास्थ्य समस्याएं पैदा कर सकती है। जर्मनी, स्विटजरलैंड और स्वीडन में लगभग आधे प्राकृतिक वन या तो खत्म हो गये हैं अथवा खत्म हो रहे हैं और ब्रिटेन में लगभग 60 प्रतिशत पेड़ सड़-गल रहे हैं। सबसे अधिक पृथ्वी का वह हिस्सा प्रभावित हुआ है जो पश्चिमी न्यूयार्क से प्रारंभ होकर पूरब में वरमौंट से लेकर, मेसाच्यूसैटस से उत्तरी कैरोलाइना तक फैला हुआ है। वरमौंट के सदाबहार वनों के वृक्षों की बढ़वार बार-बार अम्लीय वर्षा और कुहरे का सामना करते-करते धीमी हो गयी है। वृद्धि में गिरावट अम्लीय वर्षा ने कोलोरैडो के जंगलों में स्थित यैलोस्टोन नेशनल पार्क को भी प्रभावित किया है। तीस वर्ष पहले यहां लाल स्प्रूस वृक्षों और सुगंधित देवदारू वृक्षों का घना जंगल था। इनमें से कुछ वृक्ष तो 30 मीटर ऊंचे हैं, और कुछ सदियों पुराने हैं। दुख की बात यह है कि इनमें से अधिकांश वृक्ष अब मर रहे हैं, और जंगल अनुपजाऊ पहाड़ियों में बदलते जा रहे हैं। इसी प्रकार की घटनाएं पश्चिमी जर्मनी जैसे उत्तरी गोलार्द्ध के कई दूसरे देशों में हो रही हैं। एक रिपोर्ट के अनुसार अकेले मध्य यूरोप में ही अम्लीय वर्षा से 50 करोड़ वर्ग मीटर क्षेत्र में फैले वन नष्ट हो गये हैं।

नार्वे की लगभग 80 प्रतिशत झीलों और स्वीडन की लगभग 25 प्रतिशत झीलों में न तो मछलियां हैं और न ही कोई अन्य जलीय जीव। संयुक्त राज्य अमेरिका की लभग 20 प्रतिशत झीलें बंजर हो गयी हैं- पानी बिल्कुल साफ है परंतु जीवनरहित। इन झीलों के निर्जीव होने के लिए कौन जिम्मेदार है? निस्सन्देह, अम्लीय वर्षा। यह पता चला है कि स्कैन्डीनेविया और कनाडा की ज्यादातर झीलों और नदियों में ट्राउट और सालमन मछलियों की संख्या अब बहुत कम हो गयी है। जब पी एच 5.5 से कम हो जाता है (अर्थात् अम्लीयता बढ़ जाती है), तब मछलियां प्रजनन नहीं कर पातीं। उनके अंडों से बच्चे नहीं निकल पाते। यदि कुछ निकल भी गये तो वे मर जाते हैं। और यदि मरने से भी बच गये तो उनमें अनेक प्रकार की विकृतियां पैदा हो जाती हैं। वयस्क मछलियों में अम्लीय पानी उनकी हड्डियों से क्रिया करता है। उनकी हड्डियों में कैल्शियम की मात्रा कम हो जाती है। मांसपेशियां तो स्वस्थ रहती हैं परंतु हड्डियों के कमजोर

होने से शरीर में विकृतियां उत्पन्न हो जाती हैं। उनके गलफड़ों में एल्यूमीनियम के यौगिक जमा हो जाने से उन्हें सांस लेने में भी तकलीफ होती है। जब पानी का पी एच इतना कम हो जाए कि वह अम्लीय होने लगे तब पानी में जमा पदार्थों के घुलने से एल्यूमीनियम यौगिक बनते हैं। उभयचर प्राणियों जैसे सैलामेन्डर के अंडे यदि अम्लीय पानी में दिए गए हों तो उनमें ठीक से विकास नहीं हो पाता है। साथ ही पानी में उगने वाले पौधों की किस्में और संख्या भी कम हो जाती है। लिली जैसे बड़े पौधे बिल्कुल समाप्त हो सकते हैं। अन्ततः झीलें तथा चश्में दोनों ही जीवरहित हो जाते हैं। यहां तक कि पक्षी भी नहीं बच पाते हैं। अम्लीय पानी की झीलों के निकट रहकर प्रजनन करने वाले पक्षी जलकीटों को खाकर उनमें मौजूद एल्यूमीनियम की विषाक्तता का शिकार हो जाते हैं।

अम्लीय पानी की बरसात से मिट्टी की ऊपरी सतह बह जाती है जिसके पश्चात यह अम्लीय पानी मिट्टी की निचली सतह में पहुंच जाता है और भूमिगत जल को अम्लीय बना देता है। पौधों की वृद्धि के एिए आवश्यक पोषक तत्व या तो बह जाते हैं अथवा पौधों को प्राप्त नहीं होते हैं। इसके विपरीत एल्यूमीनियम, सीसा और पारा जैसी अन्य धातुएं जो पौधों के लिए विषैली होती हैं अधिक घुलनशील हो जाती है और पौधों की वृद्धि कम कर देती हैं। इसका कुल परिणाम होता है पौधों को क्षति, उनकी कम वृद्धि और उनके रोगी हो जाने की अधिक संभावना।

आइए, अब निर्जीव वस्तुओं पर अम्लीय वर्षा का प्रभाव देखें। क्या पत्थरों को कौढ़ हो सकता है? संगमरमर (यह पत्थर मुख्यतया कैल्शियम कार्बोनेट का बना होता है) से बने स्मारकों, मूर्तियों, भवनों आदि को अम्लीय वर्षा का खतरा अधिक होता है। अम्लीय वर्षा में मौजूद सल्फ्यूरिक अम्ल कैल्शियम कार्बोनेट से क्रिया करके उसे जिप्सम (कैल्शियम सल्फेट) में बदल देता है जिसका आयतन संगमरमर से लगभग दोगुना होता है। इसके फलस्वरूप सतह पर दबाव उत्पन्न होता है जिससे पत्थर की परतें उतर जाती हैं, उसमें गड्डे हो जाते हैं और उसका क्षय हो जाता है। और तो और, बरसात सतह पर बने जिप्सम को धो डालती है जिससे सतह के ऊपर बनायी गयी आकृतियों को काफी क्षति पहुंचती है। जनसामान्य की भाषा में इस प्रक्रिया को 'पत्थर का कोढ़' कहा जाता है।

यह अनेक वर्षों से ज्ञात है कि शुद्ध वायु की अपेक्षा प्रदूषित वायु में स्टील और तांबे जैसी धातुओं की तेजी से क्षति होती है। चूने के पत्थर पर भी अम्लों का प्रभाव पड़ता है इसलिए अनेक शहरों में चूने के पत्थर से बनी इमारतों और मूर्तियों को क्षति पहुंच रही है।

विश्व के सात आश्चर्यों में से एक, ताजमहल को भी आगरा के समीप ही मथुरा में स्थित तेल शोधक कारखाने से निकली अम्लीय गैसों के कारण पत्थरों का कोढ़ हो रहा है। यूनानी शिल्पी फिडियास द्वारा पांचवीं शताब्दी ईसा पूर्व में निर्मित नारी स्तंभ अथवा संगमरमर से निर्मित कुमारियो की 6 मूर्तियां 2500 वर्षों से यूनान की राजधानी एथन्स की शोभा थीं। परंतु 1977 में उन्हें हटाकर संग्रहालय में रख दिया गया है। इसका कारण भी अम्लीय वर्षा है। 1960 के दशक में इन मूर्तियों का काफी क्षरण हो गया था, इसलिए इनके जैसी फाइबर की मूर्तियां बनाकर वहां लगाई गई हैं। ब्रिटेन में भी अम्लीय वर्षा से काफी नुकसान हुआ है जिसके प्रमाण कैन्टरबरी, आक्सफोर्ड और लंदन की ऐतिहासिक इमारतों के क्षरण से मिलते हैं।

अम्लीय वर्षा ने अंतर्राष्ट्रीय समस्याओं को एक नया आयाम दिया है। यह राष्ट्रों के कूटनीतिक संबंधों के बीच किरकिरी साबित हो सकती है। उदाहरण के लिए पश्चिमी जर्मनी और स्वीडन के रिश्तों में दरार है क्योंकि स्वीडन की लगभग 20 प्रतिशत झीलें जर्मनी के रूहर औद्योगिक क्षेत्र से निकली अम्लीय गैसों से हुई अम्लीय वर्षा से प्रभावित हैं। यहां तक कि स्वीडन के स्कूली बच्चों ने इन गैसों के उत्सर्जन के लिए पश्चिमी जर्मनी के विरूद्ध एक पोस्टकार्ड अभियान भी चलाया था।

इंग्लैंड और उसके पड़ोसी देशों के बीच भी कोई ज्यादा अच्छे संबंध नहीं हैं, और स्कैन्डीनेविया अपने देश में अम्लीय पानी जमा होने के लिए इंग्लैंड को दोषी मानता है। अम्लीय वर्षा के विवाद को लेकर अमेरिका और कनाडा के रिश्तों में भी तनाव है। कनाडा में जमी लगभग आधी सल्फर अमेरिका से आती है और उत्तर-पूर्वी अमेरिका में जमा लगभग 20 प्रतिशत सल्फर कनाडा की देन है।

अम्लीय वर्षा और मानव स्वास्थ्य के बीच अभी भली-भांति सीधा संबंध स्थापित नहीं किया गया है। हालांकि ऐसा माना जाता है कि अधिक समय तक अधिक सल्फर डाईऑक्साइड युक्त वायु में सांस लेने से श्वसन संबंधी बीमारियां, जैसे वातस्फीति, दमा और श्वसनिका दमा, हो जाती है। जलस्रोतों और पानी के पाइपों में अम्लीय जल की उपस्थिति से भारी धातुएं घुलकर जल आपूर्ति में मिल सकती हैं जिनसे गंभीर स्वास्थ्य समस्याएं उत्पन्न हो सकती हैं।

भारत में अभी इस विपत्ति का गंभीर खतरा नहीं पैदा हुआ है क्योंकि यहां के कोयले में सल्फर की मात्रा कम (0.5-0.7 प्रतिशत) होती है। दूसरे देशों, विशेषकर अमेरिका में बिटुमिनस की खानों में सल्फर की मात्रा 6-8 प्रतिशत होती है। इस कोयले को जलाने से अधिक मात्रा में सल्फर डाईऑक्साइड निकलती है। फिर भी अपने देश में लगातार अत्यधिक सतर्कता की आवश्यकता है, क्योंकि मुंबई, कलकत्ता और दिल्ली जैसे शहरों में वातावरण में सल्फर डाईऑक्साइड की मात्रा काफी अधिक है।

अम्लीय वर्षा की रोकथाम और नियंत्रण

अम्ल के जमाव पर नियंत्रण पाना इतना आसान नहीं है क्योंकि यह अनेक प्रकार की मानक गतिविधियों से जुड़ा है। परंतु स्थिति काबू से बाहर न हो जाए इसके लिए अभी से निम्नलिखित उपाय अपनाए जाने चाहिए :

- जिन बिजलीघरों में ईंधन के रूप में कोयले का इस्तेमाल होता है उन्हें कम सल्फर वाला कोयला इस्तेमाल करना चाहिए अथवा ऐसा ईंधन इस्तेमाल करना चाहिए जिससे प्रदूषण कम हो।
- जहां कहीं जरूरी हो, जैसे कि प्रगलकों में, वहां सल्फर डाईऑक्साइड को अवशोषित करने की व्यवस्था करनी चाहिए।
- मोटर वाहनों में कैटालिटिक कन्वर्टर लगाने चाहिए ताकि वे धुएं को साफ रखें (नाइट्रोजन के आक्साइड अहानिकारक हो जाते हैं और कार्बन मोनोआक्साइड कार्बन डाईआक्साइड में बदल जाती है)। इंजनों को अच्छी तरह ट्यून होना चाहिए जिससे धुएं से निकलने वाली गैसों की मात्रा कम हो।
- उत्सर्जन नियंत्रण का सख्ती से पालन होना चाहिए।

05 अंतरिक्ष में भारत का बढ़ता वर्चस्व

पृथ्वी से सौ किलोमीटर ऊपर अंतरिक्ष की सीमा आरंभ होती है। प्राचीन काल से ही मानव विभिन्न ग्रहों और अंतरिक्ष के रहस्य समझने या उसके संबंध में अधिक-से-अधिक जानकारी रखने की इच्छा रखता आया है। विभिन्न ग्रह कैसे हैं? उनका धरातल कैसा है? क्या वहां कोई जीव है या नहीं? इन रहस्यों की खोज के प्रयास पिछली शताब्दी के मध्य से प्रारंभ हो गए थे।

4 अक्टूबर, 1957 को सोवियत संघ ने स्पूतनिक नामक एक कृत्रिम उपग्रह अंतरिक्ष में भेजा था। यह उपग्रह 57 मिनट में पृथ्वी का एक चक्कर लगाता था। इसके बाद से तो अमरीका और रूस के बीच अंतरिक्ष यात्रा के संबंध में होड़-सी लग गई। नवंबर 57 में लाइका नामक एक कुतिया को अंतरिक्ष में भेजा गया। मनुष्य का अंतरिक्ष में प्रवेश 12 अप्रैल, 1961 को हुआ, जब पहली बार यूरी गागरिन अंतरिक्ष में गए। पहली बार अप्रैल 1969 में मानव ने अपने कदम चांद की धरती पर रखे। वर्ष 1961 से आज तक 400 से अधिक वैज्ञानिक और शोधकर्ता अंतरिक्ष में जा चुके हैं।

भारत में शुरूआत

भारतीय अंतरिक्ष कार्यक्रम इतना परिपक्व हो गया है कि इसका गुणगान देश में ही नहीं, अंतर्राष्ट्रीय जगत में भी हो रहा है। आरंभ से ही अंतरिक्ष संगठन का उद्देश्य समाज के कल्याण कर रहा है। भारत ने बैलगाड़ी युग को बहुत पीछे छोड़ दिया है। आज इनसेट उपग्रह तथा आईआरएस उपग्रह स्वदेशी अंतरिक्ष विज्ञान के प्रतीक बन गए हैं। अंतरिक्ष कार्यक्रमों के लिए भारतीय संस्थानों तथा उद्योगों ने सहयोग किया है। आधुनिकतम उपकरणों तथा मशीनों का निर्माण देश में ही किया गया, जिसमें राकेट खंडों के लिए हल्की धातु, मोटर के खोल, द्रव प्रस्टर, प्रणोदक टैंक, गैस उत्पादन तथा इलैक्ट्रॉनिक उपकरण शामिल हैं।

भारतीय अंतरिक्ष कार्यक्रम की शुरूआत वर्ष 1962 में भारतीय राष्ट्रीय अंतरिक्ष अनुसंधान समिति (इन्कोस्पार) से हुई। इसी वर्ष, तिरूवनन्तपुरम के निकट थुम्बा भूमध्यरेखीय राकेट प्रक्षेपण केन्द्र (अर्ल्स) में काम शुरू हुआ। नवंबर 1969 में भारतीय अंतरिक्ष कार्यक्रम बनाया गया तथा भारतीय अंतरिक्ष अनुसंधान संगठन (इसरो) का गठन हुआ। अंतरिक्ष कार्यक्रमों की यात्रा ने वर्ष 1963 में एक छोटे-से रॉकेट प्रक्षेपण से शुरूआत करके आज हमें ऐसे मुकाम पर पहुँचा दिया है कि अब हमारे पास भारतीय राष्ट्रीय उपग्रह (इन्सैट) एवं भारतीय दूरसंवेदी (आईआरएस) उपग्रह जैसी अत्याधुनिक बहुउद्देशीय उपग्रह प्रणाली मौजूद है।

पिछली शताब्दी के आठवें दशक में हमने परीक्षणों व प्रदर्शनों से यह यात्रा आरंभ की। इसके तहत हमने बड़े-बड़े परीक्षण किए, जिनमें सैटेलाइट इंस्ट्रक्शनल टेलीविजन एक्सपेरीमेंट (साइट) एवं सैटेलाइट टेलीकम्युनिकेशन एक्सपेरीमेंट प्रोजेक्ट (स्टेप) शामिल हैं। इसी श्रृंखला में हमने प्रायोगिक उपग्रहों यथा- **आर्य भट्ट, भास्कर** एवं **एप्पल** का निर्माण भी किया, जिन्होंने नौवें दशक में इन्सैट एवं आईआरएस प्रणालियों की स्थापना के लिए मार्ग प्रशस्त किया।

भारत ने दो प्रकार के उपग्रह प्रक्षेपण यानों की रूपरेखा तैयार कर उनको इस्तेमाल योग्य बनाया है। इनमें एक है ध्रुवीय उपग्रह प्रक्षेपण यान (पीएसएलवी), जिसमें भारतीय सुदूर संवेदी उपग्रह प्रक्षेपित किए जाते हैं और दूसरा है भू-स्थैतिक उपग्रह प्रक्षेपण यान (जीएसएलवी), जिससे इन्सैट परिवार के उपग्रह छोड़े जाते हैं। पीएसएलवी 1600 किलोग्राम भार का उपग्रह ध्रुवीय कक्षा में स्थापित कर सकता है। जीएसएलवी उपग्रहों को भू-स्थैतिक अंतरण कक्षा और पृथ्वी की निम्न कक्षाओं में स्थापित कर सकता है। भारत के पास सर्वाधिक सुदूर संवेदी उपग्रह है।

बहु-उपयोगी अंतरिक्ष कार्यक्रम

दूरसंवेदी उपग्रह प्रणाली, आईआरएस-1 सी एवं आईआरएस-1 डी को विश्व के सर्वश्रेष्ठ असैनिक दूरसंवेदी उपग्रहों में गिना जाता है। इन उपग्रहों की खास विशेषता के सहारे हम समन्वित सतत विकास मिशन जैसे कार्यक्रम संचालित कर रहे हैं, जिसके तहत हम स्थानीय स्तर पर योजना बनाकर भू-जल संसाधनों का अधिकतम उपयोग कर रहे हैं। इन उपग्रहों द्वारा एकत्रित आंकड़ों का इस्तेमाल विभिन्न क्षेत्रों यथा- कृषि, फसल अनुमान, भूमिगत जल स्रोतों का पता लगाने, वन सर्वेक्षण, अनुत्पादक भूमि के मानचित्रण, बर्फ पिघलने के अनुमान, सिंचाई, कमान क्षेत्र प्रबंधन, खनिजों का पता लगाने, संभावित मत्स्य क्षेत्र का पता लगाने, शहरी योजना बनाने एवं पर्यावरण पर निगाह रखने जैसे अनेक कार्यों में किया जा रहा है। दूरसंवेदी उपग्रहों के निर्माण व संचालन ने हमें वाणिज्यिक रूप से भी फायदा पहुंचाया है।

भारत एकमात्र ऐसा देश है, जो आम आदमी के लाभ के लिए नवीनतम प्रौद्योगिकी का उपयोग कर रहा है। भारतीय प्रक्षेपण राकेटों की विकास लागत ऐसी ही विदेशी प्रक्षेपण राकेटों की विकास लगात का एक-तिहाई है। भारतीय अंतरिक्ष प्रणाली आज राष्ट्रीय अवसंरचना का महत्वपूर्ण अंग बन गई है। दूरसंचार, दूरदर्शन प्रसारण, मौसम विज्ञान, आपदा चेतावनी, दूर चिकित्सा, प्राकृतिक संसाधन सर्वेक्षण और प्रबंधन, दूरवर्ती शिक्षा और खोजबीन तथा बचाव अभियान जैसी महत्वपूर्ण सेवाओं की कल्पना भी अंतरिक्ष प्रौद्योगिकी के हस्तक्षेप के बिना नहीं की जा सकती है। अंतरिक्ष प्रौद्योगिकी ने भारत को विश्व में विशेष स्थान दिलाया है।

उपग्रह आधारित आपदा प्रबंधन सहायता (डीएमएस) के कार्य हैं- जोखिमग्रस्त क्षेत्रों को पहचानने, क्षति का निर्धारण आदि सुलभ कराने के लिए डिजिटल डाटा बेस का सृजन, उपग्रह एवं वायुमंडलीय आंकड़ों के उपयोग से बड़ी प्राकृतिक आपदाओं की निगरानी तथा समुचित तकनीकी उपकरणों का विकास, एयर बोर्न लेजर टैराइन मैपर का उपयोग करके जोखिमग्रस्त क्षेत्रों के लिए आंकड़ों का अर्जन तथा आपातकालीन सहायता के लिए संचार व्यवस्था का सुदृढ़ीकरण, बारहमासी निगरानी क्षमता की दिशा में एयर बोर्न सिंथेटिक अपर्चर राडार (असर) का विकास, एनआरएसए में निर्णय सहायता केन्द्र की एकल खिड़की सेवा प्रदाता के रूप में स्थापना और अंतर्राष्ट्रीय अंतरिक्ष एवं प्रमुख आपदा चार्टर का सदस्य होने के नाते इसमें सहायता।

सितम्बर 2004 में भू-स्थैतिक उपग्रह प्रक्षेपण यान (जीएसएलवी-एफ01) द्वारा प्रक्षेपित एडुसैट, भारत का पहला उपग्रह है, जो शिक्षा के लिए समर्पित है। एडुसैट, वन वे टीवी प्रसारण, इंटरएक्टिव टीवी, वीडियो कान्फ्रेन्सिंग, कम्प्यूटर कान्फ्रेन्सिंग, वेब आधारित इंस्ट्रक्शन आदि जैसे शिक्षा प्रदान करने वाले विकल्पों की व्यापक श्रृंखला उपलब्ध करा रहा है।

भारतीय मौसम विज्ञान विभाग (आईएमडी) इन्सैट की मौसम विज्ञान संबंधी आंकड़ा संसाधन प्रणाली (आईएमडीपीएस) के जरिए इन्सैट के आंकड़ों का संसाधन एवं प्रसारण करता है। ऊपरी वायुमंडल, समुद्री सतह के तापमान और हवा में आद्रता संबंधी सूचकांक के आंकड़े नियमित रूप से प्राप्त किए जाते हैं।

स्थापित किए गए उपग्रह

वर्ष 2010 में जिओ सिन्क्रोनस सेटेलाइट लॉन्च व्हीकल (जीएसएलवी) के दो अभियान विफल हो गए थे- जीएसएलवी-एफ 06 - संचार उपग्रह जीसेट-5पी को लेकर जाने वाले इस यान में प्रक्षेपण के एक मिनट बाद ही विस्फोट हो गया था और वह बंगाल की खाड़ी में जा गिरा था। जीसैट-5पी में 24 सी-बैंड और 12 विस्तारित सी-बैंड टांसपोंडर्स थे। जीएसएलवी-डी 3- जीसैट-4 को लेकर जा रहा जीएसएलवी-डी 3 का अभियान भी अप्रैल 2010 में विफल हो गया था।

इन विफलताओं के कारण भारतीय अंतरिक्ष अनुसंधान संगठन (इसरो) के आगामी कार्यक्रमों पर भले ही संदेह जताया गया हो, लेकिन भारतीय अंतरिक्ष अनुसंधान संगठन (इसरो) के पीएसएलवी, सी-16 ने 20 अप्रैल, 2011 को रिसोर्ससेट-2 एवं दो अन्य छोटे उपकरणों को ले जाकर उनको निर्धारित कक्षा में सफलतापूर्वक स्थापित किया।

रिसोर्ससेट-2 पृथ्वी पर्यवेक्षण उपग्रह है। यह 1206 किलोग्राम का है तथा इसका जीवनकाल पांच वर्ष है। वर्ष 2003 में स्थापित किए गए रिसोर्ससेट-1 की तुलना में यह उपग्रह अधिक उन्नत किस्म का है। रिसोर्ससेट-2 के प्रक्षेपण के साथ ही इसरो के दूरसवेंदी उपग्रहों की संख्या 10 हो गई है।

यह धरती के अंदर खनिज पदार्थों के आंकड़े जुटाने में अधिक सक्षम होगा। इसमें लगे उच्च तकनीक के तीन कैमरों की मदद से फसल की स्थिति, वनों की कटाई पर निगरानी, जलाशयों एवं झीलों में जल और हिमालय में बर्फ पिघलने की स्थिति का आकलन करने में मदद मिलेगी। इसके अतिरिक्त इसकी सहायता से आपदा प्रबंधन और अन्य गतिविधियों का जायजा भी लिया जा सकेगा। समुद्री जहाज की स्थिति और गति की निगरानी के लिए इसमें ऐसा स्वतः पहचान तंत्र (एआईएस) स्थापित किया गया है।

यूथसेट- भारत और रूस के संयुक्त उपक्रम से तैयार 92 किलोग्राम का उपग्रह यूथसेट तारामंडल और पर्यावरण का अध्ययन करेगा।

एक्स-सेट- सिंगापुर के नानयांग टेक्नोलॉजिकल विश्वविद्यालय द्वारा निर्मित 106 किलोग्राम का एक्स-सैट उपग्रह मानचित्रीकरण करने में सक्षम है।

अब तक कुल 18 अभियानों में से यह 17वां सफल अभियान था। 20 सितम्बर, 1993 को इसका पहला अभियान पीएसएलवी-डी1 विफल हो गया था। पीएसएलवी से अब तक 47 उपग्रहों का सफल प्रक्षेपण किया जा चुका है, जिसमें 26 भारतीय उपग्रह और 21 विदेशी उपग्रह शामिल हैं। इन प्रक्षेपणों के द्वारा भारत व्यावसायिक दृष्टिकोण से विदेशी उपग्रहों को भी प्रक्षेपित करने वाले देशों की चुनिदां सूची में शामिल हो चुका है।

पीएसएलवी

यह इसरो के विक्रम साराभाई अंतरिक्ष केन्द्र द्वारा वर्ष 1994 से डिजाइन और विकसित किया जा रहा है। चार स्टेज वाले इस रॉकेट में बारी-बारी से ठोस एवं द्रव ईंधनों का इस्तेमाल होता है। इसकी 44 मीटर लंबाई, 295 टन वजन और 2.8 मीटर का व्यास है। यह 620 किलोमीटर दूर भू-समकालिक स्थानांतरण कक्षा (सनसिंक्रोनस पोलर आर्बिट) में 1050 किलोग्राम भार के उपग्रह ले जाने में सक्षम है। प्रत्येक पोलर सेटेलाइट लॉन्च व्हीकल (पीएसएलवी) के प्रक्षेपण पर 1.7 करोड़ डॉलर का खर्च आता है। पीएसएलवी ऐसा परिवर्तनशील यान है, जो ध्रुवीय सौर समकालिक कक्षा, निम्न पृथ्वी कक्षा और समकालिक स्थानांतरण कक्षा में कई उपग्रहों को स्थापित कर सकता है।

उज्जवल भविष्य

उपग्रह प्रक्षेपण में भारत कारोबारी छलांग पहले ही लगा चुका है। उसने पहली कारोबारी छलांग 23 अप्रैल, 2007 को लगाई थी, जब भारत के उपग्रहीय प्रक्षेपण यान ने इटली के खगोल उपग्रह एंजिल का सफलतापूर्वक प्रक्षेपण किया था। इस पहले सफल कारोबारी प्रक्षेपण के बाद भारत दुनिया के पांच देशों अमरीका, रूस, फ्रांस और चीन के विशिष्ट क्लब में शामिल हो गया था। इस समय कुल 2468 उपग्रह अंतरिक्ष में घूम रहे हैं, लेकिन रिसोर्स सैट-2 ऐसा आधुनिक रिमोट सेंसिंग उपग्रह है, जिसमें प्राकृतिक संसाधनों के अध्ययन और प्रबंधन में मदद मिलेगी।

22 अक्टूबर, 2008 को मून मिशन की सफलता के बाद इसरो का लोहा पूरी दुनिया मान चुकी है। चांद पर पानी की खोज का श्रेय भी चन्द्रयान-1 को ही मिला। अंतरिक्ष में भारत के बढ़ते वर्चस्व को देखते हुए जब अमरीकी राष्ट्रपति बराक ओबामा भारत के दौरे पर आए तो मुम्बई में सेंट जेवियर्स कॉलेज के छात्रों से उन्होंने कहा कि भारत और अमरीका कई क्षेत्रों में भागीदारी को नए आयाम तक पहुंचा सकते हैं, उनमें से एक अंतरिक्ष का क्षेत्र भी है। भविष्य में इसरो उन सभी ताकतों को और भी कड़ी टक्कर देगा, जो साधनों की बहुलता के चलते प्रगति कर रही हैं। भारत के पास प्रतिभाओं की बहुलता है।

भारत वर्ष 2016 में नासा के चंद्र मिशन का हिस्सा बन सकता है और भारतीय अंतरिक्ष अनुसंधान संगठन (इसरो) चंद्रमा के आगे के अध्ययन के लिए अमेरिकी जेट प्रणोदन प्रयोगशाला से साझेदारी भी कर सकता है। इसरो के अध्यक्ष के. राधाकृष्णन के अनुसार इसरो उन तीन उम्मीदवारों में से एक है, जिनके बारे में नासा 2016 के मिशन के लिए विचार कर सकता है। उन्होंने आगामी प्रक्षेपणों के विषय में कहा कि इसरो अगले महीने से संचार और सुदूर संवेदी उपग्रहों के सिलसिले की योजना बना रहा है, वहीं देश के आगामी चंद्र मिशन चंद्रयान-2 के संबंध में कार्य प्रगति पर है। चंद्रयान-2 के संभवत: 2013-14 में प्रक्षेपण की संभावना है। भारत अपने संचार उपग्रह जीसैट-8 का प्रक्षेपण अगले महीने फ्रेंच गुआना से करेगा। इसके बाद पीएसएलवी से एक संचार उपग्रह और प्रक्षेपित किया जाएगा। भारत पर्यावरण संबंधी अध्ययनों के लिहाज से मेधा-ट्रॉपिक्स उपग्रह के लिए फ्रांस से संयुक्त उपक्रम पर भी विचार कर रहा है।

भविष्य में अंतरिक्ष में प्रतिस्पर्धा बढ़ेगी। भारत के पास इसमें थोड़ी बहुत बढ़त पहले से है, इसमें और प्रगति करके इसका बड़े पैमाने पर वाणिज्यिक उपयोग संभव है। कुछ साल पहले तक फ्रांस की एरियन स्पेस कंपनी की मदद से भारत अपने उपग्रह छोड़ता था, पर अब वह ग्राहक के बजाए साझीदार की भूमिका में पहुंच गया है। यदि किसी प्रकार भारत अंतरिक्ष क्षेत्र में सफलता प्राप्त करता रहा तो वह दिन दूर नहीं जब हमारे यान अंतरिक्ष यात्रियों को चांद, मंगल या अन्य ग्रहों की सैर करा सकेंगे। भारत अंतरिक्ष विज्ञान में नई सफलताएँ हासिल कर विकास को अधिक गति दे सकता है।

06 भारत में सौर ऊर्जा का भविष्य

''हमारी परिकल्पना है कि भारत के आर्थिक विकास में ऊर्जा का अधिक उपयोग न हो। अगले कुछ वर्षों में, हमें जीवाश्म ईंधन पर आधारित आर्थिक गतिविधि को धीरे-धीरे गैर-जीवाश्म ईंधन पर आधारित विकास की ओर ले जाना होगा और गैर-नवीकरणीय ऊर्जा स्रोतों पर निर्भरता से नवीकरणीय ऊर्जा स्रोतों की ओर ले जाना होगा। इस रणनीति में, सूर्य की भूमिका सबसे महत्वपूर्ण है और ऐसा होना भी चाहिए, क्योंकि वह वस्तुत: सभी ऊर्जा स्रोतों का मौलिक स्रोत है। हम अपने वैज्ञानिक, तकनीकी और प्रबंधकीय प्रतिभाओं और पर्याप्त वित्तीय संसाधन को एक साथ जुटाकर हमारी अर्थव्यवस्था को सशक्त बनाने और हमारे देश के लोगों के जीवन में बदलाव लाने के लिए ऊर्जा के प्रचुर स्रोत के रूप में सौर ऊर्जा का विकास करेंगे। इस प्रयास में हमारी सफलता भारत का चेहरा ही बदल देगी। यह दुनिया भर के लोगों की नियति को भी बदलने में भारत की सहायता करेगा।'' प्रधानमंत्री डॉ0 मनमोहन सिंह ने 30 जून, 2008 को जलवायु परिवर्तन पर भारत की रणनीति को प्रस्तुत करते कहा-

जैसा कि जलवायु परिवर्तन पर राष्ट्रीय कार्य योजना में भी कहा गया है, भारत एक उष्णकटिबंधीय (गर्म) देश है। जहाँ सूर्य का प्रकाश प्रतिदिन अधिक समय तक और ज्यादा तीव्रता के साथ उपलब्ध रहता है। अत: सौर ऊर्जा की भावी ऊर्जा स्रोत के रूप में व्यापक संभावनायें हैं। इसमें ऊर्जा के विकेन्द्रीकृत वितरण का अतिरिक्त लाभ भी है। जिससे जमीनी स्तर पर लोगों को सशक्त बनाया जा सके।

इसी परिकल्पना पर आधारित, राष्ट्रीय सौर मिशन को सोलर इंडिया के ब्रॉड नाम के तहत शुरू किया जा रहा है। इस निर्णय की घोषणा करते हुए केंद्रीय नवीन और नवीकरणीय (अक्षय) ऊर्जा मंत्री डॉ0 फारूख अब्दुल्ला ने कहा था- यह यूपीए सरकार की एक ऐतिहासिक और युगान्तकारी पहल है और मुझे गर्व है कि इसके क्रियान्वयन की देखरेख का काम मुझे सौंपा गया है। सोलर मिशन पंडित नेहरू की आधुनिक भारत की परिकल्पना के अनुसार ही है, जिसने आज भारत को एक अग्रणी परमाणु और अंतरिक्ष शक्ति बनाया है।

सौर ऊर्जा भारत के लिए महत्वपूर्ण और प्रासंगिक क्यों है?

लागत- कोयला जैसे बिजली के अन्य स्रोतों की तुलना में पूर्ण लागत के मामले में फिलहाल सौर ऊर्जा की लागत अधिक है। सौर मिशन का उद्देश्य क्षमता में तीव्रगति से विस्तार और प्रौद्योगिकीय नवाचार से लागत में कमी लाकर उसे ग्रिड के स्तर पर लाना है। मिशन को आशा है कि 2022 तक ग्रिड समानता हासिल हो जाएगी और कोयला आधारित ताप बिजली से 2030 तक समान स्तर पर लाया जा सकेगा। परंतु इसमें यह बात स्वीकार की गई है कि लागत में यह कमी वैश्विक निवेश और प्रौद्योगिकी हस्तांतरण के स्तर पर निर्भर करेगी। लागत के बारे में जो अनुमान लगाए गए हैं वे अलग-अलग हैं। हर बार क्षमता को दोगुना बढ़ाए जाने पर 22 प्रतिशत से लेकर वैश्विक निवेश को मौजूदा स्तर से 16 गुना बढ़ाने पर केवल 60 प्रतिशत की कमी होने का अनुमान लगाया गया है। मिशन इस बात को स्वीकार करता है कि ग्रिड से परे भी सौर ऊर्जा के उपयोग हैं। ग्रामीण ऊर्जा की आवश्यकताओं को पूरा करने वाले ये उपयोग काफी किफायती हैं और उनके तेजी से विस्तार किए जाने की आवश्यकता है।

व्यापकता

भारत में सौर ऊर्जा की प्रचुर संभावनाएँ हैं। प्रतिवर्ष करीब 5000 ट्रिलियन (1 ट्रिलियन 10 खरब) के. डब्ल्यू एच (किलोवाट प्रति घंटा) ऊर्जा भारत के भू-क्षेत्र में पड़ती है और अधिकांश भागों में 4-7 किलोवाट घंटे प्रति वर्ग किमी. प्रतिदिन क्षमता की सूर्य किरणें भारत की धरती को छूती है। अतएव सौर विकिरण को ताप और विद्युत यानी सौर तापीय और सौर फोटो-वोल्टिक, दोनों में परिवर्तित करने की प्रौद्योगिकी को भारत में बड़े पैमाने पर सौर ऊर्जा को नियंत्रित करने में इस्तेमाल किया जा सकता है। सौर शक्ति वितरित आधार पर विद्युत पैदा करने की क्षमता प्रदान करती है और क्षमता को तेजी से बढ़ाने में मदद करती है। ग्रिड से परे विकेन्द्रीकृत और कम तापमान पर सौर ऊर्जा का उपयोग, ग्रामीण विद्युतीकरण के नजरिये से लाभदायक हो सकता है। विद्युत की अन्य आवश्यकताओं और ग्रामीण तथा शहरी दोनों क्षेत्रों में गर्म और ठंडा करने के काम में यह लाभदायक होगा। इसकी व्यापकता अथवा फैलाव पर जो दबाव है, वह स्थान की उपलब्धता को लेकर है, क्योंकि सभी मौजूदा उपयोगों में सौर शक्ति के दोहन में ज्यादा स्थान की जरूरत होती है। इसके अतिरिक्त प्रभावी भंडारण के बगैर, सौर शक्ति में काफी विचलन की संभावना रहती है। भारत में यह बात विशेषकर वर्षा ऋतु में अधिक सही साबित होती है।

पर्यावरणीय प्रभाव

सौर ऊर्जा पर्यावरण के अनुकूल और पर्यावरण हितैषी है, क्योंकि विद्युत अथवा ताप के उत्पादन में इससे कोई उत्सर्जन नहीं होता।

स्रोत की सुरक्षा

ऊर्जा सुरक्षा के दृष्टिकोण से सौर सभी स्रोतों में सबसे सुरक्षित स्रोत है। यह प्रचुरता में उपलब्ध है। सैद्धांतिक दृष्टि से, कुल आपतित सौर ऊर्जा का छोटा-सा अंश भी (यदि प्रभावी ढंग से उसे कब्जे में किया जा सके) समूचे देश की ऊर्जा की आवश्यकताओं को पूरा कर सकता है। यह भी स्पष्ट है कि देश की गरीब और ऊर्जा से वंचित आबादी की भारी संख्या को देखते हुए ऊर्जा के अपेक्षाकृत प्रचुर संसाधनों का देश हित में यथासंभव दोहन किया जाना चाहिए। यद्यपि, आज की स्थिति में, कोयला आधारित विद्युत उत्पादन, बिजली का सबसे सस्ता स्रोत है। भविष्य का परिदृश्य बताता है कि यह स्थिति बदल सकती है। बिजली की भारी कमी के कारण, देश के अंदर बिजली की दर सामान्यत: सात रूपए प्रति यूनिट तक पहुँच चुकी है और पीक आवर्स (सर्वाधिक मांग के घंटों में) तो यह 8.50 रूपए प्रति यूनिट तक पहुँच जाती है। यह स्थिति भी बदल सकती है, क्योंकि ऊर्जा की मांग में वृद्धि के कारण देश अब आयातित कोयले की ओर बढ़ रहा है। बिजली की कीमत, अंतर्राष्ट्रीय बाजार में कोयले की उपलब्धता और आयात संबंधी संरचना के विकास की लागत पर भी निर्भर करेगी। यह भी स्पष्ट है कि पर्यावरणीय क्षरण की लागत कोयले के खनन को भी प्रभावित करती है और ऐसा होना भी चाहिए। इस कच्चे माल के मूल्य में वृद्धि होगी। ऊर्जा के अभाव के कारण देश में डीजल आधारित विद्युत का उपयोग बढ़ रहा है। जो कि महंगी-कीमत 15 रूपए प्रति यूनिट तक भी है और प्रदूषणकारी भी। इस परिस्थिति में, सौर ऊर्जा का उपयोग आवश्यक भी है और व्यवहारिक रूप से संभव भी। देश की चिरकाल से चली आ रही ऊर्जा आवश्यकताओं को पूरा करने के लिए सौर ऊर्जा का उपयोग बेहद जरूरी है।

उद्देश्य और लक्ष्य

राष्ट्रीय सौर मिशन का उद्देश्य देशभर में इसे यथाशीघ्र प्रसारित करने की नीति और स्थितियों का निर्माण कर भारत को विश्व में सौर ऊर्जा के क्षेत्र में विश्व में शीर्ष स्थान पर बिठाना है। मिशन तीन चरणों का दृष्टिकोण अपनाएगा। 11वीं योजना की शेष अवधि और 12वीं योजना के पहले वर्ष (2012-13) को मिलाकर पहला चरण होगा। 12वीं योजना के शेष चार वर्ष (2013-17) दूसरा चरण और 13वीं योजना (2017-22) तीसरा चरण होगा। प्रत्येक योजना के अंत में और 12वीं तथा 13वीं योजना के मध्य में प्रगति का मूल्यांकन होगा। आगे के चरणों के लिए क्षमता और मूल्यों की समीक्षा की जाएगी। जो कि घरेलू और वैश्विक दोनों ही की, प्रौद्योगिक प्रवृत्तियों और उभरती लागत पर आधारित होगी। लक्ष्य यह रहेगा कि यदि आशा के अनुरूप लागत में कमी नहीं आती या फिर आशा से अधिक तेजी आती है तो सरकार को सब्सिडी (राज सहायता) की विवशता से बचाया जाए।

मिशन का तात्कालिक लक्ष्य देश में, केंद्रीकृत और विकेन्द्रीकृत दोनों ही स्तर पर, सौर प्रौद्योगिकी के विस्तार के लिए अनुकूल वातावरण तैयार करना है। पहले चरण (2013 तक) में सौर ताप में लो हैगिंग विकल्प को हासिल करने पर जोर दिया गया। वाणिज्यिक ऊर्जा से वंचित लोगों तक पहुंचाने के लिए ऑफ ग्रिड प्रणाली को बढ़ावा देना और ग्रिड-आधारित प्रणाली की क्षमता में यथासंभव योगदान देना है। दूसरे चरण में, पिछले वर्षो के अनुभव का लाभ उठाते हुए क्षमता का विस्तार इस प्रकार करने का प्रयास किया गया कि सौर ऊर्जा की पैठ प्रतिस्पर्धी दरों पर देशभर में हो सके।

हम सौर भारत के लक्ष्य को कैसे प्राप्त कर सकते हैं?

- 2022 तक 20,000 मेगावाट सौर ऊर्जा के उत्पादन के लिए अनुकूल नीतिगत ढांचा तैयार करना।
- ग्रिड से जुड़े सौर ऊर्जा उत्पादन को 1000 मेगावाट तक बढ़ाना, जिन संस्थाओं को शुल्क के मामले में सरकार की ओर से रियायतें दी जाती हैं, उनके लिए नवीकरणीय ऊर्जा के क्रय को आवश्यक बनाकर 3000 मेगावाट की अतिरिक्त क्षमता बढ़ाना। यह क्षमता दोगुनी की जा सकती है।
- आशा के अनुकूल अंतर्राष्ट्रीय वित्तीय निवेश और तकनीकी हस्तांतरण के बल पर यह क्षमता 2017 तक 10,000 मेगावाट से भी अधिक बढ़ाई जा सकती है। वर्ष 2022 तक 20,000 मेगावाट या उससे अधिक महत्वाकांक्षी लक्ष्य। पहले दो चरणों से प्राप्त अनुभवों पर निर्भर करेगा। उनके सफल होने पर ग्रिड-प्रतिस्पर्धा सौर ऊर्जा की संभावना बढ़ सकती है। अंतर्राष्ट्रीय निवेश और प्रौद्योगिकी की उपलब्धता के आधार पर इस संक्रमण (बदलाव) को उपयुक्त रूप से बढ़ाया भी जा सकता है।
- ऑफ ग्रिड उपयोगों के लिए कार्यक्रमों को प्रोत्साहित करना- 2017 तक 1000 मेगावाट और 2022 तक 2000 मेगावाट का उत्पादन।
- 2022 तक दो करोड़ वर्गमीटर सौर तापीय संग्राहक क्षेत्र की स्थापना करना।
- 2022 तक ग्रामीण क्षेत्रों में दो करोड़ सौर प्रकाशीय प्रणालियां लगाना।

प्राचीन काल से हमारे देश में सूर्य की पूजा उत्तम स्वास्थ्य के स्रोत के रूप में होती रही है। राष्ट्र को ऊर्जावान बनाने के लिए एक बार फिर हम सूर्य में अपनी आस्था व्यक्त करते हैं।

07 ग्लोबल वार्मिंग : कारण एवं परिणाम

ग्लोबल वार्मिंग : अर्थ

भू-मंडल के निरन्तर बढ़ते हुए तापमान को 'ग्लोबल वार्मिंग' या वैश्विक उष्णता कहा जाता है। ग्लोबल वार्मिंग वर्तमान समय की प्रमुख विश्वव्यापी पर्यावरणीय समस्या है। सौर विकीर्ण ऊर्जा का लगभग 51 प्रतिशत भाग लघु तरंगों के रूप में वायुमंडल को पार कर पृथ्वी के धरातल पर पहुंचता है। पृथ्वी का वायुमंडल 'लघु तरंग सौर्यिक विकिरण' के लिए पारगम्य होता है। अत: सौर विकिरण बिना किसी रूकावट के धरातल पर पहुंचता है। लघु तरंगें पृथ्वी से टकराकर ऊष्मा में परिवर्तित हो जाती हैं यह ऊष्मा दीर्घ तरंगी पार्थिव हो जाती हैं। यह ऊष्मा दीर्घ तरंगी पार्थिव विकिरण द्वारा पुन: वायुमंडल में लौट जाता है, जिससे पृथ्वी का ताप-संतुलन बना रहता है, किंतु वायुमंडल में उपस्थित कुछ गैसें ऊष्मा की दीर्घ तरंगों (पार्थिक विकिरण) को अवशोषित कर लेती हैं तथा ऊष्मा की दीर्घ तरंगों को वायुमंडल से बाहर जाने से रोक देती हैं। पार्थिव विकिरण अवरूद्ध हो जाने से पृथ्वी के धरातल का तापमान सामान्य (18ºC) से अधिक हो जाता है। ऐसी अवस्था में वायुमंडल 'ग्रीन हाउस' के शीशे की भांति काम करता है। शीत एवं शीतोष्ण कटिबंधीय क्षेत्रों निर्मित काँच के घरों में उष्णता बनी रहती है, क्योंकि काँच लघु प्रकाश तरंगों के लिए पारदर्शी तथा दीर्घ ऊष्मीण तरंगों के लिए अपारदर्शी होता है। अत: सूर्य से आने वाली लघु प्रकाश तरंगें कांच को पार कर 'कांच घर' के वातावरण को गर्म करती है। भीतर प्रवेश कर चुकी ऊष्मा जब दीर्घ तरंगों के रूप में बाहर निकलने को बढ़ती है, तो कांच की दीवारें उन्हें बाहर निकलने से रोक देती हैं, जिससे कांच घर के भीतर के तापमान में अपेक्षाकृत वृद्धि हो जाती है। ठीक उसी प्रकार वायुमंडलीय गैसें 'लघु तरंग विकिरण' (सौर्यिक विकिरण) के लिए पारदर्शी होती हैं, किंतु 'दीर्घतरंग विकिरण' (पार्थिव विकिरण) के लिए अपारदर्शी होती है। अत: सौर विकिरण ऊर्जा लघु तरंगों के रूप में वायुमंडल को पार कर भूतल पहुंच जाती है। किंतु दीर्घ तरंगी पार्थिव विकिरण पुन: वायुमंडल से बाहर नहीं जा पाती है, जिससे पृथ्वी के तापमान में वृद्धि हो जाती है। इसे 'हरित गृह प्रभाव' कहा जाता है।

वायुमंडल में उपस्थित कार्बन डाइ-ऑक्साइड (CO_2, 0.03%) गैस पृथ्वी के तापमान को बढ़ाने वाली प्रमुख गैस है। इसके अलावा मीथेन (CH_4), क्लोरोफ्लोरो कार्बन (CFC), नाइट्रस ऑक्साइड, हेलोन (अग्निशमन यंत्रों से प्राप्त) आदि गैसें भी भूमंडलीय तापमान वृद्धि में योगदान देती हैं। ये गैसें दीर्घ तरंगी पार्थिव विकिरण को वायुमंडल से बाहर जाने से रोक देती हैं। परिणामस्वरूप तापमान बढ़ने से पृथ्वी का ताप संतुलन बिगड़ जाता है। भूमंडलीय तापमान में इस वृद्धि को ही वैज्ञानिक शब्दावली में 'ग्लोबल वार्मिंग' कहा जाता है।

भू-मंडलीय तापमान में वृद्धि की प्रवृत्ति

वायुमंडल में ग्रीन हाउस गैसों का निरंतर बढ़ता हुआ सान्द्रण भूमंडलीय तापमान में वृद्धि के लिए उत्तरदायी है। 1861 के बाद पृथ्वी के तापमान में निरंतर वृद्धि हो रही है, क्योंकि 1861 से तापमान संबंधी उपकरणों द्वारा अंकित विश्वसनीय आंकड़े उपलब्ध हैं। 'ग्लोबल वार्मिंग' के संबंध में उचित जानकारी प्राप्त करने हेतु संयुक्त राष्ट्र संघ ने 1988 में 'Inter-Governmental Panel on Climate Change (IPCC)' का गठन किया गया। प्रारंभिक अनुमान के अनुसार 1861 से 1990 तक पृथ्वी के औसत तापमान में 0.6ºC की वृद्धि हुई, जो 2020 तक बढ़कर 1.5ºC तक होने की संभावना है। धरती के बढ़ते तापमान पर अब तक के सर्वाधिक विश्वसनीय आंकड़े जुटाते हुए IPCC ने 3 फरवरी, 2007 को पेरिस में एक रिपोर्ट जारी की। इस रिपोर्ट के तथ्य डरावने एवं भयावह स्थिति की ओर संकेत करने वाले हैं। इस रिपोर्ट में 'ग्लोबल वार्मिंग' के लिए मानव समाज को प्रमुख अभियुक्त माना गया है। इस रिपोर्ट के अनुसार 1900 से 2000 तक पृथ्वी के औसत तापमान में 0.7º C से 0.8º C तक वृद्धि हो चुकी है तथा यह अनुमान व्यक्त किया गया है कि सन 2100 तक पृथ्वी के तापमान में 1.1ºC से 6.4º तक वृद्धि हो सकती है। एक अनुमान के अनुसार 20वीं शताब्दी रही है, जबकि 1990 का दशक सबसे गर्म दशक रहा है। 1998 का वर्ष अब तक का सर्वाधिक गर्म वर्ष माना जाता है। स्मरणीय तथ्य यह है कि अब तक के सर्वाधिक गर्म 10 वर्ष 1994 के बाद ही पड़े। 1950 ई. के बाद पृथ्वी के औसत तापमान में 0.1ºC की दर से दशकीय वृद्धि अंकित की गई है। इस प्रकार पृथ्वी के औसत तापमान में निरंतर वृद्धि ग्लोबल वार्मिक का सूचक है।

ग्लोबल वार्मिंग के कारण

पृथ्वी के तापमान में हो रही वृद्धि के लिए निम्न कारण mÙkjnk;h gS %

1. ग्रीन हाउस गैसों में वृद्धि-ग्लोबल वार्मिंग के लिए मुख्यत: कार्बन डाइऑक्साइड मीथेन, नाइट्रस ऑक्साइड, क्लोरो फ्लोरोकार्बन, हेलोन इत्यादि गैसें उत्तरदायी हैं। इन गैसों का सान्द्रण वायुमंडल में निरंतर बढ़ता जा रहा है। ये गैसें वायुमंडल में ग्रीन हाउस प्रभाव उत्पन्न करती हैं। परिणामस्वरूप पृथ्वी का तापमान बढ़ता जा रहा है।

- **कार्बन डाइऑक्साइड (CO_2)**-'ग्लोबल वार्मिंग' के लिए मुख्य उत्तरदायी गैस CO_2 हैं। वायुमंडल में इस गैस का मुख्य स्रोत है-जीवाश्म ईंधन का जलना। इसके अलावा प्राणियों में श्वसन क्रिया, ज्वालामुखी उदगार वनस्पति के सड़ने-गलने से भी CO_2 वायुमंडल में पहुंचती है। एक अनुमान के अनुसार 1750-2000 की अवधि में वायुमंडल में CO_2 की सान्द्रता में 34% की वृद्धि हुई जो पिछले 4,20,000 वर्षों में सर्वाधिक है। पिछले 20 वर्षों की अवधि में लगभग 75 प्रतिशत CO_2 का उत्सर्जन जैविक ईंधन के जलाने से हुआ है। विभिन्न अध्ययनों के अनुसार पृथ्वी के तापमान में वृद्धि करने में CO_2 का योगदान लगभग 60% है।
- **क्लोरोफ्लोरोकार्बन (CFC)**-क्लोरो फ्लोरो कार्बन 20वीं शताब्दी की देन है। इसका निर्माण रासायनिक अभिक्रिया द्वारा होता है। ये पदार्थ वायुमंडल की ओजोन परत को नुकसान पहुंचाते हैं। सीएफसी का प्रयोग रेफ्रिजरेटरों, ऐरोसोल एयर कंडीशनरों, फोम-रेजीन बनाने, स्प्रे आदि में होता है। ग्लोबल वार्मिंग में इसका योगदान 24 प्रतिशत है। मॉन्ट्रियल प्रोटोकॉल के अनुसार विश्व के देशों ने CFC के हानिकारक प्रभावों से बचने के लिए इसके स्थान पर HCFC(हाइड्रो-क्लोरोफ्लोरोकार्बन) का प्रयोग करने का निर्णय लिया था। HCFC की सक्रियता अवधि (15 वर्ष) यद्यपि CFC से बहुत कम (60-130 वर्ष) हैं, किंतु दोनों की रेडियोएक्टिव शक्ति में कोई विशेष अंतर नहीं है।
- **मीथेन (CH_4)**- मीथेन गैस कार्बन व हाइड्रोजन के संयोग से बनती है। वायुमंडल में इसकी मात्रा .0002% है। मीथेन के मुख्य स्रोत धान की खेती, पशुपालन, प्राकृतिक दलदली भूमियां, कोयला खनन, जैविक पदार्थों का जलन आदि है। वायुमंडल में मीथेन गैस की सान्द्रता में 1750-2000 की अवधि में 150 प्रतिशत की वृद्धि हुई है। यह गैस अपनी विकिरणशीलता के कारण CO_2 से 20 गुना अधिक ग्रीन हाउस प्रभाव उत्पन्न करती है। ग्रीन हाउस प्रभाव उत्पन्न करने में मीथेन का योगदान 10% है। इस गैस का जीवनकाल 11 वर्ष माना जाता है। विभिन्न स्रोतों से प्रतिवर्ष लगभग 52.5 करोड़ टन मीथेन वायुमंडल में पहुंचती है।
- **नाइट्रस ऑक्साइड**- यह गैस मुख्यत: नाइट्रोजनयुक्त उर्वरकों के प्रयोग, जैविक पदार्थों तथा जीवाश्म ईंधन के जलाने से उत्पन्न होती है। 1750-2000 की अवधि में इस गैस सान्द्रता में 17 प्रतिशत की वृद्धि हुई है। वायुमंडल में इस गैस की मात्रा बहुत कम है, किंतु ग्रीन हाउस प्रभाव की दृष्टि से यह गैस CO_2 से 320 गुना अधिक खतरनाक है। ग्रीन हाउस प्रभाव उत्पन्न करने में इस गैस का योगदान 6% है तथा वायुमंडल में इसका जीवनकाल 150 वर्ष का माना जाता है।
- **हेलोन**- हेलोन ग्रीन हाउस प्रभाव में वृद्धि करने वाला एक रेडियोधर्मी तत्व है। हेलोन-1301 तथा हेलोन-1211 का उपयोग अग्निशमन उपकरणों एवं वायुयानों में किया जाता है। यह ओजोन परत को भी नुकसान पहुंचाता ह। 1990 में हेलोन-1301 एवं हेलोन-1211 की वायुमंडल में सान्द्रता क्रमश: 2 ppm तथा 1.7 ppm थी। इसका जीवनकाल क्रमश: 25 वर्ष एवं 110 वर्ष माना जाता है। हेलोन-1301 की रेडियोएक्टिवता CO_2 से 16000 गुना अधिक है।

ग्रीन हाउस गैसों के उत्सर्जन में विकसित देश अग्रणी हैं, जो कि विश्व का 2/3 भाग उत्सर्जित करते हैं। USA 25 से 30 प्रतिशत ग्रीन हाउस गैसों का उत्सर्जन करता है, जबकि रूस का योगदान 15% है। विकासशील देशों में चीन अग्रणी है जो लगभग 12% गैसों को उत्सर्जित करता है। भारत 3 प्रतिशत ग्रीन हाउस गैसों का उत्सर्जन करता है तथा 2020 तक इसके दोगुना हो जाने की संभावना है।

2. ओजोन परत में छिद्रीकरण- ओजोन परत के छिद्रीकरण से तात्पर्य वायुमंडल की ओजोन परत में ओजोन नामक विशिष्ट गैस की कमी हो जाने से है। ओजोन एक त्रि-परमाण्विक गैस है, जिसमें ऑक्सीजन के तीन परमाणु (O_3) होते हैं, ओजोन (O_3) वायुमंडल में धरातल से 20 से 35 किमी में ऊंचाई तक सर्वाधिक (0.02-0.3 ppm) पाई जाती है। इसी भाग को ओजोन परत कहा जाता है जो समताप मंडल का ही एक भाग माना जाता है। यह परत सूर्य से आने वाली हानिकारक पराबैंगनी किरणों (300 nm से कम तरंगदैर्घ्य वाली किरणें) को पृथ्वी के वायुमंडल में आने से रोककर सुरक्षा कवच की तरह कार्य करती हैं, किंतु विगत कुछ दशकों से मानवीय क्रियाकलापों द्वारा उत्सर्जित हानिकारक रसायनों यथा-क्लोरोफ्लोरोकार्बन, नाइट्रेट ऑक्साइडट, कार्बन टेट्रा क्लोराइड, क्लोरोफॉर्म और क्लोरीन इत्यादि के कारण ओजोन के विनाश से ओजोन परत पतली होती जा रही है। जिसे 'ओजोन छिद्रीकरण' (Ozone Depletion) कहते हैं, ओजोन छिद्रीकरण को ग्लोबल वार्मिंग

का एक प्रमुख कारण माना जाता है। ओजोन परत में क्षरण मुख्यत: अंटार्कटिका क्षेत्र पर सबसे ज्यादा माना जा रहा है। इसी कारण अंटार्कटिका महाद्वीप पर तापमान में वृद्धि के कारण बर्फ की चादर पिघलती जा रही है तथा आइसबर्ग टूटकर समुद्र में खिसक रहे हैं। इस प्रकार ओजोन परत के क्षरण से हानिकारक पराबैंगनी किरणें सीधे पृथ्वी के धरातल पर पहुंचेंगी, परिणामस्वरूप तापमान में वृद्धि होने के अलावा त्वचा कैंसर, मोतियाबिन्द आदि रोगों में वृद्धि होगी, मानव के प्रतिरक्षा तंत्र पर बुरा प्रभाव पड़ेगा, फसलोत्पादन एवं वनों का क्षेत्रफल घट जाएगा।

3. निर्वनीकरण (Deforestation)– उष्णकटिबंधीय क्षेत्रों में वनों की अंधाधुंध एवं अविवेकपूर्ण कटाई को भी 'ग्लोबल वार्मिंग' का कारण माना जाता है। जनसंख्या में तीव्र वृद्धि के साथ वनों की अंधाधुंध कटाई ने विकट पर्यावरणीय समस्याएं उत्पन्न कर दी हैं। आवास एवं कृषि योग्य भूमि में विस्तार के कारण 20वीं शताब्दी में उष्ण-कटिबंधीय वनों का तीव्र गति से ह्रास हुआ है। भारत में प्रतिवर्ष अनुमानत: 17 लाख हेक्टेयर वनों की कटाई हो रही है। सन् 1980-90 के मध्य एशिया में निर्वनीकरण की दर 1.2%, अमरीका में 0.8% तथा अफ्रीका में 0.7% थी। वन CO_2 का अवशोषण एवं मानव के लिए जीवनदायी O_2 गैस का उत्सर्जन करते हैं। निर्वनीकरण द्वारा वानस्पतिक आवरण में आ रही कमी के कारण वनस्पति द्वारा CO_2 का पर्याप्त अवशोषण नहीं हो पा रहा है। परिणामस्वरूप वायुमंडल में CO_2 की सान्द्रता बढ़ती जा रही है जिस कारण पृथ्वी के सतह का तापमान बढ़ता जा रहा है। वर्तमान में वनों के कटाव की दर 2.23 प्रतिशत प्रतिवर्ष है।

ग्लोबल वार्मिंग का प्रभाव

'ग्लोबल वार्मिंग' वर्तमान शताब्दी की सबसे विकट पर्यावरणीय समस्या है। अभी हाल ही में 3 फरवरी, 2007 में IPCC द्वारा जारी की गई विश्वसनीय रिपोर्ट में ग्लोबल वार्मिंग के कारण उत्पन्न भयानक परिणामों की ओर संकेत किया गया है। इसके कारण पृथ्वी के वातावरण पर निम्न प्रभाव पड़ सकते हैं–

1. **समुद्री जलस्तर में वृद्धि**–वैश्विक उष्णता के कारण ध्रुवीय क्षेत्रों तथा पर्वतीय हिमनदों के पिघलने से समुद्री जलस्तर के ऊपर उठने की आशंका है। IPCC की ताजा रिपोर्ट के अनुसार 21वीं सदी के अंत में समुद्री जलस्तर में 18 से 58 सेमी तक वृद्धि होने की आशंका है। परिणामस्वरूप तटीय क्षेत्रों का जलमग्न होना बड़ी संख्या में जनसंख्या का विस्थापन होगा। एक अनुमान के अनुसार 20वीं शताब्दी में समुद्री जलस्तर में अनुमानत: 0.1 से 0.2 मी. की वृद्धि हुई है।
2. समुद्री जलस्तर में वृद्धि के कारण विश्व के लगभग 27 देश एवं कई द्वीप प्रभावित होंगे। तटीय जलमग्नता से सर्वाधिक प्रभावित होने वाले देश बांग्लादेश, मिस्र, थाइलैंड, चीन और इंडोनेशिया हैं। भारत का तटीय क्षेत्र भी प्रभावित होगा, जो अत्यंत उपजाऊ एवं सघन जनसंख्या घनत्व वाला क्षेत्र है। समुद्री जलस्तर में वृद्धि के कारण मालदीव के 9 द्वीप तथा प्रशांत महासागर का किकीबाटी द्वीप डूब चुके हैं, जबकि कई द्वीप डूबने के कगार पर हैं।
3. तापमान वृद्धि का बुरा प्रभाव समुद्री जीवों पर भी पड़ेगा। उत्तरी एवं दक्षिणी ध्रुवों पर रहने वाले सील, पेंग्विन, ह्वेल आदि समुद्री जीवों के नष्ट हो जाने की आशंका है। इनके अलावा करोड़ों समुद्री जीवों एवं मछलियों का जीवन प्रभावित होगा।
4. ग्लोबल वार्मिंग के कारण कई प्राकृतिक आपदाओं का प्रकोप बढ़ेगा। तापमान में वृद्धि के कारण मौसम में लगातार अभूतपूर्व परिवर्तन हो रहे हैं। परिणामस्वरूप अनावृष्टि, अतिवृष्टि, अकाल, लू और गर्म हवाओं का प्रकोप बढ़ने की संभावना है।
5. वैश्विक उष्णता के कारण जमीन की उर्वरता घटने की आशंका है। परिणामस्वरूप फसलोत्पादन पर प्रतिकूल प्रभाव पड़ेगा। पृथ्वी के कई हिस्सों में एक ही मौसम दीर्घकाल तक बना रहेगा। सर्दी है तो सर्दी रहेगी, गर्मी है तो गर्मी रहेगी। लगातार गर्मी से फसलों को नमी नहीं मिलेगी तो सर्दी के कारण फसलों को गर्मी नहीं मिलेगी। वैश्विक उष्णता का प्रभाव गेहूँ, चावल के उत्पादन पर प्रतिकूल प्रभाव पड़ेगा, संक्षेप में धरती बंजर होती जाएगी।
6. पृथ्वी के बढ़ते तापमान के कारण जैव विविधता के नष्ट हो जाने की आशंका है। कई जीव जंतु और वनस्पतियां जलवायु में परिवर्तन के कारण विलुप्त हो जाएंगी। सूखा एवं आग लगने से वनों का अत्यधिक हानि होगी। कई जीव जंतु भी नष्ट होंगे।
7. तापमान में बढ़ोतरी और असामान्य परिवर्तन के कारण विश्व की प्रसिद्ध प्रवाल भित्तियाँ कुछ दशकों में नष्ट हो जाएगी। आस्ट्रेलिया के उत्तरी-पूर्वी भाग में समुद्र तट के समीप 345000 वर्ग किमी क्षेत्र में फैली प्रवाल भित्तियों के एक दिन पूर्णत: नष्ट होने की आशंका है, जो करोड़ों समुद्री जीवों को संरक्षण प्रदान करती हैं।
8. IPCC की 2007 की रिपोर्ट के अनुसार 2080 तक एक अरब 10 करोड़ लोगों को पीने के लिए पानी नसीब नहीं

होगा तथा 20 करोड़ से 60 करोड़ लोगों को अनाज उपलब्ध नहीं होगा, पेयजल और खाद्यान्न संकट पृथ्वी के बढ़ते तापमान का ही परिणाम होगा। यह मानवता के लिए भयानक मंजर का संकेत है।

9. तापमान में वृद्धि के कारण पर्वतीय हिमनद निरंतर पिघलते जा रहे हैं। जिन नदियों का उद्‌गम स्रोत पर्वतीय हिमनद है, उनमें भयंकर बाढ़ आने की आशंका है तथा उनके नष्ट हो जाने से नियतवाही नदियों के सूखने का अंदेशा है। हिमालय क्षेत्र में कई हिमनद सिकुड़ते जा रहे है। इसके अलावा मौसम में बदलाव के कारण पर्वतीय क्षेत्रों में कम बर्फबारी के कारण भी हिमक्षेत्र के संकुचित होने की आशंका है।
10. तापमान में वृद्धि से मानव स्वास्थ्य को भी गंभीर खतरा है, जलवायु में परिवर्तन के कारण मध्य एवं उच्च अक्षांशों में कई जलजनित और कीटाणु जनित रोगों के फैलने की आशंका है। त्वचा कैंसर एवं आंखों से संबंधित बीमारियां बढ़ेंगी।
11. तापमान में वृद्धि के कारण मध्य अक्षांशीय प्रदेशों में एयरकंडीशनर, पंखों, कूलर आदि के अधिक प्रयोग से विद्युत खपत बढ़ेगी, जिससे ऊर्जा संकट उत्पन्न हो जाएगा।

ग्लोबल वार्मिंग को नियंत्रित करने के उपाय

1. ग्लोबल वार्मिंग के लिए मुख्य उत्तरदायी गैस CO_2 की मात्रा में कमी लाने के लिए जीवाश्म ईंधन के दहन में कमी लानी होगी। इसके स्थान पर वैकल्पिक ऊर्जा स्रोतों का अधिकाधिक प्रयोग किया जाना चाहिए।
2. वनों के अंधाधुंध कटाई पर रोक तथा वृक्षारोपण द्वारा वन क्षेत्र में विस्तार करना।
3. जनसंख्या की तीव्र वृद्धि पर प्रभावी अंकुश लगाया जाना चाहिए क्योंकि IPCC की 2007 की रिपोर्ट में ग्लोबल वार्मिंग के लिए मानव के क्रियाकलापों को सबसे प्रमुख कारण माना है।
4. प्राकृतिक संसाधनों का विवेकपूर्ण उपयोग तथा वैकल्पिक स्रोत का विकास करना।
5. क्लोरोफ्लोरोकार्बन (CFC) जैसे मानव जनित घातक रसायनों के उत्पादन को सीमित करना तथा उनके नवीन एवं कम हानिकारक विकल्प ढूंढना।
6. कृषि उत्पादन में प्रयुक्त रासायनिक उर्वरकों एवं कीटनाशकों का सीमित उपयोग तथा जैविक खाद का अधिकाधिक प्रयोग को बढ़ावा देना।
7. उद्योगों एवं स्वचालित वाहनों में ऐसे परिष्कृत उपकरणों को लगाया जाय, जिससे प्रदूषित गैसों का उत्सर्जन कम-से-कम हो तथा वायुमंडल में छोड़ने से पूर्व उनका परिष्कार करना।
8. ग्रीन हाउस गैसों का सबसे अधिक उत्सर्जन करने वाले विकसित देशों को मानव जाति के हित में इन गैसों के उत्सर्जन में कटौती करनी चाहिए तथा पर्यावरण की सुरक्षा हेतु उचित उपाय करने चाहिए।
9. पर्यावरण प्रदूषण रोकने तथा ग्रीन हाउस गैसों के उत्पादन पर रोक लगाने वाले अंतर्राष्ट्रीय कानूनों एवं संधियों का कठोरतापूर्ण पालन तथा इनका उल्लघंन करने वाले देशों के विरूद्ध कड़े प्रतिबंध लगाने चाहिए।
10. पर्यावरण संरक्षण को बढ़ावा देने हेतु जन-सहभागिता कार्यक्रमों को संचालित करना।

संक्षेप

पृथ्वी का बढ़ता हुआ तापमान वर्तमान विश्व की सबसे बड़ी पर्यावरणीय समस्या है। यह समस्या मानवीय क्रियाकलापों की देन है। बेशक विकास की धारा को मोड़ा नहीं जा सकता है, किंतु इसे मानवीय हित में इतना नियंत्रित तो अवश्य ही किया जा सकता है। किंतु इसे मानवीय हित में इतना नियंत्रित तो अवश्य ही किया जा सकता है। जिससे पृथ्वी पर मंडरा रहे इस गंभीर संकट को दूर किया जा सके। ऐसे विकास का कोई औचित्य नहीं है, जिस कारण मानव का अस्तित्व खतरे में पड़ जाय। पृथ्वी मानव के अलावा असंख्य जीव-जंतुओं एवं वनस्पतियों का भी घर है। अतः मानव को अपनी करतूतों पर लगाम लगानी चाहिए तथा 'जीओ और जीने दो' के सिद्धांत का पालन करते हुए पर्यावरण सुरक्षा में जुट जाना चाहिए।

08 हाइड्रोजन : भविष्य की ऊर्जा

हाइड्रोजन–एक रंगहीन, गंधहीन गैस है, जो पर्यावरणीय प्रदूषण से मुक्त भविष्य की ऊर्जा के रूप में देखी जा रही है। वाहनों तथा बिजली उत्पादन क्षेत्र में इसके नये प्रयोग पाये गये हैं। हाइड्रोजन के साथ सबसे बड़ा लाभ यह है कि ज्ञात ईंधनों में प्रति इकाई द्रव्यमान ऊर्जा इस तत्व में सबसे ज्यादा है और यह जलने के बाद उप उत्पाद के रूप में जल का उत्सर्जन करता है। इसलिए यह न केवल ऊर्जा क्षमता से युक्त है बल्कि पर्यावरण के अनुकूल भी है। वास्तव में नवीन एवं नवीकरणीय ऊर्जा मंत्रालय गत दो दशकों से हाईड्रोजन ऊर्जा के विभिन्न पहलुओं से संबंधित वृहत् अनुसंधान, विकास एवं प्रदर्शन (आरडीएंडडी) कार्यक्रम में सहायता दे रहा है। फलस्वरूप वर्ष 2005 में एक राष्ट्रीय हाईड्रोजन नीति तैयार की गई, जिसका उद्देश्य हाईड्रोजन ऊर्जा के उपादन, भंडारण, परिवहन, सुरक्षा, वितरण एवं अनुप्रयोगों से संबंधित विकास के नये आयाम उपलब्ध कराना है। हालांकि, हाईड्रोजन के प्रयोग संबंधी मौजूदा प्रौद्योगिकियों के अधिकतम उपयोग और उनका व्यावसायिकरण किया जाना बाकी है, परन्तु इस संबंध में प्रयास शुरू कर दिये गये हैं।

हाईड्रोजन उत्पादन

हाईड्रोजन पृथ्वी पर केवल मिश्रित अवस्था में पाया जाता है और इसलिए इसका उत्पादन इसके यौगिकों के अपघटन प्रक्रिया से होता है। यह एक ऐसी विधि है जिसमें ऊर्जा की आवश्यकता होती है। विश्व में 96 प्रतिशत हाईड्रोजन का उत्पादन हाईड्रोकार्बन के प्रयोग से किया जा रहा है। लगभग चार प्रतिशत हाईड्रोजन का उत्पादन जल के विद्युत अपघटन के जरिये होता है। तेल शोधक संयंत्र एवं उर्वरक संयंत्र दो बड़े क्षेत्र है जो भारत में हाईड्रोजन के उत्पादक तथा उपभोक्ता हैं। इसका उत्पादन क्लोरो अल्कली उद्योग में उप उत्पाद के रूप में होता है।

हाईड्रोजन का उत्पादन तीन वर्गों से संबंधित है, जिसमें पहला तापीय विधि, दूसरा विद्युत अपघटन विधि और प्रकाश अपघटन विधि है। कुछ तापीय विधियों में ऊर्जा संसाधनों की जरूरत होती है, जबकि अन्य में जल जैसे अभिकारकों से हाईड्रोजन के उत्पादन के लिए बंद रासायनिक अभिक्रियाओं के साथ मिश्रित रूप में उष्मा का प्रयोग किया जाता है। इस विधि को तापीय रासायनिक विधि कहा जाता है। परन्तु यह तकनीक विकास के प्रारंभिक अवस्था में अपनाई जाती है। उष्मा मिथेन पुनचक्रण, कोयला गैसीकरण और जैव मास गैसीकरण भी हाईड्रोजन उत्पादन की अन्य विधियां हैं। कोयला और जैव ईंधन का लाभ यह है कि दोनों स्थानीय संसाधन के रूप में उपलब्ध रहते हैं तथा जैव ईंधन नवीकरणीय संसाधन भी है। विद्युत अपघटन विधि में विद्युत के प्रयोग से जल का विघटन हाईड्रोजन और आक्सीजन में होता है तथा यदि विद्युत संसाधन शुद्ध हों तो ग्रीन हाऊस गैसों के उत्सर्जन में भी कमी आती है।

हाईड्रोजन भंडारण

इससे संबंधित तकनीकी के वृहत् व्यावसायीकरण की दृष्टि से परिवहन के लिए हाईड्रोजन का भंडारण सभी तकनीकियों में से चुनौतीपूर्ण तकनीक है। गैसीय अवस्था में भंडारण करने का सबसे आम तरीका सिलेंडर में उच्च दबाव पर रखना है। हालांकि यह सबसे हल्का तत्व है जिसे उच्च दाब की आवश्यकता होती है। इसे द्रव अवस्था में क्रायोजिनिक प्रणाली में रखा जाता है, लेकिन इसमें अधिक ऊर्जा की आवश्यकता होती है। इसे धात्विक हाईड्राइड, द्रव कार्बनिक हाईड्राइड, कार्बन सूक्ष्म संरचना तथा रासायनिक रूप में इसे ठोस अवस्था में भी रखा जा सकता है। इस क्षेत्र में नवीन एवं नवीकरणीय ऊर्जा मंत्रालय अनुसंधान एवं विकास संबंधी परियोजनाओं में मदद कर रही है।

प्रयोग

उद्योगों में रासायनिक पदार्थ के रूप में इस्तेमाल के अलावा इसे वाहनों में ईंधन के तौर पर भी प्रयोग किया जा सकता है। आंतरिक ज्वलन इंजनों (Internal combustion engines) और ईंधन सैलों के जरिए बिजली उत्पादन के लिए भी इसका इस्तेमाल किया जा सकता है। हाईड्रोजन के क्षेत्र में देश में आंतरिक ज्वलन इंजनों, हाईड्रोजन युक्त सीएनजी और डीजल के प्रयोग के लिए अनुसंधान और विकास परियोजनाओं तथा हाईड्रोजन ईंधन से चलने वाले वाहनों का विकास किया जा रहा है। हाइड्रोजन ईंधन वाली मोटरसाइकिलों और तिपहिया स्कूटरों का निर्माण और प्रदर्शन किया गया है। हाईड्रोजन ईंधन के प्रयोग वाले उत्प्रेरक ज्वलन कुकर (Catalytic combustion cooker) का भी विकास किया गया है। बनारस हिंदू विश्वविद्यालय ने वाणिज्यिक लाभ वाली मोटरसाइकिलों और तिपहिया वाहनों में सुधार किया है, ताकि वे हाईड्रोजन ईंधन से चलाए जा सकें। वाहनों के लिए हाईड्रोजन युक्त सीएनजी

उपलब्ध कराने के लिए नई दिल्ली में द्वारका में एचसीएनजी स्टेशन खोला गया है, जिसके लिए मंत्रालय ने आंशिक आर्थिक सहायता भी दी है। प्रदर्शन और परीक्षण वाहनों के लिए इस स्टेशन से बीस प्रतिशत तक हाईड्रोजन युक्त सीएनजी गैस दी जाती है। हाईड्रोजन युक्त सीएनजी (एच सीएनजी) को कुछ किस्म के वाहनों-बसों, कारों और तिपहिया वाहनों में ईंधन के तौर पर इस्तेमाल करने के लिए विकास-सह-प्रदर्शन परियोजना को भी लागू किया जा रहा है। बनारस हिंदू विश्वविद्यालय और भारतीय प्रौद्योगिकी संस्थान-आईआईटी, दिल्ली, हाईड्रोजन ईंधन से चलने वाला जनरेटर सेट भी विकसित कर रहे हैं।

हाइड्रोजन ऊर्जा का एक और उपयोग ईंधन सैल के रूप में है, जो एक इलेक्ट्रोकैमिकल उपकरण है, जिससे हाईड्रोजन की रासायनिक ऊर्जा को बिना ज्वलन के सीधे बिजली में बदला जा सकता है। बिजली उत्पादन की यह एक स्वच्छ और कुशल प्रणाली है। इसका इस्तेमाल यूपीएस प्रणालियों यानी बेरोक-टोक बिजली आपूर्ति वाली प्रणालियों में बैटरियों और डीजल जनरेटरों के स्थान पर किया जा सकता है। वाहनों और बिजली उत्पादन में ईंधन सैलों की उपयुक्तता को देखते हुए दुनियाभर में कई संगठन इस क्षेत्र में अनुसंधान और विकास कार्य कर रहे हैं। इन ईंधन सैलों को एक स्थान से दूसरे स्थान तक ले जाकर इस्तेमाल करने के बारे में भी प्रयोग हो रहे हैं। इस समय ईंधन सैल की लागत कम करने और इसके इस्तेमाल की अवधि को बढ़ाने पर ध्यान दिया जा रहा है। नवीन और नवीकरणीय ऊर्जा मंत्रालय के ईंधन सैल कार्यक्रम का उद्देश्य विभिन्न प्रकार के ईंधन सैलों के लिए अनुसंधान और विकास गतिविधियों को सहायता देना है।

09 जैव विविधता का महत्व एवं संरक्षण

जीवन की विविधता (जैव विविधता) धरती पर मानव के अस्तित्व और स्थायित्व को मजबूती प्रदान करती है। संयुक्त राष्ट्र द्वारा 22 मई को अंतर्राष्ट्रीय जैव विविधता दिवस (आईडीबी) घोषित किए जाने के बावजूद, यह जरूरी है कि प्रतिदिन जैव विविधता से सम्बद्ध मामलों की समझ और उनके लिए जागरूकता बढ़ाई जाए। समृद्ध जैव विविधता अच्छी सेहत, खाद्य सुरक्षा, आर्थिक विकास, आजीविका सुरक्षा और जलवायु की परिस्थितियों को सामान्य बनाए रखने का आधार है। विश्व में जैव विविधता का सालाना योगदान लगभग 330 खरब डालर है। हालांकि इस बहुमूल्य प्राकृतिक सम्पदा का तेजी से ह्रास होता जा रहा है।

वर्ष 2012 के अंतर्राष्ट्रीय जैव विविधता दिवस का मूल विषय समुद्रीय जैव विविधता है। तटीय और समुद्रीय जैव विविधता आज दुनिया भर के लाखों लोगों के अस्तित्व बचाए रखने आधार बनाती है। पृथ्वी की सतह के 71 प्रतिशत हिस्से पर महासागर है और 90 प्रतिशत से ज्यादा रहने योग्य जगह बनाता है। तटीय रेखाएं नाजुक पारिस्थितिक तंत्र प्रणालियों-मैनग्रोव्स, प्रवाल-भित्तियों, समुद्री पादप और समुद्री शैवालों के लिए सहायक हैं। लेकिन इन क्षेत्रों में जीवन की विविधता को कम समझा गया है और उनकी अहमियत कम करके आंकी गई है जिसके परिणामस्वरूप उनका जरूरत से ज्यादा दोहन हुआ है। कुछ समुद्रीय प्रजातियां गायब हो रही हैं और कुछ का अस्तित्व संकट में है। समुद्रीय जैव विविधता की आर्थिक एवं बाजार सम्बंधी सम्भावनाओं को अभी तक भली-भांति समझा नहीं ज़ा सका है, जबकि समुद्रीय विविधता की सम्भावनाएं कई गुणा बढ़ गई हैं। समुद्रीय जीवन से सम्बद्ध उत्पादों और प्रक्रियाओं पर लिए जाने वाले पेटेंट्स की संख्या हर साल तेजी से बढ़ती जा रही है।

भारत में करीब 7,500 किलोमीटर तटीय क्षेत्र है, जिसमें से करीब 5,400 किलोमीटर प्रायद्वीपीय भारत से सम्बद्ध है और बाकि हिस्से में अंडमान, निकोबार और लक्षद्वीप द्वीप समूह हैं। कम ऊंचाई वाले तटीय क्षेत्रों में रहने वाली कुल वैश्विक आबादी का करीब 11 प्रतिशत हिस्सा, दुनिया की 0.25 प्रतिशत से भी कम तटीय रेखा वाले भारत में बसता है। तटीय क्षेत्रों में रहने वाले लाखों समुदायों की आजीविका का प्रमुख साधन मछली पकड़ना है। भारत का तटीय क्षेत्र प्रवाल भित्तियों, मैनग्रोव्स, समुद्रीय पादप/समुद्री शैवालों, खारे पानी वाले निचले दलदली इलाकों, रेत के टीलों, नदियों के मुहानों और लगून्स से भरपूर है।

भारत में तीनों प्रमुख रीफ्स या समुद्री चट्टाने (एटाल, फ्रिंजिंग और बेरियर) बेहद वैविधयपूर्ण, विशाल और बहुत कम हलचल वाले समुद्री चट्टानों वाले इलाकों में मिलती हैं। भारत की तटीयरेखा के चारों तरफ चार प्रमुख समुद्री चट्टानों वाले या रीफ क्षेत्र हैं। पश्चिमोत्तर में कच्छ की खाड़ी है, दक्षिण पूर्व में पाल्क और मन्नार की खाड़ी है, पूर्व में अंडमान एवं निकोबार द्वीपसमूह हैं तथा पश्चिम में लक्षद्वीप द्वीपसमूह है। मैनग्रोव्स 4827 वर्ग किलोमीटर के दायरे में फैले हैं इनमें से पूर्वी तट के साथ 57 प्रतिशत, पश्चिमी तट के साथ 23 प्रतिशत और बाकी के 20 प्रतिशत अंडमान एवं निकोबार द्वीप समूह के साथ हैं। भारतीय समुद्रों में छह श्रेणियों के साथ समुद्री पादपों की 14 प्रजातियां होने की जानकारी है। उपरोक्त वर्णित सभी पारिस्थितिक तंत्र अनूठे समुद्रीय और जमीन पर रहने वाले वन्यजीवन को आश्रय देती हैं।

प्रवाल भित्तियों की आर्थिक सामर्थ्य करीब 125 करोड़ डालर/हैक्टेयर/वर्ष है। ये आंकड़े अर्थशास्त्रियों शोध के हैं। सोचिए हमें स्थानीय लोगों के लिए इस सामर्थ्य के महज 10 प्रतिशत हिस्से के बारे में ही मालूम है।

मानव के बार-बार समुद्रीय और तटीय पारिस्थितिक तंत्र से लाभान्वित होते रहने के बावजूद, हमारी भूमि और महासागर पर आधारित गतिविधियों ने समुद्रीय पारिस्थितिक तंत्र पर महत्वपूर्ण प्रभाव छोड़ा है। तटवर्ती शहरों और उद्योगों द्वारा अंधाधुंधा कचरा बहाने और मछली तथा अन्य समुद्रीय उत्पादों का सीमा से अधिक दोहन प्रमुख चुनौतियां हैं।

लिहाजा तटीय और समुद्रीय पारिस्थितिक तंत्रों पर विपरीत असर डालने वाली जमीनी गतिविधियों को नियंत्रित किए जाने की जरूरत है। इतना ही नहीं, समुद्रीय संसाधन आमतौर पर स्वभाविक रूप से पुनः उत्पन्न हो जाने की क्षमता रखते हैं, इसके बावजूद, उनका दोहन उनकी दोबारा उत्पत्ति की क्षमता के लिहाज से सीमित होना चाहिए। तटीय और समुद्रीय जैव विविधता के संरक्षण और प्रबंधन के लिए समुद्रीय संरक्षित क्षेत्रों/रिजर्व या आरक्षित क्षेत्रों को प्रोत्साहित किए जाने की जरूरत है। भारत में बहुत से समुद्रीय संरक्षण क्षेत्र/रिजर्व या आरक्षित क्षेत्र हैं और इनका विस्तार किए जाने की जरूरत है।

दुनिया भर के पर्यावरण मंत्रियों द्वारा आगामी 'कांफ्रेंस आफ पार्टीज टू द कंवेशन आन बायोलाजिकल डाइवर्सिटी' (सीबीडी सीओपी 11) की 11वीं बैठक में समुद्रीय और तटीय जैव विविधता पर विशेष और प्रमुख ध्यान दिए जाने की सम्भावना है। इस दौरान सिर्फ समुद्रीय जीवन और तटीय जैव विविधता के संरक्षण के सम्मिलित प्रयासों की पहचान किए जाने की ही सम्भावना नहीं हैं बल्कि इस प्राकृतिक खजाने की आर्थिक सामर्थ्य पर भी गौर किया जाएगा, जो आजीविका मुहैया कराती है, हमें जलवायु परिवर्तन से बचाती है और यह सुनिश्चित करती हैं कि हमारे भोजन एवं पोषण की सुरक्षा यथावत रहे साथ ही साथ उचित अंतरालों के साथ बढ़ती रहे।

जैवविविधता का संरक्षण और उसका निरंतर उपयोग करना भारत के लोकाचार का एक अंतरंग हिस्सा है। अभूतपूर्व भौगोलिक और सांस्कृतिक विशेषताओं ने मिलकर जीव जंतुओं की इस अद्भुत विविधता में योगदान दिया है जिससे हर स्तर पर अपार जैविक विविधता देखने को मिलती है। भारत में दुनिया का केवल 2.4 प्रतिशत भू-भाग है जिसके 7 से 8 प्रतिशत भू-भाग पर विश्व की विभिन्न प्रजातियां पाई जाती हैं। प्रजातियों की संवृधि के मामले में भारत स्तनधारियों में 7वें, पक्षियों में 9वें और सरीसृप में 5वें स्थान पर है। विश्व के 11 प्रतिशत के मुकाबले भारत में 44 प्रतिशत भू-भाग पर फसलें बोई जाती हैं। भारत के 23.39 प्रतिशत भू-भाग पर पेड़ और जंगल फैले हुए हैं। दुनियाभर की 34 चिह्नित जगहों में से भारत में जैवविविधता के तीन हॉटस्पॉट हैं- जैसे हिमालय, भारत बर्मा, श्रीलंका और पश्चिमी घाट। यह वनस्पति और जीव जंतुओं के मामले में बहुत समृद्ध है और जैव विविधता को पालने का कार्य करता है। पर्यावरण के अहम मुद्दों में से आज जैवविविधता का संरक्षण एक अहम मुद्दा है विश्व की जैवविविधता को कई कारणों से चुनौती मिलती है। राष्ट्रों, सरकारी एजेंसियों और संगठनों तथा व्यक्तिगत स्तर पर जैविक विविधता के संवंर्धन और उसके संरक्षण की बड़ी चुनौती है साथ-साथ हमें प्राकृतिक संसाधनों से लोगों की जरूरतों को भी पूरा करना होता है। चहूं ओर से जैव विविधता को बचाने का अभियान चलाया गया है। 22 मई दुनियाभर में अंतर्राष्ट्रीय जैव विविधता दिवस के रूप में मनाया जाता है।

जैव विविधता अधिनियम, 2002

जैवविविधता अधिनियम, 2002 भारत में जैवविविधता के संरक्षण के लिए संसद द्वारा पारित एक संघीय कानून है। जो परंपरागत जैविक संसाधनों और ज्ञान के उपयोग से होने वाले लाभों के समान वितरण के लिए एक तंत्र प्रदान करता है। राष्ट्रीय जैव विविधता प्राधिकरण (एनबीए) की स्थापना 2003 में जैव विविधता अधिनियम, 2002 को लागू करने के लिए की गई थी। एनबीए एक सांविधिक, स्वायत संस्था है। यह संस्था जैविक संसाधनों के साथ-साथ उनके सतत उपयोग से होने वाले लाभ की निष्पक्षता और समान बंटवारे जैसे मुद्दों पर भारत सरकार के लिए सलाहकार और विनियामक की भूमिका निभाती है।

जैव विविधता के स्तर

समुद्री जैव विविधता समुद्र और महासागरों में पलने वाले जीवन को दर्शाता है। समुद्री पर्यावरण में 33 वर्णित जंतु संघों में से 32 जंतु संघ पाये जाते हैं। इसलिए इसका स्तर बहुत ऊँचा है। वन जैव विविधता में वन क्षेत्रों में पाये जाने वाले सभी जीव जंतु हैं जो कि पर्यावरण में पारस्थितिक भूमिका निभाते हैं। अनुवांशिक विविधता में एक प्रजाति की अनुवांशिक बनावट और उसकी विशेषताएं शामिल होती हैं। प्रजाति विविधता विभिन्न प्रजातियों की प्रभावी संख्या है जो उनके डाटा बेस में परिलक्षित होती है प्रजाति विविधता में दो तत्व होते हैं एक प्रजाति समृद्धि और दुसरी प्रजातियों की इवननैस। पारिस्थितिक तंत्र विविधता रहने वाले स्थानों के कई अलग-अलग प्रकारों के बारे में इंगित करती हैं जबकि कृषि जैव विविधता में मिट्टी, जीव, मातम, कीट, परभक्षी और देशी पौधों तथा पशुओं के सभी प्रकार और कृषि से संबंधित सभी प्रासांगिक जीवन के रूप शामिल हैं।

बायोस्फीयर और जैव विविधता भंडार

भारत सरकार ने देश भर में 18 बायोस्फीयर भंडार स्थापित किये हैं जो जीव जंतुओं के प्राकृतिक भू-भाग की रक्षा करते हैं और अकसर आर्थिक उपयोगों के लिए स्थापित कर जोनों के साथ एक या ज्यादा राष्ट्रीय उद्यान और अभ्यारण्य को संरक्षित रखने का काम करते हैं।

हॉटस्पॉट (आकर्षण के केन्द्र)

एक जैव विविधता वाला हॉटस्पॉट ऐसा जैविक भौगोलिक क्षेत्र है जिसे मनुष्यों से खतरा रहता है। विश्व भर में ऐसे 25 आकर्षण के केन्द्र हैं इन केन्द्रों में विश्व के 60 प्रतिशत पौधों, पक्षियों, स्तनपाई प्राणियों, सरीसृपों और उभयचर प्रजातियों का संरक्षण किया जाता है। प्रत्येक आकर्षण का केन्द्र आज खतरे के दौर से गुजर रहा है। और अपने 70 प्रतिशत मूल प्राकृतिक वनस्पति को खो चुका है।

जैवविविधता के संरक्षण के लिए संयुक्त राष्ट्र संघ के प्रयास

वन्य जीव जन्तु और फ्लोरा की विलुप्त प्राय प्रजातियों के अंतर्राष्ट्रीय व्यापार सम्मेलन-सीआईटीईएस पर 3 मार्च, 1973 को वाशिंगटन डीसी में हस्ताक्षर किये गये थे। वर्ष 2000 के अगस्त में इस सम्मेलन के 152 देश सदस्य थे। सीआईटीईएस का उद्देश्य वन्य जीव के अंतर्राष्ट्रीय व्यापार पर प्रतिबंध लगाना है। विश्व संरक्षण संघ-आईयूसीएन विश्व स्तर पर देशों, सरकारी एजेंसियों और विभिन्न प्रकार की गैर सरकारी संस्थाओं को एक मंच पर लाने की कोशिश करता है। खाद्य और कृषि के लिए पादत आनुवांशिक संसाधन पर अंतर्राष्ट्रीय खाद्य संधि पर नवम्बर, 2001 में रोम में हस्ताक्षर किये गये थे। जिसे कृषि के लिए सभी संयंत्र आनुवांशिक संसाधनों के संरक्षण और स्थाई उपयोग के लिए एक कानूनी रूप से बाध्यकारी रूप रेखा बनाने के लिए अपनाया गया था। जैविक विविधता पर संयुक्त राष्ट्र सम्मेलन (सीबीडी) 1992 एक बहुपक्षीय संधि है। इस संधि के तीन मुख्य लक्ष्य हैं- जैसे जैविक विविधता का संरक्षण उनके घटकों का निरंतर प्रयोग और उनसे होने वाले लाभ के निष्पक्ष और समान वितरण शामिल हैं।

मरुभूमि राष्ट्रीय उद्यान

भारत में जैव विविधता के संरक्षण और विकास के लिए एक अनूठा जीवमंडल रक्षित स्थान है। यह पश्चिम भारत के राजस्थान राज्य में जैसलमेर के शहर में स्थित है। यह 3162 वर्ग किमी का क्षेत्र में फैला हुआ सबसे बड़े राष्ट्रीय पार्कों में से एक है। मरुभूमि राष्ट्रीय उद्यान थार रेगिस्तान के पारिस्थितिकी तंत्र का एक उत्कृष्ट उदाहरण है। उद्यान का 20 प्रतिशत भाग रेत के टीलों से सजा हुआ है ।

जैव विविधता के संरक्षण में वन्यजीव गलियारों की भूमिका

एक निवास स्थान के गलियारे, वन्यजीव गलियारे या ग्रीन कॉरिडोर, जैसे सड़क, विकास के रूप में मानव गतिविधियों द्वारा अलग वन्यजीव आबादी को जोड़ने के निवास स्थान का एक क्षेत्र है। यह आबादी के बीच व्यक्तियों को के आदान प्रदान करने की अनुमति देता है जिससे प्रजनन और कम आनुवंशिक विविधता के नकारात्मक प्रभावों को रोकने में मदद मिल सकती है जो कि कि अक्सर पृथक आबादी के भीतर होते हैं।

जैव विविधता का झील संग्रह

झीलें, जटिल पारिस्थितिकी प्रणाली और विस्तृत श्रृंखला में शामिल एक अंतर्देशीय, तटीय और समुद्री निवास हैं। इनमें बाढ़ के मैदान, दलदल, दलदल, मछली तालाबों, ज्वार की दलदल प्राकृतिक और मानव निर्मित झीलें शामिल हैं। 1971 में रामसर, ईरान में झीलों पर हुए सम्मेलन में एक अंतरराष्ट्रीय संधि हस्ताक्षर किए गये जो झीलों और अपने संसाधनों से झीलों के संरक्षण और सही उपयोग के लिए राष्ट्रीय कार्य और अंतरराष्ट्रीय सहयोग के लिए रूपरेखा प्रदान करती है।

जैव विविधता के फायदे

जैव विविधता फसलों से भोजन, पशुओं, वानिकी और मछली प्रदान करता है। जैव विविधता उन्नत किस्में प्रजनन के लिए एक स्रोत सामग्री के रूप में और नए जैव निम्नीकरण कीटनाशकों के एक स्रोत के रूप में, नई फसलों के एक स्रोत के रूप में आधुनिक कृषि के लिए उपयोग में आती है। जैव विविधता चिकित्सीय गुणों के साथ पदार्थों की एक समृद्ध स्रोत है। कई महत्वपूर्ण औषधि संयंत्र आधारित पदार्थों के रूप में में उत्पन्न होते हैं जिनकी उपयोगिता मानव स्वास्थ्य के लिए अमूल्य है। ये संयंत्र आधारित पदार्थ के रूप में जैसे- लकड़ी, तेल, स्नेहक, खाद्य जायके, औद्योगिक एंजाइमों, सौंदर्य प्रसाधन, इत्र, सुगंध, रंग, कागज, मोम, रबर, रबड़-क्षीर, रेजिन, जहर और काग जैसे औद्योगिक उत्पादों को सभी विभिन्न प्रजातियों के पौधो से प्राप्त किया जा सकता है। जैव विविधता ऐसे कई पार्कों और जंगलों के रूप में कई क्षेत्रों के लिए किफायती धन का एक स्रोत है जहां जंगली प्रकृति और जानवर वहां के सौंदर्य और खुशी का स्रोत रहे हैं जो कई पर्यटकों को आकर्षित करता है। घर से बाहर विशेष रूप से पर्यावरण पर्यटन, एक बढती हुयी मनोरंजक गतिविधि है। जैव विविधता के पास महान सौंदर्यात्मक मूल्य है। सौंदर्य पुरस्कार के फलस्वरुप जिसमें पारिस्थितिकी पर्यटन, पक्षी दर्शन, वन्य जीवन, पालतू रखने, बागवानी, आदि शामिल हैं। जैव विविधता पारिस्थितिकी प्रणालियों के साथ व्यक्तिगत प्रजातियों से वस्तुओं और सेवाओं के रखरखाव और टिकाऊ उपयोग के लिए भी आवश्यक है। इन सेवाओं में वातावरण की गैसीय संरचना के रखरखाव, जंगलों और समुद्री प्रणाली द्वारा जलवायु नियंत्रण, प्राकृतिक कीट नियंत्रण, कीड़े और पक्षियों द्वारा पौधों के परागण, मिट्टी के गठन और संरक्षण आदि शामिल हैं।

10 रक्षा क्षेत्र में भारत की उपलब्धियाँ

निकट अतीत में जिसमें पिछला वर्ष भी शामिल है, रक्षा अनुसंधान एवं विकास संगठन (डीआरडीओ) ने कई महत्वपूर्ण उपलब्धियां अर्जित की हैं। कई महत्वपूर्ण प्रणालियों को सैन्य सेवाओं ने अपनाया/स्वीकार किया। पिछले एक दशक के दौरान डीआरडीओ (अपनाया/स्वीकृत किया/आर्डर दिया) ने प्रौद्योगिकियों के आधार पर जिन प्रणालियों को विकसित किया, उनका मूल्य 1,10,000 करोड़ रूपये से अधिक है।

3500 किलोमीटर तक मार करने वाली बैलस्टिक मिसाइल अग्नि की उपयोगकर्ता की भागीदारी के साथ सफलतापूर्वक शुरूआत की गयी। सेना में पहले ही शामिल विभिन्न मिसाइलों की प्रशिक्षण उड़ानें चलाई गयीं। इनमें अग्नि-1, अग्नि-2 और धनुष की नौसेना पोतों से दो-दो तथा पृथ्वी-2 (पी-2) के पांच उड़ान परीक्ष किए गए। उपयोगकर्ता ने 25000 करोड़ रूपये से अधिक की कीमत वाली जमीन से आकाश में मार करने वाली आकाश मिसाइल का आर्डर दिया है। इनमें भारतीय वायुसेना की आठ स्क्वॉड्रन और थल सेना की दो रेजीमेंट शामिल हैं। दो हजार किलोमीटर की मारक क्षमता वाले **एंडो-एटमॉस्फेरिक इंटरसेप्टर** की सफल परीक्षण उड़ान की गयी। प्रत्येक उड़ान में लक्ष्य को भेदने और उसे छिन्न-भिन्न करने में कामयाबी मिली। वाहन आधारित तीसरी पीढ़ी की एंटी-टैंक मिसाइल **नाग** की क्षमताओं का भरपूर प्रदर्शन किया गया। विश्व में अपनी तरह की अकेली सुपरसोनिक क्रूज मिसाइल ब्रह्मोस के उन्नत संस्करण का विकास और उसकी परीक्षण उड़ान की गयी। इस तरह ब्रह्मोस ब्लॉक-2 की लक्ष्य को पहचानने और उसे नष्ट करने की क्षमता का कामयाब परीक्षण किया गया। इसी तरह ब्रह्मोस ब्लॉक-3 का भी परीक्षण हुआ। यह मिसाइल बहुत ऊंचाई पर उड़ान भरकर कई तरह से कलाबाजियां खाता हुआ लक्ष्य भेदने की क्षमता रखता है।

उन्नत मिसाइल प्रणाली का विकास एक सतत प्रयास है और इसके लिए ज्यादा से ज्यादा उन्नत प्रौद्योगिकियों की आवश्यकता है। आरएलजी आधारित इनर्शियल नेवीगेशन सिस्टम का विकास और परीक्षण किया गया। उच्च श्रेणी के अभियानों के लिए एक्टिव रडार सीकर का विकास किया गया। एक फाइबर ऑप्टिक्स जाइरो का कामयाब विकास व परीक्षण किया गया।

वैमानिकी के क्षेत्र में हलका लड़ाकू विमान (एलसीए) तेजस का परीक्षण किया गया जिसमें हथियारों, बम गिराने, टैंकों पर तेजी से धावा बोलने और रात में उड़ान भरने के परीक्षण किए गए। इसके बाद 10 जनवरी, 2011 को उसे इनिशियल ऑप्रेशन क्लीयरेंस दे दिया गया। तेजस मार्क 01 ने 969 से भी अधिक घंटों के अंतर्गत 1640 से अधिक की उड़ानें भरीं। एलसीए नेवी का पहला प्रारूप का परीक्षण किया गया और उसे नौसेना में शामिल किया गया। युद्ध के बदलते परिदृश्य के मद्देनजर चालक रहित विमान (यूएवी) के विकास पर प्रमुख प्रयास किया जा रहा है। इस संदर्भ में रूस्तम-1 की सफल परीक्षण उड़ान की गयी। यह एक यूएवी है जो अधिकतम 8,000 मीटर की ऊंचाई पर लगातार 14 घंटों तक उड़ान भरने में सक्षम है। इसके बारे में इसके परिचालन, उड़ान और अन्य प्रौद्योगिकियों को जांचा गया। डीआरडीओ द्वारा विकसित एक अन्य यूएवी निशांत भी सेना में शामिल होने के लिए तैयार है। निगरानी गतिविधियों के लिए एयरोस्टेट आधारित मध्यम आकार का प्लेटफॉर्म विकसित किया गया। चालक सहित व चालक रहित विमान संरचनाओं की उड़ान संबंधी निगरानी के लिए एक अभिनव तरीका विकसित किया गया। निशांत यूएवी पर इस योजना का उड़ान परीक्षण किया गया। इसके साथ ही डीआरडीओ ने 3000 ग्राम के माइक्रो एरियल व्हेकिल (एमएवी) की 100 से अधिक उड़ानों को डिजाइन और विकसित किया। एक हजार पाउंड वजन वाले बमों के लिए एक लेजर सीकर किट-'सुदर्शन' का विकास किया गया और फौज द्वारा सीकर किटों की काफी मांग की गयी है। कृत्रिम उड़ान परिस्थितियों के लिए कावेरी टर्बाइन इंजन वाला 'ऑफिशियल ऑल्टीट्यूड टेस्टिंग' (ओएटी) के निर्माण के साथ ही लड़ाकू विमान के इंजन के घरेलू विकास जैसा महती कार्य पूरा हो गया। इसके बाद फ्लाइंग टेस्ट बेड (एफटीबी) पर कावेरी इंजन का सफल परीक्षण किया गया। जिससे हमारी प्रौद्योगिकीय क्षमता और सामर्थ्य का प्रमाण मिलता है। ऐसा पहली बार हुआ कि एक एफटीबी बोर्ड पर भारत में ही लड़ाकू विमान के लिए विकसित गैस टर्बाइन इंजन का परीक्षण किया गया। डीआरडीओ ने परीक्षण और विभिन्न उप प्रणालियों व प्रणालियों के प्रमाणीकरण के लिए विशेषज्ञता विकसित की है। इस तरह, एलसीए का इनिशियल ऑप्रेशनल

क्लीयरेंस और एडवांस्ड लाइट हेलीकॉप्टर एमके-3 इस क्षेत्र की प्रमुख गतिविधियां हैं।

उन्नत एक्टिव-कम-पैस्सिव एकीकृत सोनार प्रणाली हुमसा एनजी को डिजाइन व विकसित किया गया और भारतीय नौसेना के विभिन्न पोतों पर लगाया गया। नौवहन में सक्षम ऑटोनॉमस अंडरवॉटर व्हेकिल (एयूवी) का समुद्र में प्रदर्शन किया गया। पनडुब्बियों के लिए कार्बन डाईऑक्साइड कर्टेलमेन्ट सिस्टम डिजाइन और विकसित किया गया। इस प्रणाली को उपयोगकर्ता ने स्वीकार किया है। मलबे के नीचे दबे पीड़ितों का पता लगाने के लिए डिजाइन और विकसित किया हुआ संजीवनी एमके-2 यंत्र राष्ट्रीय आपदा प्रबंधन प्राधिकरण (एनडीएमए), केरल सरकार, अग्नि शमन सेवाओं को दिए गए।

बड़ी रॉकेट मोटरों के पूर्ण क्षमता प्रकमण के लिए एक उन्नत सुविधा तैयार की गयी है। इस सुविधा को अधिकृत कर दिया गया है और विभिन्न मोटरों की ढलाई शुरू हो गयी है। उत्पादक एजेंसियों को सफल प्रौद्योगिकी स्थानांतरण के जरिए पिनाका- मल्टी बैरल रॉकेट लॉन्चर सिस्टम का विकास कर लिया गया है। सेना ने 1300 करोड़ रूपये की लागत से दो पिनाका रेजीमेंटों का गठन किया है। आशा है कि दो अन्य रेजीमेंन्टों के लिए सेना उपरोक्त प्रणाली का आर्डर देगी। मल्टीमोड ग्रेनेड के लिए प्रौद्योगिकी स्थानांतरण कर लिया गया है। इसके लिए सेना ने 10 लाख ग्रेनेड का आर्डर दिया है। इनसास और एके-47 राइफलों के लिए अंडर बैरल ग्रेनेड लॉन्चर (यूबीजीएल) सेना में शामिल किया जा चुका है और इसके लिए सेना ने 10,000 लॉन्चरों का आर्डर दिया है। अत्याधुनिक माइक्रोकन्ट्रोलर पर आधारित प्रणाली इंस्टेन्ट फायर डिटेक्शन एंड सप्रेशन सिस्टम (आईएफडीएसएस) बीएमपी-2/2 के को फौजियों और इंजन कंपार्टमेंट को आग से सुरक्षा प्रदान करने के लिए विकसित किया गया है और इसे सेना ने स्वीकार कर लिया है। सेना से 168 करोड़ रूपये की कीमत का आर्डर प्राप्त हुआ है।

एमबीटी अर्जुन मार्क 1 को कामयाबी के साथ सेना में शामिल किया गया और अर्जुन मेन बैटल टैंक की दो रेजीमेन्टों का गठन किया गया। सेना ने एक कैरियर कमांड पोस्ट ट्रैक्ड (सीसीपीटी) को शामिल करना मंजूर किया है। एक रूपांतरित आर्मर्ड एम्फीबियस डॉजर (एएडी) ने परीक्षण क्रम पूरा कर लिया है। रिमोट तथा परिचालित आरओवी दक्ष का परीक्षण सफलतापूर्वक किया गया, 20 एलएसपी आर्डर को पूरा किया जा रहा है। हिमस्खलन ने कर्मियों और उपकरणों के बचाव के लिए स्नो गैलेरी की डिजाइन और हिमस्खलन के अध्ययन के लिए इंस्ट्रूमेन्टेड कंपोजिट टॉवर का डिजाइन तैयार कर लिया गया है।

इलेक्ट्रॉनिक्स और इलेक्ट्रो-ऑप्टिक्स के क्षेत्र में कई प्रणालियों को सेना ने स्वीकार किया और अपनाया। थ्री डी मध्यम दूरी के निगरानी रडार रोहिणी और नौसेना के लिए विकसित उसके प्रारूप रेवती को शामिल किया गया। थ्री-डी लघुस्तरीय हल्का रडार- अलीशा (भारतीय वायुसेना के लिए) और भरणी (थलसेना के लिए) उपयोगकर्ता ने मंजूर किए। हथियारों का पता लगाने वाला उन्नत रडार- डब्लूएलआर स्वाति को डीआरडीओ ने विकसित किया है। इसकी परिकल्पना उत्पादक एजेंसी ने की थी। इलेक्ट्रॉनिक युद्ध प्रणाली सम्युक्त (नौसेना संस्करण) और सुजव को शामिल किया गया। एंटी जामिंग खूबियों वाले कॉम्बेट नेट रेडियो (सीएनआर) के लिए आर्डर प्राप्त किए गए हैं। आमने-सामने के नजदीकी युद्ध के लिए खास तरह की राइफल/कार्बाइन को ईजाद किया गया है जिसे उपयोगकर्ता ने स्वीकार कर लिया है।

हथियार प्रणाली चाहे जितनी उन्नत क्यों न हो, युद्ध जीतने के लिए उस मशीन को चलाने वाला व्यक्ति हमेशा महत्वपूर्ण होता है। डीआरडीओ की जीवन विज्ञान प्रयोगशालाओं में सैनिकों की युद्ध क्षमता बढ़ाने और उन्हें समुचित सुरक्षा व समर्थन देने के लिए प्रौद्योगिकी का विकास किया जा रहा है। कुछ प्रमुख उपलब्धियों का उल्लेख किया गया। नाभिकीय, जैविक और रासायनिक सुरक्षा के लिए तीन चलित प्रयोगशालाएं उपयोगकर्ता के हवाले कर दी गयी है और उन्हें कड़ा प्रशिक्षण दिया गया है। रासायनिक, जैविक तत्वों और नाभिकीय विकीरण से सुरक्षा के लिए एक उन्नत प्राथमिक उपचार किट को सेना ने स्वीकार किया है। स्वाइन फ्लू का पता लगाने वाले डीआरडीओ द्वारा विकसित किटों की प्रौद्योगिकी को उत्पादक एजेंसी को स्थानांतरित किया गया। बहुत ऊंचाई से पैराशूट द्वार नीचे कूदकर चलाए जाने वाले सैन्य अभियानों की आवश्यकताओं के मद्देनजर रखते हुए कॉम्बेट फ्री फॉल (सीएफएफ) सुरक्षा प्रणाली को डिजाइन और विकसित किया गया। इसका सीमित स्तर पर उत्पादन किया जा रहा है। एक सौ मीटर की गहराई से परित्यक्त पनडुब्बी से बाहर निकलने के लिए सबमेरीन इस्केप सेट (एसईएस) को डिजाइन व विकसित किया गया। नौसेना 400 से अधिक सेटों की आवश्यकता बताई है। सियाचिन आधार शिविर, चुशूल, बटालिक आदि जैसे स्थानों पर ग्रीन हाउसों का निर्माण किया गया और उच्च पोषक तत्वों वाली औसतन 1400 किलोग्राम सब्जियों का प्रत्येक ग्रीनहाउस में उत्पादन किया गया। सेना की आवश्यकताओं को पूरा करने के

लिए लगभग 500 मीट्रिक टन सब्जियों का उत्पादन स्थानीय स्तर पर किया जाता है। एक कंप्यूटराइज्ड पायलट सेलेक्शन सिस्टम को डिजाइन व विकसित किया गया जिसे वायुसेना ने मंजूर किया। वायुसेना के सभी चयन बोर्डों के लिए इस प्रणाली का उत्पादन किया जा रहा है। बहुत ऊँचाई पर और अत्यधिक ठंडे वातावरण में तैनात फौजियों की शारीरिक व मानसिक क्षमता को बनाए रखने के लिए हृदय, सांस, अंत:स्रावी और स्नायु प्रणाली का दुरूस्त रहना बहुत जरूरी है। इसके लिए योग प्रशिक्षण कार्यक्रम तैयार किया गया है। सियाचिन ग्लेशियर पर तैनात होने वाले 2000 से अधिक सैन्यकर्मियों को योग का प्रशिक्षण दिया गया। रेल के डिब्बों के लिए जैव-शौचालयों के विकास के हेतु रेल विभाग से समझौता किया गया है। जैव शौचालय लक्षद्वीप समूह और पूर्वोत्तर में लगाए गए हैं ताकि मानवीय अपशिष्ट को ठिकाने लगाया जा सके। इसके संबंध में रेल मंत्रालय और शहरी विकास मंत्रालय के साथ समझौते किए गए हैं। जैव शौचालयों को सामूहिक नागरिक कार्यक्रम के तहत लगाए जाने संबंधी एक समझौता शहरी विकास मंत्रालय के साथ हुआ है।

हथियार प्रणाली और सैन्य हार्डवेयर के लिए उन्नत सामग्री हमेशा महत्वपूर्ण रही है। इस महत्वपूर्ण क्षेत्र में अहमद उपलब्धियां अर्जित की गयी हैं। एक हल्की मिश्रित धातु 'डीएआर-1700' का विकास किया गया है जो बहुत मजबूत होती है जो 250 ग्रेड के इस्पात के मुकाबले काफी सस्ता होता है। इस धातु का सफल परीक्षण कर लिया गया है जहां इसका इस्तेमाल किया जाना है। केरल मिनरल्स एंड मेटल लिमिटेड (केएमएमएल) में डीआरडीओ प्रौद्योगिकी पर आधारित टाइटेनियम स्पॉन्ज संयंत्र स्थापित किया गया है जिसकी वार्षिक उत्पादन क्षमता 500 टन है। संयंत्र का उद्‌घाटन माननीय रक्षा मंत्री ने 27 फरवरी, 2011 को किया। एमआई-17-IV हेलीकॉप्टर के लिए हल्के वजन वाला मिश्रित धातु का कवच तैयार किया गया है और उसका सफल परीक्षण किया गया है। कावेरी इंजन के लिए गैस टर्बाइन ब्लेड संबंधी प्रौद्योगिकी का विकास किया गया है। बिजली उत्पादन के लिए उच्च दाब वाले टर्बाइन ब्लेडों और भूस्थित गैस टर्बाइन के संबंध में इसका विस्तार किया गया है। सामरिक स्थानों पर बने उड़ान पटिट्यों की मरम्मत जल्दी-जल्दी करनी पड़ती है। इनमें से कई इलाके अत्यंत ठंडे स्थानों पर हैं जहां सामान्य कंक्रीट आसानी से नहीं जम पाती। ठंडे इलाकों की उड़ान पट्टियों की शीघ्र मरम्मत के लिए प्रौद्योगिकी विकसित की गयी और उसका सफल प्रदर्शन शून्य से भी नीचे तापमान वाले स्थान पर किया गया।

डीआरडीओ के समर्पित इंजीनियरों ने कुछ बहुत दुष्कर और खतरनाक इलाकों में निर्धारित समय के अंदर अत्यंत विशेषज्ञता वाले इमारती निर्माण को अंजाम दिया। विज्ञान, प्रौद्योगिकी और इंजीनियरिंग के उन्नत क्षेत्रों के लिए विभिन्न देशों के साथ सहयोग विकास में सहभागिता के लिए समझौतों पर हस्ताक्षर किए गए हैं।

डीआरडीओ का मूलमंत्र है 'बलस्य मूलम विज्ञानम्', और वह इसी मूलमंत्र के साथ महत्वपूर्ण रक्षा प्रौद्योगिकी के क्षेत्र में आत्मनिर्भता की दिशा में बराबर अग्रसर है।

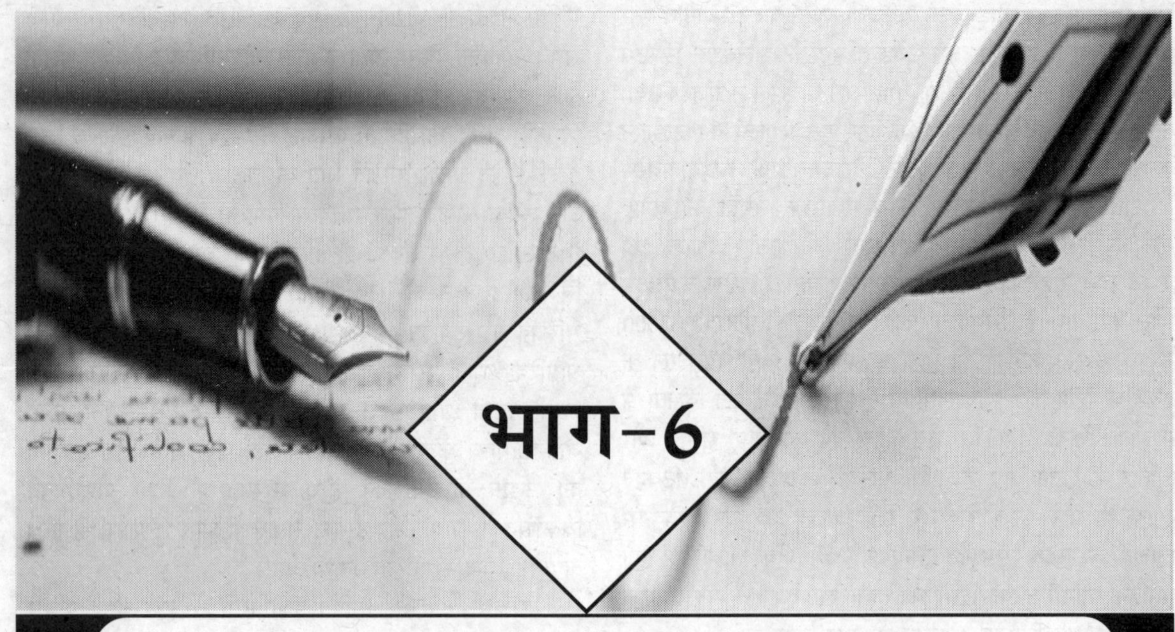

भाग–6

महिला एवं सामाजिक क्षेत्र

इस भाग में ....

तीन तलाक और मुस्लिम समाज
ग्रामीण महिलाओं को सशक्त बनाने से ही बदलाव संभव
कन्या भ्रूण हत्या : एक सामाजिक अभिशाप
महिला सशक्तिकरण
किशोरियों का सशक्तिकरण: सबला
स्तनपान : स्वास्थ्यवर्द्धक और जीवनरक्षक पहल
नारी सशक्तिकरण : एक पुनर्विचार

01 तीन तलाक और मुस्लिम समाज

मर्द और औरत पारिवारिक इकाई के दो हिस्से हैं। होना तो यह चाहिए कि दोनों हिस्सों को मजबूती दें लेकिन हुआ कुछ यों कि एक के हिस्से में सारे अधिकार और दूसरे को सारी जिम्मेदारियां दे डालीं विवाह को बनाये रखने की नैतिक जिम्मेदारी औरतों के हिस्से कर दी गई, जबकि उसे खत्म करने का अधिकार केवल मर्दो को दे दिया गया, जो अपने आप में भेदभावपूर्ण है।

पितृसत्तात्मक सामाजिक संरचना का आधार ही स्त्री शोषण है। इस सत्ता को बनाये रखने के लिए औरतों को हमेशा कई तरह के रीति-रिवाजों की बेड़ियों में बांध दिया जाता है। इन रीति-रिवाजों का आधार अधिकतर धार्मिक होता है। सभी धर्मो में यह अपने चरम पर है। ताजा मामला इस्लाम धर्म को मानने वाली स्त्रियों से जुड़ा है। इस्लाम वहपहला धर्म है जिसने पति-पत्नी को संबंध विच्छेद यानी तलाक का खुला हक दिया। मसलन, अगर किसी बीवी को अपने शौहर के साथ नहीं रहना है तो वह खुला मांग सकती है और अगर शौहर बीवी के साथ शादीशुदा जिंदगी कायम नहीं रखना चाहता तो वह तलाक दे सकता है। औरतों को भी खुला या संबंध विच्छेद का हक हासिल है, पर उन्हें बचपन से ही इस तरह पाला जाता है कि वे खुला मांग सकने की सोचें भी नहीं। और इस तरह विवाह को तोड़ने का पूरा अधिकार मर्द के सुपुर्द हो जाता है। मतलब शौहर यह फैसला करेगा कि उसे अपनी बीवी को साथ रखना है या नहीं। विवाह को बचाए और बनाए रखने की नैतिक जिम्मेदारी औरतों पर रहती है जबकि उसे खत्म करने का सामाजिक अधिकार केवल मर्दों को दे दिया गया है जो अपने आप में ही भेदभावपूर्ण है।

इस्लाम का आधार कुरान है और इसमें लिखी सारी बातें शरिया कानून का आधार हैं। कुरान में कही भी एक वक्त में तीन तलाक देने का जिक्र नहीं है, बल्कि यह कहा गया है कि तलाक देते वक्त हमेशा बिगड़ी बात बनने की गुंजाइश रखो। इस गुंजाइश का जिक्र हदीस में कुछ इस तरह है कि पहले एक तलाक दो, बीच में तीन महीने दस दिन की इद्दत की मुद्दत और अगर उस दरमियान मियां-बीवी के बीच सुलह न हो पाए तो दूसरा तलाक, उसकी इद्दत और आखिरी तीसरा तलाक की ओर इद्दत की मुद्दत खत्म होने पर यह तलाक मान लिया जाए। इस तरीके से तलाक देने में एक बड़ा तवील वक्त गुजर जाता है जो अपने में ही मर्द के लिए झल्लाहट का सबब भी हो सकता है।

गुजरते वक्त के साथ कई मुस्लिम उलेमाओं द्वारा कुरान की अपनी सहूलियत के हिसाब से तफसीर ओर तजुर्मानी ने कई तरह की कुरीतियों को जन्म दिया है जिनका जिक्र भी कुरान में मौजूद नहीं है, तीन तलाक का शिगूफा भी इन्हीं में से एक है। उस पर रही-सही कसर 1973 में गठित ऑल इंडिया मुस्लिम पर्सनल लॉ बोर्ड ने पूरी कर दी जो धार्मिक (कट्टर) मुसलिम उलेमाओं का एक संगठन है और वे अपने आप को भारत के मुसलमानों का नुमाइंदा बताते हैं (जिसका हक उन्हें किसने दिया अल्लाह जाने!)। इस बोर्ड ने ही शाहबानो के केस में आए सुप्रीम कोर्ट के फैसले को पलटने का तत्कालीन सरकार पर दबाव भी बनाया था और वह दबाव काम आया। तत्कालीन सरकार ने अपनी सियासी गरज में उलेमाओं के हक में फैसला किया।

गौर तलब है कि यों तो ये बोर्ड कुरान में किसी तरह के बदलाव को गुंजाइश से भी इनकार करते हैं, पर अलग-अलग मौलानाओं द्वारा दी गई कुरान की अलग-अलग व्याख्या (तफसीर) से भी इनकार नहीं करते, जिसकी वजह से भी इस्लामिक समाज में कुरीतियों का बोलबाला है, क्योंकि फतवे पर फतवे जारी करने वाले इन मौलानाओं या उलेमाओं का इसमें निहित स्वार्थ होने से इनकार नहीं किया जा सकता।

तलाक के मसले का भी अपना एक सामाजशास्त्रीय आधार है। मर्द और औरत पारिवारिक इकाई के दो हिस्से हैं। होना तो यह चाहिए कि दानों हिस्सों को मजबूती दें लेकिन हुआ कुछ यों कि एक के हिस्से में सारे अधिकार और दूसरे को सारी जिम्मेदारियां दे डालीं। विवाह को बनाए रखने की नैतिक जिम्मेदारी औरतों के हिस्से कर दी गई, जबकि उसे खत्म करने का अधिकार केवल मर्दो को दे दिया गया, जो अपने आप में भेदभावपूर्ण है। यह ठीक है कि औरतों को भी खुले तलाक का हक हासिल है लेकिन वह बेचारी बेजुबान जब अपनी मेहर की रकम तक खुद तय नहीं कर सकती तो शौहर से खुला तलाक क्या मांगेगी? मेहर की रकम तय करने से लेकर उसे खर्च करने

का इख्तियार शरियतन औरतों का हक है लेकिन यहां भी औरतों को कमजोर करने के लिए आम चलन में इसे सिर्फ सांकेतिक कर दिया है।

अक्सर मिसालों में तो यह देखने को मिला है कि मेहर की रकम एक सौ एक रूपए तय कर दी गई है, जबकि याद रखें कि हक-ए-मेहर वह रकम है जो औरतों की अमानत होती है और उनकी निजी होती है। इस तरह से औरतों को माली तौर पर कमजोर करके उन्हें मर्दों के अधीन बनाए रखना इस साज़िश की दूसरी सीढ़ी है, जबकि पहली सीढ़ी छोटी बच्चियों की परवरिश ओर तरबियत के समय दिया जाने वाला माहौल है। औरतों का समाजीकरण मर्दों की तुलना में भिन्न होता है यह जगजाहिर है, और इसका किसी धर्म विशेष से कतई लेना-देना नहीं, बल्कि समाजीकरण की यह प्रक्रिया पितृसत्तात्मक सामाजिक संरचना में निहित है। बच्चियों ओर महिलाओं को न केवल बुनियादी या उच्च शिक्षा से महरूम रखा जाता है बल्कि कम उम्र में शादी करके मां-बाप अपने फर्ज से मुक्त हो जाने की खुशी में अपनी बेटियों की हकतलफी की भी फिक्र नहीं करते, और ससुराल में भी उनकी सारी खुशी इस बिंदु पर टिकी होती है कि वे अपने शौहर का कितना मुतमईन रख सकती है। शौहर की जरा-सी टेढ़ी नजर उसके लिए नुकसानदेह है और वह हर मुमकिन कोशिश करती है कि शौहर की कृपादृष्टि उस पर बनी रहे। इतना करने के बावजूद तलाक की तलवार उसके सर पर हमेशा लटकी रहती है कि न जाने कब उसकी कोई गलती शौहर-ए-नामदार को खराब लग जाए और वे तलाक दे बैठें।

इस्लाम ने तलाक और खुला के मसले को आसान बनाया, पर समाज़ ने उसे ही औरतों के जी का जंजाल बना दिया। जाने में हुआ हो या अनजाने में, भारतीय मुस्लिम महिलाओं की स्थिति समाज में दोयम दर्जे की है। समाज के हाशिए पर आने वाले सभी वर्गों में मुस्लिम महिलाएं सबसे पीछे है, चाहे वह शैक्षणिक क्षेत्र हो, आर्थिक क्षेत्र हो या सामाजिक क्षेत्र हो।

अच्छी बात यह है कि अब मुस्लिम औरतें मुखर होकर अपना विरोध दर्ज करा रही हैं। सुप्रीम कोर्ट में चल रहे मामले इसकी बानगी भर हैं। इससे मुस्लिम पर्सनल लॉ बोर्ड घबरा गया है और वह भी तीन तलाक के मसले पर विचार कर रहा है। देर से ही सही, संवैधानिक दायरे में रहते हुए देश की शीर्ष अदालत ने इस मामले की गंभीरता को संज्ञान में लेते हुए इस पर सुनवाई का फैसला लिया है और उम्मीद है कि जल्द ही इस पर औरतों के हक में कोई फैसला आएगा। हालांकि अदालती मामलों में लगने वाले लंबे समय के कारण हमें या आपको सिर्फ अदालती फैसले के इंतजार तक महदूद नहीं होना चाहिए बल्कि इससे एक कदम आगे बढ़कर ऐसे काम करने होंगे जो औरतों के स्वावलंबन की दिशा में हों। मसलन, सबसे पहले मूल्यपरक, उच्च शिक्षा तक उनकी पहुंच पक्की करना। दूसरे, सभी औरतों को आर्थिक तौर पर मजबूत करने के लिए नौकरियों में उनकी उपस्थिति सुनिश्चित करना। तीसरे, समाजीकरण के नियमों को बदलना, जिससे कोई औरत अपने शौहर के तलाक देने से जिंदगी से मायूस न हो ओर शौहर से मुतमईन नहीं होने पर खुला मांगने से न हिचकिचाए।

02 ग्रामीण महिलाओं को सशक्त बनाने से ही बदलाव संभव

झारखंड में गद्दारा गांव की 14 वर्षीय प्यारी पूर्ति जब आठ-नौ वर्ष की थी, तभी उसने खेतों में मजदूरी शुरू कर दी थी। उसे 60 रूपये दिहाड़ी मिलती थी। प्यारी पूर्ति जब 11 वर्ष की हुई, तो उसने ईंट-भट्टे पर काम करना शुरू कर दिया और उसे 80 रूपये दिहाड़ी मिलनी शुरू हो गई। वह हर रोज सुबह छह बजे घर से निकलती थी और शाम साढ़े छह बजे घर वापस लौटती थी। घर लौटने के बाद उसे अपनी मां की मदद करने के साथ ही अपने छोटे भाई-बहिनों का भी ख्याल रखना पड़ता था। बेहद गरीब परिवार से ताल्लुक रखने वाली प्यारी का कहना है कि ऐसा भी समय था जब उन्हें दो वक्त का भोजन भी नसीब नहीं होता था। प्यारी का कहना है कि उसके गांव में उच्च वर्ग के परिवार उन्हें हेय द्रष्टि से देखते थे।

उसने बताया, ''अगर हम चार-पाई में बैठ जाते थे, तो वे उन्हें धोते थे और अगर हम में से कोई उनके नल का इस्तेमाल कर लेता था, तो वे उसे इस्तेमाल करने से पहले साफ करते थे। उनके घरों में प्रवेश करने का तो सवाल ही नहीं उठता। लड़कियों के साथ तो दोहरा भेद-भाव होता था।''

प्यारी ने बताया, ''हमारे गांव में लड़कों को स्कूल भेजने को प्राथमिकता दी जाती थी। लेकिन मैं भाग्यशाली थी कि मुझे महिला शिक्षण केंद्र में दाखिला मिल गया।''

अप्रैल में प्यारी पूर्ति को जमशेदपुर स्थित महिला शिक्षण केंद्र में दाखिले के लिए चुन लिया गया। प्यारी इससे पहले स्कूल नहीं गई थी, उसका स्कूल जाने का सपना सच हो गया, क्योंकि वे हमेशा से वह पढ़ना चाहती थी। 11 महीने का क्रैश कोर्स पूरा होने से पहले ही प्यारी को कक्षा पांच तक की पढ़ाई करनी होगी और इसके बाद उसे कस्तूरबा गांधी बालिका विद्यालय में दाखिला मिलेगा। उसने कहा, ''मैं इंजीनियर बनाना चाहती हूं।

महिला शिक्षण केंद्र मानव संसाधन विकास मंत्रलय के अंतर्गत महिला समाख्या योजना द्वारा चलाया जाता है। इस बात को मान्यता मिलने के बाद कि शिक्षा महिलाओं को सशक्त बनाने में एक प्रभावकारी साधन बन सकती है, कार्यक्रम को सबसे पहले 1988 में तीन राज्यों कर्नाटक, गुजरात और उत्तर प्रदेश में शुरू किया गया। लेकिन इस समय यह झारखंड, बिहार, मध्य प्रदेश, छत्तीसगढ़ और उत्तराखंड सहित नौ राज्यों में लागू है।

प्रत्येक महिला शिक्षण केंद्र में तीस लड़कियां और जवान औरतें (15 से 35 वर्ष की आयु के बीच) होती है, जहां करीब एक वर्ष तक चलने वाले कोर्स के दौरान पांचवी कक्षा तक की पढ़ाई कराई जाती है। इसका उद्देश्य उन्हें शिक्षा, व्यावसायिक शिक्षा तथा कम्प्यूटर प्रशिक्षण देकर आत्म-निर्भर बनाना है। महिला शिक्षण केंद्र में उन्हें आत्मविश्वास और नेतृत्व के गुण विकसित करने का प्रशिक्षण दिया जाता है। इसका उद्देश्य, पढ़ी-लिखी, प्रेरित महिलाओं का एक समूह तैयार करना है, जो अपने गांव में जाकर बदलाव की प्रतिनिधि बन सके।

झारखंड महिला समाख्या सोसायटी की कार्यक्रम निदेशक डॉक्टर स्मिता गुप्ता के अनुसार नेतृत्व के गुण विकसित करने के लिए विशेष रूप से तैयार पाठ्यक्रम का अनुसरण किया जाता है और प्रशिक्षण लेने वालों में दिलचस्पी और कौतुहल पैदा करने के लिए आडियो विजुअल तकनीक, कम्प्यूटरों और टेलीविजन आदि का इस्तेमाल किया जाता है।

महिला शिक्षण केंद्र में जवान लड़कियों को खेलकूद, कराटे में भाग लेने के अलावा और कपड़े धोने का दिन, शिक्षक दिवस आदि में शामिल होने का अवसर मिलता है। उन्हें बैंकों, डाकघरों, रेलवे स्टेशनों आदि सेवाओं के कामकाज से परिचित कराने और वहां मिलने वाली सुविधाओं से परिचित कराया जाता है। कई बार उन्हें कार्यशालाओं और संगोष्ठियों में भाग लेने का अवसर भी मिलता है।

जमशेदपुर महिला शिक्षण केंद्र से आशा टूडू रांची में माहवारी स्वास्थ्य और सफाई के बारे में एक कार्यशाला में भाग लेने कुछ अन्य लड़कियों के साथ आई थी। उसने बताया कि माहवारी के दौरान सफाई और स्वास्थ्य के महत्व के बारे में वह महिलाओं और लड़कियों को जागरूक करेगी। आशा ने बताया कि उसके गांव में लोग बेहद गरीब है और वह चिकित्सक बनना चाहती है, ताकि गांव में सभी का इलाज हो सके। उसने बताया कि 'मैं चाहती हूं कि मेरे गांव में हर व्यक्ति स्वस्थ रहे।'

खंडा डेरा गांव की अष्टमी सरदार महिला शिक्षण केंद्र जमशेदपुर में दाखिले के लिए चुने जाने से पहले रोजाना 50 रूपये में खेत में काम करती थी। उसका कहना है कि वह शिक्षक बनना चाहती है, ताकि उसके गांव में कोई भी अनपढ़ न रहे।

झारखंड में 14 महिला शिक्षण केंद्र हैं, 11 जिलों में प्रत्येक में एक, रांची में बिरसा मुंडा जेल में महिला कैदियों के लिए एक, मानव तस्करी से निकली गई लड़कियों के लिए खूंटी में एक केंद्र है।

लड़कियों की तस्करी झारखंड में एक गंभीर समस्या है, जहां भंयकर गरीबी के कारण लड़कियों को बेवकूफ बनाकर शोषण की स्थिति में धकेल दिया जाता है। पिछले वर्ष तस्करी से छुड़ाई गई महिलाओं और जवान लड़कियों के लिए एक महिला शिक्षण केंद्र शुरू किया गया और इसके पहले बैच ने 11 महीने का सघन पाठ्यक्रम पूरा किया है।

खूंटी जिला कार्यक्रम समन्वयक आंची होरो का कहना है कि उनके सामने सबसे बड़ी चुनौती तस्करी से छुड़ाकर लाई गई लड़कियों को मुख्य धारा में लाकर महिला शिक्षण केंद्र तक लाना है। आंची होरो ने बताया ''छुड़ा लेने के बाद वे अपने घरों से निकलने में बहुत डरती है। यहां तक कि जब उन्हें महिला शिक्षण केंद्र तक लाया जाता है, तब भी उन्हें दहशत से बाहर लाने में समय लगता है।''

आंची होरो ने बताया ''पहले बैच की 32 महिलाओं में से पांच को केजीबीवी में दाखिला दिया गया है, इनमें से बहुत सी लड़कियों ने अपना व्यावसायिक प्रशिक्षण कोर्स पूरा करने को प्राथमिकता दी। शिल्प और सौंदर्य प्रसाधक कोर्स को अधिकतर लड़कियां प्राथमिकता देती है।''

बिरसा मुंडा जेल में महिला शिक्षण केंद्र में प्रशिक्षु के तौर पर 24 महिला कैदी है। जेल के एक अधिकारी के अनुसार उन्हें इन लड़कियों को सबसे पहले डिप्रेशन से बाहर निकालना होता है, और बाद में पढ़ाई की तरफ उनकी दिलचस्पी जगाई जाती है।

महिला शिक्षण केंद्र में दाखिले के लिए अधिकारहीन महिलाओं और किशोर लड़कियों का चयन किया जाता है। महिला समाख्या समूह महिला शिक्षण केंद्र के लिए प्रशिक्षुओं की पहचान करते हैं। पढ़ाई में जिन महिलाओं और लड़कियों की दिलचस्पी होती है और जो जीवन में कुछ करना चाहती है, उन्हें प्राथमिकता दी जाती है। शुरूआत से पहले चुनी हुई महिलाओं और किशोर लड़कियों को 10 दिन के साक्षरता शिविर में भाग लेना पड़ता है। शिविर में उनके प्रदर्शन के अनुसार सूची को वार्डन, अध्यापक और एमएसके के पूर्व प्रशिक्षु अंतिम रूप देते हैं।

राज्य में अब तक महिला शिक्षण केंद्रों से कुल 104 बैच निकल चुके हैं। जिनसे 3456 लड़कियां और जवान महिलाएं लाभान्वित हुई है। इनमें से 2169 अनुसूचित जनजातियों, 900 से अधिक अनुसूचित जातियों, 315 अन्य पिछड़े वर्गों और 63 अल्पसंख्य समुदायों की है।

सबसे अधिक चिंता की बात यह है कि प्यारी पूर्ति की बहन 11 वर्षीय बसंती पूर्ति जैसी लड़कियां अपनी जीविका अर्जित करने के लिए ईट-भट्टे अथवा खेतों में काम कर रही हैं। उसके जैसी हजारों अनेक लड़कियां हैं, जिनके पास स्कूल जाने की बजाय 50 से 60 रूपये की दिहाड़ी के लिए कड़ी मेहनत करने के अलावा और कोई चारा नहीं है। अथवा बेहद गरीबी के कारण उन्हें मानव तस्करी में धकेल दिया जाता है। महिला समाख्या के चौथें संयुक्त समीक्षा मिशन में महिला शिक्षण केंद्रों में खराब पढ़ाई, बुनियादी ढांचा और पढ़ने की पर्याप्त सामग्री नहीं होने पर चिंता का व्यक्त की गई है जिसके कारण अनेक लड़कियों को केजीबीवी में दाखिला नहीं मिल पाता।

आशा, प्यारी और अष्टमी जैसी लड़कियां न केवल उच्च शिक्षा ग्रहण कर रही हैं, बल्कि अपने-अपने गांव में बदलाव का प्रतीक बन गई हैं।

03 कन्या भ्रूण हत्या : एक सामाजिक अभिशाप

हमारे देश में पुरूषों की तुलना में स्त्रियों की कम होती संख्या चिंता का विषय है। घटता लिंगानुपात वर्तमान की एक ज्वलंत समस्या बन चुका है। इस समय स्त्रियों की कमी का मुख्य कारण 'कन्या भ्रूण हत्या' को माना जा रहा है। भारत की भौगोलिक स्थिति, यहां का सामाजिक ताना-बाना एवं जातीय व्यवस्था, धर्म में विभिन्नता इत्यादि कारकों को लिंगानुपात में अंतर के लिए उत्तरदायी ठहराया जा सकता है 'कन्या भ्रूण हत्या' कोई समस्या नहीं बल्कि समाज में व्याप्त दहेज प्रथा तथा अन्य प्रकार की संकुचित सामाजिक सोच का परिणाम है। इस अभिशाप को जन्म देने में कन्या के माता, पिता, दादा, दादी, नाना और नानी की सहमति शामिल होती है। भारत में गर्भ में कन्या की हत्या करने का फैशल लगभग 20 साल पहले प्रचलन में आया। यह सिलसिला तब प्रारंभ हुआ जब देश के गर्भ में भ्रूण की पहचान कर सकने वाली 'अल्ट्रासाउंड मशीन' का चिकित्सकीय उपयोग प्रारंभ हुआ है। वास्तविक रूप से पश्चिम के वैज्ञानिकों ने इस मशीन का आविष्कार गर्भ में पल रहे बच्चे तथा लोगों के पेट के दोषों की पहचान कर इनका इलाज करने की सोच से किया था। भारत के निजी चिकित्सालयों ने भी इस मशीन का इसी प्रकार से उपयोग करने और आम आदमी के जीवन को चिकित्सकीय लाभ से लाभांवित करने के संकल्प के साथ अपनाया था। इस प्रकार अल्ट्रासाउंड मशीन बुरी नहीं थी अपितु इसके दुरूपयोग के चलते गर्भ में बच्चे का लिंग परीक्षण कराकर कन्या भ्रूण हत्या का फैशन प्रारंभ हुआ और इससे समाज की स्थिति बहुत ही विकृत हो गई।

सरकार की लाख कोशिशों के बावजूद समाज में कन्या भ्रूण हत्या की घटनाएं लगातार बढ़ती जा रही हैं। दुर्भाग्य है कि संपन्न वर्ग में यह कुरीति ज्यादा है। स्त्री-पुरूष लिंगानुपात में कमी हमारे समाज के लिए कई खतरे पैदा कर सकती है। इससे सामाजिक अपराध तो बढ़ेंगे ही, महिलाओं पर होने वाले अत्याचारों में भी वृद्धि हो सकती है। हाल ही में प्रकाशित केंद्रीय सांख्यिकी संगठन (सीएसओ) की रिपोर्ट के अनुसार भारत में वर्ष 2001 से 2005 के अंतराल में करीब 6,82,000 कन्या भ्रूण हत्याएं हुई हैं। इस लिहाज से देखें तो इन चार वर्षों में रोजाना 1800 से 1900 कन्याओं को ज़न्म लेने से पहले ही मार दिया गया। समाज को रूढ़िवादियों में जीने की सही तस्वीर दिखाने के लिए सीएसओ की यह रिपोर्ट पर्याप्त है।

यह विडंबना ही है कि जिस देश में कभी नारी को गार्गी, मैत्रेयी जैसी विदुषी महिलाओं के रूप में सम्मान प्राप्त हुआ, वहीं अब कन्या के जन्म पर परिवार और समाज में दुख व्याप्त हो जाता है। जरूरत है कि लोग अपनी गरिमा पर प्रश्नचिह्न लगाने वाली ऐसी सोच से बचें और कन्या के जन्म को अपने परिवार में देवी अवतरण के समान माने। एक नए अनुसंधान के मुताबिक भारत में पिछले 20 सालों में कम से कम सवा करोड़ बच्चियों की भ्रूण हत्या की गई है। अगर इन बच्चियों को नहीं बचाया गया तो लड़कों के समक्ष भी संकट खड़ा हो जाएगा। अंतरराष्ट्रीय पत्रिका द लैंसेट मे हाल ही में छपे इस शोध में दावा किया गया है कि भ्रूण में मारी गई बच्चियों की तादाद 1 करोड़ 50 लाख तक भी हो सकती है। सेंटर फॉर ग्लोबल हेल्थ रिसर्च के साथ किए गए इस शोध में वर्ष 1991 से 2011 तक के जनगणना के आंकड़ों को नेशनल फैमिली हेल्थ सर्वे के आंकड़ों के साथ जोड़कर निष्कर्ष निकाले गए हैं।

महिलाओं से जुड़ी समस्या पर काम करने वाली संस्था सेंटर फार सोशल रिसर्च इस समस्या से काफी चिंतित है। संस्था काफी समय से सरकार से इसी बीमारी को रोकने के लिए हस्तक्षेप की मांग करती आ रही है। उधर सरकारी तर्क में कहा गया है कि 0-6 साल के बच्चों का लिंग अनुपात सिर्फ कन्या भ्रूण के गर्भपात के कारण प्रभावित नहीं हुआ, बल्कि इसकी वजह कन्या मृत्यु दर अधिक है। इसलिए जन्म के समय मृत्यु दर एक महत्त्वपूर्ण संकेतक है, जिस पर ध्यान देने की जरूरत है। 1981 में 0-6 साल के बच्चों का लिंग अनुपात 962 था, जो 1991 में घटकर 945 हो गया और 2001 में यह 927 रह गया है। इसका श्रेय मुख्य तौर पर देश के कुछ भागों में हुई कन्या भ्रूण की हत्या को जाता है। गौरतलब है कि 1995 में बने जन्म पूर्व नैदानिक अधिनियम नेटल डायग्नोस्टिक एक्ट 1995 के मुताबिक बच्चे के लिंग का पता लगाना गैर कानूनी है।

इसके बावजूद इसका उल्लघंन सबसे अधिक होता है। सरकार ने 2011 व 12 तक बच्चों का लिंग अनुपात 935 और 2016-17 तक इसे बढ़ा कर 950 करने का लक्ष्य रखा है। देश के 328 जिलों में बच्चों का लिंग अनुपात 950 से कम है। जाहिर है, हमारे देश में बेटे के मोह के चलते हर साल लाखों बच्चियों की इस दुनिया में आने से पहले ही हत्या कर दी जाती है और सिलसिला रूकता दिखाई नहीं दे रहा है।

समाज में लड़कियों की इतनी अवहेलना, इतना तिरस्कार चिंताजनक और अमानवीय है। जिस देश में स्त्री के त्याग और ममता की दुहाई दी जाती हो, उसी देश में कन्या के आगमन पर पूरे परिवार में मायूसी और शोक छा जाना बहुत बड़ी विडंबना है। हमारे समाज के लोगों में पुत्र की बढ़ती लालसा और लगातार घटता स्त्री-पुरूष अनुपात समाजशास्त्रियों, जनसंख्या विशेषज्ञों और योजनाकारों के लिए चिंता का विषय बन गया है। यूनिसेफ के अनुसार 10 प्रतिशत महिलाएं विश्व की ज़नसंख्या से लुप्त हो चुकी हैं, जो गहन चिंता का विषय है। स्त्रियों के इस विलोपन के पीछे कन्या भ्रूण हत्या ही मुख्य कारण है। संकीर्ण मानसिकता और समाज में कायम अंधविश्वास के कारण लोग बेटा और बेटी में भेद करते हैं। प्रचलित रीति-रिवाजों और सामाजिक व्यवस्था के कारण भी बेटा और बेटी के प्रति लोगों की सोच विकृत हुई है। समाज में ज्यादातर मां-बाप सोचते हैं कि बेटा तो जीवन भर उनके साथ रहेगा और बुढ़ापे में उनकी लाठी बनेगा। समाज में वंश परंपरा का पोषक लड़कों को ही माना जाता है।

पुत्र कामना के चलते ही लोग अपने घर में बेटी के जन्म की कामना नहीं करते। बड़े शहरों के कुछ पढ़े-लिखे परिवारों में यह सोच कुछ बदली है, लेकिन गांव, देहात और छोटे शहरों में आज भी बेटियों को लेकर पुरानी सोच बरकरार है। आज भी शहरों के मुकाबले गांव में दकियानूसी विचारधारा वाले लोग बेटों को ही सबसे ज्यादा तवज्जो देते हैं, लेकिन मां का भी यह कर्तव्य है कि वह समाज के दबाव में आकर लड़की और लड़का में अंतर न करे। दोनों को समान स्नेह और प्यार दें। दोनों के विकास में बराबर दिलचस्पी लें। बालक-बालिका दोनों प्यार के बराबर अधिकारी हैं। इनके साथ किसी भी तरह का भेद करना सृष्टि के साथ खिलवाड़ होगा। कन्या भ्रूण हत्या का असली कारण हमारी सामाजिक परंपरा और मान्यताएं हैं जो मूल रूप से महिलाओं के खिलाफ हैं। आज भी सामाजिक मान्यताओं में शायद ही कोई परिवर्तन आया हो। हां, इतना जरूर है कि यदि कोई लड़की अपनी मेहनत और प्रतिभा से कोई मुकाम हासिल कर लेती है तो हमारा समाज उसे स्वीकार कर लेता है। हमने प्रशासन के लिए तो लोकतांत्रिक संस्थाएं अपना ली हैं, लेकिन उसका समाज तक विस्तार होना बाकी है। यही कारण है कि तमाम सरकारी कोशिशों के बावजूद कन्या भ्रूण हत्या पर रोक नहीं लग पा रही है।

अत: निष्कर्ष रूप में कहा जा सकता है कि सरकार द्वारा बनाए गए ये कानूनी प्रावधान, एक सीमा तक इस समस्या के समाधान के सार्थक प्रयास हो सकते हैं। इस सामाजिक बुराई से निजात तब ही मिल पाएगी, जब हम और हमारा परिवेश पूरी तरह इस बुराई को उखाड़ फेंकने के लिए दृढ़ संकल्पित होंगे। साथ ही जब तक स्त्रियां स्वयं इस बुराई के विरूद्ध संघर्ष नहीं करेंगी तब तक इसे पर्णतया दूर नहीं किया जा सकता। माताओं एवं बहिनों को चाहिए कि वे इस बुराई का समर्थन करने वाला कोई कदम पारिवारिक दबाव या किसी के बहकावे में आकर ना उठाएं। कदापि ऐसी विकट परिस्थितियां उत्पन्न हो भी जाए तो उन्हें कानून का सहारा लेना चाहिए। सरकार को चाहिए कि वह शादी, गर्भधारण, जन्म और मृत्यु के पंजीकरण करवाने के नियमों के पालन को प्रोत्साहन एवं जनचेतना द्वारा अनिवार्य बनाए। इसके बावजूद भी नियमों का उल्लघंन होने पर कठोर दंड का प्रावधान करे। इसके साथ ही चिकित्सा क्षेत्र को नैतिक रूप से उन्नत करने के समुचित प्रयास करने होंगे। इन सकारात्मक प्रयासों से ही इस सामाजिक बुराई का अंत हो सकता है।

04 महिला सशक्तिकरण

आज की नारी में छटपटाहट है आगे बढ़ने की, जीवन और समाज के हर क्षेत्र में कुछ करिश्मा कर दिखाने की, अपने अविराम अथक परिश्रम से आधी दुनिया में नया सुनहरी सवेरा लाने की तथा ऐसी सशक्त इबारत लिखने की जिसमें महिला अबला न रहकर सबला बन जाए। यह अवधारणा मूर्त रूप ले रही है - बालिका विद्यालयों, महिला कॉलेजों और महिला विश्वविद्यालयों में, नारी सुधार केन्द्रों, नारी निकेतनों, महिला होस्टलों और आंदोलनों में। आज स्थिति यह है कि कानून और संविधान में प्रदत्त अधिकारों का सम्बल लेकर नारी, अधिकारिता के लम्बे सफर में कई मील-पत्थर पार कर चुकी है।

भारत की पराधीनता की बेड़ियां कट जाने के बाद नारी ने अपने उज्ज्वल भविष्य के लिए जोरदार अभियान चलाया। कई मोर्चों पर उसने प्रमाणित कर दिखाया है कि वह किसी से कमतर नहीं, बेहतर है। चाहे सामाजिक क्षेत्र हो या शैक्षिक, आर्थिक क्षेत्र हो या राजनैतिक, पारिवारिक क्षेत्र हो या खेल का मैदान, विज्ञान का क्षेत्र हो या वकालत का पेशा, सभी में वह अपनी धाक जमाती जा रही है। अगर घर की चारदीवारी में वह बेटी, बहन, पत्नी, माँ अथवा अभिभाविका जैसे विविध रूपों में अपने रिश्ते नाते बखूबी निभाती है और अपनी सार्थकता प्रमाणित कर दिखाती है तो घर की चौखट के बाहर कार्यालयों, कार्यस्थलों, व्यवसायों और प्रशासन जैसे विभिन्न क्षेत्रों में अपना योगदान करने में किसी से पीछे नहीं। आज देश में कई संवैधानिक, वैधानिक और आर्थिक जगत में भारतीय महिलाएं सर्वोच्च पदों पर आसीन हैं। जिनमें से इंदिरा नुई, चंद्रां कोचर, अमृता पटेल, सुनीता नारायणन, सुमित्रा महाजन इत्यादि। तथा भारत के चार राज्यों की महिला मुख्यमंत्री हैं।

राजनीतिक क्षेत्र से हटकर जब हम प्रशासनिक क्षेत्र पर नजर डालते हैं तो उसमें भी महिला अधिकारी वर्तमान को संवारने ढाने में किसी से पीछे नहीं हैं। विदेश सचिव तथा अनेक मंत्रालयों के सचिव पद का दायित्व निभाने में महिलाएं पूरी निष्ठा और कार्यकौशल का परिचय दे रहीं हैं। इस संदर्भ में इस तथ्य की अनदेखी नहीं की जा सकती कि महिला उत्थान और अधिकारिता के नए-नए शिखरों पर विजय पाने की यह कामयाबी तब मिल रही है, जब महिला राजनीतिक सशक्तिकरण की दृष्टि से भारत का कद निरन्तर ब कई पायदान चढ़कर 24वें स्थान पर जा पहुंचा है। आज संसद के विभिन्न पदों में 11 प्रतिशत पर और मंत्री पदों में 10 प्रतिशत पर महिलाएं काबिज हैं।

विभिन्न कुरीतियों और बाधाओं से निपटने के लिए जरूरी है कि न सिर्फ लड़कों बल्कि लड़कियों में भी शिक्षा का प्रसार किया जाए। माँ परिवार की धुरी होती है, अगर वह शिक्षित हो तो न केवल पूरा परिवार शिक्षित हो जाएगा, बल्कि समाज में भी नई चेतना उत्पन्न हो जायेगी। यही वजह है कि आज महिलाओं में शिक्षा का प्रसार बढ़ता जा रहा है। वर्ष 1961 की जनगणना के अनुसार साक्षर पुरुषों का प्रतिशत 40 और साक्षर महिलाओं का प्रतिशत मात्र 15 था। लेकिन पिछले चार दशकों में महिला साक्षरता दर ने लम्बी छलांग लगाई है। आंकड़ों की बात करें तो 1971 में महिला साक्षरता दर 22 प्रतिशत थी जो बढ़ते-बढ़ते 2001में 54.16 प्रतिशत यानी ढाई गुना हो गई है। यह जबर्दस्त बदलाव इसलिए हो सका कि लड़कियों, विशेषरूप से निर्धन परिवारों की लड़कियों को समाज की मुख्यधारा में लाने के लिए विभिन्न सरकारों ने मुफ्त पुस्तकें, मुफ्त पोशाकें, छात्रवृत्तियां और दोपहर का मुफ्त भोजन देने, छात्रवास बनवाने तथा लाड़ली योजना जैसे प्रोत्साहनकारी कदम उठाए हैं। 6 से 14 वर्ष तक के आयु समूह के लड़के-लड़कियों को नि:शुल्क और अनिवार्य शिक्षा देने के अधिकार का विधेयक संसद ने पारित कर सर्वशिक्षा के क्षेत्र में क्रान्तिकारी कदम उठाया है। मानव संसाधन मंत्री श्री कपिल सिब्बल का कहना है कि इस विधेयक के बाद केन्द्र सरकार 18 वर्ष तक के किशोर-किशोरियों के लिए माध्यमिक शिक्षा अभियान चलायेगी। केन्द्रीय मानव संसाधन विकास मंत्रालय ने राष्ट्रीय साक्षरता मिशन में अब पूरा जोर महिलाओं की शिक्षा पर देने का निर्णय भी किया है। इस कार्यक्रम के अंतर्गत 1017 तक देश की 80 प्रतिशत महिलाओं को साक्षर बनाया जायेगा।

महिलाओं में शिक्षा प्रसार के सुखद परिणाम दिखाई देने भी लगे हैं। पहला यह है कि सरकारी और गैर-सरकारी कार्यालयों और स्वायत्त-संस्थाओं में महिला कर्मचारियों की संख्या और वर्चस्व बढ़ने लगा है। वर्ष 2004 में की गई सरकारी कर्मचारियों की जनगणना के अनुसार 1995 में पुरूषों के मुकाबले महिला कर्मचारियों का अनुपात मात्र 7.43 प्रतिशत था। वर्ष 2001 में यह बढ़कर 7.53 और 2004 में 9.68 प्रतिशत हो गया। महिला शिक्षा प्रसार का दूसरा लाभ यह हुआ है कि

लड़कियों के प्रति पूर्वाग्रह की भावना और उन्हें परिवार के लिए बोझ मानने की मन:स्थिति समाप्त होते जाने से पुरूषों के मुकाबले महिलाओं का संख्या अनुपात बढ़ता जा रहा है। वर्ष 2001 की जनगणना के अनुसार देश में महिलाओं की संख्या पुरूषों के मुकाबले 48 प्रतिशत थी लेकिन इधर अनुपात की खाई कम होते जाने के ठोस प्रमाण मिले हैं। दिल्ली में तो वर्ष 2008 में स्त्री-पुरूष के बीच संख्या अनुपात में महिलाएं आगे निकल गई हैं।

आधी दुनिया के बहुआयामी मानव-संसाधनों की महत्ता स्वीकारते हुए संविधान में उन्हें अपनी स्थिति सुधारने के लिए न केवल पुरूषों के बराबर अवसर प्रदान किए गए हैं बल्कि प्रत्येक क्षेत्र में अपनी नियति के नियंता बनने के पूरे अधिकार भी दिए गए हैं। वैसे भी महिला सशक्तिकरण एक बहुआयामी और बहुस्तरीय अवधारणा है। यह एक ऐसी प्रक्रिया है जो महिलाओं को संसाधनों पर अधिक भागीदारी और अधिक नियंत्रण प्रदान करती है। ये संसाधन नैतिक, मानवीय, बौद्धिक और वित्तीय सभी हो सकते हैं। सशक्तिकरण का मतलब है, घर समाज और राष्ट्र के निर्णय लेने के अधिकार में महिलाओं की हिस्सेदारी। दूसरे शब्दों में सशक्तिकरण का अभिप्राय है अधिकारहीनता से अधिकार प्राप्ति की तरफ बढ़ते कदम। शुरूआती कदम के रूप में लोकतंत्र का प्रथम सौपान है- पंचायतों और नगरपालिकाओं में महिलाओं की भागीदारी। 73वां संविधान संशोधन पारित होने के बाद अनेक पंचायतों में कानून के अंतर्गत मिले एक तिहाई आरक्षण से भी अधिक महिला प्रतिनिधि चुने जाने लगे हैं। अनेक पंचायतों में तो 50 प्रतिशत से भी अधिक महिलाएं चुनी जाती हैं और कहीं-कहीं तो सभी सदस्य महिलाएं होती हैं। केंद्रीय मंत्रिमंडल ने पंचायतों और नगरपालिकाओं के सभी स्तरों पर महिलाओं का आरक्षण मौजूदा एक-तिहाई से बढ़ाकर कम से कम 50 प्रतिशत कर देने के प्रस्ताव को मंजूरी दे दी है। इसके लिए संविधान में संशोधन किया जाएगा। बिहार, हिमाचल प्रदेश, उत्तराखंड, मध्य प्रदेश और छत्तीसगढ़ तो पहले से ही पंचायतों में महिलाओं के लिए 50 प्रतिशत स्थान आरक्षित कर सशक्तिकरण की दिशा में क्रांतिकारी कदम उठा चुके हैं। यह कार्यवाही जनवरी, 2006 में एक अध्यादेश के जरिए की गई। उत्तराखंड ने तो एक और कदम आगे बढ़ाते हुए पंचायतों में महिलाओं को 55 प्रतिशत प्रतिनिधित्व दे दिया है। राज्य सभा ने 2 तिहाई से अधिक बहुमत से महिला आरक्षण विधेयक पारित कर महिला सशक्तिकरण की दिशा में एक युगान्तकारी कदम उठाया है। रही बात लोकसभा और विधानसभाओं में महिलाओं का प्रतिशत एक तिहाई कर देने का तो इसके लिए संघर्ष जारी है।

न्यूनतम साझा कार्यक्रम में दिए गए छह बुनियादी सिद्धांतों में भी महिलाओं को शैक्षिक, आर्थिक और कानूनी रूप से सशक्त बनाने के सिद्धांत को स्वीकारा गया है। इसके अनुसार महिला अधिकारिता को मूर्तरूप देने के लिए महिला सशक्तिकरण आयोग का गठन किया गया है। महिला अधिकारिता को दिल्ली हाईकोर्ट के एक फैसले से बल मिला है, जिसके अंतर्गत सेना की नौकरी में महिलाओं को भी पुरूषों की तरह स्थायी कमीशन देने का निर्देश सरकार को दिया गया है।

जब हम इस वित्त वर्ष के आम बजट पर नजर डालते हैं तो पाते हैं कि महिला और बाल विकास के लिए योजना व्यय लगभग 50 प्रतिशत बढ़ा दिया गया है। महिला साक्षरता दर बढ़ाने के लिए राष्ट्रीय साक्षरता मिशन का पुनर्गठन करके साक्षर भारत नाम से नया कार्यक्रम शुरू किया जा रहा है। इसके अंतर्गत सात करोड़ निरक्षर वयस्कों को साक्षर बनाने का जो लक्ष्य निर्धारित किया गया था, उसमें छह करोड़ महिलाएं शामिल हैं। महिला कृषकों की जरूरतें पूरी करने के लिए महिला किसान सशक्तिकरण परियोजना आरंभ की जा रही है।

उधर रेल बजट में रेलमंत्री ममता बेनर्जी ने महिलाओं को अपने घर की चारदीवारी से बाहर कदम रखने के लिए प्रेरित करते हुए मातृभूमि नाम से 21 महिला स्पेशल गाड़ियां चलाने की घोषणा की। ये रेलगाड़ियां कोलकाता, चेन्नई, नई दिल्ली और मुम्बई जैसे बड़े शहरों के रेलवे नेटवर्क का हिस्सा होंगी। उन्होंने 80,000 महिला रेल कर्मचारियों की सुख-सुविधाओं की ओर भी ध्यान देते हुए इन कर्मचारियों के बच्चों के लिए 50 शिशु सदन और 20 होस्टल बनाने का प्रस्ताव किया। इतना ही नहीं, महिला यात्रियों की सुरक्षा की बेहतर व्यवस्था के लिए उन्होंने एक महिला वाहिनी बनाने का भी प्रस्ताव किया, जिसमें महिला रेल सुरक्षा बल की 12 कंपनियां होंगी।

लेकिन आधी दुनिया के लिए तरह-तरह की सुविधाओं और अधिकारों की बारिश होने के बावजूद अभी सफर लंबा है। भले ही आज की नारी विगत कल की नारी से कोसों आगे निकल चुकी है, लेकिन फिर से उसके लिए अभी कई और मंजिलों को छूना बाकी है।

05 किशोरियों का सशक्तिकरण: सबला

दुनिया में 10 से 19 वर्ष की आयु के 1.2 अरब व्यक्ति रहते हैं जिसे आमतौर पर किशोर अवस्था के रूप में जाना जाता है। किशोर अवस्था उम्र का ऐसा दौर है जब बच्चे के जीवन में प्रमुख शारीरिक एवं मनोवैज्ञानिक बदलाव होते हैं तथा इसके साथ ही उनकी सामाजिक बोध और आकांक्षाओं में भी परिवर्तन होते हैं। किशोर अवस्था ऐसी अवस्था भी होती है जब युवा वर्ग माता-पिता एवं परिवार से परे संबंध बनाता है तथा अपने समकक्ष व्यक्तियों एवं बाहरी जगत से प्रभावित होता है। ये उम्र के ऐसे वर्ष भी होते हैं जब व्यक्ति तजुर्बे करता है और महत्वपूर्ण मसलों पर असूचित निर्णय लेने के बड़ों के नकारात्मक दबाव देने का जोखिम उठाता है। अधिकांश किशोर विकासशील देशों में रहते हैं तथा भारत किशोरों की सबसे अधिक राष्ट्रीय आबादी वाला देश है। अध्ययन दर्शाते हैं कि आज लाखों किशोर अच्छी शिक्षा, बुनियादी लैंगिक एवं प्रजनन स्वास्थ्य देखभाल, मानसिक स्वास्थ्य मसलों और विकलांगता के लिए सहायता, हिंसा, दुर्व्यवहार और शोषण से रक्षा तथा सक्रिय भागीदारी के लिए मंचों तक पहुंच का आनंद नहीं ले पाते।

किशोर जगत में लैंगिक अंतर

देश की लगभग आधी आबादी महिलाएं हैं लेकिन सामाजिक-सांस्कृतिक परिदृश्य में लड़के-लड़की के बीच विषमता के कारण संतुलित न्यायोचित विकास पर बुरा असर पड़ता है। स्वास्थ्य, पोषण, साक्षरता, शिक्षा हासिल करने, कौशल स्तर, व्यवसायिक दर्जे जैसे महत्वपूर्ण सामाजिक विकास संकेतकों से इस विषमता का पता चलता है। किशोरियों की स्थित में भी इसका पता चलता है।

10-19 वर्ष की किशोरियों की संख्या देश में कुल किशोर आबादी का करीब 47 प्रतिशत है। लेकिन उनका विकास विविध प्रकार की समस्याओं से त्रस्त है। करीब 41 प्रतिशत महिलाओं की शादी 18 वर्ष की कानूनी आयु से पहले ही हो जाती है जबकि इसकी तुलना में 10 प्रतिशत युवकों की शादी 18 वर्ष की कानूनी आयु से पहले होती है। कुल मिलाकर 15-19 वर्ष के आयु वर्ग में छह में से एक महिला मां बन जाती है। कम उम्र में बच्चे जनना ग्रामीण क्षेत्रों में तथा अशिक्षित महिलाओं में बहुत आम बात है। कुल जच्चाओं की मृत्यु में से करीब 41 प्रतिशत मौत 15-24 वर्ष की आयु वाली महिलाओं की होती है। 56 प्रतिशत किशोरियां अनीमिक (अल्परक्ता) होती हैं जबकि इसकी तुलना में 30 प्रतिशत किशोर अरक्तता के शिकार होते हैं। अल्परक्ता की शिकार किशोरी माताओं को गर्भपात, जच्चा मृत्यु और मृत शिशु पैदा होने तथा कम वजन के बच्चे पैदा होने का उच्च जोखिम होता है। स्कूली शिक्षा अधूरी छोड़ने वालों में लड़कियों की संख्या बहुत अधिक होती है। 21 प्रतिशत किशोरियां और 8 प्रतिशत किशोर अशिक्षित होते हैं। स्कूली शिक्षा अधूरी छोड़ने वालों में लड़कियों की संख्या बहुत अधिक होने का कारण स्कूलों का दूर होना, पुरुष शिक्षक, स्कूल में स्वच्छता सुविधाएं, कम उम्र में शादी और कम उम्र में घरेलू जिम्मेदारियों को अपनाना है।

दुनिया में लड़कों को विकल्पों एवं अवसरों की ज्यादा आजादी होती है लेकिन लड़कियों को ऐसी आजादी कम होती है तथा यही नहीं, लड़के-लड़कियों के समूह में लड़कियों के साथ पक्षपात और भेदभाव किया जाता है। किशोरियां शर्मीली होती हैं तथा सबके सामने आने और माता-पिताओं, शिक्षकों, डाक्टरों इत्यादि को अपनी समस्याएं एवं मसले बताने में हिचकिचाती हैं। इसका दुष्परिणाम यह होता है कि वे अपने मसलों के समाधान के बिना बड़ी होती हैं या अपनी धारणाओं के आधार पर चलने से राह भटक जाती हैं।

किशोरियां राष्ट्र की वृद्धि का मुख्य स्रोत होती हैं। उनके स्वास्थ्य और विकास के लिए निवेश करना देश की भलाई के लिए निवेश करना है। इनमें से अनेक लड़कियां स्कूली शिक्षा छोड़ देती हैं, कम उम्र में उनकी शादी कर दी जाती है, स्वास्थ्य, शिक्षा एवं अन्य सेवाएं हासिल करने में भेदभाव का सामना करती हैं, संवेदनशील हालात में काम करती हैं और बड़ों का दबाव झेलती हैं जिसके मद्देनजर उन पर विशेष ध्यान देने की जरूरत है। किशोरियों के लिए सार्वजनिक स्वास्थ्य चुनौतियों में गर्भावस्था, जच्चा-बच्चा मृत्यु का जोखिम, यौन संक्रामक रोग, प्रजनन अंगों पर संक्रमण, एचआईवी के मामले तेजी से बढ़ना शामिल हैं। इन चुनौतियों से निपटने के लिए किशोरियों की स्वास्थ्य जरूरतों पर ध्यान देने की जरूरत है। समूह के साथ-साथ व्यक्तिगत स्तर पर उन पर विशेष ध्यान देने की आवश्यकता है क्योंकि वे समाज में भावी पीढियों को जन्म देती हैं। किशोरियों की जरूरतों को पूरा करने के लिए राजीव गांधी

किशोरी सशक्तिकरण योजना–सबला शुरू की गई है। इस योजना के तहत स्कूल जाने वाली लड़कियों पर ध्यान देने के साथ 11–18 वर्ष के आयु वर्ग की किशोरियों के लिए व्यापक कार्यक्रम चलाया जा रहा है जो प्रायोगिक आधार पर देश के 200 जिलों में चलाई जा रही है।

सबला योजना के मुख्य क्षेत्र

समेकित बाल विकास योजना के मंच के इस्तेमाल से यह योजना सेवाओं के समेकित पैकेज के साथ देश के 200 जिलों में 11–18वर्ष के आयु वर्ग की करीब एक करोड़ किशोरियों को उपलब्ध कराई जा रही है। सबला का उद्देश्य 11–18 वर्ष के आयु वर्ग की (स्कूली शिक्षा छोड़ने वाली सभी किशोरियों पर विशेष ध्यान देने के साथ) किशोरियों को आत्मनिर्भर बनाकर उनका चहुमुखी विकास करना है। आंगनबाडी केंद्रों पर 600 किलो कैलोरी और 18–20 ग्राम प्रोटीन उपलब्ध कराने के जरिए अनुपूरक पोषण उपलब्ध कराया जाता है तथा आंगनबाडी केंद्रों पर हर रोज गरम पकाए हुए भोजन के रूप में या स्कूली शिक्षा से वंचित 11–14 वर्ष की किशोरियों को घर ले जाने के लिए और 14–18 वर्ष की सभी लड़कियों को साल में 300 दिन के लिए भोजन उपलब्ध कराया जाता है।

इसके अतिरिक्त स्कूल जाने वाली किशोरियों को पोषाहार से भिन्न सेवाएं उपलब्ध कराई जा रही हैं जिनमें जीवन कौशल शिक्षा, सुपरवाइज्ड साप्ताहिक आईएफए (100 मिग्रा एलीमेंटल आइरन और 0.5 मिग्रा फोलिक एसिड) सप्लीमेंटेशन तथा पोषाहार परामर्श, यौन एवं प्रजनन स्वास्थ्य शिक्षा एवं परामर्श, नेतृत्व कौशल, समस्या समाधान, निर्णय लेना और सार्वजनिक सेवाओं तक पहुंच शामिल है। इसके अलावा ज्यादा उम्र की किशोरियों (16–18 वर्ष की आयु) को आत्मनिर्भर बनाने के लिए व्यावसायिक प्रशिक्षण दिया जा रहा है। कार्यक्रम के उद्देश्य हासिल करने के लिए इस योजना में स्वास्थ्य, शिक्षा, युवा मामले एवं खेल और पंचायती राज संस्थाओं जैसे विभिन्न कार्यक्रमों के तहत सेवाओं के रूपांतरण पर बल दिया गया है।

समुदाय आधारित फ्रंटलाइन कार्यकर्ताओं (आंगनवाडी कार्यकर्ता) तथा सिविल सोसायटी समूहों की सहायता से किशोरियों केसमूह बनाए गए हैं जिन्हें किशोरी समूह कहते हैं। प्रत्येक समूह का नेतृत्व वरिष्ठ किशोरी (किशोरी सखी) करती है तथा पीयर सपोर्ट समूह के रूप में कार्यक्रम सेवाएं और कार्य प्राप्त करने के लिए सप्ताह में कम से कम 5–6 घंटे की बैठक होती है। सबला में नामांकित प्रत्येक लड़की को किशोरी कार्ड दिए जा रहे हैं जो सबला के तहत किशोरी की सेवाओं तक पहुंच और सेवाएं लेने की निगरानी करने का पात्रता साधन है। सबला कार्यक्रम के तहत पोषाहार से भिन्न सेवाओं को किशोरी समूहों अर्थात किशोरी समूह बैठकों के जरिए स्कूल नहीं जाने वाली किशोरियों तक भी पहुंचाया जाता है। प्रत्येक किशोरी समूह में 15–25 किशोरियां होती हैं जिनका नेतृत्व वरिष्ठ किशोरी अर्थात किशोरी सखी करती है तथा उसकी दो सहयोगी अर्थात सहलियां होती हैं। सखियां और सहेलियां प्रशिक्षण देती हैं तथा किशोरियों के लिए पीयर मानिटर/शिक्षक के रूप में कार्य करती हैं। वे एक वर्ष तक समूह के लिए सेवा करती हैं तथा प्रत्येक लड़की रोटेशनल आधार पर सखी के रूप में चार महीनों की अवधि के कार्य करेगी। किशोरियां प्री स्कूल, शिक्षा, विकास निगरानी और एसएनपी जैसी आंगनवाडी कार्यकर्ता की दिन प्रति दिन की गतिविधियों एवं अन्य गतिविधियों में आंगनवाडी कार्यकर्ता की सहायता करने में भी भाग लेती हैं। वे घर पर विजिट (एक समय पर 2–3 लड़कियां) के लिए आंगनवाडी कार्यकर्ताओं के साथ भी जाती हैं जो भविष्य के लिए प्रशिक्षण की बुनियाद तैयार करती है।

राज्य विशेष के सबला प्रयास

मध्य प्रदेश और ओडिशा जैसे अनेक राज्यों में जागरूकता संबंधी सभी गतिविधियों के लिए तथा सखियों एवं सहेलियों के प्रशिक्षण के लिए स्वयं सेवी संगठनों का इस्तेमाल किया जा रहा है। सप्ताह में एक बार स्कूल जाने वाली और स्कूल नहीं जाने वाली किशोरियों की बैठक आयोजित की जाती है ताकि स्कूल जाने वाली एवं स्कूल न जाने वाली लड़कियों के बीच बातचीत को बढ़ावा दिया जा सके तथा स्कूल जाने वाली किशोरियों को स्कूल जाने के लिए प्रोत्साहन दिया जा सके। तीन महीनों में एक बार किशोरी दिवस निर्धारित किया जाता है और सामान्य स्वास्थ्य जांच, लंबाई एवं वजन की माप तथा रेफरल सेवाओं की सुविधा दी जाती है। इन सबका आयोजन आंगनवाडी कार्यकर्ता स्वास्थ्य कर्मियों की मदद से करती हैं तथा ऐसी स्वास्थ्य समस्या के लिए विशिष्ट स्वास्थ्य देखभाल केंद्र रेफर किया जाता है। प्रत्येक किशोरी को किशोरी कार्ड उपलब्ध कराया जाता है जो सबला योजना के तहत सेवाओं के किशोरी द्वारा उपयोग करने की निगरानी का साधन है।

योजना की बुनियादी रूपरेखा के साथ राज्य सरकारों ने किशोरियों के कल्याण के लिए उन तक पहुंचने के विशेष प्रयास किए हैं। बिहार में राज्य सरकार ने 16–18 वर्ष की किशोरियों के व्यावसायिक प्रशिक्षण को इस योजना के साथ मिलाया है तथा शिक्षा विभाग की हुनर स्कीम के जरिए

किशोरियों तक पहुंच रही है। हुनर स्कीम राज्य स्तरीय विशिष्ट पहल है जो अल्पसंख्यकों, अनुसूचित जातियों और अनुसूचित जनजातियों को सशक्त बनाने के लिए चलाई जा रही है। इसके तहत कम से कम 8वीं पास युवतियों को व्यावसायिक रूप सेवहनीय प्रशिक्षण उपलब्ध कराने तथा रोजगार योग्य कौशल विकसित करने के प्रयास किए जा रहे हैं।

ओडिशा जैसे राज्य में राज्य सरकार ने किशोरियों को वस्त्र दस्तकारी में प्रशिक्षण देने का प्राथमिकता दी है तथा व्यावसायिक प्रशिक्षण देने के लिए मौजूदा कुटी उद्योगों के साथ समझौते किए हैं। इसके तहत मार्केट लिंक संबंधी प्रशिक्षण भी दिया जाता है ताकि वरिष्ठ किशोरियां आर्थिक रूप से आत्मनिर्भर बन सकें। आंध्र प्रदेश और कर्नाटक सरकार भी ऐसे ही प्रयास कर रही हैं।

गुजरात में राज्य सरकार ने किशोरियों को पर्याप्त स्वास्थ्य देखभाल एवं समय पर परामर्श सुनिश्चित करने के लिए ममता तरुणी कार्यक्रम शुरू किया है। इस कार्यक्रम का उद्देश्य ऐसी किशोरियों को स्वास्थ्य देखभाल उपलब्ध कराना है जो स्कूल छोड़ चुकी हैं क्योंकि वहां स्कूल जाने वाले बच्चों के लिए पहले ही स्वास्थ्य देखभाल उपलब्ध कराने का कार्यक्रम मौजूद है। इस कार्यक्रम के जरिए युवतियों में किशोरावस्था के दौरान होने वाले बदलावों के बारे में शारीरिक एवं मनोवैज्ञानिक परामर्श दिया जा रहा है। हर छह महीने में किशोरियों की पोषाहार स्थिति और हीमोग्लोबिन स्तर की जांच की जाती है तथा यदि आवश्यकता हो तो उनका एनीमिया का इलाज किया जाता है। कार्यक्रम में अधिकतम भागीदारी सुनिश्चित करने के लिए राज्य सरकार ने मामूली आर्थिक सहायता का भी प्रावधान किया है। इसका मकसद यह सुनिश्चित करना है कि खासतौर से ग्रामीण क्षेत्रों, अनुसूचित जातियों और जनजातियों से अधिक से अधिक लड़कियां शामिल हो सकें और इसका लाभ उठा सकें। राज्य सरकार सखियों को 25 रुपये हर बैठक के लिए उपलब्ध कराती है ताकि वे किशोरी समूहों में अधिक से अधिक लड़कियों को ला सकें तथा उन्हें जागरूक कर सकें। इसके साथ-साथ आंगनवाडी कार्यकर्ता को भी बैठक और किशोरियों को परामर्श देने के लिए 50 रुपये की प्रोत्साहन राशि दी जा रही है।

झारखंड में राज्य सरकार ने किशोरियों को तकनीकी और व्यवसायिक कौशल देने के लिए व्यावसायिक प्रशिक्षण के वास्ते प्रभावी लिंकेज स्थापित करने के लिए विशेष प्रयास किए हैं। व्यावसायिक प्रशिक्षण एवं प्लेसमेंट के लिए एनएसडीसी (राष्ट्रीय कौशल विकास निगम) तथा 30 स्थानीय स्वयं सेवी संगठनों के साथ लिंकेज स्थापित किया गया है। किशोरियों के समूहों को मौजूदा स्वयं सहायता समूहों के साथ जोड़ा जा रहा है ताकि वे इन समूहों के साथ बात कर सकें और आर्थिक निर्भर होने में उनसे मदद हासिल कर सकें। शिक्षा विभाग के सहयोग से राज्य सरकार विशेष पाठ्यक्रम तैयार कर रही है ताकि स्कूल छोड़ चुकी किशोरियों को स्कूलों में दाखिल कराया जा सके और विशेष रूप से तैयार किए गए शैक्षिक पाठ्यक्रम से उनकी साक्षरता जरूरत पूरी हो सकें। राज्य सरकार ने 18 वर्ष तक की प्रत्येक किशोरी को औपचारिक स्कूली शिक्षा उपलब्ध कराने के लिए उपाय किए हैं। इसके लिए राष्ट्रीय बालिका शिक्षा कार्यक्रम और कस्तूरबा गांधी बालिका विद्यालय के साथ लिंकेज स्थापित किया गया है। खासतौर से जनजातीय लड़कियों के गैर कानूनी व्यापार से निपटना राज्य के समक्ष प्रमुख चुनौती है। इस समस्या से निपटने के लिए झारखंड सरकार ने जीवन कौशल शिक्षा के जरिए समुचित व्यावसायिक प्रशिक्षण और साक्षरता बढ़ाने की योजना पर काम शुरू किया है। आशा है कि इससे बालिकाओं के गैर कानूनी व्यापार को कम किया जा सकेगा। इसके अतिरिक्त कार्पोरेट सामाजिक दायित्व कोष का इस्तेमाल प्रत्येक आंगनवाडी केंद्र में लघु पुस्तकालय एवं शिक्षण केंद्र बनाने के लिए किया जा रहा है। राज्य सरकार ने किशोरियों के स्वास्थ्य एवं पोषाहार के लिए राज्यव्यापी सामाजिक एकजुटता अभियान भी शुरू किया है जिसका उद्घाटन एक समारोह में राज्य के स्वास्थ्य मंत्री ने किया था जहां सबला के तहत सारे कार्यक्रम शुरू किए गए।

सबला पहल से किशोरियों को ज्यादा आत्मनिर्भर बनाने, पोषाहार एवं स्वास्थ्य दशा में सुधार, कौशल सुधार और सूचित विकल्प उपलब्ध कराने के जरिए उनकी क्षमता बढ़ाने में मदद मिली हे। सबला सहित विभिन्न योजनाओं के जरिए सरकार किशोरियों के स्वास्थ्य, पोषाहार एवं विकास जरूरतों को पूरा करने के लिए निवेश कर रही है जिससे उनको शिक्षा, स्वास्थ्य एवं संरक्षण के अधिकार प्रदान किए जा सकें। इससे किशोरियों को लैंगिक रूप से बराबरी एवं न्यायपूर्ण भविष्य के निर्माण में मदद मिलेगी। कुल मिलाकर इससे महिलाओं को आत्मनिर्भर एवं आत्मविश्वास से भरपूर बनाया जा सकेगा।

06 स्तनपान : स्वास्थ्यवर्द्धक और जीवनरक्षक पहल

प्रत्येक बच्चे को जीवन के शुरूआती वर्षों में उचित शारीरिक वृद्धि और विकास के लिए पर्याप्त पोषण, उचित देखभाल, प्यार और स्नेह की जरूरत होती है। स्तनपान न केवल शिशुकाल/बचपन के दौरान बल्कि बाद के वर्षों में भी उसके स्वस्थ जीवन की नींव रखता है। 6 मास का होने तक बच्चे को केवल मां का दूध पिलाए जाने की जरूरत है, इसके अलावा उसे कुछ और नहीं पिलाया जाना चाहिए। आवश्यकता के अनुसार केवल टॉनिक या पूरक दवाइयां दी जा सकती हैं।

जीवन के पहले 6 महीनों में मां का दूध शिशु को वे सभी पोषण तत्व उपलब्ध कराता है, जो उसके अधिकतम विकास और वृद्धि के लिए जरूरी होते हैं। इसलिए शिशु को पहले 6 महीनों के दौरान केवल स्तनपान कराया जाना चाहिए, अर्थात बच्चा केवल मां के दूध पर ही निर्भर रहे, उसे अन्य कोई तरल पदार्थ यहां तक की पानी भी नहीं पिलाया जाना चाहिए। पोषण के अलावा स्तनपान का सबसे मूल्यवान योगदान यह है कि इससे मां और बच्चे के बीच स्थायी सकारात्मक संबंध विकसित होते हैं, जिससे शिशु का भावनात्मक और मनोवैज्ञानिक विकास उसके मस्तिष्क वृद्धि पर सीधे ही प्रत्यक्ष प्रभाव डालने में सहायक होता है। स्तनपान शिशु के शारीरिक और मानसिक विकास को तेजी से बढ़ाता है। 6 माह की आयु के बाद बच्चे को पर्याप्त तथा सुरक्षित पूरक खाद्य पदार्थ खिलाना आवश्यक हो जाता है, ताकि बच्चे की पोषक जरूरतों और स्तनपान के द्वारा उपलब्ध कराए जा रहे पोषक तत्वों के मध्य अंतर को पूरा किया जा सके। इस प्रकार पहले 6 महीनों में स्तनपान समय पर शुरू करने और उसे केवल स्तनपान ही कराने के साथ-साथ 6 माह की उम्र के बाद पूरक पदार्थ खिलाने के साथ-साथ स्तनपान भी जारी रखना किसी बच्चे की उचित वृद्धि और विकास के प्रमुख आधार हैं। अगर बच्चे स्वस्थ हैं तो पूरा देश स्वस्थ है, जिससे देश की उत्पादकता और आर्थिक वृद्धि में सुधार होता है।

नवजात, शिशु और नन्हें-मुन्नों के लिए स्तनपान पोषण का एक प्राकृतिक और सस्ता तरीका है। कृत्रिम/टॉप पोषण की तुलना में स्तनपान कराना बहुत सस्ता है, जिससे घर के बजट पर कोई प्रभाव नहीं पड़ता। स्तनपान मानसिक विकास बढ़ाने के साथ-साथ बच्चे की सीखने के कार्य में वृद्धि करता है और वैश्विक प्राथमिक शिक्षा को आसान बनाने में मदद करता है। इससे बच्चे को जीवन में एक अच्छी शुरूआत मिलती है और लिंग भेद समाप्त होता है। स्तनपान कराने से जीवन के पहले वर्ष में बच्चों की मृत्यु दर कम से कम 13 प्रतिशत कम हो जाती है।

इससे जीवन के पहले साल में शिशु मृत्यु दर की संभावनाएं तकरीबन 13 फीसदी घट जाती हैं। इससे अगली बार गर्भधारण का खतरा भी घट जाता है और इस तरह इससे दो बार गर्भधारण के बीच के अंतराल को बढ़ाने में मदद मिलती है। अगर किसी शिशु को उसके जीवन के प्रथम छह माह के दौरान केवल स्तनपान कराया जाए तो संक्रमित मां से बच्चे को एचआईवी का प्रसार होने के आसार कम हो जाते हैं। स्तनपान से औषधि, प्लास्टिक और अल्यूमीनियम कचरे का उत्पादन घटाने में मदद मिलती है और इससे पर्यावरण में निरंतरता सुनिश्चित होती है। यही नहीं, इससे सामुदायिक भागीदारी को भी बढ़ावा मिलता है क्योंकि विभिन्न क्षेत्रों, विशेषज्ञता और अनुभव वाले लोग एक साझा लक्ष्य पाने के लिए काम करते हैं।

विश्व भर में हर साल जन्म लेने वाले 13.5 करोड़ बच्चों में से 60 फीसदी को पर्याप्त स्तनपान सुलभ नहीं हो पाता है। अपर्याप्त स्तनपान के चलते जो कीमत चुकानी पड़ती है वह बेहद ज्यादा होती है। अपर्याप्त स्तनपान अर्थशास्त्र के अलावा शिशु/बाल मृत्यु दर, संक्रमण और समुदाय की मानसिक व सामाजिक सोच को प्रभावित करने वाली बीमारियों के जोखिम से भी जुड़ा हुआ है।

वहीं, दूसरी ओर जिन शिशुओं को उनके जीवन के प्रथम छह माह के दौरान अच्छा-खासा स्तनपान नसीब होता है, उन्हें उन बच्चों के मुकाबले मधुमेह, हाइपरटेंशन जैसी गैर-संक्रमणीय बीमारियां होने का खतरा काफी कम रहता है जिन्हें या तो बिल्कुल भी नहीं अथवा अपर्याप्त स्तनपान सुलभ होता है। पर्याप्त स्तनपान का लाभ बच्चों को बड़े होने के बाद भी यानी प्रौढ़ावस्था/वृद्धावस्था के दौरान भी मिलता है।

यह वाकई संयोग ही है कि स्तनपान और पूरक पोषण उन सभी आठ मिलेनियम डेवलपमेंट गोल (एमडीजी) से जुड़े हुए हैं जो तकरीबन दो दशक पहले (1990) विभिन्न सरकारों और संयुक्त राष्ट्र द्वारा वर्ष 2015 तक गरीबी से लड़ने और सतत विकास सुनिश्चित करने के लिए तय किए गए थे। अत:

स्तनपान को संरक्षण, बढ़ावा और समर्थन देकर हममें से सभी अपने बच्चों की अच्छी सेहत सुनिश्चित कर एमडीजी को पाने और इस तरह अपने राष्ट्र के समग्र विकास में काफी हद तक योगदान दे सकते हैं।

हालांकि समुचित स्तनपान और पूरक पोषण के ज्ञान को व्यवहार में तभी लाया जा सकता है जब माताओं, उनके पतियों, अन्य पारिवारिक सदस्यों, खासकर सास और इस तरह से पूरे समुदाय की सोच में वास्तविक बदलाव आयेगा। पर्याप्त स्तनपान और पूरक पोषण की सोच को विकसित करने के लिए माताओं के भरोसे को सही अर्थों में बढ़ाना होगा ताकि वे अपने बच्चों को सफलतापूर्वक स्तनपान करा सकें। इसके अलावा यह भी जरूरी है कि पिता/अन्य पारिवारिक सदस्यों की ओर से समुचित समर्थन सुनिश्चित कर, कामकाज की स्थितियां बेहतर कर और घरेलू जिम्मेदारियां कम करके माताओं के लिए सही माहौल बनाया जाए। इससे अपने बच्चों की सेवा में जुटी माताएं स्तनपान के लिए पर्याप्त समय दे सकेंगी। अगर कोई मां अपर्याप्त स्तनपान की समस्या से जूझ रही है अथवा उसे बच्चे को स्तनपान कराने में दिक्कत आती है तो उसे डॉक्टर अथवा स्तनपान कराने वाली अन्य महिलाओं से सलाह-मशविरा करना चाहिए ताकि उसे इस काम में विफलता हाथ न लगे और यह प्रक्रिया सतत जारी रहे। जहां तक कामकाजी माताओं का सवाल है, उन्हें पर्याप्त मातृत्व लाभ देने और उनके लिए विस्तृत छुट्टियां (जहां आवश्यक हो) सुनिश्चित करने की जरूरत है। इस संदर्भ में शिशु की देखभाल के लिए अवकाश देने की सरकारी पहल वाकई उत्कृष्ट कदम है। हालांकि लाभार्थियों को इस सुविधा का इस्तेमाल काफी सोच-समझ कर करना चाहिए।

उन माताओं में जो शिक्षित हैं, घर से बाहर काम करती हैं और उच्च/बेहद उच्च धनी वर्गों से ताल्लुक रखती हैं, स्तनपान बंद करने या जरूरत से कम स्तनपान कराने की संभावना ज्यादा रहती है। बहरहाल, समृद्ध भद्र वर्ग से जुड़ी दूसरी समस्यायें हैं। ज्यादातर माताएं जानबूझकर 6 महीने से पहले स्तनपान बंद कर देती हैं क्योंकि वे महसूस करती हैं कि लम्बे समय तक स्तनपान कराने से उनकी अपनी सेहत पर प्रभाव पड़ सकता है क्योंकि उन्हें अपने शिशु से जुड़ा रहना पडेगा। अपर्याप्त स्तनपान की वजह से समय से पहले ही पूरक दूध/स्तनपान विकल्प लागू कर देना पडता है जिससे मां की भूमिका और नवजात शिशु देखभाल पद्धति में परिवर्तन आ जाता है। वास्तव में, यह सब आज तेजी से बदलती आधुनिक जिंदगी की जटिलताओं की वजह से होता है बजाए अपर्याप्त स्तन दुग्ध उत्पादन के। दुनियाभर में अनुसंधानकर्ताओं ने यह साबित किया है कि ज्यादातर माताएं अपने शिशुओं को पर्याप्त दूध पिलाने में सक्षम हैं और यह भावना कि उनका दूध पर्याप्त नहीं है अकसर अन्य कारणों से आती हैं जिसमें एक स्तन से आंशिक दुग्धपान, स्तन पर शिशु की गलत अवस्था, स्तनाग्र की सूखी अवस्था, स्तनपान कराने वाली दो कड़ियों के बीच लम्बा अंतर आदि शामिल हैं। इसके अलावा माता-पिता/माताएं व्यवसायी रूप से उत्पादित शिशु दूध/नवजात आहारों के लुभावने विज्ञापनों के बहकावे में आ जाती हैं और स्तन, दुग्ध विकल्पों पर उनकी निर्भरता स्तनपान की लागत को बढ़ा देती हैं। इन व्यावसायिक नवजात फार्मूले के लिए वरीयता कई बार चिकित्सकों की अनुशंसाओं से भी प्रभावित होती हैं क्योंकि उनमें से कई चिकित्सक लगातार इन आहारों की अनुशंसा करते हैं और दावा करते हैं कि व्यावसायिक नवजात दुग्ध/आहार उनके शिशु को बेहतर पोषण मुहैया कराने में सहायक होगा। इसके अतिरिक्त, बदलती जीवन शैली और कामकाजी महिलाओं की बढ़ती संख्या, जो अपने पेशे में सफल होना चाहती हैं, खुद ही सुविधाजनक शिशु आहार विकल्प के लिए व्यावसायिक नवजात दुग्ध/आहारों को बढ़ावा देती हैं। शिक्षित, भद्र महिलाओं के लिए ध्यान रखने की एक बात है। याद रखिए..... अधिकतम स्तनपान और पूरक आहार अपनाना आपके शिशुओं की पौष्टिकता, सेहत, शारीरिक तथा मानसिक वृद्धि, भावनात्मक और सामाजिक विकास के लिए आपका एक निवेश है और इस प्रकार जीवनभर के लिए उसके व्यक्तित्व के समग्र विकास के लिए जरूरी है।

माताओं को अधिकतम नवजात आहार प्रचलन को बनाये रखने के प्रति काफी जागरूक रहने की जरूरत है। स्तन, दुग्ध की अपर्याप्तता कामकाज के व्यस्त कार्यक्रमों जैसे रोजाना की छोटी समस्याओं को अभिनव रणनीतियों के जरिये दूर करने की जरूरत है जिसका क्रियान्वयन जरूरत के हिसाब से किया जा सकता है। इसके अतिरिक्त पिता और परिवार के अन्य सदस्यों का पर्याप्त सहयोग भी बहुत महत्वपूर्ण है। माता की मनोवैज्ञानिक और सामाजिक बेहतरी तथा माता तथा शिशु के बीच बेहतर मेलजोल का माता के दूध पिलाने के प्रदर्शन पर काफी सकारात्मक प्रभाव पडता है। इसलिए, यह आवश्यक है कि माता को सही प्रकार का वातावरण, खासकर तनाव मुक्त माहौल मुहैया कराया जाये जिससे कि वह सफलतापूर्वक बच्चे को स्तनपान करा सके। व्यावसायिक रूप से प्रचारित प्रचलनों का आंख मूंदकर अनुकरण नहीं करना चाहिए। उनका चुनाव

उनके प्रभावों की उचित समझ के बाद ही किया जान चाहिए। केवल अपरिहार्य परिस्थितियों में ही स्तनपान से वैकल्पिक आहार की ओर शिफ्ट करने जैसे अप्रत्याशित कदम उठाये जाने चाहिए। जब कोई और चारा न रह जाये अन्यथा स्तनपान ही सर्वोत्तम तरीका है।

ऐसी कोई जादू की छड़ी नहीं है जिससे स्तनपान संबंधी सारी समस्याएं दूर हो जाएं। इसलिए, अब हम अपनी पूरी शक्ति लगा कर एक ऐसे समाज का निर्माण करें जहां सभी महिलाएं अपने बच्चों को स्तनपान करायें और सभी बच्चों को पर्याप्त मात्रा में मां का दूध मिल सके।

स्तनपान के समय से शुरू करने से, विशेष तौर पर छह महीने तक बच्चों को स्तनपान कराने और उसके बाद दो वर्ष या उससे ज्यादा अवधि तक स्तनपान के साथ ही पूरक आहार देने से बच्चे अतिसार, पेचिस, निमोनिया जैसे कई रोगों और संक्रमण से भी बचाव हो जाता है। इसके साथ ही बच्चों की असामयिक मौत का भी खतरा कम हो जाता है।

07 नारी सशक्तिकरण : एक पुनर्विचार

उन्नीसवीं सदी को जहां हम मुख्यत: पुनर्जागरण के नाम से जानते हैं, वहीं इक्कीसवीं सदी को हम महिला की सदी के नाम से जानेंगे, क्योंकि महिलाओं की बदली स्थिति यही बता रही है। जिस सउदी अरब में महिलाओं को कार चलाने पर पाबंदी थी वहाँ स्त्रियां विमान उड़ा रही हैं। मई 2005 में कुवैती महिलाओं को वोट का अधिकार दिया गया है। हाल ही में हमारे यहाँ घरेलू हिंसा के खिलाफ कानून बनाया गया है। इसमें अन्य बातों के अलावा यौन प्रताड़ना और गाली-गलौज को भी हिंसा की कोटि में रखा गया है। यद्यपि उन्नीसवीं सदी के बहुत से मसलों की अनुगूंजें अभी तक सुनाई देती रहती है। जैसा कि अभी तक बड़ी संख्या में विधवाओं का विवाह न होना या भिन्न अवसरों पर होने वाले बाल विवाह या कि दहेज के न मिलने पर स्त्री को सताया जाना या कि विदेशी दूल्हे के लालच में लड़की को बिना जांच पड़ताल के ब्याज देना। कभी-कभी किसी स्त्री के सती होने की घटना भी सुनाई दे जाती है। दहेज की सताई गई स्त्री को न्याय नहीं मिल पाता। बलात्कार से पीड़ित स्त्री को सताने वाले भी प्राय: दंड के भागीदार नहीं बन पाते।

नारी सशक्तिकरण अब अकादमिक बहस का मुद्दा नहीं रह गया है। कोई भी देश अपनी आधी आबादी को पंगु एवं निर्जीव रखकर विकसित होने का दावा नहीं कर सकता है। संस्कृतिवादी पुरातनपन्थी लोग समय-रथ को पीछे खींचने का चाहे जितना प्रयास करें आज की नारी पारम्परिक सोच के दकियानूसी दायरे को तोड़कर चहुंमुंखी विकास की ओर अग्रसर है। उसे एक प्रजननकारी कोख समझने की सामन्ती मानसिकता का खुलेआम समर्थन करने का साहस अब उनके शोषण करने वालों में भी नहीं है। नयी सदी में नारी प्रश्न पर एक मुक्तमयी चेतना का निर्माण हुआ है और यही चेतना नारी सशक्तिकरण के रूप में अभिव्यक्त हो रही है। निश्चय ही इसके व्यापक परिणाम हमारे सामाजिक जीवन पर होंगे।

नए आन्दोलन से जुड़ी सरकारी, गैर सरकारी और अर्द्ध सरकारी एजेन्सियों द्वारा नारी सशक्तिकरण का मुद्दा काफी जोर जोर से उठाया जा रहा है। ऐसे में प्रश्न उठता है कि नारी सशक्तिकरण है क्या? और इसका वाहक कौन हो सकता है?

नारी सशक्तिकरण की अवधारणा को समझने के लिए नारी मुक्ति आंदोलन की एतिहासिक परम्परा को समझना आवश्यक है। इसके तीन चरण स्पष्ट रूप से देखे जा सकते है। जिसे कल्याण, पुनर्वास एवं सशक्तिकरण मॉडल कहा जा सकता है।

प्रथम चरण को 18वीं सदी के मध्य से 19वीं सदी के मध्य तक माना जा सकता है। सैद्धान्तिक रूप से इस दौरान औसत मर्द के मध्य गैर बराबरी को लेकर मूलभूत प्रश्न उठाए गये और यह स्थापना की गयी कि वर्ग और जाति के समान ही लिंग को भी सामाजिक न्याय के विवेचन में एक स्वतंत्र स्थान दिया जाना चाहिए। इस दौरान सारा जोर महिलाओं को मर्दों के समान ही समाज में बराबर अधिकार पाने के हक पर दिया गया है। यह सब उदारवादी नागरिक अधिकारों की वैचारिक दृष्टि के अंतर्गत था। पुरूषों के समान ही नारियों को समान कार्य के लिए समान वेतन, चिकित्सा सुविधाओं, गर्भपात के कानूनी अधिकार आदि के लिए समाज और राज्य की ओर से प्रयत्न किए गए। यह माना गया कि सारी दुनिया में स्त्रियों की समस्याएं और उनके हल एक समान है क्योंकि पितृसत्तात्मक समाज ही नारी शोषण का आधार है जिसका अन्त नारी पुरूष के मध्य कानूनी असमानता दूर करके ही संभव है। इसे नारी कल्याण मॉडल कहा गया। ईस्टर बोसेरप की पुस्तक Woman's Role in Economic Development को हम 'नारी विकास मॉडल' का आरंभिक स्रोत मान सकते हैं। उसने दर्शाया कि कार्य सम्पादन, संसाधनों की उपलब्धता और लाभों के बंटवारे में लैंगिक असमानता है। आगे के शोध कार्यों से यह स्पष्ट हो गया कि यद्यपि दुनिया की पचास फीसदी आबादी महिलाओं की है तथापि वे लगभग 2/3 कार्य घंटों का निष्पादन करती हैं परंतु आयु का दसवां हिस्सा ही उन्हें प्राप्त होता है और वे सम्पत्ति के मात्र एक प्रतिशत की स्वामिनी है। इस प्रकार की लैंगिक असमानता को दूर करने के लिए नारी विकास की विशिष्ट योजनाएं प्रारंभ की गयी। किन्तु इन प्रयत्नों से पता चला कि ऐसी योजनाओं से महिलाओं को बराबरी का स्थान नहीं मिल सका बल्कि पहले से विद्यमान सामाजिक असमानताएं और मजबूत हुई। कुछ विद्वानों का मत था कि ऐसा विकास पूंजीवाद-पितृसत्तात्मक मॉडल के रहते स्वाभाविक ही था। जो भी हो, इस तथ्य ने लिंग-संवेदी विकास की नीतियों और उसे दर्शाने वाले लिंग संवेदी सूचकांक को जन्म दिया। अब सारा जोर महिलाओं को विकास कार्यक्रमों में भागीदार बनाने पर दिया जाने लगा,

न कि सिर्फ उन्हें विकास के फायदों तक ही सीमित रखा गया, जैसा पहले होता था। नारी की पहचान आर्थिक विकास की एक एजेन्सी के रूप में हुई। इस प्रकार हम देखते हैं कि नारी विकास मॉडल भी दो चरणों में पूरा हुआ, 'नारी और विकास' तथा 'लिंग और विकास'। पहले जहां विकास नीतियों में नारी कल्याण पर समुचित ध्यान दिया गया था वहीं दूसरे में लिंग भेद को ही योजना का आधार बनाया गया।

नारी विकास मॉडल की आलोचना यह कहकर की गयी है कि विकासवादी मॉडल महिलाओं के व्यावहारिक हितों की पूर्ति के नाम पर उनके सामरिक हितों की अनदेखी कर देता है। इस मॉडल की सबसे तीखी आलोचना यह है कि इसमें शक्ति के आयाम की अनदेखी की गयी है। ऐसा मुख्य रूप से आर्थिक विकास को प्रधानता देने के कारण संभव हुआ है। कुछ अध्ययनों से यह भी स्पष्ट हुआ कि आर्थिक रूप से महिलाओं का उठता स्तर उन्हें आवश्यक खुशी एवं समान सामाजिक स्तर नहीं प्रदान करता। कई स्थितियों में तो उनकी स्थिति और खराब हो जाती है क्योंकि उन्हें परम्परागत भूमिकाओं के साथ ही नयी आर्थिक जिम्मेदारियां भी निभानी होती हैं। इसलिए आवश्यक है कि निर्णय में इनकी भागीदारी हो। इसके लिए उसका घरेलू एवं सामुदायिक शक्ति संरचनाओं में सक्रिय रूप से भाग लेना आवश्यक है। इस तथ्य की पहचान ने ही नारी सशक्तिकरण की अवधारणा को जन्म दिया।

नारी सशक्तिकरण या सबलीकरण अपने शाब्दिक अर्थ से ही शक्ति के आयाम की अन्य आयामों पर प्रमुखता की ओर इंगित करता है। इसके अंतर्गत यह माना जाने लगा है कि नारी सबलीकरण की कुंजी उसके स्वयं तथा शक्ति संरचना के ऊपर नियंत्रण में छुपी है। शक्ति संरचना पर धीरे-धीरे बढ़ते नियंत्रण के साथ ही अन्य स्तरों पर लिंग समानता-भागीदारी संसाधनों की प्राप्ति, भौतिक कल्याण आदि स्वाभाविक रूप से ही स्त्री को प्राप्त हो जाएंगी। नारी सशक्तिकरण का अर्थ घरेलू और सामुदायिक दोनों ही शक्ति संरचनाओं में नारी की शक्ति को बढ़ाना है। इस तरह से यह औरत एवं मर्द के बीच के शक्ति सम्बन्धों में मूलभूत बदलाव है जिससे महिलाएं अपने जीवन पर अधिकाधिक नियंत्रण पा सके और पुरूषों का उन पर से नियंत्रण कम हो सके।

प्रसिद्ध समाजशास्त्री आन्द्र बीते भी मानते हैं कि नारी सबलीकरण के पीछे मुख्य धारणा शक्ति संबंधों के पुनर्निधारण द्वारा समाज परिवर्तन है।

एल्थोनी गिंडिग्स ने इसे Transformative Capacity कहा तथा कुछ अन्य समाज शास्त्रियों ने तो इसे Power Over के स्थान पर Power to से परिभाषित करना चाहा।

जैव विविधता सम्मेलन (पृथ्वी सम्मेलन) 1992 में सशक्तिकरण को निर्णय लेने अथवा निर्णय को रोकने की क्षमता कहा गया है।

किसी भी दृष्टि से नारी सशक्तिकरण का यह मॉडल शक्ति केन्द्रित ही है और जो हर स्तर पर शनैः शनैः लैंगिक असमानता का ह्रास करता है। यह नारी विकास मॉडल से अधिक व्यापक है क्योंकि यह केवल सामाजिक कल्याण या आर्थिक बराबरी को महत्व नहीं देता अपितु सामाजिक, आर्थिक, राजनैतिक, मनोवैज्ञानिक सभी पहलुओं को एक सूत्र में पिरोकर उन पर विचार करता है।

नारी सशक्तिकरण की यह अवधारणा सबलीकरण के लिए उस आलोचनात्मक विवेक को प्राप्त करने को प्रमुखता देती है जो शोषण, दमन और अन्याय में छिपे संरचनात्मक पहलुओं को ठीक से पहचान सके। इस प्रक्रिया में तीन कड़िया हैं। पहले में भौतिक सुविधाएं, आहार, मृत्युदर, जनसंख्या अनुपात, शिक्षा, वेतन, रोजगार, परिवार और समाज के निर्णयों में भागीदारी तथा अपने श्रम, आय और जीवन पर आत्म नियंत्रण में लिंग भेद के कारण जो असमानताएं हैं, उनकी व्यापक चेतना फैलायी जाए। दूसरी कड़ी, यह बोध कराना है कि असमानताएं ईश्वर प्रदत्त नहीं है। अतः उन्हें बदला जा सकता है। तीसरी कड़ी, उपरोक्त समझ के आधार पर लिंग समानता के उद्देश्यों को प्राप्त करने के लिए महिलाओं को संगठित करना है।

नारी सशक्तिकरण के लक्ष्य प्राप्ति के दो तरीके सुझाए जाते हैं। पहला है, राज्य द्वारा कानूनी और प्रशासनिक उपायों द्वारा नारी की शक्ति का उन्नयन। दूसरा है, महिलाओं द्वारा स्वयं संगठित होकर शक्ति प्राप्त करना। पहले का रास्ता ऊपर से नीचे जाता है, जबकि दूसरे का नीचे से ऊपर की ओर। सैद्धांतिक दृष्टि से दोनों में भिन्नता होते हुए भी व्यावहारिक स्तर पर दोनों में द्वन्द्वात्मक एकता स्वीकार करनी पड़ती है।

उपरोक्त विवेचन से स्पष्ट है कि नारी सशक्तिकरण मॉडल अपने पूर्ववर्ती नारी विकास मॉडल से कई महत्वपूर्ण बातों में काफी भिन्न है। जहां नारी विकास मॉडल एक सामाजिक-आर्थिक परियोजना है वहीं नारी सशक्तिकरण मुख्य रूप से एक राजनैतिक परियोजना। पहले में आर्थिक रूप से नारी के स्थान को ऊंचा करने की बात है तो दूसरे में राजनीतिक रूप से सशक्त करने पर। दोनों की माप के लिए अलग-अलग मापदंड (सूचकांक) बनाए गए हैं- जीडीआई और जीईएम।

हालांकि विश्लेषणात्मक दृष्टि से दोनों भिन्न हैं। किंतु तथ्यात्मक दृष्टि दोनों जुड़े हैं।

कमियां/सीमाएं

उदारवादी नजरिए से देखने पर जाहिर होता है कि इसमें पुरूषों की सभी स्तरों पर उपेक्षा की गयी है बल्कि कई बार यह पुरूष को शत्रु के रूप में भी चित्रित करता है। इसके कारण नारी सशक्तिकरण आंदोलन लिंग-युद्ध में बदल जाता है जिसमें काम संबंधों की सफलता एवं पारिवारिक शक्ति की बलि चढ़ जाती है।

संरचनात्मक दृष्टि से नारी सशक्तिकरण का उपरोक्त मॉडल तात्विक रूप से असंरचनात्मक, विशिष्ट वर्ग केन्द्रित तथा मनोकेन्द्रित दिखायी देता है। यह स्त्रियों के आंतरिक विवेक को जगाने पर अत्यधिक बल देता है। किंतु क्या पुरूषों के विवेक को जगाए बिना और उनकी मनोवृत्ति में परिवर्तन किए बिना लिंग संबंधों को न्यायपूर्ण बनाया जा सकता है? शायद नहीं। यह तो आवश्यक है ही किन्तु इसके साथ आर्थिक, राजनीतिक, संरचनात्मक परिवर्तन भी जरूरी है।

मार्क्सवादियों ने नारी सशक्तिकरण की अवधारणा पर आरोप लगाया कि यह नारी की पुरूष पर आर्थिक निर्भरता के सामाजिक पक्ष की अनदेखी करता है, जोकि सम्पत्ति संबंधों की संरचना में अंत: निहित है। जब तक लिंग आधारित सम्पत्ति संबंधों को नष्ट नहीं किया जाता, मात्र चेतना में परिवर्तन से कुछ होने वाला नहीं।

संरचनात्मक दृष्टि से एक महत्वपूर्ण आलोचना यह भी की जाती है कि नारी सशक्तिकरण मॉडल में सभी स्त्रियों को एक ही सामान्य कोटि के अंतर्गत रखा गया है जबकि यह यथार्थ नहीं है। स्त्रियों के बीच व्यापक मतभेद है जिसे ध्यान में रखना आवश्यक है। नारी आंदोलन में मुख्यत: शहरी, पढ़ी-लिखी, कार्यशील, उच्च/मध्यम वर्ग की महिलाएं ही शामिल हैं।

सांस्कृतिक दृष्टिकोण से नारी सशक्तिकरण मॉडल की आलोचना यह कह कर की जाती है कि यह पश्चिम केन्द्रित है और पूर्व के देशों, जिनमें भारत भी है, की संस्कृति के अनुकूल नहीं है क्योंकि यह लिंग संबंधों को मर्यादित करने वाले धर्म की भूमिका की अनदेखी करता है। भारत में अनेक कुरीतियों को धर्म मान्यता देता है और इसका पालन बढ़-चढ़कर महिलाओं द्वारा किया जाता है। स्पष्ट है कि नारी सशक्तिकरण मॉडल में अनेक कमियां हैं। यह एक आयामी दृष्टिकोण है। इसलिए वर्तमान अवधारणा पर पुनर्विचार की जरूरत है। चूंकि इसका ढांचा टकराव का है अत: क्यों केवल नारी सशक्तिकरण की चर्चा की जाए, क्यों नहीं लिंग सशक्तिकरण को लक्ष्य बनाया जाए। लिंग समानता के स्थान पर लिंग न्याय अधिक उपयुक्त होगा। यह पुरूष या स्त्री का ही सशक्तिकरण नहीं होगा। यह तो लिंग संबंधों में असंतुलन को ध्यान में रखकर उसको इस तरह बदलने पर बल देती है कि उसे सोपानी व्यवस्था के स्थान पर समतापूर्ण व्यवस्था बनाया जाए।

सुझाव

नारी सशक्तिकरण की बहुआयामी अवधारणा जो नारियों की सभी प्रकार की क्षमताओं को बढ़ाने पर बल देती है, को एक राजनैतिक शक्ति केन्द्रित अवधारणा का रूप लेने की आवश्यकता है। इसी दिशा में लक्ष्य को प्राप्त करने के लिए महिलाओं में चेतना जगाने, संगठन बनाने व आंदोलित करने का अपना महत्व है। लेकिन मनोवृत्ति में परिवर्तन के लिए अन्य उपायों की भी मदद ली जानी चाहिए। शिक्षा सामान्य रूप से एवं स्त्री शिक्षा विशेष रूप से ऐसा ही तरीका है। विशेषकर तब जब पाठ्यक्रम लिंग न्याय के प्रति संवेदनशील हो। एक अन्य तरीका लिंग न्याय के प्रति संवेदनशील समाजीकरण की नीति हो सकती है। बच्चों का पालन पोषण इसी दिशा में होना चाहिए।

- संरचनात्मक परिवर्तन
- आर्थिक राजनीतिक परिवर्तन
- मनोवृत्ति में परिवर्तन
- सामाजिक मूल्यों में परिवर्तन

निष्कर्ष

अब समय आ गया है जब हम समझें कि लिंग-न्याय का लक्ष्य पुरूषों को छोड़कर प्राप्त नहीं किया जा सकता है। जब तक नारी एवं पुरूष मिलकर लैंगिक संबंधों के वर्तमान ऊंच नीच वाले ढांचे को चुनौती नहीं देते, न्यायपूर्ण लैंगिक संबंधों की स्थापना नहीं की जा सकती है। हो सकता है कि व्यक्तिगत स्तर पर कोई स्त्री और पुरूष आपस में न्यायपूर्ण संबंधों की स्थापना कर लें, लेकिन आवश्यकता इन न्यायपूर्ण संबंधों की स्थापना कर लें, लेकिन आवश्यकता इन न्यायपूर्ण संबंधों को संस्थागत स्तर पर प्राप्त करने की है। तभी नारी सशक्तिकरण का सपना सच होगा।

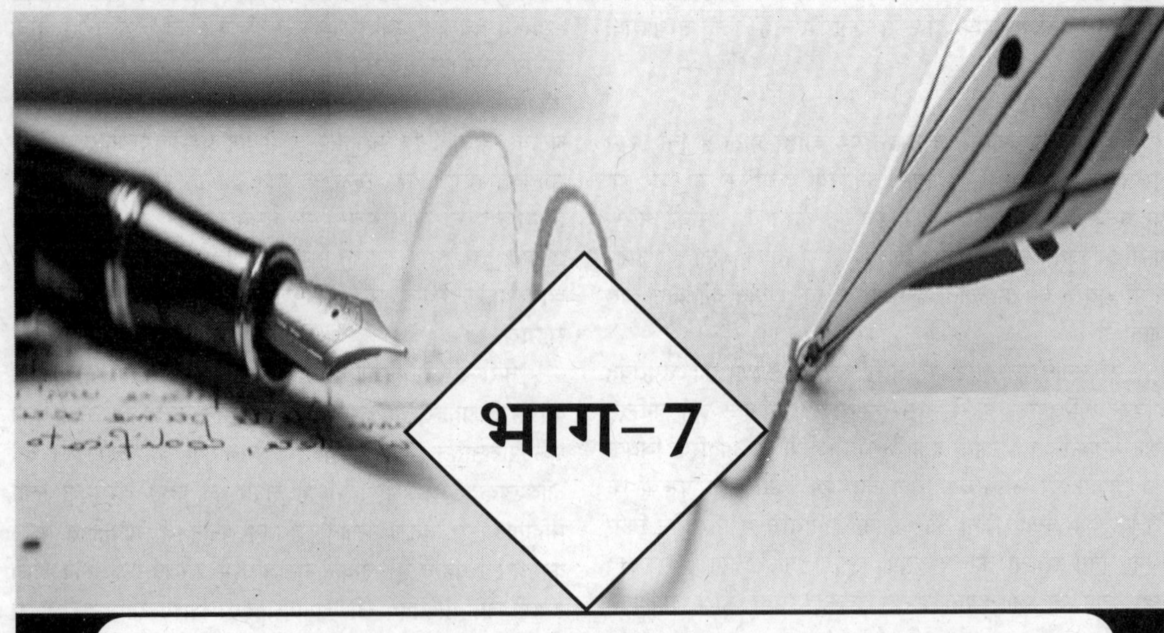

भाग–7

प्राकृतिक एवं मानवजनित आपदाएं

इस भाग में ....

आपदा प्रबंधन
भारत में बाढ़ की विभीषिका : कारण और निवारण
जल संकट और भारत
जल संरक्षण
पर्यावरण और हमारा दायित्व
विश्व तापमान में वृद्धि
अम्ल वर्षा
पर्यावरण और उसके ह्रास के कारण
पर्यावरण ह्रास और उसके प्राकृतिक कारण
जल संकट और चुनौतियाँ

01 आपदा प्रबंधन

ऐतिहासिक और वैज्ञानिक दृष्टि से मनुष्य एक विवेकशील, सुदृढ़ और स्वस्थ्य मानसिकता का प्राणी है, यद्यपि वह चतुष्पादीयों से पृथक है जागृत विवेक का स्वामी है, तथापि उसका जीवन पूर्ण रूप से सुरक्षित नहीं है। अर्थात् कहीं न कहीं उसका स्वयं का विवेक प्राकृतिक एवं दैवीय आपदाओं के आगे सदैव ही असहाय होता जाता है। ऐतिहासिक पृष्ठभूमि यह भी बताती है कि केवल प्राकृतिक एवं दैवीय घटनाएं ही उसके जीवन को नकारात्मक रूप से प्रभावित नहीं करती है अपितु मानवीय एवं विकासशील विचारधारा, अवधारणाओं पर विवेक को प्रभावी बनाना कुछ ऐसे मानसिक और मनोवैज्ञानिक उहा-पोह है जो मानवीय आपदाओं का ही कारण बनते हैं। आपदा प्रबंधन के भीतर हम विशुद्ध रूप से दैवीय और मानवीय घटनाओं का उनके कारणों का उनकी उत्पत्ति के पीछे मनोवैज्ञानिक और वैज्ञानिक अवधारणाओं का तथा उनके संपूर्ण कारणों और निवारण का अध्ययन करते हैं। अत: यह विषयवस्तु न केवल प्रबंधन से संबंधित है अपितु दैवीय और मानवीय घटनाओं के विश्लेषण से ही पराभूत है। ''प्रबंधन'' संज्ञा देना वस्तुत: आपदाओं के उपरांत अव्यवस्थता को व्यवस्थित करने व उनके निराकरण से संबंधित है।

भारतीय और विश्व के दृष्टिकोण से यदि आपदा प्रबंधन का विचार और क्रियान्वयन व्याख्यारित किया जाए तो यह स्पष्ट हो जाता है कि संयुक्त राष्ट्र संघ की स्थापना के उपरांत जब व्यवहारवाद, विश्व विरासत, विश्व सांस्कृतिक, विश्व सुरक्षा और वैश्विक विकास का विचार अस्तित्व में आया तब उसी के साथ मानव जीवन को सुरक्षित रखना उसके विकास और कल्याण के लिए समग्र रूप से विचार करना तथा उसे प्राकृतिक आपदाओं से सुरक्षित रखना व घटनाओ के उपरांत क्षेत्रीय और सामुदायिक सुरक्षा की भावना को विकसित करना ही आपदा प्रबंधन का विषयवस्तु बन गया। इसी के चलते अमेरिका में 1952 में Disaster solution नाम की एक सार्वजनिक संस्था स्थापित हुई तो वहीं 1968 में चीन और रूस ने मिलकर Volvo Mgt नाम से एक संस्था स्थापित की। ज्ञातव्य हो किये दोनों ही संस्थाएं सार्वजनिक थी और मानव संसाधन से सम्बद्ध थी। 1971 में संयुक्त राष्ट्र संघ में Welfare & Defence Inforcement नामक एक अधिनियम पारित करके सेना की एक बड़ी टुकड़ी विश्वव्यापी स्तर पर लोगों की प्राकृतिक घटनाओ के उपरांत सुरक्षा एवं संवर्द्धन के कारण निर्मित करी। इस प्रकार विश्वव्यापी स्तर पर संयुक्त संघ, अमेरिका, चीन और रूस ने प्राकृतिक घटनाओं से प्रभावित जनमानस की सेवा, सुरक्षा और संवर्द्धन का कार्य प्रारंभ किया।

भारतीय उपमहाद्वीप जिसकी भौगोलिक स्थिति ही प्राकृतिक रूप से अनेकों विभिन्नताएं तथा अनेकों चरणों में भ्रंशीय और जलवायवीय परिवर्तन लिए हुए हैं। साहित्यकारों और देशाघटन करने वाले व्यक्तियों के लिए यह अत्यधिक प्रभावशाली और रमणीय है किंतु अत्यधिक प्राकृतिक विभिन्नता तथा क्षेत्रीय वलय और अनेकों पर्वत श्रेणियों का बाहर व भीतर होना, इसके साथ-साथ तीन मुख्य सागरों से घिरा होना चक्रवात के लिए अत्यधिक संवेदनशील होना हिमाद्री, सह्याद्री और विन्ध्य तथा सतपुड़ा का वलयकारी होना भौगोलिक रूप से भारतीय उपमहाद्वीप अत्यधिक संवेदनशील क्षेत्र ''प्राकृतिक आपदाओं'' का बना देता है।

भूगोलवेत्ता तथा मानवशास्त्री यह स्वीकारते हैं कि विन्ध्य का निचला हिस्सा कभी अफ्रीका महाद्वीप का अंग था जिसका सतपुड़ा से जुड़ जाना और इसका ऊपर की स्तर का दबाव, भूकंप, सुनामी आदि के लिए अत्यधिक संवेदनशील होना बतातािहै।

ठीक इसी प्रकार एशिया के अन्य देश जैसे- जावा, सुमात्रा, इंडोनेशिया, पापुआ न्यू गिनी जैसे आदि भी।
1975 में सिंगापुर में दक्षिण पूर्व एशिया की भौगोलिक स्थिति पर विचार हुआ और इस क्षेत्र को आपदा की दृष्टि से संवेदनशील माना गया।

1976 में द.पू.ए. आपदा प्रबंधन का निर्माण कलांतर में इसे आपदा के अंतर्गत कर दिया। आ.प्र. के अंतर्गत मानवीय और दैवीय घटनाएं दोनों ही सम्मिलित कही जाती है, ह्यूगो fomat की प्रणाली आरंभ वास्तव में इसके अंतर संवेदनीय क्षेत्र हैं। पूर्वानुवाद करके शोध करना चलित व्यवस्था में हस्तक्षेप न करते हुए आपदा का पूर्वाग्रह से विचार करके प्रबंधन की सामग्री और विकल्प कर लेना है।

स्पष्ट हो कि ह्यूगो Format के अंतर्गत कारणों पर शोध और निवारण के लिए सक्षम बनता है वस्तुत: आपदा प्रबंधन के पाठ्यक्रम अंतर्गत कई विशेष विषयों का समयोजन करा जाता है, जैसे भूगोल, खगोल, मौसम, जलवायु तथा तकनीकी

ज्ञान व अभियांत्रिकी इन विषयवस्तुओं से आपदा के उपरांत क्षेत्र विशेष को अधिकतम सुरक्षा और निम्नतम नुकसान की विचारधारा को रखा जाता है। वस्तुत: आपदा प्रबंधन 1980 के दशक में विश्वव्यापी दैवीय घटनाओं के उपरांत मानव संसाधन मंत्रालय के भीतर स्थान प्राप्त कर सकता है। आपदा प्रबंधन का उद्देश्य समस्या का निवारण नहीं अपितु समस्या से ग्रसित क्षेत्र का पूर्वानुमान लगाना अथवा समस्या ग्रस्त क्षेत्र के सुरक्षा तथा मानवीय और भौतिक हानि को नियंत्रित व सीमित करना।

स्पष्ट हो कि विश्वव्यापी संयुक्त राष्ट्र से सृजित आपदा प्रबंधन का कार्य व उससे संबंधित अध्ययन व अध्यापन भारत में संवैधानिक रूप से लंबे समय उपरांत प्रारंभ हुआ। किंतु इस सत्य को नकारा नहीं जा सकता कि भारतीय आपदा प्रबंधन दैवीय और मानवीय दोनों ही घटनाओं को समाहित किये हुए हैं। 2005 में विशुद्ध रूप से आपदा प्रबंधन अधिनियम यद्यपि यह DPSP में राज्य के उत्तरदायित्व में आता था किंतु मानव संसाधन के अंतर्गत इसका केंद्रीय व प्रांतीय स्तर पर संगठित करना भारत द्वारा आपदा प्रबंधन को प्रोत्साहन देने का एक श्रेष्ठ उदाहरण है। ज्ञातव्य हो, भारतीय आपदा प्रबंधन प्राधिकरण के अंतर्गत (IDMA) मानव संसाधन मंत्रालय ने इसे विभिन्न विश्वविद्यालय में पृथक रूप से भूगोल, समाजशास्त्र व मानवशास्त्र के साथ संबद्ध कर अध्ययन अध्यापन प्रारंभ कर दिया है। जहां ह्यूगो Format के अंतर्गत अभियांत्रिक प्रारूप के अंतर्गत पठन-पाठन होता है जिसमें रक्षा विभाग, नौसेना, वायु सेना विशिष्ठ सेना तथा अभियांत्रिकी से जुड़े हुए कई विशिष्ठ विभाग की संबद्ध है। 2008 में नेशनल डिफेंस ऑफ अकैडमी के अंतर्गत 10000 सैनिकों की एक पृथक प्रशिक्षण प्रणाली शुरू हुई जिसमें उन्हें आपदा प्रबंधन करने व आपदा से ग्रसित अन्वेक्षण, सवेक्षण व निराकरण की विशिष्ट प्रणालियां सीखायी गयी। 2008 में भा.मा. विभव को भी एक आपदा प्रबंधन की शाखा से संबद्ध कर लिया गया। 2010 में जापान का New technic प्रणाली को भी आपदा प्रबंधन से New संवेदनशील क्षेत्रों में भूमि का दबाव, जनसंख्या भी कम हो तथा यहां पर स्थानातिर जनसंख्या को ही सरकारों व गैर-सरकारी सहयोग मिलेगा अर्थात पक्के मकान व स्थायी बस्तियां इन दोनों को छोड़कर कर ....। 7016 किमी का समुद्री क्षेत्र इसी प्रकार की संवेदनशील क्षेत्र है।

ह्यूगो फारमेट अभियांत्रिक फारमेट और टेक्टोनिक औद्योगिक जाल नहीं होगा आपदा प्रबंध के सबसे अधिक तथापि भारत में आपदा प्रबंध तुलनात्मक रूप से वास्तव में अनेकों त्रासदियों के लिए उत्तरदायी है। यद्यपि भारत सरकार अति उदारवादी इस युग में आपदा प्रबंधन को लेकर संवेदनशील है इसका कार्य तीव्र गति से जल रहा है। कई क्षेत्रों में भारतीय आपदा प्रबंधन नें सफलता प्राप्त की है। किंतु मात्र एक दशक पुराने इस पृथक मंत्रालय के इसके विकास अध्ययन शोध पर अधिक ध्यान देना होगा। जैसे कि प्रादेशिक आ.प्र. जैसे विचार तथापि इनके बीच में संयोजन तथा अन्त विषयों तथा मंत्रालयों के सामंजस्य होना अभी शेष है। वस्तुत: विश्व के कई विश्वविद्यालय भारत सरकार के दिल्ली तथा पुणे के विश्वविद्यालय से।

02 भारत में बाढ़ की विभीषिका : कारण और निवारण

ऐतिहासिक साक्ष्यों के आधार पर कहा जा सकता है कि मानव सभ्यतायें नदियों के तट पर फली-फूलीं। बाढ़ का मानव मात्र के अस्तित्व पर निश्चित और सकारात्मक प्रभाव रहा है। मैदानी इलाकों में बाढ़ से कृषि भूमि की उर्वरा शक्ति बढ़ती है, भूजल स्तर की भरपाई और जमीन में नमी फिर से आती है। लेकिन जनसंख्या के आधिक्य, बेतरतीब विकास, परिवर्तनशील सामाजिक-आर्थिक परिस्थितियां, प्राकृतिक जल निधियों में निरन्तर होती कमी और जलवायु परिवर्तन तथा अन्य कई कारणों से बाढ़ की प्रकृति, तीव्रता और आवृत्ति में जो वृद्धि हो रही है। उससे बाढ़ ने प्राकृतिक आपदा का रूप ले लिया है। यद्यपि बाढ़ एक वैश्विक प्राकृतिक आपदा है लेकिन भारतीय उपमहाद्वीप में इसकी बारंबारता और विभीषिका ने खतरनाक रूप ले लिया है। भारत में बार-बार आने वाली बाढ़ के पीछे कई कारण है जिसमें प्रमुख रूप से पर्यावरण असंतुलन है। हरे-भरे पेड़ों का विनाश, अवैध खनन, नदियों में प्रदूषण तथा गाद की समस्या, ग्लेशियरों का पिघलना, जल निधियों जैसे-झीलें, नम भूमि क्षेत्र, तालाब आदि का मानव द्वारा पाटकर बस्तियां बसाना है। भारत में बाढ़ प्रभावित क्षेत्र का आधे से अधिक भाग असम, बिहार, प. बंगाल और उत्तर प्रदेश में आता है। देश के कई राज्यों/केंद्र शासित प्रदेशों और पूर्वोत्तर राज्यों में भी बाढ़ का प्रकोप रहता है। लेकिन एक ही समय सभी जगह बाढ़ नहीं आती है। राष्ट्रीय बाढ़ आयोग के अनुसार देश में बाढ़ प्रभावित क्षेत्र लगभग 498 लाख हेक्टेयर है। केन्द्रीय जल आयोग ने बाढ़ प्रभावित क्षेत्र को चार श्रेणियों में वर्गीकृत किया है- 1. ब्रह्मपुत्र नदी क्षेत्र, 2. उत्तर-पश्चिम नदी क्षेत्र, 3. गंगा नदी क्षेत्र, 4. दक्कन नदी क्षेत्र।

ब्रह्मपुत्र नदी क्षेत्र में बाढ़ मुख्य रूप से नदियों के तटबंधों के ऊपर से बहने, नालों में रूकावट, भूस्खलन या नदियों के मार्ग बदलने की वजह से आती है। गंगा नदी क्षेत्र में गंगा के उत्तर में स्थित इलाकों में बार-बार बाढ़ आती है। राप्ती, शारदा, घाघरा और गंडक नदियों से उत्तर प्रदेश में बूढ़ी गंडक, बागमती, कोसी और कुछ अन्य नदियों से बिहार में व्यापक क्षेत्र में बाढ़ आती है। पश्चिम बंगाल में महानंदा, भागीरथी, दामोदर आदि नदियों से बाढ़ आती है। उत्तर-पश्चिम नदी क्षेत्र में बाढ़ का प्रमुख कारण नदियों में उफान तथा बालों में रूकावट और विस्तृत जल निकासी की उचित व्यवस्था न होना। मध्य भारत और दक्कन क्षेत्र में भी जल निकासी की समस्याओं के कारण बाढ़ आती है।

बाढ़ एक तबाही है। यह एक त्रासदी है। यह प्रकृति का अभिशाप है बाढ़ की विभीषिका अत्यंत भयानक होती है। यह गांव के गांव बहा ले जाती है। असंख्य लोग तथा मवेशी मौत का ग्रास बन जाते हैं। आम जनजीवन ठप हो जाता है। मिट्टी के घर गिरने से लोगों के सामने आवास की समस्या उत्पन्न हो जाती है। फसलों के नष्ट हो जाने से खाद्य तथा चारा की समस्या गंभीर रूप से उत्पन्न होती है। संचार व परिवहन व्यवस्था ध्वस्त हो जाती है। पर्यटन उद्योग पूरी तरह से प्रभावित होता है। संक्रामक रोग फैलते हैं। चारों ओर नीरवता रहती है। केवल अबोध बच्चे ही हंस खेल रहे होते हैं। पहाड़ों पर भूस्खलन से भीषण तबाही उत्पन्न हो जाती है। केंद्रीय जल आयोग के अनुसार बाढ़ के कारण प्रतिवर्ष लगभग 498 लाख हेक्टेयर जमीन पर खड़ी 705.87 करोड़ रूपये मूल्य की फसलें बर्बाद हो जाती हैं। 12,35000 मकान ढह जाते हैं। 94,000 मवेशी और 2000 लोग मारे जाते हैं। हाल ही में जम्मू-कश्मीर में आयी भीषण बाढ़ ने व्यापक स्तर पर तबाही मचायी है। इस प्रकार हर साल देश के विविध भागों में बाढ़ कहर ढाती है और जान माल का भारी नुकसान होता है। यदि हम बाढ़ प्रबंधन की एक ठोस प्रणाली विकसित करे तथा आपदा प्रबंधन के ढांचे को मजबूत बनाए तो हर साल बाढ़ से होने वाले भारी जान-माल के नुकसान से बचा जा सकता है।

बाढ़ प्रबंधन तीन स्तरों पर होना चाहिए-1. पूर्वानुमान, 2. संरचनात्मक उपाय, 3. गैर संरचनागत। इन्हें अपनाकर बाढ़ की तबाही से काफी कुछ बचा जा सकता है। पूर्वानुमान में वर्षा होने, उसकी गहनता अवधि और वितरण के बारे में भविष्यवाणी करना। तत्पश्चात् जलप्रवाह मार्ग और बाढ़ के चरणबद्ध विकास का अध्ययन। तीसरे चरण में पिछली वर्षा में किये गये जलसंग्रह, उपग्रह आधारित दूरसंवेदन तकनीक से हिमाच्छादन और बर्फ पिघलने के आंकड़े प्राप्त करना।

बाढ़ से निपटने के संरचनागत उपाय वस्तुतः परम्परागत है। इसके अंतर्गत जलाशयों, बाढ़ तटबंधों, बांधों में निकासी चैनलों का निर्माण, भूमि कटाव निरोधक कार्य, नदियों की सफाई,

वनीकरण, तालाओं, झीलों, नमभूमि क्षेत्र की अवैध कब्जों से मुक्त कराना तथा पड़ोसी देशों से नदी संबंधित विवादों का दीर्घकालीन तथा पर्यावरणीय अनुकूल समझौता बाढ़ प्रभाव को रोकने में कारगर कदम साबित हो सकता है। इसके अलावा बाढ़ पुर्वानुमान केंद्र गैर-संरचनागत उपायों में कारगर कदम हो सकता है। आपदा प्रबंधन के स्तर पर बाढ़ से बचने का यद्यपि देश में कोई स्थायी समाधान नहीं खोजा जा सकता है फिर भी

केंद्र सरकार तथा राज्य सरकारों के स्तर से प्रयास लगातार जारी है। जैसे नदी जोड़ो परियोजना, वाटरशेड कार्यक्रम, राष्ट्रव्यापी बाढ़ पूर्वानुमान केंद्रों की स्थापना, राष्ट्रीय आपदा प्रबंधन प्राधिकरण, राष्ट्रीय जल ग्रिड संकल्पना, राष्ट्रीय बाढ़ आयोग की स्थापना, राष्ट्रीय बाढ़ नियंत्रण कार्यक्रम (1954) तथा बाढ़ पूर्व सूचना संगठन का कार्यालय (पटना) आदि। सरकारी प्रयासों से बाढ़ की विभीषिका को रोकने के प्रयास जारी है।

आपदाएं यों तो मानवता की बड़ी दुश्मन होती मानी जाती है लेकिन ये हम सब के लिए सबक की तरह है। आपदाओं में अक्सर मानवता खंडित होती दिखती है। लेकिन हमें धीरज और विवेक से आपदाओं से निपटना चाहिए। आपदाओं से बचने के लिए मानव समाज का संवेदनशील होना जरूरी है। महज थोड़े अनुशासन से हम न केवल समुचित राहत सामग्री प्राप्त कर सकते हैं बल्कि दूसरों को भी जीवन दे सकते हैं। ऐसा देखा गया है कि संकट के समय एक ही स्थान पर खतरनाक जीवन और मनुष्य एक साथ टिके होते हैं और वे अब सुरक्षित बच जाते हैं।

अतः यह सच है कि बाढ़ एक प्राकृतिक घटना है, लेकिन उसका प्रकोप घटाने के लिए प्रयास करना मानवीय कर्तव्य है। इस प्रकोप से बचने के लिए पर्यावरण संरक्षण की तरफ विशेष रूप से ध्यान देना होगा। उन मानवीय गतिविधियों को रोकना होगा जो प्रकृति का क्षरण कर बाढ़ जैसी विभीषिका को आमंत्रित करती है। यह भी आवश्यक है कि पड़ोसी देशों के साथ मिलकर बाढ़ नियंत्रण की ऐसी योजनाएं बनायी जायें, जो पर्यावरण के अनुकूल और दीर्घकालीन हो। इन उपायों को अपनाकर निश्चित रूप से बाढ़ की विभीषिका/त्रासदी से मुक्ति मिल सकती है।

03 जल संकट और भारत

पानी की घटती उपलब्धता आज की सबसे बड़ी समस्या है। पानी का संकट अनुमानों की सीमाओं को तोड़ते हुए दिन प्रतिदिन गंभीर होता जा रहा है। जहां एक ओर शहरी आबादी में हो रही वृद्धि से यहां जलसंकट विकराल रूप लेता जा रहा है, वहीं दूसरी ओर पानी की बढ़ती मांग स्थितियों को और स्याह बना रही है।

एक दशक पूर्व माना जा रहा था कि वर्ष 2025 तक दुनिया की एक-तिहाई आबादी पानी की कमी से जूझेगी। परंतु यह विकट स्थिति तो आज भी आ चुकी है। विभिन्न देशों में रहने वाले 2 अरब लोग पानी की कमी से त्रस्त हैं। अगहर यही प्रवृत्ति चलती रही तो 2025 तक दुनिया की दो-तिहाई आबादी पानी की कमी झेल रही होगी। अक्सर कहा जाता है कि इस शताब्दी में पानी की वही स्थिति हो होगी जो पिछली शताब्दी में खनिज तेल की थी। जिस तरह पिछले दशकों में खनिज तेल को लेकर युद्ध चल रहे हैं आने वाला समय और भी नाटकीय होगाजबकि पानी को लेकर युद्ध लड़े जाएंगे। वैश्विक जल संकट विशेषज्ञ एवं काउंसिल ऑफ कनाडा की सदस्य माउधी बारलो ने अपना पुस्तक ब्लू कविनन्त में लिखा है, '20वीं शताब्दी में वैश्विक जनसंख्या तीन गुनी हो गई है, लेकिन पानी का उपयोग सात गुना बढ़ गया। 2050 तक हमारी जनसंख्या में 3 अरब लोग और जुड़ चुके होंगे। मनुष्यों की जल आपूर्त में 80 प्रतिशत वृद्धि की आवश्यकता होगी। कोई नहीं जानता कि यह पानी कहां से आएगा। 'ताजे शुद्धजल की मांग तेजी से बढ़ रही है। परंतु इसकी आपूर्ति न केवल सीमित है, बल्कि यह घट भी रही है।'

पानी की कमी विवाद का कारण बनती जा रही है। खासकर तब जबकि पानी के स्रोत, जैसे बड़ी नदियां एक से ज्यादा देशों में बहती हो। ऊपर के देश नीचे बहने वाले पानी की मात्रा को नियंत्रित कर देते हैं। अफ्रीका में 50 नदियां एक से ज्यादा देशों में बहती हैं। पापुलेशन रिपोर्ट के अनुसार नील, जाम्बेजी, नाइजर और वोल्टा नदी बेसिन में विवाद प्रारंभ हो चुके हैं। इसी के साथ मध्य एशिया के अराल समुद्री बेसिन में तुर्कमेनिस्तान, उज्बेकिस्तान, कजाकिस्तान और तजाकिस्तान के मध्य अंतर्राष्ट्रीय जल विवाद प्रारंभ हो गया है। क्योंकि ये सभी देश अमुदरिया और सीरदरिया नदियों के पानी पर ही जिंदा हैं। मध्यपूर्व में भी जल समाप्त हो रहा है। इस परिस्थिति में विवाद की संभावनाएं बढ़ती जा रही हैं। स्टीवन सोलोमन ने अपनी नई पुस्तक 'वाटर' में नील नदी के जल संसाधनों को लेकर मिस्र एवं इथियोपिया के मध्य उपजे विवाद के बारे में लिखा है। वे लिखते हैं 'दुनिया के सबसे विस्फोटक राजनीतिक क्षेत्र जिसमें इजरायल, फिलीस्तीन, जोर्डन तथा सीरिया शामिल हैं, में दुर्लभ जल संसाधनों के नियंत्रण एवं बंटवारे के लिए बेचैनी है। क्योंकि यहां तो बहुत पहले सबके लिए शुद्ध जल अनुपलब्ध हो चुका था। पश्चिमी अमेरिका में भी ऐसे किसान जो अपनी फसलों की सिंचाई के लिए अतिरिक्त पानी चाहते हैं, को शहरी इलाकों के घरों एवं अन्य नगरीय क्षेत्रों में पानी की बढ़ती मांग की वजह से विरोध सहना पड़ रहा है। भारत में भी कर्नाटक एवं आंध्र प्रदेश के मध्य कृष्णा नदी का जल दोनों प्रदेशों के लिए विवाद का कारण बना हुआ है। पानी के घटते स्रोतों के मध्य पानी का वितरण भी विवाद का विषय बन गया है। कुछ समय पूर्व तक पानी सरकारी प्राधिकारियों के सीधे नियंत्रण में था। पश्चिमी देशों में सर्वप्रथम जल का निजीकरण हुआ और बाद में विश्व बैंक के ऋण एवं परियोजनाओं द्वारा इसे विकासशील देशों में भी फैला दिया गया। इससे लोगों की पानी तक पहुंच पर विपरीत प्रभाव पड़ा एवं अनेक देशों में नागरिक समूहों ने पानी को सार्वजनिक वस्तु एवं पानी को मानव अधिकार का दर्जा देने के लिए संघर्ष भी शुरू कर दिया है। उपरोक्त सभी विषयों को जलवायु परिवर्तन जितना ही गंभीरता से लेना चाहिए, क्योंकि पानी प्रत्येक के लिए सर्वाधिक महत्त्वपूर्ण है और इसकी कमी मानवीय स्वास्थ्य एवं वैश्विक राजनीति दोनों को ही प्रभावित करेगी। वैश्विक राजनीतिक फलक पर जिनके पास पानी है और जिनके पास नहीं है, के मध्य नया विस्फोटक क्षेत्र उभरा है। यह तेल समस्या की गंभीरता को भी पार कर चुका है। यह वैश्विक राजनीति को उस मोड़ पर ले आया है जिस पर हमारी सभ्यता का भविष्य टिका है। इसलिए पानी कोएक समस्या के रूप में मान्यता मिलनी चाहिए तथा इसके निराकरण को वैश्विक एवं राष्ट्रीय एजेंडे में सर्वोच्च स्थान मिलना चाहिए।

आंकडे बताते हैं कि दुनिया के 1.4 अरब लोगों को पीने का शुद्ध पानी नहीं मिल रहा है। प्रकृति जीवनदायी संपदा जल हमें एक चक्र के रूप में प्रदान करती है, हम भी इस चक्र का

एक महत्त्वपूर्ण हिस्सा है। चक्र को गतिमान रखना हमारी जिम्मेदारी है, चक्र के थमने का अर्थ है, हमारे जीवन का थम जाना। प्रकृति के खजाने से हम जितना पानी लेते हैं, उसे वापस भी हमें ही लौटाना है। हम स्वयं पानी का निर्माण नहीं कर सकते इसलिए प्राकृतिक संसाधनों को दूषित न होने दें और पानी को व्यर्थ न गवांए, यह प्रण लेना आज के दिन बहुत आवश्यक है। समय आ गया है जब हम वर्षा का पानी अधिक से अधिक बचाने की कोशिश करें। बारिश की एक-एक बूंद कीमती है। इन्हें सहेजना बहुत ही आवश्यक है। यदि अभी पानी नहीं सहेजा गया, तो संभव है पानी केवल हमारी आंखों में ही बच पाएगा। पहले कहा गया था कि हमारा देश वह देश है जिसकी गोदी में हजारों नदियां खेलती थी, आज वे नदियां हजारों में से केवल सैकड़ों में ही बची हैं। कहां गई वे नदियां, कोई नहीं बता सकता। नदियों की बात छोड़ दें, हमारे गांव-मोहल्लों से तालाब आज गायब हो गए हैं, इनके रख-रखाव और संरक्षण के विषय में बहुत कम कार्य किया गया है। पानी का महत्व भारत के लिए कितना है कि यह हम इसी बात से जान सकते हैं कि हमारी भाषा में पानी के कितने अधिक मुहावरे हैं। आज पानी की स्थिति देखकर हमारे चेहरों का पानी तो उतर ही गया है, मरने के लिए भी अब चुल्लू भर पानी नहीं बचा, अब तो शर्म से चेहरा भी पानी-पानी नहीं होता, हमने बहुतों को पानी पिलाया, पर अब पानी हमें रूलाएगा, यह तय है। सोचो तो वह रोना कैसा होगा, जब हमारी आंखों में ही पानी नहीं रहेगा? वह दिन दूर नहीं, जब सारा पानी हमारी आंखों के सामने से बह जाएगा और हम कुछ नहीं कर पाएंगे। लेकिन कहा है ना कि आस का दामन कभी नहीं छूटना चाहिए तो ईश्वर से यही कामना है कि वह दिन कभी न आए जब इंसान को पानी की कमी हो। विज्ञान और पर्यावरण के ज्ञान से मानव ने जो प्रगति की है उसे प्रकृति संरक्षण में लगाना भी जरूरी है। पिछले सालों में तमिलनाडु ने वर्षाजल संरक्षण कर जो मिसाल कायम की है, उसे सारे देश में विकसित करने की आवश्यकता है।

जलवायु परिवर्तन ने भी जल आपूर्ति को प्रभावित किया है। ग्लोबल वार्मिंग से ग्लेशियर तेजी से पिघलेंगे और भविष्य में वे दुर्लभ हो जाएंगे। उदाहरण के लिए देखें कि हिमालय के ग्लेशियर भारत, चीन और दक्षिण पूर्व एशिया की अनेक नदियों को जल उपलब्ध कराते हैं। चीन की एकेडमी ऑफ साइंस के याओ तानडोंग का कहना है कि 'पठार क्षेत्र में बड़े पैमाने पर ग्लेशियरों के सिकुड़ने से इस इलाके में वातावरणीय विप्लव आ जाएगा।' लंदन में प्रकाशित गार्जियन ने यमन द्वारा पानी की अत्यधिक कमी का सामना करने पर लिखा है कि वर्ष 2017 से इस शहर को पानी उपलब्ध नहीं हो पाएगा क्योंकि समीप बह रही नदी से प्रतिवर्ष इसमें आने वाले पानी से चार गुना ज्यादा निकाला जा रहा है। एक तो अकाल के कारण यमन के 21 जलग्रहण क्षेत्रों में से 19 में जलभराव नहीं हुआ और इनसे पहले से ज्यादा पानी निकाल लिया गया।

पानी की समस्या इतनी गंभीर है कि सरकार देश की राजधानी स्थानांतरित करने का विचार कर रही है। जल आपूर्ति में वनों के विनाश एवं पहाड़ियों में भू-स्खलन से काफी कमी आ रही है। भू-गर्भीय जल को बहुत नीचे से खींचकर कृषि एवं उद्योगों में इस्तेमाल करने से इसके स्तर में कमी आ रही है। भू-गर्भीय जल के खनन से भारत, चीन, पश्चिमी एशिया, रूस एवं अमेरिका के अनेक हिस्सों में जलस्तर में गिरावट आयी है। उपलब्ध जल में से 70 प्रतिशत का उपयोग खेती में होता है। औद्योगिक कृषि में तो और अधिकपानी की आवश्यकता पड़ती है। एक किलो अनाज के उत्पादन में 3 घन मीटर पानी लगता है जबकि एक किलो गोमांस के लिए 15 घन मीटर पानी की आवश्यकता पड़ती है। क्योंकि गाय के लिए भी अन्न तो उपजाना ही पड़ता है। कई जगह सतह जल के प्रदूषित होने से वह भी मानव उभोग हेतु उपयुक्त नहीं होता।

यदि फिर भी इसका प्रयोग किया जाता है तो स्वास्थ्य संबंधी समस्याएं खड़ी हो जाती हैं। दुनिया में प्रतिवर्ष 50 लाख व्यक्ति जल जनित बीमारियों से मरते हैं।

04 जल संरक्षण

तेजी से हो रहे औद्योगिकीकरण और शहरीकरण के साथ-साथ प्रति व्यक्त को उपलब्ध पेयजल की लगातार गिरती मात्र के कारण देश में उपलब्ध जल-संसाधन पर दबाव बढता ही जा रहा है। देश में विभिन्न प्रयोगों के लिए जल की आवश्यकता और उपलब्धता के आकलन के लिए बनी स्थायी उप-समिति की रिपोर्ट के अनुसार देश में विभिन्न भागों के लिए वर्ष 2025 तक 1093 बीसीएम और 2050 तक 1447 बीसीएम जल की आवश्कता होगी। पेयजल की उपलब्धता और इसकी मांग के बीच बढते अंतर से जल संरक्षण की आवश्यकता महसूस की जा सकती है। इसके साथ ही पानी का सभी रूपों में किफायती इस्तेमाल और इसके एक दुर्लभ संसाधन होने संबधी जागरूकता को बढाने की आवश्यकता है।

प्रतिव्यक्ति पानी की उपलब्धता तेजी से घटने के बीच सरकार ने वर्ष 2013 को जल संरक्षण वर्ष घोषित किया। इसके अंतर्गत आम जनता विशेष रूप से बच्चों के बीच जागरूकता कार्यक्रम चलाए जा रहे हैं।

जल संरक्षण राष्ट्रीय जल मिशन के प्रमुख उद्देश्यों में एक है और यह जलवायु परिवर्तन पर राष्ट्रीय कार्य योजना के अंतर्गत 8 राष्ट्रीय मिशनों में से एक है। इसके अंतर्गत एकीकृत जल संसाधन विकास और प्रबंधन के द्वारा राज्यों और राज्यों से बाहर भी संरक्षण, नुकसान को कम करना और सभी के बीच समान वितरण की परिकल्पना की गई है। जल संरक्षण की आवश्यकता न सिर्फ तेजी से खत्म हो रहे देश के पर्यावरण प्रणाली को बचाने के लिए है बल्कि निकट भविष्य में पीने और घरेलू उपयोग के लिए पानी की अपरिहार्य आपात कमी को दूर करने के लिए भी है।

- जल एक सीमित संसाधन है और इसे बदला या दोहराया नहीं जा सकता है।
- जल संसाधनों को नवीनीकरण किया जा सकता है लेकिन नवीनीकरण सिर्फ मात्र का हो सकता है। प्रदूषण, मिलावट, जलवायु परिवर्तन, अस्थायी और मौसम अंतर पानी की गुणवत्ता को प्रभावित करते हैं और पुनः प्रयोग किये जाने वाले पानी की मात्र को कम कर देते हैं।
- पृथ्वी पर उपलब्ध कुल जल का 2.7 प्रतिशत जल ही स्वच्छ हैं।
- भूमिगत जल का स्तर तेजी से घट रहा है।
- शहरी क्षेत्रों में जल संसाधन अपना कर पानी की मांग को एक-तिहाई तक कम किया जा सकता है और इसके साथ भू-जल और धरातल पर उपलब्ध जल संसाधनों के प्रदूषित होने को कम किया जा सकता है।

जल संरक्षण के लिए कार्य योजना

धरातल पर उपलब्ध जल संसाधनों का संरक्षण

बारिश के दौरान छतों पर उपलब्ध पानी को संभावित भंडारण जगहों पर संरक्षित करने और इसका पूर्ण प्रयोग करने के प्रयास किये जाने चाहिए। नये भंडारण स्थान बनाने के साथ-साथ पुरानी टंकियों की मरम्मत और इन से रेत हटाने का काम किया जाना चाहिए। परंपरागत जल भंडारण तकनीकों और ढांचों पुनः प्रयोग में लाये जाने के प्रयासों को वरीयता की जानी चाहिए।

भू-जल संसाधनों का संरक्षण

भू-जल जल विज्ञान प्रणाली का एक महत्वपूर्ण भाग है। यह पहाड़ी क्षेत्रों में गर्मियों में और मैदानी क्षेत्रों में वर्षा समाप्त होने के समय में नदियों के प्रवाह में मदद करता है।

जल की गुणवत्ता

शहरीकरण और औद्योगिकीकरण के कारण देश के कुछ हिस्सों में तेजी से बढ़ रही जनसंख्या से भूमि के ऊपर और भू-जल संसाधानों की गुणवत्ता पर प्रतिकूल प्रभाव पड़ रहा है। जहां एक ओर पानी की मांग बढ़ रही है, वहीं दूसरी ओर प्रदूषण और मिलावट के कारण उपयोग किये जाने जल संसाधनों की गुणवत्ता तेजी से घट रही है। इसलिए वर्तमान में सतह पर उपलब्ध और भू-जल संसाधनों को प्रदूषण और मिलावट से बचाना जल संरक्षण का एक अहम भाग है।

जल संरक्षण के लिए कार्य-बिंदु

जल संरक्षण के लिए महत्वपूर्ण भागों में पानी के नुकसान को कम करना और पानी का प्रयोग कुशलतापूर्वक करना शामिल है। विभिन्न क्षेत्रों में जल संरक्षण के लिए कार्य-बिन्दू निम्नलिखित है :-

सिंचाई क्षेत्र

सिंचाई प्रणाली और पानी के उपयोग की कार्य क्षमता में सुधार :

- सही और समयानुसार उपकरणों की मरम्मत।
- क्षतिग्रस्त और गाद से भरी नहरों की मरम्मत करना।
- जल बचाने वाली कम लागत की तकनीकों को अपनाना।
- वर्तमान में चल रही सिंचाई प्रणालियों का आधुनिकीकरण और पुनरुद्धार करना।
- पानी की उपलब्धता में परिवर्तन होने पर फसलों की बुवाई में फेरबदल करना।
- सिंचाई के लिए अधिक जल का उपयोग करने से होने वाले परिणामों से किसानों को प्रशिक्षित करना।
- रात में सिंचाई कर पानी के भाप बन कर उड़ने से होने वाले नुकसान को कम करना।
- भूमि का उपजाऊपन और कीड़ों पर प्राकृतिक रूप से नियंत्रण रखने के लिए फसलों को अदला-बदली कर बोना।
- नहरों के टुटने और उनकी मरम्मत करने के साथ-साथ अचानक हुई बारिश के बाद संबंधित क्षेत्रों में जल वितरण रोकने के लिए आधुनिक, प्रभावी और भरोसेमंद संचार प्रणाली की स्थापना करना।
- यह देखा गया है कि खेती में सड़ी गली घास के वैज्ञानिक प्रयोग से जमीन में नमी बनाये रखने को 50 प्रतिशत तक बढ़ाया जा सकता है, जिससे पैदावार में 75 प्रतिशत तक की वृद्धि हो सकती है।

घरेलू और नगर निगम क्षेत्र में जल संरक्षण के लिए महत्वपूर्ण कार्य बिन्दू निम्नलिखित है :-

- पानी के वितरण के दौरान होने वाले नुकसान में कमी लाने के प्रयास करना।
- मांग के अनुरूप पानी का वितरण मीटरों के द्वारा प्रबंधित करना।
- वितरण प्रणाली को दीर्घकालिक और नुकसान को कम करने के लिए आवश्यकता अनुसार शुल्क लगाना।
- बगीचे में पानी प्रयोग करने और शौचालय आदि में प्रयोग हो रहे पानी के दुबारा इस्तेमाल करने की संभावना का पता लगाना।

औद्योगिक क्षेत्र

पानी का इस्तेमाल सावधानीपूर्वक करने के लिए नियम बनाना। पानी की आवश्यकता को कम करने के लिए औद्योगिक प्रणाली का आधुनिकीकरण करना।

औद्योगिक आवश्यकताओं के लिए पानी की जरूरत को उचित मूल्य द्वारा नियंत्रित करना ताकि जल संरक्षण को बढ़ावा दिया जा सके।

जल संरक्षण के लिए नियामक प्रणाली

- भू-जल एक ऐसा स्रोत है जिसका कोई मूल्य नहीं लगाया जा सकता। केवल भू-जल एकत्र करने के लिए बनाई गई प्रणाली ही एक मात्र निवेश होता है। कई क्षेत्रों में बिना रोकथाम के पानी निकालने से भू-जल के स्तर में गिरावट आती है। भू-जल के नियंत्रित प्रयोग के लिए इसका वितरण प्रबंधन करना बहुत महत्वपूर्ण है।
- शहरी और ग्रामीण क्षेत्रों में पानी के मूल्य में राशनिंग करना। औद्योगिक क्षेत्रों के लिए भूमिगत जल के प्रयोग करने पर अधिक शुल्क लगाना।
- वर्षा जल के संचयन के लिए प्रोत्साहन देना।
- शहरी क्षेत्रों में वर्षा जल के संचयन को प्रोत्साहन देने के लिए भवन निर्माण संबंधी कानूना में बदलाव करना ताकि इसे अनिवार्य रूप से लागू किया जा सके।

जल संरक्षण एक महत्वपूर्ण चुनौती है। देश में जल संरक्षण के लिए कई प्रकार की प्रणाली उपलब्ध है। जहां एक ओर वैज्ञानिक इस क्षेत्र में नयी तकनीकों को विकसित कर रहे हैं वहीं इनके प्रयोग में कमी साफ देखी जा सकती है। इस अंतर को दूर करने की आवश्यकता है। सिंचाई, औद्योगिक और घरेलू जल वितरण प्रणालियों में संचालन और मरम्मत सही रूप से नहीं होने के कारण बड़ी मात्रा में जल का नुकसान होता है, इसलिए इन कमियों को दूर करने की आवश्यकता है।

जल संसाधानों का विकास करने के लिए परंपरागत तकनीकों का आधुनिक संसाधन तकनीकों के साथ विवेकपूर्ण ढंग से उपयोग करने की आवश्यकता है।

जल संरक्षण करने के लिए सिंचाई, घरेलू और औद्योगिक क्षेत्र में इसके उपयोगकर्ताओं को जागरूक करने की आवश्यकता है। इस दिशा में विशेष ध्यान दिया जाए ताकि इस अभियान का लाभ बच्चों, गृहणियों एवं किसानों तक प्रभावी ढंग से पहुंच सके।

05 पर्यावरण और हमारा दायित्व

मानव के चारों तरफ का प्राकृतिक आवरण या परिवेश। जो भी प्रकृति प्रदत्त चीजें हमारे चारों ओर मौजूद हैं जैसे-वायु, जल, मृदा, वनस्पतियां, जीव-जंतु आदि सभी पर्यावरण के घटक हैं। इनसे मिलकर पर्यावरण की रचना होती है। पर्यावरण की ही वृहत्तर अवधारणा को पारिस्थितिकी की संज्ञा दी जाती है। इससे जीव और उनके आस पास के वातावरण में संपूर्ण जैविक और अजैविक संघटकों के अध्ययन का बोध होता है। अतः प्रकृति को नष्ट करके नहीं, उसे सुरक्षित रखकर जीवन जीना हमारा दायित्व है।

स्वच्छ पर्यावरण को हमारे देश में प्राचीनकाल से वरीयता दी गई है। सच तो यह है कि हमारा भारतीय दर्शन पर्यावरण संरक्षण की दृष्टि से जितना समृद्ध है, उतना किसी अन्य देश का नहीं पर्यावरण संरक्षण का भारतीय दर्शन इतना व्यावहारिक है कि यह हमारी जीवन शैली से जुड़ा हुआ है। यही कारण है कि सभी सामाजिक-सांस्कृतिक परंपराओं व प्रथाओं के मूल में कहीं न कहीं पर्यावरण सुरक्षा को महत्व दिया गया है। प्राचीनकाल से ही सूर्य, पृथ्वी, जल, वायु, अग्नि, वनस्पतियां, नदियों आदि को पूजनीय मानने की परंपरा रही है जिसके मूल में पर्यावरण संरक्षण का ही भाव निहित है। पर्यावरण संरक्षण के साथ-साथ जैव विविधता के संरक्षण का भी प्राचीनकाल में गौरवमयी इतिहास रहा है। पर्यावरण और पारिस्थितिकी संकट मौजूदा दौर के ऐसे विषय है जिन पर दुनिया भर में सर्वाधिक बहस हो रही है। यह होना आवश्यक भी है क्योंकि मानव का प्राकृतिक परिवेश यानी पर्यावरण खतरे में है। यह मानवीय सभ्यता पर आसन्न ऐसा खतरा है जो पूरी की पूरी सभ्यता को एक दिन लील सकता है।

औद्योगिक क्रांति के फलस्वरूप वैश्विक स्तर पर विकास की ऐसी दौड़ शुरू हुई कि पर्यावरण का अंधाधुंध नष्ट किया जाना लगा बड़ी-बड़ी नदी घाटी परियोजनाएं, जंगल का कटाव, जीवाश्म ईंधन का अधिकाधिक प्रयोग, भूगर्भीय जल का दोहन, ग्रीन हाउस गैसों के उत्सर्जन और इसी प्रकार के अन्य संकेतकों का अधिकाधिक प्रयोग किया जा रहा है। भारत जैसे विकासशील देश में गरीबी, जनसंख्या और बेरोजगारी भी पर्यावरण प्रदूषण का एक प्रमुख कारण भी है। झूम खेती के कारण वनों का कटान जारी है। जलावन के लिए आज भी ग्रामीण क्षेत्रों में लोग लकड़ी का ही प्रयोग कर रहे है। आदि ऐसे सब कारण है जिससे पर्यावरण तथा जैवविविधता नष्ट होने के कगार पर पहुंच गई। औद्योगिक कचरों के प्रवाह से नदियां नाले में बदल रही है। ऐसे में पर्यावरण असंतुलन से जुड़ी समस्याएं विकराल रूप से सामने आ रही है जैसे ग्लोबल वार्मिंग, ओजोन परत का क्षीण होना, सुनामी, भूकंप, धरती के औसत द्रव्यमान में वृद्धि, बेमौसम बरसात, बाढ़, बहुत से जलीय तथा स्थलीय जीव जंतु लुप्त प्राय हो रही है। नयी-नयी बीमारियां आम जन-जीवन को तबाह कर रहा है। मानसून में बदलाव भी पर्यावरण प्रदूषण का ही कारण है यद्यपि यह वैश्विक समस्या है लेकिन भारत जो कि एक कृषि प्रधान देश है। देश के किसानों का भाग्य मौसम तय करता है। ऐसे में मानसून का सही समय पर आगमन बहुत ही महत्वपूर्ण है।

केवल एक ही धरती है और हमारा सामूहिक भविष्य उसी पर टिका है इसलिए पर्यावरण संरक्षण को लेकर वैश्विक चेतना जागृत करने के उद्देश्य से लगातार प्रयास जारी है। जैसे 1972 मानव पर्यावरण सम्मेलन, क्योटो सम्मेलन (1999), पृथ्वी सम्मेलन (1992), कोप सम्मेलन आदि। लेकिन प्रारंभ से लेकर अब तक जो भी विमर्श हुए हैं। वे पर्यावरणीय मुद्दों की अनदेखी करते रहे हैं। ये फोरम अमीर बनाम गरीब देशों के बीच लड़ाई के लिए जाने जाते हैं। गरीब राष्ट्र अपनी मांगों को लेकर आंदोलन करते हैं और अमीर मनमानी। अतः अब समय आ गया है कि पर्यावरण संरक्षण के लिए ईमानदारी से प्रयास किया जाय।

स्वतंत्र भारत में विकास के साथ-साथ पर्यावरण संरक्षण को कानूनी मान्यता दी गयी है। संविधान के अनु. 48(क) (राज्य के नीति के निदेशक तत्व) मूल कर्तव्य अनु. 51(क) में राज्य तथा देश के नागरिकों से पर्यावरण तथा जैव विविधता के संरक्षण की अपेक्षा की गयी है। के.एम. मुंशी द्वारा 1952 में शुरू किया वन महोत्सव पर्यावरण संरक्षण की ही एक मुहिम थी। देश में पर्यावरण संरक्षण से संबंधित अन्य कई कानून भी हैं। जैसे- राष्ट्रीय पर्यावरण नीति 2006, वन्य संरक्षण अधिनियम 1972, जल संरक्षण अधिनियम 1988 आदि। वैधानिक प्रावधान के अलावा गैर सरकारी संगठन तथा समाज सेवियों द्वारा भी

पर्यावरण संरक्षण के प्रयास लगातार जारी है। जैसे गुग्गुल बचाओ अभियान, चिपको आंदोलन, अपिको आंदोलन, नर्मदा बचाओ आंदोलन आदि। फिर भी अभी बहुत प्रयास की आवश्यकता है। जैसे 33% वन की बजाय अभी मात्र 21.5% वन ही है। ऐसे में वनारोपण को बढ़ावा देना है। खेती में रासायनिक खाद के प्रयोग के बजाय जैविक खेती को प्राथमिक दी जाय। नदियों की साफ सफाई के कचरा निस्तारण को प्रभावी बनाया जाय। ग्रामीण इलाकों में जलावन के लिए लकड़ी का प्रयोग प्रतिबंधित हो। आदिवासियों से संबंधित जल, जमीन, जंगल के अधिकार के बजाय उन्हें मुख्य धारा में शामिल किया जाय आदि ऐसे बहुत से उपाय हैं जिनके माध्यम से हम अपने पर्यावरण संरक्षण के दायित्व का पालन करके अपने जीवन को अधिक सुखी, स्वस्थ, समृद्ध और प्रकृति के करीब बना सकते हैं। तथा सतत और समावेशी विकास को अपना कर भावी पीढ़ियों के भविष्य को भी सुरक्षित कर सकते हैं।

उपर्युक्त विवेचन से स्पष्ट है कि मनुष्य सभी वस्तुओं का मापदंड है। विकास चाहे जितनी ऊंचाई प्राप्त कर ले मानव जीवन का विकल्प नहीं हो सकता है। अत: समावेशी और सतत विकास के लिए पर्यावरण संरक्षण के प्रति हमारा दायित्व अपरिहार्य है। आधुनिक सुख सुविधाओं के बजाय प्रकृति के करीब रहना समय की मांग है। महान विचारक और माध्यमिक प्रौद्योगिकी के प्रवर्तक ई. एफ. शुमाखर के अनुसार पर्यावरणीय क्षति की समस्या केवल तकनीकी नहीं है, इसे तो आधुनिक विश्व के जीवन चक्र से पोषण मिलता है। हमें ब्रह्मांड और सभी जीव रूपों बल्कि समूची प्रकृति के अस्तित्व के अन्तर्संबंधों की अनिवार्य अखंडता को समझना होगा। उबंटू के जुलू दर्शन को जिसका अर्थ है आप है, तो मैं हूँ को अपनाने का यही उचित समय है।

06 विश्व तापमान में वृद्धि

औद्योगीकरण की बढ़ती प्रक्रिया के कारण वायुमंडल में CO_2 की मात्रा बढ़ने से धरती की सतह से परावर्तित किरणों द्वारा उत्सर्जित होने वाली तापीय ऊर्जा को वायुमण्डल से बाहर जाने से रोकती है। इस तरह तापीय ऊर्जा के वायुमण्डल में सान्द्रण से धरती के औसत तापमान में वृद्धि होती है, जिसे विश्वव्यापी तापक्रम वृद्धि (Global Warming) कहते हैं।

वैज्ञानिकों का मानना है कि विश्व तापमान में वृद्धि के कहर से पृथ्वी की जलवायु परवर्तित होगी, जिसके तहत वर्षा में कमी आयेगी। वर्षा की कमी का प्रत्यक्ष प्रभाव कृषि पर पड़ेगा तथा सूखे की स्थिति उत्पन्न होगी। तापमान वृद्धि एवं वर्षा की कमी के कारण वन क्षेत्र तेजी से घटेगा, जिससे जैव विविधता का भी ह्रास होगा। तापमान वृद्धि के लिए CO_2 के अलावा मीथेन, क्लोरोफ्लोरो कार्बन (CFC), यौगिक तथा नाइट्रस ऑक्साइड भी उत्तरदायी हैं। भू-मण्डल के गरमाने से नजदीकी और दूरगामी, दोनों प्रभाव मानव स्वास्थ्य एवं पर्यावरण के लिए घातक सिद्ध होंगे। नजदीकी प्रभावों में तापीय वृद्धि के कारण मृत्यु, सूखा, तूफान, बाढ़ एवं पर्यावरण अवनयन मुख्य हैं। दूरगामी प्रभावों में संक्रमण एवं संबंधित रोग, खाद्य समस्या, अकाल एवं जैव विविधता का खतरा पैदा होगा। इनके अतिरिक्त ताप वृद्धि से ध्रुवीय एवं उच्च पर्वतीय बर्फ पिघलने से समुद्री किनारों पर स्थित अनेक शहर डूब सकते हैं।

मौसम वैज्ञानिकों के अनुसार पिछली सदी में 0.3 से 0.6 डिग्री सेल्सियस तापमान बढ़ा है। विश्व जलवायु परिवर्तन के अंतर्राष्ट्रीय पेनल (International Panel on Climate Change-IPCC) के वैज्ञानिकों ने जनसंख्या, आर्थिक व तकनीकी विकास को ध्यान में रखते हुए हरित गृह-प्रभाव की तीव्रता का आकलन करके बताया कि अगली सदी के मध्य में वातावरण में कार्बन डाई ऑक्साइड की मात्रा औद्योगिक युग से पूर्व की तुलना में दुगनी हो जायेगी, जिसके फलस्वरूप पृथ्वी का औसत तापमान 2025 तक 1^0C तथा 2100 में 2^0C बढ़ जायेगा। वातावरण के तापमान में 0.3^0 से 0.6^0 डिग्री सेल्सियस की वृद्धि मात्र से ही महासागरों का जलस्तर 10.25 सेमी ऊँचा हो गया। इसी आधार पर वैज्ञानिकों ने पूर्वानुमान लगाया है कि अगली सदी के दौरान महासागरों का जलस्तर 15 से 95 सेमी तक ऊँचा हो सकता है। महासागरों का जल स्तर ऊपर उठने से हिन्द महासागर, भूमध्यसागर, अफ्रीकी अटलांटिक महासागर और कैरीबियन सागर के तट पर बसे अनेक नगर व महानगर सागर में समा सकते हैं। प्रतिष्ठित पत्रिका 'टाइम्स' के अनुसार सागर का जलस्तर एक मीटर ऊपर उठने से मिस्र, बांग्लादेश, चीन, नाइजीरिया के लगभग 9.40 करोड़ लोगों का जीवन संकट में पड़ जाएगा। अकेले मिस्र की भूमध्यसागरीय तटीय 15 प्रतिशत कृषि भूमि नष्ट हो जाएगी। इसी प्रकार बांग्लादेश का विश्वप्रसिद्ध 'सुन्दरबन' भी सागर में विलीन हो जाएगा, जिससे पारिस्थितिकी दलदली तंत्र नष्ट हो जाएगा। प्रायद्वीपीय भारत को भी इससे खतरा उत्पन्न हो सकता है।

जलवायु प्राकृतिक तत्व के रूप में एक जटिल संरचना रखती है, जो वायुमण्डल के साथ ही महासागर, हिम, भूमि, नदियों, झीलों तथा पर्वत आदि से अंत: संबंधित है। इसी अंत: क्रिया से उत्पन्न जलवायु परिवर्तन अकाल के रूप में भी परिलक्षित होती है। अमेरिकी पर्यावरण सुरक्षा एंजेसी के एक अध्ययन के अनुसार सन् 2060 तक दुनिया का चावल, गेहूँ तथा अन्य खाद्यान्नों का उत्पादन 1.2 से 7.6 प्रतिशत कम हो जाएगा। तापमान वृद्धि से विश्व जल संकट को भी गति मिलेगी।

ग्लोबल वार्मिंग से हिमालय के हिमनद (Glaciers) हिम झीलों में परिवर्तित हो रहे हैं। ये झीलें प्रतिदिन चौड़ी होती जा रही हैं। अंतर्राष्ट्रीय विज्ञान पत्रिका 'न्यू साइंटिस्ट' के अनुसार सन् 2025 तक हिमालय के सभी हिमनद नष्ट हो जायेंगे, जिसके दौरान विकराल बाढ़ की स्थिति भी उत्पन्न हो सकती है, जिसका प्रभाव घाटी के आसपास पहाड़ी क्षेत्रों में रहने वाले लोगों पर पड़ेगा। नई खोजों से पता चला है कि पृथ्वी के गर्म होने के साथ-साथ उत्तर की ओर ग्रीनलैण्ड के हिमनद बड़ी भयावह गति से पिघल रहे हैं। अंटार्कटिका में 'रोस सागर' (Ross Sea) के विशाल हिमखण्डों के अपने मूल स्थानों से अलग हो जाने के कारण हजारों पैंग्विन भूख और थकान से मर रहे हैं।

वर्ष 1992 में रियो शहर में पृथ्वी सम्मेलन में 160 देशों ने विश्व के जलवायु परिवर्तन से संबंधित समझौते पर हस्ताक्षर किए तथा दिसम्बर, 1997 में जापान में हुए क्योटो सम्मेलन में विश्व के कई देश कार्बन डाई ऑक्साइड के स्तर को कम करने के लिए सहमत हुए। इसमें 160 देशों के अलावा 300 गैर-सरकारी संगठनों ने भी भाग लिया था। सन् 2002 में जोहान्सबर्ग में भी इन पूर्व के समझौतों की पुनरावृत्ति मात्र की गई, जबकि इस दिशा में कोई प्रभावी निर्णय नहीं लिया गया।

07 अम्ल वर्षा

मानव के लिए जल विभिन्न उपयोगों हेतु महत्वपूर्ण है। यह जल मुख्य रूप से वर्षा से प्राप्त होता है। वर्तमान समय में मानवजनित स्रोतों से निःसृत सल्फर डाई ऑक्साइड (SO_2) वायुमण्डल में पहुँच कर जल में मिश्रित होकर सल्फेट तथा सल्फ्यूरिक अम्ल (H_2SO_4) का निर्माण करती है। जब यह अम्ल वर्षा के साथ धरातल पर पहुँचता है, तो उसे अम्ल वर्षा (Acid Rain) कहते हैं। जल की अम्लीयता pH में मापते हैं। जब जल की अम्लीयता pH7 हो तो उसे तटस्थ जल (Neutral Water) कहते हैं, जितनी अधिक मात्रा में सल्फर डाई ऑक्साइड और नाइट्रोजन ऑक्साइड का सान्द्रण वातावरण में होगा, उतना ही वर्षा जल का pH घटेगा।

वैज्ञानिकों का मानना है कि अम्ल वर्षा सल्फर डाई ऑक्साइड और नाइट्रोजन ऑक्साइड उगलने वाले औद्योगिक एवं परिवहन स्रोतों के क्षेत्र तक सीमित नहीं होती, वरन् वह स्रोत क्षेत्रों से दूर अत्यधिक विस्तृत क्षेत्रों को प्रभावित करती है, क्योंकि अम्ल वर्षा के उत्तरदायी कारक प्रदूषक (जैसे–सल्फर डाई ऑक्साइड) गैसीय रूप में होते हैं, जो हवा एवं बादलों द्वारा दूर तक फैल जाते हैं। उदाहरण के लिए–जर्मनी तथा इंग्लैण्ड स्थित मिलों से निकली सल्फर डाई ऑक्साइड तथा नाइट्रोजन के ऑक्साइड्स के कारण नार्वे तथा स्वीडन में अम्लीय वर्षा के कारण अधिकांश झीलों की जैविक सम्पदा नष्ट हो गई है। ऐसी झीलों को अब जैविकीय दृष्टि से 'मृत झील' कहते हैं। खाड़ी युद्ध के दौरान इराक द्वारा कुवैत के प्राकृतिक तेल के कुंओं में आग लगा देने के परिणामस्वरूप निःसृत धुंए से ईरान तथा भारत के जम्मू–कश्मीर क्षेत्र पर इसका प्रभाव दिखाई दिया। जम्मू–कश्मीर में बर्फ की परतों के मध्य कार्बन की परतें मिली थी। यह कार्बन धुंए में विद्यमान CO_2 के वर्षा जल के साथ आने से जमा हुआ था।

संयुक्त राज्य अमेरिका (USA) तथा पश्चिमी यूरोपीय उद्योग प्रधान देशों में अम्ल वर्षा ने भयानक रूप ले लिया है। इसी आधार पर कभी–कभी अम्ल वर्षा को झील–कातिल (Lake-Killer) भी कहते हैं, क्योंकि यहाँ के विभिन्न जलस्रोतों, झीलों, तालाबों एवं छोटे–बड़े जल भण्डारों आदि में जलीय जीवों की मृत्यु का उत्तरदायी कारक अम्ल वर्षा को माना गया है। कनाडा के ओंटारियो प्रान्त की 2.5 लाख झीलों में से 50 हजार झीले अम्ल वर्षा से ग्रसित हैं तथा 140 झीलों को जैविक समुदाय ने अयोग्य मानकर मृत घोषित कर दिया है। इनके जल का pH मान अत्यधिक घट चुका है। USA के औद्योगिक क्षेत्रों में निःसृत ऑक्साइड मैक्सिको में अम्ल वर्षा के रूप में दृष्टिगत हो रहे हैं। अम्ल वर्षा का प्रभाव मानवीय स्वास्थ्य पर पड़ता है, के डॉ. हैमिस्टन के अनुसार विश्व के जीवाश्मीय ईंधन (Fossil Fuel-Coal and Petroleum) के दहन से निःसृत अम्लीय सल्फेट के कारण प्रतिवर्ष 7500 से 12000 व्यक्तियों की मृत्यु हो जाती है तथा लाखों लोग त्वचा कैंसर तथा संबंधित बीमारियों से ग्रसित हो जाते हैं।

अम्ल वर्षा के कारण मृदा उत्पादकता प्रभावित होती है। अम्लता के कारण मृदाओं के खनिज तथा अन्य पोषक तत्व नष्ट हो जाते हैं। अम्ल वर्षा वनों को भी प्रभावित करती है। उत्तरी अमेरिका (यू.एस.ए., कनाडा, मैक्सिको तथा पश्चिमी द्वीप समूह) तथा यूरोपीय देशों (नार्वे, स्वीडन, जर्मनी तथा मध्य यूरोपीय देश) में अम्ल वर्षा ने काफी वनों को नष्ट कर दिया है। इसका प्रभाव वृक्षों की पत्तियों तथा जड़ों की अवरोधक गति में प्रभावशीलता से देखा जा सकता है। अम्ल वर्षा से प्राचीन ऐतिहासिक भवन भी प्रभावित हो रहे हैं। अनेक ऐतिहासिक इमारतें तथा स्मारक जो संगमरमर तथा लाल पत्थर से निर्मित हैं, उन पर अम्ल वर्षा से संक्षारण (Corrosion) के कारण क्षति हो रही है। भारत में ताजमहल, मोती मस्जिद, लालकिला आदि की अम्ल वर्षा से क्षति हो रही है। मथुरा तेल शोधन कारखाने से निःसृत सल्फर डाई ऑक्साइड का प्रभाव ताजमहल की संगमरमरी दीवारों पर पीलेपन के रूप में दृष्टिगत हो रहा है।

भारत में वर्तमान समय में अम्ल वर्षा की समस्या अमेरिकी एवं पश्चिमी देशों की तुलना में इतनी विकराल नहीं है। भाभा परमाणु अनुसंधान केन्द्र तथा विश्व मौसम विज्ञान संगठन द्वारा किए गए अध्ययन से पाया गया है कि अधिकांश भारतीय नगरों में वर्षा जल का अम्लता स्तर सुरक्षा सीमा से कम ही है। कुछ बड़े शहरों (दिल्ली, मुंबई, चेन्नई तथा कोलकाता) के वायुमंडल में सल्फर के स्तर में वृद्धि पाई गयी है।

08 पर्यावरण और उसके ह्रास के कारण

पर्यावरण ह्रास दो कारणों से होता है- प्राकृतिक एवं मानवीय क्रियाकलाप। प्राकृतिक कारणों का प्रभाव सीमित स्तर पर होता है तथा प्रकृति स्वयं ही इसे धीरे-धीरे समायोजित कर लेती है। दूसरी ओर, मानवीय क्रियाकलापों का प्रभाव व्यापक स्तर पर होता है। प्राकृतिक तथा मानवीय क्रियाकलाप परस्पर अंतर्संबंधित होते हैं तथा एक-दूसरे को प्रभावित करते हैं।

पर्यावरण ह्रास के प्राकृतिक कारकों का प्रभाव सीमित स्तर पर होता है तथा इन्हें नियंत्रित करना मानव के बस की बात नहीं है, किंतु मानवीय क्रियाकलापों का प्रभाव व्यापक स्तर पर होता है। मानव अपनी भौतिक सुविधाओं व प्रगति के लिए अनेक ऐसे कार्य कर रहा है, जो पर्यावरण ह्रास के मुख्य कारण हैं। मानवीय क्रियाकलापों से अनेक प्राकृतिक प्रकोपों की प्रभावशीलता भी बढ़ी है। आज पर्यावरण ह्रास के लिए मानव ही सर्वाधिक उत्तरदायी है। मानव की क्रियाओं में उपभोगवादी दर्शन या संस्कृति, वन विनाश, वन्य जीवों का विनाश, कृषि व पशुपालन, अधिक सिंचाई, जनसंख्या वृद्धि, औद्योगीकरण, नगरीकरण, बड़े बांधों का निर्माण, खनन, ऊर्जा का अधिक उपभोग आदि सम्मिलित हैं:

1. **उपभोगवादी संस्कृति:** वर्तमान काल में उपस्थित पर्यावरण संकट या पर्यावरण ह्रास मानव की उपभोगवादी या भौतिकवादी संस्कृति की देन है। पश्चिम की भोगवादी संस्कृति के प्रभाव में अधिकाधिक सुख सुविधाएं जुटाने के लिए मानव ने प्रकृति का अविवेकपूर्ण ढंग से दोहन प्रारंभ कर दिया। मानव प्रकृति के साथ मित्रवत संबंधों के स्थान पर शत्रुतापूर्ण व्यवहार करने लगा। वह विकास की दौड़ में तथा तात्कालिक लाभों के लिए पर्यावरण का अनियंत्रित शोषण करने लगा। पर्यावरण संरक्षण की भावना सनातन काल से भारतीय जीवन दर्शन व चिंतन का केंद्र बिंदु रही है। पाश्चात्य भोगवादी संस्कृति के ठीक विपरीत भारतीय संस्कृति में प्रकृति के विभिन्न तत्वों जैसे नदी, पर्वत, वनस्पति, जीव-जंतु, वायु आदि की पूजा की जाती है। इन्हें उपभोग की वस्तु मात्र नहीं समझा गया है। वैदिक मंत्रों की ऋचाओं में मानव ने स्वयं को पृथ्वी माता का पुत्र कहा है, तथा पुत्र कभी मां अर्थात प्रकृति को हानि नहीं पहुंचा सकता है। आज विश्व स्तर पर इसी दर्शन की पुनर्स्थापना की महती आवश्यकता है।

2. **वन विनाश:** वन हमारे पर्यावरण के महत्वपूर्ण घटक हैं। वृक्ष की कटाई तथा अन्य कारणों से वन क्षेत्र में कमी होने को वन का विनाश कहा जाता है। वन विनाश पर्यावरण ह्रास का प्रमुख कारण है। आदिमकाल में पृथ्वी पर वनों का अत्यधिक विस्तार था। मानव की समस्त आवश्यकताओं की पूर्ति वनों से होती थी। पशुचारण तथा स्थायी कृषि के साथ ही वनों की कटाई प्रारंभ हुई। जनसंख्या तथा मानव की आवश्यकताओं में वृद्धि के कारण धरातल पर वन क्षेत्र घटने लगा। वन मात्र प्राकृतिक संसाधन ही नहीं है, अपितु जीवमंडल का आधारभूत तत्व है। ये पारिस्थितिक तंत्र के संचालन का आधार है। सभी प्राणियों को इससे ऑक्सीजन की प्राप्ति होती है, जलवायु व्यवस्थित रहती है, मृदा संरक्षण होता है, भूमिगत जल में वृद्धि होती है, अनके जीव-जंतु निवास करते हैं तथा विविध वनोत्पाद प्राप्त होते हैं। वास्तव में वन संपूर्ण विश्व के पर्यावरण को नियंत्रित करता है।

   विभिन्न कारणों से वनों का विनाश तीव्र गति से हो रहा है। विश्व में कुल वन क्षेत्र 1900 से 1975 के मध्य 700 करोड़ हेक्टेयर रह गया। अमेजन और मध्य अमेरिका में वन का विनाश चरम पर है। वन विनाश के प्रमुख कारणों में जनसंख्या वृद्धि, पशुपालन, औद्योगीकरण, खनन तथा बड़े बांधों का निर्माण सम्मिलित है। इनके अलावा सूखा, बाढ़, ज्वालामुखी, चक्रवात आदि प्राकृतिक आपदाओं के कारण भी वनों की हानि होती है। वनों में लगने वाली आग से भी वनस्पति नष्ट हो जाती है।

3. **प्राणि सम्पदा का विनाश:** वनस्पति के समान ही प्राणियों का भी पारिस्थितिक तंत्र में अत्यधिक महत्व है। यदि प्राणियों की कोई भी प्रजाति संकटग्रस्त होती है, तो इसका प्रभाव जैव जगत के सभी घटकों पर पड़ता है। वन्य जीवों का विनाश भी पर्यावरण ह्रास का एक कारण है। खाद्य श्रृंखला तथा ऊर्जा प्रवाह के द्वारा वनस्पति, प्राणी व मानव में गहन संबंध होता है। अनेक कीड़े-मकोड़े फफूंदों को खाकर तथा पक्षी हानिकारक कीड़े-मकोड़ों को खाकर पौधों की रक्षा करते हैं। विभिन्न प्राणी पौधों के प्रकीर्णन में सहायक होते हैं। वन्य प्राणियों की विभिन्न गतिविधियां पारिस्थितिक तंत्र को नियमित बनाए रखती हैं। अत: सभी

प्रकार के जीव-जंतुओं का प्राकृतिक संतुलन को बनाए रखने में अपना महत्व है।

पर्यावरण संतुलन के लिए पृथ्वी पर यह जैवविविधता बने रहना आवश्यक है। अनेक कारणों से विभिन्न जीव-जंतुओं की संख्या निरंतर घटती जा रही है। विश्व में विभिन्न प्राणियों की लगभग 25 प्रतिशत जातियां संकटग्रस्त अवस्था में हैं। अंतर्राष्ट्रीय प्रकृति संरक्षण संघ (IUCN) के अनुसार, रेड डाटा बुक में ऐसी 1000 जातियां दी गयी हैं, जिनके विलुप्त होने का डर है तथा 300 से अधिक जातियां व उपजातियां लुप्त हो चुकी हैं।

वन्य जीवों के विनाश के मुख्य कारणों में प्राणियों के वास स्थलों अर्थात् वनों का विनाश, कृषि क्षेत्र में वृद्धि, औद्योगीकरण, प्रदूषण, नदी घाटी परियोजनाएं, खनन, अवैध शिकार, वन क्षेत्रों में बढ़ता मानवीय हस्तक्षेप, दावाग्नि, बीमारियां तथा बाढ़, सूखा, तूफान जैसी प्राकृतिक आपदाएं सम्मिलित हैं।

4. **कृषि:** पर्यावरण ह्रास में कृषि क्षेत्र के विस्तार तथा कृत्रिम साधनों से गहन कृषि उत्पादन दोनों की ही भूमिका रही है। बढ़ती जनसंख्या की आवश्यकताओं को पूर्ण करने के लिए प्राकृतिक घास स्थलों व वनों को साफ करने के प्रयास किए गए। आधुनिक काल में जनसंख्या की तीव्र वृद्धि दर तथा उन्नत यंत्रों के प्रयोग ने कृषि भूमि के विस्तार को कई गुना बढ़ा दिया है। औपनिवेशिक काल में यूरोपीय लोगों द्वारा विभिन्न महाद्वीपों में बड़े पैमाने पर वाणिज्यिक फसलों की कृषि हेतु वनों को साफ किया गया। मानव के तकनीकी विकास का कृषि पर बहुत प्रभाव पड़ा। उन्नत बीजों, रासायनिक उर्वरकों, कीटनाशकों आदि का प्रयोग करके कृषि उत्पादन को कई गुना बढ़ाया गया। सघन कृषि तथा कृषि क्षेत्र विस्तार से अनेक पर्यावरणीय समस्याएं उत्पन्न हो गयीं। हरित क्रांति के अभीष्ट लक्ष्य खाद्यान्न में वृद्धि को तो प्राप्त कर लिया गया, किंतु इससे पर्यावरण ह्रास हुआ। वन विनाश के कारण पर्यावरण असंतुलन उत्पन्न हुआ। रासायनिक उर्वरकों तथा कीटनाशकों के अधिकाधिक प्रयोग से मृदा प्रदूषित हो गयीं। मृदा में जैविक अंशों की कमी होने से उसकी गुणवत्ता नष्ट हुई। आदिम क्षेत्रों में स्थानांतरित कृषि, पहाड़ी ढालों पर कृषि तथा मरूस्थल में रेत के स्थायी टिब्बों पर कृषि से मृदा अपरदन की प्रक्रिया तीव्र हुई है।

5. **पशुचारण:** पर्यावरण ह्रास के लिए अत्यधिक पशुचारण भी उत्तरदायी कारक है। मानव प्रारंभ से ही दूध, मांस, खाल, ऊन, आदि पदार्थों तथा कृषि व परिवहन के लिए पशुपालन करता है। पशुपालन क्षेत्रों में निरंतर विस्तार से अनेक वन क्षेत्र चारागाह में बदल दिए गये हैं। सघन वनों के सीमावर्ती भागों में चारागाहों का विस्तार हो रहा है। उत्तरी अमेरिका व दक्षिणी अमेरिका में बड़े पैमाने पर वनों को काटकर चारागाह विकसित किए गए हैं। टर्की, यूनान, पश्चिमी एशिया, अफ्रीकी तट, भारत के हिमालय क्षेत्र तथा दक्षिणी पठार पर अनियंत्रित पशुचारण से वनस्पति नष्ट हुई है तथा मृदा अपरदन बढ़ा है।

6. **सिंचाई व्यवस्था:** कृषि कार्यों के लिए नियमित जलापूर्ति हेतु मानव ने सिंचाई के साधनों का विकास किया। बांध बनाकर तथा नदियों से नहरें निकालकर सिंचाई करने से कृषि क्षेत्र व कृषि उत्पादन में अत्यधिक वृद्धि हुई। किंतु सिंचित क्षेत्रों में जल प्रबंधन के अभाव से लवणीकरण, क्षारीयता व जलप्लावन जैसी अनेक समस्याएं उत्पन्न हो गयीं। उदाहरणार्थ, राजस्थान नहर क्षेत्र में अत्यधिक सिंचाई के कारण जलप्लावन या जलाक्रान्तता प्रमुख समस्या बन गयी है, जिसे स्थानीय रूप से 'सेम' की समस्या कहा जाता है। सेमग्रस्त क्षेत्रों में निचले स्थानों पर पानी भर जाता है तथा आस-पास की भूमि दलदली हो जाती है। भूमि ऊसर होने लगती है। इससे सभी आर्थिक व सामाजिक क्रियाएं प्रभावित होती हैं तथा स्थानीय प्राकृतिक वनस्पति नष्ट होने लगती है। पंजाब, हरियाणा व पश्चिमी उत्तर प्रदेश के नहरी क्षेत्रों में भी मृदा की नमी में वृद्धि से अनेक समस्याएं उत्पन्न हो गयी हैं। सिंचाई के लिए सतही जल के अलावा भूमिगत जल का दोहन भी बड़े पैमाने पर किया जाने लगा है। परिणामस्वरूप कृषि क्षेत्र में तो वृद्धि हुई, किंतु भूमिगत जल स्तर तीव्र गति से घटने लगा। कम वर्षा वाले क्षेत्रों में अधिक जल की आवश्यकता वाली कृषि पद्धतियों के कारण जल संकट और भी तीव्र हुआ है।

7. **जनसंख्या वृद्धि:** पर्यावरण ह्रास का मूल कारण जनसंख्या वृद्धि है। 2000 के अन्त तक विश्व की जनसंख्या 6 अरब से अधिक हो गयी अर्थात् अन्तिम 100 करोड़ जनसंख्या मात्र 12 वर्ष में बढ़ी है। इतनी तीव्र गति से बढ़ती जनसंख्या के भोजन, आवास तथा अन्य आवश्यकताओं की पूर्ति के लिए प्राकृतिक संसाधनों पर दबाव बढ़ता जा रहा है। जनसंख्या वृद्धि का एक और भयावह पक्ष है कि अधिकांश

वृद्धि आर्थिक रूप से पिछड़े देशों में हो रही है। जनसंख्या वृद्धि के कारण भूमि, खनिज, जल, आदि प्राकृतिक संसाधनों की प्रति व्यक्ति उपलब्धता निरंतर घटती जा रही है। कुपोषण, भुखमरी, बेकारी, गरीबी, आवास की कमी, आदि समस्याएं जनसंख्या वृद्धि के कारण उत्पन्न हुई हैं। प्राकृतिक संसाधनों के अंधाधुंध दोहन से अकाल, बाढ़ इत्यादि प्राकृतिक आपदाओं की आवृति बढ़ी है।

8. **नगरीकरण:** नगरीकरण एक विश्वव्यापी प्रक्रिया है। नगरीकरण से उत्पन्न विभिन्न समस्याओं ने पर्यावरण ह्रास को प्रभावित किया है। औद्योगिक क्रांति के पश्चात विश्व में नगरीकरण की गति तीव्र हो गयी। रोजगार तथा अन्य सुविधाएं प्राप्त करने के लिए ग्रामीण क्षेत्रों से नगरों की ओर जनसंख्या का तीव्र प्रवाह होने लगा। 19वीं शताब्दी में नगरीय जनसंख्या में वृद्धि में विकसित देशों का योगदान अधिक रहा, जबकि 20वीं शताब्दी में विकासशील देशों का योगदान सर्वाधिक रहा है। 1960 में 1990 के मध्य नगरीय जनसंख्या में अत्यधिक वृद्धि हुई। बढ़ते नगरीकरण के कारण कृषि भूमि पर अतिक्रमण, प्रदूषण, गंदी बस्तियां, अवशिष्ट पदार्थ, कूड़ा-करकट का एकत्रीकरण, जल संकट, जन सुविधाओं पर दबाव आदि अनेक समस्याएं उत्पन्न हुई हैं।

9. **औद्योगीकरण:** बढ़ते औद्योगीकरण के दुष्प्रभावों के कारण विकसित एवं विकासशील सभी देशों में पर्यावरण ह्रास हो रहा है। औद्योगिक क्रांति के पश्चात पहले यूरोप में तथा बाद में विश्व के अन्य भागों में उद्योगों की स्थापना बड़े पैमाने पर हुई। बढ़ते औद्योगीकरण से लोगों का जीवन स्तर तो बढ़ा, किंतु पर्यावरण को अत्यधिक हानि हुई। औद्योगीकरण से वनों का विनाश, उद्योगों से निकलने वाले हानिकारक पदार्थों से प्रदूषण, जल संकट, अति नगरीकरण आदि समस्याएं उत्पन्न हुई। कागज, रेयन, प्लाईवुड आदि उद्योगों में कच्चे माल की आपूर्ति के लिए बड़ी मात्रा में पेड़ों की कटाई से वन क्षेत्र निरंतर सिमटते जा रहे हैं।

10. **खनन:** खनिजों के उत्खनन के कारण भी अनेक पर्यावरणीय समस्याएं उत्पन्न हुई हैं। औद्योगिक क्रांति के बाद उद्योगों में कच्चे माल तथा शक्ति संसाधनों की पूर्ति के लिए बड़े पैमाने पर खनिजों का दोहन होने लगा। आधुनिक काल में उन्नत स्वचालित मशीनों से किये जाने वाले उत्खनन से खनिज निकालने की गति तीव्र हुई है। परिणामस्वरूप खनिज से वनों का विनाश होता रहा तो 21वीं सदी में अनेक खनिजों के भंडार समाप्त हो जायेंगे। वन क्षेत्रों में खनन से वनों का विनाश हो रहा है। खनन स्थलों पर बने विशाल गर्तो तथा मलबे के ढेर से वह भूमि सदा के लिए बंजर हो जाती है। खनन के लिए भूमि की ऊपरी परत हटाने से मृदा अपरदन बढ़ता है। खानों में किये जाने वाले विस्फोटों से भूस्खलन में वृद्धि होती है। उत्खनन से निकलने वाले धूल कणों से पर्यावरण प्रदूषित होता है। खनन की विभिन्न विधियों में 'खुला खनन' से पर्यावरण को सर्वाधिक हानि होती है। खनन क्षेत्रों में भूमिगत जल स्तर बहुत नीचे चले जाने से निकटवर्ती क्षेत्रों में जलसंकट उत्पन्न हो जाता है। अधिक गहरी खदानों में काम करने वाले खनिजों का जीवन असुरक्षित होता है। भूमि धंसने से होने वाली खान दुर्घटनाओं तथा खानों से निकलने वाली विषैली गैसों से जनहानि की अनेक दुर्घटनाएं होती रहती हैं। कोयला क्षेत्रों में लगने वाली भूमिगत आग पर नियंत्रण करना कठिन होता है, अत: इससे निकलने वाले धुएं व तापमान में वृद्धि से पर्यावरण को अत्यधिक हानि होती है। खनन गतिविधियों के कारण निकटवर्ती वनों में निवास करने वाले प्राणियों के प्राकृतिक क्रियाकलाप भी प्रभावित होते हैं। इस प्रकार आयोजित एवं अनियंत्रित खनन भी पर्यावरण ह्रास के लिए उत्तरदायी है।

11. **प्रौद्योगिकी विकास:** बीसवीं शताब्दी में मानव ने प्रौद्योगिकी के क्षेत्र में जो प्रगति की है उसे प्रौद्योगिकी क्रांति कहा जाता है। इसका लाभ उद्योग, कृषि, परिवहन, चिकित्सा आदि विभिन्न क्षेत्रों को प्राप्त हुआ है; किंतु नयी तकनीक से निर्मित विभिन्न उपभोक्ता सामग्री मानव स्वास्थ्य तथा पर्यावरण पर दुष्प्रभाव डाल रही है। प्रौद्योगिकी विकास के परिणामस्वरूप प्लास्टिक, कृत्रिम रबर, कृत्रिम उर्वरक, कृत्रिम घास इत्यादि अनेक संश्लिष्ट पदार्थ दैनिक जीवन में प्रयुक्त किये जा रहे हैं। इनके प्रयोग से जहां प्राकृतिक संसाधनों पर दबाव कम हुआ है, वहीं अनेक पर्यावरणीय समस्याएं भी उत्पन्न हो गयीं हैं। प्रकृति में अपघटन न होने के कारण प्लास्टिक के कचरे का निपटान मानव के समक्ष एक चुनौती बन गया है। एवरेस्ट से लेकर समुद्र तटों तक फैला प्लास्टिक का कचरा पर्यावरण को हानि पहुंचा रहा है। इससे मानव स्वास्थ्य पर भी बुरा प्रभाव पड़ता है। प्रशीतन उद्योग तथा वायुयानों द्वारा छोड़े जाने वाले धुएं से वायुमंडल की ऊपरी परत को हानि पहुंच रही है। आणविक विस्फोटों व घातक हथियारों से विश्व पर्यावरण को सर्वाधिक खतरा है।

09 पर्यावरण ह्रास और उसके प्राकृतिक कारण

प्रकृति की अनेक क्रियाएं पर्यावरण ह्रास का कारण बनती हैं। इन्हें प्राकृतिक प्रकोप, प्राकृतिक आपदा, पर्यावरणीय आघात कहा जाता है। प्रकृति की इन क्रियाओ में सूखा, बाढ़, भूकंप, ज्वालामुखी, भूस्खलन, मृदा अपरदन, मरूस्थलीय, आदि सम्मिलित हैं। प्राकृतिक संतुलन में व्यवधान आने से इस प्रकार की क्रियाएं होती हैं।

1. **सूखा व अकाल:** समस्त जीवधारियों की जैविक क्रियाएं जल की उपस्थिति में ही सम्पन्न होती हैं। अल्प वर्षा सूखे के कारण बनती है। सूखा एक प्राकृतिक आपदा है। मौसम विभाग के अनुसार, जब किसी क्षेत्र में वर्षा सामान्य से 26 से 50 प्रतिशत कम होती है, तो उसे सामान्य सूखा कहते हैं तथा इससे भी कम वर्षा होने पर भयंकर सूखा या अकाल कहते हैं। किसी क्षेत्र में सूखे की पुनरावृत्ति होने पर इसकी भयावहता बढ़ जाती है। सूखा व अकाल के तात्कालिक व दूरगामी प्रभाव पड़ते हैं। अनावृष्टि के कारण सतही एवं भूगर्भिक जल का अभाव हो जाता है। वनस्पति व प्राणियों का अस्तित्व संकट में पड़ जाता है। कृषि कार्य संभव नहीं होता है। भूख व प्यास से प्राणी मरने लगते हैं। आर्थिक विकास की गति अवरूद्ध हो जाती है। संपूर्ण विश्व के 25 प्रतिशत भाग प्राय: सूखे की चपेट में रहते हैं। 20वीं शताब्दी के अंतिम दशक में इथियोपिया सहित अफ्रीका के कुछ भागों में पड़े भीषण अकाल में लाखों लोगों की मृत्यु हो गयी। भारत में वर्षा की अनिश्चितता के कारण प्रत्येक वर्ष देश के किसी न किसी भाग में अकाल व सूखे की समस्या बनी रहती है। मानसून के विफल होने पर देश का तीन-चौथाई भाग सूखे की चपेट में आ जाता है। राजस्थान अकाल व सूखे से सर्वाधिक प्रभावित होने वाला राज्य है।

   सूखे व अकाल के लिए प्राकृतिक कारकों के साथ ही कुछ सीमा तक मानवीय क्रियाकलाप भी उत्तरदायी हैं। इनमें वनों का विनाश, भूमिगत जल स्रोतों का अत्यधिक दोहन, सतही जल के प्रबंधन का अभाव, अनियंत्रित पशुचारण, खनन, प्रदूषण आदि सम्मिलित हैं।

2. **बाढ़:** बाढ़ जैसी प्राकृतिक आपदा का संबंध अतिवृष्टि से है। जब अत्यधिक वर्षा के कारण जल अपने प्रवाह मार्ग जैसे नदी, नाला आदि में नहीं बहकर तटबंधों को तोड़ता हुआ विस्तृत भू-भाग को जलमग्न कर देता है, तो उसे बाढ़ कहते हैं। नदियों के मार्ग परिवर्तन के कारण भी यह स्थिति उत्पन्न होती है। नदी घाटियों में सघन जनसंख्या व कृषि क्षेत्र होने के कारण बाढ़ों से अत्यधिक हानि होती है। प्रतिवर्ष बाढ़ों से अधिवास, सड़कों, रेलमार्गों, पुलों व फसलों को हानि होती है। बाढ़ग्रस्त क्षेत्रों में महामारियां तेजी से फैलती हैं।

   बाढ़ एक प्राकृतिक घटना है, जिसके लिए भारी व असमान वर्षा, हिमखंडों का पिघलना, अपरदित मिट्टी का गाद के रूप में नदी तलहटी में जमाव, नदियों के घुमावदार मोड़, भूकंप आदि कारक उत्तरदायी है। किंतु बाढ़ एक मानवजन्य संकट भी है। इसके लिए मानव द्वारा नदियों के मार्ग में निर्माण कार्य, वनों की कटाई, तटबंधों का निर्माण आदि कारक भी उत्तरदायी हैं।

3. **मरूस्थलीकरण:** मरूस्थलीकरण भूमि के अनुपजाऊ हो जाने की ऐसी प्रक्रिया है, जिसमें जलवायु परिवर्तन तथा मानवीय क्रियाकलापों से उपजाऊ एवं मरूस्थली भूमि मरूस्थल में परिवर्तित हो जाती है। मरूस्थलीकरण की प्रक्रिया से भूमि की उत्पादन क्षमता में ह्रास होता है। पर्याप्त नमी के अभाव में इन क्षेत्रों में वनस्पति लगभग अनुपस्थित रहती है। वायु द्वार निरंतर अपरदन होता रहता है। भूमि की लवणता बढ़ती जाती है। मृदा में ह्यूमस की मात्रा नगण्य होती है तथा मृदा की जलधारणा क्षमता बहुत कम रह जाती है।

   मरूस्थलीकरण संपूर्ण विश्व में पर्यावरण की प्रमुख समस्या है। इसके लिए अनेक प्राकृतिक व मानवीय कारक उत्तरदायी हैं। कम वर्षा, भूमि एवं जल का खारापन, जलवायु परिवर्तन, वनों का विनाश, अनियंत्रित पशुचारण, खनन गतिविधियाँ, मृदा अपरदन, औद्योगिक प्रदूषण, आणविक परीक्षण आदि इनमें प्रमुख हैं। संयुक्त राष्ट्र संघ की रिपोर्ट के अनुसार, मानवीय कारणों से विश्व का 1 करोड़ 530 लाख वर्ग किमी क्षेत्र मरूस्थल में परिवर्तित हो गया है।

4. **मृदा अपरदन:** भूपटल की ऊपरी सतह को मृदा कहते हैं। प्राकृतिक संसाधनों में मृदा अत्यधिक महत्वपूर्ण है। प्रत्यक्ष व परोक्ष रूप से समस्त जीवधारी मृदा पर निर्भर हैं। मानव सभ्यता का विकास सर्वप्रथम उपजाऊ मृदा वाले

क्षेत्रों में हुआ था। आज विश्व के सभी भागों में मृदा अपरदन की समस्या दिखायी देती है। प्राकृतिक कारकों (जैसे वर्षा, वायु अथवा हिम) द्वारा मृदा-कटाव, जो मृदा निर्माण प्रक्रमों की अपेक्षा तीव्र होती है, मृदा अपरदन कहलाता है। यह एक ऐसी प्रक्रिया है जिसमें मिट्टी के कण विभिन्न कारकों द्वारा एक स्थान से दूसरे स्थान पर ले जाये जाते हैं। एक सीमा तक मृदा ह्रास होने लगता है। पारिस्थितिक तंत्र के निर्माण में मृदा आधार तत्व के रूप में होती है। मृदा पर वनस्पति विकसित होती है और वनस्पति पर विभिन्न जीव-जंतु निर्भर करते हैं। मृदा की गुणवत्ता उसमें निहित जीवांश, खनिज लवण तथा जल की मात्रा पर निर्भर करती है।

मृदा अपरदन के लिए उत्तरदायी कारकों में प्राकृतिक एवं मानवीय दोनों ही कारक सम्मिलित हैं। इनमें मृदा की संरचना, नदी मार्ग, ढाल की बनावट, वर्षा का वेग, वनस्पति विनाश, कृषि पद्धतियां, पशुचारण, सड़क तथा अन्य निर्माण कार्य, खनन, इत्यादि प्रमुख हैं। मृदा अपरदन के लिए उत्तरदायी भौगोलिक कारकों में वायु, हिमानी तथा जल सम्मिलित हैं। वायु द्वारा मृदा अपरदन शुष्क तथा अर्द्धशुष्क क्षेत्रों में अधिक होता है। हिमानी द्वारा अपरदन मात्र हिमाच्छित क्षेत्रों तक ही सीमित रहता है। जल द्वारा मृदा का अपरदन सर्वाधिक हानिकारक तथा व्यापक होता है। मृदा अपरदन का प्रभाव उन क्षेत्रों में अधिक है जहां ढाल की तीव्रता, वर्षा की अधिकता तथा वनस्पति की कमी पायी जाती है। संयुक्त राज्य अमेरिका का उत्तरी व पश्चिमी भाग मेक्सिको, उत्तर-पूर्वी ब्राजील, उत्तरी अफ्रीका, बोत्सवाना, नामीबिया, मध्य पूर्व, मध्य एशिया, मंगोलिया, चीन में यांग्टीसी क्षेत्र, बलूचिस्तान, ऑस्ट्रेलिया, आदि मृदा अपरदन से अत्यधिक प्रभावित क्षेत्र हैं।

मृदा अपरदन पर्यावरण ह्रास का एक प्रमुख कारण है। इसके अनेक दुष्परिणाम देखने को मिलते हैं। मृदा अपरदन से भूमि की उर्वरता घट जाती है। धरातल पर गर्त, नालियां तथा बीहड़ बन जाने से भूमि बंजर होने लगती है। रेतीले प्रदेशों का तेजी से विस्तार होता है। बाढ़ व सूखे के प्रकोप में वृद्धि होती है। झीलों व बांधों में गाद भरने से इनकी आयु घटती है। वनस्पति आवरण समाप्त हो जाता है तथा वन्य प्राणियों की संख्या घटती जाती है। इससे भूस्खलन भी बढ़ते हैं। उपजाऊ मृदा के अभाव में कृषि उत्पादन में कमी आती है और खाद्यान्न संकट उत्पन्न होता है। इन्हीं दुष्परिणामों के कारण विद्वानों ने मृदा अपरदन को 'रेंगती हुई मृत्यु' कहा जाता है।

5. **ज्वालामुखी:** ज्वालामुखी एक विनाशकारी प्राकृतिक आपदा है। भूकंप के समान ही यह भी इतनी शीघ्र एवं आकस्मिक रूप से घटती है कि भू-पृष्ठ पर तत्काल इसका विनाशकारी प्रभाव दिखायी देता है। इसमें भुगर्भ से अत्यधिक ऊंचे तापमान पर लावा, गैस, राख इत्यादि पदार्थ तीव्र गति से विस्फोट के साथ निकलते हैं। ज्वालामुखी क्रिया से जीव-जंतु, वनस्पति तथा मानव संस्थापन (भवन, सड़क, खेत आदि) को अत्यधिक हानि पहुंचती है। सर्वाधिक प्रदूषण ज्वालामुखी से निकलने वाले गैसीय पदार्थों से होता है। कार्बन डाई ऑक्साइड, सल्फर डाई ऑक्साइड, हाइड्रोक्लोरीन, नाइट्रोजन, आमेनिया एवं अन्य अम्लीय प्रभाव वाली जहरीली गैसें निकलकर वायुमंडल में फैल जाती हैं। धुआं तथा राख के महीन कण वातावरण में फैल जाने से दृश्यता प्रभावित होती है तथा प्राणियों के लिए सांस लेना भी कठिन हो जाता है। गैसों के प्रभाव से निकटवर्ती क्षेत्रों की वनस्पति, पशु-पक्षी एवं मानव के स्वास्थ्य पर बुरा प्रभाव पड़ता है। विस्फोट के कुछ समय बाद गैस व राख मिश्रित अम्लीय वर्षा से भूमि पर दलदली प्रवाह होता है जिससे बची हुई वनस्पति भी नष्ट हो जाती है।

6. **भूकम्प:** भूकंप ऐसी विनाशकारी प्राकृतिक घटना है, जिसके आगे आज भी मानव तथा विज्ञान असहाय है। यकायक घटने वाली इस प्राकृतिक आपदा से अत्यधिक विनाश होता है। जहां ज्वालामुखी का प्रभाव मात्र घटना स्थल के आस-पास ही रहता है, वहीं भूकंपीय तरंगों का घातक प्रभाव हजारों वर्ग किमी तक आंका गया है। भूकंप के झटकों से कुछ ही क्षणों में हजारों प्राणी मृत्यु को प्राप्त होते हैं। भूकंप के प्रभाव से समुद्र में उठने वाली सुनामी लहरों से तटवर्ती भागों में अपार जन-धन की हानि होती है। सघन जनसंख्या वाले क्षेत्रों में भूकंप से सर्वाधिक विनाश होता है। भूकंपीय झटकों से भवन, रेलमार्ग, सड़क, पुल, बांध व कारखानों को हानि पहुंचाती है। भूकंपीय कंपनों से धरातल के उत्थान, अवतलन, दरार पड़ना तथा भूस्खलन की घटनाएं होती हैं। घरो, कारखानों व खानों में कभी-कभी इनके कारण आग लगने से भीषण अग्निकांड हो जाते हैं। इस प्रकार भूकंप से पर्यावरण की अत्यधिक हानि होती है।

7. **चक्रवात व तूफान:** तूफान व चक्रवात जैसी प्राकृतिक आपदाओं से भी पर्यावरण को अत्यधिक हानि पहुंचती है। वायुमंडल की सामान्य दशाओं में यकायक परिवर्तन के कारण तूफान आते हैं। इनके कारण चलने वाली प्रचंड हवाओं तथा भारी वर्षा के कारण बड़े पैमाने पर विनाश होता है। इन्हें विश्व के विभिन्न भागों में टोरनैडो, ब्लिजर्ड, हरीकेन, टाइफून, साइक्लोन आदि नामों से पुकारते हैं। शीतोष्ण कटिबंधीय चक्रवातों से कनाडा, संयुक्त राज्य अमेरिका, यूरोप, रूस, जापान, चिली, अर्जेंटीना तथा चीन में अत्यधिक हानि होती है। उष्ण कटिबंधीय तूफानों से एशिया में भारत, बांग्लादेश, म्यांमार, इंडोनेशिया, मलेशिया, फिलीपीन्स आदि देशों तथा मध्य अमेरिका व द्वीप समूहों में अत्यधिक विनाश होता है। इनके कारण समुद्री तूफान भी जन्म लेते हैं, जिससे समुद्रतटीय भागों में 25-30 किमी भीतर तक का क्षेत्र जलमग्न हो जाता है। इससे जन धन की अपार क्षति होती है। लवणयुक्त समुद्री जल में डूबने के कारण तटवर्ती भूमि कृषि के उपर्युक्त नहीं रहती है।

8. **दावाग्नि:** वनों में लगने वाली आग भी पर्यावरण के लिए अत्यधिक हानिकारक होती है। इसके लिए प्राकृतिक तथा मानवीय दोनों ही कारक उत्तरदायी होते हैं। दावाग्नि से न केवल पेड़-पौधों व वन्य प्राणी जलते हैं, अपितु मृदा के सूक्ष्म जीवों को भी इससे हानि होती है। वनों में लगने वाली आग पर नियंत्रण करना अत्यंत कठिन कार्य होता है, अतः कभी-कभी हजारों वर्ग किमी वन क्षेत्र इसकी चपेट में आ जाते हैं। सूखा या अकाल पड़ने पर दावाग्नि की तीव्रता और बढ़ जाती है। इससे बड़ी मात्रा में वायु प्रदूषण होता है। विगत वर्षों में हिमालय क्षेत्र के वनों में लगी आग से वनों का बड़ा भाग नष्ट हुआ है। 1997 में मलेशिया व इंडोनेशिया के वनों में भयानक आग लगी थी। एल-नीनो प्रभाव के कारण समय पर मानसून न आने से इसकी भयावहता और बढ़ गयी थी। वनों में लगी आग के धुएं के बस्तियों में प्रवेश कर जाने से लोगों को देखने में कठिनायी होने लगी थी। आकाश में अत्यधिक धुआं छा जाने के कारण वायुयानों की उड़ानें कई दिनों तक स्थगित करनी पड़ी। इस प्रकार दावाग्नि भी पर्यावरण ह्रास का एक कारण है।

10 जल संकट और चुनौतियाँ

भारत में पानी की किल्लत पिछले दस-पंद्रह सालों में ज्यादा बढ़ी है। इसका कारण सरकार की गलत नीतियां हैं। इन नीतियों का ही परिणाम रहा है कि राजधानी दिल्ली सहित कई राज्यों में जल स्तर दस से पंद्रह फीट तक नीचे चला गया है। इन इलाकों में बोतलबंद पानी का कारोबार बड़े पैमाने पर बहुराष्ट्रीय कंपनियां ही कर रही हैं, शीतलपेय बनाने के विशालकाय कारखाने चल रहे हैं।

पानी की बढ़ती किल्लत को लेकर नेशनल इंस्टीट्यूट ऑफ हाइड्रोलॉजी ने एक बहुत दिलचस्प अध्ययन किया है। इसके मुताबिक भारत में विकास की रफ्तार बढ़ने के साथ पानी का संकट बढ़ेगा और पीन को लेकर अनेक प्रदेशों में मारा-मारी मच सकती है। यहां एक बात पर गौर करना होगा कि जीडीपी की दर बढ़ रही है, इससे लोगों की आय में इजाफा हो रहा है और जीवन-शैली में तेजी से बदलाव आ रहा है। जाहिर है, आधुनिक जीवन-शैली प्राकृतिक संसाधनों के अतिदोहन पर ही आधारित है। पानी की खपत इसी वजह से पिछले तीस-चालीस साल में तेजी से बढ़ी है। अभी पानी की मांग प्रति व्यक्ति सौ से एक सौ दस लीटर के बीच है, जो 2025 तक बढ़ कर एक सौ पच्चीस लीटर या इससे अधिक हो सकती है। तब तक भारत की आबादी एक अरब अड़तीस करोड़ हो जाएगी और पानी की मांग सात हजार नौ सौ करोड़ लीटर हो जाएगी। लेकिन पानी की उपलब्धता इसकी आधी होगी। राष्ट्रीय जल आयेग के आंकड़ों के अनुसार 1997 में जल की उपलब्धता पांच सौ पचहत्तर क्यूबिक किमी थी (एक क्यूबिक किमी का मतलब 100 अरब लीटर), लेकिन मांग 800 क्यूबिक किमी के लगभग है। इससे अनुमान लगाया जा सकता है कि उपलब्धता की तुलना में मांग कितनी ज्यादा है।

भूगर्भ विज्ञान और प्राकृतिक संसाधनों पर नजर रखने वाली संस्थाओं के अनुसार भारत के पंद्रह फीसद भूजन स्रोत सूख गए हैं। सबसे ज्यादा कुएं, पंपिंग सेट, ट्यूबवेल भारत में हैं। आंकड़े के मुताबिक जमीन से जल खींचने वाले यंत्रों की संख्या बीस लाख से अधिक है। ऐसे में विश्व बैंक के इस आकलन पर कोई आश्चर्य नहीं होना चाहिए कि अगले बीस सालों में भूजल के साठ फीसद स्रोत खतरनाक स्थिति में पहुंच जाएंगे। भारत के लिए यह स्थिति इसलिए दयनीय बन सकती है कि जल की हमारी सत्तर फीसद मांग भूजल के स्रोतों से पूरी होती है। जाहिर है, तब न तो फसल उगाने के लिए पानी होगा और न उद्योग-धंधों के लिए। खेती-किसानी तो बर्बाद होगी ही, देश की बहुत बड़ी आबादी जल की एक-एक बूंद के लिए तरस सकती है।

विश्व में आज सबसे बड़ा संकट आतंकवाद और पर्यावरण है। लेकिन 2050 में जल त्रासदी सबसे बड़ा संकट होगा। भू-वैज्ञानिकों के अनुसार 2025 तक दुनिया की आबादी आठ अरब और 2050 तक नौ अरब को पार कर जाएगी। एशिया, अफ्रीका, यूरोप आदि में बसने वाले देशों की बड़ी आबादी सब-सहारा, कांगो, मोजांबिक, भारत, पाकिस्तान, बांग्लादेश, श्रीलंका, नेपाल, म्यांमार, चीन, कोरिया, घाना, केन्या, नामीबिया, अफगानिस्तान, अरब अमीरात, ईरान, इराक, सीरिया सहित कई देश शामिल होंगे। अभी अफ्रीकी ओर एशियाई देशों में पांच में से एक व्यक्ति पानी के लिए जूझ रहा है। 2050 में साढ़े पांच अरब लोग पानी के संकट से जूझ रहे होंगे। जिस तरह से विकासशील देशों में गांवों से शहरों की ओर पलायन हो रहा है, उससे यह अनुमान लगाया गया है कि 2025 तक दुनिया की आधी आबादी शहरों में रह रही होगी। इससे जल संकट भीषण रूप ले सकता है।

संयुक्त राष्ट्र भी जल संकट को 2025 तक महासंकट में बदलते देख रहा है। इसलिए वह वर्षों पहले से दुनिया के देशों को जल संकट के प्रति सचेत करता रहा है। भारत में प्रत्येक व्यकति को रोजाना कम से कम पिच्चासी लीटर पानी मुहैया होना चाहिए। लेकिन तमाम कवायदों के बावजूद तीस फीसद लोगों को भी जरूरत भर पानी नहीं मिल पा रहा। इंटरनेशनल हाइड्रोलॉजिकल प्रोग्राम के अनुमान के मुताबिक वैश्विक तापमान (ग्लोबल वार्मिंग) के कारण अगले दस साल में वाष्पीकरण की रफ्तार आज की तुलना में दुगनी हो जाएगी। इसकी वजह से नदियों और अन्य जल स्रोतों का पानी कम हो जएगा। गर्मी बढ़ने से ध्रुवों की बर्फ तेजी से पिघलेगी। इससे मीठा पानी खारे समुद्र में मिल जाएगा और मीटे पानी के जल-स्रोत सूखते चले जाएंगे। दूसरी समस्या जो सबसे विकराल रूप में सामने आ सकती है वह है, जल के लिए पलायन की। तब ऐसे स्थानों पर आबादी की भरमार हो सकती है जहां जल की उपलब्धता सुगम होगी। इससे आर्थिक-सामाजिक समस्याएं पैदा होंगी।

केंद्रीय मौसम विज्ञान विभाग के मुताबिक देशभर में कुल सालाना बारिश 1170 मिलीमीटर होती है, और वह भी महज तीन महीने में। लेकिन इस अकूत पानी का इस्तेमाल हम महज बीस फीसदी कर पाते हैं यानी अस्सी फीसदी पानी हम बगैर इस्तेमाल किए बह जाने देते हैं। इसका खमियाजा हर साल पानी की बेहद कमी के रूप में भुगतते हैं। यदि बरसात के पानी को संरक्षित करने की योजना पर अमल करें तो पानी की किल्लत से ही निजात नहीं मिलेगी, बल्कि पानी को लेकर होने वाली राजनीति से भी हमेशा के लिए छुटकारा मिल जाएगा।

लेकिन बात इतनी-सी नहीं है। जिन इलाकों में बरसात बहुत कम होती है, वहां तो पाताल का पानी ही एकमात्र स्रोत होता है, वहां कैसे पानी की किल्लत से उबरा जए, इस पा गौर करने की जरूरत है। देश के एक बड़े हिस्से में हर साल सामान्य से बहुत कम बारिश होती है। राजस्थान, महाराष्ट्र, बुंदेलखंड जैसे इलाकों में लोगों को बेहद सूखे की स्थिति से रूबरू होना पड़ रहा है। पीन की किल्लत के अलावा पेयजल का संकट भी देश के ज्यादातर प्रदेशों में है। राजधानी दिल्ली का पानी भी पीने के काबिल नहीं रह गया है। चंडीगढ़ स्थित लेबोरेटरी के परीक्षण के मुतागिक दिल्ली में मीन के नीचे के पानी में क्लोराइड की मात्रा तय सीमा से बहुत अधिक एक हजार फीसद तक भाई गई थी। इसी तरह कैलशियम, मैग्नीशियम, कॉपर, सल्फेट, नाइट्रेट, फ्लोराइड, फेरिक (लोहा) और कैडमियम की मात्रा लगातार बढ़ती जा रही है। इन तत्वों से युक्त पानी पीने से हृदयघात, किडनी पर बुरा असर, लीवर का संक्रमण, कैंसर, दांत संबंधी रोग, तनाव, दमा जैसी अनेक समस्याएं बहुलता से देखी जा रही हैं।

निम्न जलस्तर वाले इलाकों में पानी की किल्लत तेजी से बढ़ रही है। यह इससे भी साबित होता है कि पिछले दस सालों में इन इलाकों में दो करोड़ से ज्यादा कुएं खोदे जा चुके हैं। ये कुएं दो सौ मीटर से लेकर एक हजार मीटर तक की गहराई वाले हैं। इससे पता चलता है कि जलस्तर हर साल दो से लेकर छह फुट तक नीचे जा रहा है। ऐसे में बरसात के पानी को संरक्षित करके ही इस आसन्न संकट से उबरा जा सकता है। जल संकट को देखते हुए जल-दोहन करने वाली बहुराष्ट्रीय कंपनियों पर रोक लगनी चाहिए। कई राज्यों में व्यक्तिगत रूप से कुंआ खोदने और ट्यूबवेल लगाने पर रोक लगाई जा चुकी है। पाताल के पानी में जहरीले तत्वों की मात्रा का अधिक बढ़ना भी समस्या का बड़ा पहलू है। इस समस्या का कोई हल निकट समय में होता नहीं दिख पड़ रहा है।

भारत में पानी की किल्लत पिछले दस-पंद्रह सालों में ज्यादा बढ़ी है। इसका कारण सरकार की गलत नीतियां हैं। इन नीतियों का ही परिणाम रहा है कि राजधानी दिल्ली सहित कई राज्यों में जल-स्तर दस से पंद्रह फीट तक नीचे चला गया है। इन इलाकों में बोतलबंद पानी का कारोबार बड़े पैमाने पर बहुराष्ट्रीय कंपनियां ही कर रही हैं, शीतलपेय बनाने के विशालकाय कारखाने चल रहे हैं। जल माफिया पानी की चोरी करके रात-दिन पानी के संकट को बढ़ावा दे रहे हैं। समस्याएं गंभीर हैं, इसलिए इन पर तुरंत गौर करने की जरूरत है।

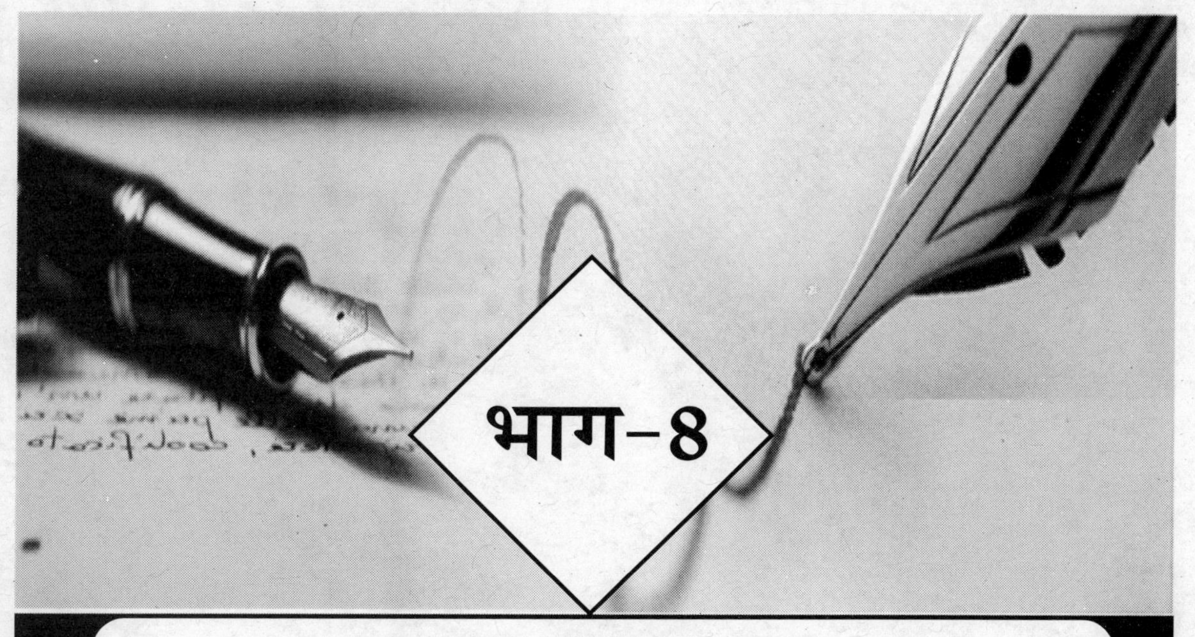

विविध

इस भाग में ....

जनसंख्या विस्फोट की चुनौतियाँ

साक्षर भारत

सामाजिक और आर्थिक विकास में साक्षरता की भूमिका

बढ़ती आबादी की चुनौतियाँ

01 जनसंख्या विस्फोट की चुनौतियाँ

ऐसा पूर्वानुमान है कि वर्ष 2050 तक भारत चीन को पीछे छोड़कर विश्व का सबसे अधिक जनसंख्या वाला राष्ट्र बन जाएगा। पहले से ही अधिक जनसंख्या का भार झेल रहे विश्व में, धनी देशों को भी गरीबी की वजह से बढ़ रही जनसंख्या विस्फोट की समस्या की जिम्मेदारी लेने के लिए कहा जा रहा है। पलायन, जन्म एवं मृत्यु दर के कार्य ही किसी भी देश में जनसंख्या वृद्धि दर को निर्धारित करते हैं। जन्म दर और मृत्यु दर के बीच के अंतर को ही जनसंख्या वृद्धि दर के रूप में आंका जाता है। एक अनुमान के मुताबिक, भारत की जनसंख्या 1,270,272,105 (एक अरब सत्ताईस करोड़ के लगभग) पहुंच चुकी है, जिसमें से 104,281,034 (करीब 10 करोड़) आदिवासी हैं। उच्च जन्मदर और बेहतर सफाई व स्वास्थ्य व्यवस्था के चलते घट रही मृत्यु दर उच्च जनसंख्या वृद्धि दर की मुख्य वजहें हैं। हालांकि तेजी से बढ़ती जनशक्ति को समाहित करने की क्षमता काफी कमजोर है। साथ ही, आधुनिक प्रौद्योगिकी स्थिति के बीच आर्थिक विकास प्रक्रिया का झुकाव अधिक पूंजी अर्जित करने की ओर है। अत: इस प्रक्रिया के तहत अल्प अवधि में रोजगार सृजन की संभावनाएं काफी कम हैं। जनसंख्या का कुल आकार पहले से ही काफी बड़ा है, ऐसे में निम्न जनसंख्या वृद्धि के लिए उच्च जन्म दर से निम्न जन्म दर के लिए तीव्र गति आधारित जनसांख्यिकी परिवर्तन की अति आवश्यकता है। भारत में तेजी से बढ़ती जनसंख्या वृद्धि के प्रभावस्वरूप यहां बढ़ती जनसंख्या को रोजगार उपलब्ध कराना बड़ी समस्या है, साथ ही जनशक्ति के बेहतर उपयोग की समस्या, ढांचागत निर्माणों पर अधिक बोझ, भूमि एवं अन्य नवीकरणीय प्राकृतिक संसाधनों पर दबाव, उत्पादन की बढ़ती लागत और आय का असंतुलित तरीके से वितरण आदि समस्याएं देश के विकास में रूकावट पैदा कर रहे हैं। विश्व जनसंख्या दिवस दुनियाभर में प्रत्येक वर्ष 11 जुलाई को मनाया जाता है।

जनसंख्या एवं लिंग अनुपात

लिंग अनुपात एक महत्वपूर्ण पैमाना है, जिससे समाज में महिलाओं की स्थिति का पता चलता है। भारत और चीन जैसे दक्षिण एवं पूर्व एशियाई देशों में महिलाओं के अधिकारों का उल्लघंन करने वाले लिंग अनुपात के कई बुरे उदाहरण सामने आए हैं। भारत में लिंग अनुपात घटकर प्रति 1000 पुरूषों पर 928 महिलाओं के स्तर पर पहुंच गया है। लेकिन सामाजिक, शैक्षणिक एवं आर्थिक विकास के क्षेत्र में भी लिंग अनुपात की बुरी स्थिति होना सबसे महत्वपूर्ण और गंभीर बात है। जनगणना के अनुसार बिहार, गुजरात और जम्मू-कश्मीर को छोड़कर बाकी सभी राज्यों में लिंग अनुपात बढ़ा है। दादर एवं हवेली और दमन एवं दीव को छोड़कर बाकी सभी केंद्र शासित प्रदेशों में लिंग अनुपात की स्थिति में सुधार हुआ है। उत्तर भारत के ज्यादातर इलाकों में पिछले कुछ समय में महिला मृत्युदर काफी कम रही है। लेकिन तुलनात्मक रूप से दक्षिण भारत में लिंग अनुपात काफी उच्च स्तर पर है। लिंग अनुपात के निम्न स्तर और कन्याओं की अनदेखी के मुख्य कारण लड़कों को प्राथमिकता दिया जाना, महिलाओं का निम्न सामाजिक स्तर, लड़कों के साथ जुड़ी सामाजिक एवं आर्थिक सुरक्षा, महिलाओं के खिलाफ दहेज एवं हिंसा से जुड़ी सामाजिक- सांस्कृतिक प्रथाएं हैं। बाल लिंग अनुपात को कम करने में छोटा परिवार के नियम उत्प्रेरक साबित हो सकते हैं।

जनसंख्या एवं पर्यावरण

संयुक्त राष्ट्र संघ के सन 1972 में स्टॉकहोम (संयुक्त राष्ट्र संघ 1973) में मानव पर्यावरण विषय पर आयोजित सम्मेलन में इस बात पर जोर दिया गया था कि पलायन एवं राष्ट्र वृद्धि के द्वारा चुनिंदा इलाकों में हो रही जनसंख्या वृद्धि, सुरक्षित एवं स्थिर वातावरण को बनाए रखने और गरीबी एवं पिछड़ेपन को दूर करने के राष्ट्रों के प्रयासों को विफल कर सकती है। स्थिर आर्थिक वृद्धि, गरीबी और पर्यावरण के बीच अंतरसमूह को 1994 में आईसीपीडी में अभूतपूर्व सर्वसम्मति के साथ रेखांकित किया गया था। पर्यावरण अवकर्षण को रोकने और प्रोत्साहित करने वाले संसाधनों के उपयोग के क्रम में योजना एवं निर्णय प्रक्रिया और अस्थिर उपभोग में बदलाव और उत्पादन के तरीके के संबंध में कार्रवाई कार्यक्रम एकीकृत जनसंख्या और पर्यावरण मुद्दों की जरूरतों पर बल देता है। जनसंख्या गतिशीलता के पर्यावरणीय संबंधों से निपटने की नीतियों को लागू करने के लिए इसका आह्वान किया जाता है। जनसंख्या वृद्धि और गरीबी प्रतिकूल रूप से पर्यावरण को प्रभावित कर रहे हैं। हम 21वीं सदी में हैं, तेजी से बढ़ती जनसंख्या और प्रति व्यक्ति उपभोग

का बढ़तास्तर प्राकृतिक संसाधनों को कम करने के साथ ही पर्यावरण का अवकर्षण भी कर रहा है। भारत में, तेजी से बढ़ती जनसंख्या के तहत बढ़ती गरीबी और स्थानीय संसाधनों का दोहन भी शामिल है, ये वही संसाधन हैं, जिन पर हमारी वर्तमान और भावी पीढ़ी की आजीविका निर्भर करती है। जनसंख्या आकार और वृद्धि से वातावरण पर मानवीय प्रभाव बढ़ेगा। चिंता का विषय यह है कि जैसे-जैसे जनसंख्या बढ़ेगी, वैसे-वैसे प्राकृतिक संसाधनों पर दबाव भी बढ़ेगा।

राष्ट्रीय जनसंख्या नीति, 2000

राष्ट्रीय जनसंख्या नीति 15 फरवरी 2000 को गर्भनिरोध, स्वास्थ्य देखभाल अवसंरचना, स्वास्थ्यकर्मी और समेकित सेवा सुपुर्दगी को पूरा करने की आवश्यकता के उद्देश्य से शुरू किया गया था। इस नीति का मध्यावधि उद्देश्य अंतः क्षेत्रीय रणनीतियों के कार्यान्वयन द्वारा कुल प्रजनन दर को प्रतिस्थापन स्तर एक परिवार में दो बच्चे पर लाने का था। इस योजना का दीर्घावधि उद्देश्य 2045 तक जनसंख्या में स्थिरता लाना है। इस योजना में 16 प्रेरणादायक उपायों को चिन्हित किया गया है, जिन्हें प्रभावशाली तरीके से लागू किया जाएगा। इनमें से महत्वपूर्ण हैं- छोटे परिवार के आदर्श को बढ़ावा देने के लिए पंचायतों और जिला परिषदों को पुरस्कार, बाल विवाह रोकथाम अधिनियम और जन्म से पूर्व रोग निदान प्रविधि अधिनियम को सख्त रूप से लागू करना, गरीबी रेखा से नीचे वाले दंपत्तियों के लिए 5,000 रूपए का स्वास्थ्य बीमा। यह स्वास्थ्य बीमा नसबंदी करवाने वाले गरीबी रेखा के नीचे रहने वाले उन दंपत्तियों को प्रदान किया जाता है, जिनके दो बच्चे हैं इसके अलावा इस बीमा में उन बीपीएल दंपत्तियों को भी शामिल किया जाता है जिन्होंने कानून उम्र के बाद विवाह किया हो और उनके पहले बच्चे का जन्म माँ की उम्र 21 वर्ष होने के बाद हुआ हो और दो बच्चों के जन्म के बाद नसबंदी कराकर छोटे परिवार के आदर्श के स्वीकार किया हो।

राष्ट्रीय जनसंख्या आयोग

राष्ट्रीय जनसंख्या आयोग का गठन मई 2000 में किया गया था। इस आयोग के अध्यक्ष और उपाध्यक्ष क्रमशः प्रधानमंत्री और योजना आयोग के उपाध्यक्ष होते हैं। इसके अलावा सभी राज्यों के मुख्यमंत्री, संबंधित केंद्रीय मंत्रालयों के मंत्री, संबंधित विभागों के सचिव, प्रतिष्ठित चिकित्सक, जनसांख्यिक और सिविल सोसाइटी के प्रतिनिधि आयोग के सदस्य होते हैं। इस आयोग का उद्देश्य जनसंख्या नीति में निर्धारित किए गए लक्ष्यों को प्राप्त करने के लिए राष्ट्रीय जनसंख्या नीति के कार्यान्वयन की समीक्षा और निगरानी करना तथा निर्देश देना, स्वास्थ्य, शैक्षिक परिवेश और जनसंख्या स्थिरता की गति को तेज करने के लिए विकासात्मक कार्यक्रमों के बीच तालमेल स्थापित करना, केंद्र और राज्यों में विभिन्न क्षेत्रों और एजेंसियों के माध्यम से कार्यक्रमों की योजना और कार्यान्वयन में अंतःक्षेत्रीय समन्वय को प्रोत्साहित करना और इस राष्ट्रीय प्रयास में योगदान के लिए विभिन्न कार्यक्रम विकसित करना है। जुलाई 2000 में राष्ट्रीय जनसंख्या आयोग के अधीन राष्ट्रीय जनसंख्या निधि का गठन किया गया था। इसके परिणामस्वरूप इस निधि को अप्रैल 2002 में स्वास्थ्य और परिवार कल्याण विभाग को हस्तांतरित कर दिया गया।

जनसंख्या और खाद्य सुरक्षा

राष्ट्रीय खाद्य सुरक्षा अधिनियम, 2013 (खाद्य अधिकार अधिनियम) भारत की संसद का अधिनियम है जिसका लक्ष्य भारत की 1.2 बिलियन जनसंख्या के दो-तिहाई लोगों को रियायती दरों पर खाद्य अनाज उपलब्ध कराना है। इस विधेयक के प्रावधानों के अंतर्गत प्रत्येक पात्र लाभार्थी 5 किलोग्राम प्रति माह प्रति व्यक्ति की दर से 3 रूपए प्रति किलोग्राम चावल, गेहूं 2 रूपए किलो और मोटा अनाज 1 रूपए प्रति किलो की दर से खरीद सकता है। प्रत्येक राज्य को संतुलित खाद्य उत्पादन और संतुलित जीवन सुरक्षा के मार्ग को सुनिश्चित करने के लिए अपनी-अपनी रणनीतियां तैयार करनी होंगी। इसके लिए अच्छी नीतियां और प्राकृतिक संसाधनों जैसे भूमि और जल, जीव-जंतु, पेड़-पौधे तथा जंगल और जैव-विविधता में निवेश करना होगा। जैव-विविधता संतुलित खाद्य सुरक्षा और फसलों तथा जीव-जंतु उत्पादन को तीव्र करने के लिए जैव-विविधता बहुत आवश्यक होती है। इस संदर्भ में जनसंख्या दबाव और जलवायु परिवर्तनों का भी ध्यान रखना चाहिए। खाद्य सुरक्षा के तीन घटक हैं- प्रथम घटक खाद्य उपलब्धता है, जो कि खाद्य उत्पादन और आयातों पर निर्भर होता है। दूसरा घटक खाद्य पर पहुंच है है जो कि खरीदने की शक्ति पर निर्भर होता है। तीसरा घटक खाद्य अवशोषण है जो कि सुरक्षित पेयजल, परिवेशीय जीवों, प्राथमिक स्वास्थ्य देखभाल और शिक्षा पर निर्भर होते हैं।

विलंबित मानसून के लिए उपाय

विलंबित मानसून से निपटने के लिए विभिन्न उपाय किए गए हैं। ठोस फसल उत्पादन और भंडारण योजना, वैकल्पिक फसलों की बुआई और किस्में जिनमें विलंबित मानसून के दौरान भी से बोया जा सकता है, इन उपायों में शामिल हैं। आरंभिक फसलों/प्रकारों के प्रजनन बीजों की उपलब्धता सुनिश्चित

करना, गांव स्तरीय बीज बैंक (फसल और चारा), सूखा और बाढ़ के प्रभावक्षक फसलों का उपयोग, पोषक तत्व प्रबंधन तंत्र की उपलब्धता, खंड स्तर पर किसानों के बीच लचीली कृषि विज्ञान संबंधी प्रथाओं के बारे में जागरूकता उत्पन्न करके मोटे अनाजों, रूई आदि की बुआई, अधिक वर्षा की स्थिति में उचित जल निकासी के लिए कुछ महत्वपूर्ण उपाय हैं, जिससे सूखे या विलंबित मानसून के प्रभाव को कम किया जा सकता है।

जनसंख्या और स्वास्थ्य देखभाल

उद्योगों की रिपोर्ट के अनुसार, स्वास्थ्य देखभाल क्षेत्र 2020 तक 280 बिलियन अमेरिकी डॉलर तक पहुंचने के लिए 19 प्रतिशत की वार्षिक दर से वृद्धि कर रहा है। भारत स्वास्थ्य देखभाल के लिए विश्व स्तरीय स्थान बनकर उभरा है। पिछले दशक के दौरान निजी क्षेत्र ने सबसे अधिक स्वास्थ्य सेवाएं प्रदान की है। अस्पतालों में निजी क्षेत्र का बेड़ों में शेयर 2002 के 49 प्रतिशत से बढ़कर 2010 में 63 प्रतिशत हो गया है। भारत सरकार ने भी कई सुधार किए हैं। 11वीं और 12वीं पंचवर्षीय योजनाओं तथा मिलेनियम विकास के लाभों पर अंतर्राष्ट्रीय ध्यान के कारण भारत की प्राथमिक स्वास्थ्य क्षेत्र में सफलता प्राप्त हुई है। मातृ एवं शिशु स्वास्थ्य, संक्रामक रोग आदि प्राथमिक स्वास्थ्य देखभाल का हिस्सा है। राष्ट्रीय ग्रामीण स्वास्थ्य मिशन ने स्वास्थ्य सेवा तंत्र में निपुणता और दक्षता प्राप्त की है। दूसरी ओर राष्ट्रीय स्वास्थ्य बीमा योजना राष्ट्रीय सामाजिक स्वास्थ्य बीमा योजना है। इसका लक्ष्य रोगी उपचार, गुणवत्तापूर्ण स्वास्थ्य देखभाल का निर्माण करना और गरीबों को निजी क्षेत्र की स्वास्थ्य सेवाओं का लाभ प्रदान करना है। उच्च शिक्षा स्तर पर सार्वजनिक चिकित्सा महाविद्यालयों का एक स्वायत्त समूह है अखिल भारतीय आयुर्विज्ञान संस्थान (एम्स)। दिल्ली एम्स (1956 में स्थापित) के अलावा देशभर में भोपाल, भुवनेश्वर, जोधपुर, पटना और रायपुर समेत कुल 6 एम्स हैं।

राष्ट्रीय स्वास्थ्य नीति का निर्माण 2002 में केंद्र सरकार ने किया था। अपने सामाजिक दायित्व के तहत सरकार ने जनसंख्या को उच्चस्तरीय स्वास्थ्य सेवाएं देने के लिए अनेक प्रमुख नीतियों को मंजूरी दी है। समय-समय पर स्वास्थ्य संबंधित दिशा-निर्देशों को समाहित करके सरकार ने वर्ष 1983 में राष्ट्रीय स्वास्थ्य नीति बनायी। इस नीति की घोषणा के बाद 80 के दशक में प्राथमिक चिकित्सा का कुछ विस्तार किया गया। वर्ष 2002 राष्ट्रीय स्वास्थ्य नीति और वृहत स्वास्थ्य एवं विकास आर्थिक आयोग की रिपोर्ट में निम्नलिखित बातों पर जोर दिया गया- (अ) जन स्वास्थ्य पर कुल व्यय सकल घरेलू उत्पाद का 2 से बढ़ाकर 3 फीसदी करने को कहा। (ब) महिलाओं एवं बच्चों के स्वास्थ्य के लिए दी जा रही सुविधाओं पर बिना कटौती किए स्वास्थ्य सेवाओं की बढ़ती कीमतों पर अंकुश रखने के लिए सामाजिक सुरक्षा में पब्लिक से टर की भूमिका बढ़ाने को जरूरी बताया। ग्रामीण आबादी विशेष तौर पर कमजोर वर्गों को गुणात्मक स्वास्थ्य सेवाएं उपलब्ध कराने के लिए 12 अप्रैल, 2005 को राष्ट्रीय ग्रामीण स्वास्थ्य मिशन (एनआरएचएम) कार्यक्रम की शुरूआत की गई। राष्ट्रीय शहरी स्वास्थ्य मिशन (एनयूएचएम) की शुरूआत राष्ट्रीय स्वास्थ्य मिशन (एनएचएम) के सहयोगी कार्यक्रम के तौर पर की गई। इसका उद्देश्य शहरी गरीबों की स्वास्थ्य संबंधी सेवाओं की आवश्यक जरूरतों को पूरा करना है।

जनसंख्या और रोजगार

विश्व बैंक के एक अनुमान के अनुसार भारत विश्व के कुछ ऐसे देशों में शामिल है, जहां न काम करने वालों की अपेक्षा काम करने वालों की संख्या अधिक है। भारत का श्रम एवं रोजगार मंत्रालय देश में बेरोजगारों का रिकार्ड रखता है। वर्ष 1983 से 2011 तक देश में औसत 7.6 फीसदी बेरोजगारी थी जो दिसंबर, 2010 में बढ़कर 9.4 फीसदी हो गई लेकिन दिसंबर 2011 में घटकर 3.8 फीसदी पर पहुंच गयी। भारत में बेरोजगारों में ऐसे लोगों की गिनती की जाती है जो कामगार सक्रिय तौर पर रोजगार की तलाश में जुटे होते हैं। भारत में बेरोजगारों की संख्या वर्ष 2007 में 39974 हजार थी जो 2009 में घटकर 39963 हजार रह गई। भारत और केन्या में बेरोजगारों की संख्या वर्ष 1985 से 2009 तक 36933 हजार औसत थी। यह वर्ष 2001 में बढ़कर 41750 हजार हो गई जबकि वर्ष 1985 में यह संख्या 24861 हजार थी। सांख्यिकी एवं कार्यान्वयन मंत्रालय की वर्ष 2011 में प्रकाशित रिपोर्ट के अनुसार केरल में बेरोजगारी की दर सबसे अधिक थी जबकि राजस्थान और गुजरात में यह दर भारत के राज्यों में सबसे कम थी, जबकि बेरोजगारी की राष्ट्रीय औसत दर 50 थी।

जनसंख्या और गरीबी उपशमन

इन न्यूनतम सेवाओं में अन्य बातों के अलावा साक्षरता, शिक्षा, प्राथमिक शिक्षा देखभाल, सुरक्षित पेयजल और पोषण सुरक्षा शामिल है। सरकार ने मूलभूत न्यूनतम सेवाओं की पहचान करने के लिए मुख्यमंत्रियों की बैठक बुलाई थी जिसमें सर्वसम्मति से सात सेवाओं की सूची पर सहमति हुई। ये सात सेवाएं हैं, पेयजल, प्राथमिक स्वास्थ्य सुविधाएं, सार्वभौमिक प्राथमिक शिक्षा, स्कूल और पूर्व- स्कूली बच्चों के लिए पोषण,

गरीबों के लिए मकान सभी गांव व बस्तियों को सड़कों से जोड़ना और गरीबों पर केंद्रित सार्वजनिक वितरण प्रणाली। सातवीं योजना में इन सात मूलभूत न्यूनतम सेवाओं पर विशेष जोर दिया गया और राज्य सरकारों तथा पंचायती राज संस्थानों (पीआरआई) के साथ भागीदारी में संतुष्टि के न्यूनतम स्तर को प्राप्त करने के लिए सभी प्रयास किए जाएंगे। समेकित ग्रामीण विकास कार्यक्रम (आईआरडीपी) का उद्देश्य उत्पादक परिसंपत्तियों के अधिग्रहण या गांव के गरीबों को लगातार अतिरिक्त आय जुटाने के लिए उचित कौशल प्रदान करने के माध्यम से स्वरोजगार उपलब्ध कराना है ताकि उन्हें गरीबी की रेखा से ऊपर उठने के योग्य बनाया जा सके। भारत में गरीबी नियंत्रण के लिए राष्ट्रीय वृद्धावस्था पेंशन योजना (एनओएपीएस) राष्ट्रीय परिवार लाभ योजना (एनएफबीएस), राष्ट्रीय मातृत्व लाभ योजना अन्नपूर्णा, समेकित ग्रामीण विकास कार्यक्रम, ग्रामीण आवास इन्दिरा आवास योजना (आईएवाई 1985 में शुरू), महात्मा गांधी राष्ट्रीय ग्रामीण रोजगार गारंटी अधिनियम (मनरेगा) जैसे अन्य कार्यक्रम भी शुरू किए गए थे।

अधिक उत्पादन देने वाले बीजों की किस्मों की उपलब्धता और रासायनिक खादों और सिंचाई के उपयोग में बढ़ोत्तरी को सामूहिक रूप से हरित क्रांति के रूप में जाना जाता है, जिससे भारत को खाद्यान्नों के मामले में आत्मनिर्भर बनाने के लिए आवश्यक उत्पादन वृद्धि अर्जित की गई, जिससे देश की कृषि में सुधार हुआ।

गरीबी रेखा का निर्धारण

तेंदुलकर समिति की रिपोर्ट के अनुसार देश में हर तीसरा व्यक्ति रेखा से नीचे रहता है। रिपोर्ट में गरीबी की गणना के लिए कैलोरी के उपयोग की अपेक्षा वस्तुओं और सेवाओं को पैमाने के रूप में लिया गया है। गरीबी रेखा खींचने की नई विधि से देश में गरीबी रेखा से नीचे रहने वाले लोगों की संख्या में वृद्धि हुई है। ऐसी जनसंख्या 27.5 प्रतिशत से बढ़कर 37.2 प्रतिशत हो गई है। इस प्रकार 2004-05 में गरीबी रेखा में 10 प्रतिशत की बढ़ोतरी हुई है। अर्थशास्त्री सुरेश तेंदुलकर के नेतृत्व में इस समिति ने गरीबी का मूल्यांकन करने के लिए नया फार्मूला तैयार किया है। यह रिपोर्ट योजना आयोग को सौंपी गयी है। डांडेकर-रथ गरीबी रेखा फार्मूला 1971 से प्रयोग किया जा रहा है जिसमें किसी भारतीय की खुराक में कैलोरी तत्व का ही आकलन किया जाता है। अगर किसी व्यक्ति की प्रतिदिन की खुराक में 2250 कैलोरी से कम ऊर्जा है तो उस व्यक्ति को गरीबी रेखा से नीचे घोषित किया जा सकता है। इस मानदंड में 35 वर्षों से कोई संशोधन नहीं हुआ है। तेंदुलकर समिति ने कैलोरी के मापन की विधि को हटाकर जीवन सूचकांक लागत का उपयोग किया है इसका तात्पर्य है कि कोई मनुष्य कितना धन खर्च करता है। नई गरीबी रेखा विभिन्न राज्यों के लिए अलग-अलग है यहां तक कि एक ही राज्य में शहरी और ग्रामीण क्षेत्रों के लिए भी अलग-अलग गरीबी रेखाएं है। अखिल भारतीय औसत ग्रामीण गरीबी रेखा 446.68 रूपये तथा राष्ट्रीय शहरी गरीबी रेखा 578.8 रूपये प्रतिमाह खर्च पर निर्धारित की गयी है। गोवा की ग्रामीण गरीबी रेखा सबसे अधिक 608.76 प्रतिमाह है जबकि दिल्ली की 541 रूपये। स्वास्थ्य एवं परिवार कल्याण मंत्रालय ने संयुक्त राष्ट्र जनसंख्या निधि (यूएनएफपीए) के सहयोग से पीएनडीटी एक्ट के बारे में बार-बार पूछे जाने वाले प्रश्नों को विकसित किया है जो लोगों के लिए बहुत लाभदायक होंगे। इनसे जनसंख्या को स्थिर रखने में मदद मिलेगी। प्रजनन स्वास्थ्य मातृ स्वास्थ्य, बाल स्वास्थ्य, किशोर स्वास्थ्य इंफर्टिलिटी, गर्भनिरोधी परिवार नियोजन के बारे में राष्ट्रीय हेल्प लाइन सेवा का उद्देश्य शादी करने वाले कि शोरों और नये शादीशुदा जोड़ों तक पहुंच बनाना है जो ऊपर लिखे गए मुद्दों के बारे में आसानी से विश्वसनीय जानकारी प्राप्त नहीं कर सकते हैं।

02 साक्षर भारत

यह माना जाता है कि साक्षरता विकास की कूंजी है। विशेषज्ञ मानते हैं कि इसके ही कारण गरीब जनता अलग-थलग है और कल्याणकारी कार्यक्रमों से वंचित है। राष्ट्रीय साक्षरता मिशन का नया स्वरूप ''साक्षर भारत'' प्रधानमंत्री डॉ. मनमोहन सिंह द्वारा सितंबर 2009 में शुरू किया गया था। शुरू में यह योजना 31 मार्च, 2012 तक लागू थी, किंतु अब साक्षर भारत कार्यक्रम को 12वीं पंचवर्षीय योजना (2012-17) में शामिल कर लिया गया है।

सुनियोजित देख-रेख और अथक प्रयासों के कारण इस दिशा में काफी प्रगति हुई है। 2001 में साक्षरता दर 64.83 प्रतिशत थी, जो 2011 में बढ़कर 74.04 प्रतिशत हो गई है। रोचक तथ्य यह है कि महिलाओं की साक्षरता दर तेजी से अर्थात् 74.04 प्रतिशत हो बढ़कर 65.46 प्रतिशत हो गई है और यह बढ़ोत्तरी 11.8 प्रतिशत है, जबकि पुरूषों की साक्षरता दर 75.26 प्रतिशत से बढ़कर 82.14 प्रतिशत की गई है अर्थात् 6. 9 प्रतिशत की ही वृद्धि हुई है। साक्षरता का स्तर विभिन्न राज्यों, जिलों, सामाजिक समूहों और अल्पसंख्यकों के बीच एक जैसा नहीं रहता है। हालांकि कुछेक राज्यों ने विशेष साक्षरता अभियान चलाकर और सामुदायिक समर्थन से बेहतर साक्षरता स्तर को हासिल किया है। फिर भी, कुछ राज्य अब भी पछे हैं।

साक्षर भारत मिशन का उद्देश्य अच्छी एवं स्तरीय व्यस्क शिक्षा व साक्षरता के जरिए पूर्णत: साक्षर समाज की स्थापना करना है। इस मिशन के मुख्य उद्देश्य इस प्रकार हैं, जिन्हें वर्ष 2017 तक हासिल किया जाना है:-

- साक्षरता स्तर का आधार वर्ष 2011 के 73 प्रतिशत से 80 प्रतिशत तक बढ़ाना।
- महिलाओं और पुरूषों के बीच साक्षरता के अंतर को कम करके वर्ष 2011 के 16 प्रतिशत से 10 प्रतिशत तक लाना।
- साक्षरता स्तर पर शहरी ग्रामीण असमानता को पाटना।

यह देखते हुए कि सामाजिक विकास संबंधी सभी गतिविधियों के लिए महिला साक्षरता एक जबर्दस्त तातक है, 'साक्षर भारत' को 8 सितंबर, 2009 को भारत के राष्ट्रीय व्यस्क शिक्षा कार्यक्रम के रूप में शुरू किया गया था।

इस कार्यक्रम के जरिए सरकार ने ग्रामीण भारत में 15 वर्ष की आयु और इससे अधिक आयु के सभी लोगों, विशेषत: महिलाओं को शामिल किया है। यह विश्व का सबसे बड़ा साक्षरता कार्यक्रम है, जिसका उद्देश्य वर्ष 2017 तक 6 करोड़ निरक्षर महिलाओं और 1 करोड़ निरक्षर पुरूषों को साक्षर बनाना है।

इस योजना के चार महत्वपूर्ण घटक है जिनका दृष्टिकोण लक्ष्य परक है।

1. कार्यात्मक साक्षरता
2. बुनियादी शिक्षा
3. व्यावसायिक कौशल विकास
4. सतत् शिक्षा कार्यक्रम

1. कार्यात्मक साक्षरता

कार्यात्मक साक्षरता का आशय पढ़ने, लिखने और गणित में लोगों को आत्म-निर्भर बनाना है। यह 300 घंटे की पढ़ाई-लिखाई का कार्यक्रम है, जिसे इंसट्रक्टर के माध्यम से चलाया जायेगा। यह कार्यक्रम तीन महीने या इससे अधिक का होगा जिसे लोगों की मातृभाषा में चलाया जाएगा।

2. बुनियादी शिक्षा कार्यक्रम

इससे निरक्षर वयस्क बुनियादी शिक्षा के बाद भी अपनी बढ़ाई जारी रख सकेंगे और वे 10 वर्ष की औपचारिक शिक्षा के बराबर बुनियादी शिक्षा हासिल कर सकेंगे।

3. व्यावसायिक कौशल विकास कार्यक्रम

इस कार्यक्रम के जरिए वयस्कों को व्यावसायिक कौशल सिखाया जाएगा ताकि वे अपना जीवन स्तर और आजीविका की स्थिति में सुधार ला सकें। उचित व्यावसायिक कौशल का प्रशिक्षण 271 जन शिक्षण संस्थानों के माध्यम से दिया जाएगा। ये संस्थान इस कार्यक्रम के तहत पूर्णत: वित्त पोषित गैर-सरकारी संगठन है।

4. सतत शिक्षा कार्यक्रम

इस कार्यक्रम के जरिए आजीवन अध्ययन करने हेतु अवसर प्रदान करके एक अध्ययनरत समाज की स्थापना करना है। इस कार्यक्रम का उद्देश्य गांवों में सतत् अध्ययन का वातावरण तैयार करना है ताकि लोगों को पढ़ने के लिए प्रोत्साहित किया जा सके।

यह योजना वर्ष 2009 में अंतर्राष्ट्रीय साक्षरता दिवस को शुरू की गई थी। तब से इसे 25 राज्यों के 372 अल्प महिला साक्षरता जिलों के ग्रामीण क्षेत्रों में लागू किया गया है। पिछले चार वर्षों में इस योजना की उपलब्धियां इस प्रकार हैं:

- दो करोड़ से अधिक वयस्कों को बतौर साक्षर प्रमाणित किया गया है।
- लगभग डेढ़ लाख लोक शिक्षा केन्द्रों को स्थापित किया जा चुका है।
- 15.5 लाख स्वैच्छिक अध्यापकों को जुटाया गया है और 18.5 लाख वयस्कों को विभिन्न व्यवसायों में दक्ष बनाया गया है।

यह प्रसन्नता और गौरव की बात है कि राष्ट्रीय साक्षरता मिशन प्राधिकरण ने इस वर्ष का यू.एन.ई.सी.ओ. किंग सेजोंग साक्षरता पुरस्कार प्राप्त किया है। यह पुरस्कार एक पूर्णतः साक्षर समाज स्थापित करने के लिए प्रतिबद्ध कार्यक्रम के रूप में दिया गया है।

हालांकि, ऐसे लोगों की संख्या काफी है, जिन्होंने बुनियादी शिक्षा का अवसर पहले ही खो दिया है। ऐसे 20 राज्य हैं जिनकी साक्षरता दर 80 प्रतिशत से कम है। 19 राज्यों में महिला से कम पुरूष साक्षरता दर में अंतर दस प्रतिशत से अधिक है। 482 जिलों की साक्षरता दर 80 प्रतिशत है। ग्रामीण क्षेत्रों में औसत महिला साक्षरता दर दयनीय अवति 58 प्रतिशत की अस्वीकार्य स्थिति में है। हमें साक्षरता स्तर को ऊंचा उठाने के लिए दोगुनी ताकत से प्रयास करने की जरूरत है। विशेषतः महिलाओं, अनुसूचित जातियों, अनुसूचित जनजातियों, अल्पसंख्यकों और समाज के अन्य अलग-अलग लोगों के संदर्भ में। राष्ट्रपति जी ने इस वर्ष अंतरराष्ट्रीय साक्षरता दिवस के मौके पर देशवासियों से कहा है कि हमारा उद्देश्य न केवल औसत विश्व दर के बराबर अपने देश की साक्षरता दर को लाना है, बल्कि इसे अग्रणी देशों द्वारा हासिल साक्षरता दर के स्तर तक पहुंचाना है। उन्होंने यह भी बताया कि इस लक्ष्य को कैसे हासिल किया जाए। उन्होंने कहा कि हमें बालिकाओं और महिलाओं पर विशेष ध्यान देते हुए, महिलाओं और पुरूषों के बीच साक्षरता के अंतर को पाटना होगा। हमारा प्रयास यह होना चाहिए कि साक्षरता समस्त देश में फैले जिससे गरीबी दूर हो और समाज के सभी वर्गों में पुरूषों व महिलाओं के बीच समान एवं उचित साक्षरता दर हो तथा प्रत्येक बच्चे को स्कूल जाने का अवसर प्राप्त हो। हमें इस दिशा में सभी स्तरों अर्थात् राष्ट्रीय, राज्य, जिलों, ब्लाक और ग्राम पंचायत के स्तर पर अपने तंत्र को मजबूत व गतिशील बनाना होगा। सरकारी एजेंसियों और गैर-सरकारी एवं निजी क्षेत्र के प्रतिष्ठित संगठनों को शामिल करके कार्यान्वयन ढांचे को भी सुदृढ़ बनाना होगा।

03 सामाजिक और आर्थिक विकास में साक्षरता की भूमिका

साक्षरता एक मानव अधिकार है, सशक्तिकरण का मार्ग है और समाज तथा व्यक्ति के विकास का साधन है। शिक्षा के अवसर साक्षरता पर निर्भर करते हैं। गरीबी उन्मूलन के लिए, बाल मृत्युदर को कम करने के लिए, जनसंख्या वृद्धि को नियंत्रण में रखने के लिए, स्त्री-पुरूष में समानता का बढ़ावा देने के लिए तथा सतत विकास, शांति और लोकतंत्र की सुनिश्चितता के लिए साक्षरता आवश्यक है।

1966 से 8 सितंबर का दिन अंतर्राष्ट्रीय साक्षरता दिवस के रूप में मनाया जाता है। इसका उद्देश्य व्यक्तियों, समुदायों और समाजों में साक्षरता में महत्व का प्रचार करना है। इस वर्ष का अंतर्राष्ट्रीय दिवस ''21वीं शताब्दी के लिए साक्षरता'' को समर्पित है। इसका उद्देश्य सभी के लिए बुनियादी साक्षरता कौशलों की आवश्यकता तथा सभी को अधिक उन्नत साक्षरता कौशलों में प्रशिक्षण देना है, ताकि वे जीवन पर्यन्त शिक्षा ग्रहण कर सकें।

हमारी राष्ट्रीय शिक्षा नीति में शिक्षा की भूमिका और महत्व को दर्शाया गया है और वह आज भी प्रासंगिक है। इसमें कहा गया है कि शिक्षा सभी के लिए जरूरी है और हमारे चहुंमुखी विकास का मूल आधार है। शिक्षा से अर्थव्यवस्था के विभिन्न स्तरों के लिए मानव शक्ति को विकसित किया जाता है और यह एक ऐसा मंच है, जिससे अनुसंधान और विकास आगे बढ़ता है, जो राष्ट्र को स्वावलंबन की दिशा में ले जाता है। सारांश में शिक्षा, वर्तमान और भविष्य के लिए एक अद्वितीय निवेश है।

पिछले एक दशक में भारत में साक्षरता की दर काफी बढ़ी है। विशेष रूप से गांवों को निःशुल्क शिक्षा लागू होने के बाद हिमाचल प्रदेश और राजस्थान में साक्षरता की दर काफी ज्यादा हो गई है। भारत जैसे देश में सामाजिक और आर्थिक विकास के लिए साक्षरता मूल आधार है। 1947 में भारत में ब्रिटिश शासन की समाप्ति के समय साक्षरता दर केवल 12 प्रतिशत थी। उसके बाद के वर्षों में भारत में सामाजिक, आर्थिक और वैश्विक दृष्टि से बदलाव आया है। 2011 की जनगणना के अनुसार भारत में साक्षरता दर 74.04 प्रतिशत पायी गयी। हालांकि कि यह बहुत बड़ी उपलब्धि है, लेकिन यह चिंता की बात है कि अभी भी भारत में इतने ज्यादा लोग पढ़ना-लिखना नहीं जानते। जिन बच्चों को शिक्षा नहीं मिली है, विशेष रूप से ग्रामीण इलाकों में, उनकी संख्या बहुत ज्यादा है। हालांकि सरकार ने कानून बनाया है कि 14 वर्ष से कम उम्र के हर बच्चे को निःशुल्क शिक्षा मिलनी चाहिए, फिर भी निरक्षरता की समस्या बनी हुई है।

अगर हम भारत में महिला साक्षरता की दर को देखें, तो यह पुरूष साक्षरता दर से कम बैठती है क्योंकि माता-पिता अपनी लड़कियों को स्कूल जाने की अनुमति नहीं देते, बल्कि छोटी उम्र में ही उनकी शादी कर दी जाती है। हालांकि बाल-विवाह की उम्र काफी कम कर दी गई है, लेकिन फिर भी बाल-विवाह होते है। जनगणना 2011 की साक्षरता दर के अनुसार आज महिलाओं में साक्षरता दर 65.46 प्रतिशत है और पुरूषों में साक्षरता दर 80 प्रतिशत से अधिक है। भारत में साक्षरता दर हमेशा चिंता का विषय रही है, लेकिन बड़ी संख्या में स्वयंसेवी संगठनों के प्रयासों और सरकार के विज्ञापनों, अभियानों और अन्य कार्यक्रमों से लोगों में साक्षरता के महत्व के बारे में जागरूकता पैदा की जा रही है। सरकार ने महिलाओं के समान अधिकारों के लिए भी कड़े नियम बनाएं है।

पिछले 10 वर्षों में भारत में साक्षरता दर में पर्याप्त वृद्धि हुई है। केरल भारत का एक मात्र राज्य है, जहां साक्षरता दर 100 प्रतिशत है। उसके बाद गोवा, त्रिपुरा, मिजोरम, हिमाचल प्रदेश, महाराष्ट्र और सिक्किम का स्थान आता है। भारत में सबसे कम साक्षरता दर बिहार में है। साक्षरता के महत्व को समझते हुए भारत सरकार के विद्यालय शिक्षा और साक्षरता विभाग ने कई उपाय किए हैं, जैसे प्रारंभिक स्तर पर सभी बच्चों को निःशुल्क और अनिवार्य शिक्षा प्रदान करना, शिक्षा के राष्ट्रीय और समग्र स्वरूप को लागू करने के लिए राज्यों और केंद्र शासित प्रदेशों के साथ भागीदार बनना, गुणवत्तापूर्ण विद्यालय शिक्षा और साक्षरता की सहायता से संवैधानिक मूल्यों के प्रति समर्पित समाज का निर्माण करना, गुणवत्तापूर्ण माध्यमिक शिक्षा के लिए सभी को अवसर उपलब्ध कराना तथा पूर्णरूप से साक्षर समाज का निर्माण करना।

वर्ष 2010 में जब बच्चों के लिए नि:शुल्क और अनिवार्य शिक्षा का कानून 2009 लागू हुआ, तो यह देश के लिए एक ऐतिहासिक उपलब्धि थी। सभी के लिए प्रारंभिक शिक्षा की दिशा में देश के प्रयासों को इस कानून के लागू होने से जबर्दस्त बढ़ावा मिला। इस कानून के उद्देश्यों को केंद्र सरकार के निम्नलिखित कार्यक्रमों के माध्यम से प्राप्त किया जा रहा है :

- प्राथमिक स्तर पर सर्वशिक्षा अभियान और दोपहर का भोजन
- माध्यमिक स्तर पर राष्ट्रीय माध्यमिक शिक्षा अभियान और मॉडल स्कूल
- व्यावसायिक शिक्षा, छात्राओं के लिए होस्टल और विकलांगों के लिए समावेशी शिक्षा
- प्रौढ़ शिक्षा के लिए साक्षर भारत कार्यक्रम
- महिला शिक्षा के लिए महिला समाख्या
- अल्पसंख्यक संस्थाओं का ढाँचागत विकास, अल्पसंख्यकों की शिक्षा के लिए मदरसों में गुणवत्तापूर्ण शिक्षा प्रदान करने की योजना।

एक अच्छी गुणवत्तापूर्ण बुनियादी शिक्षा से बच्चों में जीवन के लिए और आगे की शिक्षा प्राप्त करने के लिए साक्षरता कौशलों का विकास होता है, साक्षर माता-पिता द्वारा अपने बच्चों को स्कूल भेजे जाने की अधिक संभावना होती है, साक्षर व्यक्ति आगे की शिक्षा के अवसरों का लाभ उठाने के योग्य हो जाता है और साक्षर समाज चुनौतियों का सामना करने के लिए बेहतर ढंग से तैयार होता है।

04 बढ़ती आबादी की चुनौतियाँ

देश में लोग गांव छोड़ कर शहरों की ओर पलायन को इसलिए मजबूर हो रहे हैं कि सरकारें गांव में रोजगार, अच्छी शिक्षा और स्वास्थ्य जैसी बुनियादी सुविधाएं भी उपलब्ध नहीं करा पाई हैं। संयुक्त राष्ट्र की नई रिपोर्ट के अनुसार वर्ष 2050 तक दुनिया की अड़सठ फीसद आबादी शहरों में रहने लगेगी। वर्तमान में लगभग पचपन फीसद जनसंख्या शहरों में निवास करती है। देश की आबादी इसी तरह विस्फोटक रूप से बढ़ती रहेगी, तो संकट और गंभीर रूप धारण करते जाएंगे।

जब भी देश में जनसंख्या नियंत्रण के मुद्दे पर विमर्श प्रारंभ होता है, तो कुछ लोगों की प्रतिक्रिया इस प्रकार होती है जैसे उनका हक छीना जा रहा हो। कुछ लोग इतने असहिष्णु हो जाते हैं मानों उनके निजी जीवन पर हमला किया जा रहा हो। लेकिन जनसंख्या वृद्धि की समस्या इन सभी तर्कों से ऊपर है। जनसंख्या विस्फोट से संसाधनों की अपर्याप्तता के कारण उत्पन्न हुई समस्याओं का उसर सब पर पड़ेगा। जनसंख्या नियंत्रण के नाम पर देश में बड़ी-बड़ी योजनाएं जो बनीं, लेकिन किसी पर कायदे से अमल नहीं हुआ। इसका नतीजा यह रहा कि जनसंख्या कम होने या थमने के बजाय बढ़ती ही चली गई। जनसंख्या नियंत्रण के लिए भारत में कोई ठोस नीति नहीं बनी। केवल 'हम दो हमारे दो' जैसे सरकारी नारों से लेकर परिवार नियोजन के सरकारी विज्ञापन बनते रहे, लेकिन आबादी बढ़ती रही।

आज जनसंख्या वृद्धि देश में ज्यादातर समस्याओं का बड़ा कारण बनती जा रही है। गरीबी, भुखमरी, बेरोजगारी, अशिक्षा, स्वास्थ्य सेवाएं, अपराध, स्वच्छ पानी की कमी जैसी समस्याओं का बढ़ा कारण बढ़ती आबादी भी है। देश के पास दुनिया की कुल जमीन का 2.4 फीसद हिस्सा है और इसमें दुनिया की अठारह फीसद आबादी निवासकरती है। देश में जमीन के कुल आठ फीसद हिस्से पर खेती होने के बावजूद बीस करोड़ लोग भुखमरी के शकार हैं। देश की आबादी अनियंत्रित रूप से बढ़ने के कारण ट्रैफिक जाम की समस्या भी भविष्य में देश की बड़ी समस्याओं में से होगी, क्योंकि देश के वाहनों की संख्या भी तेजी से बढ़ रही ह।, लेकिन जनसंख्या वृद्धि के हिसाब से सड़कों का निर्माण नहीं हो रहा है। इसी कारण देश की बढ़ती आबादी का बोझ सड़कों पर आसानी से देखा जा सकता है। वर्ष 1950 में भारत की आबादी सैंतीस करोड़ थी। वर्तमान तक यह आंकड़ा एक अरब पच्चीस करोड़ के आसपास पहुंच गया है। इस वृद्धि से अनुमानतः वर्ष 2050 तक देश में चालीस करोड़ लोग और बढ़ जाएंगे। जनसंख्या वृद्धि में दिल्ली सबसे आगे है। एक अनुमान के मुताबिक अगले एक दशक तक दिल्ली दुनिया का सबसे अधिक आबादी वाला शहर बन जाएगा।

देश में जब भी जनसंख्या नियंत्रण को लेकर नीति निर्माण की चर्चा होती है तो कुछ बुद्धिजीवी चीन की जनसंख्या वृद्धि को प्रोत्साहन देने की नीति का उदाहरण देकर, भारत की जनसंख्या वृद्धि को उचित ठहराते हैं। इस परिप्रेक्ष्य में जनसंख्या की नीति को लेकर चीन से तुलना उचित नहीं है। चीन ने अनुमान लगाया है कि वर्ष 2060 तक साठ वर्ष से ऊपर के प्रति दो बुजुर्ग पर तीन युवा होंगे। ऐसे में संकट यह होगा कि युवा नोकरी करेंगे या बुजुर्गों की सेवा करेंगे। जबकि भारत एक युवा देश है जिसकी वर्तमान युवा आबादी साठ फीसद से अधिक है। ऐसे में भविष्य की आवश्यकता को देखते हुए भारत के संदर्भ में चीन की जनसंख्या नीति अनुपयुक्त है। चीन ने अपनी बढ़ती हुई आबादी को संसाधन मानकर, लोगों को अर्थव्यवस्था के विकास में भागीदार बनाया। इसलिए चीन आज दुनिया का सबसे बड़ा उत्पादक है। जिस तरह चीन ने अपनी आबादी का दक्ष कामगार बनाकर उत्पादन और निर्माण से जुड़े कार्यों में लगाया है, उससे हमारी सरकार इतनी बड़ी आबादी को अच्छा जीवन ओर रोजगार देने के बारे में चीन से प्रेरण ले सकती है।

एक अनुमान के मुताबिक देश में कामकाजी लोागों की संख्या अगले तीन दशकों तक तीस फीसद की दर से बढ़ती रहेगी। इसी दौरान चीन में कामकाजी लोगों की संख्या बीच फीसद की दर से कम हो जाएगी। विडंबना यह है कि जनसंख्या नियंत्रण, जो राष्ट्रीय हित से जुड़ा हुआ मुद्दा है, उस पर नियंत्रण के लिए कभी किसी दल या संगठन ने आवाज नहीं उठाई। देश की तमाम राजनीतिक पार्टियां रोटी, कपड़ा, मकान की बातें तो करती हैं, लेकिन जनसंख्या नियंत्रण जैसे राष्ट्रीय हित के मुद्दे पर कानून बनाने का वादा कोई राजनीतिक पार्टी नहीं करती। इसलिए राष्ट्रीय हित के मुददे चुनावी मुद्दे नहीं बन पाते।

चीन और भारत अभी दुनिया के सबसे ज्यादा आबादी वाले देश हैं चीन की वर्तमान जनसंख्या एक अरब इकतालीस करोड़ और भारत की एक अरब पच्चीस करोड़ के लगभग है। संयुक्त राष्ट्र के मुताबिक अगले छह वर्षों में भारत की जनसंख्या चीन

से आगे निकल जाएगी। देश की जनसंख्या अनियंत्रित रूप से इसी तरह बढ़ती रही तो, आने वाले समय में शहरों में गाड़ी चलाने के लिए सड़क, पीन के लिए पानी और सांस लेने के लिए स्वच्छ हवा मिलनी मुश्किल हो जाएगी। जापानी की राजधानी टोक्यो सबसे ज्यादा आबादी वाला शहर है। टोक्यों की जनसंख्या तीन करोड़ सत्तर लाख है। वर्तमान में राजधानी दिल्ली की जनसंख्या दो करोड़ नब्बे लाख है। लेकिन एक अनुमान के मुताबिक दस साल में ही दिल्ली की जनसंख्या टोक्यो को भी पीछे छोड़ देगी। ऐसा नहीं है कि विस्फोटक रूप से जनसंख्या वृद्धि केवल दिल्ली में ही हो रही है, बल्कि पूरे देश की हालत ऐसी ही है।

जनसंख्या वृद्धि का सबसे ज्यादा असर भारत पर पड़ रहा है। ग्रामीण आबादी के राजगार की तलाश में लगातार शहरों की ओर पलायन करने से शहरी लोगों की जिंदगी भी मुश्किल बनती जा रही है। इसके लिए भी सरकारी नीतियां जिम्मेदार हैं आजादी के सत्तर साल बाद भी ऐसी कोई ठोस नीति नहीं बन पाई है जिससे ग्रामीण आबादी का शहरों की ओर पलायन रूक सके। देश में लोग गांव छोड़कर शहरों की ओर पलायन को इसलिए मजबूर हो रहे हैं कि सरकारें गांव में रोजगार, अच्छी शिक्षा और स्वास्थ्य जैसी बुनियादी सुविधाएं भी उपलब्ध नहीं करा पाई हैं। संयुक्त राष्ट्र की नई रिपोर्ट के अनुसार वर्ष 2050 तक दुनिया की अड़सठ फीसद आबादी शहरों में रहने लगेगी। वर्तमान में लगभग पचपन फीसद जनसंख्या शहरों में निवास करती है। देश की आबादी इसी तरह विस्फोटक रूप से बढ़ती रहेगी, तो संकट और गंभीर रूप धारण करते जाएंगे। दिल्ली का ही उदाहरण लें। दिल्ली में अभी भी 2001 का मास्टर प्लान लागू है। जबकि शहर में 2021 कर मास्टर प्लान लागू हो जाना चाहिए था। इस मास्टर प्लान के अनुसार 2021 तक दिल्ली में हर आदमी को रहने के लिए चालीस वर्ग मीटर जगह की आवश्यकता होगी। इस मास्टर प्लान के मुताबिक दिल्ली की आबादी को 920 वर्ग किलोमीटर की जगह चाहिए। लेकिन दिल्ली की वर्तमान आबादी को रहने के लिए 1107 वर्ग किलोमीटर जगह चाहिए। ऐसे में यह सोचकर ही रोंगटे खड़े हो जाते हैं कि दस वर्ष बाद जब दिल्ली की आबादी तीन करोड़ के पार होगी, तब क्या होगा? संयुक्त राष्ट्र की एक रिपोर्ट के अनुसार भारत 2024 तक दुनिया का सबसे ज्यादा आबादी वाला देश बन जायेगा। ऐसे में यह गंभीर सवाल है कि क्या जनसंख्या के बोझ से जूझ रहे भारत के पास लोगों को अच्छा जीवन और रोजगार देने के संसाधन होंगे?

देश में दस से पैंतीस वर्ष के मध्य के आयुवर्ग के युवाओं की आबादी लगभग साठ करोड़ है। इस युवा आबादी को सही दिशा और पर्याप्त संसाधन उपलब्ध कराए जाएं तो भारत दुनिया का सिरमौर बन सकता है। लेकिन सच्चाई यह है कि देश में केवल अनपढ़ युवाों की ही आबादी लगभग तीस करोड़ है। देश में दस करोड़ युवा ऐसे हैं, जो शिक्षित होने के बावजूद किसी कौशल में दक्ष नहीं है। वर्ष 2030 तक दस करोड़ नई नौकरियों की जरूरत होगी। इसके लिए इतने दक्ष युवा तैयार करना भी एक चुनौती होगी। जनसंख्या विस्फोट के प्रभाव से बचने के ए जरूरी है कि लोगों के लिए सामाजिक सुरक्षा योजनाओं और नीतियों का निर्माण किया जाए, जिससे लोग बीमारी और बेरोजगारी जैसी विपरीत परिस्थितियों में दूसरों पर निर्भर न रहें।

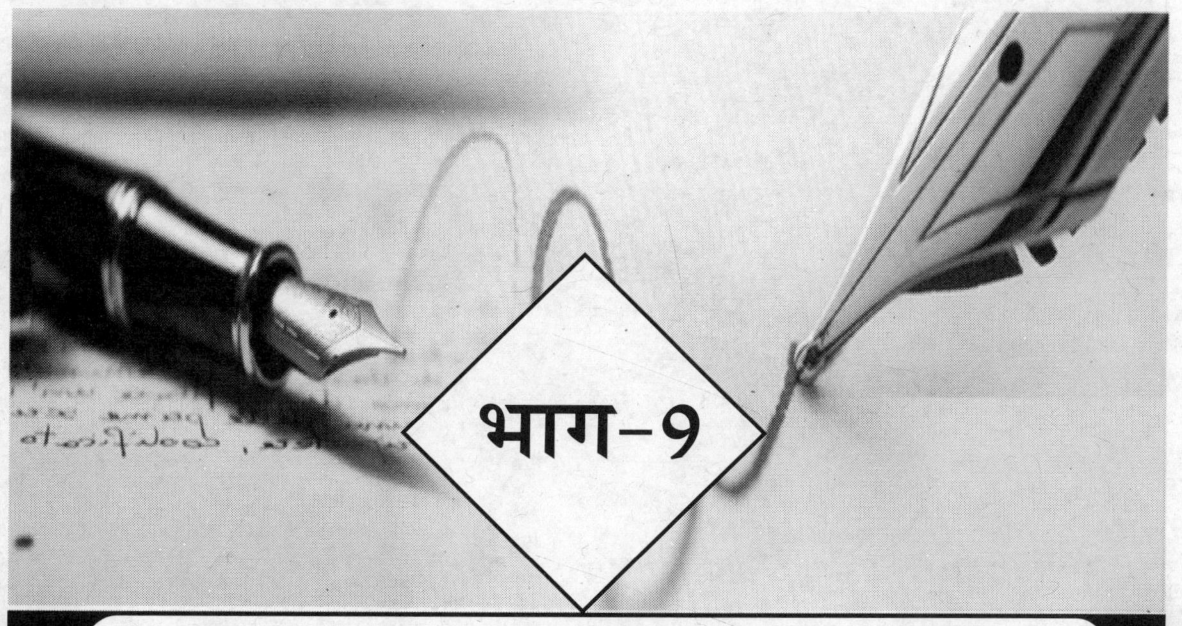

राष्ट्रीय एवं अंतर्राष्ट्रीय घटनाक्रम तथा योजनाएं एवं परियोजनाएं

इस भाग में ....

भारत के उसके पड़ोसी देशों से संबंध

बदलती विश्व व्यवस्था में भारत अमेरिका सम्बन्ध

राष्ट्रमण्डल खेल : हेमिल्टन से गोल्ड कोस्ट तक

अप्रवासी भारतीय दिवस

नई स्मार्ट सिटी ही नही, पुराने शहरों का भी होगा कायाकल्प

भारत में जल प्रबंधन और उसकी चुनौतियां

आंतकवाद : भारत के सन्दर्भ में

भारत में नक्सलवाद

भारत-चीन सम्बन्ध

भारत-जापान सम्बन्ध (बढ़ते कदम)

01 भारत और उसके पड़ोसी देशों से संबंध

विदेश नीति में कहा जाता है कि- **मित्र का चयन किया जा सकता है, पड़ोसी का नहीं।** पड़ोसी देशों के साथ संबंध अनिवार्य प्रकृति के होते हैं न कि स्वैच्छिक। किसी भी देश के आर्थिक विकास व सुरक्षा के लिए अनिवार्य है कि उसके पड़ोसी देशों में शांति व स्थायित्व बना रहे। उदाहरणस्वरूप यूरोपीय देशों ने विश्व के सम्मुख विकास का जो मॉडल रखा है उससे स्पष्ट है कि पड़ोसियों के साथ सहयोग व विश्वास के संबंध स्थापित कर, विकास को गति दी सकती है। यही कारण है कि मानव विकास सूचकांक में शीर्ष रैंक यूरोपीय देशों को ही प्राप्त हैं। इसी प्रकार दक्षिण पूर्व एशिया (आसियान) देशों ने आपसी सहयोग व सहमति से अपने क्षेत्र को परमाणु मुक्त बना कर क्षेत्रीय विकास की दर को कई गुना बढ़ा दिया है। उक्त उदाहरणों से स्पष्ट है कि यदि पड़ोसी देशों में शांति, राजनीतिक स्थायित्व तथा आपसी विश्वास मौजूद होगा तो अवश्य ही विकास तीव्र गति से होगा। परिणामस्वरूप विभिन्न प्रकार की समस्याएं जैसे गरीबी, बेरोजगारी, नक्सलवाद, आतंकवाद की स्थिति कभी उत्पन्न नहीं होगी।

भौगोलिक दृष्टि से दक्षिण एशिया क्षेत्र में भारत केन्द्रीय स्थिति में है और इस क्षेत्र में पड़ने वाले सभी देशों से भारत की सीमा स्पर्श करती है इसलिए भारत के आर्थिक विकास व सुरक्षा को बनाये रखने के लिए आवश्यक हो जाता है कि भारत अपने पड़ोसी देशों के साथ मधुर व विश्वसनीय संबंध बनाये रखे। भारत की विदेशी नीति में नेबरहुड फर्स्ट की नीति को प्राथमिकता दी गयी है। वर्ष 1996 में देश के विदेश मंत्री इन्द्र कुमार गुजराल ने छोटे पड़ोसी देशों को एकतरफा छूट देने का प्रावधान किया था जिसे गुजराल सिद्धांत कहा जाता है। यह सिद्धान्त भारत को पड़ोसी देशों के साथ बिग ब्रदर की भांति व्यवहार न करके एल्डर ब्रदर की भांति व्यवहार करने की नीति पर बल देता है। चूंकि भारत के पड़ोसी देश आकार में भारत से बहुत छोटे है और भारत के हित इन पड़ोसी देशो में निहित है इसलिए भारत को छोटे पड़ोसी देशों के साथ संवेदनशील व्यवहार करते हुए उन्हें एक तरफा छूट प्रदान करनी चाहिए। इस नीति का अनुसरण करते हए भारत ने वर्ष 1996 में फरक्का समझौते के तहत बांग्लादेश को गंगा नदी के जल विभाजन में छूट दी थी। इसके अतिरिक्त 1974 में भारत ने श्रीलंका को कच्चा तीवू द्वीप सौंप दिया था जो यह दर्शाता है कि भारत ने सदैव ही पड़ोसी देशों के साथ मित्रता पूर्ण संबंधों को महत्व दिया है। इस नीति का अनुसरण अटल बिहारी बाजपेयी व मनमोहन सरकार ने भी किया। वर्ष 2014 में निर्वाचित सरकार ने **डायनमिक विदेश नीति** का अनुसरण करते हुए पड़ोसी प्रथम की नीति की परम्परा को बनाये रखा। जिसका प्रमुख उदाहरण है प्रधानमंत्री मोदी ने अपने शपथ ग्रहण समारोह में सार्क देशों के सभी राष्ट्राध्यक्षों को आमंत्रित किया। भारतीय प्रधानमंत्री ने अपनी पहली विदेश यात्रा के लिए पड़ोसी देश भूटान का चयन किया। इसी क्रम में देश के 69वें गणतंत्र दिवस के अवसर पर आसियान देशों के प्रतिनिधियों को आमंत्रित किया। वर्तमान सरकार ने सार्क देशों को दक्षिण एशियाई सैटेलाइट की सेवा प्रदान कर पड़ोसी प्रथम की परम्परा को नई ऊँचाईया दी।

भारत अफगानिस्तान संबंध

भारत, अफगानिस्तान में शांति, स्थायित्व, आधारभूत संरचना का निर्माण एवं क्षमता निर्माण कार्यक्रम में सहयोग कर रहा है उदाहरणार्थ :

- भारत अफगानिस्तान में डेलाराम – जरांज राष्ट्रीय राजमार्ग का निर्माण कर रहा है।
- भारत द्वारा मजार-ए-शरीफ से हेरात के मध्य सड़क सम्पर्क का निर्माण किया जा रहा है।
- भारत ने अफगानिस्तान में सलमा बांध का निर्माण कर, काबुल मे बिजली आपूर्ति उपलब्ध कराने का कार्य किया है।
- भारत ने अफगानिस्तान के साथ व्यापारिक संबंधो को बढ़ावा देने के लिए हवाई कॉरिडोर की शुरूआत की है।
- भारत ने ईरान में चाबहार पत्तन का निर्माण कर अफगानिस्तान में आवश्यक वस्तुओं की आपूर्ति का मार्ग प्रशस्त कर लिया है। इस क्रम में भारत के चाबहार पत्तन के द्वारा अफगानिस्तान में 11 लाख गेहूँ की पहली खेप पहुंचाने का कार्य किया है।
- भारत सरकार ने अफगानिस्तान में पार्लियामेंट भवन के निर्माण में न केवल वित्तीय सहायता दी है बल्कि निर्माण भी भारत सरकार द्वारा किया गया है।

भारत द्वारा अपने पड़ोसी देश अफगानिस्तान के लिए किये जा रहे कार्यों को देखते अमेरिका की ट्रंप सरकार ने इस बात को स्वीकार किया है कि अफगानिस्तान के स्थायित्व में भारत की भूमिका निर्णायक होगी।

भारत-चीन संबंध

चीन, बांग्लादेश के बाद भारत के साथ भौगोलिक सीमा साझा करने वाला दूसरा सबसे बड़ा देश है। चीन भारत के 5 राज्यों यथा जम्मू कश्मीर, हिमाचल प्रदेश, उत्तराखण्ड, सिक्किम व अरूणाचल प्रदेश आदि राज्यों से सीमा स्पर्श करता है। चीन का 21वीं सदी में आर्थिक, सामरिक शक्ति के रूप में उभार हुआ है और संभवत: 21वीं सदी ''चीन की सदी'' है। भारत के द्वारा चीन के साथ 'डिलिंकिंग नीति (Delinking Policy) को अपनाया गया है जिसके तहत आर्थिक संबंधो और सीमा विवाद को अलग-अलग देखने का प्रयास किया गया है। वर्तमान में भारत चीन द्विपक्षीय व्यापार लगभग 76 बिलियन डॉलर का हो गया है। भारत का सबसे बड़ा द्विपक्षीय भागीदार चीन है। चीन ने स्ट्रिंग ऑफ पर्ल्स (String of Perls) और 'वन बेल्ट वन रोड' जैसी परियोजनाओं के माध्यम से दक्षिण एशियाई देशों में अपनी सॉफ्ट पावर को बढ़ाया है। इस परियोजना के माध्यम से चीन हिंद महासागर के महत्वपूर्ण संचार मार्ग पर पत्तनों का निर्माण कर रही है। जिसके तहत सूडान में सूडान पत्तन का निर्माण 10 बिलियन डॉलर के निवेश के साथ, पाकिस्तान का ग्वादर बन्दरगाह का निर्माण 1 बिलियन डालर के निवेश के साथ, श्रीलंका के कोलम्बिया पोर्ट व हम्बनटोटा पोर्ट का 85% स्टेक चीन के पास है, बांग्लादेश के चटगांव पोर्ट पर 8 बिलियन डॉलर का निवेश, म्यानमान के कायाकव्यू (Kayakpvu) पोर्ट का निर्माण, थाईलैण्ड में लीम चबांग पोर्ट व कम्बोडिया में सिहानौकविल्ले पोर्ट (Sihanoukvile Port) व सेज के निर्माण में 3 बिलियन डॉलर का निवेश कर चीन दक्षिण एशिया में भारत को घेरने का प्रयास कर रहा है। चीन भारत के पड़ोसी देशों को आर्थिक सहायता उपलब्ध कराकर उन देशों पर अपना प्रभाव बढ़ा रहा है। हिंद महासागर में चीन के बढ़ते प्रभाव को संतुलित करने के उद्देश्य से भारत ने भी महत्वपूर्ण निर्णायक कदम उठाये है। जैसे -

- एससीओ व ब्रिक्स समूहों की बैठकों में भारत, चीन के साथ संबंधो को सुधारने का प्रयास कर रहा है।
- भारत ने सामरिक नीति के तहत मालाबार सैन्य अभ्यास जो भारत व अमेरिका के मध्य होता था वर्ष 2015 में जापान को भी इस सैन्य अभ्यास का नियमित सदस्य नियुक्त किया है।
- भारत क्वैड (अमेरिका, जापान, आस्ट्रेलिया, भारत) समूह में शामिल हुआ है।

इस प्रकार यह कहा जा सकता है कि भारत ने चीन के साथ वार्ताओं के द्वार भी खुले रखे है तो साथ ही साथ सामरिक दृष्टि से स्वयं को मजबूत भी किया है। भारत की इसी नीति का परिणाम है कि पाकिस्तान के समर्थन में यूएनओ की सुरक्षा परिषद् में वीटो का प्रयोग करने वाला चीन को सुरक्षा परिषद के अन्य स्थायी सदस्य विशेषकर अमेरिका व सम्पूर्ण विश्व चीन की आलोचना झेलनी पड़ रही है।

भारत-नेपाल संबंध

नेपाल, भारत से धार्मिक, सांस्कृतिक एवं भाषायी रूप से अत्यधिक नजदीक है। अप्रैल 2015 में जब नेपाल में भूकंप आया था तो ''नेबर्स फर्स्ट'' की नीति के तहत भारत सर्वप्रथम नेपाल में सहायता पहुंचाने वाला देश था। लेकिन वर्ष 2016 में नेपाल में संविधान को लेकर चले मधेसी आन्दोलन और बार्डर पर हुयी नाकेबन्दी से भारत द्वारा नेपाल को भी भेजी जाने वाली वस्तुओं की आवाजाही बाधित हुई तो नेपालन में भारत के विरोध के स्वर तेज होने लगे। इस स्थिति में भारत ने नेपाल के साथ अपने संबंध घनिष्ठ एवं सहयोगात्मक बनाये रखने हेतु प्रयास तीव्र कर दिए हैं, क्योंकि, चीन, भारत व नेपाल के इस तल्ख रिश्ते का फायदा उठाकर नेपाल पर अपना प्रभाव बढ़ा रहा था, जिसके चलते नेपाल, चीन की बेल्ट एण्ड रोड इनीशिएटिव परियोजना का हिस्सा बन गया है। चीन, नेपाल में कनेक्टिविटी को बढ़ावा देने के क्रम में ल्हासा (तिब्बत) से काठमांडू तक रेल लाइन का विस्तार कर रहा है, जिसे 2020 तक पूर्ण किया जायेगा। नेपाल के वर्तमान प्रधानमंत्री के.पी. शर्मा ओली द्वारा चाईना फर्स्ट और प्रोइण्डिया नीति को अपनया जा रहा है। नेपाल की इस बदली हुई विदेश नीति के पश्चात के.पी. शर्मा ओली की भारत यात्रा हुई। भारती विदेश मंत्री व प्रधानमंत्री की भी नेपाल यात्रा हुई। भारतीय प्रधानमंत्री की हालिया जनकपुर यात्रा (वर्ष 2018) में उन्होंने कहा कि ''नेपाल के बिना भारत के धाम व आस्था अधूरे हैं इसी क्रम में भारत ने जनकपुर-अयोध्या तक बस सेवा की शुरूआत की और रक्सौल-काठमांडू तक रेल सम्पर्क स्थापित करने की घोषणा की। जलविद्युत उत्पादन के क्षेत्र में साझा सहयोग के लिए अरूण-III परियोजना पर समझौता हुआ जिससे नेपाल के आर्थिक विकास को गति मिलेगी साथ ही दोनो देश के मध्य कनेक्टिविटी बढ़ने से आर्थिक, धार्मिक व सांस्कृतिक परिपेक्ष में सहयोग बढ़ेगा।

भारत-भूटान संबंध

भारत-भूटान संबंध सहयोग के मॉडल पर आधारित है। 8 अगस्त 1949 को दार्जिलिंग में भारत-भूटान के मध्य ''शांति और मित्रता समझौता'' हुआ जिसके अनुसार निम्न समझौते किये गये-

- दोनो देशों के बीच शांति और दोस्ती रहेगी।
- भूटान के अंदरूनी ममलों में भारत हस्तक्षेप नहीं करेगा।
- दोनो देशों के बीच मुक्त व्यापार होगा।
- भूटान को भारत में हर तरह का रास्ता दिया जायेगा।
- भूटान हथियार खरीद व बिक्री भारत की सहमति के बगैर नहीं करेगा।
- दोनो देश एक दूसरे के नागरिकों को अपने नागरिकों की तरह सलूक करेंगे।
- दोनो देश एक दूसरे के देश के अपराधियों को न्याय के लिए लौटायेंगे।

उक्त समझौते का ही परिणाम है कि डोकलाम विवाद में भारत ने भूटान का साथ दिया। वर्ष 2008 में भूटान में लोकतंत्र की स्थापना हुई और यह परिवर्तन शांतिपूर्ण रूप से हुआ जिसमें भारत की निर्णायक भूमिका रही। भारत, भूटान में जल विद्युत ऊर्जा उत्पादन के क्षेत्र में महत्वपूर्ण सहयोग कर रहा है। भूटान में भारत के सहयोग से चुक्खा ताला जलविद्युत परियोजना का निर्माण किया गया है। इस परियोजना से निर्मित विद्युत को भारत द्वारा खरीदा जाता है, जो भूटान की आय का महत्वपूर्ण स्रोत है। भारत ने भूटान में सड़क परियोजना व हवाई अड्डे के निर्माण में महत्वपूर्ण भूमिका अदा कर भूटान को शेष विश्व के साथ जोड़ने का प्रयास किया है। भूटान में आधारभूत संरचना के विकास में भारत के बजट से अनुदान राशि का बड़ा हिस्सा दिया जाता है। भूटान भारत के लिए न केवल निवेश बल्कि सामरिक व सुरक्षा की दृष्टि से भी महत्वपूर्ण देश है क्योंकि भौगोलिक दृष्टि से भूटान एशिया के दो बड़े देशों चीन व भारत के बीच स्थित है। भूटान के इस भौगोलिक अहमियत को समझते हुए भारत के प्रथम प्रधानमंत्री जवाहरलाल नेहरू ने 1958 में 7 दिवसीय भूटान यात्रा की थी। इसी परम्परा को आगे बढ़ाते हुए वर्ष 2014 में आई नवीनतम सरकार के प्रधानमंत्री ने अपनी प्रथम विदेश यात्रा हेतु भूटान को चुना जिसका परिणाम यह हुआ कि वर्ष 2018 में हुए भूटान के चुनाव में पीपुल्स डेमोक्रेटिक पार्टी के प्रधानमंत्री ने भी अपनी पहली विदेश यात्रा के लिए भारत का ही चुनाव किया। भारत की सीमा से लगे अन्य पड़ोसी देशों की तुलना में, भूटान भारत का सबसे हितैषी व परम्परागत मित्र बना हुआ है। जिसका प्रत्यक्ष उदाहरण वर्ष 2018 को भारत-भूटान राजनयिक संबंध के स्वर्ण जयंती समारोह के रूप में मनाया गया है।

भारत-बांग्लादेश संबंध

भारत अपने पड़ोसी देशों में सर्वाधिक बांग्लादेश के साथ सीमा साझा करता है। इसलिए बांग्लादेश भारत के लिये अत्यधिक महत्पूर्ण पड़ोसी देश है। वर्ष 1971 में भारत के सहयोग से पूर्वी पाकिस्तान, बांग्लादेश के रूप में दक्षिण एशिया के मानचित्र में स्थापित होने वाला सबसे नवीनतम देश बना। बांग्लादेश प्रत्यक्ष रूप से भारत की सुरक्षा के लिए कोई खतरा नही है, किन्तु अवैध घुसपैठियों के कारण भारत के पूर्वोत्तर राज्यों में नृजातीय (Etnnic Croup), धार्मिक, सांस्कृतिक संघर्ष शुरू हो जाते है। बांग्लादेश से आने वाली अवैध घुसपैठ की समस्या रोहिंग्या समुदाय के लोगों के कारण और अधिक विकट हुई है, जिससे भारत-बांग्लादेश संबंध बाधित हुए हैं। भारत, बांग्लादेश संबंध वर्तमान में अच्छे दौर से गुजर रहे हैं, के कुछ उदाहरण निम्नवत् हैः-

- भारत-बांग्लादेश के बीच वर्ष 2015 में ''लैण्ड बार्डर एग्रीमेंट'' हुआ है, जिसके तहत दोनों देशों के मध्य सीमा विवाद तो सुलझा ही साथ ही इस सीमा में आने वाली बस्तियों के लोगों को अपनी पहचान मिली और इमीग्रेशन का खतरा भी कम हुआ है।
- वर्तमान में भारत-बांग्लादेश के मध्य कनेक्टिविटी को बढ़ाने के लिए अगरतला-अखोड़ा रेल संपर्क का समझौता हो चुका है, जिससे कोलकाता एवं त्रिपुरा के बीच ढाका होकर आवागमन होगा, जो भारत के सिलिगुड़ी गलियारे का विकल्प होगा।
- 18 सितम्बर, 2018 को प्रधानमंत्री मोदी व शेखहसीना ने विडियो कान्फ्रेंसिंग के जरिये 130 किमी लम्बी पाइपलाइन जिसे **''भारत-बांग्लादेश मैत्री पाइपलाइन''** की संज्ञा दी गयी का शिलान्यास किया। इस पाइपलाइन के द्वारा भारत पूर्व में जो पेट्रोलियम प्रोडेक्ट रेल मार्ग से पहुंचाता था अब सीधा पाइपलाइन से बांग्लादेश पहुंचायेगा, जिससे बांग्लादेश की ऊर्जा दक्षता में वृद्धि होगी।
- बांग्लादेश, भारत के उत्तर पूर्वी राज्यों में इण्टरनेट की सुविधा को मजबूत करने के लिए अपने गेट वे **Cox's Bazar** से सुविधा देता है।
- भारत, बांग्लादेश के न्युक्लियर पावर प्रोजेक्ट **''रूपपुर न्यूक्लियर पावर प्लांट''** जो 2400 मेगावाट क्षमता वाला है, के निर्माण में भागीदार के रूप में सहयोग दे रहा है।

- भारत, बांग्लादेश को विकासात्मक कार्यों के लिए लाइन ऑफ क्रेडिट (LOCs) और ग्रांट उपलब्ध करता है।
- भारत-बांग्लादेश के मध्य पीपुल-टू-पीपुल कंनेक्टिविटी को बढ़ाने के लिए दो बस सेवाएं प्रारम्भ की गयी है- (i) कोलकाता-ढाका-अगरतला (ii) ढाका-शिलांग-गोहाटी
- भारत-बांग्लादेश के मध्य **बंधन एक्सप्रेस** नामक रेल सेवा का प्रारम्भ कोलकाता से खुलना के मध्य व **मैत्री एक्सप्रेस** रेल सेवा कोलकाता से ढाका के मध्य अपनी सेवाएं प्रदान करती है।
- बांग्लादेश ने भारत को चिटगांव और मंगोला पोर्ट का प्रयोग उत्तर पूर्वी राज्यों तक वस्तुओं को पहुंचाने के लिये 5 वर्षों के लिए मार्ग खोला है।
- बांग्लादेश न केवल सार्क बल्कि बिम्सटेक व बीबीआईएन (भूटान-बांग्लादेश-इंडिया व नेपाल) जैसे क्षेत्रीय मंचों के माध्यम से भारत से जुड़ा हुआ है।

उपरोक्त सकारात्मक पक्षों के बावजूद भारत-बांग्लादेश के बीच कुछ मुद्दों पर असहमति है, जैसे-तीस्ता नदी जल समझौता नहीं हो सका है। इसके अतिरिक्त, बांग्लादेश में बढ़ते चीनी प्रभाव से भारतीय सुरक्षा पर सीधा असर पड़ता है। चीन, बांग्लादेश में चटगॉव पत्तन का निर्माण कर रहा है, जो चीन की स्ट्रिंग ऑफ पर्ल का हिस्सा है। वर्तमान में बांग्लादेश में हुए चुनाव के परिणाम घोषित हुए है, जिसमें शेख हसीना ने लगातार तीसरी बार सरकार बनायी है, यह स्थिति भारत-बांग्लादेश के संबंधों को अवश्य ही नई ऊंचाईयां देगी।

भारत-म्यामार संबंध

म्यांमार में बौद्ध धर्म मानने वाले नागरिकों की बहुलता और हिंदू संस्कृति का प्रभाव होने के कारण भारत-म्यांमार सांस्कृतिक संबंध सुदृढ़ है। म्यांमार भारत और आसियान देशों के मध्य सेतु का कार्य करता है। वर्तमान सरकार के द्वारा एक्ट ईस्ट नीति के अन्तर्गत म्यांमार को अत्यधिक महत्व प्रदान किया गया है, जिसके तहत भारत, म्यांमार के साथ संबंधों को मजबूती प्रदान करने के लिए निम्न कार्य कर रहा है-

- **कालादान मल्टीमॉडल ट्रांजिट ट्रांसपोर्ट परियोजना:** यह योजना तीन मार्गों को विकसित करने का कार्य करेगी-1. समुद्री मार्ग, 2. नदी मार्ग व 3. सड़क मार्ग। इस परियोजना के अन्तर्गत पश्चिम बंगाल के हल्दिया पोर्ट को म्यांमार के सितवे पोर्ट जिसे भारत के सहयोग से विकसित किया जायेगा, को समुद्री मार्ग से जोड़ा जायेगा। इसके पश्चात सितवे से कालादान नदी के माध्यम से म्यांमार के पलेटवा (Paletwa) से जोड़ा जायेगा और इसके बाद पलेटवा को सड़क मार्ग से भारत के उत्तर पूर्वी राज्य मिजोरम से जोड़ा जायेगा। इस परियोजना का उद्देश्य भारत की मुख्य भूमि क्षेत्र जो, सिलिगुड़ी मार्ग के माध्यम से जुड़ता है, पर भारत की निर्भरता को समाप्त करना है। यह समझौता वर्ष 2008 में हुआ था, कार्य प्रारम्भ 2010 में हुआ और कार्य वर्ष 2015 में पूरा हो जाना था, परंतु वित्त की कमी के चलते यह परियोजना पूरी नहीं हो पायी। वर्ष 2019 तक इसे पूरा करने का लक्ष्य रखा गया है।
- **सितवे में SEZ की स्थापना:** भारत म्यांमार के सितवे (Sittwe part) में सेज की स्थापना कर रहा है, जो चीन द्वारा म्यांमार के कयाकू (Kyaukpnyu) में बनने वाले सेज के करीब है। चीन का यह सेज स्ट्रिंग ऑफ पर्ल का हिस्सा है।
- **भारत-म्यांमार फ्रेन्डशिप ब्रिज:** म्यांमार की सरकार द्वारा इस ब्रिज को दोनों देशों के नागरिकों के लिए खोल दिया गया है। भारतीय नागरिक विशेष परमिट लेकर भूटन जा सकते हैं, जबकि भूटान के नागरिक बिना परमिट के भारत में प्रवेश कर सकते हैं।
- **भारत-म्यांमार-थाइलैण्ड त्रिपक्षीय अन्तर्राष्ट्रीय राजमार्ग:** इस मार्ग के निर्माण पर तीनों देश कार्य कर रहे है। 1400 किमी. लम्बे इस राजमार्ग को वर्ष 2019 में पूरा कर लिया जायेगा, जिससे तीनों देशों के बीच व्यापार, स्वास्थ्य, शिक्षा व पर्यटन के क्षेत्र में वृद्धि होगी। यह महत्वकांक्षों योजना चीन के बढ़ते प्रभाव के लिहाज से अहम है, जो OBOR योजना के तहत आर्थिक और राजनीतिक विस्तार कर रहा है।
- भारत द्वारा म्यांमार के 40 मछुआरों को रिहा कर दिया गया है।
- प्रधानमंत्री मोदी के अनुसार भारत-म्यांमार संबंधों को 5B के माध्यम से मजबूत किया जा सकता है- पहला 'बी' बुद्धिजम, दूसरा 'बी' बिजनेस, तीसरा 'बी' बॉलिवुड, चौथा 'बी' भारतनाट्यम, पांचवॉ 'बी' बर्माटिक।

02 बदलती विश्व व्यवस्था में भारत अमेरिका सम्बन्ध

भारत और अमेरिका दुनिया के सबसे बड़े लोकतन्त्र देश हैं जिन्होंने अपने आधुनिक इतिहास के दौरान अपने सम्बन्धों में काफी उतार चढ़ाव देखे हैं दोनों देशों के बीच भिन्न-भिन्न सामरिक और विचाराधारात्मक कारणों से समय-समय पर तनावपूर्ण सम्बन्धा रहे हैं लेकिन परिस्थितियाँ बदलने पर दोनों देश एक दूसरे के करीब भी आए हैं शांति युद्ध की राजनीति का अमेरिकी भारत सम्बन्धों पर गहरा प्रभाव पड़ा। जबकि विश्व के अधिकतर देश पूर्वी ब्लाक और पश्चिमी ब्लाक में बटे हुए थे भारत ने सैद्धांतिक रूप से गुटनिरपेक्ष रहने का फैसला किया, पर वह अमेरिका के बजाय सोवियत संघ के ज्यादा करीब रहा, परन्तु उत्तर शांतियुद्ध तथा सोवियत संघ के बिखरने के बाद दोनों के संबंधों में परिवर्तन आया है इन अवधि में भारत ने अपनी अर्थव्यवस्था का उदारीकरण करने तथा उसे वैश्विक अर्थव्यवस्था से जोड़ने का फैसला किया।

शीतयुद्ध के बाद भारत और अमेरिका के बीच आर्थिक सहयोग बढ़ता जा रहा है और आने वाले वर्षों में और अधिक बढ़ने की सम्भावना है इसी प्रकार सैन्य सहयोग भी बढ़ा है भारत और अमेरिका के बीच बहुचर्चित सैन्य परमाणु सहयोग समझौते पर सैद्धान्तिक सहमति जुलाई 2005 में ही भारत के तत्कालीन प्रधानमन्त्री मनमोहन सिंह व अमेरिका के तत्कालीन राष्ट्रपति जार्जबुश के बीच हो गयी थी, अमेरिका के दबाव के चलते ही न्यूक्लियर्स सप्लायर्स ग्रुप ने भारत को नाभिकीय आपूर्ति की अनुमति सितम्बर 2008 में प्रदान की थी।

वर्तमान परिदृश्य में भारत व अमरीकी सम्बधों के बीच दो नई बातें उभर कर सामने आयी इनका सम्बन्ध प्रौद्योगिकी एवं अमेरिका में बसे प्रवासियों से है, वर्तमान में भारी संख्या में भारतीय अमेरिका में बसना चाहते हैं शिक्षा के क्षेत्र में भी भारतीयों की पहली पसन्द अमेरिका बनती जा रही है जिनका महत्वपूर्ण कारण अमेरिका की संस्कृति है जहाँ अच्छे जीवन जीवन और व्यक्तिगत सफलता एवं स्वतंत्रा को विशेष महत्व दिया जाता है अमेरिका में बसे 17 लाख भारतीय अमेरिकी भारत और अमेरिका के बीच मजबूत कड़ी बनाते हैं-

- आज बोइंग के 35 प्रतिशत तकनीकी कर्मचारी भारतीय मूल के हैं
- तीन लाख भारतय सिलिकान बैली में कार्य करते हैं।
- उच्च प्रौद्योगिकी के क्षेत्र की 15 प्रतिशत कम्पनी की शुरुआत अमेरिका में बसे भारतीयों ने की है।
- साफ्टवेयर के क्षेत्र में भातर के कुल निर्यात का 65 प्रतिशत अमेरिका को जाता है।

भारत व अमेरिका आपसी समबन्धों में एक महत्वपूर्ण परिवर्तन उस समय आया जब 10 में तत्कालीन प्रधानमंत्री डॉ0 मनमोहन सिंह के निमंत्रण पर भारत की राजकीय यात्रा बराक ओबामा ने की थी, तथा जनवरी 2015 में भारतीय प्रधानमंत्री नरेन्द्र मोदी के निमन्त्रण पर अमेरिकी राष्ट्रपति बराक ओबामा ने भारत की यात्रा 25 से 27 जनवरी 2015 को की ओबामा की यह यात्रा इसलिए महत्त्वपूर्ण है क्योंकि दुनिया का सबसे शक्तिशाली राष्ट्र अपनी आर्थिक स्थिति को दुरुस्त करने के लिए एक विकासशील देश के पास मदद के लिए आया है यह मात्र इस बात का संकेत भी है कि दुनिया में भारत अपनी आर्थिक स्थिति के जरिये धाक जमा रहे हैं, इसके साथ ही सुरक्षा परिषद में सीट के लिए भारत को अमेरिकी समर्थन की जरुरत है, यह भारत भी अच्छी तरह से जानता है तो यहाँ कह सकते हैं कि जरुरत दोनों राष्ट्र को एक दूसरे की है, अर्थात् दोनों के पास एक दूसरे को देने के लिए बहुत कुछ है।

राष्ट्रपति के रूप में भारत की दो बार यात्रा करने वाले पहले अमरीकी राष्ट्रपति भी वराक ओबामा हो गए हैं, भारतीय प्रधानमंत्री नरेन्द्र मोदी व राष्ट्रपति ओबामा के बीच सीधी हॉटलाइन शुरू करने की सहमति भी द्विपक्षी वार्ता में हुई।

भारत की दूसरी यात्रा के दौरान बराक ओबामा ने अपने सम्बोधन में कहा भारत व अमेरिका स्वाभाविक साझेदार नहीं सर्वश्रेष्ठ साझेदार है।

अमेरिकी राष्ट्रपति ओबामा की भारत की इस यात्रा को कूटनीतिक दृष्टि से देखा जाए तो कहा जा सकता है कि इससे भारत के सीमावर्ती देशों पाकिस्तान व चीन के साथ-साथ रूस भी सर्तक हुआ है। पाकिस्तान को यह सुनिश्चित करना होगा कि भारत अमरीका के बीच सम्बन्धों के नए युग की शुरुआत का खामियाजा कहीं उसे न भुगतना पड़े, क्योंकि अमरीका के लिए भारत वास्तव में एक बड़ा बाजार है तथा भारत में हथियारों की बिक्रीसे अमरीका की अर्थव्यवस्था मुश्किलों से उबर सकती है।

भारतीय दर्शन स्वतंत्रता समानता पर आधारित है उसी समानता पर अमेरिका का भी दर्शन आधारित है दोनों में इतनी समानता है जो कि एक-दूसरे को नजदीक ला रहे हैं ऊर्जा स्वास्थ्य सूचना एवं प्रौद्योगिकी के क्षेत्र में अमेरिका भारत को सहायता प्रदान कर रहा है। नाभिकीय क्षेत्र के अतिरिक्त सुरक्षा, जलवायु परिवर्तन व आर्थिक क्षेत्र में सहयोग सम्बर्द्धन की सहमति बन रही है, 9/11 के बाद दोनों देशों आतंकवाद के खिलाफ युद्ध में संयुक्त प्रयास कर रहे हैं साथी ही संयुक्त सैन्य अभ्यास व खुफिया सूचनाओं के व्यापक आदान-प्रदान आदि के जरिए रक्षा क्षेत्र में द्विपक्षीय भागीदारी को दोनों देश आगे बढ़ाएंगे। अमरीका प्रौद्योगिकी विद्युत उपग्रह, किसानों की भलाई, बच्चों को स्वच्छ पेयजल एवं हवा मुहैया कराने के साथ कारोबार आधारित संरचना स्मार्ट सिटी, बन्दरगाह तथा हवाई अड्डो के विकास में भारत का निकट सहयोगी बनना चाहता है।

भारत और अमेरिका निसन्देह हर एक क्षेत्र करीब आ रहे हैं, लेकिन कुछ क्षेत्र अब भी हैं जिन पर दोनों देशों के बीच कोई सहमति नहीं हो सकी। कुछ प्रमुख मुद्‌दे जिन पर दोनों देशों में मतभेद चल रहे हैं वे इस प्रकार हैं-

- सुरक्षा परिषद में भारत को स्थायी सदस्यता प्रदान करने के प्रश्न पर अमेरिका अब भी चुप है।
- विश्व व्यापार संगठन के मंच पर भारत और अमेरिका के हित मेल नहीं खाते।
- एनपीटी और सीटीबीटी पर भारत ने अब तक हस्ताक्षर नहीं किए हैं जिनकी अपेक्षा अमेरिका की है।

लेकिन इसके बावजूद भारतीय अर्थ व्यवस्था की प्रभावशाली आर्थिक वृद्धि दर के कारण भारत अब अमेरिका के लिए सहयोगी बनता जा रहा है, 24 सितम्बर 2015 को न्यूर्याक में भारतीय प्रधानमंत्री नरेन्द्र मोदी ने अमेरिका के वित्तीय मीडिया, संचार विनिर्माण व आधारित संरचना क्षेत्रों के मुख्य कार्यकारी अधिकारीयों के साथ गोल मेज बैठक की तथा भारत में विभिन्न क्षेत्रों में निवेश बढाने के लिए स्टार्टअप इण्डिया, स्टैण्डअप इण्डिया, मेक इन इण्डिया, स्किल इण्डिया, व स्मार्ट सिटी मिशन आदि की परिकल्पनाएं प्रस्तुत की, तथा अमेरिकी उद्यमियो को उन्होने बताया की भारत उनके लिए सबसे बड़ी अवसर व सबसे बडी चुनौती है।

अमेरिकी उद्यमियों को भारत में एक बड़ा बाजार उपलब्ध हो रहा है जिसके कारण दक्षिण एशिया के क्षेत्र में भारत की बढती महत्ता को अमेरिका एक अन्तराष्ट्रीय कर्ता के रूप में मान्यता दे रहा है। शायद यही कारण है कि बदलते वैश्विक परिवेश, सम्पूर्ण विश्व के अन्तर्गत भारत एवं अमेरिका दो महाद्वीपो पर स्थित होने के बावजूद दोनो सन्निकट पड़ोसी प्रतीत हो रहे है, हो सकता है आधार नया हो लेकिन इसके मूल में दोनो देशो की आर्थिक जरूरते और एक बड़ा बाजार एक नयी विश्व आर्थिक व्यवस्था के रूप में स्थापित करते है जिसके दूरगामी परिणाम अवश्य ही दोनो को मिलेगें और यही आवश्यकता भारत और अमेरिका के मधुर सम्बन्धों को नये दौर में पँहुचाती है।

03 राष्ट्रमण्डल खेल : हेमिल्टन से गोल्ड कोस्ट तक

''खेलों'' ने हमेशा से ही मानव की बौद्धिक, शारीरिक व एकजुट होकर प्रयास करने की क्षमता को जिस बखूबी से निखारा है, शायद ही ऐसी कोई और प्रक्रिया हो, जिसमें मानव एक ऐसी भावना से प्रेरित होकर जाड़ा-गर्मी-बरसात की चिन्ता किये बिना अपने-अपने देश के गौरव को बढ़ाने में एड़ी-चोटी का जोर लगा देते हैं। खेलों की नियति में जहाँ एक ओर स्वस्थ प्रतिस्पर्धा का एहसास निहित है, तो दूसरी ओर खेल आत्मबल को मजबूत करने का अभिप्रेरक है। खेल न धर्म देखता है, न जाति, न क्षेत्र, न अमीरी, न गरीबी और न ही लिंग आधारित भेद-भाव। ये तो सिर्फ खिलाड़ियों की मेहनत, लगन, उनकी दृढ़ संकल्पना और खेलों के प्रति उनका समर्पण भाव देखता है। एक सामान्य से भी सामान्य व्यक्ति खेलों के प्रति आकर्षित हुए बिना नहीं रह सकता और जब मौका खेलों के महाकुम्भ ''राष्ट्रमण्डल खेल'' (Common Wealth Games) का हो, तो उसकी बात ही कुछ और है।

21वें राष्ट्रमण्डल खेल-2018 का आयोजन गोल्डकोस्ट, क्वींसलैण्ड, आस्ट्रेलिया में 4 से 15 अप्रैल, 2018 के मध्य खेले गये। इन राष्ट्रमण्डल खेलों में चीन, अमेरिका, रूस व जापान जैसे खेलों के पावर हाउस कहे जाने वाले देश भाग तो नहीं लेते परन्तु फिर भी इन खेलों को ओलम्पिक के बाद दूसरा सबसे बड़ा खेल आयोजन की संज्ञा दी जाती है। यहाँ, इस बात को भी स्पष्ट करते चलें कि राष्ट्रमण्डल खेलों में केवल ऐसे देश ही हिस्सा ले सकते हैं, जो कभी ब्रिटेन के उपनिवेश रहे हैं। राष्ट्रमण्डलीय खेलोत्सव के इतिहास पर नजर डाले तो इन खेलों को वास्तविक पटल पर उकेरने का पहला प्रयास 1891 में यार्कशायर निवासी जे. एस्लेट कूपर ने इंग्लैंड की सुप्रसिद्ध पत्रिका ''ग्रेट ब्रिटेन'' में व्यक्त किया था, तत्पश्चात् 1911 में लंदन के क्रिस्टल पैलेस में एक खेल प्रतियोगिता का आयोजन हुआ। इस प्रतियोगिता में ब्रिटिश उपनिवेश के देशों ने उत्साहपूर्वक भाग लिया था।

इस प्रतियोगिता को ''इण्टर एम्पायर खेल'' का नाम दिया गया। 1928 में इन इण्टर एम्पायर खेलों को विश्वव्यापक बनाने पर विचार किया गया ताकि ब्रिटिश उपनिवेशवाद के पूर्व तथा वर्तमान देशों के सम्बन्ध ब्रिटिश साम्राज्यवाद से मधुर बने रहे। राष्ट्रमण्डल खेलों के विकास के क्रम को चार भागों में बाँटा जा सकता है, प्रथम क्रम 1930 से 1950 तक का रहा, उस समय इन खेलों को ब्रिटिश एम्पायर खेल के नाम से जाना जाता था। द्वितीय क्रम 1954-1966 तक की अवधि का रहा। इस अवधि में इन खेलों को ब्रिटिश एम्पायर और राष्ट्रमण्डल खेल कह कर पुकारा गया। इस समयावधि में 1945 और 1948 में द्वितीय विश्व युद्ध के कारण राष्ट्रमण्डल खेलों का आयोजन नहीं किया जा सका।

तृतीय क्रम 1970 से 1974 का रहा। इस अवधि में यह खेल ब्रिटिश कॉमनवेल्थ के नाम से आयोजित किये गये। चतुर्थ क्रम अर्थात् 1978 से अब तक यह खेल **राष्ट्रमण्डल खेल** (कॉमनवेल्थ गेम्स) के नाम से आयोजित किये जा रहे हैं। सन् 1891 में जिन खेलों के आयोजन की मात्र कल्पना की जा रही थी, वर्तमान में 21 राष्ट्रमण्डल खेलों का सुनहरा सफर तय कर चुका है। 21वें राष्ट्रमण्डल खेल 2018 में प्रमुख आकर्षण का केन्द्र जहाँ इसका शुभंकर **''बोरोबी''** रहा तो वहीं दूसरी ओर इस खेल प्रतियोगिता में सबसे कम उम्र की वेल्स खिलाड़ी, जिसकी आयु मात्र 11 वर्ष है, अन्ना हर्सी भी इन खेलों का मुख्य आकर्षण रही। वह टेबल टेनिस खिलाड़ी है। वह इस खेल महासंगम में पदक तो नही जीत पायी, परन्तु दिलों को जीतने में कामयाब रही।

21वें राष्ट्रमंडलीय खेलों में भारत भी 17 खेलों में भाग लेने के लिए 218 सदस्यीय भारतीय दल के साथ गोल्ड कोस्ट पहुंचा। भारतीय खिलाड़ियों के दल में साइना नेहवाल, जीतू राय, मानवजीत सिंह संधू, सुशील कुमार, पी.वी. सिंधु, मीराबाई चानू, एम.सी. मैरीकाम, श्रीकान्त, बबीता, सौरभ घोषाल, दीपिका पल्लीकल जैसे स्टार खिलाड़ियों ने शिरकत की। 15 अप्रैल 2018 को राष्ट्रमण्डल खेलों का समापन हुआ। इस दिन गोल्ड कोस्ट में भारत ने आठ पदक जीते, जिसमें से एक बैडमिंटन खिलाड़ी साइना नेहवाल ने अपनी हम वतन पी.वी. सिंधु को महिला सिंगल्स फाइनल में लगातार सेटो में 21-18, 23-21 से हराते हुए स्वर्ण पदक अपने नाम किया। साइना राष्ट्रमण्डल खेलों में दो स्वर्ण पदक जीतने वाली पहली भारतीय महिला बैडमिंटन खिलाड़ी भी बनी। साइना मौजूदा आयोजन के मिक्सड डबल्स स्पर्धा में भी स्वर्ण पदक जीतने वाली भारतीय दल का अहम हिस्सा थी। स्वर्ण पदक जीत कर देश के गौरव को ऊँचा करने वाले अन्य भारतीय खिलाड़ियों में अनीश भानवाला (निशानेबाजी), मनु भाकर (निशानेबाजी), गौरव

सोलंकी (मुक्केबाजी), नीरज चोपड़ा (भालाफेंक), मणिका बत्रा (टेबिल टेनिस), एम.सी. मैरीकॉम (बॉक्सिंग), तेजस्विनी सावंत (निशानेबाजी), बजरंग पुनिया (कुश्ती), श्रेयसी सिंह (निशानेबाजी), जीतू राय (निशानेबाजी), हिना सिद्धू (निशानेबाजी), विनेश फोगाट (कुश्ती) आदि प्रमुख है।

राष्ट्रमण्डल खेलों में जिन भारतीय खिलाड़ियों ने इतिहास रचा, उनमें से एक हैं–भारतीय पैडलर मनिका बत्रा, जिन्होंने टेबल टेनिस में स्वर्ण पदक समेत कुल चार पदक हासिल किये। यह किसी भी भारतीय का राष्ट्रमण्डल खेल में सर्वश्रेष्ठ प्रदर्शन है। 15 वर्षीय अनीश भानवाला (निशानेबाजी) राष्ट्रमण्डल खेलों में स्वर्ण पदक जीतने वाले सबसे युवा भारतीय रहे। इन्होने 25 मीटर रैपिड फायर पिस्टल में स्वर्ण पदक हासिल किया। इन खेलों के बाद अनीश को अपनी 10वीं कक्षा का गणित का पेपर भी देना है। 16 वर्षीय मनु भाकर (निशानेबाजी) बड़ी उम्मीद बनकर उभरी। उन्होंने 10 मीटर एयर पिस्टल में स्वर्ण पदक जीतकर यह स्पष्ट संकेत दिया कि महिलाओं को यदि इतिहास रचने का मौका दिया जाये, तो वह भी अपना सर्वश्रेष्ठ प्रदर्शन कर देश का मान बढ़ा सकती है। नीरज चोपड़ा ने भाला फेंक में स्वर्ण पदक हासिल किया यह एथलेटिक्स में भारत का पहला स्वर्ण पदक था।

यदि भारत का 21वें राष्ट्रमण्डल खेलों में प्रत्येक खेल स्पर्धा में प्रदर्शन देखा जाये तो 7 स्वर्ण, 2 रजत और 5 कांस्य अर्थात् कुल 16 पदक के साथ निशानेबाजी में भारत ने सर्वाधिक पदक हासिल किये है। इसके बाद कुश्ती (कुल 12 पदक), भारोत्तोलन (कुल 9 पदक), मुक्केबाजी (कुल 9 पदक), टेबल टेनिस (कुल 8), व बैडमिंटन (कुल 6 पदक) का स्थान आता है। भारत ने अब तक 21 में 17 राष्ट्रमण्डल खेलों में भाग लिया है और वह ओवरआल पदक तालिका में 181 स्वर्ण, 175 रजत और 148 कांस्य (504 पदक) के साथ चौथे नम्बर पर है जबकि आस्ट्रेलिया 2415 पदकों के साथ इस मामले में शीर्ष पर है।

भारत 21वें राष्ट्रमण्डल खेलों में जहाँ रिकार्ड तोड़ प्रदर्शन कर रहा था, वहीं भारत के पड़ोसी देश पाकिस्तान (1 स्वर्ण व 4 कास्य पदक) पदक तालिका में 24वें स्थान, बांग्लादेश (2 रजत पदक) 30वें स्थान और श्रीलंका (1 रजत व 4 कास्य पदक) 31वें पायदान पर रहे। भारत के आगे पदक तालिका में केवल आस्ट्रेलिया व इंग्लैण्ड थे जबकि भारत के पड़ोसी देशों के आगे अफ्रीका महाद्वीपीय देश केन्या, युगांडा, बोत्स्वाना, नामीबिया जैसे अल्प विकसित व विकासविहीन देश रहें।

11 दिन तक चले राष्ट्रमण्डल खेलों के प्रथम दिन अर्थात् 4 अप्रैल को भारतीय दल का झण्डा ओलम्पिक रजत पदक विजेता पी.वी. सिंधु ने थामा था, जबकि 15 अप्रैल आते-आते अर्थात् खेल समापन के दिन भारतीय दल का झण्डा हस्तानान्तरित होकर एम.सी. मैरीकॉम के पास आ गया। यह देखने में एक साधारण घटना मात्र हो सकती है परन्तु इसके मायने बहुत उत्साहवर्धक हैं कि 125 करोड़ की आबादी वाले देश भारत का नेतृत्व महिलाएं कर रही हैं। यहाँ यह भी स्पष्ट करते चले की देश को प्राप्त होने वाले कुल 66 पदकों में से 28 पदक महिलाओं ने ही जीते है।

राष्ट्रमण्डल खेलों में भारत के प्रदर्शन से खिलाड़ी और देश दोनों ही संतुष्ट है। क्योंकि पहली बार सरकार ने 2016-17 के बजट में 1592 करोड़ रूपये खेलों के विकास के लिए आवंटित किये, जिसे बढ़ाकर बजट 2017-18 में 1943 करोड़ रूपये किया गया। इन खेलों में भारत का प्रदर्शन अच्छे रहने की एक और वजह 2016 में प्रारम्भ की गयी खेलो इंडिया योजना रही, जिसके लिए वर्ष 2016 में 140 करोड़ रूपये आवंटित किये गये जिसे 2017 में बढ़ाकर 350 करोड़ रूपये कर दिया गया। यह बदलाव भारत में खेलों की संस्कृति को विकसित करने में महत्वपूर्ण भूमिका अदा करेगा, परन्तु अभी भी खेलों में बहुत कुछ जमीनी स्तर पर बदलने की आवश्यकता है जिसमें प्रमुख है स्कूलों व ग्रामीण क्षेत्रों से नई प्रतिभाओं की खोज व खिलाड़ियों को तैयार करने में उनकी वित्तीय सहायता उपलब्ध कराना।

भारत में खेलों की परम्परा रही है कि पहले खिलाड़ी देश के लिए पदक लाये तभी उनके ऊपर उपहारों की वर्षा होना प्रारम्भ कर दी जाती है, लेकिन विचारणीय बात यह है कि खिलाड़ियों को जब तक अपने तैयारी करने में आर्थिक सहयोग नहीं मिलेगा, उनसे पदको की उम्मीद करना बेईमानी होगी। हमें खेलों के प्रति अपने दोहरे नजरियों को भी बदलने की आवश्यकता है। जहाँ क्रिकेट को धर्म और क्रिकेट खिलाड़ियों को भगवान का दर्जा दिया जाता है वहाँ अन्य खेल, उनकी प्रतिस्पर्धाएं, सम्बन्धित खिलाड़ी अपनी पहचान और सम्मान पाने के लिए जदोज़हद करते नजर आते है। ऐसा न तो देश हित में है न ही खिलाड़ियों के हित में है। इसलिए भारत में खेलों के सुनहरे भविष्य को उड़ान देने के लिए हम सभी को मिलकर प्रयास करने की आवश्यकता है।

04 अप्रवासी भारतीय दिवस

भारतीय अस्मिता सिर्फ भारत में ही नहीं बसती, अपितु विश्व के लगभग 140 छोटे-बड़े देशों में बसती है। जहाँ भारतीय मूल के लोगों ने अपनी दृढ़ इच्छा शक्ति के बल पर कामयाबी के नये आयाम हासिल किये हैं। उन्होंने अपनी मेहनत और लगन से वहाँ की सुख-समृद्धि में वृद्धि की। इसके लिये उन्हें नित-नये संघर्ष भी करने पड़े जैसे-कभी उन्हें भेदभावपूर्ण व्यवहार का सामना करना पड़ा, तो कभी अपनी योग्यता को सिद्ध करना पड़ा, कभी उनके अस्तित्व पर प्रश्न उठे, तो कभी धार्मिक कट्टरता का सामना करना पड़ा, कभी नस्लभेदी अपमान के घूट पीने पड़े, तो कभी अपने अधिकारों के लिये संघर्ष करना पड़ा। परन्तु इन सारी समस्याओं को दर किनार करते हुए ये भारतवंशी सम्पूर्ण विश्व में समृद्धि प्रदान करने में तत्पर रहे। वर्तमान में स्थिति यह है कि समाज में ऐसा कोई भी पहलु शेष नहीं है, जहाँ भारतवंशियों का डंका न बजता हो। भारतवंशियों की उपलब्धियों का गवाह पूरा विश्व रहा है- चाहे वह ब्रिटेन में स्वास्थ्य सेवायें प्रदान करने वाले डॉक्टर हो या अमेरिका के सम्पूर्ण कम्प्यूटर उद्योग को चलाने वाले इंजीनियर्स हो। नासा जो विश्व के सर्वाधिक प्रतिष्ठित संस्थानों में से एक है वहाँ पर भी एक अनुमान के अनुसार लगभग 30 प्रतिशत वैज्ञानिक भारतवंशी है। खाड़ी के देशों में तो स्थिति यह है कि सड़क व भवन निर्माण में कार्यरत अकुशल एवं प्रशिक्षित श्रमिकों की कुल संख्या का सबसे बड़ा भाग, भारतवंशियों का ही है। अर्थात् किसी भी देश के आर्थिक विकास के लिये आवश्यक मूलभूत ढाँचे के निर्माण में भारतवंशियों का योगदान सराहनीय है।

यदि हम भारतवंशियों की अवधारणा पर विचार करे तो सहज रूप से पायेंगे कि- भारतवंशी विश्व के किसी भी देश में दुर्भावना से ग्रसित होकर नही गये अपितु अलग-अलग समय पर अलग-अलग परिस्थितियों में गये। कभी उन्हें करार बद्ध श्रमिकों के रूप में विदेशों में भेजा गया, तो कभी बेहतर आजीविका एवं रोजगार की तलाश में वे स्वयं प्रवासी हो गये। धनी व्यापारी, उद्योगपति, डॉक्टर एवं इंजीनियर अच्छे अवसरों की प्राप्ति के लिये विदशों की ओर पलायन कर गये और तन-मन-धन से वहीं के होकर रह गये। भारतवंशी ''वसुधैव: कुटुम्बकम्'' के आदर्शों को हृदय में बसाये जहाँ भी गए सद्भावना एवं मित्रता ले कर गये। अपनी मातृभूमि से कोसों दूर रहने के बाद भी उनकी आत्मा में सदैव मातृभूमि की स्मृति बनी रही और उन्होंने अपनी सभ्यता एवं संस्कृति को कभी नहीं छोड़ा। अमेरिका में रहने वाले भारतवंशी भले ही बहुत व्यस्त रहने के कारण विशेष कार्यक्रमों में ही आपस में मिल पाते हो फिर भी उनके आपसी रिश्ते काफी गहरे है। ''भारतीयता'' ही उन्हें एक-दूसरे से बांध कर रखती है। सूरीनाम, मॉरीशस, ग्याना और टुबैगो में तो भारतीय मूल के लोग भारत से आने वाले लोगों को अपने सिर-आँखों पर बैठाते हैं। वे भारत की गौरवमयी अस्मिता के साथ अपनी अस्मिता को जोड़ कर देखते हैं। भारत में घटित होने वाली प्रत्येक घटना किसी-न-किसी प्रकार से उन्हें प्रभावित करती है। अत: वर्तमान सरकार ने यह अनुभव किया कि विदेशों में बसे भारतीय न केवल इस भूमि से भावनात्मक संबंध बनाये रखना चाहते है बल्कि देश के आर्थिक विकास में महत्त्वपूर्ण भूमिका निभाने के लिये भी उत्सुक है। ऐसी स्थिति में भारतीय विदेश नीति के लिये भी उनकी उपयोगिता बढ़ जाती है क्योंकि भारतवंशियों ने न केवल अपने द्वारा अपनाये गये नये देश और भारत के मध्य एक मजबूत सेतु का काम किया बल्कि दो देशों की संस्कृतियों के मध्य सदैव अडिग एवं सक्रिय भूमिका का निर्वहन किया। भारतवंशियों को अपने सहयोग का निरंतर एहसास कराने के उद्देश्य से भारत सरकार ने 9 जनवरी का दिन ''प्रवासी भारतीय दिवस'' के रूप में मनाने का निश्चय न्यायविद् डॉ. लक्ष्मीमल सिघवी की अध्यक्षता में (सितम्बर 2000 में) गठित समिति की संस्तुति पर किया। इसी दिन महात्मा गांधी (तब मोहनदास करमचंद गांधी) बीस वर्षो के दक्षिण अफ्रीका के अप्रवासन के बाद भारत लौटे थे। इस ऐतिहासिक घटना को अविस्मरणीय बनाने के लिये 9 जनवरी को ही इस समागम का आयोजन किया जाता है।

वर्तमान में विश्व के 140 देशों में लगभग 2.5 करोड़ भारतवंशी निवास करते हैं। इनमें से कुछ भारतवंशी ऐसे भी हैं जिन्हें जब-जब इतिहास रचने का मौका मिला उन्होंने कामयाबी की नयी बुलंदियों को पाया है। यदि वर्तमान आँकड़ों पर नज़र डालें तो विश्व के विभिन्न देशों की विधान पालिकाओं में भारतवंशियों की संख्या तीन सौ के आस-पास है। इनमें से लगभग 70 मंत्री है। इस क्षेत्र में अनेक भारतवंशियों ने महत्त्वपूर्ण कार्य किये है। श्रीछेदी जगन ने गुआना के प्रथम राष्ट्रपति के

रूप में विश्व की राजनीति में उल्लेखनीय योगदान दिया। इसी प्रकार त्रिनिडाड एवं टुबैगो के वासुदेव पांडे और फीजी के महेन्द्रपाल चौधरी ने अपने-अपने देशों के प्रधानमंत्री बन, वहाँ के आर्थिक विकास को गति देने में अपना सम्पूर्ण जीवन लगा दिया। स्वामी कृष्णानन्द ने प्रवासी भारतीयों के मध्य ह्यूमन सर्विस ट्रस्ट के माध्यम से अनेक देशों में समाज सेवा के ऐसे संकल्प चलाए कि किसी को भी यह आभास तक नहीं हुआ कि वे प्रवासी भारतीय थे। इस क्षेत्र में कार्य करते हुए उन्होंने अफ्रीका में अपने जीवन के 40 वर्ष लगा दिए। धार्मिक क्षेत्र में आर्य समाज के प्रचार में मॉरीशस के मोहन लाल मोहित ने पूरी युवावस्था लगा दी। सूरीनाम के श्री लक्ष्मण निरंतर 25 वर्ष तक संसद के अध्यक्ष पर रहे। ग्याना में "भारत जगदेव" राष्ट्रपति पद पर आसीन रहे और गयाना में दूधनाथ सिंह ने मुख्य निर्वाचन आयुक्त, कुमास रामदास और रिपु दामन प्रसाद ने मंत्री के रूप में तथा देरेक सी. जगन ने स्पीकर के रूप में कार्य किया। सिंगापुर में राष्ट्रपति के रूप में एस.आर. नाथन ने तो वहाँ की काया ही पलट दी। नेपाल, मलेशिया और श्रीलंका में भारतवंशियों की भूमिका को सर्वत्र सराहा जाता है। जमैका, जिम्बाब्वे, जाम्बिया, केन्या, तंजानिया, मोजाम्बिक और युगांडा में भारतवंशी निरन्तर राजनीति के शिखर पर रहे। कनाडा के ब्रिटिश कोलम्बिया प्रांत के प्रथम प्रधानमंत्री पंजाब से गए उज्जल दोसांजे बने। गुरू बख्श सिंह मल्ही, हरबंस सिंह धलीवाला और डॉ. कीथ मार्टिन का कनाडा की राजनीति में अपना स्थान है। स्वाति दांडेकर, दिलीप सिंह सौंध और सतवीर चौधरी ने भी अमेरिका की राजनीति में अपने लिये स्थान बनाये। लार्ड नवनीत ढोलकिया पहले ऐसे एशियाई थे जिन्होंने किसी प्रमुख राष्ट्रीय दल में ऐसा पद प्राप्त किया। वह ब्रिटेन की लिबरल डेमोक्रेट्स पार्टी के प्रधान बने। लार्ड स्वराज पाल, कैथ वाज, पियारा सिंह खबरा, लेडी शीला फैचर और लेडी ऊषा पराशर ने इंग्लैंड के राजनैतिक और सामाजिक क्षेत्रों में अलग पहचान बनाई। डॉ0 हरगोविंद खुराना, अर्मत्य सेन और नायपाल ने नोबल पुरस्कार प्राप्त करके भारतवंशियों का मस्तक ऊँचा किया। भारतीय मूल के लोगों ने अपनी सभ्यता और संस्कृति का विशेष गुण अनेकता में एकता वहां भी अक्षुण्ण रखा है। इसका कारण यह भी है कि भारतवंशी जहां भी गए उन्हें किसी न किसी प्रकार से स्थानीय लोगों के साथ प्रतिस्पर्धा करनी ही पड़ी। इसके लिए किए जाने वाले संघर्ष में सफल होने के लिए यह आवश्यक था कि वे आपस में एक जुटता रखते। इस परीक्षा में वे पूरी तरह से सफल हुए। उन्होंने हर हालत में एकजुटता बनाए रखी और स्थानीय लोगों की सद्भावना अर्जित करने में भी सफल रहे।

अमेरिका अथवा यूरोप में रहने वाले भारतीय भले ही बहुत व्यस्त रहने के कारण परस्पर किन्हीं कार्यक्रमों में ही मिलते हों फिर भी उनके आपसी रिश्ते काफी गहरे हैं। भारतीयता ही उन्हें एक दूसरे से बांध कर रखती है। फीजी, सूरीनाम, मॉरिशस और गयाना अथवा त्रिनिडाड और टुबेगो में भारतीय मूल के लोग भारत से आने वाले लोगों को सिर आंखों पर बिठाते हैं। भारत की किसी भी अस्मिता के साथ वे अपनी अस्मिता को जोड़ लेते है। भले ही नई पीढ़ियां भारत को अपनी मातृभूमि न मानती हों परन्तु इसे अपने पूर्वजों की मातृभूमि और अपनी पुण्य भूमि तो सभी मानते हैं।

प्राचीन काल से भारतवंशी निरन्तर विदेश यात्राएँ करते रहे है। कभी वे बौद्ध काल से भी पहले वाली और सुमात्रा श्रीलंका की ओर गए तो कभी बौद्ध काल में चीन, वियतनाम, थाईलैंड और कम्बोडिया की ओर बढ़ गए। कभी मध्य यूरोप की ओर प्रस्थान किया और रोमा जिप्सियो के रूप में आज भी इस देश की मिट्टी को मन में बसाए हुए है। कभी उन्हें गिरमिटिया मजदूर बना कर दूर-दूर के द्वीपों में ले जाया गया तो कभी वे स्वयं अपनी बौद्धिक कुशलता की छाप छोड़ने अमेरिका और यूरोप के देशों में जा पहुँचे। कुछ ने इसे बौद्धिकता का पलायन कहा तो कुछ ने विदेशों में बसने वाली हमारी जमा पूंजी। मुख्य बात यह है कि विश्व इतिहास का कोई दौर ऐसा नहीं रहा जब भारतीयों ने दुनिया के भिन्न-भिन्न देशों की यात्राएँ नहीं की। समय-समय पर अनेक भारतीय उन स्थानों पर बसते गए जहाँ उनका मन रच-बस गया अथवा किसी विवशता के कारण उन्हें वहाँ रहना पड़ा। जहाँ भी भारतीय रहे वहाँ की धरती पर उन्होंने अपनी छाप छोड़ी और अपने आपको अपनी जड़ों से कभी भी कही भी अलग नहीं किया। कहा भी गया है कि-"आप भारत से भारतीयों को निकाल सकते है परन्तु भारतीयों से भारत को नहीं।" मॉरिशस, फिजी, ग्याना, त्रिनिडाड और टुबैगो में भारतीय मूल के लोगों ने जो संघर्ष किया और बाद में वहाँ पर अपनी प्रतिभाओं के झंडे गाड़े, वह सब को ज्ञात है। परन्तु जिन भारतवंशियों ने छोटे-छोटे स्थानों पर अकेले ही अपने दर पर अपनी आस्था की ज्योति जलाए रखी उनसे विश्व आज भी अनभिज्ञ है। आज भी विश्व में भारतीयता की पहचान उनके दम पर टिकी है। उन्हीं के सम्मान में भारत सरकार ने 9 जनवरी को "प्रवासी भारतीय दिवस" घोषित किया ताकि उनकी यादें

हमारे दिलों में निरन्तर बनी रहे साथ ही उन्हें इस बात का भी एहसास रहे कि भारत के द्वार उनके लिये सदा खुले हैं। प्रतिवर्ष इस दिवस को मनाने का निश्चय करके भारत सरकार ने एक स्वागत योग्य पहल की है। आशा है कि इस प्रकार के सम्मेलन भारतवंशियों के न केवल भारतवर्ष से बल्कि एक-दूसरे में जोड़ने में भी मजबूत श्रृंखला का कार्य करेगी।

भारतीय मूल के लोग, जिन्हें आज भारतवंशी कहा जाता है, विश्व के किसी भी स्थान पर किसी दुर्भावना के साथ नहीं गए, जहां भी गए सद्भावना और मित्रता लेकर गए अपने परिश्रम से उनहोंने वहां सुख और समृद्धि में वृद्धि की और तन-मन-धन से वही के होकर रह गए। उन्होंने अपनी सभ्यता और संस्कृति को नहीं छोड़ा। भले ही इसके लिए उन्हें कई त्याग भी करने पड़े। जहां भी गए, जिस किसी रूप में भी गए उन्हें अपनी प्रगति के लिए संघर्ष करना पड़ा। संघर्ष करके ही उन्होंने उन्नति के उच्चतम शिखरों को छुआ। उन्होंने अपने अपनाए गए देश और भारत के मध्य एक मजबूत सेतु का काम किया। भारत की विदेश-नीति को दिशा देने में एक अहम भूमिका का निर्वाह किया। उन्हीं भारतवंशियों को अपने सहयोग का निरंतर अहसास कराने के उद्देश्य से भारत सरकार ने नौ जनवरी का दिन ''प्रवासी भारतीय दिवस'' के रूप में मनाने का निश्चय वर्ष 2002 में ही कर लिया। इसी दिन महात्मा गांधी दक्षिण अफ्रीका से भारत लौटे थे और उन्होंने भारत के स्वतंत्रता संग्राम को एक नई ऊर्जा प्रदान की थी।

एक अनुमान के अनुसार आर्थिक सहयोग और विकास संगठन के अन्तर्गत आने वाले प्रवासी भारतीयों के पास अपार धन है। उनकी कुल अनुमानित वार्षिक आय 160 अरब डॉलर है जो भारत के सकल घरेलू उत्पाद का आधा भाग है। किसी न किसी कारण ये सभी भारतवंशी गाहे-बगाहे भारत की यात्रा पर आते रहते हैं। वर्षो से उन्हें भारत आने के लिए कई प्रकार की औपचारिकताओं का निर्वाह करना पड़ा है। इस संदर्भ में पेश आने वाली समस्याओं को दूर करने के लिए एक लम्बे समय से भारतवंशी दोहरी नागरिकता की मांग करते आ रहे हैं। प्रथम प्रधानमंत्री पंडित जवाहर लाल नेहरू की यह मान्यता थी कि जो भी भारतवंशी जहां बस गया है उसे वहीं पर प्रसन्नतापूर्वक रहने का प्रयास करना चाहिए। वे इस बात के समर्थक थे कि उन्हें अपनी समस्याओं का समाधान भी स्वयं तलाशना चाहिए और किसी भी दशा में भारत की ओर सहायता के लिए नहीं देखना चाहिए। बाद में श्रीमती इंदिरा गांधी एवं श्री राजीव गांधी भी इसी विदेश नीति का अनुसरण करते रहे। भारत सरकार के इसी कठोर रवैये ने 1963 में केन्या के और 1970 में युगांडा के लाखों भारतवंशियों को भारत की बजाय राष्ट्रकुल देशों का नागरिक बनने को प्रेरित किया। वर्तमान सरकार ने अनुभव किया कि विदेशों में बसे भारतीय व न केवल इस भूमि से भावनात्मक संबंध बनाए रखना चाहते हैं बल्कि देश के आर्थिक विकास में महत्वपूर्ण भूमिका निभाने के लिए भी उत्सुक हैं। शताब्दि पूर्व भारत से बाहर जाने वाले लोगों की अपेक्षा आधुनिक प्रवासी परदेस में रहते हुए भी भारत की राजनीति और अर्थव्यस्था को प्रत्यक्ष रूप से प्रभावित करते हैं। जहां भी वे रहते हैं वहां उन्होंने अपने लिए अति विशिष्ट स्थान बनाने में सफलता पाई है। ऐसी स्थिति में भारतीय विदेश नीति के लिए भी उनकी उपयोगिता बढ़ गयी है। फलत: आज उन्हें उपेक्षित करना संभव नहीं रहा है। इसलिए नेहरू नीति को उलटते हुए वाजपेयी नीति द्वारा उन्हें आशवस्त किया गया कि उनके लिए भारत के द्वार सदैव खुले हैं। आज से 25 वर्ष पूर्व जब श्री अटल बिहारी वाजपेयी ने विदेश मंत्रालय का दायित्व संभाला था तभी उन्होंने प्रवासियों को भारत से जोड़ने की तीव्र इच्छा व्यक्त की थी। प्रवासी भारतीयों के प्रथम सम्मेलन का श्रेय आज भी उन्हीं को जाता है जिन्होंने अन्तर्राष्ट्रीय सहयोग परिषद और उसके महासचिव श्री बालेश्वर अग्रवाल इत्यादि विचारकों के सपनों को मूर्तरूप देने की पहल की। आज विश्व-नागरिकता की बात की जा रही है। अन्तर्राष्ट्रीयता के युग में ऐसे लोगों को अपने से दूर रखना संभव नहीं था और इसकी आवश्यकता भी नहीं थी। समय की मांग भी यह थी कि भारत इन लोगों की कार्यकुशलता और अनुभव का लाभ उठाकर विश्व में अपने लिए बेहतर स्थान बनाने का प्रयास करें।

इन्हीं बातों को ध्यान में रखते हुए भारतवंशियों के लिए दोहरी नागरिकता की बात सामने आई। उन प्रवासी भारतीयों के लिए सरकार की इस नई नीति का विशेष महत्व है जो पिछले दो दशक में पुलिस की फर्जी मुठभेड़ में मारे जाने के भय से विदेश चले गए थे। इनमें ऐसे युवक भी थे जो आंतकवादियों के भय से घर छोड़ विदेशों में जा बसे थे। इन लोगों को अपनी जड़ों से कटने का सर्वाधिक दुख था और इन्हें घर लौटने का कोई विधिसम्मत मार्ग दिखाई भी नहीं दे रहा था। भारत में अपने परिवार और जमीन-जायदाद की स्मृति उन्हें निरंतर सालती रही है। ऐसे लोगों के लिए दोहरी नागरिकता एक वरदान समान ही है। इस संदर्भ में पंजाब से गए अनिवासियों की समस्याएं इतनी व्यापक हैं कि अनेक क्षेत्रों में ऐसे अनिवासियों से जुड़े मामलों को निपटाने के लिए अलग अदालतें गठित करने का अनुरोध तक किया गया है। यदि जल्दी ही ऐसे किसी प्राधिकरण का गठन हो सका तो ये अनिवासी अपने आर्थिक और सामाजिक हितों की रक्षा के प्रति निश्चिंत हो सकेंगे।

प्रथम सम्मेलन में प्रधानमंत्री ने यह घोषणा की कि सरकार प्रवासी भारतीयों के संबंध में विचार-विमर्श और उनके समक्ष आने वाली कठिनाइयों के लिए एक सलाहकार समिति का गठन करने जा रही है। यह समिति समय-समय पर विदेश मंत्री को सुझाव देगी। प्रवासी भारतीयों के लिए अलग से एक विभाग विदेश मंत्रालय में बनाया गया है। अनेक लोगों की इसके लिए पृथक मंत्रालय बनाने की मांग भी वर्षों से रही है। इस सम्मेलन में पुन: इस मांग को दोहराया गया। यह भी कहा गया कि यह मंत्रालय प्रधानमंत्री के अधीन होना चाहिए। ये लोग चाहते हैं कि भारतीय मूल के नागरिकों के सवाल को संस्थागत रूप दिया जाए। चीन में ऐसी व्यवस्था पहले से ही है जबकि भारत में इसका अभाव है। इस बात से इंकार नहीं किया जा सकता कि इस समय भारत के पास एक समग्र प्रवासी नीति का अभाव है। इस सम्मेलन में भाग लेने वाले लंदनवासी भीखू पारिख का मत था कि प्रवासी भारतीयों को भारत से जोड़ने को गंभीर कोशिश करनी है तो सरकार को केवल सालाना बैठकें करके ही अपने कर्तव्य की इतिश्री नहीं समझ लेनी चाहिए बल्कि उनकी परेशानियों की समय-समय पर समीक्षा कर उन्हें दूर करने की कोशिश करनी चाहिए। इसके लिए जरूरत है एक संतुलित नीति अपनाने की।

वर्तमान सरकार को दोहरी नागरिकता से परहेज था ही नहीं। प्रवासी चीनियों ने आधुनिक चीन के निर्माण में जो भूमिका निभाई है वह अनुकरणीय है। इसी तर्ज पर भारत में भी दोहरी नागरिकता के सिद्धांत को बल मिलने लगा परन्तु इसमें आने वाली कई प्रकार की कठिनाइयों की भी अनदेखी नहीं की जा सकती थी। जहां अमेरिका और यूरोप जैसे विकसित देशों में रहने वाले प्रवासियों को दोहरी नागरिकता के प्रति विशेष आग्रह था वहीं वर्षों पूर्व भारत भूमि से श्रमिकों के रूप में गए भारतीय इसके लिए उत्सुक नहीं थे। इस सम्मेलन में दक्षिण अफ्रीका से आए कुछ प्रतिनिधियों ने इसका जोरदार विरोध भी किया। उनका कहना था कि भारतवंशियों को दोहरी देशभक्ति के जंजाल में नहीं फंसाया जाना चाहिए। दोनों विचारों के समन्वय के लिए भारत सरकार ने कुछ ऐसे देशों में रहने वाले भारतवंशियों को दोहरी नागरिकता देने की बात की है जहां ऐसी नागरिकता देने का प्रावधान है। इसके लिए भारत सरकार को अपने संविधान में भी आवश्यक संशोधन करने होंगे। मुख्य रूप से यह नागरिकता भावनाओं से जुड़ी होने के कारण प्रतीकात्मक ही अधिक है। जहां तक राजनीतिक अधिकार देने की बात है, इसमें अन्तर्राष्ट्रीय कानूनों का पूरी तरह पालन किया गया है। उन्हें चुनावों में भागीदारी का अधिकार नहीं मिला क्योंकि प्राथमिक निवासी को ही इस प्रकार के अधिकार देने की परंपरा विश्व समाज की रही है। जो इस श्रेणी में नहीं आते उनके लिए भारत सरकार ने पी.आई.ओ. कार्ड की योजना लागू की है। इस कार्डधारक को बार-बार वीजा की औपचारिकता से नहीं गुजरना पड़ेगा।

भले ही यह कहा जा रहा है कि भारत सरकार ने प्रवासी भारतीयों से अधिकाधिक डालर का निवेश कराने के लिए ही उन्हें आर्थिक क्षेत्र में इतनी सुविधाएं दी हैं परन्तु इस बात को पूरी तरह स्वीकारा नहीं जा सकता। कोई भी व्यक्ति ऐसे स्थान पर निवेश नहीं करेगा जहां उसे अपनी पूंजी की सुरक्षा खतरे में दिखाई दे। अथवा उसे अपनी पूंजी से आकर्षक लाभ न मिले। भावना के वशीभूत कोई दान-पुण्य तो कर सकता है, व्यापार और व्यवसाय नहीं। आज अब भारत ने बहुराष्ट्रीय कम्पनियों के लिए अपने द्वार खोल दिए हैं तो क्या प्रवासी भारतीयों से परहेज करना संभव था। यहां यह स्पष्ट करना भी आवश्यक है कि वर्तमान समय में भारतीय अर्थव्यवस्था निवेशकों के लिए सबसे सुरक्षित अर्थव्यवस्था में एक है। इस सम्मेलन में रिजर्व बैंक के पूर्व गर्वनर श्री बिमल जालान ने एक सत्र को सम्बोधित करते हुए कहा कि अन्तर्राष्ट्रीय मुद्रा कोष और विश्व बैंक जैसी वित्तीय संस्थाओं ने भारतीय अर्थव्यवस्था को सराहते हुए कहा कि भारत की लेखा प्रणाली सर्वाधिक सुरक्षित है।

दूसरी ओर अमेरिका में रहने वाले कुछ अनिवासी भारतीयों ने भारत में कुछ विशेष कर दिखाने की योजना बनाई है। अमेरिका के एक प्रमुख बैंकर विद्या नंद सिंह के नेतृत्व में गठित एक दल का प्रयास है कि आने वाले कुछ वर्षों में ही भारत से अशिक्षा, भुखमरी और बेरोजगारी जड से समाप्त कर दी जाए। देश के प्रत्येक भाग में प्राथमिक स्वास्थ्य सेवाएं उपलब्ध कराते हुए देश से गरीबी को पूरी तरह मिटा दिया जाए। पांच वर्षों में ही गरीबी उन्मूलन के लिए इस दल ने 40 अरब डॉलर की एक महत्वाकांक्षी योजना बनाई है। इसके लिए 'एनआरआई बैंक फॉर इंवेस्टमेंट एण्ड डेवलेपमेंट ऑफ रूरल प्रोजेक्ट्स' का गठन किया जाएगा। यह बैंक एक सौ डालर के हिसाब से 40 करोड़ शेयर केवल अनिवासी भारतीयों के लिए जारी करेगा। आयोजकों का मानना है कि यदि पांच हजार परिवार 80 शेयर प्रति परिवार की दर से खरीदें तो आवश्यक 40 अरब डॉलर जुटाने में कोई कठिनाई नहीं होगी क्योंकि इस शेयर पर पांच-छह प्रतिशत की दर से ब्याज देय होगा। फलत: सारी राशि आने में विलम्ब नहीं होगा क्योंकि विकसित देशों में ब्याज दर मात्र डेढ़ प्रतिशत है। देखना यह है कि यह योजना कब मूर्त रूप

ले पाती है। इस प्रकार प्रवासी भारतीय सम्मेलन न तो प्रावसियों को धन आकर्षित करने के लिए था और ना ही उन्हें दोहरी नागरिकता प्रदान करने की घोषणा-मात्र के लिए। इस सम्मेलन ने जहां लोगों को एक-दूसरे को मिलने का अवसर दिया वहीं भारत के प्रति लोगों के मन में पनपती भ्रांतियां दूर करने का भी अवसर प्रदान किया। अब भारतीय अपना धन खर्च करके विदेशों में उच्च शिक्षा के लिए जाते हैं और भारत सरकार खुले दिल से उन्हें आवश्यकतानुसार विदेशी मुद्रा देती है। विदेशी मुद्रा संकट हमारे सामने अब नहीं रहा। यह जानकर किसी को भी आश्चर्य हो सकता है कि केवल अमेरिकी विदेशी छात्रों से प्रतिवर्ष बारह अरब डॉलर की कमाई हम करते हैं। इसमें 12 प्रतिशत भारत के विद्यार्थियों का हिस्सा है। अमेरिका के अतिरिक्त अन्य विकसित देशों ने भी शिक्षा को आय का साधन बना लिया है। इस प्रकार एक नवीन अन्तर्राष्ट्रीयता का विकास हो रहा है। सामाजिक और राजनैतिक क्षेत्र भी भारतवंशियों से अछूता नहीं बचा है। इस समय विश्व के विभिन्न देशों की विधान पालिकाओं में भारतवंशियों की संख्या तीन सौ के आस-पास है। इनमें से सत्तर के लगभग मंत्री हैं। इस क्षेत्र में अनेक भारतवंशियों ने महत्वपूर्ण कार्य किए हैं। छेदी जगन ने गुआना के प्रथम राष्ट्रपति के रूप में विश्व की राजनीति में उल्लेखनीय योगदान किया। इसी प्रकार त्रिनिडाड एवं टुबेगो के वासुदेव पांडे और फीजी के महेन्द्र पाल चौधरी अपने-अपने देशों के प्रधानमंत्री बने। स्वामी कृष्णानंद ने प्रवासी भारतीयों के मध्य ह्यूमन सर्विस ट्रस्ट के माध्यम से अनेक देशों में समाज सेवा के ऐसे प्रकलप चलाएं कि किसी को यह आभास तक नहीं हुआ कि वे प्रवासी भारतीय थे। इस क्षेत्र में कार्य करते हुए उन्होंने अफ्रीका में अपने जीवन के चालीस वर्ष लगा दिए। धार्मिक क्षेत्र में आर्यसमाज के प्रचार में मारीशस के मोहन लाल मोहित ने पूरी युवावस्था लगा दी। आज एक सौ वर्ष की आयु में भी वे सक्रिय हैं। सूरीनाम के श्री लक्ष्मण निरंतर पच्चीस वर्ष तक संसद के अध्यक्ष पद पर रहे। ग्याना में 'भारत जगदेव' राष्ट्रपति पद पर आसीन रहे। ग्याना में दूधनाथ सिंह ने मुख्य निर्वाचन आयुक्त, कुमारन रामदास और रिपु दमन प्रसाद ने मंत्री के रूप में तथा देरेक सी. जगन ने स्पीकर के रूप में कार्य किया। सिंगापुर में राष्ट्रपति के रूप में एस.आर. नाथन ने तो वहां की काया ही पलट दी। नेपाल, मलेशिया और श्रीलंका में भारतवंशियों की भूमिका को सर्वत्र सराहा जाता है। जमैका, जिम्बाब्वे, जांबिया, केन्या, तंजानिया, मोजाम्बिक और उगांडा में भारतवंशी निरंतर राजनीति के शिखर पर रहे।

कनाडा के ब्रिटिश कोलम्बिया प्रांत के प्रथम प्रधानमंत्री पंजाब से गए उज्जल दोसांज बने। गुरूबख्श सिंह मल्ही, हरबंस सिंह धलीवाल और डॉ. कीथ मार्टिन का कनाडा की राजनीति में अपना स्थान है। स्वाति दांडेकर, दिलीप सिंह सौंध और सतवीर चौधरी ने भी अमेरिका की राजनीति में अपने लिए स्थान बनाया। लार्ड नवनीत ढोलकिया पहले ऐसे एशियाई थे जिन्होंने किसी प्रमुख राष्ट्रीय दल में ऐसा पद प्राप्त किया। वह ब्रिटेन की लिबरल डेमोक्रेट्स पार्टी के प्रधान बने। लार्ड स्वराज पाल, कैथ वाज, पियारा सिंह खबरा, लेडी शीला फैचर और लेडी उषा पराशर ने इंग्लैंड के राजनैतिक और सामाजिक क्षेत्रों में अलग पहचान बनाई है। डॉ. हरगोविंद खुराना, अर्मत्य सेन और नायपाल ने नोबल पुरस्कार प्राप्त करके भारतवंशियों का मस्तक ऊंचा किया। भारत सरकार ने श्री लक्ष्मीमल्ल सिंघवी के नेतृत्व में गठित उच्च स्तरीय कमेटी की सिफारिशों को मान्यता देते हुए प्रति वर्ष ऐसे दस प्रमुख भारतवंशियों को सम्मानित करने का शुभारंभ किया है। इस कमेटी में अंतर्राष्ट्रीय सहयोग परिषद के महामंत्री श्री बालेश्वर अग्रवाल की भूमिका भी महत्वपूर्ण रही। भारतीय मूल के लोगों ने अपनी सभ्यता और संस्कृति के विशेष गुण अनेकता में एकता को सदैव अक्षुण्ण रखा है। इसका एक अन्य कारण यह भी है कि भारतवंशी जहां भी गए उन्हें किसी न किसी प्रकार से स्थानीय लोगों के साथ प्रतिस्पर्धा करनी पड़ी। इसके लिए किए जाने वाले संघर्ष में सफल होने के लिए यह आवश्यक था कि वे आपस में एकजुटता बनाए रखते। इस परीक्षा में वे पूरी तरह सफल हुए। भारत में हुई कुछ घटनाओं के संदर्भ में प्रतिनिधियों द्वारा यह संदेह व्यक्त करने पर भारत के तत्कालीन उप-प्रधानमंत्री श्री लालकृष्ण आडवाणी ने स्पष्ट किया कि भारत अपनी धर्मनिरपेक्षता पर कभी भी कोई आंच नहीं आने देगा। सूरीनाम, मारीशस और ग्याना अथवा त्रिनिडाड और टुबेगो में तो भारतीय मूल के लोग भारत में आने वाले लोगों को सिर-आंखों पर बैठाते हैं। भारत की किसी भी अस्मिता के साथ वे अपनी अस्मिता को जोड़ लेते हैं। भारत की प्रत्येक गतिविधि उन्हें किसी न किसी प्रकार से प्रभावित करती है। भले ही भारतवंशियों की नई पीढ़ियां भारत को अपनी मातृभूमि न मानती हों परन्तु इस अपने पूर्वजों की मातृभूमि और अपनी पुण्यभूमि तो सभी मानते हैं।

05 नयी स्मार्ट सिटी ही नही, पुराने शहरों का भी होगा कायाकल्प

कल्पना कीजिये एक नये शहर की जहां आवाजाही बेहद आसान है, शहर साफ सुथरा है, कई सुविधाये है, शहर मे जिंदगी आसान और बेहतर क्वालिटी की है और ऐसी ही तमाम सहूलियतें है, एक प्राचीन सांस्कृतिक महत्त्व वाली नगरी में, या एक पुराने शहर मे. ये सपने है जिन्हे, जल्द ही हम भारत मे यथार्थ रूप मे देखने की उम्मीद कर सकते है. प्रधान नरेन्द्र मोदी आगामी 25 जून को राजधानी में आयोजित एक समारोह मे शहरी विकास की दो महत्वाकांक्षी परियोजनाओ के तहत 100 नए स्मार्ट सिटी विकसित करने के साथ साथ 500 पुराने शहरों का भी अटल मिशन के तहत काया कल्प करने की इन दो परियोंजनाओ तथा सन 2022 तक सभी के लिये घर के एनडीए सरकार की तीन "फ्लैगशिप परियोजनाओ की शुरूआत करेंगे। अटल मिशन के तहत इन पुराने शहरों की परंपरागत सांस्कृतिक विरासत को सहेजने के साथ उन्हे अत्याधुनिक सुविधाओं से लैस किया जायेगा। वाराणसी, बोधगया, अजमेर और अमृतसर जैसे कई सांस्कृतिक और आध्यत्मिक महत्व वाले शहरों का भी कार्याकल्प कर उन्हे 'स्मार्ट' बनाए जाने की योजना है. इन शहरी विकास योजनाओं की विशेषता यह है कि इन से राज्यों को सक्रियता से जोड़ा जायेगा। अमरीका, इंग्लैंड, फ्रांस, जर्मनी, चीन, जापान, आस्ट्रेलिया, कोरिया सहित 14 देशों और विश्व बैंक, एशियायी विकास बेंक, यूरोपीय यूनियन जैसे अंतर राष्ट्रीय संगठनो ने इन स्मार्ट शहरो के विकास में भागीदारी की इच्छा जाहिर की है. राजस्थान, आन्ध्र प्रदेश तथा उत्तर प्रदेश इस संबंध मे अमरीका से करार भी करा चुके है। सरकार के समावेशी शहरी विकास के दृष्टिकोण की प्रतीक, स्मार्ट सिटी और अटल मिशन की एक लाख करोड़ की दो परियोजनाओ को केन्द्रीय मंत्रिमंडल जहाँ पहले ही मंजूरी दे चुका है वही सभी के लिये वर्ष 2022 तक आवास दिये जाने की परियोजना को केन्द्रीय मंत्रिमंडल ने गत सप्ताह मंजूरी दी है. केंद्रीय शहरी विकास मंत्री एम. वैकैया नायडू के अनुसार प्रत्येक राज्य मे कम से कम एक स्मार्ट सिटी सरकार विकसित करेगी, सुत्रों के अनुसार बड़े राज्यो मे दस तक स्मार्ट सिटी तक बनाये जाने की योजना है. श्री नायडू के अनुसार स्मार्ट सिटी तथा अटल मिशन के लिये राज्यो को यह अधिकर दिया गया कि वे बताये कि इस बारे मे उनकी प्राथमिकताये क्या है, ताकि उसके अनुरूप उनके सुझाव लिया जा सके। चालीस लाख तक की आबादी वाले शहर स्मार्ट सिटी के लिए पहली पसंद हैं, जबकि इससे बड़े शहरों के साथ सैटेलाइट शहरों को स्मार्ट बनाने की योजना है. वास्तुकारो का भी मत है कि बड़े शहरों पर जनसंख्या का भार कम करने और छोटे शहरों को पहली कतार में आगे लाने के लिए केंद्रीय शहरी विकास मंत्रालय की स्मार्ट सिटी परियोजना एक आदर्श विकल्प है. श्री नायडू के अनुसार विदेशी सरकारो और संस्थाओ मे इन योजनाओं को ले कर बहुत दिलचस्पी देखने को मिल रही है।

'स्मार्ट सिटी मिशन' एवं 'अमृत' का मुख्य उद्देश्य देश में बढ़ते शहरीकरण की चुनौती का पूरी मुस्तैदी के साथ सामना करना और शहरी विकास का लाभ गरीबों को भी देना है। शहरी स्थलों तक लोगों की ज्यादा पहुंच सुनिश्चिघ्त करके और रोजगार अवसर बढ़ाकर इस लक्ष्य को पाने की कोशिश की जाएगी। प्रयास होगा कि वहा बुनियादी सुविधाएं इतनी अच्छी हों और प्रक्रियाएं इतनी सरल हों कि वहां किसी भी व्यवसाय अथवा बिजनेस को आसानी से शुरू करना तथा उसका संचालन करना संभव हो।

गौरतलब है कि प्रधानमंत्री नरेन्द्र मोदी भारत में स्मार्ट सिटी बनाने की बात चुनाव प्रचारों के वादे से ही करते आए हैं और पिछले वर्ष सरकार बनने के बाद कैबिनेट ने स्मार्ट सिटी परियोजना को मंजूरी दे दी है और शहरी विकास मंत्री वैंकया नायडू ने इसे कार्य रूप देना शुरू कर दिया। केंद्रीय शहरी विकास मंत्रालय के ड्रॉट प्रस्ताव के अनुसार आबादी के अनुसार स्मार्ट सिटी का निर्धारण किया जा रहा है।

सूत्रो का मत है कि शहरों के बुनियादी सुधार के लिए बने जेएनयूआरएम योजना की जगह नई योजना यानि अटल मिशन फक्कर रिजुवनेशन एंड अर्बन ट्रांसफरमेशन, संक्षेप में अमृत पहली योजना से अलग है, इसमें राज्यो को अधिक सक्रियता से जोड़ा गया है तथा उन्हे ज्यादा अधिकार दिये गये है, सूत्रो के अनुसार इस कार्यक्रम के लिये देश के 500 नगर पालिका प्रमुखों को विशेष तौर पर आमंत्रित किया गया है ताकि इन शहरों के विकास को ले कर इनके विचारों को भी समझा जाये। केंद्रीय शहरी विकास मंत्रालय के मसौदे के अनुसार स्मार्ट सिटी कैसी हो, उसकी एक झलक देश के सौ स्मार्ट शहरों में 24 घंटे

बिजली और पानी की उपलब्धता, ऐसा ट्रांसपोर्ट सिस्टम बनाए जाने की योजना है, जिससे 30 से 45 मिनट में शहर के एक सिरे से दूसरे सिरे तक की दूरी तय की जा सके।

हर घर से अधिकतम 800 मीटर की दूरी पर पब्लिक ट्रांसपोर्ट उपलब्ध हो। इन शहरों में स्मार्ट हेल्थकेयर सेवाओं और सरकारी कार्यों के लिए सिंगल विंडो सिस्टम उपलब्ध हो। स्मार्ट सीवेज-कूड़ा निस्तारण प्रणाली का इंतजाम सरकारी कामकाज को पारदर्शी रखने की योजना है ताकी निवेशकों में भरोसा जगे और व्यापार और रोजगार के मौके बढे।

स्मार्ट शहरों में स्मार्ट शिक्षा का प्रबंधआईटी नेटवर्क से जुड़े इन शहरों में जनप्रबंधन के लिए ज्यादा से ज्यादा तकनीक के प्रयोग की योजना है।

कैसे आगे बढ़ रही है योजना

खबरों के मुताबिक राज्य सरकारों ने इस परियोजना की रिपोर्ट बनाने के लिए केंद्र से तकनीकी मदद और इसे सुचारू रूप से चलाने के लिए वित्तीय सहायता मांगी है।

राज्यों का मत है कि स्मार्ट सिटी परियोजना के लिए मूल निवेश सरकार करे और उसे सुचारू से चलाने के लिए पब्लिक- प्राइवेट-पार्टनरशिप के विकल्पों को तलाशा जाए। शहरी विकास मंत्री वेंकैया नायडू ने राज्यों के सुझावों पर विचार के लिए अधिकारियों को जरूरी निर्देश दिए हैं।

वित्त मंत्री अरुण जेटली ने भी कहा है कि भारत अपने यहां स्मार्ट सिटी, औद्योगिक गलियारों व रेलवे के विकास के साथ मेक-इन-इंडिया और स्किल इंडिया अभियान में एशियाई विकास बैंक (एडीबी) की गहरी भागीदारी चाहता है। कुछ विशेषज्ञों का कहना है कि केंद्र सरकार के इस कदम से न केवल देश में अनेक शहरों की तस्वीर पूरी तरह से संवर जाएगी, बल्कि देशवासियों को भी बिल्कुल नई तरह के शहरों में जीवन का लुत्फ उठाने का मौका मिलेगा। स्मार्ट सिटी पहल के तहत वहां रहने वाले लोगों को प्रमुख बुनियादी सेवाएं सुलभ कराने पर ध्यान केन्द्रित किया जाएगा।

जानकारों के मुताबिक स्मार्ट सिटी मिशन के तहत जहां एक ओर परंपरागत पुराने शहरों को अत्याधुनिक सुविधाओं से लैस किया जाएगा, वहीं इन शहरों के निकट ही स्मार्ट सिटी नाम से उपनगर विकसित किए जाएंगे। दूसरे शब्दों में, स्मार्ट सिटी दो तरह से बसाई जाएंगी। पहला, कुछ पुराने शहरों को स्मार्ट सिटी में बदला जाएगा। दूसरा, पूरी तरह नए शहर बसाए जाएंगे, जो स्मार्ट सिटी के रूप में उभर कर सामने आएंगे।

स्मार्ट सिटी में पेयजल, बिजली, कचरा प्रबंधन, सीवरेज, साइबर कनेक्शन, सड़क, रेलवे स्टेशन एवं एयरपोर्ट से संलग्नता, भवन निर्माण और आपदा प्रबंधन की आधुनिक सुविधाएं उपलब्ध होंगी। इसके अलावा वहां शिक्षा, स्वास्थ्य, मनोरंजन, सभी वर्ग के लिए आवास आदि सुविधाएं देने पर भी विचार किया जाएगा। दूसरे शब्दों में, स्मार्ट सिटी पहल के तहत वहां रहने वाले लोगों को प्रमुख बुनियादी सेवाएं सुलभ कराने पर ध्यान केन्द्रित किया जाएगा।

स्मार्ट सिटी में समस्याओं के स्मार्ट सोल्यूशंस यानी हल भी उपलब्ध होंगे। लोगों को सूचनाएं प्रदान करने का बेहतरीन प्रबंधन, नागरिकों की भागीदारी, शिकायतों का ऑनलाइन निपटारा और सेवाओं की इलेक्ट्रानिक डिलीवरी स्मार्ट सिटी में लोगों को सुलभ होगी। इसी तरह स्मार्ट मीटर्स एवं प्रबंधन, अपशिष्ट जल का सौ-फीसदी प्रशोधन, पेयजल की क्वालिटी की निगरानी, ऊर्जा के अक्षय स्रोत, स्मार्ट पार्किंग, यातायात प्रबंधन की बेहतरीन प्रणाली इत्यादि हल भी स्मार्ट सिटी में लोगों को मयस्सर होंगे। इसके तहत शहरी नियोजन में नागरिकों की भागीदारी पर विशेष जोर दिया जाएगा। स्मार्ट सिटी से जुड़ी कार्य योजनाओं को विशेष उद्देश्य वाहन (एसपीवी) के जरिए क्रियान्वित किया जाएगा। हर शहर के लिए एसपीवी बनाया जाएगा और राज्य सरकारें एसपीवी के लिए संसाधनों का सतत प्रवाह सुनिश्चित करेंगी।

हाल ही में प्रधानमंत्री श्री नरेन्द्री मोदी की अध्यक्षता में कैबिनेट ने अगले पांच वर्षों के दौरान दो नए शहरी मिशनों के तहत केन्द्र सरकार की ओर से शहरी विकास पर तकरीबन एक लाख करोड़ रुपये खर्च करने को अपनी स्वीकृति दी है। कैबिनेट ने स्माकर्ट सिटी मिशन और 500 शहरों के कायाकल्प एवं शहरी रूपांतरण के लिए अटल मिशन (अमृत) को मंजूरी दी है। इन परियोजनाओं पर क्रमश: 48,000 करोड़ रुपये व 50,000 करोड़ रुपये का खर्च आएगा। स्मार्ट सिटी बनने की आकांक्षा रखने वाले शहरों का चयन एक सिटी चौलेंज कंपटीशन के जरिए किया जाएगा, जिसके तहत मिशन के लक्ष्यों को पाने की दिशा में शहरों की क्षमता को वित्त पोषण से जोड़ा जाएगा। इसके तहत शहरी नियोजन में नागरिकों की भागीदारी पर विशेष जोर दिया जाएगा। स्मार्ट सिटी से जुड़ी कार्य योजनाओं को विशेष उद्देश्य वाहन (एसपीवी) के जरिए क्रियान्वित किया जाएगा। हर शहर के लिए एसपीवी बनाया जाएगा और राज्य सरकारें एसपीवी के लिए संसाधनों का सतत प्रवाह सुनिश्चित करेंगी।

प्राप्त जानकारी के अनुसार बजट आवंटन का 10 फीसदी राज्यों एवं केन्द्र शासित प्रदेशों को बतौर प्रोत्साहन दिया जाएगा, जो पिछले वर्ष के दौरान लागू किए गए सुधारों से जुड़ी उपलब्धि पर आधारित होगा। इस मिशन को ऐसे 500 शहरों एवं कस्बों में क्रियान्वित किया जाएगा, जहां की आबादी एक लाख या उससे ज्यांदा है। राज्या इस मिशन के तहत चिन्हित शहरों की जरूरतों के आधाार पर योजनाएं तैयार कर सकेंगे। । 10 लाख तक की आबादी वाले शहरों एवं कस्बों के लिए जो केन्द्रीय सहायता दी जाएगी वह परियोजना लागत का 50 फीसदी तक होगी। और 40 फीसदी की तीन किस्तों में जारी की जायेगी, जो राज्यों की वार्षिक कार्य योजनाओं में उल्लेखित लक्ष्यों की प्राप्ति पर आधारित होगी।

स्मार्ट सिटी बनाने की परियोजनाओं में केंद्र सरकार के साथ राज्य सरकारों की भूमिका भी अहम होगी। शहरी विकास मंत्रलय ने सभी राज्यों को दस सूत्रे मानक भेजकर स्मार्ट सिटी बनने योग्य शहरों की सूची मांगी है। स्मार्ट सिटी के लिए हर राज्य से कम से कम एक शहर अवश्य चुना जाएगा। 100 स्मार्ट शहरों में से कुछ प्रमुख नदियों के तट पर स्थित होंगे, जबकि कई अन्य स्मार्ट सिटी पहाड़ी क्षेत्रों, द्वीपों एवं पर्यटन स्थलों पर बसाई जाएंगी। इसी तरह कुछ राज्यों की राजधानियों को भी स्मार्ट सिटी के रूप में तब्दील किया जाएगा। इस परियोजना में केंद्र सरकार सिर्फ सहायक या सुविधा प्रदाता के तौर पर काम करेगी।

ऐसी उम्मीद हैं कि स्मार्ट सिटी के रूप में इस साल 20 शहरों और अगले दो वर्षों के दौरान 40-40 शहरों का चयन किया जाएगा। वास्तुकारो का भी मत है कि बड़े शहरों पर जनसंख्या का भार कम करने और छोटे शहरों को पहली कतार में आगे लाने के लिए केंद्रीय शहरी विकास मंत्रालय की स्मार्ट सिटी परियोजना एक आदर्श विकल्प है।

06 भारत में जल प्रबंधन और उसकी चुनौतियां

जल ही जीवन है। जी हां अगर जल नहीं है तो जीवन की कल्पना ही नहीं की जा सकती है। जल या पानी एक आम रासायनिक पदार्थ है जिसका अणु दो हाइड्रोजन परमाणु और एक ऑक्सीजन परमाणु से बना है - H_2O यह सारे प्राणियों के जीवन का आधार है। आमतौर पर जल शब्द का प्रयोग द्रव अवस्था के लिए उपयोग में लाया जाता है पर यह ठोस अवस्था (बर्फ) और गैसीय अवस्था (भाप या जल वाष्प) में भी पाया जाता है। पानी जल-आत्मीय सतहों पर तरल-क्रिस्टल के रूप में भी पाया जाता है।

पृथ्वी का लगभग 71प्रतिशत सतह जल से आच्छदित है जो अधिकतर महासागरों और अन्य बड़े जल निकायों का हिस्सा होता है। खारे जल के महासागरों में पृथ्वी का कुल 97 प्रतिशत, हिमनदों और ध्रुवीय बर्फ चोटिओं मे 2.4 प्रतिशत और अन्य स्रोतों जैसे नदियों, झीलों और तालाबों मे 0.6 प्रतिशत जल पाया जाता है। पृथ्वी पर बर्फीली चोटियों, हिमनद, झीलों का जल कई बार धरती पर जीवन के लिए साफ जल उपलब्ध कराता है। शुद्ध पानी H_2O स्वाद में फीका होता है जबकि सोते (झरने) के पानी या लवणित जल (मिनरल वाटर) का स्वाद इनमें मिले खनिज लवणों के कारण होता है। सोते (झरने) के पानी या लवणित जल की गुणवत्ता से अभिप्राय इनमें विषैले तत्वों, प्रदूषकों और रोगाणुओं की अनुपस्थिति से होता है।

भारत में विश्व का 18 प्रतिशत से अधिक आबादी है जबकि विश्व का केवल 4 प्रतिशत नवीकरणीय जल संसाधन और विश्व के भूक्षेत्र का 2.4 प्रतिशत भूक्षेत्र है। देश में एक वर्ष में वर्षा से प्राप्त कुल जल की मात्र लगभग 4,000 घन कि-मी होती है। धारातलीय जल और पुनरू पूर्तियोग भौम जल की उपलब्धा मात्र 1,869 घन कि-मी- है। इसमें से केवल 60 प्रतिशत जल का लाभदायक उपयोग किया जा सकता है। इस प्रकार देश में कुल उपयोगी जल संसाधान लगभग 1,122 घन कि-मी- होता है।

भारत में जल के उपयोग की मात्र बहुत सीमित है। इसके अलावा, देश के किसी न किसी हिस्से में प्राय: बाढ़ और सूखे की चुनौतियों का भी सामना करना पड़ता है। भारत में वर्षा में अत्यधिक स्थानिक विभिन्नता पाई जाती है और वर्षा मुख्य रूप से मानसूनी मौसम संकेद्रित है। भारत में कुछ नदियाँ, जैसे गंगा, ब्रह्मपुत्र और सिंधु के जल ग्रहण क्षेत्र बहुत बड़े हैं। गंगा, ब्रह्मपुत्र और बराक नदियों के जलग्रहण क्षेत्र में वर्षा अपेक्षाकृत अधिक होती है। ये नदियाँ देश के कुल क्षेत्र के लगभग एक-तिहाई भाग में पाई जाती हैं जिनमें कुल धरातलीय जल संसाधानों का 60 प्रतिशत जल पाया जाता है। दक्षिणी भारतीय नदियों, जैसे गोदावरी, कृष्णा और कावेरी में वार्षिक जल प्रवाह का अधिकतर भाग काम में लाया जाता है लेकिन ऐसा ब्रह्मपुत्र और गंगा बेसिनों में अभी भी संभव नहीं हो सका है।

जल संसाधन का लगभग 46 प्रतिशत गंगा और ब्रह्मपुत्र बेसिनों में पाया जाता है। उत्तर-पश्चिमी प्रदेश और दक्षिणी भारत के कुछ भागों के नदी बेसिनों में भौम जल का उपयोग अपेक्षाकृत अधिाक है। पंजाब, हरियाणा, राजस्थान और तमिलनाडु राज्यों में भौम जल का उपयोग बहुत अधिक है। परंतु कुछ राज्य जैसे छत्तीसगढ़, उड़ीसा, केरल आदि अपने भौम जल क्षमता का बहुत कम उपयोग करते हैं। गुजरात, उत्तर प्रदेश, बिहार, त्रिपुरा और महाराष्ट्र अपने भौम जल संसाधानों का तीव्र दर से उपयोग कर रहे हैं। यदि वर्तमान प्रवृत्ति जारी रहती है तो जल के माँग की आपूर्ति करने में कठिनाई होगी। ऐसी स्थिति विकास के लिए हानिकारक होगी और सामाजिक उथल-पुथल और विघटन का कारण हो सकती है।

कृषि में, जल का उपयोग मुख्य रूप से सिंचाई के लिए होता है। देश में वर्षा के स्थानिक-सामयिक परिवर्तिता के कारण सिंचाई की आवश्यकता होती है। देश के अधिकांश भाग वर्षाविहीन और सूखाग्रस्त हैं। उत्तर-पश्चिमी भारत और दक्कन का पठार इसके अंतर्गत आते हैं। देश के अधिकांश भागों में शीत और ग्रीष्म ऋतुओं में न्यूनाधिक शुष्कता पाई जाती है इसलिए शुष्क ऋतुओं में बिना सिंचाई के खेती करना कठिन होता है। पर्याप्त मात्र में वर्षा वाले क्षेत्र जैसे पश्चिम बंगाल और बिहार में भी मानसून के मौसम में वर्षा सूखे जैसी स्थिति उत्पन्न कर देती है जो कृषि के लिए हानिकारक होती है। कुछ फसलों के लिए जल की कमी सिंचाई को आवश्यक बनाती है। सिंचाई की व्यवस्था बहुफसलीकरण को संभव बनाती है। ऐसा पाया गया है कि सिंचित भूमि की कृषि उत्पादकता असिंचित भूमि की अपेक्षा ज्यादा होती है। दूसरे, फसलों की अधिक उपज देने

वाली किस्मों के लिए आर्द्रता आपूर्ति नियमित रूप से आवश्यक है जो केवल विकसित सिंचाई तंत्र से ही संभव होती है। वास्तव में ऐसा इसलिए है कि देश में कृषि विकास की हरित क्रांति की रणनीति पंजाब, हरियाणा और पश्चिमी उत्तर प्रदेश में अधिक सफल हुई है।

गुजरात, राजस्थान, महाराष्ट्र, म.प्र., प.बंगाल, उ.प्र. आदि राज्यों में कुओं और नलकूपों से सिंचित क्षेत्र का भाग बहुत अधिक है। इन राज्यों में भौम जल संसाधन के अत्यधिक उपयोग से भौम जल स्तर नीचा हो गया है। वास्तव में, कुछ राज्यों, जैसे राजस्थान और महाराष्ट्र में अधिक जल निकालने के कारण भूमिगत जल में "लोराइड का संकेंद्रण बढ़ गया है और इस वजह से पश्चिम बंगाल और बिहार के कुछ भागों में संखिया के संकेंद्रण की वृद्धि हुई है। पंजाब, हरियाणा और पश्चिमी उत्तर प्रदेश में गहन सिंचाई से मृदा में लवणता बढ़ रही है और भौम जल सिंचाई में कमी आ रही है।

जल की प्रति व्यक्ति उपलब्धता, जनसंख्या बढ़ने से दिन प्रतिदिन कम होती जा रही है। उपलब्ध जल संसाधन औद्योगिक, कृषि और घरेलू निस्सरणों से प्रदूषित होता जा रहा है और इस कारण उपयोगी जल संसाधनों की उपलब्धता और सीमित होती जा रही है।

जल गुणवत्ता से तात्पर्य जल की शुद्धता अथवा अनावश्यक बाहरी पदार्थों से रहित जल से है। जल बाईं पदार्थों, जैसे सूक्ष्म जीवों, रासायनिक पदार्थों, औद्योगिक और अन्य अपशिष्ट पदार्थों से प्रदूषित होता है। इस प्रकार के पदार्थ जल के गुणों में कमी लाते हैं और इसे मानव उपयोग के योग्य नहीं रहने देते हैं। जब विषैले पदार्थ झीलों, सरिताओं, नदियों, समुद्रों और अन्य जलाशयों में प्रवेश करते हैं तब वे जल में घुल जाते हैं अथवा जल में निलंबित हो जाते हैं। इससे जल प्रदूषण बढ़ता है और जल के गुणों में कमी आने से जलीय तंत्र (aquatic system) प्रभावित होते हैं। कभी-कभी प्रदूषक नीचे तक पहुँच जाते हैं और भौम जल को प्रदूषित करते हैं। देश में गंगा और यमुना, दो अत्यधिक प्रदूषित नदियाँ हैं।

केंद्रीय प्रदूषण नियंत्रण बोर्ड सी-पी-सी-बी, राज्य प्रदूषण नियंत्रण बोर्ड एस-पी-सी-के साथ मिलकर 507 स्टेशनों की राष्ट्रीय जल संसाधन की गुणवत्ता की निगरानी कर रहा है। इन स्टेशनों से प्राप्त किए गए आँकड़ें दर्शाते हैं कि जैव और जीवाणविक संदूषण, नदियों में प्रदूषण का मुख्य स्रोत है। दिल्ली और इटावा के बीच यमुना नदी देश में सबसे अधिक प्रदूषित नदी है। दूसरी प्रदूषित नदियाँ में अहमदाबाद में साबरमती, लखनऊ में गोमती, मदुरई में काली, हैदराबाद में मूसी तथा कानपुर और वाराणसी में गंगा शामिल है। भौम जल प्रदूषण देश के विभिन्न भागों में भारी/विषैली धातुओं, "क्लोराइड, फ्लोराइड और नाइट्रेट्स के संकेंद्रण के कारण होता है।

वैधानिक व्यवस्थाएँ, जैसे- जल अधिनियम 1974 प्रदूषण का निवारण और नियंत्रण और पर्यावरण सुरक्षा अधिनियम 1986, प्रभावपूर्ण 1977, जिसका उद्देश्य प्रदूषण कम करना है, उसके भी सीमित प्रभाव हुए। जल के महत्व और जल प्रदूषण के अधिप्रभावों के बारे में जागरूकता पैदा करने की आवश्यकता है। जन जागरूकता और भागीदारी से,कृषिगत कार्यो तथा घरेलू और औद्योगिक विसर्जन से प्राप्त प्रदूषकों में बहुत प्रभावशाली ढंग से कमी लाई जा सकती है।

पुनः चक्र और पुनः उपयोग अन्य दूसरे रास्ते हैं जिनके द्वारा अलवणीय जल की उपलब्धता को सुधारा जा सकता है। कम गुणवत्ता के जल का उपयोग, जैसे शोधित अपशिष्ट जल, उद्योगों के लिए एक आकर्षक विकल्प हैं। इसी तरह नगरीय क्षेत्रें में स्नान और बर्तन धोने में प्रयुक्त जल को बागवानी के लिए उपयोग में लाया जा सकता है। वाहनों को धोने के लिए प्रयुक्त जल का उपयोग भी बागवानी में किया जा सकता है। इससे अच्छी गुणवत्ता वाले जल का पीने के उद्देश्य के लिए संरक्षण होगा। वर्तमान में, पानी का पुनः चक्रण एक सीमित मात्र में किया जा रहा है। फिर भी, पुनः चक्रण द्वारा पुनः पूर्तियोग्य जल की उपादेयता व्यापक है।

जल संभर प्रबंधन से तात्पर्य, मुख्य रूप से, धरातलीय और भौम जल संसाधनों के दक्ष प्रबंधन से है। इसके अंतर्गत बहते जल को रोकना और विभिन्न विधियों, जैसे अंतः स्रवण तालाब, पुनर्भरण, कुओं आदि के द्वारा भौम जल का संचयन और पुनर्भरण शामिल हैं। जल संभर प्रबंधन के अंतर्गत सभी संसाधनों जैसे- भूमि, जल, पौधो और प्राणियों और जल संभर सहित मानवीय संसाधनों के संरक्षण, पुनरुत्पादन और विवेकपूर्ण उपयोग को सम्मिलित किया जाता है।

केंद्र और राज्य सरकारों ने देश में बहुत से जल- संभर विकास और प्रबंधन कार्यक्रम चलाए हैं। इनमें से कुछ गैर सरकारी संगठनों द्वारा भी चलाए जा रहे हैं। 'हरियाली' केंद्र सरकार द्वारा प्रवर्तित जल-संभर विकास परियोजना है जिसका उद्देश्य ग्रामीण जनसंख्या को पीने, सिंचाई, मत्स्य पालन और वन रोपण के लिए जल संरक्षण के लिए योग्य बनाना है। परियोजना लोगों के सहयोग से ग्राम पंचायतों द्वारा निष्पादित की जा रही है।

वर्षा जल संग्रहण विभिन्न उपयोगों के लिए वर्षा के जल को रोकने और एकत्र करने की विधि है। इसका उपयोग भूमिगत जलकूपों के पुनर्भरण के लिए भी किया जाता है। यह एक कम मूल्य और पारिस्थितिकी अनुकूल विधा है जिसके द्वारा पानी की प्रत्येक बूँद संरक्षित करने के लिए वर्षा जल को नलकूपों, गड्ढो और कुओं में एकत्र किया जाता है वर्षा जल संग्रहण पानी की उपलब्धता को बढ़ाता है, भूमिगत जल स्तर को नीचे जाने से रोकता है, फ्लोराइड और नाइट्रेट्स जैसे संदूषकों को कम करके अवमिश्रण भूमिगत जल की गुणवत्ता बढ़ाता है, मृदा अपरदन और बाढ़ को रोकता है ।

अलवणीय जल की घटती हुई उपलब्धिता और बढ़ती माँग से, सतत् पोषणीय विकास के लिए इस महत्वपूर्ण जीवनदायी संसाधन के संरक्षण और प्रबंधन की आवश्यकता बढ़ गई है। विलवणीकरण द्वारा सागर/महासागर से प्राप्त जल उपलब्धता, उसकी अधिक लागत के कारण, नगण्य हो गई है। भारत को जल-संरक्षण के लिए तुरंत कदम उठाने हैं और प्रभावशाली नीतियाँ और कानून बनाने हैं और जल संरक्षण हेतु प्रभावशाली उपाय अपनाने हैं। जल बचत तकनीकी और विधायों के विकास के अतिरिक्त प्रदूषण से बचाव के प्रयास भी करने चाहिए। जल-संभर विकास, वर्षा जल संग्रहण, जल के पुनः चक्रण और पुनः उपयोग और लंबे समय तक जल की आपूर्ति के लिए जल के संयुक्त उपयोग को प्रोत्साहित करने की आवश्यकता है।

07 आंतकवाद : भारत के सन्दर्भ में

शाब्दिक रूप से 'टेरर' (आतंक) शब्द लैटिन भाषा की उत्पत्ति मानी जाती है और बाद में यह रोमन के साथ-साथ यूरोप की अन्य भाषाओं में प्रचलित हो गया। इस शब्द से व्युत्पन्न शब्द 'टेररिज्म' (आतंकवाद) है। आतंकवाद शब्द का अर्थ है, ऐसा सिद्धान्त जो भय या हिंसा पर आधारित हो। दूसरे शब्दों में ऐसा सिद्धान्त जो भय या हिंसा के माध्यम से अपने लक्ष्य की प्राप्ति में विश्वास करता है।

रॉबर्ट फ्रीडलैण्डर की मान्यता है कि यह 'आतंक शब्द' इतिहास में महान् 'बुर्जुआ क्रान्ति' और 'जेकोविन तानाशाही' से जुड़ा है। रूसी क्रान्ति से आतंकवाद को प्रमुख स्थान प्राप्त हो गया, इसी प्रकार अमरीका में भी 1860 के दशक में आतंकवाद की शुरूआत हुई। इसी प्रकार नात्सी (Nazis) फासिस्ट नव (Neo) एवं सामाजिक साम्राज्यवादियों तथा नस्लवादियों (Racists) द्वारा आतंकवाद के अनेक स्वरूपों को अपनाया जाता रहा है। मनु तथा कौटिल्य जैसे भारतीय दार्शनिकों ने भी राज्य के प्रभुत्व की स्थापना के लिए हिंसा व आतंक को राजनीति के महत्वपूर्ण साधक के रूप में अनुशंसित किया है।

आतंकवाद की परिभाषा

विश्व स्तर पर आतंकवाद की सार्वभौमिक परिभाषा नहीं दी जा सकी है, यहाँ तक कि संयुक्त राष्ट्र संघ भी आतंकवाद को परिभाषित नहीं कर पाया है, लेकिन समय-समय पर राष्ट्रों या लोगों ने अपने-अपने ढंग से परिभाषित किया है।

ऑक्सफोर्ड डिक्शनरी के अनुसार, आतंकवाद, "राजनीतिक लक्ष्यों के लिए भय का प्रयोग करना।"

Brain M. Jerkins ने आतंक को परिभाषित करते हुए लिखा है कि "हिंसा की धमकी, व्यक्तिगत हिंसात्मक कृत्य और लोगों का आतंकित करने के लक्ष्य से हिंसा का विचार आतंकवाद है।"

G. Schwaszenberger के अनुसार, "आतंकवाद भय पैदा करने के उद्देश्य से शक्ति का प्रयोग करना और इस प्रकार अपने लक्ष्य की प्राप्ति करना।"

Jay Mallin के द्वारा, "आतंकवाद एक तरह का संशस्त्र संघर्ष है, अत: इसे सैनिक कार्यवाही मानना चाहिए। जब राजनय असफल होता है, तो सैनिक कार्यवाही प्रारम्भ करते हैं और जब सैनिक असफल होते हैं तो उसका स्थान आतंकवादी ले लेते हैं।

James A. Miller ने आतंकवाद को, "राजनीतिक हिंसा का स्वरूप बताया है।"

Convention on Prevention and Punishment 1931 द्वारा, "आतंकवाद का अभिप्राय उन आपराधिक कृत्यों से है जो किसी राज्य के विरूद्ध उन्मुख हो और जिनका उद्देश्य कुछ खास लोगों या सामान्य जनमानस के मन में भय पैदा करना है।"

राष्ट्र संघ के अनुसार, "आतंकवाद प्रजातंत्रीय समाजों को अस्थिर करने का मौका है और यह ये प्रदर्शित करता है कि सरकारें शक्तिहीन हैं।"

आतंकवाद को नियंत्रित करने के लिए भारत सरकार द्वारा प्रस्तुत विधेयक के अनुसार "सरकार अथवा लोगों को आतंकित करना, विभिन्न वर्गों में वैमन्सय बढ़ाने तथा शान्ति भंग करने के उद्देश्य से बम विस्फोट करने, आग्नेय शस्त्रों का प्रयोग करने, सम्पत्ति नष्ट करने, रसायन अथवा रासायनिक अस्त्र इस्तेमाल करने तथा आवश्यक सेवाओं में गड़बड़ी के उद्देश्य से जो भी कार्य किए जाएंगे, उन्हें आतंकवादी कार्य माना जाएगा।"

आतंकवाद का अर्थ है, "हिंसा का ऐसा प्रयोग, जो सैनिक दृष्टि से नहीं, बल्कि लक्ष्य (शिकार) को मनोवैज्ञानिक रूप से प्रभावित करते हैं।" दूसरे शब्दों में, आतंकवाद एक तरह का भयादोहन है। इसकी प्रमुख उपयोगिता राजनीतिक व राजनयिक है।

उपर्युक्त परिभाषाओं से स्पष्ट है कि राजनीतिक, सैनिक व जनसहयोग की दृष्टि से कमजोर कोई राजनीतिक समूह सरकार को कमजोर करने एवं जनसहयोग को अपने पक्ष में करने हेतु जब हिंसा का सहारा लेते हैं, वह आतंकवाद कहलाता है।

पंजीकरण लक्ष्यानुसरण और रूपरेखा बनाने में उलझनें

राष्ट्रीय आबादी पंजीकरण के लिए अंगूठा मुद्रण के साथ गणना संकलन, 2011 जनसंख्या अभ्यास के साथ विभिन्न अधिनियमों के अन्तर्गत शुरू किया गया है। यह शून्य में सरल गणनासंकलन नहीं है। नेटग्रिड और यूआईडी के बीच स्थापित यह बिग ब्रदर के आरवेलियन तस्वीर की याद दिलाता है।

राज्य और राज्य के लोगों के बीच का रिश्ता नाटकीय ढंग से और अप्राप्य तरीके से बदलता है और यह बिना इस तर्क बितर्क के कि इसका क्या मायने है, घटते हुए दृष्टिगोचर होता है। राष्ट्रीय आबादी पंजीकरण सीमांत क्षेत्रों में प्रारंभिक धावा के

बाद पूरे देश में शुरू किया जा चुका है। भारत के 15 साल से ऊपर के तमाम लोगों के डाटाबेस में समाहित किया जाना है। यह सिर्फ उनका नाम और उनके पिता का नाम, लिंग, जन्म की तारीख, जन्म स्थान, वर्तमान और स्थाई पता, वैवाहिक स्थिति-अगर वैवाहिक हैं तो जीवन साथी के नाम को ही सिर्फ नहीं रखेगा बल्कि उनका जीवोउपस्थिति की प्रमाणिकता भी रखेगा जिसमें उनकी तस्वीर के साथ आठों अँगूलियों और दोनों अँगूठों के मुद्रित निशान भी शामिल होंगे। यह इतिहास में विस्मय के साथ सबसे बड़ा जनसंख्या अभ्यास कहा जा रहा है। इस अभ्यास के करने से पहले 120 करोड़ लोगों को इस डाटाबेस में लाया जाना है। यह बिना किसी तुलना के आश्चर्यजनक होगा। लेकिन यह अभ्यास वास्तव में क्या होगा?

शुरू करने के लिए यह बुद्धिमानी होगी कि हम यह नहीं भूले यह शून्य गणना संकलन नहीं है। यह नेटग्रिड (राष्ट्रीय इंटेलिजेंस ग्रिड) और यूआईडी (अनोखा पहचान प्रोजेक्ट) और अभी तक अस्पष्ट लेकिन डी एन ए बैंक क्षेत्र के मध्य में शुरू किया गया है। प्रतिक्षित इनमें से प्रत्येक को संयुक्त गृह मंत्रालय द्वारा, राज्यों और उनकी एजेंसियों द्वारा सुरक्षा के लिए निगरानी और लक्ष्यानुसरण करने के उद्देश्य से प्रोत्साहन दिया गया है। इस सेवाओं को वैद्य रखने के लिए लक्षित कल्याणकारी सेवाओं के भद्र वायदों को जारी रखा गया है।

अगर गृह मंत्रालय अपने रास्ते पर चलती तो नेटग्रिड, रॉ, आई वी, राजस्व, गुप्तचर निदेशालय और नशा नियंत्रण ब्यूरो जैसे 11 सुरक्षा और गुप्तचर संस्थाओं को 21 तरह के डाटाबेस में समाहित गणना तक पहुंचने में समर्थ करेगा। इन डाटा बेस में शामिल है- रेलवे, हवाई यात्रा, आयकर विभाग, फोन कॉल, बैंक खाता ब्यौरा, क्रेडिट कार्ड से किया लेन-देन, वीजा और विदेशी अप्रवास रिकार्ड, संपत्ति रिकार्ड और नागरिकों का वाहन चलाने के लिए जारी किया गया अनुमति पत्र। यह उपेक्षनीय नहीं है कि संस्थाओं/एजेंसियों के बीच प्रतिरोध था, जब उपराष्ट्रपति हामिद अंसारी ने सतर्कता विशेषज्ञ को संबोधित किया और कहा प्रजातंत्र द्वारा सुरक्षित किया गया इसका गुप्त सतर्कता तंत्र न तो षड्यंत्र का साधन होगा और न ही प्रजातांत्रिक स्व सरकार की प्रारंभिक स्वतंत्रता को दबाने वाला होगा और सलाह दिया कि गुप्तचर विभागों संसदीय असावधानी के विषय पर जिम्मेदार होंवें।

राजनीतिक परिवर्तन का वक्र

मार्योमार, थाईलैंड, मलेशिया, इंडोनेशिया और फिलीपीन्स के राज्य क्षेत्र के अन्दर प्रशासन के किसी भी साधारण व्यवस्था की दिशा में बदलाव के लिए पूर्णतया मेहराब वाली प्रचलन नहीं है।

थाईलैंड के संकटग्रस्त प्रधानमंत्री अभीजीत विजाजीवा ने प्रतिनिधियों की सभा को भंग करने का और अगले साल दिसंबर में नियत समय पर होने वाले (तात्कालिक चुनाव) को लगभग एक साल पहले करवाने का प्रस्ताव पारित किया। हालांकि, तानाशाही के खिलाफ प्रजातंत्र के लिए संयुक्त मोर्चा दल इसे उत्तरदायित्व राजनीति के जैसे यह नहीं देखता है। रविवार तक (4 अप्रैल) तक यूडीडी, बैंकाक में तीन सप्ताह तक खूँटे गाड़कर आवश्यक शांतिपूर्ण लेकिन फिर भी सरकार विरोधी तीक्ष्ण अधिप्रचारक हड़ताल प्रदर्शन का संयोजन करने के बाद खुद के रिकार्ड के साथ, अभिजीत को लगातार बढ़ते झगड़ालू मानसिक अवस्था में पाया।

समतुल्यता में, वर्तमान संकट, प्रजातंत्र बनाम तानाशाह की या जिम्मेदार शासन बनाम मनमानी प्रशासन के परंपरागत शब्द के रूप में नहीं देखा जा सकता है। साधारण पर गूढ़ अर्थ में, थाईलैंड राजनीतिक परिवर्तन की अवस्था में है।

वर्तमान में दक्षिणी पूर्वी कुछ एशियन देश भी इसी रूप की या दूसरे राजनीतिक परिवर्तन के दौड़ से गुजर रही है। थाईलैंड के अलावा म्यांमार और यहाँ कि मलेशिया और इंडोनेशिया और फिलीपीन्स राजनीतिक परिवर्तन या बदलाव वक्र पर हैं। परिभाषित राजनीतिक महत्वाकांक्षा इन तीनों देशों में विशिष्ट है। यहाँ परिवर्तन का पूर्णतया झुकाव किसी सामूहिक लक्ष्य की ओर नहीं है। जैसे कि राज्यसीमा के अन्दर प्रशासन के लिए नियम बनाना, पारस्परिक विशिष्ट समाज सेवक दलों के बीच भी संबंध का अभाव है जो समानान्तर लीक के साथ अपने-अपने क्षेत्रों में नया राजनीतिक माहौल ढूँढ़ रहे हैं।

इन देशों में म्यांमार सैनिक तानाशाही के समकालीन लंबे अनुभव के साथ, अब तक प्रतिनिधि प्रशासन के किसी भी तंत्र से मीलों दूर बाहरी अंतरिक्ष परिभाषिकी की तरह विद्यमान है। राज्य शांति और विकास समिति (एसपीडीसी) म्यांमार शासक गुट की तरह खुद ही वर्तमान में प्रजातंत्र को या और अधिक स्पष्टता से कहे तो कागजी प्रजातंत्र बहाल करने में व्याप्त है जिसके जरिए पूर्णतया अप्रजातांत्रिक साधनों को सिर्फ देखा जा सकता है।

एस पी डी सी का राजनीतिक सुधार का प्रजातांत्रिक पारदर्शक झांसा पट्टी का आवाहन असहमत राष्ट्रीय प्रजातांत्रिक लीग के द्वारा किया गया है जिसका नेतृत्व अब तक बंदी बने हुए नोबेल पुरस्कार विजेता अंग सान सू की द्वारा किया गया है। एन एल डी ने अब शासकीय समूह द्वारा प्रजातंत्र बहाल करने

के आम चुनाव के वायदों से दूर रहने का निर्णय किया है। एस पी डी सी की नई चुनावी आज्ञाप्ति के अंतर्गत एन एल डी अपने राजनीतिक पार्टी के जैसे अपने वर्तमान स्थिति को खोने का जोखिम उठा रही है। ऐसा असम्मान और मौजूद असमंजस्य का जोखिम लेने का एन एल डी ने निर्णय लिया है। जबकि प्रस्तावित आम चुनाव पहले से ही इस स्थिति में अपनी विश्वासनीयता खो चुकी है, पहले से दरार पड़ी हुई चुनावी प्रक्रिया भी म्यांमार को कुछ आकार के राजनीतिक परिवर्तन की ओर धकेलने के जैसी है।

चीन का भारतीय नीति के पीछे उभरता बहस

संभावित प्राकथन से परे चीन के अधिकार, बाहरी व्यवसाय मंत्री एस एम कृष्णा के साथ, इस सप्ताह, बीजिंग में वार्तालाप का आदान-प्रदान करेंगे, उभरते भारत के साथ किस तरह से शामिल होने पर, बीजिंग में विभिन्न नीति निर्माताओं के बीच थोड़ा सर्वसम्मति है।

इस साल की शुरूआत में, यूनाइटेड राष्ट्रों का, ताईवान को 640 करोड़ डॉलर का आयुध बेचने की स्वीकृति ने, चीन के सैनिक पत्रिका में उत्तेजित आलोचना की श्रृंखला को स्फुटित किया। यह आवाज किसी भी तरह भारतीय स्रोता से परिचित होगा। यह विभिन्न निर्माताओं के बीच चिंता को प्रतिबिम्बित करता है कि यू.एस., चीन को घेरने और स्थिर रखने के लिए अर्द्धचन्द्रकार वलय बना रहा है। दिलचस्प तो है कि ज्यादातर बहस इस पर केन्द्रित है कि संभावित यू एस नेतृत्व परिधि में भारत को किसी की भूमिका निभाना होगा या नहीं निभाना होगा। कुछ योजनाविद् अपनी चिंता व्यक्त किया कि अंतोगत्वा, अमेरिका के मित्र रूप में भारत का एकीकरण, चीन की सुरक्षा को गंभीरता से प्रभावित करेगा। जैसा कि कार्यालयई दैनिक चीन ने खबर छापा है। दाई-जू, पीपुल्स लिबरेशन आर्मी (पी एल ए) के वायुसेना कर्नल ने आगाह किया है कि चीन को, जापान से भारत तक, इस बढ़ रहे नेटवर्क के खिलाफ सतर्क होने की आवश्यकता है जो चीन का दम घोंटता रहेगा।

दूसरे लोग, हालाँकि इतने सहमत नहीं हुए और तनाव कम करने के लिए बदले में चिल्लाये। पाई चुनाईंग, भारत में चीन का पूर्व राजदूत ने कहा भारत अंतर्राष्ट्रीय परिधि में स्वतंत्र अंतर्राष्ट्रीय ताकत के जैसे- यूएस के किसी भी कूटनीतिज्ञ योजना का भागीदर बनने में असंभावित है। शेन डिंगली, बीजिंग में युद्धनीतिक समुदाय के उभरते हुए आवाज ने भी, हिंदू अखबार को दिए एक साक्षात्कार में दाई के मत से असहमति जताते हुए सलाह दे रहे हैं कि वर्तमान सम्बन चीन के लिए पर्याप्त अच्छा है जिसमें यूएस के साथ भारत के गठजोड़ से चिन्तित होने कारण नहीं है।

ये भिन्न दृष्टिकोण में बीजिंग में चल रहे बहस की ओर इशारा करता है जिसके साथ कई नीति निर्माता मुकाबला कर रहे हैं- किस तरह चीन को उभरते भारत के साथ सम्बद्ध होना चाहिए? बहस की एक ओर से पी एल ए की आती आवाज है जो बीजिंग पर भारत के साथ सख्त मोर्चा लेने के लिए दबाव बना रहा है और जो दो प्रतिद्वंद्वियों के बीच आपसी सहयोग की बहुत कम उम्मीद देखता है। दूसरी ओर हू-जिनाटो सरकार और कार्यालय के विचारविद की आवाज है जो ज्यादा नर्म और गैर झगड़ालू विदेशी नीतिक मोर्चा को धकेल रहे हैं और जिसे अकेले ही चीन के खुद के हित और जारी विकास के लिए निर्णायक की तरह देखते हैं।

परमाणु हथियारों को खत्म करने में वैज्ञानिकों की भूमिका

इस सप्ताह बराक ओबामा ड्मेट्री मेडमेडेथ, एक नई युद्ध नीतिक अस्त्र ह्वास्वीकरण संधि पर हस्ताक्षर करेंगे। चूंकि यू एस और रूस दुनिया का 95 प्रतिशत आण्विक हथियार रखते हैं इसलिए इस संधि पर हस्ताक्षर करना, परमाणु हथियार ह्रास्वीकरण की दिशा में, 1991 में मुख्य पत्रों को हस्ताक्षर किये जाने के बाद सबसे महत्वपूर्ण कदम होगा। इस प्रगति के बावजूद परमाणु प्रसार निरोध संधि, बढ़ते हुए दबाव में है। परमाणु अशस्त्रीकरण और प्रसार निरोधन राजनीतिक कार्य सूची में दृढ़तापूर्वक सबसे ऊपर लौटा है और उनका महत्व इस समय अभिमूल्यांकित नहीं किया जा सकता है।

अशस्त्रीकरण प्रयासों की दिशा में प्रसार निरोध प्रवृतिक और हमारी परमाणु सुरक्षा को सुरक्षित करने में योगदान करना प्रत्येक देश की जिम्मेदारी बनती है। इसके साथ ही हम परमाणु तकनीकी के विस्तार का सामना करते हैं क्योंकि बड़ी संख्या में बढ़ते हुए राज्य, अपनी बढ़ती हुई ऊर्जा मांग के लिए नागरिक परमाणु शक्ति के उपयोग की खेती कर रहे हैं। वह राज्य, जो यूरेनियम समृद्धि और खर्च किए गए ऊर्जा को पुनः प्राकृत कर सकते हैं, तत्परता से परमाणु हथियार बनाने की समर्थता प्राप्त कर सकते हैं। इसलिए इस प्रौद्योगिकी पर शासन करने के लिए एक सच्चा अंतर्राष्ट्रीय और गैर भेदभाव वाला, नियंत्रक व्यवस्था की तत्काल आवश्यकता है।

हम प्रार्थना करेंगे कि चूंकि वैज्ञानिकों ने परमाणु हथियारों को उत्पन्न करने में मदद किया, आज के वैज्ञानिक समाज के ऊपर, इसे कम करने में और अंततः उनका असस्त्रीकरण करने

में मदद करने की गहरी जिम्मेदारी है। वैज्ञानिकों के साथ सरकारी सहयोग की आवश्यकता है। अगर हमें यह सुनिश्चित करना है कि परमाणु विशेषज्ञता में विस्तार नया खतरा और अस्थिरता पैदा नहीं करता है जो परमाणु प्रसार निरोध को गुप्त रूप से क्षति पहुंचा सकेगा। परमाणु प्रसार निरोध की सड़क पर इस अपेक्षाकृत प्रारंभिक अवस्था में, वैज्ञानिकों के लिए अपनी जिम्मेदारी को पूरा करने के लिए सबसे ज्यादा प्रभावशाली तरीका है कि उनकी सलाह नीति निर्माताओं द्वारा सुनी जाए।

आवश्यक शोध में बड़ी मात्रा में लागत राजनयिक फायदा देगी और परमाणु असस्त्र वाले देशों को जो प्रसार निरोध की जिम्मेदारी को गंभीरता से ले रहे हैं का ठोस प्रमाण देगी। वैज्ञानिक समुदाय, सर्वसाधारण निहित की समस्याओं के लिए, भविष्य में होने वाले समझौता जो चीन, फ्रांस और यूके को समाहित करेगा, के लिए बुनियादी कार्यकलाप तैयार करने के लिए, रूस और यूएस से आगे जाकर, इसे आदर्शवादी तरीके से स्थापित कर, वार्तालाप को कुशलता से व्यापक बनाने में, राष्ट्रीय सीमाओं से आगे जाकर काम करते हैं। इस तरह की विज्ञान कूटनीति इस क्षेत्रों में निर्णायक भूमिका निभायेगी जहां राजनीतिक और ऐतिहासिक विचार से अंतर्राष्ट्रीय संबंध बहुत ज्यादा जटिल है।

भारत और ईरान की अफ्पाक नीति

भारत किस तरह अफगानिस्तान के इर्द-गिर्द घूमते नये दलों के निर्माण के खेल में वापसी को प्रस्तावित कर रहा है?

ईरान की अपने पड़ोसियों अफगानिस्तान और पाकिस्तान में अति सक्रियता आंतक का कारण है। मीडिया हलकों, विचार मंच तथा विश्व उच्च न्यायालयों में बड़े-बड़े दिग्गजों ने उनके सहयोगियों ने इस फारसी पहली के गूढ़ रहस्य को ढूंढने की कोशिश की है।

अभी तक ईरान की चतुर चाल जिसमें फारसी हजारों सालों से अच्छे माने जाते हैं, गहराई से सोची समझी और अच्छी तरह से आधारित बुनियादी बातों से उत्पन्न हैं। 1979 के इस्लामी क्रांति के बाद से ही ईरान निरंतर अमेरिका के सीधे आक्रमणों से या अमरीका द्वारा समर्थित तीसरे राज्य के आक्रमणों से जूझ रहा है। 2003 के ईराक युद्ध अमरीकी बलों को ईरानियों के आमने-सामने लाया है जबकि अमरीका और नाटो बलों का अफगानिस्तान से प्रवेश पूर्व की तरफ से एक सीमा पार का संभावित खतरा बन गया है।

सन् 2003 से ईरान ने ईराक और अफगानिस्तान अमरीका सेनाओं के बाहर निकलने की मांग की है। उनकी कुछ आशाओं को अच्छे मौके का आभास है, अगली साल एक बड़ी मात्रा में अमरीका सेनाएं ईराक छोड़ेगी। अफगानिस्तान से अमरीकी सेनाओं का बाहर निकलना जुलाई 2011 से आरंभ हो सकता है।

जबकि विदेशी सेनाओं का बाहर निकलना एक अगला महत्वपूर्ण कदम होगा। ईरानी बाहर निकलने के परिदृश्य को आगे देख रहे हैं। एक बार अमरीका सेनाओं के बाहर निकलने से राजनैतिक निर्वात के भरे जाने का अनुमान है। ईरान क्षेत्रीय देशों के साथ वास्तविक गठबंधन के लिए जोरदार प्रयास कर रहा है जो पश्चिम में तुर्की तथा पूर्व में चीन के भू-राजनैतिक क्षेत्र पर हावी होगा।

यह भू-राजनैतिक स्पेस के व्यापक क्षेत्रीयकरण के संदर्भ में है, राष्ट्रपति महमूद अहमदीनेजाद ने 10 मार्च को अफगानिस्तान के जमीं पर पैर रखे। अफगानिस्तान के राष्ट्रपति हामिद करजई, जो अमरीकियों के साथ लड़ाई में चल रहे थे, अपने प्रतिद्वंद्वी अब्दुल्ला-अब्दुल्ला की तरफ झुकाव दिखाया है, ने ईरानी नेता का दिली स्वागत किया। ईरानियों की तरह श्री करजई ने निष्कर्ष निकाला है कि अमरीकी अफगानिस्तान में थक रहे हैं। जब गहरे एकत्रीकरण को दूसरे शिवरों में तलाशने का वक्त आ गया है और संभावित सहयोगियों के रूप में ईरान, चीन, पाकिस्तान मध्य एशियाई गणराज्य और रूस शामिल है।

जबकि अफगानियों को एक नए स्तर आकर्षित करने के साथ ईरानियों ने पाकिस्तान को भी तैयार करना शुरू कर दिया है। उनके रिश्ते में बड़ा बदलाव अक्टूबर 2009 को देखा जा सकता था, जब पाकिस्तान आधारित जनदुल्ला समूह, अब्दुलरिजी के नेतृत्व में, नूर अली शौस्तारी और इस्लामी क्रांति गार्ड कोर (आई.आर.जी.सी.) के अन्य वरिष्ठ कमांडों को मार डाला गया, सिस्तन ब्लूचिस्तान के पिशन क्षेत्र में इन उच्च प्रोफाइल हत्याओं पर नाराज ईरानियों ने कुछ दिनों बाद अपने आंतरिक मंत्री मुस्तफा मोहम्मद नजर को रिजी को सौंपने की मांग के साथ इस्लामाबाद भेजा गया। इसके बाद वह एक नाटकीय ढंग से गिरफ्तार कर लिया गया था, जिसमें वह दुबई से विश्कीक की यात्रा कर रहा था और अपने शहर बंदर अब्बास जा रहा था। पाकिस्तान में प्रभावशाली लोगों का कहना है कि यह इस्लामाबाद था जिसमें गिरफ्तारी के महत्वपूर्ण संकेत दिए। तथापि ईरानी इस सूक्ष्म खुफिया काम के लिए किसी विदेशी भागीदारी के बिना खुद को श्रेय देते हैं।

इस्राइली अधिकार समूहों का खुद को घेराबंदी के तहत देखना

इस्राइल के प्रमुख मानवाधिकार संगठनों के कुछ नेताओं का कहना है कि वे तेजी से शत्रुतापूर्ण वातावरण में काम कर

रहे हैं और आलोचकों का कहना है उनका देश खतरे में पड़े हमले के अंतर्गत आ रहा है।

इन गुटों पर दबाव में, देश के नेताओं ने इस्राइल को युद्ध अपराध के आरोपों से बचाने के लिए कड़ा संघर्ष किया है। अधिकार अधिवक्ताओं का कहना है मुक्त भाषण की सीमाओं और इस्राइल के अधिक प्रशंसित लोकतंत्र के विरोध में प्रश्न उठाए गए हैं।

हैगर्ड अल-ऐड, जो इस्राइल में नागरिक अधिकारों की एसोसिएशन के कार्यकारी निदेशक हैं, कहते हैं ''वर्षों तरह-तरह के अंतर्राष्ट्रीय कार्यक्षेत्रों में इस्राइल के अधिकारियों के लिए यह कहना एक कुंजी है। हां यहां कई समस्याएं हैं, कई बुराईयां हैं लेकिन हम एक मजबूत, तेज आवाज के साथ एक जीवतंत समाज है और हमें इस बात का गर्व है।'' ऐसे बयानों को देना असंगत है और उसी समय ऐसी स्थिति बनाया जो हमें समाज की नजरों में धोखेबाज बनाती है।

सरकार और उनकी निगरानी करने वाले संगठनों ने शायद ही कभी आंख से आंख मिलाई है। लेकिन अधिकार अधिवक्ताओं का कहना है कि बहुत सारे रूढ़िवादी और इस्राइली सरकार के नेताओं के इस्राइल सेना के खिलाफ युद्ध अपराधों के आरोपों, जो 2008-09 के जाड़े के मौसम में हुआ ने मानव अधिकारों की आलोचना को एक खतरे में बदल दिया है जो देश की वैधता को काट रही है। और अधिकारियों को उनके पलटवार में कुंद कर दिया है।

गाजा युद्ध पर संयुक्त राष्ट्र की रिपोर्ट एक मुख्य उत्प्रेरक थी, अफ्रीकी न्यायविद् रिचर्ड गोल्डस्टोन के नेतृत्व में तथ्य खोजने वाली संस्था के अनुसार। रिपोर्ट में इस्राइल और हमास को संभव युद्ध अपराधों का दोषी ठहराया है।

प्रधानमंत्री बैन्जामिन नित्यानहू के अनुसार जिसे वे ''गोल्डस्टोन इफेक्ट'' कहते हैं इस्राइल की विदेशों में अवैधता एक राजनीतिक खतरा है।

पिछली पार्टियों में उन्होंने, चुप्पी तोड़कर एक वामपंथी संगठन पर हमला किया, अज्ञात इस्राइली सैनिकों ने युद्ध के दौरान मानव अधिकारों के उल्लघंन के आरोपों को प्रकाशित किया, जो इस्राइल विरोधी था।

कुछ अंतर्राष्ट्रीय अधिकार समूह जो इस्राइल विरोधी हैं जैसे ह्यूमन राइट वॉच, ने कहा कि इस्राइल सरकार उन्हें बदनाम करने के लिए एक 'भतप्रचार का युद्ध' कर रही है। एक वरिष्ठ सहयोगी नित्याहू ने पिछले साल एक साक्षात्कार में पुष्टि की है की है कि इस्राइल ने ऐसे समूहों से लड़ने के लिए समय और श्रमशक्ति को समर्पित किया है।

विदेशी विश्वविद्यालयों के लिये भारत के खुले दरवाजे

भारत के खुले दरवाजे का क्या मतलब है- उन विदेशी विश्व विद्यालयों के लिए जो भारत में अपनी दुकान स्थापित करना चाहती हैं।

आखिरकार भारत विदेशी उच्च शिक्षा संस्थानों और निवेश के लिये अपने दरवाजे खोल सकता है। कैबिनेट ने मानव संसाधन विकास मंत्री कपिल सिब्बल द्वारा सुझाये गये कानून को मंजूरी दे दी है और निकट भविष्य में इन पर संसद में वोटिंग होगी। भारतीय दृष्टिकोण इसके पक्ष में है। भारतीय उच्च शिक्षा के लिये खुले दरवाजे का क्या मतलब होगा और उन विदेशी संस्थानों के लिये जो भारत में अपनी दुकाना लगाना चाहते हैं? मूलत: इसका फल मिलने की उतनी उम्मीद नहीं है जितना कि अनुमान लगाया जा रहा है और इसको लागू करने और फल प्राप्त करने में, दोनों में मुश्किलें हैं।

राजनीतिक और शैक्षिक प्रसंग

सभी को पता है कि भारत में उच्च शिक्षा की काफी समस्या है। हालांकि भारत को उच्च शिक्षा प्रबंध जिसमें 1.3 करोड़ से भी ज्यादा विद्यार्थी हैं, विश्व में तीसरा सबसे बड़ा है, यह सिर्फ 12 प्रतिशत को शिक्षित करता है जबकि चीन में 27 प्रतिशत और मध्य आय वाले देशों में यह संख्या आधे से ज्यादा है। तो इस तरह भारत में नौजवानों की बढ़ती संख्या को उच्च शिक्षा पहुंचाना एक चुनौती है। भारत में शिक्षा के स्तर की भी भयंकर समस्या है। यह जाहिर है कि उच्च शिक्षा प्रबंध में छोटा हिस्सा ही, अंतर्राष्ट्रीय मापदंडों पर खरा उतरता है। अभी प्रसिद्ध हुए IIT's, IIM's, IIMS कुछ एक खास कालेज जैसे टाटा इंस्टीट्यूट ऑफ फंडामेंटल रिसर्च, एक दो प्राईवेट संस्थान जैसे बिरला इंस्टीट्यूट ऑफ टेक्नोलॉजी एंड साइंस और शायद ऊपर के 100 स्नातक कॉलेज ही हैं जो इस बिरादरी में आते हैं। लगभग सभी 480 सरकारी विश्वविद्यालय एवं 2500 से भी अधिक स्नातक विद्यालय अंतर्राष्ट्रीय माप दंडों से मध्यम दर्जे के ही हैं। भारत की जटिल कानून व्यवस्था जिसमें वह समाज के एक वर्ग को जो पिछंड़ा हुआ है के लिये सीटें आरक्षित करता है ने शिक्षा प्रणाली पर और जोर डाला है।

क्षमता की समस्या

दशकों से शिक्षा के ऊपर कम निवेश होने की वजह से भारत अपनी शिक्षा प्रणाली में क्षमता को समस्या से जूझ रहा है। आजादी के 50 वर्षों के बाद भी एक-तिहाई से भी ज्यादा लोग अशिक्षित हैं। 1 अप्रैल को एक नया कानून लागू हुआ है जो प्राथमिक शिक्षा को मुफ्त और अनिवार्य बनाता है। हालांकि

इस कानून की प्रशंसा हो रही है मगर ये ऐसे समय में लागू हुआ है जबकि काबिल अध्यापकों का अभाव है, नाकाफी बजट और घटिया देख-रेख है। सिब्बल जो उच्च शिक्षा के आला अधिकारियों को हिलाये हुए हैं। द यूनिवर्सिटी ग्रांट कमीशन और द ऑल इंडिया कांउसिल फॉर टेक्नीकल एजुकेशन जो कि यूनीवर्सिटी और टेक्नीकल संस्थानों की देख-रेख के लिए जिम्मेवार है को भंग किया जा रहा है और इनकी जगह एक नई इकाई शुरू होगी। पर यह किसी को नहीं पता कि नई संस्था किस तरह काम करेगी और इसमें कौन लोग कार्यरत होंगे। भारत में उच्च शिक्षा को मान्यता देने वाला एवं शिक्षा स्तर को मापने वाली संस्था ''द नेशनल एसेंसमेंट एंड एकरेडिशन काउंसिल'' जो कि अपने सुस्त रवैये के लिए जानी जाती है को भी हिलाया जा रहा है। पर यह भी साफ नहीं है कि इसे किस तरह बदला जायेगा।

अर्थशास्त्र के एक सिविल सेवक का दर्शनशास्त्र

एस. भूतलिंगम, आई.सी.एस. के जन्म के शताब्दी वर्ष के अवसर पर उनके बेटे द्वारा उनकी बहुमुखी प्रतिभा और उपलब्धियों को एक श्रद्धांजलि।

मेरे पिता एस. भूतलिंगम ने 1929-31 में कैम्ब्रिज विश्वविद्यालय से अर्थशास्त्र की पढ़ाई की। महामंदी से पहले। वहां उनके गुरू और सलाहकार, पिगाओ, कैयन्स, रोबर्टसन, कॉन और जॉन रोबिनसन थे। उन्होंने इतिहास और दर्शनशास्त्र का व्यापक अध्ययन किया और खुद को फ्रेंच सिखाई। उन्होंने अपने प्रारंभिक अनुभव से यह पाठ सीखा कि अर्थशास्त्र तय जवाबों के ज्ञान के शरीर से अधिक दृष्टिकोण की विधि है। जिसको उन्होंने ''सुकराति पद्धति के साथ टीज़ियन तर्क का संयुक्त रूप कहा'' और उसे अपनाया।

उनका अर्थशास्त्र के साथ दृष्टिकोण, यद्यपि विश्लेषणात्मक था परंतु नियमात्मकता से दूर था। उन्होंने कैन्स से सीखा कि गणित एक बहुत लाभदायक उपकरण है। उन्होंने यह अहसास किया, जिसे उन्होंने 'एक जैविक विज्ञान कहा' कि अर्थशास्त्र जीव विज्ञान के ज्यादा करीब है भौतिक विज्ञान की अपेक्षा। यह वह जानकारी है कि अर्थशास्त्र एक विकासवादी प्रक्रिया है जहां कारणों की बहुलता एक साथ काम के बजाय एक सटीक विज्ञान है, जो सख्ती से गणतीय निष्ठुर कानूनों से संचालित है उन्होंने अर्थशास्त्रियों के लिए एक स्वस्थ अविश्वास पैदा किया जिसे एक विस्तृत और जटिल गणित के उपयोग की जरूरत होती थी। इससे उन्होंने महसूस किया अर्थशास्त्र को भौतिकी का कांतिहीन प्रतिरूप, स्वभाविक अफसोस करने के लिए मजबूर करने का प्रयास किया गया।

उनकी सुकराती काटिजियन दृष्टिकोण, अर्थशास्त्र की गहरी जानकारी और उदार पढ़ाई ने एक अनोखी लेखन शैली का उत्पादन किया। उनके गद्य छोटे वाक्यों के साथ सरल और स्पष्ट थे। क्रिया क्रिया थी, जिनकी कुछ भाव प्रकट होता था, उन्होंने कभी भी बात टालने वाली भाषा जैसे की 'ऐसा लगता है' का उपयोग नहीं किया। मैकाले के बाद भारतीय नौकरशाहों ने अपने लिए विकसित विचित्र तथा पुरातन भाषा का त्याग किया। रंग भरने के लिए उन्होंने उपमा और उदाहरणों का इस्तेमाल किया।

मास्को से जिहादियों की धमकी

चेचेन के जिहादियों ने विश्व भर के इस्लामियों को प्रेरणा दी है। रूस की युद्धभूमि से भारत के लिये भविष्य में खतरा हो सकता है।

''द मुजाहिद'' ने लिखा कि चेचन के जिहादी शमील साल्मनोविच बसेव को अपनी तलवार चलाने के लिए किसी की अनुमति की आवश्यकता नहीं वह बस तलवार हाथ में लेता है और चला देता है। वह अपने कार्यों की सफाई देने में समय नष्ट नहीं करता। वह इस चीज के लिए वफादार है जो कुछ पहले से अल्लाह ने निश्चित किया है।

पिछले महने, बसेव द्वारा शुरू किये गये एक जिहादी समूह ने मास्को की रेल प्रणाली पर आत्मघाती बमों से हमले किये जिसमें 39 लोग मारे गये। थोड़े ही समय में दागेस्तान में एक और हमला हुआ जिसमें 12 लोग की जाने गईं। इन हमलों ने एक फिर रूस के जिहादी समूह पर ध्यान केन्द्रित किया है। यह जिहादी समूह इन हमलों के लिये जिम्मेदार है और इन्होंने पाकिस्तान द्वारा चालित लस्कर-ए-तैय्यबा और जैश-ए-मोहम्मद के भारत पर हमलों को भी बौना साबित कर दिया है।

सितम्बर 2004 में बसेव के रियाद उल-सालीहिन शहीदों की पटलन के जिहादियों ने बेस्लन शहर के एक स्कूल को कब्जे में ले लिया जिसमें बंधकों वाली स्थिति बन गई और जिसकी समाप्ति 186 बच्चों समेत करीब 334 लोगों की मौत हुई। इससे पूर्व 2002 में इसी ब्रिगेड ने मास्को के नार्द थियेटर के 800 लोगों को बंदी बना लिया था जिसमें से 192 की मौत हो गई। पिछले वर्ष भी मास्को को एक हाई स्पीड रेल पर हमले में 29 जानें गई थीं।

भारत में उत्तरी कासेस की जिहादी हिंसा की तरफ ज्यादा ध्यान नहीं दिया। इसे देना चाहिए। रूस में जिहादी आंदोलन ने भारत के इस्लामियों और विश्व भर में प्रेरणा दी है और कभी-कभी तो ट्रेनिंग भी दी है। अगर हमारी पुलिस ने बोस्टन और नार्द ओस्ट हमलों पर ध्यान दिया होता तो वे नवम्बर 2008 के मुंबई हमले के लिये तैयार होते। इस्लामी आंदोलन की इतिहास ने ये दर्शाया कि यह कितना भयानक खतरा है। भविष्य में भारत को यह पता चलेगा कि खतरा सिर्फ पाकिस्तान से नहीं बल्कि दूसरे देशों से भी है।

भारत का चेचेन जेहादी।

बीस वर्ष पूर्व मोहम्मद अब्दुल अजीज जिसे उनके दोस्त ''गिद्दा'' करते थे ने एक असंभावित यात्रा शुरू की जो उसे हैदराबाद से चेचन्या ले गयी और अंत में सऊदी अरब के जेल में जहां पर वह आतंकवाद की सजा काट रहा है।

आशा की किरणों से कुछ अधिक

विभिन्न प्रांतों और संसद को विस्तृत अधिकार देकर, संविधान में किए गए 18वें संशोधन ने, पाकिस्तान की राजनीति और तंत्र को, दीर्घकालिक पुर्नस्थापना के लिए, दरवाजे खोल दिए हैं। यह भारत के लिए शुभ समाचार है।

संविधान में 18वें संशोधन के जरिए पाकिस्तानी राजनीतिज्ञों ने शांतिपूर्वक और गुपचुप तरीके से अपनी टोपी में से खरगोश को बाहर खुला छोड़ दिया है। आशा है कि खरगोश आज है, कल गायब हो जाएगा और फिर दौड़ता हुआ अपने बिल में जा छिपेगा। जैसे कि खाकी वर्दीधारी इस्लामाबाद और वाशिंगटन में बड़ी ऐंट के साथ रणनीति पर वार्ता, घूमते है और आंतकवादी आत्मघाती जैकेट पहन सड़कों पर हास्यस्पद फरमान जारी करने घूमते हैं और ऐसा जताते हैं जैसे पाकिस्तान के भविष्य का निर्णय करने का एकमात्र अधिकार उन्हें ही है।

खाकीधारी अभी भी मौजूद हैं, आतंकवादी भी हैं, संभवत: अभी रहेंगे भी। पिछले 13 वर्षों में पहली बार सही तरीके से राष्ट्रीय आर्थिक कमीशन का गठन करके और हाल ही में संविधान में संशोधन करके राजसत्ता की दीर्घकालिक पुर्नस्थापना हेतु मार्ग खोल दिया गया है। इससे मूल रूप में आर्थिक और गौण रूप से राजनीति के क्षेत्र में बलूचिस्तान, सिंध, खैबर-पखतून (उत्तर पश्चिमी फ्रंटियर का नया नाम) की सत्ता को लाभ पहुंचेगा। राष्ट्रीय आर्थिक कमीशन ने जनसंख्या आधारित मानकों से अलग हटकर राजस्व का बड़ा हिस्सा अनुदान में स्वीकृत किया है। 18वें संशोधन द्वारा जिन प्रांतों में तेल और गैस के भंडार हैं उन्हें सहयोगी बनाया गया है और स्पष्ट कहा गया है कि इनकी एन.एफ.सी. में भागीदारी कम नहीं की जा सकती। इसका अभिप्राय यह है कि उनकी भागीदारी या तो वही रहेगी। अथवा बढ़ जायेगी। संघ के कोष और सैन्य संगठनों पर इसका सीधा असर पड़ेगा। किंतु इस प्रकार पाकिस्तान धीरे-धीरे सामान्य लोकतंत्र की ओर अग्रसर होगा, एक ऐसा लोकतंत्र जहां सैन्य निर्देशोकं की उम्मीद भी नहीं रहेगी और जबरदस्ती थोपे भी नहीं जाएंगे। पहले प्रांतीय सामान्य लोग सैन्य शासन के विरोधी थे किंतु इस नई व्यवस्था से प्रांतीय उच्च वर्ग को भी लोकतंत्र और संघीय शासन मिलेगा।

पिछले आठ महीने तक पाकिस्तानी सांसदों की सभी पार्टियों के सदस्य इन सुधारों पर कार्य करते रहे, भारत भी पूरे विश्व की तरह, यह सोचता रहा कि उसका पड़ोसी सुधर रहा है, या शांत है। पिछले बारह महीने में सैन्य शासन बहुत तेजी से सत्ता में आया और प्रभावशाली हुआ। यह एक बुरा समाचार क्योंकि आज पाकिस्तान जिन समस्याओं, जैसे आतंकवाद, अतिवाद, क्षेत्रीय अशांति, आर्थिक कुव्यवस्था, बिजली-पानी का संकट आदि, से जूझ रहा है वह सब कई दशकों से चले आ रहे सैन्य प्रशासन की ही देन है।

08 भारत में नक्सलवाद

वर्तमान में नक्सलियों का प्रभाव पशुपति (नेपाल) से तिरूपति (आन्ध्र प्रदेश) तक हो चुका है। धनबल में भी वे काफी मजबूत हो चुके हैं। देश के लगभग 40 प्रतिशत भू-भाग (20 राज्यों के 223 जिलों) पर उनका समानान्तर राज चलता है। एक अनुमान के अनुसार अकेले छत्तीसगढ़ में 20 हजार सशस्त्र नक्सली हैं। देश भर में इनकी संख्या एक से डेढ़ लाख तक मानी जाती है। इनका सालाना टर्न ओवर 1500 करोड़ रूपए से अधिक का है। नक्सली झारखंड, छत्तीसगढ़, उड़ीसा, पश्चिम बंगाल, आंध्र प्रदेश, बिहार, महाराष्ट्र तथा मध्य प्रदेश के व्यवसासियों पर कई तरह के कर लगाकर वसूलते हैं।

अब नक्सलियों के पास अत्याधुनिक हथियारों का जखीरा मौजूद है। इनके खौफनाक चेहरे का अंदाजा इसी से लगाया जा सकता है कि वर्ष 2008 में 1591 नक्सल हमले हुए जिसमें 721 लोगों की मृत्यु हो गई। इस वर्ष के अगस्त महीने तक देश में 1405 वारदातें हो चुकी हैं, जिसमें 580 लोग अपनी जान गंवा चुके हैं। इन हमलों का मुकाबला करते हुए जहां 2008 में हमारे 231 सुरक्षा बल शहीद हुए। वहीं इस साल अगस्त के महीने तक 270 सुरक्षा बलों ने अपने प्राणों की आहूति दे दी थी। आंध्र प्रदेश के विशाखापत्तनम् बंदरगाह से उड़ीसा के मलकानगिरी तथा कोरापुट के घने इलाकों से होते हुए छत्तीसगढ़ के दंतेवाड़ा जिले तक इन आतंकियों ने एक लाल-गलियारा बना लिया है। जिनसे इनके हथियार तथा साजो सामान विशाखापत्तनम बंदरगाह पर उतरकर सीधे दंतेवाड़ा तक पहुंच जाते हैं। कई इलाकों में नक्सली नकद की जगह व्यापारियों से हथियार तथा इलेक्ट्रानिक उपकरणों के सहारे यह सरकार के निगरानी योजनाओं तथा सप्लाई लाइन को ध्वस्त करते हैं। उनके पास से ऐसे बुलडोजर बरामद हुए हैं, जो सरकार द्वारा निर्मित सड़क मार्गो को खोदकर तथा सार्वजनिक भवनों को गिराकर अपने प्रभाव वाले क्षेत्र को दुर्गम बना देते हैं। गावों में प्रभाव के बाद अब वह शहरों में अपना प्रभाव जमाने के लिए तत्पर दिखते हैं। नक्सलवादियों के अनुसार माओ की भी यही विचारधारा थी कि शहरों में प्रभाव अंतिम लक्ष्य होना चाहिए। अभी दिल्ली में पकड़े गए कोबाद गांधी ने कहा कि हमारा लक्ष्य काठमांडू से दिल्ली तक अपने प्रभाव क्षेत्र का विस्तार करना है। आज हमारे शहरों की लगभग 40 प्रतिशत जनसंख्या मलिन बस्तियों में रहती है। जो नक्सलवादियों के लिए उर्वर जमीन को तैयार करती है।

गढ़चिरौली तथा लालगढ़ की नक्सली घटनाओं ने नक्सलवाद पर पुनः नए सिरे से सोचने पर मजबूर कर दिया है। प्रधानमंत्री ने स्वयं इसे आंतरिक सुरक्षा के लिए सबसे बड़ा खतरा बताया। गृहमंत्री के अनुसार नक्सलवाद मिटाने के लिए समग्र रणनीति पर काम होना चाहिए। बिना गरीबी व भ्रष्टाचार समाप्त किए तथा सुशासन को सुनिश्चित किए बिना नक्सलवाद को समाप्त नहीं किया जा सकता। सरकार ने गृह मंत्रालय के साथ सेना को संयुक्त कर नक्सलवाद को जड़ से समाप्त करने के लिए 'ऑपरेशन नक्सल ऑल आउट' नामक एक विशेष रणनीति बनाई है।

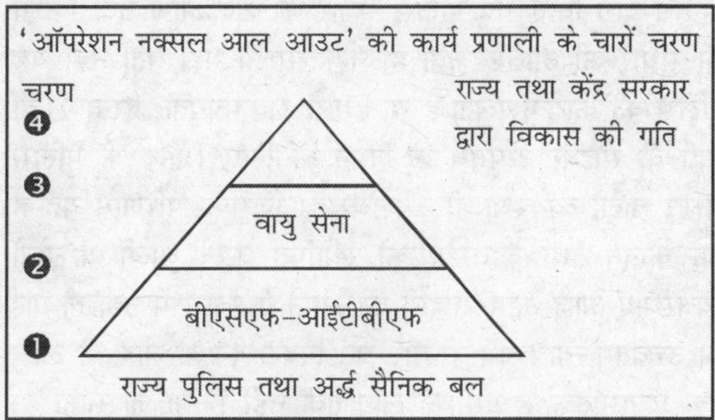

इस रणनीति के अनुसार प्रभावित राज्यों में प्रथम चरण की कार्यवाही राज्य पुलिस तथा अर्द्ध सैनिक बल करेंगे। दूसरे स्तर पर बीएसएफ-आईटीबीएफ कार्य करेगी। तीसरे स्तर पर आसमानी सुरक्षा, खोज तथा आपात स्थिति में बचाव कार्य की जिम्मेदारी वायुसेना पर होगी। आवश्यकता होने पर इसे गोलीबारी की भी इजाजत होगी। चौथे तथा अंतिम स्तर पर राज्य तथा केंद्र सरकार मिलकर प्रभावित क्षेत्रों में विकास कार्य को गति देंगी। यह ऑपरेशन अलग-अलग स्तरों पर या एकसाथ भी चलाया जा सकता है। केंद्र सरकार विधानसभा चुनावों के सम्पन्न होने के बाद कभी भी इस ऑपरेशन को प्रारंभ कर सकती है।

सबसे बड़ी बात यह है कि योजनाएं तथा उनकी नियत हमेशा से ही सही रहती है। परंतु समस्या उस मशीनरी की है, जिसमें लोकतांत्रिक प्रक्रिया के तहत समस्याएं समाप्त कर सुशासन को सुनिश्चित किया जाताहै। इन्हीं सुशासन की अनुषंगी संस्थाओं में रिसाव ही किसी समस्या को हल करने में असफल

रहती हैं तथा साथ ही नई समस्याओं को उत्पन्न भी करती हैं। देश की स्वतंत्रता के बाद हमने सुशासन के लिए लोकतंत्र को पूर्व शर्त मानी थी। वर्तमान में हमारे सुशासन के हथियार नौकरशाही, पुलिस व्यवस्था, न्यायपालिका इत्यादि की स्थिति क्या है? इस पर भी हम दृष्टिपात करते हैं।

उपनिवेशकालीन भारतीय नौकरशाही कार्नवालिस की मानसिक उपज थी। सरकार के प्रति समर्पण तथा स्वामिभक्ति से हमारे प्रथम गृहमंत्री इतने प्रसन्न थे कि इसे यथारूप रहने दिया। उन्होंने यह माना कि देश के स्वतंत्रता के बाद यह अपने देश के हित में कार्य करेंगे। सरदार पटेल के निर्देशन के बाद किसी ने भी इन पर समुचित ध्यान नहीं दिया, जिससे कोई सुधार हो सके। फलतः भारतीय नौकरशाही आज एशिया की सबसे खराब तथा भ्रष्ट नौकरशाही में बदल चुकी है। कमोबेश यही स्थिति हमारे पुलिस व्यवस्था के साथ भी है। 1861 में अंग्रेजों द्वारा किए गए पुलिस सुधार के बाद आज तक किसी भी सुधार की आवश्यकता ही नहीं समझी गई। पता नहीं यह पुलिस की कार्यकुशलता है या हमारी अकर्मण्यता, परन्तु 21वीं सदी के साइबर अपराध के शमन के लिए 1861 के पुलिस सुधार वाली व्यवस्था ही उपलब्ध है। जिसका परिणाम यह है कि कानून तथा व्यवस्था को स्थापित करने वाली ये दोनों व्यवस्थाएं आज आम आदमी को अपने विश्वास में नहीं ले पाई है। उच्चतम न्यायालय के बार-बार निर्देश देने के बाद भी आज तक प्रशासनिक सुधारों को लागू तक नहीं किया जा सका है। रही बात न्यायालय की, तो इसके लिए जितना भी कहा जाए उतना ही कम है। कहा जाता है कि न्यायपालिका जनता की ओर से न्याय करती है। जिसकी ओर देश का आम व्यक्ति कर्तव्य वहन की आशा भरी निगाह से देखता है। संविधान के अनुच्छेद 21 में प्रत्येक नागरिक को त्वरित न्याय पाने का अधिकार तो दे दिया गया है। परंतु यह आज तक व्यवहार में नहीं आ पाया है। आज आम व्यक्ति को न्याय पाने में कई पीढ़िया लग जाती हैं। कहा भी जाता है कि देर का न्याय तो अपने-आपमें ही अन्याय है। हमारे देश में शीर्ष न्यायालय के न्यायाधीशों को न्यायमूर्ति कहते हैं। उच्चतम न्यायालय की मुख्य पीठ भले ही दिल्ली में स्थित हो परन्तु इसका मुख्य न्यायाधीश जहां बैठ जाता है। वहीं उच्चतम न्यायालय मान लिया जाता है। परंतु आज अन्याय के पैमाने भरने के बाद देश में आंतरिक सुरक्षा के लिए खतरे उत्पन्न हो गए हैं। फिर भी किसी न्यायमूर्ति ने आज तक पिछड़े इलाके में सांकेतिक रूप से भी बैठने की जहमत नहीं उठाई है। आदिवासी विकास को सुनिश्चित करने के लिए दो आदिवासी बहुल राज्य बनाए गए। इसके बाद यह सोचा गया कि आदिवासियों को प्रतिनिधित्व मिलेगा, जिससे उनमें राजनैतिक चेतना तथा सशक्तीकरण का विकास होगा। परन्तु हाल ही में झारखंड के एक पूर्व आदिवासी मुख्यमंत्री तथा उनके मंत्रिपरिषद के सदस्यों के बारे में जिस प्रकार से पता चला है कि दक्षिण एशिया के देशों में गैर कानूनी रूप से काले धन को लगाया है। इससे यह मिथक भी टूटता प्रतीत होता है कि किसी वर्ग विशेष का प्रतिनिधित्व बढ़ने से उस वर्ग का हमेशा विकास ही होता है।

चाहे नक्सली ऑपरेशन हो या नक्सलविरोधी अभियान। इन दोनों के मध्य अगर सबसे ज्यादा पीड़ित कोई है तो वह है आदिवासी। नक्सलबाड़ी तो एक स्वतःस्फूर्त घटना थी। इसके अन्याय किए गए किसानों से कुछ वामपंथी विचारधारा वाले उग्रवादी मिल गए तभी से समस्या प्रारंभ हो गई। ज्ञातव्य है कि वामपंथ में राष्ट्रीय हित का कोई स्थान नहीं होता है। परन्तु ऐसा भी नहीं कि यह अन्तरराष्ट्रवाद में विश्वास रखते हैं वर्तमान में तो यह केवल कुत्सित लक्ष्यों की पूर्ति का साधन ही समझने लगे हैं। साठ के दशकों में कोई भी असंतोष होता था तो जमींदारों का सर कलम कर विरोध दर्ज कराया जाता है। शायद ही पुलिस को कभी भी निशाना बनाया गया हो। परन्तु आज उग्र नक्सली वर्ग के ऊपर तालिबानी मानसिकता हावी होती जा रही है। आखिर निरीह बच्चों के साथ स्कूलों के वाहनों, स्कूल तथा सामुदायिक भवनों को विस्फोट से उड़ा देना, विकास के कार्यो को न होने देने ताकि अन्य गैर-राष्ट्रीय क्रियाकलापों को कैसे बर्दास्त किया जा सकता है। सरकार की अब तक की जो रणनीति रही है वह है कि नकसलवाद प्रभावित क्षेत्रों में छापेमारी करना तथा किसी अप्रिय स्थिति में केंद्र तथा राज्यों की संयुक्त पुलिस के द्वारा इनसे निपटना है। इससे हमारे पुलिस तथा अर्द्ध सैनिक बल काफी मात्रा में शहीद हो गए। पंजाब पुलिस के पूर्व महानिदेशक केपीएस गिल ने इसकी कड़ी निंदा करते हुए कहा था कि इतनी पुरानी तकनीक तथा दुर्गम मार्गों में पुलिस को बिना किसी विशेष प्रशिक्षण के भेजना मौत के मुंह में धकेलने के समान है। उन्हीं के इलाकों में आधुनिकतम तकनीक से लैस नक्सलवादियों से मुठभेड़ एक बगैर सोची समझी रणनीति है। आखिर पुलिस के जवान भी मानव हैं तथा उनके भी शहीद होने की एक सीमा है। इसके बाद भी देखा जाए तो अनेक नौकरशाही तथा लालफीताशाही दिक्कतों से भी दो-चार होना पड़ता है। इससे बड़ी शर्मनाक स्थिति क्या होगी कि झारखंड में आतंकवादियों के साथ मुठभेड़ में शहीद

इंस्पेक्टर फ्रांसीस इंदुवर को पिछले छह महीने से वेतन तक नहीं मिला था। पुलिस वनवासियों पर छोटी-मोटी बातों जैसे सूखी लकड़ी उठाना, चारे के लिए पत्तियां तोड़ लेना इत्यादि को लेकर मुकदमें दर्ज कर देती है। इसी प्रकार के एक लाख से अधिक मुकदमें लंबित हैं। इससे भी पुलिस पर आम वनवासी विश्वास नहीं कर पाता। इसी तरह रात को नक्सलवादी आकर किसी वनवासी को डरा धमकाकर रूक जाते हैं तो सुबह पुलिस उन पर नक्सलवादियों से मिलीभगत का आरोप लगाकर जेल में बंद कर देती है। इस प्रकार सरकार तथा नक्सलवादियों के बीच में आम वनवासी प्रताड़ना का शिकार बन जाता है। राजनैतिक लोकतंत्र तथा विकास के छह दशकों में देखा जाए तो आदिवासियों ने बहुत अधिक गंवाया है कि पर आया कुछ भी नहीं। आदिवासी क्षेत्रों में स्वास्थ्य सुविधाओं तथा शिक्षा के मद्देनजर इनकी स्थिति दलितों से भी बदतर है। राजनैतिक प्रतिनिधित्व तथा नौकरशाही में भी कमोबेश यही स्थिति है। यह मानने में कोई गुरेज नहीं होना चाहिए कि न केवल आज तक उनको हाशिए पर रखा गया है बल्कि उनके अधिकारों का जबरन हनन किया गया है। भारतीय विकास के पश्चिमी मॉडल ने पहले ही उनके जीवन को छिन्न-भिन्न किया फिर बाँध तथा वन योजनाओं के चलते घर से बेघर बना दिया है।

इसमें कोई दो राय नहीं है कि कुछ वनवासी अवश्य ही नक्सलवादियों के साथ सहानुभूति रखते हैं। इसका सबो बड़ा कारण प्रशासनिक है। स्पष्ट है कि हमारी न्यायपालिका में विवाद बहुत लंबे चलते हैं। वनवासियों के मुख्य मामले तो दीवानी के ही होते हैं वह भी पीढ़ी दर पीढ़ी चलते हैं। दूसरी ओर नक्सलवाद प्रभावित क्षेत्रों में नक्सलवादियों की समानान्तर सरकारें चलती है। उनके तहसीलदार तथा लेखापाल उसी विवादास्पद भूमि पर मेज लगाकर त्वरित कार्यवीह करते हैं। यदि एक इंच भी भूमि इधर-उधर होती है तो उसको ऊपर से छह इंच छोटा। सर कलम। कर दिया जाता है। लेकिन वनवासी करें तो क्या करें? जब उनके लिए केंद्रीय सरकार के नाम की कोई चीज ही नहीं है तो नक्सलवादियों के 'न्याय-अन्याय' का वे किस प्रकार से प्रतिकार कर सकते हैं। यदि ऐतिहासिक रूप से देखें तो एक सदी से ज्यादा समय से आदिवासी कई प्रकार की त्रासदियों के शिकार होते रहे हैं। पहली त्रासदी की शुरूआत अंग्रेजों द्वारा वनों पर कब्जा किए जाने से हुई जो आजादी के बाद भी बाजारवाद के प्रभाव में जारी रही। भारत में चुनावी लोकतंत्र भी वनवासियों के लिए दूसरी त्रासदी सिद्ध हुई। जिससे आदिवासियों का एक छोटा, शक्तिहीन तथा अल्पसंख्यक वर्ग होने के कारण सत्ता के गलियारों तक उनकी आवाज नहीं पहुंच सकी। भारतीय संविधान में उनके अधिकारों तथा हितों की रक्षा के लिए जो अर्थपूर्ण प्रावधान किए गए थे, वे सफल नहीं हो सके। आदिवासियों के जीवन की तीसरी त्रासदी माओवादियों के आगमन के साथ हुई जिसके हथियार, संघर्ष और तात्कालिक हिंसा के रास्ते ने आदिवासियों की समस्या को सुलझाने की कोई उम्मीद ही नहीं छोड़ी।

किसी भी व्यक्ति या समुदाय पर अधिकार करने के दो तरीके होते हैं। उसके शरीर पर अधिकार तथा उसके मन पर अधिकार करना। शरीर पर अधिकार करने के लिए बन्दूक तथा भय का सहारा लिया जाता है परन्तु मन पर अधिकार करने के लिए नैतिक उपाय किए जाते हैं। जिसमें यह दिखाया जाता है कि वर्तमान तंत्र तुम्हारे लिए कुछ नहीं कर रहा है, इसलिए हमें सहयोग दो। वस्तुत: नक्सलवादियों की भी यही रणनीति है तथा इसका हल भी इसी को नष्ट करने में निहित है। कुछ पाश्चात्य तथा वामपंथ विचारक ऐसा मानते हैं कि नक्सलवाद हैव एण्ड हैव्स नॉट की स्वाभाविक उत्पत्ति है। परन्तु यह आवश्यक है पर्याप्त नहीं। इसी विपन्न वर्ग पर जब सम्पन्न वर्ग द्वारा अन्याय को एक सीमा तक आरोपित किया जाता है तो नक्सलवाद या कोई भी आंतरिक सुरक्षा की समस्या उत्पन्न होती है। भारतीय वंचित वर्ग थोड़ा बहुत अन्याय तो नियति का परिणाम मानकर स्वीकार कर लेता है।

सरकार को नक्सलवादी समस्या को हल करने के लिए विश्वास बहाली-समझौता-उन्मूलन की नीति पर कार्य करना चाहिए। आदिवासियों में विश्वास बहाली के लिए वह संविधान में दिए गए आदिवासी अधिकारों की रक्षा करने वाले प्रावधानों को लागू करे तथा उनको राष्ट्र के राजनैतिक तथा आर्थिक विकास में पूर्ण भागीदार बनाए तथा नक्सलवादियों के बर्बर चेहरे को आदिवासियों के सामने निर्ममितापूर्वक उजागर करे। इससे निश्चित ही वनवासियों में अपने तंत्र के लिए विश्वास उत्पन्न होगा और यही नक्सलवाद को समाप्त करने की प्रथम कड़ी भी होगी। लेकिन इसमें काफी सजगता की भी आवश्यकता है क्योंकि 'सलवा-जुडूम' जैसे उपायों का हम परिणाम देख ही चुके हैं। दूसरे चरण में नक्सलवादियों से बात कर यह सुनिश्चित किया जा सकता है कि वह तंत्र में शामिल होने तथा हिंसा का मार्ग छोड़ने के लिए तैयार हैं या नहीं। अगर वे चुनाव को

अनावश्यक की कसरत मानने के अपने विचार को त्यागकर लोकतांत्रिक प्रक्रिया में शामिल होना चाहते हैं तो उनसे 'नेपाल मॉडल' के तहत समझौता किया जाना चाहिए। परंतु जो इसके लिए तैयार नहीं हैं उनका पूर्णतया उन्मूलन करने की आवश्यकता है क्योंकि यही राष्ट्रहित में है। देश को नक्सलवाद की समस्या का जितना जल्दी हो इसे हल करने का उपाय करना चाहिए। क्योंकि इससे देश में ही इंडिया तथा भारत के मध्य सामाजिक विघटन होने का भय है। भारत का एक बड़ा वर्ग यह मानने लगा है कि सरकार को उनकी समस्याओं से कुछ लेना-देना नहीं है। जब समस्याएं विकराल होकर शहरी भाग तक नहीं पहुंचती हैं तब तक सरकार इससे नहीं चेतती है। इसका उदाहरण यह है कि 26/11 की घटना के पूर्व देश में अनेक विस्फोट हुए परंतु सरकार ने वास्तविक कार्यवाही तब तक नहीं कि जब तक की यह घटना नहीं हो गई। अत: इस पर भी गहन चिंतन करने की आवश्यकता है। कहीं ऐसा न हो कि नक्सलवादी समस्या को हल करते-करते हम कई अन्य समस्याओं को निमंत्रण दे बैठें।

अब समय नीति निर्धारण का नहीं अपितु इसके क्रियान्वयन का है। सरकार द्वारा बनाए गए ऑपरेशन नक्सल आल आउट को पूरी इच्छा शक्ति से लागू करना चाहिए। जिससे यह समस्या को हल करने की आखिरी कड़ी सिद्ध हो। नक्सलवाद चाहे आर्थिक समस्या हो या सामाजिक अथवा दोनों का मिला-जुला रूप परंतु समय इस पर शोध का बिल्कुल नहीं है। क्योंकि यह समाज के लिए नासूर बन चुका है। साथ ही लोकतांत्रिक प्रक्रिया, विकास तथा शासन के अनुषंगी अंग इसके कुप्रभाव से शक्तिहीन हो गए हैं। वर्तमान में देश की एकजुटता, आंतरिक शांति तथा समावेशी विकास को सुनिश्चित करने के लिए नक्सलवाद का सफाया एक पूर्व शर्त बन गई है।

09 भारत-चीन संबंध

भारत की विदेश नीति में चीन का महत्वपूर्ण स्थान है। पीपुल्स गणराज्य चीन की स्थापना 1 अक्टूबर 1949 को हुई थी। भारत, प्रथम गैर साम्यवादी देश था जिसने इसे मान्यता प्रदान की थी। अप्रैल 1950 को भारत और चीन के बीच राजनयिक सम्बन्धों की स्थापना हुई थी। भारत और चीन दोनों विश्व की पुरानी सभ्यताओं में से एक हैं जो सदियों से शांति और सहअस्तित्व के साथ रहते आ रहे हैं। दोनों देशों के बीच सांस्कृतिक और आर्थिक सम्बन्ध प्राचीन काल से ही है। भारत और चीन के बीच सिल्क रोड न केवल एक प्रमुख व्यापारिक मार्ग था बल्कि इसे संपूर्ण एशिया में बौद्ध धर्म के प्रसार को सुविधाजनक बनाने का श्रेय भी दिया जाता है। द्वितीय विश्वयुद्ध के दौरान, भारत और चीन ने इम्पीरियल जापान को आगे बढ़ने से रोका था।

चीन और भारत के बीच उच्चस्तरीय प्रतिनिधि दौरों के तहत चीन के प्रधानमंत्री चाद-एन-लाई भारत की यात्रा पर आये और भारतीय प्रधानमंत्री पं. जवाहर लाल नेहरू चीन की यात्रा पर गये। द्विपक्षीय संबंधों को मजबूत करने के उद्देश्य से भारत एवं चीन के बीच संयुक्त रूप से पंचशील पर समझौता वर्ष 1954 में हुआ था। वर्ष 1962 में चीन द्वारा किये गये आक्रमण की परिस्थितियों के कारण द्विपक्षीय संबंधों को गंभीर धक्का लगा था। विवादित हिमालय सीमा युद्ध के लिए एक मुख्य बहाना था। लेकिन अन्य मुद्दों, जिसमें चीन में वर्ष 1959 के तिब्बती विद्रोह के बाद जब भारत ने दलाई लामा को शरण दी तो भारत चीन सीमा पर हिंसक घटनाओं की एक श्रृंखला शुरू हो गई।

भारत-चीन संबंध के संदर्भ में चीन एवं भारत दोनों ही एक दूसरे के प्रति संशक्ति है। यह आशंका बहुत पहले से चली आ रही है दोनों देशों की वैश्विक अर्थव्यवस्था एवं राजनीति में बढ़ती भूमिका के कारण आपसी रिश्ते कभी प्रगाढ़ तो कभी कड़वे होते प्रतीत होते हैं। भारत चीन विवाद एवं संघर्ष के क्षेत्र व कारण निम्न है। जैसे- चीनी सेना की दुस्साहसी कारवाई, मैकमोहन रेखा, आक्साई चीन, अरूणाचल प्रदेश विवाद, तवांग पर विवाद, चीन-पाकिस्तान की मित्रता, तिब्बत की समस्या, दलाईलामा संबंधी विवाद, भारत अमेरिका घनिष्टता, चीन में लोकतंत्र की मांग की आशंका, व्यापारिक प्रतिस्पर्द्धा, पाकिस्तान चीन आर्थिक गलियारा, ब्रह्मपुत्र नदी विवाद इसके अलावा चीन भारत के पड़ोसी देशों के साथ संबंध स्थापित कर लगातार भारत को घेरने की कोशिश करता रहता है। आदि ऐसे विवाद है जिसके कारण दोनों देशों के संबंध सदैव से प्रभावित हुए हैं। यद्यपि इन विवादों के बीच भारत एवं चीन के बीच सांस्कृतिक, आर्थिक राजनीतिक संबंधों में प्रगति हो रही है। भारत एवं चीन के बीच सांस्कृतिक आदान-प्रदान स्वाधीनता संघर्ष काल में भी लगातार चलते आ रहे हैं। भारतीय मानवतावादी कवि रवीन्द्र नाथ टैगोर चीन की यात्रा पर दो बार गये। चीनी शोधकर्ता और विद्वान भी भारत आये। डा. द्वारका नाथ कोटनीस जिनका अवशेष आज भी उत्तरी चीन के हेवई प्रांत के शहीद स्मारक में उनकी समाधि विद्यमान है। जिन्होंने चीन जापान युद्ध में चीनी लोगों की सेवा करते हुए अपना जीवन बलिदान कर दिया था, कई चीनी विद्वान भारत आए जिससे प्रतीत होता है कि प्राचीन समय से ही भारत चीन के बीच सांस्कृतिक संबंध रहा है।

भारत व चीन के बीच द्विपक्षीय सामरिक व सहयोगात्मक साझेदार में आर्थिक सम्बन्धों की महती भूमिका है। भारत और चीन के आधिकारिक स्तर पर वर्ष 1978 में व्यापार का पुनः आरंभ हुआ। वर्ष 1984 में दोनों देशों ने सर्वाधिक तरजीह राष्ट्र यानी एमएफएन पर समझौता किया। सिक्किम स्थित नाथुला दर्जा को जुलाई 2006 से फिर खोला गया। वर्ष 2013 में भारत एवं चीन के मध्य द्विपक्षीय व्यापार 65.47 अरब अमेरिकी डालर का था। वर्तमान समय में चीन भारत का सबसे बड़ा व्यापारिक साझीदार देश है। दोनों देशों ने वर्ष 2015 तक द्विपक्षीय व्यापार को 100 अरब डालर करने का लक्ष्य रखा है। इसके अलावा बैंकिंग संपर्क की स्थापना से आर्थिक संबंध भविष्य में और मजबूत होंगे। आर्थिक संबंधों से संबंधित विचार विमर्श के लिए दोनों देशों के लिए कई संस्थागत तंत्र विद्यमान है जैसे G-20 आदि। इसके अलावा आपसी सहयोग के कई अन्य क्षेत्र हैं जैसे- सिस्टर सिटी समझौता, सेनाओं के बीच युद्धाभ्यास, बुलेट ट्रेन परियोजना, भारत-चीन असैन्य परमाणु सहयोग पर सकारात्मक संकेत। हाल ही में चीनी राष्ट्रपति शी जिनपिंग की यात्रा से दोनों देशों के बीच कई आर्थिक समझाते हुए जिससे परस्पर विश्वास बहाली को बल मिला। यदि भारत और चीन अपने आपसी

मतभेदों को सुलझा ले तो निश्चित रूप से दोनों पड़ोसी देश एशिया ही नहीं बल्कि विश्व स्तर पर सशक्त राष्ट्र के रूप में स्थापित हो सकते हैं। भारत और चीन के मध्य संबंधों की समरसता जरूरी है। भारत चाहता है कि एशिया में किसी एक देश का प्रभुत्व न हो इसलिए अमेरिकी वर्चस्व से सावधान भारत अब चीन केन्द्रित एशिया से सचेत दिखता है। वही चीन खुद को एशिया में नंबर एक की भूमिका में देखता है। और वह चाहता है कि दूसरे देश इस सच को स्वीकार करे।

अत: कहा जा सकता है कि भारत और चीन के रिश्ते पेचीदा और जटिल है। सन् 1962 के बाद दोनों देशों ने कोई लड़ाई नहीं लड़ी। क्योंकि भारत की स्थिति अब पहले जैसी नही रही चीन क्या कोई भी समझदार देश लड़ाई लड़ने का जोखिम नहीं उठायेगा। धीरे-धीरे दोनों देशों के बीच रिश्ते काफी व्यावहारिक हो गये हैं। दोनों देश कई क्षेत्रों में एक दूसरे के विरोधी है तथा कई क्षेत्रों में सहयोगी। चीन आर्थिक मसलों पर सहयोग करते वक्त कोई न कोई प्रतीकात्मक हरकत ऐसी करता है। जिससे जाहिर हो जाए कि सीमा विवाद सहित अन्य सामरिक मसलों पर उसका रवैया नहीं बदला है। वही भारत सरकार चीन से आर्थिक संबंधों में अधिकतम संभावनाएं तलाशने की कोशिश करते हुए यह भी जता रही है कि रक्षा और क्षेत्रीय सामरिक मुद्दों पर उसका रवैया सख्त है। चीन की नीतियां सदैव से वर्चस्ववादी रही है जो संबंधों की मधुरता में सबसे बड़ी बाधक है। अत: आवश्यकता इस बात की है कि चीन अपनी नीतियों में बदलाव लाकर भारत के साथ पुन: पंचशील समझाते का ईमानदारी से पालन करे जो दोनों देशों की समृद्धि और वैश्विक शक्ति बनने के लिए आवश्यक है।

10 भारत-जापान सम्बन्ध (बढ़ते कदम)

ऐतिहासिक साक्ष्यों के आधार पर कहा जा सकता है कि भारत और जापान के मध्य सम्बन्धों का इतिहास काफी पुराना है। दोनों देशों के मध्य सम्बन्ध तब शुरू हुए जब बौद्ध धर्म जापान आया। भारत के जापान के साथ सीधे संपर्क का प्रमाण नारा के टोडा जी मंदिर में स्थित दस्तावेजों से मिलता है। यहां भारतीय बौद्ध भिक्षु बोधि सेना द्वारा भगवान बुद्ध का एक विशाल प्रतिमा की स्थापना 752 ई. में की गयी है। स्वामी विवेकानन्द ने कई बार जापान की यात्रा की। दूसरे विश्व युद्ध से जुड़े अदालती मामलों में न्यायाधीश राधा विनोद पाल के असंतोष जताते फैसले ने जापानियों के मन में भारत के प्रति सम्मान बनाए रखा।

भारत जापान संघ का गठन 1903 में हुआ था और यह जापान में अंतर्राष्ट्रीय मैत्री का प्राचीनतम संगठन है। स्वतंत्रता प्राप्ति के पश्चात 1952 में दोनों देशों के बीच राजनीतिक संबंध स्थापित हुए। अतीत के इस मजबूत नींव पर दोनों देश मिलकर आधुनिक विश्व में अपनी जगह बनाना चाहते हैं। परिणामस्वरूप दोनों देशों के बीच समय-समय पर राष्ट्राध्यक्षों के आने जाने तथा समझौतों से निरंतर संबंध मजबूत हो रहे हैं। भारत-जापान के संबंध हाल के वर्षों में उल्लेखनीय गुणवत्ता की ओर उन्मुख हुए हैं।

आर्थिक क्षेत्र में देखा जाय तो दोनों देशों के बीच पूरक बिन्दु निम्न है। यथा- जापान की वृद्ध होती आबादी बनाम भारत की युवा आबादी, भारत का समृद्ध प्राकृतिक व मानव संसाधन बनाम जापान की उन्नत प्रौद्योगिकी, सेवा में भारत की शक्ति बनाम विनिर्माण में जापान की अकृष्टता, निवेश के लिए जापान का आधिक्य निवेश बनाम भारत का वृद्धिमान बाजार। इसी क्रम में जापान भारत में महत्वपूर्ण प्रत्यक्ष विदेशी निवेश गंतव्य के रूप में उभर रहा है। अप्रैल 2000 से जून 2012 के बीच जापान कंपनियों ने भारत में 12.66 अरब डालर से अधिक का प्रत्यक्ष विदेशी निवेश किया है जो आलोच्य अवधि में निवेश का 7% है। इस निवेश राशि ने जापान को भारत में चौथा सबसे बड़ा निवेशक बना दिया है। भारत में जापानी निवेश मूलत: आटोमोबाइल इंडस्ट्री, इलेक्ट्रिक्ल उपकरण, व्यापार व दूरसंचार क्षेत्रों में है। इसके अलावा अवस्थापना क्षेत्र में कई परियोजनाएं (वृहत आधारिक संरचना) जापान के तकनीकी व वित्तीय सहयोग से फलीभूत हो रही है। जैसे दिल्ली मुम्बई औद्योगिक गलियारा, समर्पित माल गलियारा आदि। वर्ष 2011-12 में द्विपक्षीय व्यापार 18.43 अरब डॉलर का था। आर्थिक व व्यापारिक संबंधों को बढ़ावा देने के लिए कई मंचों व संगठनों की स्थापना की गयी है।

भारत-जापान क्षेत्रीय तथा अन्तराष्ट्रीय मुद्दों पर एक समान स्थिति को साझा करते हैं। जैसे संयुक्त राष्ट्र सुरक्षा परिषद के सुधार, पूर्वी एशिया शिखर सम्मेलन सहित पूर्वी एशिया में क्षेत्रीय संरचना आदि के मुद्दों पर एक मत है। दोनों पक्ष उभरे रहे मुद्दों जैसे आपदा प्रबंधन, जलवायु परिवर्तन, समुद्री सुरक्षा और निरस्त्रीकरण तथा हथियारों की वृद्धि रोकने पर परामर्शी का संचालन करते हैं। भारत और जापान के मध्य सम्बन्धों में चीन की विस्तारवादी नीति एक अहम कारण है। चीन से दोनों देशों के बीच सीमा विवाद सहित कई सारे मुद्दे हैं जिसके कारण जापान-भारत संबंध महत्वपूर्ण हो गया है। भारत और जापान जहां लोकतांत्रिक मूल्यों और विश्व शांति के पक्षधर है। वहीं चीन साम्यवाद का। भारत चाहता है कि एशिया में किसी एक देश का प्रभुत्व न हो। अमेरिकी वर्चस्व से सावधान भारत अब चीन केन्द्रित एशिया से भी सचेत दिखता है। जापान चीन की बढ़ती ताकत और अमेरिका के सुस्त रवैये से चिंति है। वह चाहता है कि एशिया में अन्य बड़े भू-राजनीतिक समीकरण बने। अत: उपर्युक्त बिन्दुओं के आधार पर रहा जा सकता है कि दक्षिण पूर्व में भारत का सहयोग बढ़ा है। यह आर्थिक, राजनीतिक, क्षेत्रीय सभी दृष्टि से अच्छा है।

हाल ही भारतीय प्रधानमंत्री की जापान यात्रा तथा वर्ष 2014 गणतंत्र दिवस में प्रधानमंत्री का मुख्य अतिथि के रूप में भारत आना निश्चित रूप से दोनों देशों के लिए महत्वपूर्ण है। इससे जहां भारत में मैन्चुफैक्चरिंग क्षेत्र में सहयोग बढ़ सकता है। वहीं जापान एशिया में चीन को कड़ी टक्कर देने में सक्षम होगा। यद्यपि जापान के सहयोग से भारत में आधारभूत विकास हो हो रहा है। फिर भी अभी कई सारे क्षेत्र जिनमें सहयोग की जरूरत है। जैसे परमाणु समझौता, रक्षा, शहरी विकास, व्यापार, आईसीटी सहयोग आदि।

जापान के साथ हमारे संबंधों की रचनात्मक संभावनाएं उजागर होनी अभी शुरू हुई है। आशा की जानी चाहिए कि आने वाले समय में जापान हमारा बहुत अभिन्न मित्र और भागीदार बनकर उभरेगा। इसी क्रम में भारतीय प्रधानमंत्री की हाल की जापान यात्रा की कई उपलब्धियां हैं और इसके विस्तार की संभावनाएं विराट हैं।

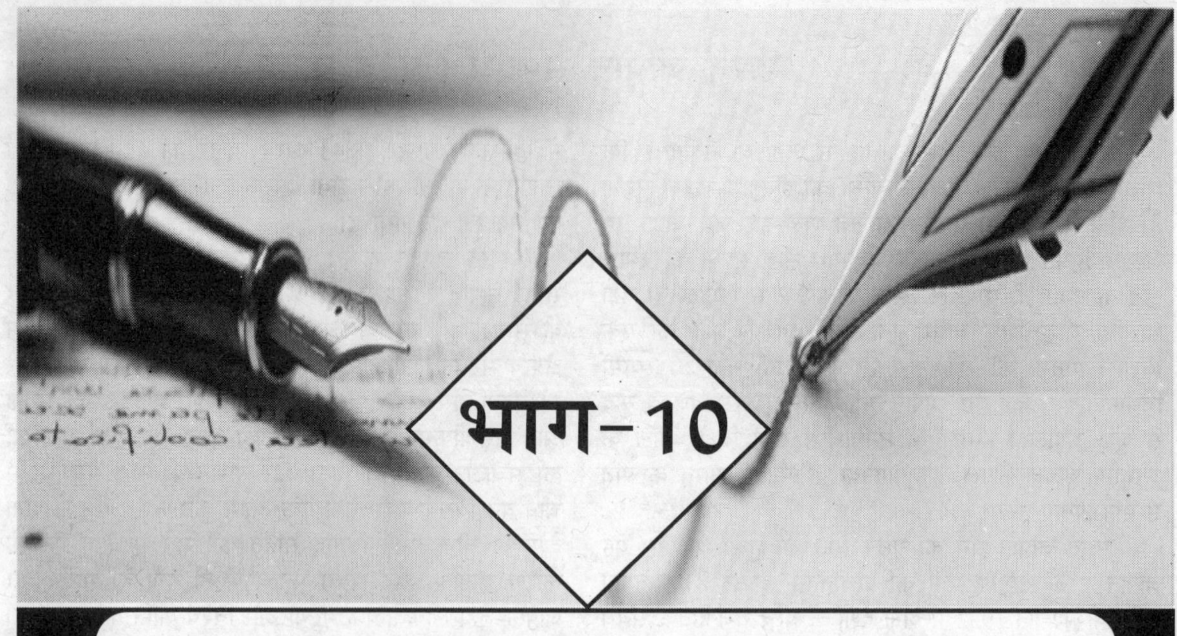

भाग–10

प्रमुख व्यक्तित्व

इस भाग में ....

- भारतीय एकता के सूत्रधार–सरदार पटेल
- डॉ. अम्बेडकर जीवन दर्शन
- एक प्रवासी भारतीय के सत्याग्रही महात्मा बनने की यात्रा – महात्मा गाँधी
- भारत के युवा प्रेरक के रूप में स्वामी विवेकानंद की प्रासंगिकता
- जयप्रकाश नारायण एक विद्रोही
- खुदीराम बोस शहीद की वीरगाथा
- लाला लाजपत राय
- सरदार पटेल सर्वोत्कृष्ट संगठनकर्ता
- सर सुरेंद्रनाथ बनर्जी : भारत के प्रथम राष्ट्रीय नेता की निर्माण यात्रा

01 भारतीय एकता के सूत्रधार-सरदार पटेल

देश के स्वतंत्रता आंदोलन के एक सुदृढ़ स्तंभ और भारतीय राष्ट्रीय कांग्रेस के अग्रणी नेता वल्लभभाई पटेल ने स्वतंत्र भारत के प्रथम उप प्रधानमंत्री एवं गृहमंत्री के रूप में कुशल प्रशासक तथा दक्ष रणनीतिकार की ख्याति अर्जित की। किन्तु उनके जीवन की सबसे बड़ी उपलब्धि 565 देसी रियासतों का भारतीय संघ में विलय माना जाता है। देश के राजनीतिक इतिहास में पटेल के अविस्मरणीय योगदान का अनुमान इसी बात से लगाया जा सकता है कि उन्हें जवाहर लाल नेहरू के साथ महात्मा गांधी का दायां व बायां हाथ माना जाता था। स्वतंत्रता पश्चात बनी अंतरिम सरकार में नेहरू जी प्रधानमंत्री और पटेल जी उप प्रधानमंत्री बने। कहा जाता है कि पहले से ही यह चर्चा चल पड़ी थी कि नेहरू और पटेल में से ही कोई एक प्रधानमंत्री के रूप में देश की बागडोर संभालेगा। गांधी जी की इच्छा के अनुरूप सरकार में नेहरू को प्रथम और पटेल को द्वितीय स्थान मिला। कुछ इतिहासकार आज तक यह कहते हैं कि यदि उस समय पटेल को प्रधानमंत्री पद मिलता तो देश की राजनीतिक एवं आर्थिक दशा-दिशा भिन्न होती। यह बात अलग है कि स्वतंत्रता के लगभग 3 वर्ष बाद ही 15 दिसम्बर 1950 को 75 वर्ष की आयु में उनका निधन हो गया। किन्तु स्वतंत्रता आंदोलन में अपनी अग्रणी भूमिका के पश्चात तीन वर्षों के छोटे से कालखंड में ही अपनी व्यावहारिक एवं सकारात्मक सोच तथा दृढ़ व्यक्तित्व के कारण 'लौहपुरूष' का खिताब अर्जित किया। इससे पहले बारदौली आंदोलन का सफल नेतृत्व करने पर उन्हें 'सरदार' की उपाधि से नवाजा गया था। इस तरह उन्हें भारतीय एकता के सूत्रधार लौह पुरूष सरदार पटेल के रूप में याद किया जाता है।

भारतीय जनता के हृदय सम्राट सरदार पटेल का जन्म 31 अक्टूबर 1875 को गुजरात के नाडियाड में हुआ। वे बचपन से ही बहुत स्वाभिमानी तथा कठोर स्वभाव के थे। वे छोटी उम्र में ही परिवार से अलग रहने लगे किन्तु उनका अपने परिवार के साथ सुदृढ़ रिश्ता जीवन भर कायम रहा। उन्होंने 22 वर्ष की आयु में मैट्रिक की परीक्षा उत्तीर्ण की। उनकी इच्छा कुछ धन जमा करके इंग्लैंड में वकालत की पढ़ाई करने की थी। इसलिए उन्होंने भारत में कानून की डिग्री हासिल की और गोधरा में वकालत करने लगे। अपनी पत्नी झाबरबा, बेटी मणिबेन तथा बेटे डाहियाभाई पटेल के भरण-पोषण का फर्ज निभाते हुए वे उच्च शिक्षा के लिए धन भी जमा करते रहे। अपना संकल्प पूरा करने के लिए वे 1911 में 36 वर्ष की आयु में लंदन गए तथा वहां मिडल टेंपल इन में वकालत की शिक्षा के लिए प्रवेश लिया। उनकी योग्यता तथा सुदृढ़ इच्छा शक्ति का ही परिणाम था कि उन्होंने 36 महीने का पाठ्यक्रम 30 महीने में पूरा कर लिया और अपनी कक्षा में प्रथम स्थान प्राप्त किया। इंग्लैंड से लौटकर वे अहमदाबाद में रहने लगे। यही नगरी उनके राजनीतिक जीवन की जन्मस्थली और कर्मस्थली बनी। यों तो सन 1917 से ही वे वकीलों और किसानों के हितों से जुड़े सार्वजनिक कार्यों में रूचि लेने लगे थे, किन्तु स्वतंत्रता आंदोलन में उनका प्रवेश गांधी जी की प्रेरणा से उस समय हुआ जब उन्होंने खेड़ा के किसान आंदोलन का नेतृत्व संभाला। यह आंदोलन गांधी जी के नेतृत्व में चल रहा था, किन्तु उन्हें उसी समय चंपारण के किसानों के संघर्ष का साथ देने के लिए जाना पड़ा। तब उन्होंने वल्लभभाई पटेल को इस काम के लिए चुना। पटेल ने कांग्रेस के अन्य नेताओं के साथ खेड़ा के किसानों को करों की अदायगी न करने के लिए तैयार किया और अंततः उनकी बहुत सी मांगें मान ली गई। इस आंदोलन की सफलता के बाद वे गांधी जी के और निकट आ गए तथा कांग्रेस में सक्रिय हो गए। 1920 में वे नवगठित गुजरात प्रदेश कांग्रेस कमेटी के अध्यक्ष बनाए गए। 1922 से 1927 के बीच वे तीन बार अहमदाबाद नगर पालिका के अध्यक्ष चुने गए।

खेड़ा में ग्रामवासियों को संगठित करने का उनका अनुभव 1928 में बारदौली सत्याग्रह में काम आया जब उन्होंने अहमदाबाद नगर पालिका की जिम्मेदारी से मुक्त होकर पूरी तरह से स्वतंत्रता आंदोलन के प्रति स्वयं को समर्पित कर दिया। पटेल ने चार महीनों तक अनवरत रूप से किसानों को कर का भुगतान न करने के लिए तैयार किया और आंदोलन के लिए जनता से धन भी एकत्र किया। अगस्त 1928 में सरकार बातचीत के लिए तैयार हो गई और पटेल ने वार्ता के कुशल संचालन के माध्यम से किसानों के कल्याण के अनेक उपायों पर ब्रिटिश शासकों को राजी कर लिया। इसी सत्याग्रह के दौरान उन्हें 'सरदार' की उपाधि मिली। 1931 में नमक सत्याग्रह में उन्होंने आगे बढ़कर भाग लिया। उन्हें रास गांव में गिरफ्तार कर लिया गया। पटेल तथा बाद में गांधी जी की गिरफ्तार के फलस्वरूप नमक आंदोलन और तेज होता गया। 1931 में पटेल

कराची अधिवेशन में कांग्रेस के अध्यक्ष चुने गए। इसी अधिवेशन में कांग्रेस ने बुनियादी मानव अधिकारों की रक्षा, धर्म निरपेक्ष स्वरूप, न्यूनतम वेतन तथा अस्पृश्यता के उन्मूलन जैसे मूल्यों को स्वतंत्रता आंदोलन का अंग बनाने के प्रस्ताव स्वीकार किये। लंदन गोलमेज सम्मेलन असफल रहने पर जनवरी 1932 में गांधी जी और पटेल को जेल में डाल दिया गया। जेल में पटेल और गांधी जी विभिन्न विषयों पर चर्चा करते रहते थे जिससे दोनों के बीच वैचारिक तथा व्यावहारिक निकटता और सुदृढ़ हो गई। 1934 तक पटेल कांग्रेस में अग्रणी नेताओं की पंक्ति में आ गए और वे पार्टी गतिविधियों के लिए धन जुटाने वाले प्रमुख नेता बन कर उभरे । 1934 में केन्द्रीय एसेंबली और 1936 में प्रादेशिक एसेंबलियों के चुनाव के समय वे कांग्रेस के संसदीय बोर्ड के अध्यक्ष रहे और उम्मीदवारों के चयन में उनकी बड़ी भूमिका रही।

1942 में 'भारत छोड़ो आंदोलन का दौर आते-आते सरदार पटेल नेहरू, आजाद तथा राजगोपालाचारी के साथ कांग्रेस के सर्वोच्च नेताओं की श्रेणी में शामिल हो चुके थे। इन सभी ने गांधी जी के सविनय अवज्ञा आंदोलन' का समर्थन किया। 7 अगस्त 1942 को कांग्रेस ने 'सविनय अवज्ञा आंदोलन' शुरू करने का प्रस्ताव स्वीकार किया। इस दौरान स्वास्थ्य ठीक न होने के बावजूद सरदार पटेल देश भर में घूम-घूम कर ओजस्वी भाषण देते रहे। साथ ही आंदोलन का खर्च वहन के लिए धन एकत्र करने के काम में भी जुटे रहे। 7 अगस्त को मुम्बई के ऐतिहासिक गोवालिया चौक में आयोजित एक लाख से अधिक लोगों की विशाल जनसभा को पटेल ने भी सम्बोधित किया। 9 अगस्त को उन्हें कांग्रेस के अन्य बड़े नेताओं के साथ गिरफ्तार कर लिया गया और 1945 तक वे अहमद नगर के किले में कैद रहे। 15 जून 1945 को वे रिहा किए गए। 1946 में कांग्रेस अध्यक्ष के चुनाव में पटेल ने गांधी जी के आग्रह पर अपना नाम वापस ले लिया। यह चुनाव इस दृष्टि से महत्वपूर्ण था कि कांग्रेस का अध्यक्ष ही स्वतंत्र भारत की पहली सरकार का नेतृत्व संभालेगा।

केबिनेट मिशन के देश के विभाजन के प्रस्ताव पर कांग्रेस में गहरे मतभेद थे। गहन विचार-विमर्श के बाद नेहरू तथा पटेल दोनों विभाजन पर सहमत हो गए। विभाजन के समय संपत्तियों तथा स्थानों के बंटवारे पर विचार करने के लिए बनी भारत विभाजन समिति में पटेल ने भारत का प्रतिनिधित्व किया। इसी समिति में नेहरू जी के साथ मिलकर उन्होंने भारत के भावी मंत्रिमंडल के नाम तय किए। विभाजन के फैसले के बाद हुए साम्प्रदायिक दंगों तथा जनसंख्या के आदान-प्रदान से अप्रत्याशित संकट पैदा हो गया। विस्थापितों के पुनर्वास, कानून व्यवस्था कायम करने तथा शांति बनाए रखने के लिए पाकिस्तान के नेताओं के साथ बातचीत करने में पटेल ने प्रमुख भूमिका निभाई। राजनीतिक तथा प्रशासनिक सूझबूझ का परिचय देते हुए सरदार पटेल ने शांति कायम करने के लिए सेना की दक्षिण भारतीय टुकड़ियों को तैनात किया ताकि निष्पक्षता से काम किया जा सके। उन्होंने दिल्ली में मुसलमानों के मन में सुरक्षा का भाव जगाने के लिए निजामुद्दीन औलिया की दरगाह पर जाकर प्रार्थना की तथा वहां मौजूद हजारों मुसलमानों को सुरक्षा का आश्वासन दिया।

आजादी के समय विभाजन की विभीषिका के साथ एक और विकट समस्या भी देश को विरासत में मिली। यह थी देसी रियासतों को भारतीय संघ में शामिल करना। गृहमंत्री होने के नाते यह कठिन चुनौती भी पटेल के कंधों पर आई। गांधी जी ने पटेल से कहा - रियासतों की समस्या इतनी कठिन है कि इसे केवल तुम ही हल कर सकते हो। उन्होंने विभाजन के मामलों पर विचार के दौरान अपने सहयोगी रहे अधिकारी वी. पी. मेनन को अपने साथ लेकर 6 मई 1947 को रियासतों के एकीकरण का अभियान प्रारंभ किया। रियासतों के शासकों से मान-मनौवल और समझाने-बुझाने के फलस्वरूप जम्मू-कश्मीर जूनागढ तथा हैदराबाद को छोड़कर सभी रियासतें 15 अगस्त 1947 तक भारत से जुड़ने पर सहमत हो गई। पटेल ने जूनागढ़ तथा हैदराबाद को पुलिस कार्रवाई के बल पर भारत में शामिल कर लिया और कश्मीर के महाराजा हरिसिंह को मनाकर कुछ शर्तों के साथ कश्मीर को भी भारत में मिला लिया। किन्तु जम्मू-कश्मीर पर पाकिस्तान की ओर से कबाईली हमला हो जाने से रियासत के कुछ हिस्सों पर पाकिस्तान का कब्जा हो गया। और इसने अन्तराष्ट्रीय विवाद का रूप ग्रहण कर लिया। कश्मीर का मुद्दा आज तक भारत और पाकिस्तान के बीच तनाव का मुख्य कारण बना हुआ है। रियासतों के एकीकरण के कठिन व चुनौतीपूर्ण कार्य सम्पन्न करने के लिए सरदार पटेल की तुलना जर्मनी में ऐसा ही काम करने वाले नेता बिस्मार्क से की गई और उन्हें 'भारत का बिस्मार्क' कहा गया। संविधान सभा के सदस्य के रूप में भी पटेल ने उपयोगी भूमिका निभाई। डॉ. भीमराव अम्बेडकर को संविधान निर्माण समिति का अध्यक्ष बनाने में भी पटेल का हाथ था। पटेल स्वयं संविधान सभा की अल्पसंख्यकों, जनजातीय और उपेक्षित क्षेत्र, मौलिक अधिकार तथा प्रांतीय संविधान पर विचार करने वाली समितियों के अध्यक्ष थे।

गृह मंत्री के रूप में पटेल को शरणार्थियों के पुनर्वास, पाकिस्तान की ओर से कश्मीर पर आक्रमण तथा साम्प्रदायिक सौहार्द कायम करने जैसी चुनौतियों का सामना करना पड़ा। अखिल भारतीय सेवाओं की व्यवस्था शुरू करने का श्रेय भी सरदार पटेल को जाता है। इस नाते उन्हें 'भारतीय प्रशासनिक सेवाओं के संरक्षक संत के रूप में याद किया जाता है। यह व्यवस्था राष्ट्रीय एकता तथा अखंडता बनाए रखने में कारगर सिद्ध हुई है। आजादी के बाद असम, त्रिपुरा तथा पश्चिम बंगाल में पूर्वी पाकिस्तान के हिंदुओं के प्रवेश की भी समस्या पैदा हो गई। इसे भी पटेल ने पाकिस्तान के साथ बातचीत तथा सुरक्षा व्यवस्था कड़ी करके हल करने का प्रयास किया। 30 जनवरी 1948 को गांधी जी की हत्या ने पटेल को अंदर से झकझोर दिया। उन्होंने तत्काल राष्ट्रीय स्वयंसेवक पर प्रतिबंधा लगाया तथा साम्प्रदायिक तनाव पर काबू पाने की दिशा में उपयुक्त उपाय किए। गांधी जी के हत्यारों पर मुकदमा चलाने तथा उन्हें सजा दिलाने में भी उनके गृह मंत्रालय ने तत्परता से कार्य किया। इस दौरान कुछ विषयों पर नेहरू तथा पटेल में मतभेद की खबरें भी आने लगीं। कुछ तत्वों ने आरोप लगाया कि पटेल का गृह मंत्रलय गांधी जी की जान बचाने में विफल रहा है। इस पर पटेल ने अपने पद से इस्तीफा दे दिया। किन्तु नेहरू ने इन आरोपों को सिरे से खारिज कर दिया और पटेल के साथ किसी भी तरह के मतभेद से इंकार किया। नेहरू ने पटेल को व्यक्तिगत पत्र लिखकर उनकी योग्यता, प्रशासनिक कौशल तथा सत्यनिष्ठा की प्रशंसा की। उन दिनों यह अफवाह फैली कि पटेल स्वयं प्रधानमंत्री बनना चाहते थे। पटेल ने सार्वजनिक बयान जारी करके ऐसी अफवाहों का खंडन किया और नेहरू जी के नेतृत्व में पूर्ण विश्वास व्यक्त किया। यह सच है कि पटेल ने राजेन्द्र प्रसाद को राष्ट्रपति बनाने जैसे कई मामलों में नेहरू की इच्छा का खुलकर विरोध किया। 1948 में गुजरात के प्रसिद्ध सोमनाथ मंदिर के पुनरूद्धार के प्रश्न पर भी दोनों नेताओं के बीच असहमति सामने आई किंतु पटेल अपनी बात पर अडिग रहे। बाद में नेहरू को उनका प्रस्ताव स्वीकार करना पड़ा।

1950 में सरदार पटेल की तबियत खराब रहने लगी। उन्होंने बैठकों में भाग लेना कम कर दिया और घर पर डाक्टरों का दल उनकी देखभाल के लिए तैनात रहने लगा। 2 नवम्बर को उनकी तबियत एकदम बिगड़ गई और उनकी चेतना लुप्त हो गई। 12 दिसम्बर को इलाज के लिए उन्हें मुम्बई ले जाया गया। 15 दिसम्बर को उन्हें दिल का दौरा पड़ा और वे सदा के लिए इस संसार से विदा हो गए।

सरदार पटेल का पूरा जीवन जन कल्याण तथा देश सेवा को समर्पित रहा। यही कारण है कि उनके नाम पर देश भर में अनेक संस्थाएं चल रही हैं और अनेक स्थानों पर उनकी प्रतिमाएं स्थापित की गई। गुजरात में स्टेच्यू आफ यूनिटी का निर्माण चल रहा है जो विश्व में सबसे ऊंची प्रतिमाओं में शामिल होगी। पटेल देश के पहले सूचना और प्रसारण मंत्री भी थे। उनकी याद में आकाशवाणी की ओर से हर साल सरदार पटेल व्याख्यान, का आयोजन होता है जिसमें किसी ज्वलंत राष्ट्रीय मुद्दे पर किसी विद्वान व्यक्ति का व्याख्यान होता है। भारत की एकता के सूत्रधार और लौह पुरूष सरदार पटेल को उनकी जयंती पर सभी देशवासियों का नमन।

02 डॉ. अम्बेडकर जीवन दर्शन

डॉ. बाबासाहेब अम्बेडकर का मूल नाम भीमराव था। उनके पिता श्री राम जी वल्द मालोजी सकपाल महू में ही मेजर सूबेदार के पद पर एक सैनिक अधिकारी थे। अपनी सेवा के अंतिम वर्ष उन्होंने और उनकी धर्मपत्नी भीमाबाई ने काली पलटन स्थित जन्मस्थली स्मारक की जगह पर विद्यमान एक बैरेक में गुजारे। सन् 1891 में 14 अप्रैल के दिन जब रामजी सूबेदार अपनी डयूटी पर थे, 12 बजे यहीं भीमराव का जन्म हुआ। कबीर पंथी पिता और धर्मपरायण माता की गोद में बालक का आरंभिक काल अनुशासित रहा।

बालक भीमराव का प्राथमिक शिक्षण दापोली और सतारा में हुआ। बंबई के एलफिन्स्टोन स्कूल से वह 1907 में मैट्रिक की परीक्षा में उत्तीर्ण हुए। इस अवसर पर एक अभिनंदन समारोह आयोजित किया गया और उसमें भेंट स्वरुप उनके शिक्षक श्री कृष्ण जी अर्जुन केलुस्कर ने स्वलिखित पुस्तक ''बुद्ध चरित्र'' उन्हें प्रदान की। बड़ौदा नरेश सयाजी राव गायकवाड की फेलोशिप पाकर भीमराव ने 1912 में मुंबई विश्वविद्यालय से स्नातक परीक्षा पास की। संस्कृत ''प्राचीन भारत का वाणिज्य'' लिखा था। उसके बाद 1916 में कोलंबिया विश्वविद्यालय अमेरिका से ही उन्होंने पी.एच.डी. की उपाधि प्राप्त की, उनके पी.एच.डी. शोध का विषय था, ''ब्रिटिश भारत में प्रांतीय वित्त का विकेन्द्रीकरण''। फेलोशिप समाप्त होने पर उन्हें भारत लौटना था अत: वे ब्रिटेन होते हुये लौट रहे थे। उन्होंने वहां लंदन स्कूल ऑफ इकोनामिक्स एण्ड पोलिटिकल साइंस में एम.एससी. और डी. एस सी. तथा ग्रेज इन नामक विधि संस्थान में बार-एट-लक्ष की उपाधि हेतु स्वयं को पंजीकृत किया और भारत लौटे। सब से पहले छात्रवृत्ति की शर्त के अनुसार बडौदा नरेश के दरबार में सैनिक अधिकारी तथा वित्तीय सलाहकार का दायित्व स्वीकार किया। पूरे शहर में उनको किराये पर रखने को कोई तैयार नही होने की गंभीर समस्या से वह कुछ हितों के बाद ही मुंबई वापस आये। वहां परेल में डबक चाल और श्रमिक कालोनी में रहकर अपनी अधूरी पी.डी. एस सी., और बैरिस्टर की उपाधियाँ प्राप्त की। उनके एम. एस सी. का शोध विषय ''साम्राज्यीय वित्त के प्राप्तीय विकेन्द्रीकरण का विश्लेषणात्मक अध्ययन'' तथा उनके डी.एससी उपाधि का विषय ''रूपये की समस्या उसका उद्‌भव और उपाय'' और ''भारतीय चलन और बैकिंग का इतिहास'' था। बाबासाहेब डॉ. अम्बेडकर को कोलंबिया विश्वविद्यालय ने एल.एलडी और उस्मानिया विश्वविद्यालय ने डी. लिट्. की मानद उपाधियों से सम्मानित किया था। इस प्रकार डॉ. अम्बेडकर वैश्विक युवाओं के लिये प्रेरणा बन गये क्योंकि उनके नाम के साथ बीए, एमए, एमएससी, पीएचडी, बैरिस्टर, डीएससी, डी. लिट्. आदि कुल 26 उपाधियां जुडी है।

भारत रत्न डॉ. बी. आर. अम्बेडकर ने अपने जीवन के 65 वर्षों में देश को सामाजिक, आर्थिक, राजनीतिक, शैक्षणिक, धार्मिक, ऐतिहासिक, सांस्कृतिक, साहित्यिक, औद्योगिक, संवैधानिक इत्यादि विभिन्न क्षेत्रों में अनगिनत कार्य करके राष्ट्र निर्माण में महत्वपूर्ण योगदान दिया, उनमें से मुख्य निम्नलिखित हैं:-

- मानवाधिकार जैसे दलितों एवं दलित आदिवासियों के मंदिर प्रवेश, पानी पीने, छुआछूत, जातिपाति, ऊँच-नीच जैसी सामाजिक कुरीतियों को मिटाने के लिए मनुस्मृति दहन (1927), महाड सत्याग्रह (वर्ष 1928), नाशिक सत्याग्रह (वर्ष 1930), येवला की गर्जना (वर्ष 1935) जैसे आंदोलन चलाये।
- बेजुबान, शोषित और अशिक्षित लोगों को जगाने के लिए वर्ष 1927 से 1956 के दौरान मूक नायक, बहिष्कृत भारत, समता, जनता और प्रबुद्ध भारत नामक पांच साप्ताहिक एवं पाक्षिक पत्र-पत्रिकाओं का संपादन किया।
- कमजोर वर्गो के छात्रों को छात्रावासों, रात्रि स्कूलों, ग्रंथालयों तथा शैक्षणिक गतिविधियों के माध्यम से अपने दलित वर्ग शिक्षा समाज (स्था. 1924) के जरिये अध्ययन करने और साथ ही आय अर्जित करने के लिए उनको सक्षम बनाया। सन 1945 में उन्होंने अपनी पीपुल्स एजुकेशन सोसायटी के जरिए मुम्बई में सिद्वार्थ महाविद्यालय तथा औरंगाबाद में मिलिन्द महाविद्यालय की स्थापना की। बौद्धिक, वैज्ञानिक, प्रतिष्ठा, भारतीय संस्कृति वाले बौद्ध धर्म की 14 अक्टूबर 1956 को 5 लाख लोगों के साथ नागपुर में दीक्षा ली तथा भारत में बौद्ध धर्म को पुनर्स्थापित कर अपने अंतिम ग्रंथ ''द बुद्धा एण्ड हिज धम्मा'' के द्वारा निरंतर वृद्धि का मार्ग प्रशस्त किया।
- जात पांत तोडक मंडल (वर्ष 1937) लाहौर, के अधिवेशन के लिये तैयार अपने अभिभाषण को ''जातिभेद निर्मूलन'' नामक उनके ग्रंथ ने भारतीय समाज को धर्मग्रंथों में व्याप्त मिथ्या, अंधविश्वास एवं अंधश्रम से मुक्ति दिलाने का कार्य किया।

- हिन्दू विधेयक संहिता के जरिए महिलाओं को तलाक, संपत्ति में उत्तराधिकार आदि का प्रावधान कर उसके कार्यान्वयन के लिए वह जीवन पर्यन्त संघर्ष करते रहे।
- भारत में रिजर्व बैंक ऑफ इण्डया की स्थापना डॉ. अम्बेडकर द्वारा लिखित शोध ग्रंथ ''रूपये की समस्या-उसका उदभव तथा उपाय'' और ''भारतीय चलन व बैकिंग का इतिहास'' ग्रन्थों तथा ''हिल्टन यंग कमीशन के समक्ष उनकी साक्ष्य'' के आधार पर 1935 में हुई।
- उनके दूसरे शोध ग्रंथ ''ब्रिटिश भारत में प्रांतीय वित्त का विकास'' के आधार पर देश में वित्त आयोग की स्थापना हुई।
- कृषि में सहकारी खेती के द्वारा पैदावार व, सतत विद्युत और जल आपूर्ति करने का उपाय बताया।
- औद्योगिक विकास, जलसंचय, सिंचाई, श्रमिक और कृषक की उत्पादकता और आय व, सामूहिक तथा सहकारिता से प्रगत खेती करना, जमीन के राज्य स्वामित्व तथा राष्ट्रीयकरण से सर्वप्रभुत्व सम्पन्न समाजवादी गणराज्य की स्थापना करना।
- सन 1945 में उन्होंने महानदी का प्रबंधन की बहुउद्देशीय उपयुक्तता को परख कर देश के लिये जलनीति तथा औद्योगिकरण की बहुउद्देशीय आर्थिक नीतियां जैसे नदी एवं नालों को जोड़ना, हीराकुण्ड बांध, दामोदर घाटी बांध, सोन नदी घाटी परियोजना, राष्ट्रीय जलमार्ग, केन्द्रीय जल एवं विद्युत प्राधिकरण बनाने के मार्ग प्रशस्त किये।
- सन 1944 में प्रस्तावित केन्द्रिय जल मार्ग तथा सिंचाई आयोग के प्रस्ताव को 4 अप्रैल 1945 को वाइसराय द्वारा अनुमोदित किया गया तथा बड़े बांधोंवाली तकनीकों को भारत में लागू करने हेतु प्रस्तावित किया।
- उन्होंने भारत के विकास हेतु मजबूत तकनीकी संगठन का नेटवर्क।
- उन्होंने जल प्रबंधन तथा विकास और नैसर्गिक संसाधनों को देश की सेवा में सार्थक रुप से प्रयुक्त करने का मार्ग प्रशस्त किया।
- उन्होंने समता, समानता, बन्धुता एवं मानवता आधारित भारतीय संविधान को 02 वर्ष 11 महीने और 17 दिन के कठिन परिश्रम से तैयार कर 26 नवंबर 1949 को तत्कालीन राष्ट्रपति डॉ. राजेन्द्र प्रसाद को सौंप कर देश के समस्त नागरिकों को राष्ट्रीय एकता, अखंडता और व्यक्ति की गरिमा की जीवन पद्धति से भारतीय संस्कृति को अभिभूत किया।
- वर्ष 1951 में महिला सशक्तिकरण का हिन्दू संहिता विधेयक पारित करवाने में प्रयास किया और पारित न होने पर स्वतंत्र भारत के प्रथम कानून मंत्री के पद से इस्तीफा दिया।
- वर्ष 1955 में अपना ग्रंथ ''भाषाई राज्यों पर विचार'' प्रकाशित कर आन्ध्र प्रदेश, मध्य प्रदेश, बिहार, उत्तर प्रदेश और महाराष्ट्र को छोटे-छोटे और प्रबंधन योग्य राज्यों में पुनर्गठित करने का प्रस्ताव दिया था, जो उसके 45 वर्षों बाद कुछ प्रदेशों में साकार हुआ।
- निर्वाचन आयोग, योजना आयोग, वित्त आयोग, महिला पुरुष के लिये समान नागरिक हिन्दू संहिता, राज्य पुनर्गठन, बडे आकार के राज्यों को छोटे आकार में संगठित करना, राज्य के नीति निर्देशक तत्व, मौलिक अधिकार, मानवाधिकार, काम्पट्रोलर व अक्कडीटर जनरल, निर्वाचन आयुक्त तथा राजनीतिक, सामाजिक, आर्थिक, शैक्षणिक एवं विदेश नीति बनाई।
- प्रजातंत्र को मजबूती प्रदान करने के लिए राज्य के तीनों अंगों न्यायपालिका, कार्यपालिका एवं विधायिका को स्वतंत्र और पृथक बनाया तथा समान नागरिक अधिकार के अनुरूप एक व्यक्ति, एक मत और एक मूल्य के तत्व को प्रस्थापित किया।
- विधायिका, कार्यपालिका एवं न्यायपालिका में अनुसूचित जाति एवं जनजाति के लोगों की सहभागिता संविधान द्वारा सुनिश्चित की तथा भविष्य में किसी भी प्रकार की विधायिकता जैसे ग्राम पंचायत, जिला पंचायत, पंचायत राज इत्यादि में सहभागिता का मार्ग प्रशस्त किया।
- सहकारी और सामूहिक खेती के साथ-साथ उपलब्ध जमीन का राष्ट्रीयकरण कर भूमि पर राज्य का स्वामित्व स्थापित करने तथा सार्वजनिक प्राथमिक उद्यमों यथा बैकिंग, बीमा आदि उपक्रमों को राज्य नियंत्रण में रखने की पुरजोर सिफारिश की तथा कृषि की छोटी जोतों पर निर्भर बेरोजगार श्रमिकों को रोजगार के अधिक अवसर प्रदान करने के लिए उन्होंने औद्योगीकरण की सिफारिश की।
- वायसराय की कौंसिल में श्रम मंत्री की हैसियत से श्रम कल्याण के लिए श्रमिकों की 12 घण्टे से घटाकर 8 घण्टे कार्यत्र, समान कार्य समान वेतन, प्रसूति अवकाश, संवैतनिक अवकाश, कर्मचारी राज्य बीमा योजना, स्वास्थ्य सुरक्षा, कर्मचारी भविष्य निधि अधिनियम 1952 बनाना, मजदूरों

एवं कमजोर वर्ग के हितों के लिए तथा सीधे सत्ता में भागीदारी के लिए स्वतंत्र मजदूर पार्टी का गठन कर 1937 के मुम्बई प्रेसिडेंसी चुनाव में 17 में से उन्होंने 15 सीटें जीती।

- कर्मचारी राज्य बीमा के तहत स्वास्थ्य, अवकाश, अपंग-सहायता, कार्य करते समय आकस्मिक घटना से हुये नुकसान की भरपाई करने और अन्य अनेक सुरक्षात्मक सुविधाओं को श्रम कल्याण में शामिल किया।
- कर्मचारियों को दैनिक भत्ता, अनियमित कर्मचारियों को अवकाश की सुविधा, कर्मचारियों के वेतन श्रेणी की समीक्षा, भविष्य निधि, कोयला खदान तथा माईका खनन में कार्यरत कर्मियों को सुरक्षा संशोधन विधेयक सन 1944 में पारित करने में उन्होंने महत्वपूर्ण भूमिका निभाई।
- सन 1946 में उन्होंने निवास, जल आपूर्ति, शिक्षा, मनोरंजन, सहकारी प्रबंधन आदि से श्रम कल्याण नीति की नींव डाली तथा भारतीय श्रम सम्मेलन की शुरूआत की जो अभी निरंतर जारी है, जिसमें प्रतिवर्ष मजदूरों के ज्वलंत मुद्दों पर प्रधानमंत्री की उपस्थिति में चर्चा होती है और उसके निराकरण के प्रयास किये जाते है।
- श्रम कल्याण निधि के क्रियान्वयन हेतु सलाहकार समिति बनाकर उसे जनवरी 1944 में अंजाम दिया।
- भारतीय सांख्यिकी अधिनियम पारित कराया ताकि श्रम की दशा, दैनिक मजदूरी, आय के अन्य स्रोत, मुद्रस्फीति, ऋण, आवास, रोजगार, जमापूंजी तथा अन्य निधि व श्रम विवाद से संबंधित नियम सम्भव कर दिया।
- नवंबर 8, 1943 को उन्होंने 1926 से लंबित भारतीय श्रमिक अधिनियम को सक्रिय बनाकर उसके तहत भारतीय श्रमिक संघ संशोधन विधेयक प्रस्तावित किया और श्रमिक संघ को सख्ती से लागू कर दिया।
- स्वास्थ्य बीमा योजना, भविष्य निधि अधिनियम, कारखाना संशोधन अधिनियम, श्रमिक विवाद अधिनियम, न्यूनतम मजदूरी अधिनियम और विधिक हडताल के अधिनियमों को श्रमिकों के कल्याणार्थ निर्माण किया।

03 प्रवासी भारतीय के सत्याग्रही महात्मा बनने की यात्रा – महात्मा गांधी

नौ जनवरी 1915, अरब सागर की शांत सी लहरो के बीच एक जहाज धीरे धीरे मुबंई के अपोलो बंदर बंदरगाह की और बढ रहा है, समुद्र के किनारे बड़ी तादाद मे लोग जहाज की दिशा मे टकटकी बांधे महात्मा, महात्मा के नारे लगा रहे है, सत्याग्रहियों की मध्यम आवाजें माहौल मे जब तब गूंज उठती है भीड का उत्साह बेकाबू होता जा रहा है, भीड़ के जुनून को देख कर लग रहा है, वे किसी देवदूत का इतंजार कर रहे है जो आजादी की कैद कर दी गई आकांक्षा उनके लिये खोल देगा, उन्हे बेड़ियो से आजाद कर देगा. लेकिन दूर जहाज पर लंदन के रास्ते दक्षिण अफ्रीका से स्वदेश लौट रहा दुबला पतला सा एक व्यक्ति चुपचाप खड़ा है,वह देख तो भीड की तरफ रहा है, उसकी नजरे भले ही उनकी तरफ है लेकिन मन कही और भटक रहा है, समुद्र शांत है लेकिन उस के मन मे बंवडर उठ रहें है, उसके मन मे लगातार बीते कल के साथ साथ आने वाले कल को लेकर विचारो का मंथन चल रहा है इन सब के मन मे दक्षिण अफ्रीका मे प्रवासी भारतीयो के हकों की सफल लड़ाई लड़कर वापस आने वाले सत्याग्रही के ले कर कितनी उम्मीदे है, यहा तक अपने देश मे आजादी का शंखनाद करने को लेकर इतनी अपेक्षाये, आजादी की खुली हवा मे सास् लेने की बैचेनी, इतने सपने, इतनी उम्मीदो को पूरा करने की जिम्मेवारी जन समूह की बैचेनी लगातार उस व्यक्ति की बैचेनी भी उनके मन मे अपने दक्षिण अपीका प्रवास के पन्ने दर पन्ने खुलते जा रहे रहे है...

जहाज् के डेक पर खड़े उस व्यक्ति की सूनी सी आंखे नम हो रही है. यह व्यक्ति है गुजरात के मोहनदास करमचंद गांधी केवल 24 साल के उम्र मे वर्ष 1893 मे जो मोहनदास एक प्रवासी भारतीय के रूप मे अपना देश छोड़ सात समंदर पार दक्षिण अफ्रीका मे वकालत करने गया यह व्यक्ति 21 बरस बाद एक सफल वकील नही एक महात्मा और सत्याग्रही बन लौटा है,वहा नस्ली हिंसा के शिकार भारतवंशियो के हको की अहिंसक सफल लड़ाई लड़ने की गाथाये सुन-सुन कर, उसके देश के लोगो ने कितनी ही उम्मीदे लगा रखी है। जहाज के डेक पर खड़े उस दुबले पतले व्यक्ति के मन मे स्मृतियों की फिल्म सी चल रही है।

यहा चल रहा तेरहवां प्रवासी भारतीय दिवस समारोह इस वर्ष अपने एक प्रवासी मोहन दास गांधी के महात्मा बन स्वदेश लौटने और देश की आजादी की लड़ाई मे स्वयं को समर्पित कर देश को आजाद कराने वाले इसी सत्याग्रही महात्मा को समर्पित है. पूरा देश अपने इसी सर्वश्रेष्ठ प्रवासी भारतीय की स्वदेश वापसी के शताब्दी वर्ष को उत्सव के रूप मे मना रहा है और उनसे नयी उर्जा और प्रेरणा ले रहा है। प्रधान मंत्री नरेन्द्र मोदी और विदेश मंत्री सुषमा स्वराज ने इस समारोह मे अपने इस सर्वश्रेष्ठ प्रवासी भारतीय की स्मृति को नमन किया है। महात्मा गांधी की स्मृति की खुशबू से सराबोर इस समारोह स्थल का नाम केवल महात्मा मंदिर रखा गया है बल्कि इस अवसर पर उनके जीवन के अनेक जाने अनजाने पहलुओ संबंधी अनेक कार्यक्रम भी रखे गये है।

जहाज पर खड़े महात्मा के मन् मे दक्षिण अफ्रीका प्रवास का एक-एक लम्हा मानो फिर से जिंदा हो उठा है, कैसा भाग्य चक्र था, जिसने उनके लिये एक अलग रास्ता तय कर रखा था, उनका मन लगातार यादो मे भटक रहा है... विलायत से बेरिस्टेरी की 1893 मे एकाएक दक्षिण अफ्रीका के एक भारतवंशी एक कारोबारी दादा अब्दुला को अपने संबंधियो से कारोबारी लेन देन को लेकर कानूनी लड़ाई लड़ने के लिये गुजराती भाषा जानने वाले वकील की जरूरत पड़ी और किसी ने उन्हे दूर देश गुजरात मे मोहन् दास का नाम सुझाया. उन्होने मोहनदास के दक्षिण अफ्रीका आने की यात्रा व्यवस्था की और वे एस.एस.सफारी जहाज पर रवाना होकर 24 मई 1893 को डर्बन उतरे जहा सिर्फ वकालत ही नही बल्कि इस सदी के एक महानायक की भूमिका उनका इंतजार कर रही थी. वह वक्त ऐसा था जब कि वहां गिरमिटिया प्रवासी भारतीयो के साथ नस्लभेद और भेदभाव का मुद्दा गर्म था, रोजी रोटी की खातिर अपने घरो से हजारो मील् दूर गये इन भारतीयो की बदहाली की झलक उन्हे जाते ही मिल गयी, वहां जाने के चंद रोज बाद ही उनके मुवक्किल अब्दुल्ला उन्हे मुकदमे के सुनवाई से पहले अदालत दिखाने ले गये, लेकिन अदालत मे घुसने से पहले उन्हे उनकी पगड़ी उतार उसे अदालत से बाहर रखने को कहा ग्या, मोहनदास ने साफ इंकार करते हुए कहा पगड़ी उतारना भारत मे अनादर माना जाता है और वे अदालत के दरवाजे से बाहर ही लौट् गये, एक स्थानीय अखबार नटाल एडवर्टाइजर अखबार द्वारा सम्मान को सर्वोपरी मानने वाले इस प्रवासी भारतीय की यह खबर छापते ही आत्मसम्मान पाने के लिये बैचेन भारतवंशियो मे इस प्रवासी के

आने की खबर फैल गयी, दक्षिण अफ्रीका मे भारतवंशियो के साथ हो रहे नस्ली भेदभाव के खिलाफ यह बीज था जो बाद में 7 जून 1893 को ''पीटरमेरिट्ज'' रेल्वे स्टेशन पर फूटा जो अब इतिहास का एक अमिट पन्ना बन चुका है. मोहन दास एक मुकदमे के लिये प्रीटोरिया जाने के लिये इस रेलवे स्टेशन से एक रेलगाड़ी पर सवार होने लगे, प्रथम श्रेणी का टिकट होने के बावजूद उन्हे तृतीय श्रेणी के डिब्बे मे जाने को कहा गया जब उन्होने इंकार किया तो उन्हे गाड़ी से बाहर फेंक दिया गया। ठंड से ठिठुरती रात में रात भर वे स्टेशन पर इस नस्ली भेद भाव के बारे मे सोचते रहे, क्या करे वापस जाये, यही रह कर इसका मुकाबला करे? आज भी इस स्टेशन पर एक पटिका लगी है जिसमे लिखा है ''इसी जगह के पास 7 जून 1893 को एम. के गांधी को रेल गाड़ी के प्रथम श्रेंणी के डिब्बे से उतार दिया गया था, इस घटना ने उनकी जीवन धारा मोड़ दी और नस्ली भेदभाव के खिलाफ उन्होंने लड़ाई छेड़ दी, और यही से शुरू हुआ उनका अहिंसक आंदोलन।''

एक के बाद एक स्मृतिय चक्र चल रहा था गांधी के मन में दक्षिण अफ्रीका में उनके ''भारतीय स्वाभिमान'' की खबरे जोरो पर कही सुनी जा रही थी। एक साल बाद 1894 मे आपसी सुलह से उनके मुवक्किल अब्दुल्ला के पक्ष मे अदालती फैसला हो गया, गांधी ने भी काम पूरा होने पर स्वदेश लौटने का मन बना लिया, अब्दुल्ला ने जाने से पहले उनके सम्मान में एक 'विदाई दावत' दी लेकिन उस दावत मे देश की नेशनल असेंबली मे पेश किये जाने वाला वह बिल छाया रहा जिसमे भारतीयों को मतदाता सूची से हटाने का प्रावधान था. दावत मे मौजूद कुछ भारतवंशियो ने गांधी जी से आग्रह किया कि वह उनकी तरफ से इस फैसले के खिलाफ मुकदमा लड़े। नियति सारे मोड़ एक खास दिशा में ले जा रही थी, गांधी जी ने लिखा यह विदाई भोज एक कार्यकारिणी मीटिंग बन गया, ईश्वर ने दक्षिण अफ्रीका मे मेरे जीवन की बुनियाद डाल रख दी थी और राष्ट्रीय आत्मसम्मान का बीज रोप दिया था। रात भर बैठ उन्होने उस कानून के खिलाफ अपील तैयार की। महीने भर के अंदर लगभग 10,000 भारतवंशियो ने उस अपील पर हस्ताक्षर कर दिये, अपील के बाद वहा के कोलोनिअल सचिव लार्ड रिपन ने हालांकि उस वक्त उस फैसले पर अमल पर अस्थाई तौर पर रोक दिया लेकिन 1896 मे सरकार ने एक कानून पास करके गैर योरोपियन मूल्य के लोगो के मत देने पर आखिरकार पाबंदी लगा ही दी। गांधी को लग गया था कि यहा लड़ाई लंबी होगी, उस रात विदाई भोज मे शामिल कुछ लोगो के साथ उन्होने नटाल इंडियन कांग्रेस बनाई जिसने 1893 से 1906 के दौरान सत्याग्रह आंदोलनो मे अहम भूमिका निभाई.भारतवंशियो के हितो को लेकर किये जा रहे संघर्ष के बीच 1896 में कुछ समय के लिये गांधी स्वदेश आये और उन्होने दक्षिण अफ्रीका मे भारतवंशियो की बदहाली और उनके साथ होने वाले नस्ली भेदभाव के बारे मे भाषण दिये. वापसी मे अपने परिवार पत्नि कस्तूरबा और दोनो बेटो के साथ वापस लौटने तक गोरी सरकार की उन्हे लेकर दहशत और बढ चुकी थी, उन्हें बहाना बना कर जहाज से उतरने नही दिया गया. आखिरकार बीस दिन तक उनके जहाज एस.एस. कोर्टलेंड तथा भारत से आये एक अन्य जहाज को समंदर मे रोके जाने के बाद उन्हे समुद्र तट पर पैर रखने दिया गया. यह काल खंड और भी अधिक सरगर्मियो से भरा रह।

17 अक्टूबर 1899 मे दक्षिण अफ्रीका युद्ध के बाद उन्होने कुछ भारतवंशियो को उनकी असहमति के बावजूद अम्बुलेंस कोर बनाने के लिये मनाया, ताकि सौहार्द्पूर्ण इंडियन ओपिनियन प्रकाशन निकाला जिसने वहा भारतवंशियो को वाणी दी गांधीजी ने कहा भी इस प्रकाशन के बिना सत्याग्रह संभव नही था 30 मई 1910 को सत्याग्रहियों के रहने के लिये टॉलसटॉय फार्म उनके मित्र हरमन कलेन्बश ने सत्याग्रहियों के रहने के लिये दान मे दे दिया जहां गांधी जी ने सारा काम खुद करना शुरू किया और दूसरो को भी यही करने को कहा वे सोच रहे थे अपने हाथ से अपना काम करने मे गौरव पाने का अहसास मुझे यहीं से मिला, एक के बाद एक गोरी सरकार के काले कानून आ रहे थे गांधी के नेतृत्व मे भारत्वंशियों मे 11 सितंबर 1906 जक्कहनिसबर्ग मे हुई एक सभा तत्याग्रह अभियान मानी गयी और ऐसी सभाओ मे हिस्सा लेने वाले भारतवंशियो को सत्याग्रही कहलाये। वर्ष 1914 मे भारत लौटने से पहले गांधीजी ने सत्याग्रहियों को पृथ्वी का संभवत: सबसे शक्तिशाली यंत्र माना और भारत की स्वाधीनता संघर्ष ने यह साबित भी कर दिया। सत्याग्रह के दौरान वर्ष 1908 से 1913 तक उन्हे चार बार जेल भी जाना। कस्तुरबा को भी जेल हुई. और उन्हे वहा सात माह 10 दिन की कैद काटनी पड़ी। लेकिन इसी सत्याग्रह ने वहा के प्रशासन की चूले हिला दी। लोग राते खुले आसमान के नीचे खुली जेल मे सत्याग्रह करते हुए काटते, सत्याग्रह का सिलसिला जारी था कोयला मजदूरों गन्ने के खेतों मे काम करने वाले कामगारों के गांधी की अगुआई मे सत्याग्रह के साथ प्रदर्शन जारी थे. वर्ष 1913 मे गांधी जी ने 2000 भारतीय कोयला खान मजदूरो और गन्ने के खेतो में काम कर रहे मजदूरों द्वारा किये

जा रहे मार्च का नेतृत्व किया, आखिरकार 30 जून 1914 को गांधाी जी व तत्कालीन कोलोनियल सेक्रेटरी जनरल स्मुट्स के बीच एक समझौता हुआ जिसके तहत भारतीयों के खिलफ़ लगा शर्तों को कुछ , भारत्वंशियों के लिये हालात कुछ बेहतर बनाने के संतोष के साथ गांधी जी ने स्वदेश लौटने का फैसला किया। 9 जनवरी 1914 को दक्षिण अफ्रीका के अपने अनुभवों को संजोये वे अब स्वदेश लौट रहे है... यादो में डूबते, उतरते अब समदंर के साथ मन भी शांत होने लगा है, प्रंशसको का शोर और नारेबाजी ब, गांधी के चेहरे पर द्वंद और परेशानी की लकीरे मिटने लगी है, एक उजली सी राह साफ नजर आने लगी है, एक नया विश्वास चेहरे पर चमकने लगा है और फिर सत्याग्रह और अहिंसा का सबसे बड़ा सहारा तो अब साथ है ही और साथ है करोड़ो अपनो का भरोसा और आजादी की खुली हवा में सांस लेने की उनके अदम्य इच्छा, जहाज तट को छू रहा है, अचानक देश मे वापस आ कर सब कुछ कितना अच्छा लग रहा है, यह सोच रहे है वे अब...।

04 भारत के युवा प्रेरक के रूप में स्वामी विवेकानंद की प्रासंगिकता

भारत सरकार वर्ष 1985 से प्रत्येक वर्ष 12 जनवरी को स्वामी विवेकानंद के जन्मदिन को राष्ट्रीय युवा दिवस के रुप में मनाती है। सरकार मानती है कि यह महसूस किया गया है कि स्वामीजी ने जिस दर्शन और विचारों को जीवन में अपनाया और उनके लिए कार्य किया वह भारतीय युवाओं के लिए बहुत प्रेरणादायक हैं। भारत विश्व -में सबसे ज्यादा युवाओं का देश है जिसकी लगभग 65 प्रतिशत जनसंख्या की आयु 35 वर्ष से कम है। उम्मीद की जाती है कि वर्ष 2020 तक भारत की आबादी की औसत आयु 28 वर्ष होगी जबकि अमेरिका की 35, चीन की 42 और जापान की औसत आयु 48 वर्ष होगी। वास्तव में युवा किसी भी देश की जनसंख्या में सबसे गतिशील और जीवंत हिस्सा होते हैं। एक बार स्वामी विवेकानंद ने कहा था, आप जैसा सोचते हैं, आप वैसे ही बनेंगे। अगर आप खुद को कमजोर सोचते हैं तो आप कमजोर बनेंगे, यदि आप खुद को शक्तिशाली सोचते हैं तो आप शक्तिशाली होंगे। उन्होंने यह भी कहा था, शिखर पर नजर रखो, शिखर पर लक्ष्य करो और आप शिखर पर पहुंच जाएंगे।

उनका संदेश सामान्य लेकिन कारगर था। विवेकानंद ने अपने विचारों को लोगों खासकर युवाओं तक सीधे पहुंचाया। उन्होंने धार्म और जाति के बंधनों को तोड़ते हुए विश्व बंधुत्व का संदेश दिया। उन्होंने जो कुछ कहा उसमें उनके विचारों की महानता समाहित है और आज भी वह देश के युवाओं के लिए आदर्श हैं। उन्होंने युवाओं की उन्नत ऊर्जा और सत्य की खोज के लिए उनकी बेचैनी को साकार किया। इस महान देशभक्त और भारत के सपूत के शाश्वत संदेश को जागृत करने के लिए स्वामी विवेकानंद के जन्मदिन 12 जनवरी को राष्ट्रीय युवा दिवस के रुप में मनाना पूरी तरह से उचित है। लेकिन मौजूदा बदलाव के दौर में युवाओं को स्वामी विवेकानंद की प्रासंगिकता का अहसास कैसे कराया जाए, जबकि एक तरु लोग और राष्ट्र युवाओं को राष्ट्र निर्माण के कामों में लगाकर युवाओं के व्यक्तित्व और नेतृत्व कौशल को विकसित करने का महान काम कर रहे हैं वहीं दूसरी तरु भूख, गरीबी, बेरोजगारी, भ्रष्टाचार और आतंकवाद जैसी चुनौतियां हैं।

स्वामी विवेकानंद ने भारतीय समाज के पुनर्निमाण के लिए जो सुझाव दिए हैं उनमें शिक्षा लोगों को सश्क्त करने का सबसे महत्वपूर्ण माध्यम है। उन्होंने एक बार कहा था, ऐसी शिक्षा जो साधारण लोगों को जीवन के संघर्ष के योग्य नहीं बनाती है, जो चरित्र निर्माण की शक्ति परोपकार की भावना और शेर की तरह साहस का विकास नहीं करती है वह केवल नाम के लिए है। वास्तव में शिक्षा वह है जो किसी को आत्मनिर्भर बनाती है। उनके लिए शिक्षा का मतलब ऐसे चिरकालिक अधययन से था जिससे छात्रें का चरित्र और मानवीय भावनाओं का निर्माण होता है।

भारत सरकार ने स्वामी विवेकानंद की 150वीं जयन्ती मनाते समय रामकृष्ण मिशन की मूल्य आधारित शिक्षा परियोजना को मंजूरी दी, ताकि बच्चों में नैतिकता प्रत्यारोपित होने के साथ-साथ हमारे समाज में बढ़ते वाणिज्यवाद और उपभोक्तावाद के विरूद्ध एक मूल्य प्रणाली विकसित करने में मदद मिले। रामकृष्ण मिशन स्वामी विवेकानन्द द्वारा स्थापित एक संगठन है, जो मूल्य-आधारित शिक्षा, संस्कृति, स्वास्थ्य, महिला सशक्तिकरण, युवा और जनजातीय कल्याण तथा राहत और पुनर्वास के क्षेत्र में सराहनीय कार्य के लिए व्यापक रूप से जाना जाता है ।

स्वामी विवेकानंद पीठ स्थापित करने के लिए इसने शिकागो विश्वविद्यालय को 15 लाख अमरीकी डालर की धनराशि भी उपलब्ध कराई, ताकि व्याख्यानों, विचारगोष्ठियों और भारतीय संस्कृति तथा भारतीय अध्ययनों पर आधारित शैक्षिक गतिविधियों के अनुकूल गतिविधियों द्वारा विवेकानंद के विचारों पर जोर दिया जा सके। प्रत्येक विद्वान द्वारा दो वर्षों की अवधि के लिए इस पीठ का आयोजन किया जाएगा। शिकागो विश्वविद्यालय भी शिकागो विश्वविद्यालय और भारत सरकार के बीच अनुसंधान क्षेत्र के विद्वानों के आदान-प्रदान की सुविधा उपलब्ध कराएगा। इस स्थायी धनराशि से राष्ट्रों के बीच धार्मिक सदभाव का संदेश फैलाने और आपसी समझ कायम करने के साथ ही मानवता की अध्यात्मिक एकरूपता कायम करने में मदद मिलेगी, जिसके लिए स्वामी विवेकानंद काम किया था। स्वामी विवेकानंद के अनुसार, अपने आप को शिक्षित करो, प्रत्येक व्यक्ति को उसकी वास्तविक प्रकृति के बारे में शिक्षित करो, सुसुप्त आत्मा को पुकारो और देखो कि वह कैसे जागती है। जब यह सोयी हुई आत्मा जागकर आत्मचेतना की ओर प्रवृत्त होगी तब शक्ति मिलेगी, गौरव प्राप्त होगा, अच्छायी आयेगी, शुद्धता आयेगी और वे सभी चीजें आएंगी जो विशिष्ट हैं।

सरकार वर्तमान संदर्भ में स्वामी विवेकानंद के उपदेशों को व्यवहार में लाने के लिए भी प्रयास में जुटी है। एक अरब से भी अधिक लोगों की जरूरतों और महत्वाकांक्षाओं को पूरा करना कोई आसान कार्य तब तक नहीं है, जब तक कि देश के उन क्षेत्रें में कुछ समन्वित कार्य न किए जाएं जहां क्षमता का केन्द्र है। देश के सभी हिस्से में कृषि, शिक्षा, स्वास्थ्य सुविधा, व्यावहारिक और गुणवत्तापूर्ण बिजली, भूतल परिवहन तथा बुनियादी सुविधााएं, सूचना और संचार प्रौद्योगिकी तथा सामरिक क्षेत्र आपस में निकटतापूर्वक जुड़े हैं। यदि इन क्षेत्रों में समन्वित कार्य शुरू किया जाए तो इससे भारत की खाद्य और आर्थिक सुरक्षा के साथ-साथ राष्ट्रीय सुरक्षा भी मजबूत होगी।

सरकार ने एकजुट, सशक्त और आधुनिक भारत के निर्माण के काम पर जोर दिया है ताकि विवेकानंद जैसे महान चिंतकों के सपने के पूरा किया जा सके। एक भारत, श्रेष्ठ भारत के बाद सबका साथ, सबका विकास के सिद्धांत का स्थान है। ये महज नारे नहीं हैं, बल्कि जनता, विशेषकर युवाओं की प्रति एक संकल्प है, जो राष्ट्र को नई ऊंचाइयों तक ले जाने के लिए हैं। हाल में कई क्रांतिकारी कदम उठाये गए हैं। एक वैश्विक निर्माण केन्द्र के रूप में भारत को विकसित करने के उद्देश्य से मेक इन इंडिया अभियान शुरू किया गया है। डिजिटल इंडिया नामक पहल में भारत को डिजिटल रूप से एक सशक्त समाज और ज्ञान-आधारित अर्थव्यवस्था के रूप में परिणत करने पर जोर दिया गया। भारतीय लोगों को भारतीय अर्थव्यवस्था के साथ-साथ विश्व भर में मिलने वाले अवसरों के लिए तैयार करने के उद्देश्य से आवश्यक कौशल प्रदान करने के लिए कुशल भारत की शुरूआत की जा रही है। बुनियादी सुविधाएं विकसित करने के उद्देश्य से स्मार्ट सिटी परियोजना सहित कई प्रयास किए गए हैं। इन सबमें स्वच्छ भारत अभियान और स्वच्छ गंगा अभियान एक स्वच्छ और हरित भारत के निर्माण के लिए शुरू किए गए हैं।

सरकार की इन सभी पहलों के लिए युवाओं की सक्रिय भागीदारी और उनका समर्थन आवश्यक है, क्योंकि वे इस देश के भविष्य के प्रमुख हितधारक हैं। कौशल विकास और उद्यमिता विकास ऐसे "फ्लैगशिप कार्यक्रम हैं जो भारत को विकसित राष्ट्र बनाने के लिए शुरू किए गए हैं। सरकार देश के युवाओं में सभी शक्तियां सन्निहित करने के लिए हर संभव प्रयास में जुटी है, क्योंकि एक आधुनिक और समृद्ध भारत के निर्माण के महत्वाकांक्षी कार्य के लिए यह आवश्यक है। जैसा कि स्वामी विवेकानंद ने एक बार आव्हान किया था, जागो, उठो और मंजिल तक पहुंचने से पहले मत रुको, हम सभी एकजुट हों और शुद्धता, धैर्य और बढ़त के साथ देश के लिए काम करें, क्योंकि स्वामी विवेकानंद ने काफी पहले इस महसूस किया था कि ये तीनों सफलता के लिए अनिवार्य हैं।

05 जयप्रकाश नारायण एक विद्रोही

जयप्रकाश नारायण आधुनिक भारत के इतिहास में एक अनोखा स्थान रखते हैं क्योंकि वह अकेले ऐसे व्यक्ति हैं जिनको देश के तीन लोकप्रिय आंदोलनों में सक्रिय रूप से भाग लेने का अनोखा गौरव प्राप्त है। उन्होंने न केवल अपने जीवन जोखिम में डालते हुए भारत छोड़ो आंदोलन के दौरान ब्रिटिश औपनिवेशिक शासकों के खिलाफ लड़ाई लड़ी, बल्कि सत्तर के दशक में भ्रष्टाचार और अधिनायकवाद के खिलाफ आंदोलन का नेतृत्व किया और इसके पहले 50 और 60 के दशकों में लगभग दस वर्षों तक भूदान आन्दोलन में भाग लेकर हृदय परिवर्तन के द्वारा बड़े पैमाने पर सामाजिक परिवर्तन लाने का कार्य भी किया।

उनका जन्म 11 अक्टूबर 1902 को बिहार के सारण जिले के सिताब दियारा गाँव में हुआ था। 1920 में 18 वर्ष की उम्र में अपनी मैट्रिक परीक्षा पूरी करने के बाद वे पटना में काम करने लगे थे। उसी वर्ष उनका विवाह प्रभावती से हुआ। राष्ट्रवादी नेता मौलाना अबुल कलाम आजाद द्वारा अंग्रेजी शिक्षा त्याग देने के आह्वान पर परीक्षा से मुश्किल से 20 दिन पहले उन्होंने पटना कॉलेज छोड़ दिया, और डॉ. राजेंद्र प्रसाद द्वारा स्थापित एक कॉलेज, बिहार विद्यापीठ, में शामिल हो गए। 1922 में अपनी पत्नी प्रभावती को महात्मा गांधी के साबरमती आश्रम में छोड़कर जयप्रकाश नारायण कैलिफोर्निया के बर्कले विश्वविद्यालय में पढ़ने के लिए रवाना हुए। अमेरिका में अपनी उच्च शिक्षा के खर्चों के लिए उन्होंने खेतों, बूचड़खानों, कारखानों और खदानों आदि में छोटे मोटे कार्य किये। अपने काम और अधययन के चरण के दौरान, उन्हें श्रमिक वर्ग की कठिनाइयों की करीबी जानकारी मिली। एम एन रॉय के लेखन से प्रभावित उनको यह यकीन था कि मानव समाज की मुख्य समस्या धन, संपत्ति, पद, संस्कृति और अवसरों में असमानता थी और समय बीतने से यह खतम होने वाली नहीं थी।

विदेशों में अपनी शिक्षा पूरी करने के बाद जब वह 1929 में भारत लौटे तो उनके विचारों और दृष्टिकोण में कार्ल मार्क्स का स्पष्ट प्रभाव था। भारत वापस आते वक्त लंदन में और भारत में उनकी मुलाकात कई कम्युनिस्ट नेताओं से हुई जिनके साथ उन्होंने भारत की स्वतंत्रता और क्रांति के मुद्दों पर काफी चर्चा की। हालांकि उन्होंने भारतीय कम्युनिस्टों के विचारों का समर्थन नहीं किया जो राष्ट्रीय कांग्रेस की स्वतंत्रता की लड़ाई के विरुद्ध थे। जवाहर लाल नेहरू के आमंत्रण पर 1929 में वे भारतीय राष्ट्रीय कांग्रेस में शामिल हो गए, उसके पश्चात उन्होंने भारतीय स्वतंत्रता आंदोलन में सक्रिय भूमिका निभाई। ब्रिटिश शासन के खिलाफ सविनय अवज्ञा आन्दोलन में सक्रिय रूप से भाग लेने पर 1932 में उन्हें जेल में बंद कर दिया गया। 1932 में नासिक जेल में अपने कारावास के दौरान वे राम मनोहर लोहिया, अशोक मेहता, मीनू मसानी, अच्युत पटवर्धन, सी के नारायणस्वामी और अन्य नेताओं के साथ घनिष्ठ संपर्क में आए। इस संपर्क ने उन्हें कांग्रेस सोशलिस्ट पार्टी (सीएसपी) में शामिल होने के लिए प्रेरित किया जो आचार्य नरेन्द्र देव की अध्यक्षता में कांग्रेस पार्टी के भीतर बाएं झुकाव का एक समूह था। दिसंबर 1939 में सीएसपी के महासचिव के रूप में, जयप्रकाश ने लोगों से आह्वान किया कि द्वितीय विश्व युद्ध का फायदा उठाते हुए भारत में ब्रिटिश शोषण को रोका जाय और और ब्रिटिश सरकार को उखाड़ फेंका जाय। इस वजह से उन्हें 9 महीनों के लिए जेल में डाल दिया गया था। अपनी रिहाई के बाद उन्होंने महात्मा गांधी और सुभाष चंद्र बोस से मुलाकात की। भारतीय स्वतंत्रता आंदोलन को मजबूत करने के लिए उन्होंने दोनों नेताओं के बीच एक मैत्री लाने की कोशिश की, लेकिन उस में वे सफल नहीं हो सके।

बाद में अगस्त 1942 के भारत छोड़ो आंदोलन के दौरान जयप्रकाश नारायण के अन्य उत्कृष्ट गुण सामने आए। जब सभी वरिष्ठ नेताओं को गिरफ्तार कर लिया गया था तब उन्होंने राम मनोहर लोहिया और अरुणा आसिफ अली के साथ मिल कर चल रहे आन्दोलन का प्रभार ले लिया था। हालांकि वह भी लंबे समय तक जेल से बाहर नहीं रह पाए और जल्द ही उन्हें भारत रक्षा नियम, जोकि एक सुरक्षात्मक कारावास कानून था और जिसमें सुनवाई की जरूरत नहीं थी, के तहत गिरफतार कर लिया गया। उन्हें हजारीबाग सेंट्रल जेल में रखा गया था। जेपी ने अपने साथियों के साथ जेल से भागने की योजना बनाना शुरू कर दिया। जल्द ही उनका अवसर नवंबर 1942 की दीवाली के दिन आया जब एक बड़ी संख्या में गार्ड त्योहार की वजह से छुटी पर थे। बाहर निकलने का यह एक साहसी ख्रत्य था जिसने जेपी को एक लोक नायक बना दिया।

इस अवधि में भारतीय स्वतंत्रता आंदोलन के लिए जेपी ने भूमिगत रूप में सक्रिय रूप से काम किया। ब्रिटिश शासन के अत्याचार से लड़ने के लिए नेपाल में उन्होंने एक आजाद दस्ता (स्वतंत्रता ब्रिगेड) बनाया। कुछ महीनों के बाद सितंबर 1943 में एक ट्रेन में यात्र करते वक्त उन्हें पंजाब से गिरफ्तार कर लिया गया था और स्वतंत्रता आंदोलन की महत्वपूर्ण जानकारी प्राप्त करने के लिए ब्रिटिश अधिकारियों द्वारा उनको यातनाएं भी दी गई। जनवरी 1945 में उन्हें लाहौर किले से आगरा जेल स्थानांतरित कर दिया गया। जब गांधीजी ने जोर देकर कहा कि वह केवल लोहिया और जयप्रकाश की बिना शर्त रिहाई के बाद ही ब्रिटिश शासकों के साथ बातचीत शुरू करेंगें, उन्हें अप्रैल 1946 को मुक्त कर दिया गया।

इस अवधा के दौरान और भारत के आजादी पाने के साथ ही जयप्रकाश को अपने राजनीतिक जीवन में शायद पहली बार सामाजिक परिवर्तन के लिए हिंसा की निरर्थकता का पूर्ण विश्वास हुआ था। हालांकि, गरीबों के लिए उनकी प्रतिबद्ध ता कम नहीं हुई और इसी ने उन्हें विनोबा भावे के भूदान आंदोलन के करीब लाया। यह उनके जीवन का दूसरा महत्वपूर्ण चरण था। फ़िर सत्तर के दशक की शुरुआत में तीसरा चरण आया जब आम आदमी बेरोजगारी, भ्रष्टाचार और महंगाई की विख्रतियों से पीड़ित था। 1974 में गुजरात के छात्रें ने उनसे नव निर्माण आंदोलन के नेतृत्व का आग्रह किया। उसी वर्ष जून में उन्होंने पटना के गांधी मैदान में एक जनसभा से शांतिपूर्ण ष्सम्पूर्ण क्रांति का आह्वान किया। उन्होंने छात्रें से भ्रष्ट राजनीतिक संस्थाओं के खिलाफ खड़े होने का आवान किया और एक साल के लिए कालेजों और विश्वविद्यालयों को बंद करने के लिए कहा, क्योंकि वह चाहते थे कि इस समय के दौरान छात्र अपने को राष्ट्र के पुनर्निर्माण के लिए समर्पित करें। यह इतिहास का वह समय है जब उन्हें लोकप्रिय रूप से जेपी बुलाया जाने लगा।

इस आंदोलन के अंत में आपातकाल की घोषणा हुई और जो बाद में जनता पार्टी की जीत में तब्दील हुई तथा मार्च 1977 में केंद्र में पहली गैर कांग्रेसी सरकार बनी। जनता पार्टी की छत्रछाया के तहत सभी गैर–कांग्रेसी दलों को एकत्रित करने का श्रेय उनको ही जाता है। हमारे देश के हर स्वतंत्रता प्रेमी व्यक्ति को जेपी हमेशा याद रहेंगे। एक श्रद्धांजलि के रूप में इस आधुनिक क्रांतिकारी को भारत सरकार ने 1999 में मरणोपरांत देश के सर्वोच्च नागरिक सम्मान 'भारत रत्न' से सम्मानित किया।

06 खुदीराम बोस शहीद की वीरगाथा

आज की तारीख में आमतौर पर उन्नीस साल से कम उम्र के किसी युवक के भीतर देश और लोगों की तकलीफों, और जरुरतों की समझ कम ही होती है। लेकिन खुदीराम बोस ने जिस उम्र में इन तकलीफों के खात्मे के खिलाफ आवाज बुलंद की, वह मिसाल है, जिसका वर्णन इतिहास के पन्नों पर स्वर्णिम अक्षरों में दर्ज है।

इससे ज्यादा हैरान करने वाली बात और क्या हो सकती है कि जिस उम्र में कोई बच्चा खेलने-कूदने और पढ़ने में खुद को झोंक देता है, उस उम्र में खुदीराम बोस यह समझते थे कि देश का गुलाम होना क्या होता है और कैसे या किस रास्ते से देश को इस हालत से बाहर लाया जा सकता है। इसे कम उम्र का उत्साह कहा जा सकता है, लेकिन खुदीराम बोस का वह उत्साह आज भारत में ब्रिटिश राज के खिलाफ आंदोलन के इतिहास में सुनहरे अक्षरों में दर्ज है, तो इसका मतलब यह है कि वह केवल उत्साह नहीं था, बल्कि गुलामी थोपने वाली किसी सत्ता की जड़ें हिला देने वाली भूमिका थी। अंदाजा इससे लगाया जा सकता है कि महज उन्नीस साल से भी कम उम्र में उसी हौसले की वजह से खुदीराम बोस को फांसी की सजा दे दी गई। लेकिन यही से शुरू हुए सफर ने ब्रिटिश राज के खिलफ क्रांतिकारी आंदोलन की ऐसी नींव रखी कि आखिकार अंग्रेजों को इस देश पर जमे अपने कब्जे को छोड़ कर जाना ही पड़ा।

बंगाल के मिदनापुर जिले के हबीबपुर गांव में त्रैलोक्य नाथ बोस के घर 3 दिसंबर 1889 को खुदीराम बोस का जन्म हुआ था, लेकिन बहुत ही कम उम्र में उनके सिर से माता-पिता का साया उठ गया। माता-पिता के निधन के बाद उनकी बड़ी बहन ने मां-पिता की भूमिका निभाई और खुदीराम का लालन-पालन किया था। इतना तय है कि उनके पलने-बढ़ने के दौरान ही उनमें प्रतिरोधा की चेतना भी विकसित हो रही थी। दिलचस्प बात यह है कि खुदीराम ने अपनी स्कूली जिंदगी में ही राजनीतिक गतिविधियों में हिस्सा लेना शुरू कर दिया था। तब वे प्रतिरोध जुलूसों में शामिल होकर ब्रिटिश सत्ता के साम्राज्यवाद के खिलाफ नारे लगाते थे, अपने उत्साह से सबको चकित कर देते थे। यही वजह है कि किशोरावस्था में ही खुदीराम बोस ने अपने भीतर के हौसले को उड़ान देने के लिए सत्येन बोस को खोज लिया और उनके नेतृत्व में अंग्रेजों के विरुद्ध मैदान में कूद पड़े थे। तब 1905 में बंगाल विभाजन के बाद उथल-पुथल का दौर चल रहा था। उनकी दीवानगी का अंदाजा इससे लगाया जा सकता है कि उन्होंने नौवीं कक्षा की पढ़ाई भी बीच में ही छोड़ दी और अंग्रेजों के खिलाफ मैदान में कूद पड़े। तब रिवोल्यूशनरी पार्टी अपना अभियान जोर-शोर से चला रही थी और खुदीराम को भी एक ठौर चाहिए था जहां से यह लड़ाई ठोस तरीके से लड़ी जाए।

खुदीराम बोस ने डर को कभी अपने पास फटकने नहीं दिया, 28 फरवरी 1906 को वे सोनार बांग्ला नाम का एक इश्तिहार बांटते हुए पकड़े गए। लेकिन उसके बाद वह पुलिस को चकमा देकर भाग निकले। 16 मई 1906 को पुलिस ने उन्हें दोबारा गिरफ्तार कर लिया। लेकिन इस बार उन्हें चेतावनी देकर छोड़ दिया गया। इसके पीछे वजह शायद यह रही होगी कि इतनी कम उम्र का बच्चा किसी बहकावे में आकर ऐसा कर रहा होगा। लेकिन यह ब्रिटिश पुलिस के आकलन की चूक थी। खुदीराम उस उम्र में भी जानते थे कि उन्हें क्या करना है और क्यों करना है। अंग्रेजी सत्ता के खिलाफ उनका जुनून बढ़ता गया और 6 दिसंबर 1907 को बंगाल के नारायणगढ़ रेलवे स्टेशन पर आंदोलनकारियों के जिस छोटे से समूह ने बम विस्फोट की घटना को अंजाम दिया, उसमें खुदीराम प्रमुख थे।

इतिहास में दर्ज है कि तब कलकत्ता में किंग्सफ़ोर्ड चीफ प्रेसिडेंसी मजिस्ट्रेट को बहुत ही सख्त और बेरहम अधिकारी के तौर पर जाना जाता था। वह ब्रिटिश राज के खिलफ खड़े होने वाले लोगों पर बहुत जुल्म, जो आखिरकार किसी क्रांतिकारी की जान लेने पर ही खत्म होते थे। बंगाल विभाजन के बाद उभरे जनाक्रोश के दौरान लाखों लोग सड़कों पर उतर गए और तब बहुत सारे भारतीयों को मजिस्ट्रेट किंग्सफोर्ड ने क्रूर सजाएं सुनाईं। इसके बदले ब्रिटिश हुकूमत ने उसकी पदोन्नति कर दी और मुज्जफरपुर जिले में सत्र न्यायाधीश बना दिया। उसके अत्याचारों से तंग जनता के बीच काफी आक्रोश फैल गया था। इसीलिए युगांतर क्रांतिकारी दल के नेता वीरेंद्र कुमार घोष ने किंग्सफोर्ड मुजफ्फरपुर में मार डालने की योजना बनाई और इस काम की जिम्मेदारी खुदीराम और प्रफुल्ल चाकी को दी गई। तब तक बंगाल के इस वीर खुदीराम को लोग अपना आदर्श मानने लगे थे। बहरहाल, खुदीराम और फ्रुल्ल, दोनों ने किंग्स्फ़ोर्ड की समूची गतिविधियों, दिनचर्या, आने-जाने की जगहों की पहले रेकी की और अपनी योजना को पुख्ता आधार

दिया। उस योजना के मुताबिक दोनों ने किंग्सफोर्ड की बग्घी पर बम से हमला भी किया। लेकिन उस बग्घी में किंग्सफोर्ड की पत्नी और बेटी बैठी थी और वही हमले का शिकार बनीं और मारी गई। इधर खुदीराम और प्रफुल्ल हमले को सफल मान कर वहां से भाग निकले। लेकिन जब बाद में उन्हें पता चला कि उनके हमले में किंग्सफोर्ड नहीं, दो महिलाएं मारी गई, तो दोनों को इसका बहुत अफसोस हुआ। लेकिन फिर भी उन्हें भागना था और वे बचते-बढ़ते चले जा रहे थे। प्यास लगने पर एक दुकान वाले से खुदीराम बोस ने पानी मांगा, जहां मौजूद पुलिस को उनपर शक हुआ और खुदीराम को गिरफ्तार कर लिया गया। लेकिन प्रफुल्ल चाकी ने खुद को गोली मार ली।

बम विस्फोट और उसमें दो यूरोपीय महिलाओं के मारे जाने के बाद ब्रिटिश हुकूमत के भीतर जैसी हलचल मची थी, उसमें गिरफ्तारी के बाद फैसला भी लगभग तय था। खुदीराम ने अपने बचाव में साफ तौर पर कहा कि उन्होंने किंग्सफोर्ड को सजा देने के लिए ही बम फेंका था। जाहिर है, ब्रिटिश राज के खिलाफ ऐसे सिर उठाने वालों के प्रति अंग्रेजी राज का रुख स्पष्ट था, लिहाजा खुदीराम के लिए फांसी की सजा तय हुई। 11 अगस्त 1908 को जब खुदीराम को फांसी के तख्ते पर चढ़ाया गया, तब उनके माथे पर कोई शिकन नहीं थी, बल्कि चेहरे पर मुस्कुराहत थी। यह बेवजह नहीं है कि आज भी इतिहास में खुदीराम महज ब्रिटिश सत्ता के खिलाफ नहीं, बल्कि किसी भी जन-विरोधी सत्ता के खिलाफ लड़ाई के सरोकार और लड़ने के हौसले के प्रतीक के रूप में ताकत देते हैं।

07 लाला लाजपत राय

प्रसिद्ध तिकड़ी-लाल, बाल, पाल (लाला लाजपतराय, बाल गंगाधर तिलक और बिपिन चंद्र पाल) में से एक लाला लाजपतराय ब्रिटिश औपनिवेशिक शासन के खिलाफ भारत के स्वतंत्रता संग्राम के एक बहुमुखी प्रतिभा के धनी व्यक्ति थे। उनका जीवन निरंतर गतिविधियों से परिपूर्ण रहा और उन्होंने राष्ट्र की निस्वार्थ भाव से सेवा करने के लिए अपने जीवन को समर्पित किया। पंजाब के एक शिक्षित अग्रवाल परिवार में जन्मे लाला लाजपत राय की प्रारंभिक शिक्षा रिवाड़ी में हुई। उसके बाद अविभाजित पंजाब की राजधानी लाहौर में उन्होंने अध्ययन किया। 19वी सदी के भारत के पुनरोद्धार के सबसे रचनात्मक आंदोलनों में से एक आर्य समाज में भी वे शामिल हुए, जिसकी स्थापना और नेतृत्व स्वामी दयानंद सरस्वती ने किया। बाद में उन्होंने लाहौर में दयानंद एंग्लो वैदिक स्कूल की स्थापना की, जिसमें भगत सिंह ने भी अध्ययन किया था।

लाजपत राय इतिहास की उस अवधि से संबंधित रहे, जब श्री अरविंद, बाल गंगाधर तिलक और बिपिन चंद्र पाल जैसे प्रसिद्ध व्यक्ति नरमपंथी राजनीति में बुनियादी दोष, अरबिंद और लाजपत राय जैसे उच्च विचारकों द्वारा व्यक्त नये राष्ट्रवाद के आदर्शों को स्पष्ट करते हुए इन्हें ठोस आकार बताया, जिन्हें महात्मा गांधी के सविनय अवज्ञा आंदोलन का अग्रदूत कहा जा सकता है। कुछ नरमपंथियों का यह विश्वास था कि इंग्लैंड के लोग भारतीय मामलों के प्रति उदासीन थे और ब्रिटिश प्रेस भी भारतीय आकांक्षाओं को गति प्रदान करने की इच्छ्छुक नहीं थी। अकाल से पीडित लोगों की मदद करने के लिए 1897 की शुरूआत में ही इन्होंने हिन्दू राहत आंदोलन की स्थापना की थी, ताकि इन लोगों को मिशनरियों के चंगुल में फंसने से बचाया जा सके।

कायस्थ समाचार (1901) में लिखे दो लेखों में उन्होंने तकनीकी शिक्षा और औद्योगिक स्वयं-सहायता का आवाहन किया। स्वदेशी आंदोलन के फलस्वरूप (बंगाल के विभाजन के खिलाफ 1905-8) जब पूरे देश में राष्ट्रीय शिक्षा की कल्पना के विचार ने पूरा जोर पकड़ रखा था, वे लाला लाजपत राय और बाल गंगाधर तिलक ही थे, जिन्होंने इस विचार का जोर-शोर से प्रचार किया। उन्होंने लाहौर में नेशनल कालेज की स्थापना की, जिसमें भगत सिंह ने पढ़ाई की। जब पंजाब में सिंचाई की दरों और मालगुजारी में बढ़ोतरी करने के खिलाफ छिड़े आंदोलन को अजित सिंह (भगत सिंह के चाचा) ने भारतीय देशभक्ति संघ के नेतृत्व में आगे बढ़ाया, तो इन बैठकों को अक्सर लाजपत राय भी संबोधित करते थे। एक समकालीन ब्रिटिश रिकॉर्ड में बताया गया है कि इस पूरे आंदोलन का सिर और केन्द्र एक खत्री वकील लाला लाजपत राय है, वह एक क्रांतिकारी और राजनीतिक समर्थक हैं, जो ब्रिटिश सरकार के प्रति तीव्र घृणा से प्रेरित हैं।

स्वतंत्रता आंदोलन में उनकी बढ़ती भागीदारी के लिए उन्हें 1907 में बिना किसी ट्रायल के ही देश से बहुत दूर मांडले (अब म्यांमार) में सबसे सख्त जेल की सजा दी गई थी। उन्होंने जलियांवाला बाग में हुए भयावह नरसंहार के खिलाफ छिड़े आंदोलन को भी नेतृत्व प्रदान किया। उन्होंने अमेरिका और जापान की यात्राएं की जहां वे भारतीय क्रांतिकारियों के संपर्क में रहे। इंग्लैंड में वे ब्रिटिश लेबर पार्टी के एक सदस्य भी बन गए थे। स्वतंत्रता आंदोलन में उनकी उत्कृष्ट भूमिका को मान्यता देने के लिए उन्हें भारतीय राष्ट्रीय कांग्रेस के कलकत्ता अधिवेशन (1920) का अध्यक्ष चुना गया। उन्होंने मजदूर वर्ग के लोगों की दशा सुधारने में अधिक दिलचस्पी ली। इसलिए उन्हें ऑल इंडिया ट्रेड यूनियन कांग्रेस का अधयक्ष भी चुना गया था। लाजपत राय ने अधिाक से अधिाक समर्पण और सर्वोच्च बलिदान देने का आह्वान किया था और कहा था कि हमारी पहली चाहत धार्म के स्र्तर तक अपनी देशभक्ति की भावना को ऊंचा करना है तथा इसी के लिए हमें जीने या मरने की कामना करनी है। उन्हें शारीरिक साहस की तुलना में नैतिक साहस के चौंपियन के रूप में देखा गया है और वे समाज की बुनियादी समस्याओं से पूरी तरह वाकिफ थे।

भारत की हजारों साल पुरानी सभ्यता की समस्याओं से सबक लेते हुए और सर सैयद अहमद तथा उनके आंदोलन द्वारा लंबे समय से उठाई जा रही सांप्रदायिक अलगाववाद की राजनीति के उचित संदेश तथा मुस्लिम लीग कैंप से आगे बढ़ाए जा रहे खिलाफत और पान इस्लामवादियों के कार्यों के खिलाफ आवाज उठाने वाले कुछ नेताओं में वे भी शामिल थे, जिन्होंने यूनाइटेड उपनिवेशवाद विरोधी संघर्ष की कठिनाइयों को भी महसूस किया। उन्होंने सर्वप्रथम हिंदू समाज की एकता की

जरूरत पर जोर दिया और इस प्रकार ब्रिटिश सरकार के खिलाफ संघर्ष के लिए तैयार हो गए। यही कारण है कि वे हिंदू महासभा से सक्रिय रूप से जुड़े रहे, जिसमें मदन मोहन मालवीय जैसे नेता भी शामिल थे, जिन्होंने यह महसूस किया कि अब देश के व्यापक हितों के मुद्दों से ध्यान हट गया है। उन्होंने हिंदी और नागरिक लिपि के माध्यम से सामाजिक, सांस्कृतिक विरासत की एक कार्यसूची को निर्धारित किया। उन्होंने हिंदी और देवनागरी लिपि के माध्यम से भारत की स्व्वदेशी सांस्कृतिक विरासत (जो अधिकांश रूप से नष्ट प्राय: है) पर पाठ्य पुस्तकों के प्रकाशन, संस्कृत साहित्य के प्रचार और जिन लोगों के पूर्वज पहले हिंदू थे उनके शुद्धीकरण का आंदोलन तथा गैर-हिंदुओं के लिए ब्रिटिश सरकार के पक्षपातपूर्ण व्यवहार के खिलाफ प्रदर्शन कार्यक्रम चलाए।

वह बोधगम्य मन के धनी थे और एक विपुल लेखक के रूप में उन्होंने 'अनहैप्पी इंडिया' 'यंग इंडिया', एन प्रसेप्शन' 'हिस्ट्री आफ आर्य समाज' 'इंग्लैंड डेब्ट टू इंडिया' जैसे अनेक लेखन कार्य किए और 'मज्जीनी, गैरीबाल्डी और स्वामी दयानंद पर लोकप्रिय जीवनियों की श्रृंखला लिखी। एक दूरदर्शी और एक मिशन के व्यक्ति के रूप में उन्होंने पंजाब नेशनल बैंक और लक्ष्मी इंश्योरेंस कंपनी तथा लाहौर में सरवेंट्स ऑफ द पीपुल्स सोसायटी की स्थ्थापना की।

एक जन नेता के रूप में उन्होंने सबसे आगे रहकर नेतृत्व प्रदान किया। लाहौर में साइमन कमीशन के सभी सदस्य अंग्रेज होने के खिलाफ जब वे एक विरोध प्रदर्शन का नेतृत्व कर रहे थे, तो ब्रिटिश अधिकारियों ने उन पर निर्दयतापूर्वक हमला बोला, जिसके कारण वे गंभीर रूप से घायल हो गए और 17 नवम्बर, 1928 को लाहौर में इस जन नायक, स्वतंत्रता सेनानी की असामयिक मृत्यु हो गई। इसी क्रूरता का बदला लेने के लिए भगत सिंह ने अपने साथियों के साथ हथियार उठा लिए और जिसकी उन्हें भी अंतिम कीमत चुकानी पड़ी। इस लघु निबंध को समाप्त करने के समय कोई यह प्रश्न कर सकता है कि लाहौर जो वास्तव में सांस्कृतिक और राजनीतिक रूप से एक उन्नत शहर था, उसका बाद में पतन क्यों हुआ।

08 सरदार पटेल सर्वोत्कृष्ट संगठनकर्ता

करीब 100 साल पहले जून 1916 में गुजरात के अहमदाबाद क्लब में पहली बार आए एक बेहद स्टाइलिश मेहमान के काठियावाड़ी ड्रेस को लेकर गुजरात के ही एक बैरिस्टर ने मजाक उड़ाया। नए आए मेहमान ने क्लब में मौजूद थोड़े-बहुत लोगों को संबोधित किया, लेकिन बैरिस्टर अपने दोस्तों के साथ पत्ते खेलते रहे। बैरिस्टर को पता था कि संबोधित कर रहा शख्स कोई और नहीं बल्कि मोहनदास करमचंद गांधी हैं, जो कि हाल ही में दक्षिण अफ्रीका से स्वदेश लौटकर अहमदाबाद में ही सत्याग्रह आश्रम की नींव रख चुके हैं। एक बेहद सफल वकील बन चुके बैरिस्टर को गांधी के कार्यों से कोई मतलब नहीं था। लेकिन गांधी जब अहमदाबाद पहुंचे तो बैरिस्टर से बातचीत के लिए जोर दिया। बैरिस्टर ने भी बिना मन से ही सही, गांधी से मिलने का फैसला कर लिया। दोनों मिले तो उम्मीद थी की राजनीति पर गरम बहस होगी, लेकिन यहां तो धर्म-कर्म पर काफी देर तक चर्चा होती रही। पर 41 साल के बेहद सख्त मिजाज के बैरिस्टर में उस मुलाकात के बाद कुछ बेहद स्थायी बदलाव आए। गांधी के शब्द उनके कानों में तब तक गुंजते रहे, जब तक वो सत्याग्रह आंदोलन में खुद शामिल नहीं हो गए। हालांकि बेहद व्यावहारिक इंसान होने की वजह से वो अपने झुकाव के बावजूद खुलकर आंदोलन में 1917 में जाकर शामिल हुए। उसी साल चंपारण आंदोलन के बाद गांधी देश के राजनीतिक मसीहा बन चुके थे। बैरिस्टर उसके बाद गांधी के विश्वासपात्र बन गए और आगे चलकर धीरे-धीरे गांधी के दायां हाथ हो गए। जो भी गांधी सोचते या रणनीति बनाते, बैरिस्टर उसको हुबहू पूरा करते। बैरिस्टर ने अपना यूरोपीय सूट-बूट जलाकर खादी का धोती-कुर्ता पहनने लगे। उस बैरिस्टर का नाम था सरदार बल्लभभाई झावेरीभाई पटेल (1875-1950), भारत के लौहपुरुष।

सरदार पटेल का जन्म 31 अक्टूबर 1875 को सूरत से करीब 200 किलोमीटर दूर नाडियाड (जिला खेड़ा, गुजरात) में हुआ था। वे लेवा पटेल समुदाय से थे। माना जाता है कि उनके पूर्वज लड़ाके थे, लेकिन फिलहाल ये समुदाय के कार्य में लगे थे। इस समुदाय की शौर्यता और कठिन परिश्रम का इतिहास रहा है। किसान परिवार के पटेल का बचपन भी खेतीबाड़ी के माहौल में बीता। कानूनी और राजनीतिक क्षेत्र में शीर्ष मुकाम तक पहुंचने के बावजूद वे खुद को हमेशा किसानधखेतिहर बताते। पटेल के परिवार में उनके तीन भाई और एक बहन थी। जिनमें से एक भाई विट्ठलभाई जावेरीभाई पटेल (1873-1933), सेंट्रल लेजिस्लेटिव एसेंबली के पहले भारतीय प्रेसिडेंट स्पीकर बने। अहमदाबाद नगर निगम का चुनाव जीतने (1917-1928) के बाद से ही सरदार पटेल में एक कुशल राजनेता की छवि नजर आने लगी। वे अपनी प्रतिभा से ना सिर्फ ब्रिटिश नौकरशाही को धराशाई कर रहे थे, बल्कि उन्होंने शहर के आम नागरिकों की जरूरतों के हिसाब से कई रचनात्मक कार्यों की भी पहल की। निगम के प्रेसिडेंट रहते हुए (1924-1928) एक बार स्वच्छ भारत का भी एक अनोखा उदाहरण पेश किया था। स्वयंसेवकों के साथ मिलकर पटेल ने अहमदाबाद की गलियों में झाड़ू लगाए और कूड़ा फैंका, जिसकी शुरुआत वहां की हरिजन बस्ती से हुई। 1917 में जब अहमदाबाद में प्लेग फैला तो स्वयंसेवकों के साथ पटेल 24 घंटे लगे रहे। पीड़ितों के घर जाकर उनसे और उनके परिजनों से बात करते। लोकमान्य तिलक ने जैसे 1896 में प्लेग के दौरान किया था वैसे ही पटेल संक्रमण का खतरा उठाते हुए कार्य करते रहे।

लगातार कार्य की वजह से पटेल के स्वास्थ्य पर बेहद बुरा असर पड़ा। लेकिन इस दौरान आम जनता के नेता की उनकी छवि और मजबूत हो गई। लगभग उसी दौरान खेड़ा सत्याग्रह (1918) से पटेल की नेतृत्व क्षमता और मजबूत हुई और ये सत्याग्रह आगे जाकर बारदोली सत्याग्रह (1928) में बदल गया। हालांकि खेड़ा (गुजरात) आंदोलन में कर रियायत की जो मांगे थी वो पूरी तो नहीं हुई लेकिन इसके दो बेहद अहम प्रभाव पड़े। पहला, जमीन का कर तय करने में किसानों को भी एक पक्ष के रूप में स्वीकारा गया और इस विषय पर गांधी और पटेल एकसाथ आए। एक दशक बाद गुजरात 23 जुलाई 1927 को मुसलाधार बारिश की वजह से भयंकर बाढ़ से जूझने लगा। पटेल ने बाढ़ पीड़ितों को बचाने और उनके पुनर्वास के लिए जोरदार अभियान चलाया, इसी अभियान से राष्ट्रीय स्तर पर उनकी एक मजबूत नेतृत्वकर्ता की पहचान बनी। सरकार गुजरात तथा बांबे प्रेसिडेंसी का हिस्सा बारदोली (1928) में

विशाल जीत के बावजूद ऐसी विनम्रता पटेल की पहचान थी। वे दिसंबर 1928 में कलकत्ता कांग्रेस के चुनाव में खड़ा नहीं होना चाहते थे। बार-बार आग्रह किए जाने के बाद वे गुजरात से आए लोगों के बीच खड़े हुए, लेकिन उसके बाद भी संबोधित करने मंच पर आने के लिए उन्हें धक्का देना पड़ा। बारदोली (जिला-सूरत) पटेल का कुरुक्षेत्र रहा है। उनके नेतृत्व में चलाया गया रूल कर विरोधी अभियान का नतीजा यह हुआ कि ब्रिटिश हुकूमत तीन महीने के भीतर फैसले को वापस लेने पर मजबूर हुई। सांगठनिक कुशलता के आधार पर इस आंदोलन की तुलना सिर्फ महाराष्ट्र में बाल गंगाधर तिलक के चलाए अकाल राहत आंदोलन (1896) से ही की जा सकती है। पटेल ने सैन्य तैयारी की तर्ज पर इस सत्याग्रह आंदोलन को खड़ा किया, लेकिन ये पूरी तरह से अहिंसक आंदोलन था।

पटेल खुद आंदोलन के सेनापति थे, उनके बाद विभाग पति आते जो कि सैनिकों का कामकाज देखते थे। इस आंदोलन की रणभूमि में 92 गांवों के 87,000 किसान शामिल थे। घुड़सवार संदेशवाहकों, भजन गायकों और छपाखानों की मदद से उन्होंने एक वृहद सूचना तंत्र तैयार किया। बारदोली में उनकी सफलता ने पूरे ब्रिटेश साम्राज्य का ध्यान खींचा। लेकिन सबसे बड़ा सम्मान तो उन्हें बारदोल तालुका के नानीफलोद के एक किसान ने दिया। कुवेरजी दुर्लभ पटेल ने भरी सभा में कहा कि श्पटेल आप हमारे सरदार हैं। उसके बाद से सरदार की ये उपाधि पटेल को हमेशा के लिए मिल गई। पटेल का बेहद अनुशासित होकर कार्य करने का तरीका विलक्षण था। स्व-अनुशासन का मंत्र गांधी ने दिया था, लेकिन आंदोलन के लिए बेहद जरूरी सांगठनिक अनुशासन और एकजुटता को पटेल लेकर आए। पटेल का राजनीतिक सफर ठीक उसी समय शुरू हुआ, जब भारतीय राजनीति आंदोलन का रूप ले चुकी थी। 1930 में एशियाई राजनीति पर काफी सर्वे कर चुके अमेरिकी पत्रकार जक्कन गुंथर ने पटेल को श्पार्टी का सर्वोत्कृष्ट नेता करार दिया था। उसके मुताबिक पटेल फैसले लेने वाले, व्यावहारिक और किसी भी मिशन को पूरा करने वाले शख्स थे।

कई बार पटेल की संगठनिक क्षमता को इम्तहान से गुजरना पड़ा। एक समय भारत पर विभाजन का खतरा मंडरा रहा था। करीब 565 रियासतें बंटवारे के समय भारत में शामिल होने को तैयार नहीं थी। त्रवणकोर जैसी कुछ रियासतें स्वतंत्र रहना चाहती थी जबकि भोपाल और हैदराबाद जैसी कुछ रियासतें पाकिस्तानी सीमा से दूर होने के बावजूद उसके साथ जाने के षड्यंत्रा में शामिल थी। रणनीतिक कुशलता और दबाव का प्रयोग कर पटेल ने रियासतों को भारत के साथ लाने की लड़ाई आखिरकार जीत ली। हैदराबाद में जब बातचीत से मामला नहीं सुलक्षा और छोटे-छोटे गुटों में प्रदर्शनकारी आतंकी गतिविधियों में शामिल होने लगे तो सेना का भी इस्तेमाल करना पड़ा। स्वतंत्र भारत के पहले गृहमंत्री के तौर पर पाकिस्तान से विस्थापित हुए हिंदू और सिख शरणार्थियों के पुनर्वास कार्य कराने के साथ ही देश में सिविल सेवा की शुरुआत का श्रेय भी उन्हीं को जाता है। आईसीएस फिलिप मैसन ने एक बार कहा था कि पटेल एक जन्मजात प्रशासक हैं और उन्हें कोई कार्य करने के लिए पुराने अनुभव की जरूरत नहीं है। गांधी जी के बेहद करीबी काका कालेलकर ने कहा था कि पटेल उसी प्रतिष्ठित जमात के हिस्सा हैं जिसके शिवाजी और तिलक हैं। हालांकि इसके बावजूद गांधी के प्रति उनकी निष्ठा पर कभी कोई सवाल नहीं था।

सरदार पटेल 1950 में 75 साल के हुए लेकिन तब तक ज्यादा तनाव की वजह से उनका शरीर जवाब देने लगा था। 15 दिसंबर 1950 को मुंबई में उनका निधन हो गया। मृत्युशय्या पर भी उन्हें अपने परिवार व रिश्तेदारों की नहीं बल्कि देश की स्थिति की चिंता थी। हमारे लिए शर्मनाक है कि सरदार पटेल की विरासत की किसी ने परवाह नहीं है। वर्तमान सरकार ने पिछली सरकारों की गलतियों को सुधारते हुए और देश के निर्माण में पटेल के अहम योगदान पर रोशनी डालने का सराहनीय कार्य किया है।

09 सर सुरेंद्रनाथ बनर्जी : भारत के प्रथम राष्ट्रीय नेता की निर्माण यात्रा

भारतीय सिविल सेवा के 1869 बैच के यह अधिकारी एक अनुभवी सिविल सेवक के रूप में उभर सकते थे। किंतु 1874 में कमजोर आधार पर सेवा से हटाए जाने के बाद उन्होंने अपनी प्राथमिकताएं दोबारा तय कीं। वे सार्वजनिक जीवन में आए। 1858 में भारत सीधे तौर पर अंग्रेजी शासन के अधीन आ गया था। बंगाल एवं बॉम्बे प्रेसिडेंसी में इससे पहले ही संवैधानिक राजनीति बढ़ गई थी। इसके बावजूद भारत के विभिन्न भागों के बीच संवादहीनता से उनका आपसी संपर्क कायम नहीं हो पाया। किंतु 1870 एवं 1880 के दशक में रेल नेटवर्क के प्रसार ने इन कमियों को दूर कर दिया। सुरेंद्रनाथ बनर्जी (1848-1925) इसका लाभ उठाने के लिये सही समय पर सही व्यक्ति थे। वह अखिल भारत के प्रथम नेता के रूप में उभरे। वर्ष 1875 तक कैरियर बर्बाद होने के बाद बनर्जी ने कोलकाता में सार्वजनिक जीवन में सम्मिलित होना शुरू किया। बंगाल में शराबबंदी आंदोलन के दौरान मदिरापान के विरुद्ध दिए भाषण से लोगों का ध्यान उनकी ओर आकृष्ट हुआ। महान शिक्षाविद एवं सुधारक ईश्वरचंद विद्यासागर ने उनको मेट्रोपोलिटन इन्स्टीटयूशन में अंग्रेजी का प्रोफेसर बना दिया।

वह कुशल वक्ता थे एवं शीघ्र ही कोलकाता एवं निकटवर्ती स्थानों में छात्र समुदाय के बीच वे प्रसिद्ध हो गये। वह पहले व्यक्ति थे जिन्होंने भारतीयों को इटली के एकीकरण के पथ-प्रदर्शक ज्यूजेप मेत्सिनी (Giuseppe Mazzini) से परिचित कराया। बनर्जी ऐसे प्रथम नेता थे जिन्होंने भारतीय एवं विदेशी इतिहास की सामग्री का उपयोग श्रोताओं में देशभक्ति की भावना पैदा करने में किया। किंतु वे खघलिस नर्म विचारधारा वाले नेता बने रहे। उन दिनों ब्रिटिश शासन से स्वतंत्रता की कोई मांग नहीं थी। मांग विधान परिषदों एवं नौकरशाही में बेहतर प्रतिनिधित्व दिलाने की थी, जिससे कि निर्णय लेने की प्रक्रिया में सहभागिता हो पाए।

बनर्जी के मस्तिष्क में एक राजनीतिक संघ बनाने की बात थी। यह सपना 26 जुलाई, 1876 को सच हुआ। इस दिन बनर्जी ने कोलकाता में आनंद मोहन बोस के साथ मिल कर इण्डियन एसोसिएशन का निर्माण किया। मैत्सिनी से प्रेरित बनर्जी राजनीतिक महत्वाकांक्षा एवं कार्यक्रम के क्षेत्र में भारत का एकीकरण चाहते थे। भारतीय सिविल सेवा परीक्षा में भाग लेने की अधिकतम आयु 21 वर्ष से घटाकर 19 वर्ष करने के ब्रिटिश प्रधानमंत्री मार्क्वीज सैलिस्बरी के निर्णय ने इसका अवसर प्रदान कर दिया। बनर्जी ने इस अवसर की पहचान भारतीयों को सिविल सेवा से बाहर रखने की चाल के तौर पर की। उन्होंने इस निर्णय के विरुद्ध 24 मार्च 1877 को कोलकाता के टाउनहाल में विशाल जनसभा की। इस बैठक में ऐसी कार्ययोजना को स्वीकृति मिली जिसकी कोशिश इससे पहले नहीं की गई थी। इसमें संपूर्ण भारत को सिविल सेवा के मुद्दे के अलावा आम तौर पर भारतीयों को प्रभावित करने वाली सभी नीतियों के मामलों में एक मंच पर लाने का प्रस्ताव किया गया।

26 मई 1877 को जब बनर्जी ट्रेन से उत्तर भारत की यात्रा पर निकले तब कम ही लोगों को अहसास था कि वो इतिहास बनाने जा रहे हैं। वह पहले भारतीय थे जिन्होंने बढ़ते हुए रेल नेटवर्क का प्रयोग राजनीतिक कारणों से किया। 1870 के दशक के मध्य तक देश में रेल नेटवर्क 6,519 मील (10,430 किमी) हो गया था। बनर्जी ने लाहौर, अमृतसर, दिल्ली, मेरठ, अलीगढ़, कानपुर , लखनऊ, इलाहाबाद एवं वाराणसी को अपनी यात्र के दौरान कवर किया। सभी स्थानों पर सिविल सेवा के ज्ञापन के अनुमोदन के लिये सभाएं आयोजित की गईं जिसमें बड़ी सख्या में लोग शामिल हुये। जहां भी संभव हुआ कोलकाता की इण्डियन एसोसिएशन से सम्बद्ध एसोसिएशन बनाई गई। इस तरह से बनर्जी के सार्वजनिक जीवन ने आकार लिया, जिसकी प्रतीक्षा भारत के एक सिरे से लेकर दूसरे सिरे तक थी। इसके बाद वाले वर्ष में उन्होंने बाम्बें एवं मद्रास प्रेसिडेंसी में ऐसी ही यात्रा आयोजित की। उनका उद्देश्य बिखरी हुई राजनीतिक महत्वाकांक्षाओं और संबंधित गतिविधियों को एकीकृत करना था। इस प्रक्रिया में उन्होंने भारतीय राष्ट्रीय कांग्रेस का आधार कार्य पूरा किया। तदनंतर जिसकी स्थापना दिसंबर, 1885 में हुई।

वास्तव में 1883 में 28 से 30 दिसम्बर तक कोलकाता में आयोजित इण्डियन एसोसिएशन के पहले राष्ट्रीय सम्मेलन में कांग्रेस अपने आरम्भिक स्वरूप में सामने आ चुकी थी। सम्मेलन की अध्यक्षता बंगाल पुनर्जागरण के वयोवृद्ध पुरोधा रामतनु लाहिड़ी ने की थी। इस दौरान प्रतिनिधि परिषद अथवा स्वशासन, सामान्य एवं तकनीकी शिक्षा, दण्ड विधान के प्रशासन में न्यायिक एवं कार्यपालिक प्रकार्यों का पृथक्करण और सार्वजनिक सेवाओं में भारतीयों हेतु अधिक रोजगार जैसे मुद्दों पर चर्चा हुई। मई 1884 में बनर्जी ने सिविल सेवा के प्रश्न

के अनसुलझे उत्तर को लेकर पुनः उत्तर भारत की विस्तृत यात्रा की। उन्होंने कोलकाता से लाहौर के पुराने रास्ते का थकाऊ भ्रमण किया। राज्य सचिव के समक्ष सिविल सेवा परीक्षा में हिस्सेदारी की अधिकतम उम्र बढ़ाने का मुद्दा उठाया गया। वर्ष 1885 में लोक सेवा आयोग की नियुक्ति की गई जिसकी अनुशंसा के परिणामस्वरूप अधिकतम आयु सीमा बढ़ाई गई।

इण्डियन एसोसिएशन का दूसरा सम्मेलन 25 से 27 दिसम्बर 1885 में कोलकाता में आयोजित किया गया। मुंबई में भारतीय राष्ट्रीय कांग्रेस का प्रथम सत्र भी इन्ही तिथियों पर आयोजित हुआ था। ये दोनों कार्यक्रम आयोजकों के बीच बगैर किसी समन्वय के आयोजित कराए गए थे। इससे बनर्जी बॉम्बे कांग्रेस सत्र में शामिल नहीं हो सके। वर्ष 1885 में कांग्रेस के बॉम्बे सत्र में चर्चा में रहे मुद्दों पर 1883 में हुए प्रथम राष्ट्रीय सम्मेलन की छाप थी। बनर्जी ने सूचना दी थी कि बॉम्बे कांग्रेस से जुड़े जस्टिस केटी तैलंग ने प्रथम राष्ट्रीय सम्मेलन के नोट मांगे थे। किंतु 1886 से 1917 के मध्य बनर्जी ने कराची (1913) को छोड़ कर प्रत्येक वार्षिक कांग्रेस में उपस्थिति दर्ज की। बनर्जी ने पुणे (1895) और अहमदाबाद (1902) में कांग्रेस के सत्रों की अध्यक्षता भी की। सुरेंद्रनाथ बनर्जी 1890 में इग्लैंड गए कांग्रेस के 9 सदस्यीय प्रतिनिधि मण्डल के सदस्य थे। प्रत्येक प्रतिनिधि को अपना खर्च पूर्णतया स्वयं वहन करना पड़ा। बनर्जी की पहचान एकमात्र प्रवक्ता के तौर पर बनी। राजनीतिक सुधारों पर उनके व्याख्यानों की श्रृंखला ने अंग्रेज श्रोताओं को भी प्रभावित किया। किंतु उनके लिये सर्वाधिक सुनहरा क्षण 22 मई 1890 को आक्सफोर्ड यूनियन विमर्श के दौरान आया– श्हाउस ऑफ कॉमंस के समक्ष विधेयक में निर्वाचक सिद्धांतों को मान्यता न मिलना इस सदन के लिये खेदपूर्ण है। आक्सफोर्ड, अंग्रेजी कट्टरपंथी राजनीति का गढ़ होने के कारण प्रस्ताव गिर जाने का डर था। किंतु उन्होंने लॉर्ड हग सेसिल के समक्ष बेहद चातुर्यपूर्ण तरीके से अपने तर्क रखे। अधिकतर सदस्यों ने प्रस्ताव के पक्ष में वोट दिया। इण्डियन काउंसिल एक्ट, 1892 में एक परोक्ष निर्वाचक सिद्धांत को मान्यता मिल गई।

बनर्जी की अद्वितीय नेतृत्व क्षमता उनका प्रधान गुण था। उनको ट्रंपेट वॉइस ऑफ इंडिया कहा जाता था। किंतु यह भारत के प्रति उनके समर्पण का स्थानापन्न नहीं था। उन्होंने कहा था कि जो अपने देश को प्रेम नहीं करता उसका श्रेष्ठ वक्ता होने की आकांक्षा पालने का क्या लाभ है। सन् 1905 से 1911 के मध्य में उन्होंने बंगाल के विभाजन के विरुद्ध आंदोलन में प्रमुख भागीदारी की किंतु बहिष्कार और हिंसा की घटनाओं का विरोध किया। वह स्थानीय स्वशासन के हिमायती थे और रिपन कालेज वर्तमान में सुरेंद्रनाथ महाविद्यालय के संस्थापक थे। वह 1921 में इम्पीरियल विधानसभा के सदस्य बन गए एवं उसी वर्ष 'नाइट' की उपाधि प्राप्त की।

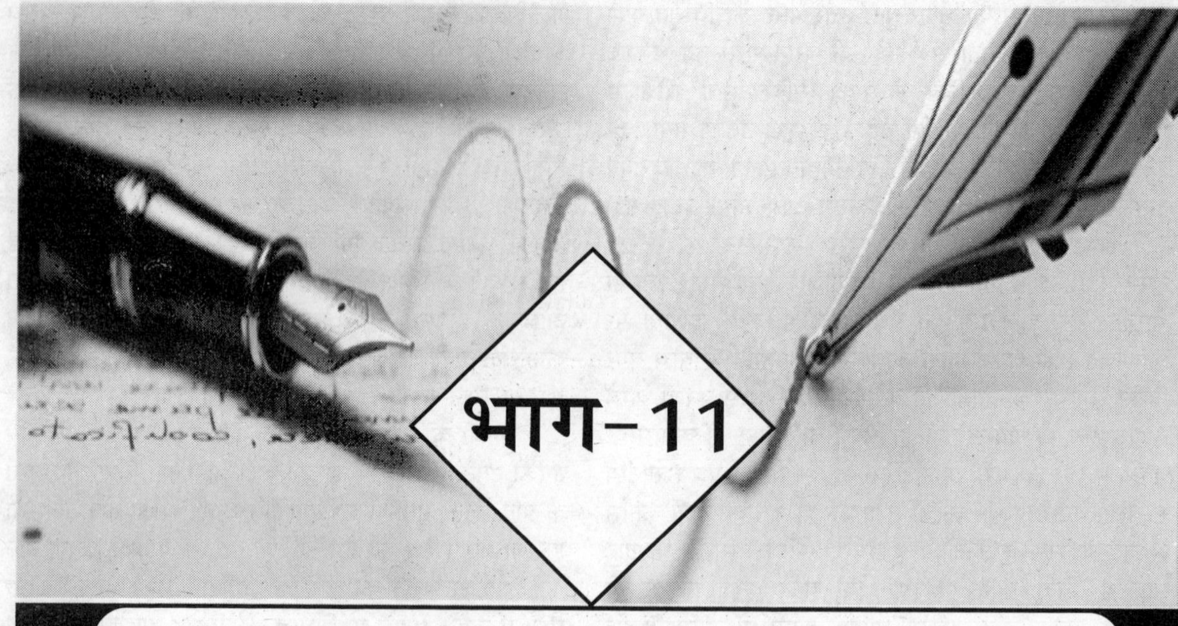

योजनाएं एवं परियोजनाएं

इस भाग में ....

- सेतुसमुद्रम परियोजना
- जननी शिशु सुरक्षा कार्यक्रम
- मनरेगा
- महात्मा गांधी प्रवासी सुरक्षा योजना
- राष्ट्रीय न्यायालय प्रबंधन प्रणाली योजना
- राष्ट्रीय शहरी आजीविका मिशन
- पूर्ण स्वच्छता अभियान (निर्मल भारत अभियान)
- राष्ट्रीय ग्रामीण स्वास्थ्य मिशन

01 सेतुसमुद्रम परियोजना

भारत को आज विश्व की सबसे तेज चाल वाले तीन देशों में शामिल होने और विकासशील देशों में सर्वाधिक तेज गति वाला अग्रणी देश का गौरव प्राप्त है। इस शिखर तक पहुंचने की सफलता का राज यह है कि देश में अत्यधिक संवेदनशील हाईटेक क्षेत्रों से लेकर जन-जन से सरोकार रखने वाले प्रत्येक क्षेत्र के निर्माण का महायज्ञ अबाध गति से चल रहा है। ग्रामीण भारत की छवि निखारने और संवारने के लिए जहां सिंचाई, सड़कों, मकानों, जलापूर्ति विद्युतीकरण और दूरसंचार जैसे बुनियादी ढांचे के छः क्षेत्रों पर 1,74,000 करोड़ रूपये की विशाल राशि, चार वर्ष के लिए मंजूर की गई है, वहीं बंदरगाह बनाने और जोड़ने का काम मुस्तैदी से चल रहा है। देश के नवनिर्माण की ललक ने ही भूल की परतों में दबी हुई सेतुसमुद्रम शिप चैनल परियोजना को फाइलों के अंबार से बाहर निकाल कर उसे तेज गति से लागू करने की प्रेरणा दी। यह जहाजरानी मार्ग पाक जलडमरूमध्य के रास्ते मन्नार खाड़ी को बंगाल की खाड़ी से सीधे मिला देगा। इस छोटे जलमार्ग के बन जाने से भारतीय जहाजों को श्रीलंका का पूरा चक्कर काटने की मेहनत मशक्कत नहीं करनी पड़ेगी। इस चैनल की खुदाई के लिए तमिलनाडु के नागपट्टनम जिले में कीलीमेरे तट के पास समुद्र में इन दिनों बड़ी-बड़ी खुदाई मशीनों से गाद निकालने का काम पूर जोर से चल रहा है। प्रधानमंत्री डा. मनमोहन सिंह ने मंदिरों की पावन नगरी मदुरै में बटन दबा कर इस जलमार्ग की खुदाई का उदघाटन कर बंदरगाह क्षेत्र के विकास का नया बारह मीटर गहरी इस जहाजरानी नहर के निर्माण पर कुल 24 अरब 27 करोड़ 40 लाख रूपये की लागत आने का अनुमान है। वर्तमान कार्यक्रम के अनुसार साढ़े तीन वर्षो यानी लगभग 2008 तक इस जहाजरानी चैनल का निर्माण कार्य पूरा होगा। तब इसमें आठ नाटिकल (समुद्री मील) की गति से 10 मीटर तक ड्राफ्ट वाले जहाजों की आवाजाही विशेष रूप से तमिलनाडु को उसके जरिए सारे देश को उन्नति की राह पर अग्रसर करेगी।

वर्तमान समय में जहाजों को पूर्वी तट से पश्चिमी तट तक जाने के लिए श्रीलंका का चक्कर लगाना पड़ता है इसका कारण एडम पुल है जो कि रामेश्वरम के निकट पंबन में स्थित है यह पुल भारत के दक्षिण पूर्वी तट के पंबन द्वीप तथा श्रीलंका के तलाइमन्नार के बीच है यहां पर समुद्र की गहराई सिर्फ 11 फीट है इसी कारण यहां पर नौवहन असंभव हो जाता है अतः एडम पुल से होते हुए मन्नार की खाड़ी तथा पाक खाड़ी के बीच नौवहन मार्ग आवश्यक हो जाता है। 167 किमी. लंबे तथा 300 मीटर चौड़े चैनल के निर्माण का प्रस्ताव है जिसकी गहराई 12.5 मीटर है। द्विमार्गी नियंत्रित यातायात आवश्यक होगा। परियोजना में एडम पुल के पिछले क्षेत्र के 12 मीटर गहराई तक निकर्षण (ड्रेजिंग) आवश्यक होती चैनल के दो भाग होंगे पहला, प्वाइंट कैलिमर के नजदीक जिसे बंगाल की खाड़ी कहा जाता है दूसरा, एडम पूल के ऊपर नौवहन नियंत्रण हेतु वेस्सल ट्रेफिक मैनेजमेंट सिस्टम (VTMM) प्रस्तावित किया गया है। यह रामेश्वर में धनुषकोटी तथा कोली नगर गांव में स्थित है।

सेतु समुद्रम शीपिंग कैनाल प्रोजेक्ट (SSCP) के प्रचालन के लिए स्वेज नहर प्राधिकरण ने सहमति प्रदान की है जिसके द्वारा सेतु समुद्रम कारपोरेशन लिमिटेड (SCL) व स्वेज नहर प्राधिकरण (SCA) ने एक सहमति पत्र पर दिसंबर 2005 में हस्ताक्षर किए हैं। जैसा कि विदित है कि स्वेज नहर प्राधिकरण जिसके पास लाल सागर से मेडी टेरियन सागर (भूमध्य सागर) के मध्य परिचालन का अनुभव है और उसी अनुभव का तकनीकी लाभ स्वेज नहर प्राधिकरण प्रदान करेगी। भविष्य में इसी प्रकार का समझौता पनामा नहर प्राधिकरण से भी किया जायेगा पनामा नहर प्रशांत महासागर को अटलांटिक महासागर से जोड़ती है। प्रस्तावित चैनल की कुल लंबाई 167 किमी. से 89 किमी. तक निकर्षण (ड्रेजिंग) किया जा रहा है। वर्तमान समय में सेतु समुद्रम निगम के अध्यक्ष एन.के. रघुपति हैं।

- इसमें दोनों तटों के बीच की यात्रा देरी 424 नॉटिकल मील (785 किमी.) कम हो जायेगी। जिससे 30 घंटे यात्रा का समय व ईंधन की बचत होने से ट्रांसपोर्ट लागत में कमी आयेगी जिससे 215 करोड़ रूपये की विदेशी मुद्रा की भी बचत होगी।
- प्रतिरक्षा, सुरक्षा एवं तस्करी को रोकने में मदद मिलेगी।
- पर्यटन उद्योग को भी बढ़ावा मिलेगा।
- तमिलनाडु के तटीय जिलों में अतिरिक्त रोजगार के अवसरों को सृजित किया जा सकेगा।
- प्रायद्वीपीय भारत का कोई एक बंदरगाह कंटेनर ट्रैफिक हेतु एक केंद्रीय बंदरगाह के रूप में विकसित किया जा सकेगा।
- नौसेना तट रक्षक जहाजों द्वारा चैनल का प्रयोग किया जा सकेगा जो कि देश की सुरक्षा हितों की पूर्ति करेगी।

- एक अनुमान के मुताबिक विगत नौ वर्षों में यह परियोजना अपना खर्च स्वयं चलाने लायक हो जायेगी। उसके बाद व्यय से अधिक आय होने लगेगी। और बचत का दौर शुरू हो जायेगा। वर्ष 2008 तक इस जहाजरानी मार्ग से 3000 से अधिक जहाज चलने लगेंगे जिससे 70 करोड़ टन माल की ढुलाई होगी।
- भारत के दक्षिणी-पूर्वी तट और श्रीलंका फलाईमनार के बीच रामेश्वरम के निकट पानी में डूबी समुद्री चट्टानें बैकेट में टूट जाने से पानी और अधिक गहरा होगा, जिससे मछली पालने और पकड़ने में आसानी होगी।
- लगभग 60 करोड़ रूपये की लागत से तीन सामान्य मछली बंदरगाहों और एक बहुउद्देशीय बंदरगाह का निर्माण मछुआरों की रही सही शिकायतों को भी दूर कर देगा।
- छोटे-छोटे बंदरगाहों का समयानुसार और आवश्यकतानुसार परिवर्तन कर उन्हें विविध कार्यों के लिए इस्तेमाल कर इस क्षेत्र को प्रगति की नई राहों पर तेजी से आगे बढ़ाया जा सकेगा।
- आपदा प्रबंधन करने के कार्य में इससे सहायता प्राप्त होगी।
- इससे अंतर्राष्ट्रीय व्यापार संबंधों को व्यापक बनाने के साथ-साथ विदेश व्यापार में भी सहायता मिलेगी।
- इस परियोजना से जहां साझा न्यूनतम कार्यक्रम की एक महत्वपूर्ण प्रतिबद्धता को साकार रूप दिया जा सकेगा वहीं भारतीय बंदरगाह क्षेत्र तथा तमिलों की चिरपरिचित और चिरपोषित महत्वकांक्षा भी पूरी हो सकेगी।
- इस परियोजना के व्यवहारिक और सुदृढ़ लाभ सभी को मिलेगा इससे 10.2 प्रतिशत की अनुमानित दर से लाभ होना उसके उज्जवल भविष्य का परिचायक है।
- अप्रत्यक्ष तौर पर बुनियादी क्षेत्रों- जलापूर्ति, बिजली आपूर्ति, भूतल परिवहन आदि का विकास होगा।
- सरकार के राजस्व में भारी वृद्धि होने से, आम लोगों की क्रयशक्ति बढ़ने से जीवन में सुख की अनुभूति होने लगेगी।
- परियोजना संबंधी हाल के पहल उस समय प्रकाश में आये, जब राष्ट्रीय पर्यावरणीय इंजीनियरिंग शोध संस्थान, नागपुर को दो प्रमुख अध्ययन सौंपे गए। ये थे-(क) परियोजना संबंधी तकनीक-आर्थिक व्यवहार्यता की स्थापना। (ख) वर्ष 2002 में निर्मित जहाजरानी नहर का पर्यावरण पर पड़ने वाले प्रभाव का आकलन। इस संबंध में जुलाई 2004 में ही एनईईआरआई ने अपनी रिपोर्ट प्रस्तुत कर दी है।

निम्नलिखित कारणों से परियोजना का विरोध हो रहा है-

- भारत के जैव मंडलीय आरक्षित क्षेत्रों में मन्नार की खाड़ी आती है जिसे यूनेस्को ने जैव मंडलीय आरक्षित क्षेत्र के विश्व नेटवर्क पर मान्यता प्रदान की है जो कि जैव विविधता में भारत का सबसे संपन्न तटीय क्षेत्र है जिसे जैव विज्ञान की प्रयोगशाला भी कहा जाता है। यह 36 हजार पौधों और प्राणियों की प्रजातियों वाला क्षेत्र है। इससे इनके नष्ट होने का खतरा है।
- ये भारत का सबसे बड़ा मत्स्य उद्योग का क्षेत्र है जिसके कारण मानव की गतिविधियां इस क्षेत्र में बढ़ेंगी तो मछलियों के प्रवास कर जाने की संभावना है। जिससे मछुआरों की आजीविका पर प्रभाव पड़ेगा।
- यह भारत का सर्वाधिक सुनामी प्रभावित जोन में आता है जिससे इसके किनारे नहर के निर्माण से पानी का दबाव बढ़ेगा और उसकी संभावनाएं ज्यादा होगी।
- पर्यावरणविदों का आकलन है कि परियोजना का निर्माण एवं परिचालन दोनों ही पर्यावरण पर बुरा प्रभाव डालेगा। इससे जल प्रदूषण भी होगा जैसे : (1) जहाज बंदरगाह में प्रवेश करने से पहले गंदा पानी छोड़ते हैं जिसमें समुद्री जीवों और उनकी प्रजनन क्षमता प्रभावित होगी।
- पर्यावरणविदों द्वारा पारिस्थितिक तंत्र पर चिंता जताई गई है। ये तंत्र हैं मूंगे की संपन्न रीफें, मैन्ग्रोव इको सिस्टम, समुद्री शैवाल, समुद्री वनस्पतियां एवं जीव।
- सूखा सहित जलवायु में बदलाव।
- पत्तनों मे बाढ़ की संभावना क्योंकि मन्नार एवं बंगाल की खाड़ी में जलस्तर भिन्न होने के कारण धारा प्रवाह में बदलाव आएगा जिससे श्रीलंका के तटीय इलाकों पर बाढ़ का खतरा बना रहेगा। पारिस्थितिकी तंत्र प्रभावित होने के कारण जलवायु भी परिवर्तित होगी। इस परियोजना से कोलंबो पत्तन के अंतर्राष्ट्रीय परिवहन पर प्रतिकूल प्रभाव पड़ेगा।
- समुद्र का अपरदन।
- मन्नार की खाड़ी से लगा जाफना का इलाका लिट्टे के कब्जे वाला क्षेत्र है इससे इस क्षेत्र की समृद्धि बढ़ेगी और श्रीलंका से संबंध खराब होंगे।
- धार्मिक नेताओं का कहना है कि नहर का स्थान पौराणिक रामसेतु का स्थान है, नहर से इसे क्षति पहुंचेगी और एक पौराणिक चिन्ह नष्ट हो जाएगा। विहिप ने परियोजना के विरोध में आंदोलन छेड़ा हुआ है।

इस परियोजना से होने वाली हानियों को कम करने के लिए केन्द्रीय पर्यावरण एवं वन मंत्रालय ने 22 कठोर एवं 18 सामान्य शर्तों के साथ मंजूरी दे दी है। ये शर्तें हैं :

- सबसे बड़ी शर्त यह है कि खुदाई से निकलने वाले मलबे को जमीन पर फेंका जाये। नहर की खुदाई से निकलने वाली मिट्टी व चट्टान को 25 किमी. दूर 5 किमी. लंबे व 5 किमी. चौड़े क्षेत्रफल में डाला जाये। मलबा डालने हेतु स्थान का चयन किया गया है। मलबे को खपाने के लिए तय की गयी जगह की निगरानी होनी चाहिए। यदि खुदाई और भराई के दौरान कोई आसामान्य गतिविधि दिखे तो तुरंत कदम उठाये जायें।
- खुदाई से पहले समुद्रीवन, प्रवाल तथा जीवों की प्रजातियों का संरक्षण किया जाये।
- परियोजना की 2 प्रतिशत राशि समुद्र तट पर रहने वाली आबादी के पुर्नवास पर खर्च की जाये।
- किसी भी तरह का मलबा मन्नार की खाड़ी में डालने की अनुमति नहीं होगी।
- खुदाई के दौरान प्रति 4 घंटे बाद मन्नार की खाड़ी में बायोस्फेयर और नेशनल मरीन पार्क की निगरानी की जाये।
- पर्यावरण और पारस्परिक निगरानी हेतु कमेटी बनायी जाये।
- अकुशल व अर्धकुशल काम के लिए केवल स्थानीय लोगों को काम दिया जाय तथा सुरक्षा के आवश्यक उपाय किये जायें।

इस तरह पर्यावरण मंत्रालय ने कुल 40 शर्तें थोपी हैं। इसमें एक शर्त यह भी है कि यदि उसकी किसी एक भी शर्त को न माना गया तो वह पर्यावरणीय मंजूरी वापस ले लेगा।

- इसके अधिकांश जैविक तथा भौतिक संसाधनों के समक्ष आंशिक या पूर्ण रूप से सुनामी का खतरा मौजूद है।
- चक्रवात से उत्पन्न होने वाले खतरे विद्यमान हैं। सन् 1819 से 1995 ई. के बीच पाक खाड़ी तथा इसके समीपवर्ती क्षेत्रों में 23 चक्रवात आ चुके हैं। इसका तात्पर्य हुआ कि यहां 4-5 वर्षों के बीच एक बार चक्रवात आते रहे हैं।
- इसके अतिरिक्त, हाल ही में आए सुनामी के अलावा इस क्षेत्र में 3 बार सुनामी (1881, 1883 और 1941 में) आ चुके हैं।
- ये सभी तथ्य रेखांकित करते हैं कि आवश्यक ड्रेजिंग की मात्रा उस आकलन की तुलना में काफी ज्यादा होगी जो कि राष्ट्रीय पर्यावरणीय इंजीनियरिंग शोध संस्थान (एनईईआरआई) नागपुर द्वारा आकलित किए गए हैं।
- परियोजना की लागत में भविष्य में बढ़ोत्तरी हो सकती है। ऐसा देखा गया है कि मिट्टी की जांच ठीक से न होने कारण 50 प्रतिशत से ज्यादा ड्रेजिंग परियोजनाओं की लागत में भविष्य में बढ़ोत्तरी हो गयी है।
- एसएससीपी विश्व की ऐसी एकमात्र अपतटीय परियोजना है जहां परियोजना योजनाकारों ने सार्वजनिक रूप से कहा है कि उन्होंने परियोजना निर्माण के समय उच्च जोखिम कारकों पर विचार नहीं किया है।
- एसएससीपी के मार्ग में दो स्थानों पर तीव्र मोड़ हैं। यहां पर जल प्रवाह तीव्र हो जाएगा जो कि अत्यधिक अतिरिक्त अवसाद को जन्म देगा।
- एनईईआरआई द्वारा तैयार रिपोर्ट में परियोजना से संबंधित महत्वपूर्ण अवरोधक बिंदु को रेखांकित किया गया है। पाक खाड़ी के आसपास के क्षेत्र में अवसाद के निरंतर जमाव से आवश्यक गहराई में कमी आ जाती है। इस कारण अत्यधिक निकर्षण (ड्रेजिंग) की आवश्यकता होती है।
- कुछ लोगों का मानना है कि परियोजना अपने निर्माण तथा परिचालन के दोनों चरणों में पर्यावरण पर नकारात्मक प्रभाव डालेगी।
- पर्यावरणविद् का मानना है कि इससे समुद्री वनस्पतियां पूर्णतया नष्ट हो जाएंगी तथा मछुआरों की जीविका बुरी तरह से प्रभावित होगी।

माना जा रहा है कि सेतु समुद्रम परियोजना पूरी होने के बाद सारे अंतर्राष्ट्रीय जहाज कोलंबो बंदरगाह का लंबा मार्ग छोड़कर इसी नहर से गुजरेंगे। अनुमान है कि 2000 या इससे अधिक जलपोत प्रतिवर्ष इस नहर का उपयोग करेंगे। 19वें वर्ष तक परियोजना 5000 करोड़ से अधिक का व्यवसाय कर लेगी। जबकि इसके निर्माण में 2000 करोड़ की राशि खर्च होने का अनुमान है। जहाजरानी और परिवहन मंत्री टी आर बालू ने इस परियोजना की व्यवहारिकता सुदृढ़ता और सार्थकता की चर्चा करते हुए विश्वास व्यक्त किया कि नौ वर्षों में यह परियोजना अपना खर्च अपने आप चलाने लायक हो जायेगी। उसके बाद व्यय से अधिक आय होने लगेगी और बचत का दौर शुरू हो जाएगा। वर्ष 2008 के दौरान इस जहाजरानी मार्ग से तीन हजार से अधिक जहाज चलने लगेंगे और इनके कोई 70 करोड़ टन माल की ढुलाई होने लगेगी।

वैसे भी यह बात समझ से परे नहीं है कि एडम ब्रिज की चट्टानें टूट जाने से पानी के अधिक गहरा होने से मछलियों को पालने और पकड़ने का व्यवसाय जोर पकड़ लेगा। नागपट्टनम और तूतीकोरिन के बीच मछली बंदरगाहों के विकास तथा वहां माल चढ़ाने उतारने का काम और भंडारण सुविधाएं बढ़ाना मछुआरों और अन्य लोगों के लिए मुंह मांगा वरदान प्रमाणित करना होगा।

- लगभग 60 करोड़ रूपये की लागत से तीन सामान्य मछली बंदरगाहों और एक बहुउद्देशीय बंदरगाह का निर्माण मछुआरों की रही सही शिकायतों को भी दूर कर देगा। पर्यावरणविदों और मछुआरों की शंकाओं को निराधार बताते हुए प्रधानमंत्री मनमोहन सिंह ने आश्वस्त किया कि प्राकृतिक विरासत की रक्षा की भरसक कोशिश की जाएगी और सुनिश्चित किया जाएगा कि प्रत्येक व्यक्ति की आजीविका पर कोई आंच न आएं।
- द्रविड़ मुनेत्र कड़गम प्रमुख करूणानिधि का अनुमान है कि परियोजना से प्रत्यक्ष और परोक्ष रूप से 50,000 व्यक्तियों को निरंतर रोजगार मिलता रहेगा। तमिलनाडु के तटीय क्षेत्रों और कोरोमंडल तट का चहुंमुखी विकास होने से हजारों घरों में बुझे दीप जल उठेंगे और जीवन जीने लायक हो जाएंगे।
- छोटी-छोटी बंदरगाहों का समयानुसार और आवश्यकतानुसार परिवर्तन कर उन्हें विविध कार्यों के लिए इस्तेमाल कर क्षेत्र को प्रगति की नई राहों पर तेजी से आगे बढ़ाया जा सकेगा।
- इस संबंध में कोई दो राय नहीं कि यह परियोजना न केवल क्षेत्रीय राष्ट्रीय और अंतर्राष्ट्रीय बल्कि सामरिक और व्यापारिक सभी दृष्टियों से महत्वपूर्ण है। देश के पूर्वी और पश्चिमी तटों को परस्पर जोड़ने के लिए हमारी अपनी समुद्री सीमा के अंदर समुद्री चैनल बन जाने से आम जरूरत की चीजें ही नहीं बल्कि अत्यंत संवेदनशील वस्तुओं सैन्य सामग्री और सैनिकों सभी को इस या उस तट पर सुगमता से पहुंचाया जा सकेगा। तट रक्षक जहाजों का काम भी कुछ हल्का हो जाएगा।
- आपदा प्रबंधन कार्य मुस्तैदी से करने में अब अधिक कसरत नहीं करनी पड़ेगी। उथला पानी गहरा हो जाने से बड़े जंगी जहाज आनन-फानन कार्यवाही कर ठोस परिणाम हासिल कर सकेंगे और सुरक्षा व्यवस्था को अधिक सुदृढ़ कर सकेंगे।
- निसंदेह यह जलमार्ग अंतरराष्ट्रीय व्यापार संबंधों को व्यापक बनाने के साथ-साथ विदेश व्यापार को चार चांद लगा देगा। नौवहन व्यय कम होगा तथा निर्यात सस्ता और स्पर्धात्मक हो जाएगा। समुद्र के रास्ते विदेश व्यापार बढ़ने से जहाजरानी का भी बढ़ना स्वाभाविक है। दोनों एक-दूसरे के पूरक और सहायक हैं।
- इस परियोजना से जहां साझा न्यूनतम कार्यक्रम की एक महत्वपूर्ण प्रतिबद्धता को साकार रूप दिया जा सकेगा वहां भारतीय बंदरगाह क्षेत्र तथा तमिलों की चिरपरिचित और चिर पोषित महत्वाकांक्षा पूरी हो सकेगी।
- साथ ही परियोजना के आर्थिक दृष्टि से व्यावहारिक, सुदृढ़ और पायदार होने का लाभ सभी को मिल सकेगा।
- इससे 10.2 प्रतिशत की अनुमानित दर से लाभ होना उसके उज्जवल भविष्य का परिचायक है दूसरे पश्चिमी तट से श्रीलंका का चक्कर काटते हुए पूर्वी तट क्षेत्र तक पहुंचने में जितना समय अभी लगता है, उसमें 30 घंटे की कमी हो जाने से बहुत राहत मिलेगी। जहाजों के ईंधन की खपत में जबरदस्त कटौती से जहां पेट्रोलियम पदार्थों पर व्यय कम होगा, वहां जहाजी भाड़ा किराया कम हो जाने से व्यापारियों, निर्यातकों तथा यात्रियों सभी को लाभ होगा। घरेलू उत्पादक, उद्यमियों और उपभोक्ताओं को उन्नत प्रौद्योगिकीय वस्तुओं से लेकर आवश्यकता का सामान्य सामान सस्ता मिलने लगेगा। सभी तटवर्ती क्षेत्रों और संलग्न पिछले इलाकों की अर्थव्यवस्था में नई हलचल और नया स्पंदन पैदा होगा, काम धंधों को नया विस्तार मिलेगा तथा व्यवसाय और कारोबार के नए द्वार खुल जाएंगे। जगह-जगह छोटे, मझोले और सहायक उद्योगों का जाल फैल जाने से तटीय क्षेत्रों की प्रगति तीव्र गति से होगी। इतना ही नहीं इकाइयां और उद्योग समूहों की स्थापना सर्वग्राही एवं सर्वव्यापी होती है तथा कई आनुषंगिक लाभों के अपने दामन में समेटे होती है।
- इनसे सड़कों और रेल पटरियों का जाल बिछने में देर नहीं लगेगी। जलापूर्ति, बिजली आपूर्ति और भूतल परिवहन जैसे बुनियादी क्षेत्रों का चौतरफा विकास होने से क्षेत्र का कायाकल्प हो जाएगा। सरकार के राजस्व में भारी वृद्धि तो होगी ही, आम लोगों की क्रयशक्ति बढ़ने से जीवन में सुख की अनुभूति होने लगेगी।

02 जननी शिशु सुरक्षा कार्यक्रम

राष्ट्रीय ग्रामीण स्वास्थय मिशन के अंतर्गत प्रजनन एवं शिशु स्वास्थ्य कार्यक्रम के तहत माता एवं शिशु की मृत्यु दर को घटाना प्रमुख लक्ष्य रहा है। इस मिशन के अंतर्गत स्वास्थ्य और परिवार कल्याण मंत्रालय ने कई नए कदम उठाये हैं जिनमें जननी सुरक्षा योजना भी शामिल है। इसकी वजह से संस्थागत प्रजनन में काफी वृद्धि हुई है और इसके तहत हर साल एक करोड़ से अधिक महिलाएं लाभ उठा रही हैं। जननी सुरक्षा योजना की शुरूआत संस्थागत प्रजनन को बढ़ावा देने के लिए की गई थी जिससे शिशु जन्मे प्रशिक्षित दाई/नर्स/डाक्टरों द्वारा कराया जा सके तथा माता एवं नवजात शिशुओं को गर्भ से संबंधित जटिलताओं एवं मृत्यु से बचाया जा सके।

यद्यपि, संस्थागत शिशु जन्म में उल्लेखनीय वृद्धि हुई है। फिर भी गर्भवती महिलाओं तथा उनके परिवार को काफी खर्चा करना पड़ता है। इसके कारण गर्भवती महिलाएं संस्थागत प्रजनन को बाधा के रूप में लेती है। वे घर में प्रजनन कराने को वरियता देती है। इस कारण से, अधिकतर रूग्ण नवजात शिशुओं को स्वास्थ्य की सुविधाएं न मिलने के कारण मृत्यी हो जाती हैं।

इस समस्या का निवारण करने के लिए स्वास्थ्य एवं परिवार कल्याण मंत्रालय ने (जननी शिशु सुरक्षा कार्यक्रम) एक जून 2011 को गर्भवती महिलाओं तथा रूग्ण नवजात शिशुओं को बेहतर स्वास्थ्य सुविधाएं प्रदान करने के लिए शुरू किया था। इस योजना के अंतर्गत मुफ्त सेवा प्रदान करने पर बल दिया गया है। इसमें गर्भवती महिलाओं तथा रूग्ण नवजात शिशुओं को खर्चों से मुक्त रखा गया है।

इस योजना के तहत, गर्भवती महिलाएं को मुफ्त दवाएं एवं खाद्य, मुफ्त इलाज, जरूरत पड़ने पर मुफ्त खून दिया जाना, सामान्य प्रजनन के मामले में तीन दिनों एवं सी-सेक्शेन के मामले में सात दिनों तक मुफ्त पोषाहार दिया जाता है। इसमें घर से केंद्र जाने एवं वापसी के लिए मुफ्त यातायात सुविधा प्रदान की जाती है। इसी प्रकार की सुविधा सभी बीमार नवजात शिशुओं के लिए दी जाती है। इस कार्यक्रम के तहत ग्रामीण एवं शहरी क्षेत्रों में हर साल लगभग एक करोड़ से अधिक गर्भवती महिलाओं एवं नवजात शिशुओं को योजना का लाभ मिला है।

भारत में मातृ मृत्यु दर (एमएमआर) एवं शिशु मृत्यु दर को कम करने में अत्यधिक प्रगति की गई है, जिसमें और सुधार किए जाने की आवश्यकता है। वर्ष 2005 में शुरू की गई जननी सुरक्षा योजना (जेएसवाई) के बाद संस्थागत शिशु जन्मा में उल्लेखनीय वृद्धि हुई है। कई संस्थागत प्रजनन के मामलों में माताएं 48 घंटों से अधिक केंद्रों में रूकने के लिए इच्छुक नहीं थी जबकि जन्म के बाद पहले 48 घंटे अत्यंत नाजुक होते हैं तथा हैमरेज, इन्फेक्शन, उच्चम रक्त दबाव आदि जैसी परेमशानियां पैदा होने की संभावनाएं रहती हैं। असुरक्षित प्रजनन में माता एवं बच्चों के रोगी होने या मृत्यु की संभावनाएं बढ़ जाती हैं।

माता एवं बच्चों के स्वास्थ्य की देखभाल का खर्चा, दवाओं का खर्चा, जांच आदि से भी उक्तत सेवाएं प्रभावित होती हैं। कुछ मामलों में जैसे कि खून की कमी या हैमरेज होने पर खून दिए जाने से भी खर्चा बढ़ जाता है। सीजेरियन डिलीवरी के मामले में तो खर्चा और बढ़ जाता है।

जननी सुरक्षा कार्यक्रम की शुरूआत यह सुनिश्चित करने के लिए की गई है कि प्रत्येक गर्भवती महिला तथा एक माह तक रूग्ण नवजात शिशुओं को बिना किसी लागत तथा खर्चे के स्वास्थ्य सेवाएं प्रदान की जाएं।

जननी शिशु सुरक्षा कार्यक्रम के अंतर्गत सरकारी स्वास्थ्य केंद्रों में मुफ्त प्रजनन सुविधाएं (सीजेरियन आपरेशन समेत) मुहैया की जाती हैं। गर्भवती महिलाओं को मुफ्त में दवाएं दी जाती हैं इनमें आयरन फालिक अम्ल जैसे सप्लीमेंट भी शामिल हैं। इसके साथ ही गर्भवती महिलाओं को खून, पेशाब की जांच, अल्ट्राल-सोनोग्राफी आदि अनिवार्य और वांछित जांच भी मुफ्त कराई जाती है। सेवा केंद्रों में सामान्य डिलीवरी होने पर तीन दिन तथा सीजेरियन डिलीवरी के मामले में सात दिनों तक मुफ्त पोषाहार दिया जाता है। आवश्यकता पड़ने पर मुफ्त खून भी दिया जाता है। गर्भवती महिलाओं को समय पर रैफरेल-यातायात सुविधा दिए जाने से माता एवं नवजात शिशुओं का बचाव किया जा सकता है। जननी शिशु सुरक्षा कार्यक्रम के अंतर्गत ओपीडी फीस एवं प्रवेश प्रभारों के अलावा अन्य प्रकार के खर्चे करने से मुक्त रखा गया है।

जन्म से 30 दिनों तक रूग्ण नवजात शिशु हेतु सभी दवाएं और अपेक्षित खाद्य मुफ्त में मुहैया कराई जाती है। माता के साथ-साथ नवजात शिशु की भी मुफ्त जांच की जाती है और आवश्यकता पड़ने पर मुफ्त में खून भी दिया जाता है। घर से केंद्र जाने और आने के लिए भी मुफ्त में वाहन सुविधा दी जाती है।

संक्षेप में, केंद्र में प्रजनन कराने से माता के साथ-साथ शिशु की भी सुरक्षा रहती है। जननी सुरक्षा योजना के अंतर्गत जहां गर्भवती महिला को नकद सहायता दी जाती है, वहीं पर जननी सुरक्षा कार्यक्रम के अंतर्गत गर्भवती महिलाओं तथा रूग्ण नवजात शिशुओं पर खर्चा कम करना पड़ता है। इससे सार्वजनिक स्वास्थ्य केंद्रों में जाना बढ़ा है तथा इससे माताओं एवं शिशुओं की मृत्युर दर में कमी आई है।

जननी शिशु सुरक्षा कार्यक्रम की शुरूआत करने से सभी गर्भवती महिलाओं को सार्वजनिक स्वास्थ्य केंद्रों में प्रजनन कराने में प्रोत्साहन मिलेगा। इससे केंद्रों पर अच्छी जन्म संबंधी सेवाएं मिलेगी। रूग्ण नवजात शिशुओं का मुफ्त इलाज किए जाने से नवजात शिशुओं की मृत्यु दर घटाने में सहायता मिलेगी। इस कार्यक्रम से माता एवं नवजात शिशुओं की रूग्णता और मृत्यु दर में कमी आएगी।

03 मनरेगा

महात्मा गांधी राष्ट्रीय ग्रामीण रोजगार योजना (मनरेगा) संयुक्त प्रगतिशील गठबंधन सरकार की ऐसी महत्वाकांक्षी योजना है जिसने न केवल भारतीय ग्रामीण गरीब परिवारों के लिए रोजगार की नई संभावनाओं को जन्म दिया वरन् देश के आर्थिक, सामाजिक और राजनीतिक जीवन पर बहुआयामी निर्णायक प्रभाव छोड़े हैं। अगस्त 25, 2005 को संवैधानिक रूप से लागू हुई यह योजना संप्रग सरकार के समाजिक सरोकारों का सामाजिक, राजनीतिक उच्चारण बनकर संभवतया दुनिया की अपनी तरह की सबसे बड़ी रोजगार योजना के रूप में सामने आयी। फरवरी 2006 से क्रियान्वित इस योजना ने अब छह वर्ष पूरे कर लिए हैं और इन छह वर्षों में इस महत्वकांक्षी योजन ने समाज के सर्वाधिक निचले पायदान पर खड़ी बहुत बड़ी आबादी को सफलतापूर्वक रोजगार उपलब्ध कराने का महत्ती काम किया है।

2005 में राष्ट्रीय ग्रामीण रोजगार योजना का शुरूआत प्रारूप देश के कुल 200 जिलों के लिए तैयार किया गया था जिसमें बाद में 130 जिले और शामिल किए गए। परंतु वर्तमान समय में इस योजना के तहत देश के सभी 624 जिले आते हैं। यदि रोजगार सृजन करने और उपलब्ध कराने के संदर्भ में संप्रग सरकार की तुलना पिछली राजग सरकार से की जाए तो निश्चित ही इस सरकार की उपलब्धियां कहीं अधिक हैं। योजना आयोग के उपाध्यक्ष मोंटेक सिंह अहलूवालिया के अनुसार सत्ता में आने के बाद से वर्तमान सरकार ने तीन गुना रोजगार मुहैया कराए हैं और इस सफलता का मुख्य श्रेय मनरेगा को ही जाता है। दिसंबर 2010 तक ही इस योजना के तहत ही सरकार देश के चार करोड़ दस लाख परिवारों को रोजगार मुहैया करा चुकी थी। मनरेगा से रोजगार पाने वाले इन परिवारों की सामाजिक स्थिति और इनके वर्गीय चरित्र का आंकलन किया जाए तो इस योजना की सफलता और भी उल्लेखनीय जान पड़ती है। मनरेगा से रोजगार पाने वाले लोगों में जहां 47 प्रतिशत महिलाएं थी तो वहीं 28 प्रतिशत वह लोग थे जो अनुसूचित जाति से आते हैं और इसमें 24 प्रतिशत हिस्सा अनुसूचित जनजाति का था इस दृष्टिकोण से मनरेगा ना केवल अकुशल से पिछड़े वर्गों के आर्थिक सशक्तिकरण के द्वारा समाजिक न्याय के महत्वपूर्ण और प्रभावी औजार के रूप में भी काम किया है। जाति संप्रदाय और लैंगिक भेदभाव से अलग इस योजना ने समाज के सबसे अधिक कमजोर तबकों के आर्थिक सशक्तिकरण का काम किया। इतना ही नहीं मनरेगा के कारण देश के ग्रामीण क्षेत्रों में अपना वेतन पाने के लिए 10 करोड़ लोगों को बैंक या स्थानीय डाकघर में खाते खोलने पड़े हैं, जिससे ग्रामीण गरीब मजदूरों में जमा और बचत की भावना का भी प्रसार हुआ है।

हालांकि केंद्र सरकार ने इस योजना की मजदूरी को उपभोक्ता मूल्य सूचकांक से जोड़ दिया है परंतु अभी कई राज्यों में मिलने वाला मेहनताना न्यूनतम मजदूरी से कम है। योजना के प्रारंभ में योजना का पारिश्रमिक 57 रूपये प्रतिदिन था, जिसे बाद में बढ़ाकर 100 रूपये किया गया वर्तमान समय में यह 125 से लेकर अलग-अलग राज्यों में 180 रूपये तक है। पारिश्रमिक की दर पुरूष और महिलाओं के लिए एक समान हैं, इसमें कोई लैंगिक भेदभाव नहीं है। इस लैंगिक समानता के अलावा मनरेगा ने महिला सशक्तिकरण की एक नई ग्रामीण पटकथा लिखी है। महिला सशक्तिकरण इस योजना का एक बेहद महत्वपूर्ण पहलू है। योजना ने 33 प्रतिशत महिलाओं को रोजगार मुहैया कराने की प्रतिबद्धता तो जाहिर की थी परंतु अधिकतर राज्यों में यह प्रतिशत 33 से कहीं ज्यादा दर्ज किया गया है। तमिलनाडु में सबसे अधिक 82 प्रतिशत महिलाएं योजना से लाभ पा रही हैं तो वहीं केरल और राजस्थान क्रमशः 72 और 69 प्रतिशत के साथ योजना में महिलाओं की भागीदारी के मामले में सबसे ऊंचे पायदान पर खड़े हैं। अभी तक अपने रोजमर्रा के खर्च के लिए पुरूषों पर आश्रित ग्रामीण महिला अपने आप को अधिक आत्मनिर्भर और स्वतंत्र महसूस कर रही है। अभी तक औरत की जिस मेहनत का कोई आर्थिक आंकलन नहीं होता था वह अब परिवार की एक कमाने वाली सदस्य बनकर अपने परिवार और समाज विकास की नई भूमिका में सामने आ रही है। बेशक यह ग्रामीण महिलाओं के जीवन में एक फलदायी बदलाव है और यह नए समाज के निर्माण में महिलाओं की नई, सक्रिय एवं निर्णायक भूमिका की जमीन तैयार करेगा जो केवल मनरेगा से ही संभव हो पा रहा है। इसके अतिरिक्त जलाशयों के पुनर्निर्माण और जल संरक्षण का बड़ा काम भी मनरेगा के कारण संभव हो रहा है। 2010-11 के वित्त वर्ष में मनरेगा के लिए आवंटित धन के 40 प्रतिशत हिस्से का उपयोग जलाशयों के पुनर्निर्माण, संरक्षण और ग्रामीण सिंचाई योजनाओं पर खर्च करने का निर्णय सरकार द्वारा किया गया। बड़ी संख्या में मनरेगा

के तहत ग्रामीण क्षेत्रों में सूख गए जलाशयों, पोखरों, बावड़ियों और तालाबों को पुनर्जीवित और संरक्षित करने का प्रभावी काम हो पाया है। तमाम तरह की अनियमितताओं और भ्रष्टाचार के आरोपों और आलोचनाओं के बीच भी मनरेगा ने भारतीय जनजीवन पर कई रूपों में परिवर्तनकारी अमिट छाप छोड़ी है। यह राष्ट्रीय ग्रामीण रोजगार कानून ही है, जिसके क्रियान्वयन के बाद से गरीबी का मुख्य कारण रहा है, अब के कमजोर गरीब तबकों के सशक्तिकरण की प्रक्रिया शुरू हुई है। मनरेगा के लागू होने, रोजगार की संभावनाएं बनने और कृषि मजदूरी में बढ़ोतरी के कारण गांवों से मजदूरों के विस्थापन और पलायन में भी कमी आयी है। इसके अलावा इस कानून की एक बड़ी उपलब्धि ग्रामीण क्षेत्रों में सामुदायिक संसाधनों का निर्माण भी हैं, जिसमें ग्रामीण इलाकों में सड़कों, परंपरागत जलाशयों का संरक्षण और नए स्रोतों का निर्माण भी है। मनरेगा की यह ऐसी उपलब्धियां हैं, जो ग्रमीण समाज पर व्यापक एवं दूरगामी प्रभाव छोड़ रही है और जिसके नतीजे आने वाले समय में दिखाई देंगे।

सकारात्मक प्रभावों के बाद भी इस प्रभावी कानून को कई नकारात्मक आलोचनाओं का सामना करना पड़ा है जिसे वर्तमान ग्रामीण विकास मंत्री जयराम रमेश ने भी पिछले दिनों एक पत्रिका को दिए गए अपने साक्षात्कार में स्वीकार किया है। उन्होंने स्वीकार किया कि देश के 600 से भी अधिक जिलों में फैली इस योजना का दायरा इतना व्यापक और विविधतापूर्ण है कि इसमें छिद्र बचे ही रहते हैं क्योंकि इसे लागू करने की कोई एकरूप व्यवस्था नहीं है। योजना बेशक केंद्र सरकार द्वारा निर्मित और क्रियान्वित की जाती हो परंतु इसे जमीनी स्तर पर लागू करने और इसके लिए मांग निर्माण आदि में ग्राम पंचायत की ही प्रमुख भूमिका है। रोजगार कार्ड धारकों को पारिश्रमिक अदायगी में अनियमितताओं की मिल रही शिकायतों के मद्देनजर सरकार ने राज्य सरकारों को आदेश दिया है कि प्रत्येक कार्ड धारकों को उसके द्वारा किए गए काम के बाद 15 दिन के भीतर पारिश्रमिक मिल जाना चाहिए और ऐसा नहीं होने की स्थिति में इन अनियमितताओं पर हर्जाना राज्य सरकार को देना होगा। हालांकि आंध्र प्रदेश सरीखे कुछ राज्यों में इन अनियमितताओं पर मजबूत मेनेजमेंट इंर्फोमेशन सिस्टम (एमआईएस) द्वारा अंकुश लगाया जा सका है। यह मजबूत एमआईएस सरकार द्वारा जारी धन के बहाव की असरदार ढंग से निगरानी करने में सक्षम रहता है। श्री जयराम रमेश ने कहा कि इसके अलावा भी हमने समाज के अलग-अलग हिस्सों से मिल रहे सुझावों और आलोचकों की चिंताओ के आधार पर कानून में सुधार के लिए एक मनरेगा 2.0. ब्ल्यू प्रिंट तैयार किया है। वास्तव में यह कोई मनरेगा में संशोधन नहीं है, वरन् कार्य सूची में बदलाव करे हुए मनरेगा को अधिक प्रभावी तरीके से लागू करना ही है। 2.0. को अपने आलोचकों की चिंताओं के मद्देनजर और अपने अनुभवों के अनुसार तैयार किया गय ाहै जिसे ज्यादा से ज्यादा कृषि क्षेत्र से जोड़ा जाएगा। इसके अतिरिक्त उन्होंने बताया कि हमने योजना के समक्ष नौ प्रमुख चुनौतियों को रेखांकित किया है और उनसे निपटने की योजना तैयार करने के लिए डॉ. मिहिर शाह की अध्यक्षता में एक कमेटी का गठन किया गया है जो आगामी बजट सत्र से पहले अपनी कार्ययोजना पेश कर देगी और हमारे सामने महात्मा गांधी राष्ट्रीय ग्रामीण रोजार योजना को अधिक प्रभावी बनाने का एक नया प्रारूप होगा।

04 महात्मा गांधी प्रवासी सुरक्षा योजना

खाड़ी देशों में तकरीबन 50 लाख भारतीय नागरिक ईसीआर (इमिग्रेशन चौक रिक्वायर्ड) पासपोर्ट्स पर अस्थायी रोजगार/अनुबंधवीजा पर काम कर रहे हैं। ऐसा देखा गया है कि प्रवासी भारतीय कामगारों द्वारा देश में अपने परिवारों को समय पर भेजी गई उनकी कमाई की राशि विरले ही बचत के रूप में जमा कराई जाती है और अक्सर उसका इस्तेमाल उनके परिवारों के रोजमर्रा के खर्च को अस्थायी तौर पर बेहतर बनाने में कर लिया जाता है। परिणामस्वरूप विदेशों में कार्यरत बहुसंख्य भारतीय कामगारों के भारत लौटने और उनके ज्यादा वृद्धि होने पर उन्हें गरीबी के खतरे का सामना करना पड़ता है।

प्रवासी भारतीय कामगार ज्यादातर ईसीआर देशों के निवासियों को उपलब्ध होने वाले औपचारिक सामाजिक सुरक्षा लाभ के दायरे से बाहर रखे जाते हैं। भारत सरकार ने समावेशी विकास के प्रति टिकाऊ और गहरी प्रतिबद्धता प्रदर्शित की है और आमदनी को बेहतर बनाने तथा रोजगार के अवसर उपलब्ध कराने एवं अपने नागरिकों को सामाजिक सुरक्षा तक समान पहुंच उपलब्ध कराने के लिए कई अहम कदम उठाए हैं। हालांकि अभी तक ऐसा कोई तंत्र नहीं था। जो प्रवासी भारतीय कामगारों को ऐसी पहल से लाभ दिला सके।

इस संदर्भ में प्रवासी भारतीय मामलों के मंत्रालय ने ईसीआर देशों के प्रवासी भारतीय कामगारों के लिए महात्मा गांधी प्रवासी सुरक्षा योजना (एमजीपीएसवाई) नाम की विशेष सामाजिक सुरक्षा योजना शुरु की है। इस योजना का नाम महात्मा गांधी के नाम पर रखा गया है। यह एक स्वैच्छिक योजना है जिसका लक्ष्य कामगारों को अपनी तीन प्रमुख मांगों को पूरा करने के लिए प्रोत्साहित करना और सक्षम बनाना है। यह योजना एनपीएस-लाइट (राष्ट्रीय पेंशन योजना) के माध्यम से उन्हें वृद्धावस्था के लिए पेंशन बचाने, उनकी वापसी और पुनर्वास के लिए बचत करने तथा निःशुल्क जीवन बीमा कवर हासिल करने में मदद करती है, मंत्रालय भी पांच साल की अवधि तक अथवा कामगारों की भारत वापसी तक, जो भी पहले हो, इस योजना में सह-योगदान देगा।

वृद्धावस्था पेंशन

यह योजना कामगारों को उनकी वृद्धावस्था के लिए बचत करने में मदद करेगी है। वृद्धावस्था बचत का प्रबंधन विश्वसनीय सार्वजनिक क्षेत्र पेंशन निधि द्वारा किया जाएगा। कामगार को जहां अपने पेंशन खाते में 1000 रुपये से 1200 रुपये तक की राशि जमा करेगा, वहीं कामगार के पुरुष होने पर 1000 रुपये और महिला होने पर 2000 हजार रुपये का सह-योगदान एनपीएस लाइट खाते में मंत्रालय द्वारा जमा कराया जाएगा है।

रिटर्न और रिसेटलमेंट बचत

कामगारों की भारत में वापसी पर तत्काल उनकी धन की जरूरत को पूरा करने के लिए रिटर्न और रिसेटलमेंट के रूप में एक वैकल्पिक होगी। यह योजना एक छोटे समय में पुनर्वास संबंधी व्ययों को पूरा करने में और धन की बचत करने में मदद करेगी। इस योजना में कामगार द्वारा 4000 रुपये के निवेश के बाद मंत्रालय की ओर से उनके इस खाते में 900 रुपये का योगदान किया जाएगा है।

बीमा सुरक्षा

इस योजना के अधीन पंजीकृत प्रवासी भारतीय कामगार को मुफ्त में जीवन बीमा की सुरक्षा मिलेगी जो ईसीआर देश में कार्यरत रहने तक लागू होगी।

एमजीपीएसवाई में मंत्रालय का योगदान

यदि कोई कामगार 5000 रुपये प्रति वर्ज़ अंशदान देता है तो पूरी योजना के लिए महिला कामगार के मामले में मंत्रालय की ओर से 3000 रुपये का योगदान और पुरुष कामगार के मामले में 2000 रुपये योगदान किया जाता है। मंत्रालय का योगदान इस योजना में उपभोक्ता द्वारा आवश्यक अंशदान की शर्त पर आधारित है। यह योगदान कम से कम 5 वर्ष अथवा नियोजन की अवधि के लिए, जो भी पहले हो, लागू होगा।

ईसीआर पासपोर्ट धारक और 18 से 50 वर्ष के बीच उम्र वाला प्रवासी भारतीय कामगार जो रोजगार/अनुबंध वीजा पर है, वह इस योजना में शामिल होने का पात्र है। मंत्रालय ने पात्र प्रवासी भारतीय कामगारों को इस योजना से लाभान्वित के लिए भारतीय जीवन बीमा निगम और बैंक ऑफ बड़ौदा को अधिकृत

किया है। बैंक आफ बड़ौदा और भारतीय जीवन बीमा निगम पात्र उपभोक्ताओं को एमजीपीएसवाई खाता खोलने में मदद करेंगे और इन्हें अनेक सेवाएं प्रदान करेंगे।

इस योजना में भागीदारी के लिए प्रवासी भारतीय कामगारों को प्रोत्साहित करने, उन्हें सक्षम बनाने और उनकी सहायता करने के उद्देश्य से एक सुरक्षित और संस्थागत कार्यक्रम तैयार किया गया है। प्रवासी भारतीय कामगारों को इस योजना के प्रति व्यापक तौर पर स्वैच्छिक पंजीकरण, नियमित बचत और पेंशन संचयन आदि के लिए प्रोत्साहित किया जाता है।

पात्र कामगार भारत स्थित प्रवासी संरक्षक (पीओई) के कार्यालय में अथवा ईसीआर देशों में अधिकृत एग्रीगेटर के कार्यालय स्थित विशेष सहायता डेस्क में एमजीपीएसवाई खाता खोल सकता है। ईसीआर देशों में भारतीय कामगारों को इस योजना में शामिल होने के लिए सक्षम बनाने के क्रम में मंत्रालय शीघ्र ही प्रवासी सुरक्षा योजना पंजीकरण केन्द्र शुरू करने जा रहा है जो संयुक्त अरब अमीरात (यूएई) से शुरू होगा।

05 राष्ट्रीय न्यायालय प्रबंधन प्रणाली योजना

भारत की न्याय प्रणाली विश्व, की सबसे बड़ी न्यायायिक प्रणालियों में से एक है। यहां की अदालतों में (31 दिसंबर, 2011 की स्थिति के अनुसार) 3 करोड़ से ज्यादा मामले हैं और न्यायाधीशों की स्वीकृत संख्या कोई 18,871 है। इस प्रणाली का पिछले तीन दशकों में तेजी से विस्तार हुआ है, जिससे इस अवधि के दौरान भारत के सामाजिक, आर्थिक और राजनीतिक विकास का पता चलता है। अनुमान है कि न्यायाधीशों/अदालतों की संख्या में 6 गुना विस्ताार हुआ है जबकि मुकदमों की संख्या 12 गुना बढ़ी है। न्यायिक प्रणाली का अगले तीन दशकों में उल्लेखनीय विस्तार जारी रहना तय है। इन आंकड़ों का न्यूनतम अनुमान भी लगाये तो भी मुकदमों का कम से कम लगभग 15 करोड़ तक बढ़ सकते है और उनके लिए कोई 75000 अदालतों/न्यायाधीशों की आवश्यकता होगी।

न्यायिक प्रणाली में ऐसी व्यवस्था करने की तत्काल आवश्यकता है जिसमें मुकदमें पांच साल से पुराने न हो। सभी मुकदमों की औसत अवधि कम करने की भी अत्यधिक आवश्यकता है। इसका तात्पार्य है कि प्रत्येत अदालत में खर्च होने वाला समय ही नहीं बल्कि कुल मिलाकर न्यायिक प्रणाली में खर्च होने वाला कुल समय कम करने की आवश्यकता है ताकि प्रत्येक अदालत में खर्च होने वाला समय औसतन लगभग एक वर्ष से अधिक न हो। उसे व्यवस्थापूर्ण बनाये रखने और न्याय की गुणवत्ता तथा प्रतिक्रियाशीलता बढ़ाने के प्रयास भी जारी रहने चाहिए।

न्यायपालिका को पेश आने वाली इन सभी चुनौतियों को कारगर रूप से निपटाने के लिए भारत के मुख्य न्यायाधीश ने भारत सरकार में विधि और न्याय मंत्री से सलाह मशविरा करने के बाद इस वर्ष मई महीने में राष्ट्रीय न्यायालय प्रबंधन प्रणाली का गठन किया और उसे कार्यान्वित करने के लिए हाल ही में नीति और कार्ययोजना दस्ताावेज जारी किया। राष्ट्रीय प्रबंधन प्रणाली कुल मिलाकर भारत के मुख्य न्यायाधीश के नियंत्रण में होगी। यह मुख्य रूप से नीतिगत मामलों को निपटायेगी। एनसीएमएस में निम्न 6 मुख्य तत्व शामिल होंगे :-

1. राष्ट्रीय न्यायालय उत्कृष्टता संरचना (एनएफसीई) जो गुणवत्ता, प्रतिक्रियाशीलता और समयबद्धता के मामले निपटाने वाली भारतीय अदालतों के लिए निष्पादन मानक तय करेगी।
2. गुणवत्ता, प्रतिक्रियाशीलता और समयबद्धता के बारे में एनएफसीई में स्थापित निष्पादन मानदंडों पर नजर रखने और उन्हें बढ़ाने की प्रणाली।
3. न्यायिक प्रणाली की प्रयोक्ता मित्रता बढ़ाने के लिए मुकदमा प्रबंधन प्रणाली।
4. समूचे देश में न्यायिक आंकड़ों के अभिलेखन और रख-रखाव के लिए सामान्य राष्ट्रीय मंच उपलब्ध कराने के लिए राष्ट्रीय न्यायिक सांख्यिकी प्रणाली (एनएसजेएस)। एनएसजेएस को मुकदमों और अदालतों के बारे में सही आंकड़े उपलब्ध कराने चाहिए। इससे अदालतों में न्याय प्रणाली के मुख्य कारकों जैसे गुणवत्ता, समयबद्धता और कुशलता आदि के सुव्यस्थित विशलेषण प्राप्त हो सकेंगे। इससे पारदर्शिता और जवाबदेही बढेगी।
5. न्यायालय विकास आयोजन प्रणाली- इससे भारतीय न्यायपालिका के भावी विकास के लिए सुव्यवस्थित पंचवर्षीय योजनाओं की रूपरेखा प्राप्तल होगी। आयोजन प्रणाली में सभी अदालतों के लिए व्यक्तिगत न्यायालय विकास योजनाएं शामिल हैं।
6. मानव संसाधन विकास रणनीति- इससे अधीनस्थ न्यायालयों के न्यायाधीशों के चयन और प्रशिक्षण के मानक तय होंगे। इन प्रणालियों की प्रशासनिक और तकनीकी मुख्य धारा का उच्चतम न्यायालय द्वारा रख-रखाव किया जायेगा और प्रतिनिधियों सहित एक समिति द्वारा नजर रखी जायेगी।

इनमें से प्रत्येक क्षेत्र में विशिष्ट प्रस्ताव तैयार किये जायेगे जिन पर उच्च न्यायालयों द्वारा विचार किया जायेगा और उन्हें कार्यान्वित किया जायेगा।

राष्ट्रीय न्यायालय प्रबंधन प्रणाली समिति (एनसीएमएससी)

उपरोक्त वर्णित न्यायालय प्रबंधन प्रणाली संबंधी विशेष प्रस्ताव की 18-सदस्यीय राष्ट्रीय न्यायालय प्रबंधन समिति द्वारा विकसित किये जायेंगे। इसमें भारत के मुख्य न्यायाधीश के निर्देशों के अनुसार सदस्य इस प्रकार होंगे :-

अध्यक्ष

भारत के मुख्य न्यायाधीश द्वारा मनोनीत एक विधिवेत्ता होगा। उसे एनसीएमएससी की अध्यक्षता करने के लिए मुख्य न्यायाधीश द्वारा तय मानदेय और अन्य सुविधाएं मिलेगी।

इसके अनुसार राष्ट्रीय न्यायिक अकादमी के पूर्व निदेशक और विधिवेत्ता प्रो. (डा.) जी. मोहन गोपाल को मुख्य न्यायाधीश ने एनसीएमएससी की अध्यक्षता करने के लिए मनोनीत किया है।

सदस्य

1. भारत के मुख्य न्यायाधीश द्वारा मनोनीत 4 कार्यरत न्यायाधीश (भारत में प्रत्येक क्षेत्र से एक)
2. उच्चतम न्यायालय का महासचिव (पदेन)।
3. भारत सरकार में न्याय विभाग के संयुक्त सचिव और मिशन निदेशक (पदेन)।
4. मुख्य न्यायाधीश द्वारा मनोनीत 3 उच्च न्यायालयों के महा पंजीयक।
5. राष्ट्रीय न्यायिक अकादमी के निदेशक।
6. भारत के मुख्य न्यायाधीश द्वारा मनोनीत वकालत करने वाले दो अधिवक्ता।
7. भारत के मुख्य सांख्यिकीविद् द्वारा मनोनीत विशेषज्ञ सांख्यिकीविद्।
8. भारत के मुख्य न्यायाधीश द्वारा मनोनीत निर्णय प्रणाली प्रबंधन का विशेषज्ञ।
9. भारत के मुख्य न्यायाधीश द्वारा मनोनीत न्यायालय प्रबंधन से संबद्ध कम्प्यूटर प्रौद्योगिकी का विशेषज्ञ।
10. भारत के मुख्य न्यायाधीश द्वारा मनोनीत न्याय तक पहुंच में सुधार के लिए काम करने वाले एक गैर-सरकारी संगठन का एक प्रतिनिधि।
11. भारत के उच्चतम न्यायालय में सूचना और सांख्यिकी विभाग का अपर पंजीयक (पदेन)-सदस्य सचिव।

इसके अनुसार भारत के मुख्य न्यायाधीश ने निम्न व्यक्तियों को एनसीएमएससी के सदस्य के रूप में मनोनीत किया हैं-

1. श्री न्यायमूर्ति डी. मुरूगेसन
2. श्री न्यायमूर्ति ए.एम.खानविल्कर।
3. श्री न्यायमूर्ति अमिताव रॉय।
4. श्री न्यायमूर्ति बी.डी.अहमद।
5. गुजरात उच्च न्यायालय का महा पंजीयक।
6. कलकत्ता उच्च न्यायालय का महा पंजीयक और
7. कर्नाटक उच्च न्यायालय का महा पंजीयक

समिति के लिए आवश्यक अन्य कर्मचारी और सुविधाएं भी उपलब्ध कराई जायेगी।

सलाहकार समिति

एनसीएमएस समिति के लिए एक सलाहकार समिति भी गठित की जायेगी जिसमें भारत के मुख्य न्यायालय के दो न्यायाधीश और भारत के मुख्य न्यायाधीश द्वारा मनोनीत उच्च न्यायालयों के मुख्य न्यायाधीश/न्यायाधीश शामिल होंगे। एनसीएमएस समिति का अध्यक्ष सलाहकार समिति का सदस्यक होगा। भारत सरकार के न्याय विभाग के सचिव सलाहकार समिति का पदेन सदस्य होगा और उच्चतम न्यायालय का महासचिव सलाहकार समिति का संयोजक होगा।

इस व्यवस्था के अनुसार निम्न न्यायाधीशों को सलाहकार समिति का सदस्य मनोनीत किया गया है-

1. श्री न्यायमूर्ति अल्तमस कबीर, भारत के वर्तमान मुख्य न्यायाधीश।
2. श्री न्यायमूर्ति पी. सदाशिवम, उच्चतम न्यायालय के न्यायाधीश
3. श्री न्यायमूर्ति पी.सी. तातिया, झारखंड उच्च न्यायालय के मुख्य न्यायाधीश।

एनसीएमएस के काम-काज से संबंधित सभी खर्चे, जिनमें कर्मचारियों के वेतन और भत्ते आदि शामिल हैं, भारत के उच्चतम न्यायालय के स्वीकृत बजट से पूरे किये जायेगे।

06 राष्ट्रीय शहरी आजीविका मिशन

असंख्य अन्यों की तरह 40 वर्षीय ऊषा, उत्तर प्रदेश के अपने गांव को छोड़कर एक अच्छे जीवन की तलाश में दिल्ली आई। दो दशकों के बाद, उसने अपने आप को झुग्गी में पाया, जहां पर वह घरेलू काम कर अपनी थोड़े से वेतन में पांच बच्चों का पालन-पोषण कर रही थी।

ऊषा ने यह मान लिया था कि महानगर उसके सपनों को साकार करने में असफल रहा। उसने यह भी सोच लिया था कि उसके जीवन स्तर में वे थोड़ा ही सुधार कर सकती है या उसके बच्चों का भविष्य बेहतर नहीं हो सकता।

ऊषा और उस जैसे अन्य जो कि झुग्गियों में और दिल्ली की पुनर्वास कालोनियों में एवं भारत के अन्य शहरों में रह रहे हैं। उन्हें अब और हताश होने की आवश्यकता नहीं है क्योंकि सहायता उनके करीब ही है। वे नया कौशल सीख कर बैंक से ऋण ले सकते हैं एवं वे अपने खुद का छोटा व्यापार शुरू कर सकते हैं। ऐसा अवसर उन्हें शीघ्र मिलने वाला है।

देश के शहरी गरीब, खासकर महिलाएं उनके जीवन में परिवर्तन आने की आशाएं हैं। वे केवल खुद ही सशक्त नहीं होंगी, बल्कि वे अपने बच्चों का जीवन भी बदलने में सक्षम होंगी।

यह सब यूपीए सरकार की नई राष्ट्रीय शहरी आजीविका मिशन (एनयूएलएम) से संभव होगा, जो कि आगामी महिना में शुरू किया जाएगा।

स्वर्ण जयंती शहरी रोजगार योजना (एसजेएसआरवाई) के नाम से शहरी गरीबों के लिए पहले के गरीबी उपशमन कार्यक्रम का एनयूएलएम वास्तव में सुधरा हुआ रूप है।

एसजेएसआरवाई के कार्यान्वयन में समस्याओं की पहचान करने तथा बेहतर जीवन की तलाश में शहरों की ओर अग्रसर बढ़ती जनसंख्या की आवश्यकताओं को जान लेने के उपरांत आवास तथा शहरी गरीबी उपमशन मंत्रालय ने पुरानी योजना को पुनर्गठित कर एनयूएलएम के नये अवतार के रूप में प्रस्तुत किया है।

जहां तक इसके लिए धन का संबंध है, 12वीं पंचवर्षीय योजना की शेष अवधि के लिए 6404 करोड़ रूपये का बजट एक लाख या उससे ऊपर की जनसंख्या वाले शहरों के लिए रखा गया है। 2013-14 के लिए 950 करोड़ रूपये आवंटित किये जा रहे हैं।

शहरी गरीबों के हितधारकों में बेघर तथा गलियों में फेरी वालों को भी शामिल किया गया है, जिन्हें प्राय: सरकारी कार्यक्रमों में शामिल नहीं किया गया है। शहरी बेघरों के लिए सभी आवश्यक सुविधाओं सहित सभी मौसमों में 24/7 बसेरों के लिए धन का विशेष प्रावधान किया गया है। इसके अलावा, एनयूएलएम का पांच प्रतिशत बजट गलियों में फेरी वालों की सहायता के लिए निर्धारित किया गया है, जिसमें उनका कौशल विकास तथा उनके बाजार का विकास शामिल है।

आवास और शहरी गरीबी उपशमन मंत्रालय के संयुक्त सचिव श्री बी.के. अग्रवाल ने एनयूएलएम की विशेषताओं का उल्लेख करते हुए बताया कि इस नये कार्यक्रम के तहत शहरी गरीबों, खासकर महिलाओं को स्वयं सहायता समूह (एसएचजी) समूहों में संगठित किया जाएगा। बाजार की आवश्यकताओं को ध्यान में रखते हुए इनके कौशल का विकास करने के लिए बुनियादी ढांचा तथा प्रशिक्षित श्रम शक्ति मुहैया कराई जाएगी। इसके अलावा, यदि वे अपना उद्यम शुरू करना चाहते हैं तो ऋण प्राप्त करने में उनकी सहायता की जाएगी।

यह पहली बार होगा कि शहरों में महिलाओं को उनकी वित्तीय तथा सामाजिक आवश्यकताओं को पूरा करने के लिए समृद्धि तथा ऋण आधारित स्वयं सहायता समूह में संगठित किया जाएगा। एनयूएलएम में इस पर बल दिया गया है। हमने इस धारणा को ग्रामीण क्षेत्रों से अपनाया है। वहां पर यह प्रयोग अत्यंत सफल रहा है। श्री अग्रवाल ने कहा कि परिवर्तन के लिए इसे उपयुक्त पाया गया है। स्वयं सहायता समूह में 10-20 महिलाओं का छोटा समूह रहता है, जो सामान्य एजेंडे के तहत बंधा रहता है। इससे न केवल इसके सदस्यों की आजीविका में सुधार होता है, बल्कि इससे उनके आत्मविश्वास तथा आत्म सम्मान में वृद्धि होती है।

ग्रामीण क्षेत्रों में कई अध्ययन संचालित किए गए है, जिनसे यह पता चलता है कि स्वयं सहायता समूहों में महिलाओं ने पर्याप्त पीने के पानी की सुविधाएं तथा बच्चों की शिक्षा जैसे सामुदायिक कार्यों में सक्रिय भूमिका निभाई। यूपीए सरकार एनयूएलएम को शुरू करने के लिए उत्सुक है। मंत्रालय ने बैंकों सहित सभी हितधारकों के लिए विभिन्न राज्य सरकारों में कई कार्यशालाएं आयोजित की हैं तथा नये कार्यक्रम की विशेषताओं के बारे में बताया है और जागरूकता बढ़ाई है।

श्री अग्रवाल ने बताया कि बैंक प्रतिनिधियों को विशेष रूप से इसमें शामिल किया गया है कि वे शहरी गरीबों की ऋण की आवश्यकताओं के प्रति अधिक संवेदनशील बने रहे।

एनएलयूएम के कार्यान्वयन के लिए यद्यपि म्युनिसिपल समितियों की नोडल समितियों के रूप में पहचान की गई है। स्थानीय निकायों की इस बारे में विशेषज्ञता न होने के कारण उन्हें तकनीकी विशेषज्ञों की सेवाएं लेने तथा कार्यक्रम के प्रबंध न में सिविल सोसायटी समूहों के मसौदे के लिए विशेष निधि मुहैया कराई गई है।

ये पेशेवर महिलाओं को स्वयं सहायता समूहों में पारंगत करेंगे तथा उन्हें अपनी बचत के माध्यम से धन इकट्ठा करने के लिए उत्साहित करेंगे, जिससे वे अपनी व्यक्तिगत आवश्यकताओं को पूरा करने या अपना छोटा धंधा शुरू करने के लिए इसका उपयोग कर सके। इसके अलावा, महिलाओं को अपना बैंक खाता खोलने के लिए सहायता दी जाएगी, जिससे उनकी ऋण तक पहुंच हो सके। प्रारंभिक दो वर्षों के लिए प्रत्येक स्वयं सहायता समूह के निर्माण तथा इसकी गतिविधियों के लिए 10,000 रूपये का प्रावधान किया गया है।

इससे पहले वे बढ़ी हुई ब्याज दर पर धन प्राप्त कर रहे थे। श्री अग्रवाल ने बताया कि पहले बैंक ऋण मंजूर करने के लिए अनिच्छुक रहते थे तथा खाता धारक द्वारा परियोजना रिपोर्ट प्रस्तुत करने के आधार पर ऋण देते थे।

उन्होंने बताया कि अब व्यक्ति तथा समूह मिशन के स्वयं-रोजगार कार्यक्रम (एसईपी) के तहत अपना छोटा उद्यम शुरू करने के लिए घटी ब्याज दर पर वित्तीय सहायता प्राप्त कर सकते हैं। इसके अलावा, लाभार्थी अपने स्वयं सहायता समूह के माध्यम से बच्चों की शिक्षा तथा अपने मकान की मरम्मत करने के लिए धन प्राप्त कर सकते हैं।

शहरी गरीबों के अशिक्षित तथा उनमें कौशल न होने के कारण उन्हें नौकर, खाना बनाने, गार्ड या दुकानों में कार्य करना पड़ता है, जहां उन्हें खराब परिस्थितियों में कार्य करना पड़ता है, तथा उन्हें न्यूनतम मजदूरी के लिए भी मना किया जाता है। एनयूएलएम में यह निर्णय लिया गया है कि इन्हें नया कौशल सीखने का अवसर दिया जाए, जिससे कि वे बेहतर वेतन प्राप्त कर सके या अपने खुद का धंधा चालू कर सके।

चूंकि यह मिशन का महत्वपूर्ण घटक है कि बजट का 50 प्रतिशत चालू पंचवर्षीय योजना में 2.8 मिलियन शहरी गरीबों को प्रशिक्षण देने के लिए खर्च किया जाए। इस प्रयोजन के लिए प्रशिक्षण संस्थान गठित किए जाएंगे। कौशल का प्रशिक्षण देने वाले इन्हें अच्छे धंधों में स्थापित कराएंगे और यह ध्यान रखेंगे कि पहले छह महिनों में किसी भी प्रकार का उनका शोषण न हो।

बाजार की मांग को देखते हुए खुदरा से लेकर नर्सिंग का विविध कौशल प्रदान किया जाएगा तथा कार्यक्रम के पूरा होने पर प्रत्येक व्यक्ति को प्रमाण पत्र दिया जाएगा। श्री अग्रवाल ने बताया कि इन प्रशिक्षण केंद्रों का सुनियोजित पाठ्यक्रम होगा तथा आवश्यक उपकरण तथा प्रशिक्षण सामग्री मुहैया की जाएगी।

राष्ट्रीय शहरी आजीविका मिशन (एनयूएलएम) महत्वकांक्षी कार्यक्रम है, जिसमें शहरी गरीब की आजीविका का सुधार करने पर ध्यान केंद्रित किया गया है। श्री अग्रवाल ने बताया कि इसका अच्छी तरह से कार्यान्वयन होने पर देश के शहरी केंद्रों की झुग्गियों में रहने वाले लोगों के जीवन पर प्रत्यक्ष और दूरगामी प्रभाव पड़ेगा।

07 पूर्ण स्वच्छता अभियान (निर्मल भारत अभियान)

कोई भी देश विकास के पथ पर तभी आगे बढ़ सकता है, जब उस देश के नागरिकों का स्वास्थ्य अच्छा हो और वे हृष्ट-पुष्ट हो। अच्छा स्वास्थ्य तभी संभव है, जब उस देश में स्वच्छता हो। यह बात भारत पर भी लागू होती है और इसी को ध्यान में रखकर देश में वर्ष 1986 में 'केंद्रीय ग्रामीण स्वच्छता कार्यक्रम' की शुरूआत की गई थी, जिसे और व्यापक बनाते हुए वर्ष 1999 में 'पूर्ण स्वच्छता अभियान' नाम दिया गया और इसके माध्यम से जहां ग्रामीण क्षेत्रों में सामान्य जीवन स्तर में सुधार लाने के प्रयास शुरू किये गये, वहीं ग्रामीण क्षेत्रों में व्यापक पैमाने पर स्वच्छतापूर्ण स्थितियां निर्मित करने की दिशा में ध्यान दिया गया। इसके पीछे भारत को निर्मल बनाने की अवधारणा छिपी थी।

पूर्ण स्वच्छता अभियान के तहत जहां स्वास्थ्य शिक्षा के माध्यम से लोगों में साफ-सफाई के प्रति जागरूकता बढ़ाने की कोशिशें शुरू की गई, वहीं स्वच्छ आदतों को प्रोत्साहित करने के उद्देश्य से मुख्य रूप से गांवों के स्कूलों, सामुदायिक भवनों व आंगनबाड़ियों आदि को अच्छी स्वच्छता सुविधाएं मुहैया करवाई गईं। सूखे शौचालयों को जहां फ्लश शौचालयों में परिवर्तित किया गया, वहीं इस दिशा में प्रभावी कदम उठाए गए कि गांवों में सिर पर मैला ढोने की प्रथा पूर्णत: समाप्त हो सके। अभियान को अधिक प्रभावी बनाने के उद्देश्य से इसके तकनीकी पक्ष पर भी ध्यान दिया गया और स्वच्छता को प्रोत्साहित करने के उद्देश्य से सस्ती और अच्छी प्रौद्योगिकी के इस्तेमाल पर बल दिया गया।

खुले में शौच की प्रथा को समाप्त करने के लिए इस अभियान के तहत विशेष उपाय किये गये क्योंकि यह प्रथा स्वच्छता अभियान में सर्वाधिक आड़े आ रही थी। इसे निर्मल भारत नाम दिया गया। खुले में शौच की प्रवृत्ति पर अंकुश लगाना इसलिए भी जरूरी था, क्योंकि संयुक्त राष्ट्र सहस्राब्दी विकास लक्ष्य जो कि लोगों के सामाजिक-आर्थिक विकास पर केंद्रित है, में खुले में शौच की व्यवस्था को पूरी तरह समाप्त करने का उल्लेख है। अन्य विकास लक्ष्यों की भांति इसके लिए भी 2015 को लक्ष्य वर्ष घोषित किया गया है। लोगों को जीवन के लिए एक स्वच्छ वातावरण उपलब्ध कराने के लिए वर्ल्ड हेल्थ आर्गनाइजेशन (WHO) भी मानव मल-मूत्र के सुरक्षित निस्तारण पर विशेष बल दे रहा है।

वर्ष 2011 की जनगणना के आंकड़ों के विश्लेषण के बाद यह बात सामने आयी है कि ग्रामीण भारत में रहने वाली कुल आबादी के करीब 70 फीसदी हिस्सा खुले में शौच करता है। हालांकि सहस्राब्दि विकास लक्ष्य (Millennium Development Goal) पर संयुक्त राष्ट्र की रिपोर्ट के अनुसार वैश्विक स्तर पर खुले में शौच करने वाले लोगों की कुल संख्या का 60 फीसदी हिस्सा भारत में मौजूद है। साफ जाहिर है कि भारत को 'खुला शौच मुक्त' (ओडीएफ) देश बनाने की दिशा में प्रगति धीमी है। देश में वर्ष 2011 की भवन गणना के बाद के आंकड़ों से पता चलता है कि देश में 100 में से 47 घरों में ही शौचालय की सुविधा है। दस वर्ष पूर्व यह प्रतिशत 100 में 34 का था। यानी 10 वर्षों में मात्र 13 प्रतिशत का ही सुधार हुआ। एक आंकड़ा यह भी है कि भारत में रोजाना 1,44,000 ट्रक गंदगी प्रतिदिन खुले में छोड़ी जाती है।

खुले में शौच की समस्या के निदान में भारत अभी भी बहुत पिछड़ा है, जबकि दूसरे मुल्कों ने अच्छी प्रगति की है। साउथ जाम्बिया जैसे देश ने बहुत कम समय में अच्छी प्रगति की और वह अब 'खुला शौच मुक्त' (Open defecation free) देश की श्रेणी में आ चुका है। भारत में इस दिशा में प्रयास तो हुए, किंतु परिणाम अपेक्षित सामने नहीं आए। जैसा कि हम पहले ही बता चुके हैं, वर्ष 1986 में हमारे यहां केंद्रीय ग्रामीण स्वच्छता कार्यक्रम शुरू किया गया, जिसका उद्देश्य ग्रामीण क्षेत्रों में स्वच्छता बढ़ाने के लिए जरूरी सुविधाएं उपलब्ध करवाना था। वर्ष 1999 में 'पूर्ण स्वच्छता अभियान' (टीएससी) का सूत्रपात किया गया। इसका उद्देश्य जहां देश में स्वच्छता का दायरा बढ़ाना है, वहीं देश को खुला शौच मुक्त बनाना है। इसके उद्देश्य व्यापक है, जिसके तहत घरों में शौचालयों की व्यवस्था, स्वास्थ्य शिक्षा एवं जन-जागृति द्वारा स्वच्छता की आदतों को बढ़ावा देना, स्कूलों व आंगनवाड़ियों के लिए स्वच्छता से जुड़ी सुविधाएं बढ़ाना, सिर पर मैला ढोने की प्रथा को समाप्त करना, सूखे शौचालयों को फ्लश शौचालयों में बदलना, स्वच्छता के लिए सस्ती और उचित प्रौद्योगिकी को बढ़ावा देना तथा सामुदायिक स्वच्छता परिसरों का निर्माण आदि प्रमुख लक्ष्य तय किए गए थे। वित्त वर्ष 2011-12 में इसके लिए बजट को बढ़ाकर 1650 करोड़ कर दिया गया। सरकारी आंकड़ों के अनुसार वर्ष 2011 तक 11.23 करोड़ घरों में शौचालय की सुविधा उपलब्ध करवा

दी गई है तथा इस अभियान की सफलता दर 71.94 प्रतिशत बताई जा रही है। स्वच्छता को देश में बढ़ावा देने के लिए वर्ष 2005 में देश में 'निर्मल ग्राम पुरस्कार योजना' शुरू की गई। यह योजना पंचायती राज संस्थाओं के लिए है, जिसके तहत निर्मल ग्राम का पुरस्कार उन पंचायती राज संस्थाओं को दिया जाता है, जिन्होंने अपनी पंचायत के ग्रामों में खुले में मल त्याग व शौच को पूरे तौर पर समाप्त कर दिया है। सिक्किम देश का वह पहला राज्य है, जिसे निर्मल राज्य घोषित किया जा चुका है। स्वच्छता का दायरा बढ़ाने के लिए स्वच्छता कार्यक्रम का पुनरूत्थान भी किया जा रहा है। शौचालयों के लिए सब्सिडी 3000 रू. से तीन गुना बढ़ा दी गई है। पूर्ण स्वच्छता अभियान के पुनरूत्थान के क्रम में ही कुछ समय पूर्व आर्थिक मामलों की मंत्रिमंडलीय समिति द्वारा इस अभियान का नाम 'निर्मल भारत अभियान' कर दिया गया और इसी के साथ ही 2.40 लाख ग्राम पंचायतों को 10 वर्षों के भीतर स्वच्छ बनाने का लक्ष्य निर्धारित किया गया। देश के उन 200 जिलों पर इस अभियान के तहत विशेष रूप से ध्यान केन्द्रित किया गया है, जो कुपोषण से प्रभावित है।

भारत में स्वच्छता से जुड़े सरकारी आंकड़े डब्ल्यू.एच.ओ. की उस रिपोर्ट के आगे नहीं ठहरते हैं, जिसमें बताया गया है कि खुले में शौच करने वाले विश्व के 1.1 बिलियन लोगों में भारतीय लोगों का प्रतिशत 59 है। रिपोर्ट में यह भी बताया गया है कि पांच वर्ष के अंदर के मरने वाले बच्चों की मृत्यु का कुल प्रतिशत 22 है, जिनमें से अधिकांश मौतें डायरिया व अस्वच्छता जनित बीमारियों के कारण होती हैं। हम जहां सभी के लिए शौचालयों की सुविधा उपलब्ध नहीं करवा पा रहे हैं, वहीं भारतीय जनमानस की सुविधा उपलब्ध नहीं करवा पा रहे हैं, वहीं भारतीय जनमानस की खुले में शौच करने की प्रवृत्ति पर भी अंकुश नहीं लगा पा रहे हैं। एक तरफ तो हम खुला शौच मुक्त के अभियान चला रहे हैं, तो दूसरी तरफ हमारी दूसरी सरकारी योजनाओं में शौचालयों की उपलब्धता पर कोई ध्यान नहीं दिया जाता है। इस संदर्भ में वर्ष 1985 में शुरू की गई 'इंदिरा आवास योजना' का उल्लेख करना आवश्यक है। सरकारी आंकड़ों के अनुसार वर्ष 2011-12 में इंदिरा गांधी आवास योजना के अंतर्गत तकरीबन 30 लाख मकानों का निर्माण कराया गया, किंतु इनमें से मात्र 3 लाख मकानों में शौचालयों का निर्माण करवाया गया। जाहिर है कि पूर्ण स्वच्छता जैसे सरकारी अभियानों एवं सरकार के अन्य कार्यक्रमों के मध्य तालमेल जैसी कोई चीज नहीं है। जबकि बेहतर परिणाम के लिए आपसी तालमेल नितांत आवश्यक है। हालांकि अब इंदिरा आवास योजना के अधीन बनने वाले आवासों के साथ शौचालयों का निर्माण आवश्यक कर दिया गया है, जबकि पहले यह अनिवार्यता नहीं थी। 12वीं पंचवर्षीय योजना में निर्मल भारत अभियान का बजट बढ़ाकर 36,000 करोड़ रूपये कर दिया गया, जबकि 11वीं पंचवर्षीय योजना में यह 7800 करोड़ रूपये ही था। हमने इस अभियान को मिलेनियम डेवलपमेंट गांव में भी सम्मिलित कर लिया है।

स्वच्छता के भारतीय प्रयासों के परिप्रेक्ष्य में यूनिसेफ के आंकड़ों से तो बेहद निराशाजनक परिदृश्य सामने आता है। यूनिसेफ के मुताबिक भारत के कई राज्यों को अपनी संपूर्ण आबादी के लिए शौचालय की सुविधा विकसित करने में 90 साल से अधिक का समय लग सकता है। मध्य प्रदेश और ओडीशा जैसे राज्यों को इसे हासिल करने में 90 साल का समय लगेगा जबकि बिहार, उत्तर प्रदेश, झारखंड और राजस्थान को अपनी संपूर्ण आबादी के लिए शौचालय की सुविधा मुहैया कराने में करीब 62 सालों का समय लगेगा।

यूनिसेफ इंडिया के विशेषज्ञ के अनुसार भारत में प्रतिवर्ष करीब 2 करोड़ नए लोग शौचालय का इस्तेमाल कर रहे हैं। इनमें वे भी शामिल हैं जिनके यहां शौचालय नहीं है। इसमें गरीबी रेखा से ऊपर (एपीएल) रहने वालों के मुकाबले उससे नीचे गुजर बसर करने वाले (बीपीएल) लोगों की अधिक संख्या है।

दशकों से शौचालयों की व्यवस्था एवं स्वच्छता कार्यक्रमों पर हम धन पानी की तरह बहाते रहे, मगर सकारात्मक परिणामों के स्तर पर शायद इसीलिए वंचित रहे, क्योंकि इस संदर्भ में हमारे यहां राजनीतिक इच्छा शक्ति का अभाव रहा। भारत में महात्मा गांधी ने साफ-सफाई के महत्व को समझा था और इसकी जमकर पैरोकारी की थी। वह जीवन पर्यन्त स्वच्छता पर जोर देते रहे। उनका कहना था कि मलमूत्र का सही ढंग से निस्तारण न करने एवं शौचालयों की बुरी दशा के कारण हम अनेक प्रकार की बीमारियों का शिकार होते हैं। बापू के बाद इस दिशा में किसी ने भी गंभीरतापूर्वक ध्यान नहीं दिया। यही कारण है कि भारत इस क्षेत्र में पिछड़ा है। हमें शौचालय क्रांति को प्रभावी व व्यावहारिक बनाना होगा। निर्मल भारत अभियान को सार्थक और प्रभावी बनाकर हम अंतर्राष्ट्रीय स्तर पर भी अपनी छवि को बेहतर बना सकते हैं। हमें यह समझना होगा कि जब भारत स्वच्छ और स्वस्थ रहेगा, तभी वह सशक्त भी बनेगा और एक मजबूत राष्ट्र के रूप में विकास और प्रगति की नई मंजिलें तय कर सकेगा।

08 राष्ट्रीय ग्रामीण स्वास्थ्य मिशन

12 अप्रैल 2005 में एक बड़ी सोच के साथ शुरू किए गए राष्ट्रीय ग्रामीण स्वास्थ्य मिशन को एक व्यापक आबादी को ध्यान में रखकर ही शुरू किया गया था। स्वास्थ्य सेवाओं को ज्यादा फुर्तीला बनाने के लिए ही पहली बार किसी सरकारी योजना में पैसे के विकेंद्रीकरण को लागू किया गया। इस विकेंद्रीकरण में स्थानीय अस्पताल प्रशासनों को पैसा मुहैया कराया गया और कहा गया कि वे अपने जरूरत के हिसाब से इसे खर्च करे। मिशन की कामयाबी के लिए शायद केंद्र सरकार का यह कदम काफी हद तक सफल भी होता दिख रहा है।

चूंकि बीमारियों और स्वास्थ्य से जुड़े मामलों की सटीक जानकारी पता करने में लंबा समय लगता है इसीलिए पिछले सात सालों में ग्रामीण स्वास्थ्य मिशन की कामयाबी या नाकामयाबी का अभी मूल्यांकन करना शायद जल्दबाजी होगा। लेकिन फिर भी पिछले कुछ महीनों में आए विभिन्न रिपोर्ट इस मिशन के सही दिशा में जाने का संकेत दे रहे है।

मसलन, विश्व स्वास्थ्य संगठन ने हाल ही में भारत को पोलियो मुक्त देश घोषित किया है। पिछले एक साल में घातक पोलियो का एक भी मामला सामने नहीं आना न सिर्फ बेहतर स्वास्थ्य सुविधाओं का सूचक है बल्कि यह देश में चल रहे राष्ट्रीय टीकाकरण अभियान की सफलता का भी सूचक माना जा सकता है। इसके अलावा 'जनगणना-2011' से मिले आंकड़ो के मुताबिक पिछले एक साल में भारत में शिशु मृत्युदर प्रति एक लाख बच्चों में 50 से गिरकर 47 तक पहुंच चुका है। इसमें भी गौर करने वाली बात यह है कि ग्रामीण इलाकों में लगभग चार अंको की गिरावट दर्ज की गई है। यानी शहरों के मुकाबले गांवों में बेहतर स्वास्थ्य सुविधाएं मिलने लगी हैं। हाई फोकस राज्य जैसे मध्य प्रदेश, राजस्थान, बिहार, उत्तर प्रदेश में स्वास्थ्य सुविधाओं में खासा फर्क देखा जा सकता है। भले इन राज्यों में धीमी चाल हो लेकिन यहां धीरे-धीरे स्थितियों में बदलाव साफ देखा जा सकता है।

पिछलें सात सालों में लागू किए गए योजनाओं के देखने से साफ मालूम होता है कि केंद्र सरकार के सबसे ज्यादा फोकस गर्भवती महिलाओं और नवजातों की सेहत पर है। पिछले सालों में लाए गए ज्यादातर नई योजनाओं में उन्हीं को केंन्द्र में रखा गया है। पिछले साल राष्ट्रीय जननी-शिशु सुरक्षा कार्यक्रम और हाल ही में शुरू किए गए मदर एंड चाइल्ड ट्रैकिंग सिस्टम इनके कुछ उदाहरण है। हाल ही में महिलाओं की सेहत को ध्यान में रखकर आयोडीन की खुराक और गर्भ निरोधक उपायों की वितरण भी इसी के उदाहरण हैं।

राष्ट्रीय जननी-शिशु सुरक्षा कार्यक्रम को एक बेहतर कार्यक्रम माना जा सकता है। इसके तहत गांवों से लेकर दूर-दराज के इलाकों तक में गर्भवती महिलाओं को मुफ्त एंबुलेंस सुविधा देने का प्रावधान है। 24 घंटे की सेवा और अस्पताल लाने ले जाने की मुफ्त सुविधा की वजह से ज्यादातर राज्यों में ये काफी प्रचलित होने लगा है। भले इस कार्यक्रम को देश के कुछ एक राज्य में लागू करने के लिए थोड़ी तकनीकी समस्या आ रही हो। पर उम्मीद की जा सकती है कि अगले साल तक यह सभी राज्यों और जिलों में काम कर रही होगी। स्वास्थ्य केंद्रों की संख्या में नजर डालने से लगता है कि इनमें धीरे-धीरे ही सही लेकिन पिछले सात सालों में काफी काम हुआ है। मसलन, 2005 में पूरे भारत में 78,997 उप-स्वास्थ्य केंद्र थे जो 2011 तक 1.09 लाख तक पहुंच चुके हैं। इसी तरह मिशन के शुरूआत में आशा वर्करों की कुल संख्या लगभग 1.30 लाख थी। 2010-11 में इन वर्करों की संख्या 8.61 लाख तक पहुंच चुकी है। सबसे रोचक बात यह है कि इनमें से ज्यादातर आशा वर्करों को पांचवे मोड्युल की ट्रेनिंग मिल चुकी है।

पर ऐसे अच्छे आंकड़ों के बावजूद स्वास्थ्य केंद्रों में डाक्टरों और विशेषज्ञों की कमी पूरे देश के लिए एक बड़ी चुनौती बनी हुई है। खुद केंद्रीय स्वास्थ्य मंत्री गुलाम नबी आजाद भी इस बात को दोहरा चुके हैं।

लेकिन इसका मतलब यह नहीं है कि सरकार सिर्फ एमबीबीएस डिग्री धारक डाक्टरों के आस में ही बैठी हुई है। पिछले कुछ महीनों से केंद्रीय स्वास्थ्य मंत्रालय डाक्टरों की कमी को पाटने के लिए दूसरे उपायों पर विचार करने में जुट गई है। योजना है कि ग्रामीण डाक्टरों की पूरी टीम तैयार की जाए जो उप-स्वास्थ्य केंद्रों और सामुदायिक स्वास्थ्य केंद्रों में अपनी सेवा दे पाएं। इन डाक्टरों को आपरेशन करने का अधिकार नहीं होगा, लेकिन आम मरीजों के सामान्य बीमारियों के उपचार को ये बखूबी अंजाम दे सकेंगे। मामला अभी मेडिकल काउंसिल आफ इंडिया और संसद की स्थाई समिति के समक्ष रखा गया है। इसी तरह पूरे देश में बड़ी तादाद में मौजूद आयुर्वेदिक

डाक्टरों को भी इस जिम्मेदारी का हिस्सा बनाने पर विचार चल रहा है।

हाल ही में प्रधानमंत्री मनमोहन सिंह द्वारा राष्ट्रीय ग्रामीण स्वास्थ्य मिशन को अगले पांच साल तक (2012-2017) तक आगे बढ़ाने का फैसला एक स्वागत योग्य कदम माना जा सकता है। पिछले सात सालों में किशोरियों की सेहत में सुधार के लिए किसी खास योजना को लागू नहीं किया जा सका था। उम्मीद की जानी चाहिए कि इस तबके के लिए केंद्र सरकार कुछ नई योजनाएं शुरू करे। पिछले सात सालों में राष्ट्रीय ग्रामीण स्वास्थ्य मिशन का आवंटित पैसा भी पूरी तरह से खर्च नहीं हो सका था। आगामी सालों में इस योजना को दिए जाने वाले पैसे का पूरा इस्तेमाल एक बड़ी चुनौती होगी। इसके साथ ही कांट्रेक्ट में काम कर रहे हजारों स्वास्थ्यकर्मियों को स्थाई करना भी इन चुनौतियों में से एक है। इसी तरह पिछले कई सालों में बेहतर सुविधाएं और कम से कम मासिक वेतन की गुहार लगा रही आशा वर्करों को सही मेहनताना देना भी सरकार के जहन में होगा। उम्मीद करनी चाहिए कि आगामी पांच साल न सिर्फ स्वास्थ्य सुविधाओं को बेहतर करेगे, बल्कि एक सेहतमंद भारत की बुनियाद भी रखेंगे।

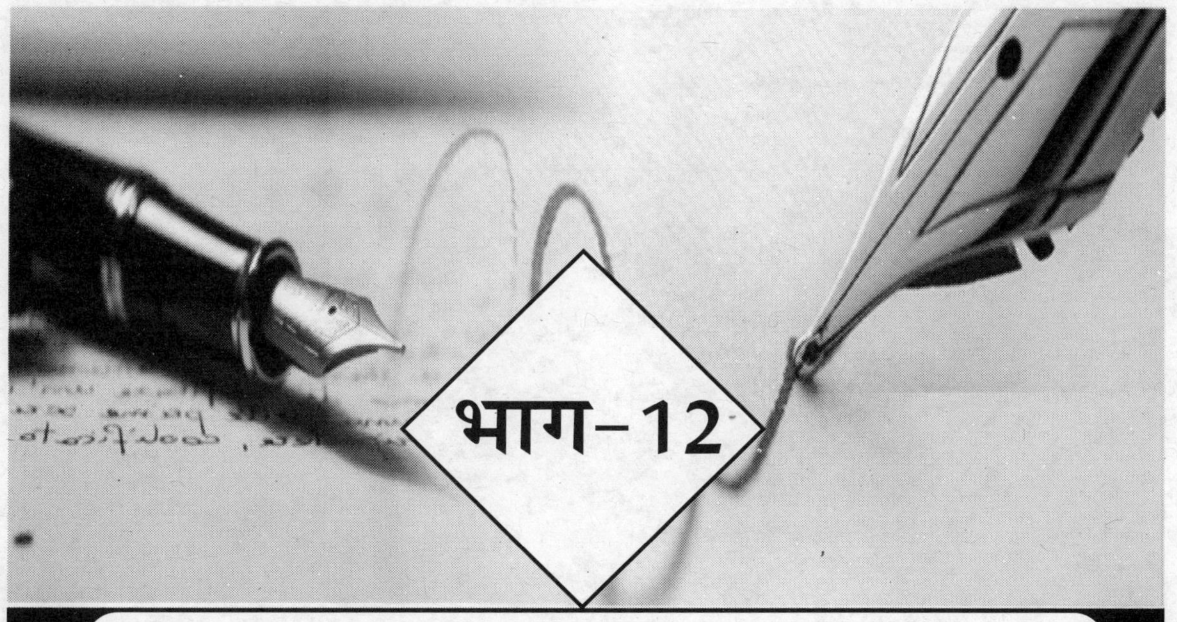

भाग–12

निबन्ध फैक्ट शीट

इस भाग में ....

- जल
- महिला
- महिलाएं और उज्जवला योजना
- शिक्षा
- रक्षा
- राष्ट्रीय नागरिक रजिस्टर
- प्रधानमंत्री उज्जवला योजना
- किसान आत्महत्या
- भारत की अंतर्राष्ट्रीय उपलब्धियाँ वर्ष–2019 के संदर्भ में
- गोबर धन योजना
- प्रधानमंत्री जन आरोग्य अभियान
- महिला सशक्तीकरण के लिए सरकारी प्रयास
- सेतु समुद्रम परियोजना

निबन्ध लेखन फैक्ट सीट

सिविल सेवाओं सहित विभिन्न प्रतियोगी परीक्षाओं में निबन्ध लेखक एक अनिवार्य विषय के रूप में होता है। दरसल निबन्ध किसी भी व्यक्ति/प्रतियोगी के सम्पूर्ण ज्ञान, उसकी सोच, समझ, अवधारणा और सम्बन्धित विषय में उसके विभिन्न दृष्टिकोण और उस विषय की गहराई के साथ-साथ उस पर उसकी सकारात्मक, नकारात्मक सोच को परखने का सबसे उत्तम साधन है। बेहतर निबन्ध लेखन के लिए सूचनात्मक, तथ्यात्मक आंकड़ों की आवश्यकता होती है। इसी के माध्यम से निबन्ध लेखन में गुणवत्ता आंती है। अत: इन सभी बिन्दुओं को ध्यान में रखते हुए विभिन्न विषयों पर कुछ सूचनात्मक, तथ्यात्मक आंकड़े दिये जा रहे है।

1. जल

- पिछले 50 वर्षों में पानी के लिए 37 भीषण हत्याकांड हुए हैं।
- इजरायल में औसतन मात्र 10 सेंटीमीटर वर्षा होती है, इस वर्षा से वह इतना अनाज पैदा कर लेता है कि वह उसका निर्यात कर सकता है। दूसरी ओर भारत में औसतन 50 सेंटीमीटर से भी अधिक वर्षा होने के बावजूद अनाज की कमी बनी रहती है।
- हमारी पृथ्वी पर एक अरब 40 घन किलो मीटर पानी है। इसमें से 97.5 प्रतिशत पानी समुद्र में है, जो खारा है, शेष 1.5 प्रतिशत पानी बर्फ के रूप में ध्रुव प्रदेशों में है। इसमें से बचा एक प्रतिशत पानी नदी, सरोवर, कुओं, झरनों और झीलों में है जो पीने के लायक है। इस एक प्रतिशत पानी का 60वां हिस्सा खेती और उद्योग कारखानों में खपत होता है। बाकी का 40वां हिस्सा हम पीने, भोजन बनाने, नहाने, कपड़े धोने एवं साफ-सफाई में खर्च करते हैं।
- विश्व में प्रति 10 व्यक्तियों में से 2 व्यक्तियों को पीने का शुद्ध पानी नहीं मिल पाता है।
- प्रतिवर्ष 6 अरब लीटर बोतल पैक पानी मनुष्य द्वारा पीने के लिए प्रयुक्त किया जाता है।
- 1 लीटर गाय का दूध प्राप्त करने के लिए 800 लीटर पानी खर्च करना पड़ता है, एक किलो गेहूँ उगाने के लिए 1 हजार लीटर और एक किलो चावल उगाने के लिए 4 हजार लीटर पानी की आवश्यकता होती है। इस प्रकार भारत में 83 प्रतिशत पानी खेती और सिंचाई के लिए उपयोग किया जाता है।
- पृथ्वी पर पैदा होने वाली सभी वनस्पतियों से हमें पानी मिलता है।
- आलू मे और अनन्नास में 80 प्रतिशत और टमाटर मे 95 प्रतिशत पानी है।
- पीने के लिए मानव को प्रतिदिन 3 लीटर और पशुओं को 50 लीटर पानी चाहिए।
- यदि ब्रश करते समय नल खुला रह गया है, तो पांच मिनट में करीब 25 से 30 लीटर पानी बरबाद होता है।
- बाथ टब में नहाते समय 300 से 500 लीटर पानी खर्च होता है, जबकि सामान्य रूप से नहाने में 100 से 150 पानी लीटर खर्च होता है।

2. महिला

- संसद और सार्वजनिक पटल पर निर्णायक भूमिकाओं में महिलाओं का प्रतिनिधित्व सशक्तीकरण के प्रमुख संकेतकों में से एक है।
- राजनीति में महिलाएँ 2017 नामक रिपोर्ट में, भारत में महिलाओं की राजनीतिक सशक्तीकरण के महत्वपूर्ण निष्कर्ष निकाले गये हैं, जो निम्नवत् हैं:-

  ⇒ लोक सभा में 64 महिलाएं सांसद के रूप में अपनी स्थिति दर्ज करवाती हैं। यह 64 महिला सांसद कुल संसद सदस्य (542) का मात्र 11.8 प्रतिशत है।

  राज्य सभा में 27 महिलाएं राज्य सभा सदस्य हैं। यह 27 महिलाएं कुल राज्य सभा सदस्या (245) का मात्र 11 प्रतिशत है।

  अक्टूबर, 2016 की स्थिति के अनुसार देश भर में कुल 4118 विधान सभा सदस्यों में केवल 9 प्रतिशत महिलाएँ थीं।

राज्यों की विधान सभा में महिलाओं का सर्वोच्च प्रतिशत 14 प्रतिशत के साथ बिहार, हरियाणा और राजस्थान से थे। इसके बाद 13 प्रतिशत के साथ मध्य प्रदेश और पश्चिम बंगाल तथा 12 प्रतिशत के साथ पंजाब का स्थान था।

भारत जैसे देश में, जहां महिलाओं की आबादी लगभग 49 प्रतिशत है। राजनीति में महिलाओं की भागीदारी कम रही है। विशेषकर पुरूष- प्रधान मानकों का अनुसारण करने वाले और पक्षपाती समाज में विभिन्न कारक लोक सेवा में महिलाओं की भागीदारी निर्धारित करते हैं।

रवांडा जैसे विकासशील देश हैं जहाँ वर्ष 2017 में संसद में 60% महिला प्रतिनिधि है, जबकि मिस्त्र, भारत, ब्राजील, मलेशिया, जापान, श्रीलंका और थाईलैण्ड जैसे देशों में संसद में महिलाओं का प्रतिनिधित्व 15 प्रतिशत या उससे कम है।

- महिलाओं को राजनीति में आने से रोकने वाले शीर्ष 5 कारक हैं:- 1. घरेलू जिम्मेदारियां, 2. समाज में महिलाओं की भूमिका संबंधी प्रचलित सांस्कृतिक नजरिया, 3. परिवार से समर्थन की कमी, 4. विश्वास की कमी, 5. वित्त की कमी।
- महिलाओं की राजनीतिक भागीदारी और नेतृतव की भूमिका को बढ़ावा देने के लिये भारत के संविधान के अनुच्छेद-243घ(3) में यह प्रावधान है कि महिलाओं के लिए आरक्षित सीटों की संख्या कुल संख्या के 1/3 से कम न होंगे। अनुच्छेद-243घ(4) में यह प्रावधान है कि प्रत्येक स्तर पर पंचायतों में अध्यक्षों के कुल पदों के 1/3 से अनधिक पद महिलाओं के लिए आरक्षित होंगे।
- भारत के स्थानीय शासन स्तरों पर महिलाओं का प्रर्याप्त प्रतिनिधित्व रहा है, किन्तु यह राज्य दर राज्य भिन्न है। दिसम्बर, 2017 तक पंचायती राज संस्थाओं में निर्वाचित महिला प्रतिनिधियों की संख्या 13.72 लाख है, जो कुल निर्वाचित प्रतिनिधि यों का 44.2 प्रतिशत बैठती है।
- देश भर में कुल ग्राम पंचायतों में 43 प्रतिशत महिला सरपंच होना स्थानीय शासन में महिलाओं के सक्रिय नेतृत्व को दर्शाता है।

3. महिलाएं और उज्जवला योजना

- उज्ज्वला योजना के तहत मुफ्त घरेलू रसोई गैस कनेक्शन का लक्ष्य 5 करोड़ से बढ़ाकर 8 करोड़ किया गया है।
- 26 सप्ताह का मातृत्व अवकाश (मैटरनिटी लीव) किया गया जो पूर्व में 12 सप्ताह था।
- नौकरी पेशा महिलाओं को करियर के शुरूआती चरण के पहले की तीन वर्षों में 12 फीसदी के स्थान पर मात्र 8 प्रतिशत ही पी.एफ. में योगदान करना होगा। अर्थात महिलाएं ज्यादा सेलरी लेकर घर जा सकेंगी।
- 75,000 करोड़ रूपये के ऋण की व्यवस्था महिलाओं के स्वयं सहयता समूहों के ऋण उपलब्ध करने के उद्देश्य से आवंटित की गयी है।
- बजट में महिला सुरक्षा एवं सशक्तीकरण के 1366 करोड़ का प्रस्ताव किया गया।
- राष्ट्रीय पोषण मिशन को महिलाओं एवं किशोरियों को कुपोषण से बचाने के लिए शुरू किया था, के लिए 3000 करोड़ रूपये का प्रावधान किया गया जो पूर्व के बजट में मात्र 1500 करोड रूपये था।
- वर्ष 2017-18 का जेंडर बजट 1,13, 311.32 करोड़ रूपये का था जिसे वित्तीय वर्ष 2018-19 में बढ़ाकर 1,21,961.32 करोड़ किया गया।

4. शिक्षा

- प्री-नर्सरी से क्लास 12 तक बिना किसी सेग्मेंट के एजुकेशन को होलिस्टिक बनाता है।
- सर्व शिक्षा अभियान, राष्ट्रीय माध्यमिक शिक्षा अभियान व टीचर्स ट्रेनिंग की अलग स्कीम को मर्ज कर एक नई स्कीम बनाना।
- दीक्षा पोर्टल, जिससे टीचर्स अन्य टीचर्स से सीख सकते है। इसमें कोई टीचर्स कैसे क्रिएटिव होकर पढ़ा रहे है, उसका वीडियों शेयर किया जाता है।
- RISE (रिवाइटलाईजिंग इफ्रास्ट्रक्चर एण्ड सिस्टम्स इन एजुकेशन) माडल के तहत अलग 4 वर्षों के लिए 1 लाख करोड़ रूपये उपलब्ध कराये जायेंगे।

- PM रिसर्च फेलोशिप के तहत हर साल 1000 बेस्ट टैलेंट को IIT, NIT, Triple IT और ICSSR के बीटेक स्टूडेंट्स में से चुना जायेगा जो नैनो टेक्नॉलाजी, आर्टिफिशियल इंटेलिजेन्स डेवलपिंग न्यू मैटेरियल जैसे सब्जेक्ट पर रिसर्च करेंगे।
- पीएचडी के दौरान पहले, दूसरे साल 70 हजार मासिक और तीसरे साल 75 हजार रूपये मिलेंगे।
- 2022 तक आदिवासी बाहुल्य (जहाँ कुल जनसंख्या का 50 प्रतिशत आदिवासी है) ब्लाकों में एकलव्य स्कूल की स्थापना।

5. रक्षा

• वर्ष	व्यय	जीडीपी का प्रतिशत
2013-14	2.03 लाख करोड़	1.79
2014-15	2.29 लाख करोड़	1.78
2015-16	2.46 लाख करोड़	1.74
2016-17	2.58 लाख करोड़	1.72
2017-18	2.74 लाख करोड़	1.62
2018-19	2.95 लाख करोड़	1.57

नोट : जीडीपी के प्रतिशत के आधार पर रक्षा बजट में कमी आयी।

- 2.95 लाख करोड़ के रक्षा बजट में 99,563 करोड़ रूपये सेना के आधुनिकीकरण में जब कि 1,08,853 करोड़ रूपये डिफेन्स पेशन पर व्यय किया जाये।
- सीमावर्ती इलाकों में कनेक्टिविटी बढ़ाने के लिए सेला पास में टनल बनाने का प्रस्ताव किया गया है। काफी ऊंचाई पर स्थित सेला पास अरूणाचल प्रदेश में है। चीन से सामरिक तनाव के बीच यह फैसला अहम है।

6. राष्ट्रीय नागरिक रजिस्टर

राष्ट्रीय नागरिक रजिस्टर यानी NRC भारतीय नागरिकों के नाम वाला रजिस्टर है, जो वर्ष 1951 में तैयार किया गया और इसे असम में अवैध प्रवासियों को ढूंढ निकालने के लिए अपडेट किया जा रहा है। क्योंकि असम में अवैध रूप से रहने वाले बांग्लादेशियों का मामला बहुत बड़ा मुद्दा रहा है।

भारत के मूल नागरिकों की पहचान करना और अवैध तौर पर रह रहे लोगों को देश से बाहर करना।

1985 : 80 के दशक में अवैध बांग्लादेशियों को लेकर एक बड़ा स्टूडेंट मूवमेंट हुआ था, जिसके बाद 1985 में All Assam Students Union (AASU) और तत्कालीन राजीव गांधी सरकार के बीच एक समझौता हुआ था, जिसके तीन पक्षकार थे- केन्द्र सरकार, राज्य सरकार और AASU इस समझौते के तहत वर्ष 1971 तक जो भी बाग्लादेशी असम में घुसे उन्हें नागरिकता देना और बाकी को निर्वासित किया जाना था। मध्यरात्रि 24 मार्च, 1971 के बाद बाग्लादेश से असम आने वालों को अवैध घुसपैठिया माना जायेगा यह Cut-off तिथि है, किन्तु यह समझौता लागू नहीं हो सका।

2005 : जब वर्ष 2005 में घुसबैठियों बाग्लादेशियों के मामले ने जोर पकड़ा तब कांग्रेस की असम सरकार ने एनआरसी पर काम करना पुन: शुरू किया।

2009 : असम के NGO "Assam Public Works" ने बाग्लादेशियों को चिन्हित करने के लिए सर्वोच्च न्यायालय में याचिका दायर की।

2013 : याचिका पर फैसला लेते हुए सर्वोच्च न्यायालय ने एनआरसी को अपडेट करने के निर्देश दिये।

2017 : 31 दिसम्बर, 2017 की मध्यरात्रि को भारत के रजिस्ट्रार जनरल शैलेश कुमार ने असम में ''NRC'' का पहला मसौदा (Draft) जारी किया। इसमें असम के कुल 3.29 करोड़ आवेदनों में से 1.9 करोड़ लोगों को कानूनी रूप से भारत का नागरिक माना गया। बांकी आवेदनों का सत्यापन विभिन्न चरणों में होगा।

2018 : यह मसौदा वर्ष 2018 में पूर्ण रूप से बनकर तैयार हो जायेगा।

7. प्रधानमंत्री उज्जवला योजना

प्रारम्भ : 1 मई, 2016 बलिया, उत्तर प्रदेश से प्रधानमंत्री मोदी द्वारा प्रारम्भ।

उद्देश्य : गरीबी रेखा से नीचे वाले परिवारों को मुफ्त में एलपीजी कनेक्शन उपलब्ध कराना साथ ही महिला सशक्तीकरण को बढ़ावा देना, बच्चों और महिलाओं में अशुद्ध ईंधन के कारण होने वाले रोगों में कमी लाना, भीतरी और बाहरी वायु प्रदूषण को कम करना।

लागत : 8000 करोड़ रूपये।

लक्ष्य : 3 वर्ष (2016-17, 2017-18 व 2018-19) तक 5 करोड़ स्ल्ल कनेक्शन वितरित करना।

पात्रता : सामाजिक आर्थिक जाति जनगणना 2011 के अनुसार पात्र लोगों को चुनाव होगा।

नोट: बजट 2018-19 में उज्जवला योजना से लाभान्वित होने वाली महिलाओं की संख्या 5 करोड़ से बढ़ाकर 8 करोड़ कर दिया गया है।

8. किसान आत्महत्या

राष्ट्रीय अपराध रिकार्ड ब्यूरो (NCRB) ने 30 दिसम्बर 2016 को **''एक्सिडेंटल डेथ एण्ड सुसाइड इन इंडिया 2015 नामक रिपोर्ट''** प्रस्तुत की जिसके महत्वपूर्ण बिन्दु निम्नवत् है:

- किसानों की आत्महत्या के मामलों में 42 प्रतिशत की बढ़ोत्तरी हुई है।
- वर्ष 2014 में 12360 किसानों और कृषि मजदूरों ने आत्महत्या की थी जो वर्ष 2015 में 2 फीसदी बढ़ोत्तरी के साथ 12602 हो गयी है।
- किसानों की आत्महत्या वाले शीर्ष राज्य है :-

राज्य	किसानों की आत्महत्या (संख्या में)
महाराष्ट्र	3030
कर्नाटक	1564
तेलंगाना	1400
मध्यप्रदेश	1290
छत्तीसगढ़	954
आंध्रप्रदेश	916
तमिलनाडु	606

- कृषक मजदूर की आत्महत्या वाले शीर्ष राज्य :- 1. महाराष्ट्र (1261), 2. मध्यप्रदेश (709), 3. तमिलनाडु (604), 4. आंध्रप्रदेश (400), 5. कर्नाटक (372)
- आंकड़ों के अनुसार आत्महत्या करने वाले 73 फीसदी किसानों के पास 2 एकड़ या उससे कम जमीन थी अर्थात् वे सीमान्त किसान थे।
- किसानों और कृषि मजदूरों (Farm Labour) की आत्महत्या का कारण कर्ज, कंगाली और खेती से जुड़ी दिक्कते थी।

9. भारत की अंतर्राष्ट्रीय उपलब्धियाँ वर्ष-2019 के संदर्भ में

उपलब्धि	महत्व
भारत **आस्ट्रेलिया समूह** का 43वाँ सदस्य बना	• 1958 में स्थापित आस्ट्रेलिया समूह एक स्वैच्छिक तथा अनौपचारिक संगठन है। • यह समूह रासायनिक और जैविक हथियारों के विकास को बढ़ावा देने वाली सामग्रियों, उपकरणों और प्रौद्योगिकियों के प्रसार को रोकने के लिए कार्य करता है।

	• वर्तमान में इस समूह के 43 सदस्य (42 देश भारत सहित व यूरोपीय संघ) है।
भारत एमटीसीआर का 34वॉं सदस्य बना	• वर्ष 1987 में दुनिया के 5 सुपर पॉवर देशों द्वारा स्थापित मिसाइल टेक्नॉलोजी कण्ट्रोल रिलीज की स्थापना की गयी थी, जिसका उद्देश्य सदस्य राज्यों के बीच प्रक्षेपास्त, परमाणु और अंतरिक्ष से सम्बन्धित प्रौद्योगिकी के हस्तांतरण के संदर्भ में एक संधि है और वर्तमान समय में भारत सहित 34 देश इसके सदस्य है।
भारत **सर्न** का 22वॉं एसोसिएट सदस्य बना	• फ्रांस और स्विटजरलैण्ड के सीमा के बीच जनेवा में स्थित दुनिया के सबसे बड़े नाभिकीय पार्टिकल प्रयोगशाला का भारत 22वॉं एसोसिएट सदस्य बना। वर्तमान समय में इसके कुल 22 सदस्य है, जिसमें से 4 सहयोगी सदस्य देश है और 4 पर्यवेक्षक सदस्य और 3 अंतर्राष्ट्रीय सदस्य है।
भारत **एससीओ** का 8वॉं सदस्य बना	• भारत, **शंघाई कारपोरेशन ऑर्गनाइजेशन** का 8वॉं सदस्य बना। • अभी हाल में ही एससीओ का 18वॉं शिखर सम्मेलन चीन प्रांत के शानडोन प्रांत के किंगदाओं में आयोजित हुआ।

10. गोबर धन योजना

प्रारम्भ : वर्ष-2018 राष्ट्रीय डेयरी अनुसंधान संस्थान करनाल हरियाणा से।

उद्घाटन : उमा भारतीय (केन्द्रीय पेय जल एवं स्वच्छता मंत्री) व मनोहर लाल खट्टर (मुख्यमंत्री हरियाणा) द्वारा।

उद्देश्य : इस योजना के दो प्रमुख उद्देश्य हैं:-

(i) पशुओं और कृषि के ठोस अपशिष्ट पदार्थो का प्रयोग कर अतिरिक्त आय व ऊर्जा उत्पन्न करना।

(ii) गॉंवों को स्वच्छ बनाना।

भारत में गोबरधन : • वर्ष 2012 में की गई 19वीं पशुधन जनगणना के अनुसार भारत में मवेशियों की जनसंख्या 30 करोड़ है, जिससे

योजना का महत्व : देश में प्रतिदिन लगभग 30 लाख टन गोबर प्राप्त होता है।

- कुछ यूरोपीय देश (डेनमार्क, स्वीडन), चीन व आस्ट्रेलिया में पशुओं के गोबर और अन्य जैविक अपशिष्ट का उपयोग ऊर्जा के उत्पादन के लिये किया जाता हैं लेकिन भारत में इसकी पूर्ण क्षमता का उपयोग नहीं हो रहा है।
- यदि भारत में इस प्रकार का तंत्र स्थापित किया जाए तो भारत के ग्रामीण क्षेत्रों में गोबर की बड़ी मात्रा को धन और ऊर्जा में बदलकर कई लाभ उठाये जा सकते हैं, जैसे- किसानों की आय में वृद्धि, ग्रामीण स्वच्छता, ऊर्जा के लिये परम्परागत ईधन पर निर्भरता में कमी, आयात में कमी, विदेशी मुद्रा भण्डार सुरक्षित, ग्रामीण आधारभूत संरचना का विकास, उत्पादन लागत में कमी आने से लाभ में वृद्धि होगी।
- अंतर्राष्ट्रीय श्रम संगठन के अध्ययन (2014) के अनुसार गोबर का सही तरीके से उपयोग राष्ट्रीय स्तर पर 15 लाख रोजगार का सृजन कर सकता है।
- पशुपालकों की आय बढ़ाने से डेयरी उद्योग को संगठित उद्योग का दर्जा मिल सकता है।

- जीडीपी में कृषि व संबंधित क्षेत्र के योगदान में वृद्धि होगी।
- स्वच्छ भारत मिशन के लक्ष्य की प्राप्ति में सहायक।

महत्वपूर्ण तथ्य :

- गोबरधन योजना की सुचारू व्यवस्था के लिए एक आनलाइन ट्रेडिंग प्लेटफार्म भी बनाया जायेगा, जो किसानों को खरीददारों से कनेक्ट करेगा ताकि किसानों को गोबर और फसल अवशेषों के उचित दाम मिल सके।
- इस योजना के तहत कम्पोस्ट खाद्य, बायोगैस व बायो सीएनजी में गोबर व कृषि अपशिष्ट को परिवर्तित किया जायेगा।
- इस योजना की घोषणा बजट 2018-19 में की गयी थी।

चुनौतियाँ

- गोबर व कृषि अवशिष्टों को एकत्रित करना।
- संयंत्र आपरेटरों को गोबर व कृषि अपशिष्टों की नियमित आपूर्ति।

11. प्रधानमंत्री जन आरोग्य अभियान

- बजट 2018-19 में पहली बार घोषणा की गयी।
- 15 अगस्त, 2018 को लाल किले के प्राचीर से प्रधानमंत्री द्वारा घोषित।
- 25 सितम्बर, 2018 को पं. दीनदयाल उपाध्याय की 102वीं वर्ष गांठ में विश्व की सबसे बड़ी हेल्थ स्कीम की शुरूआत होगी।
- इस योजना को आयुष्मान भारत के स्थान पर नया नाम **''प्रधानमंत्री जन आरोग्य अभियान''** नाम दिया गया है, जो एक पायलट प्रोजेक्ट के रूप में पहले चरण में 14 राज्यों के 106 जिलों में प्रारम्भ की जायेगी।

महत्वपूर्ण तथ्य:

- यह योजना देश के 10.74 करोड़ परिवार के लगभग 50 करोड़ लोगों को प्रति परिवार वार्षिक 5 लाख रूपये का स्वास्थ्य बीमा कवर देगी।
- अब किसी गरीब को पैसे के अभाव में इलाज से महरूम नहीं रहना पड़ेगा।
- इस योजना के कार्यान्वयन के लिए **1.5 लाख हेल्थकेयर सेंटर** और **अस्पताओं का चयन किया** जायेगा। इस तरह के केन्द्रों को विकसित और सक्रिय करने के लिए 1,200 करोड़ रूपये वर्ष 2018-19 के बजट में आवंटित किये गये हैं।
- यह योजना **राष्ट्रीय स्वास्थ्य बीमा योजना** और **वरिष्ठ नागरिक स्वास्थ्य बीमा योजना** जैसे केन्द्र प्रायोजित योजनाओं का स्थान लेगी।

लाभार्थी का चयन:

- **सामाजिक-आर्थिक जातिगत जनगणना** 2011 में पंजीकृत लोग ही इस योजना हेतु पात्र होंगे। साथ ही वही व्यक्ति इस योजना का लाभ उठा सकेंगे, जिनके पास वैद्य आधार कार्ड होगा।
- इस योजना में समाज के आर्थिक रूप से कमजोर और वंचित लोग ही इसके लाभार्थी होंगे। अधिकतम 5 सदस्यों वाले परिवारों को ही यह बीमा कवर प्रदान किया जाएगा।
- लाभार्थियों को अपने पंजीकृत मोबाइल नंबर को ही पहचान संख्या के रूप में प्रयोग करना होगा।

12. महिला सशक्तीकरण के लिए सरकारी प्रयास (2015-2018)

योजना/कार्यक्रम	प्रारंभ तिथि	उद्देश्य
1. सुकन्या समृद्धि योजना	22 जनवरी, 2015 (हरियाणा, सोनीपत से)	• बैंकों एवं डाकघरों में छोटी बचत को प्रोत्साहन देने के लिए बालिकाओं के लिए विशेष जमा योजना।
2. बेटी बचाओ-बेटी पढ़ाओ	22 जनवरी, 2015	• खराब लिंगानुपात को संतुलित करने और सामाजिक कुरीतियों को दूर करने के लिए।

3. किलकारी योजना	25 दिसम्बर, 2015	• गर्भवती महिलाओं और नवजात बच्चों के स्वास्थ्य को लेकर जागरूकता लाने के लिए एक विशेष मोबाइल ऑडियों क्लिप सेवा।
4. प्रधानमंत्री उज्ज्वला योजना	1 मई, 2016	• गरीब परिवार की महिला सदस्यों को मुफ्त रसाई गैस दिए जाने का प्रावधान।
5. मातृत्व लाभ कार्यक्रम	31 दिसम्बर, 2016	• केन्द्रीय महिला एवं बाल विकास मंत्रालय द्वारा गर्भवती महिलाओं और स्तनपान कराने वाली माताओं को लाभ प्रदान कराने के उद्देश्य से 1 जनवरी, 2017 को सम्पूर्ण भारत में लागू की गयी। 19 वर्ष से अधिक आयु वाली महिलाओं को पहले दो जीवित शिशुओं के जन्म के लिए 3 किस्तों में 5000 रूपए का नकद प्रोत्साहन दिया जायेगा। इस योजना के क्रियान्वयन से प्रतिवर्ष लगभग 51-70 लाख महिलाओं को लाभ पहुंचेगा।
6. वरिष्ठ पेंशन बीमा योजना	31 दिसम्बर, 2016 में घोषणा और	• 60 वर्ष व इससे अधिक आयु के लोगों को सामाजिक सुरक्षा व नियमित आय प्रदान करने के उद्देश्य से प्रारम्भ
	24 जनवरी, 2017 से लागू	इस योजना में उनकी जमाओं पर 8 प्रतिशत ब्याज आधारित पेंशन 10 वर्षों तक प्रदान की जायेगी। ब्याज में होने वाले परिवर्तन, इस योजना से अछूते रहेंगे।
7. राष्ट्रीय पोषण मिशन	8 मार्च 2018 को झुंझुनू जिला राजस्थान से प्रधानमंत्री मोदी द्वारा प्रारम्भ	• राष्ट्रीय पोषण मिशन का उद्देश्य अल्प पोषित एवं जन्म के समय कम भार वाले बच्चों की संख्या को घटनाने के साथ-साथ छोटे बच्चों, महिलाओं एवं किशोरवय लड़कियों में एनीमिया को कम करना है। **नोट:** अंतर्राष्ट्रीय महिला दिवस (8 मार्च) के अवसर पर प्रधानमंत्री मोदी ने राष्ट्रीय पोषण मिशन के साथ ही बेटी बचाओं बेटी पढ़ाओं योजना को विस्तार दिया अर्थात् 161 जिलों में संचालित इस योजना को 640 जिलों में कार्यान्वित किया जायेगा।
8. वात्सल्य मातृ अमृत	7 जून-2017 स्वास्थ्य एवं परिवार कोष मानव दुग्ध बैंक कल्याण मंत्रालय द्वारा	• दिल्ली के लेडी हार्डिंग मेडिकल कॉलेज में इसकी स्थापना हुई। • यह एक राष्ट्रीय मानव (मातृ) दुग्ध बैंक और दुग्धपान परामर्श केन्द्र है। • इसकी स्थापना नार्वे के ओस्लो विश्वविद्यालय और नीपी नार्वे इंडिया पार्टनर इनीशियेटिव के सहयोग से हुई है।

9.	शादी-शगुन योजना	अगस्त-2017 केन्द्रीय अल्प संख्यक कार्य मंत्रालय के अधीनस्थ संस्था मौलाना आजाद एजुकेशन फाउण्डेशन के तहत शुरू की गयी है।		• मुस्लिम लड़कियों एवं अन्य समुदायों की लड़कियों अल्पसंख्यक की उच्च शिक्षा को प्रोत्साहित करने के लिए 51,000 रूपये की राशि बतौर शादी-शगुन देने का फैसला किया है। • योजना का मकसद मुस्लिम एवं अन्य अल्पसंख्यक समुदाय की लड़कियों को हायर एजुकेशन के लिए आगे बढ़ाना है। • 9वीं और 10वीं में पढ़ने वाली मुस्लिम छात्राओं को 10 हजार रूपये वजीफा दिया जायेगा। • इस राशि की हकदार वही लड़किया होगी जिन्होंने स्नातक की पढ़ाई पूरी की होगी। • इस योजना के अन्तर्गत मुस्लिम के अतिरिक्त सिख, ईसाई, पारसी और जैन धर्म से सम्बन्धित व्यक्ति भी लाभ प्राप्त कर सकते है।
10.	प्रधानमंत्री मातृ वंदना योजना	1 सितम्बर, 2017 को महिला एवं बाल विकास मंत्री मेनका गाँधी ने योजना के कार्यान्वयन के दिशानिर्देश जारी किये **नोटः** विकास मंत्री मेनका गाँधी ने योजना के कार्यान्वयन के दिशानिर्देश जारी किये **नोटः** प्रधानमंत्री द्वारा 1 जनवरी, 2018 से इस योजना के संपूर्ण भारत में कार्यान्वयन की घोषणा की थी।	महिला एवं बाल विकास मंत्रालय द्वारा	• 1 जनवरी, 2018 से प्रधानमंत्री मातृ वंदना योजना देश के सभी जिलों में राष्ट्रीय खाद्य सुरक्षा अधिनियम 2013 के प्रावधानों के तहत गर्भवती महिलाओं और स्तनपान कराने वाली माताओं को परिवार के पहले जीवित बच्चे के लिए 5000 रूपये की नकद प्रोत्साहन राशि सीधे उनके खाते में उपलब्ध करायी जायेगी।
11.	नाविक सागर परिक्रमा कार्यक्रम	10 सितम्बर, 2017	रक्षा मंत्रालय	• भारतीय नौसेना द्वारा देश में महिला सशक्तीकरण और महासागर नौकायन को बढ़ावा देना है। • विश्व मंच पर नारी शक्ति का प्रदर्शन करना है।

				• नौकायान के द्वारा पर्यावरण अनुकूल गैर-परम्परागत नवीकरणीय ऊर्जा स्त्रोतों के उपयोग को बढ़ावा देना है। • स्वदेश निर्मित आईएनएस तारिणी पर नौकायन करके "मेक इन इंडिया" की सफलता को दर्शाना है। • समुद्र में प्रदूषण की निगरानी कर रिपोर्ट तैयार करना। • महासागर नौकायन को बढ़ावा देने के लिए चालक दल विभिन्न बंदरगाह पड़ावों पर भारतीय मूल के स्थानीय व्यक्तियों से वार्ता करेंगे।
12.	सघन मिशन इन्द्रधनुष योजना	8 अक्टूबर, 2017	प्रधानमंत्री मोदी द्वारा गुजरात से प्रारम्भ	• 2 वर्ष से कम आयु के शिशुओं और गर्भवती महिलाओं को टीकाकरण अभियान से जोड़ना है ताकि माता व शिशु के स्वास्थ्य का संरक्षण किया जा सके। यह योजना मुख्य रूप से उनके लिये है जो, सरकार के परम्परागत टीकाकरण अभियान से जुड़ नहीं सके। • इस अभियान के तहत देश के 16 राज्यों के 121 जिलों तथा 17 शहरों के साथ 8 पूर्वोत्तर राज्यों के 52 जिलों में प्रत्येक माह में 7 दिन (7 से 14 तारीख) के लिए चलाया जायेगा। • इस अभियान में वर्ष 2020 तक कम से कम 90% शिशुओं तथा माताओं को टीकरण प्रतिरक्षण से जोड़ने का लक्ष्य रखा गया है। • यह अभियान 4 चरणों अर्थात् (i) अक्टूबर, 2017, (ii) नवम्बर, 2017, (iii) दिसम्बर, 2017, (iv) जनवरी, 2018 में

सम्पन्न किया जायेगा, जिसमें 2.53 करोड़ बच्चों तथा 68 लाख गर्भवती महिलाओं को जीवन रक्षक टीका प्रतिरक्षण प्रदान किया जाना है।

13. सेतु समुद्रम परियोजना

- लगभग 3000 हजार करोड़ की, भारत की पूर्वी तट और पश्चिमी तट को जोड़ने वाली परियोजना की शुरूआत 2005 में यूपीए सरकार ने किया। परंतु इसकी स्वीकृति 2003 में तत्कालीन एनडीए गवर्नमेंट ने प्रदान किया था।
- स्वेज और पनामा की तर्ज पर तैयार इस परियोजना में हिमालय की 14 और प्रायद्वीप की 16 नदियों को जोड़कर 30 अंतर्बेसिन जोड़ बनाए जाएंगे।
- 167 किमी. लंबा, 300 किमी. चौड़ा, 14.5 मी. गहरे क्षेत्र में समुद्र के छिछले तल को काटकर नौपरिवहन योग्य बनाया जाएगा।
- 1860 में ब्रिटिश इंजीनियर ई.डी. टेलर ने इसकी परियोजना प्रस्तुत की थी। परंतु अधिक महंगे होने के कारण इसे प्रारंभ नहीं किया जा सका।
- वर्ष 2008 में नासा के लैंडसेट सैटेलाइट द्वारा प्राप्त चित्रों के आधार पर विवाद पैदा हुआ और भारतीय हिंदू समाज द्वारा यह आरोपित किया जा रहा है कि इसे श्रीलंका जाते समय बनाए गए रामसेतु को खतरा पैदा हो जाएगा और उसे उसे तोड़ना पड़ेगा।
- इस परियोजना के विरोध के कई धार्मिक, सामाजिक, आर्थिक, राजनैतिक एवं पर्यावरण एवं पारिस्थितिकी तथा जैव विविध ता से संबंधित विरोध के कारणों से यह परियोजना लंबित है।